Urgeschichte in Baden-Württemberg

Urgeschichte in

Herausgegeben von
Hansjürgen Müller-Beck

Zeichnungen und Rekonstruktionen von
Ingrid und Burkard Pfeifroth

Baden-Württemberg

unter Mitarbeit von
Gerd Albrecht, Klaus E. Bleich,
Alfred Czarnetzki, Burkhard Frenzel,
Hans Graul, Joachim Hahn,
Wighart von Koenigswald, Edward Sangmeister
und Hans-Peter Uerpmann.

Konrad Theiss Verlag
Stuttgart

Gedruckt mit Unterstützung der Vereinigung der Freunde der Universität Tübingen (Universitätsbund)

CIP-Kurztitelaufnahme der Deutschen Bibliothek

Urgeschichte in Baden-Württemberg / hrsg. von Hansjürgen Müller-Beck. Unter Mitarb. von Gerd Albrecht . . . Zeichn. u. Rekonstruktionen von Ingrid u. Burkard Pfeifroth. – Stuttgart : Theiss, 1983.
ISBN 3-8062-0217-6

NE: Müller-Beck, Hansjürgen [Hrsg.]; Albrecht, Gerd [Mitverf.]

Redaktion: Gabriele Süsskind

Schutzumschlag und Layout: Rolf Bisterfeld

Gesamtherstellung: Grafische Betriebe Süddeutscher Zeitungsdienst, Aalen
ISBN 3 8062 0217 6
Printed in Germany

Dem Andenken
von Gustav Riek
gewidmet

Vorwort

Das Buch »Urgeschichte in Baden-Württemberg« ist ein Gemeinschaftswerk. Es hat sich aus einem Vortrags-Kolloquium entwickelt, das im Rahmen der Veranstaltungen zum 500jährigen Jubiläum der Universität Tübingen stattfand. Das ist kein Zufall, da in Tübingen seit langer Zeit ein Schwerpunkt urgeschichtlicher Forschung besteht. Ihn hat vor allem nach der Gründung durch R. R. Schmidt Gustav Riek ausgebaut und erhalten, dem deshalb dieses Buch gewidmet ist. Ein Blick auf die Arbeitsorte der beteiligten Autoren zeigt aber sofort, daß die Vielfältigkeit der Urgeschichte heute viele Institutionen in der Forschung zusammenführt. Denn hinter jedem Beitrag stehen langwierige Arbeiten, oft über Jahrzehnte hinweg, in unserem Land. Dahinter stehen aber auch über lange Jahre fließende Mittel, die das Land und seine Bürger verfügbar gemacht haben. Es wäre wenig sinnvoll, hier alle beteiligten Institutionen aufzuzählen. Gleichsam stellvertretend genannt sei der Universitätsbund und insbesondere die Abteilung Bodendenkmalpflege des Landesdenkmalamtes, ohne deren vielfältige Unterstützung, insbesondere was die Fotografie betrifft, dieses Buch nicht hätte herausgegeben werden können.
Geschichte schreiben, heißt immer auch Lücken in der Überlieferung füllen. Das gilt naturgemäß noch mehr für die fernsten Vergangenheiten, mit denen wir hier zu tun haben. Aber wir hoffen, daß dies mit der notwendigen Vorsicht und ausreichendem Mut geschehen ist. In den Texten ist überall vom Menschen die Rede, denn es geht ja um seine Geschichte auf dem Boden des heutigen Landes. Selbst da, wo er kaum erwähnt wird, ist er immer als Zeuge langer Entwicklungen präsent. Das ist schon so in der für dieses Buch erstmals geschriebenen eiszeitlichen Geographie unseres Landes, die zugleich die Geschichte seiner Landschaften ist. Nicht anders ist das bei Böden und Pflanzen oder Tieren, die in ihrer wechselnden Entwicklung zur Darstellung kommen. Zu den bekannten Aspekten unserer biologischen Umwelt tritt damit eine sicher bisweilen überraschende Zeittiefe erkennbarer Veränderungen, die Menschen als Kinder dieser Land-

schaften miterlebten. Trotz der oft so großen Ungunst der Erhaltung sind ihre Spuren ungewöhnlich reich. Mag es sich dabei um Teile ihrer sterblichen Reste, mag es sich um Hinterlassenschaften ihrer technisch-handwerklichen Tätigkeit handeln. Selbstverständlich kann ein derartiges Handbuch nur eine Übersicht vermitteln, die immer in der Auswahl begrenzt bleiben muß. Auch hier hoffen wir, daß das in richtiger Gewichtung gelungen ist.

Viele der hier zu berichtenden Dinge sind überraschend und selbst für die Forschung, die sie hier in kurzen Schilderungen mitzuteilen sucht, ganz neu. Das gilt etwa für den Charakter der warmzeitlichen Wälder der südwestdeutschen Interglaziale. Auch über die Zeitansätze der altsteinzeitlichen Ereignisse mit Hilfe der Radiokarbon-Datierungsmethode oder über die tatsächliche Verwendung steinzeitlicher Werkzeuge wissen wir oft nur in Ansätzen Bescheid. Trotz aller Bemühungen, Gesamtbilder zu zeichnen, mußten also auch Lücken offen bleiben. Wo immer es aber möglich und verantwortbar schien, ist zur Verdeutlichung auf graphische Darstellungen zurückgegriffen worden. So steckt in den Zeichnungen und Rekonstruktionen eine Fülle von Informationen, die nur in einer intensiven Zusammenarbeit von Zeichnern und Autoren zu verwirklichen waren. Dank des ungewöhnlichen Verständnisses des Verlages war es möglich, alle Zeichnungen und Rekonstruktionen für dieses Buch neu zu erstellen. Es hat mit Sicherheit dadurch enorm an Anschaulichkeit gewonnen. Auch die Abbildungen der Funde, die zugleich als Dokumentationen gedacht sind, wurden nahezu vollständig neu fotografiert.

Den Autoren gebührt Dank für ihre verständnisvolle Mitarbeit, dem Verlag dafür, daß aus den durch ihre Thematik so unterschiedlichen Beiträgen doch ein in sich geschlossenes Buch geworden ist. Zu verdanken ist das aber auch den Erstellern der Bilder, die die Vorstellungen der Autoren umgesetzt und durch ganz eigene Interpretationen ergänzt haben. Zu danken habe ich schließlich Herrn Dozent Dr. Joachim Hahn, der mich innerhalb der einmal gewählten Konzeption dieses Buches dort unterstützt und vertreten hat, wo andere Verpflichtungen mich an notwendigen Entscheidungen hinderten.

Hansjürgen Müller-Beck

Inhalt

Die Autoren des Bandes

Dr. Gerd Albrecht, Institut für Urgeschichte der Universität Tübingen

Dr. Klaus E. Bleich, Institut für Bodenkunde und Standortlehre der Universität Hohenheim

Dr. Alfred Czarnetzki, Institut für Anthropologie und Humangenetik der Universität Tübingen

Professor Dr. Burkhard Frenzel, Institut für Botanik der Universität Hohenheim

Professor Dr. Hans Graul, em., Gutenzell

Dr. habil. rer. nat. Joachim Hahn, Privatdozent, Institut für Urgeschichte der Universität Tübingen

Dr. Wighart von Koenigswald, Geologisch-Paläontologische und Mineralogische Abteilung des Hessischen Landesmuseums, Darmstadt

Professor Dr. Hansjürgen Müller-Beck, Institut für Urgeschichte der Universität Tübingen

Professor Dr. Edward Sangmeister, Institut für Ur- und Frühgeschichte der Universität Freiburg i. Br.

Dr. med. vet., Dr. phil. habil. Hans-Peter Uerpmann, Privatdozent, Institut für Urgeschichte der Universität Tübingen

Urgeschichte in Baden-Württemberg – eine Einführung

von Hansjürgen Müller-Beck

Lassen Sie uns kurz und möglichst einfach über das Thema dieses Buches nachdenken, das eine ganze Reihe erfahrener Fachleute zu Ihrer Unterrichtung erarbeitet hat. Es ist für uns heute schon selbstverständlich – vor drei Jahrhunderten war es das noch keineswegs –, über Geschichte als berichtende Chronik vergangenen Geschehens zu sprechen. Wer sich von ihr in den Bann schlagen läßt, wird unterhalten und, wenn er dazu bereit ist, auch belehrt. Unterdessen werden zur Erhellung der Vergangenheit in allen Epochen nicht nur schriftliche Dokumente, sondern auch geeignete Sachgüter auf ihre Aussagefähigkeit kritisch geprüft. Das ist Aufgabe der Geschichts- und Altertumswissenschaften, die ihre Ergebnisse wieder stärker der interessierten Öffentlichkeit zugänglich zu machen suchen wie in diesem Band.

Was nun ist aber Urgeschichte? Können wir auch aus ihr Belehrungen erwarten und lohnende Unterhaltung? Tatsächlich ist die Urgeschichte noch immer Geschichte des Menschen in seinen Anfängen. Denn wenn wir »Geschichte« als Begriff ohne erläuternde Ergänzungen nehmen, meinen wir immer uns selbst: den Menschen. Sonst sagen wir etwa Geschichte der Erde, Geschichte der Tiere. Es geht also um basale Ereignisse unserer eigenen Geschichte. Sie reichen um Jahrhunderttausende zurück – wovon gleich noch die Rede sein soll. Als Quellen sind nur hinterlassene Gegenstände und die mit ihnen verbundenen, archäologisch lesbaren Spuren verfügbar. Sie werden mit archäologischen Methoden aufgespürt, gesichert, dokumentiert, erklärt und durch Vergleiche in ihrer (ur)geschichtlichen Dynamik faßbar. Diese Spuren sind aber eingebettet in erhaltene Hinterlassenschaften ihrer ehemaligen Umwelt, in die sie sich eingepaßt hatten. Daher auch die Beiträge benachbarter Naturwissenschaften, die hier unumgänglich sind: Paläogeographie, Paläopedologie (Alt-Bodenkunde), Paläobotanik, Paläozoologie und Paläoanthropologie (Alt-Menschenkunde) neben den archäologischen Beiträgen, die das Handeln des Menschen betreffen. Archäologie meint nichts als »die sich um Verständnis bemühende Kunde von

Alten Dingen«, die zwar als Begriff in der klassischen Antike, also partikulär, geprägt wurde, heute aber ganz allgemein für alle Kulturtraditionen der Menschen zuständig ist. Sie unterteilt sich in viele Sondersparten, die alle ihre Sachgüter ergraben und in ihren Zusammenhängen erschließen. Wir können daher neben der Klassischen Archäologie auch von Provinzialrömischer, Mittelalterlicher, Industrieller oder Jägerischer Archäologie sprechen. Sie sind alle schon längst von der Wissenschaft des Spatens zur Wissenschaft der Spatel, der Mikroskope und feinster anderer Bestimmungsgeräte geworden.

Daß Urgeschichte auch unterhalten kann, wird kaum bestritten werden, doch kann sie auch tatsächlich belehren? Um das abschätzen zu können, müssen wir erst einmal versuchen, uns klar zu machen, was der Gegenstand konkreter bedeutet. Von den ersten Anfängen – die noch im dunkeln liegen – haben wir schon gesprochen. Bis wohin erstreckt sich aber unser Thema? Es ist unterdessen üblich, als urgeschichtlich jene Zeitbereiche zu bezeichnen, in denen der Mensch als Sammlerin und Jäger gelebt hat. Und das läßt sich aus den Funden selbst ablesen: Reste gesammelter Pflanzen oder kleinerer Tiere, Knochen erjagten Wildes, natürlich in wiederholten Zusammenhängen, um sich dessen durch ausreichende Vergleiche auch sicher zu sein. In unseren Landschaften kommen wir damit bis in eine Zeit von vor etwa 6500 Jahren. Erst danach tauchen die ersten Bauern auf, die Pflanzen angebaut und Tiere gezüchtet haben. Auch das zeigen wieder die erhaltenen Reste durch ihre Veränderungen gegenüber den Wildformen – also wieder ein archäologischer Befund und Schluß. Wie freilich dieser Übergang sich im einzelnen abspielte, wissen wir noch nicht. Daher ist es auch notwendig, zur Abrundung die ersten Pflanzer- und Züchterkulturen hier eigens in den beiden Schlußkapiteln darzustellen. Sie leiten zur engeren Vorgeschichte über, die sich – wie das auch Sebastian Haffner in seiner Geschichte Preußens gefaßt hat – bereits stärker auf eine Landschaft mit bleibenden Spuren in ihr selbst bezieht. Denn mit dem ersten Roden und Beweiden kommt es zu markanten Eingriffen in die Natur, die urgeschichtlich fehlen. Die heutige Siedlungslandschaft entsteht damit in ihren Anfängen. Auf den waldfrei gemachten Böden der Felder und Weiden entwickelt sich sekundäre Vegetation, aber es ist kein ursprünglicher Urwald mehr. Es beginnt ein Kreislauf, der ohne Unterbrechung bis zum Einsatz chemischer Dünger im vergangenen Jahrhundert geht, und das trotz aller Rückschläge bei ständig steigender Bevölkerung. Zuvor war über Jahrzehntausende die natürliche Umwelt, aus der man leben mußte, beim Sammeln und Jagen erhalten geblieben. Es hatte sich offensichtlich ein Gleichgewicht eingespielt, was wir heute sicher als Belehrung annehmen dürfen, denn zumindest zeigt die Urgeschichte, daß der Mensch sich zu seinem eigenen Vorteil auch in riskante Verhältnisse einpassen kann. Daß er sich dessen auch bewußt war, also den Bereich des Jenseitigen erfaßt hat, zumindest dessen, was über den Einfluß des Menschen hinausgeht, beweist etwa die Kunst der Jüngeren Altsteinzeit (Beitrag J. Hahn). Daneben sind auch gewisse Rückschlüsse auf Siedlungs- und damit Sozialstrukturen möglich, welche Grundbindungen erkennen lassen, etwa zwischen Mutter und Kind, die auch den männlichen Partner mit einbeziehen müssen. Hier beginnt allerdings auch der Bereich der Analogien mit heute noch bestehenden Jägerkulturen, die aber ihre eigene Geschichte haben. Sie sind nur begrenzt mit unseren Verhältnissen von vor Jahrtausenden zu vergleichen. Konkreter faßbar wird dagegen die erforderliche technische Leistung, sich auch unter kälteren Bedingungen in eiszeitlichen Phasen durchzusetzen, die der Mensch in unserem Gebiet miterlebte. Es sind alles Parabeln großer Leistungen, die zumindest dadurch beeindrucken, daß sie ohne Hilfe von außen, ohne Rückversicherungen, ohne klar erkennbare Zukunftsaussichten erbracht worden sind.

Daß wir uns auf Baden-Württemberg beschränken, ist allein ein praktischer Grund – denn irgendwo muß man Grenzen setzen. Die urgeschichtliche Entwicklung verläuft in riesigen Räumen, aber sie wird auch auf engerem Gebiet faßbar, vor allem, wenn es an urgeschichtlichen Funden so reich ist wie Baden, Württemberg und Hohenzollern, in die unser Land ja noch vor einem kurzen historischen Moment gegliedert war. Der größere Teil der urgeschichtlichen Forschung seit einem guten Jahrhundert hatte sich noch in dieser Teilung abgespielt. Aus diesem einfachen Grund hat es bisher noch keine »Urgeschichte in Baden-Württemberg« gegeben.

Die Gestalt unseres Landes wird von der uralten, nach Osten fließenden Donau *Abb. 1* bestimmt, der immer der Neckar nach Norden zu entgegengearbeitet hat, unterstützt später vom relativ jungen Rhein. In hartnäckiger Arbeit haben sie mit ihren Zuflüssen aus dem sich hebenden und senkenden Gestein des Untergrundes das tälerreiche, vielgliedrige Land modelliert. Es erstreckt sich vom eiszeitlich stark überprägten Fuß der Alpen bis zum Bergriegel nördlich des Neckars und von den klaren Grenzen des Oberrheingrabens im Westen bis zum kaum markierten Übergang in das bayerische Süddeutschland im Osten. Ein Raum, der auch während der Jahrhunderte der geschriebenen Geschichte nie zu einer geschlossenen Einheit werden konnte. Das historische Schwaben griff immer darüber hinaus. Dafür sind ihm Teile Frankens zugeschlagen.

Aber gerade das Verbinden ist Aufgabe dieser Landschaften, die wir heute Baden-Württemberg nennen. Die große Nord-Süd-Achse von der Rhone zum Rhein und die lange Donau-Transversale nach Osten führen durch dieses Land, das bei der Burgundischen Pforte sich auch nach Westen öffnet – ein Beziehungsnetz, das bereits in den urgeschichtlichen Anfängen existierte und den

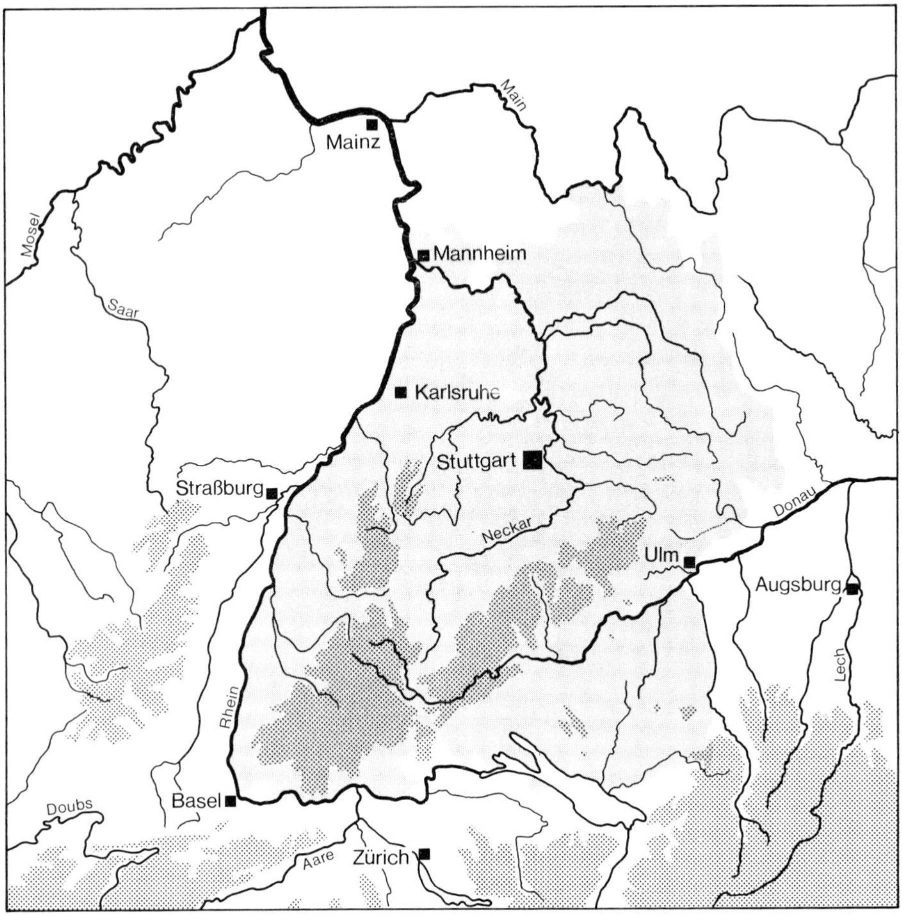

Abb. 1. Das heutige Land Baden-Württemberg wird vor allem durch die alten Achsen der Donau und des Neckars geprägt. Es öffnet sich aber auch über den Rhein nach Norden, die Burgundische Pforte am Doubs zur Rhone zum Mittelmeer und über das heutige schweizerische Mittelland gegen die Alpenregion. Schon in der Urgeschichte haben diese Entwässerungssysteme das kulturelle Geschick dieses Raumes beeinflußt und geprägt.

Reichtum an frühen archäologischen Funden mit verständlich macht. Dazu kommt die intensive moderne Nutzung des Gebietes mit ihren vielfältigen Eingriffen, aber auch einer schon frühen Denkmalpflege, die sich in der Forschungsgeschichte manifestiert. Doch ohne die Verschüttungen in Höhlen und

Talgründen, die Folge unserer Landschaftsformen sind, wären die Funde nicht in den Boden gelangt und erhalten geblieben: also vielfache Verknüpfungen von Ursachen und Wirkungen, deren Details sich in den Einzelbeiträgen verfolgen lassen.

Doch damit beginnt die hier zu leistende Arbeit. Um Geschichte in ihren Abläufen verstehen zu können, bedarf es des zeitlichen Maßstabes. Auch in der Urgeschichte ist das nicht anders. Nur haben wir hier zudem das Problem, daß wir an unseren Quellen keine direkten Daten in Sonnenjahren ablesen können. Ja, nicht einmal Zeitangaben nach Jahren, übertragbar auf unsere Zeitrechnung, sind möglich, die sich ihrerseits auf das übrigens auch nicht genau bestimmte Jahr der Geburt Christi bezieht. Die Römer zählten nach dem Abstand von der Stadtgründung oder auch nach Herrscherjahren. Weltweit – Ergebnis regionaler historischer Abläufe – wird heute nach mindestens drei unterschiedlichen Kalendern datiert. Wir dagegen können unsere urgeschichtlichen Zeitabläufe nur schätzen. Noch schlimmer: es ist nicht einmal immer sicher, was zeitlich gleichzusetzen ist. Aber es hat auch seinen Reiz, dieses Puzzle zu lösen. Gearbeitet

Tabelle 1: Grundgliederung der geologischen Ära

Ära	Formation	Abteilung	Unterabteilung
Känozoikum (Neuzeit des Lebens)	Quartär	Holozän	Jungholozän
			Mittelholozän
			Altholozän (10000 Jahre v. 1950)
		Pleistozän	Jungpleistozän
			Mittelpleistozän
			Altpleistozän
			Ältestpleistozän (2 – 1,5 Mio. Jahre v. h.)
	Tertiär	Pliozän	ca. 12 Mio. Jahre v. h.
		Miozän	ca. 25 Mio. Jahre v. h.
		Oligozän	ca. 40 Mio. Jahre v. h.
		Eozän	ca. 55 Mio. Jahre v. h.
		Paläozän	ca. 65 Mio. Jahre v. h.

wird intensiv daran, aber der Zeitansatz ist oft noch keineswegs sicher, vor allem, wenn der Maßstab möglichst kleinteilig werden soll.

Basis aller archäologischen Überlegungen zu Zeitabläufen ist, wie bei der Geologie, die »Stratigraphie«, was nichts anderes als die Beschreibung von Schichtfolgen bedeutet. Wie so etwas entsteht, kann an jedem Müllplatz beobachtet werden, wo die Bulldozer den Abfall lagenweise übereinanderschieben. Was älter ist, liegt tiefer begraben.

Nur findet die natürliche Ablagerung von Schichten, etwa in einem Flußtal oder am Bergfuß, nie gleichmäßig statt. Es entstehen häufig Lücken. Vor allem dann, wenn das Klima Schwankungen unterworfen ist, wie das während der letzten Jahrhunderttausende ständig der Fall war. Woher wissen wir das so genau? Wieder aus den erkennbaren Spuren: warme Wälder und ihre Böden liegen über kalten Tundren (Beiträge Frenzel und Bleich); warme Tiergesellschaften werden von kalten am gleichen Ort abgelöst (Beitrag v. Koenigswald); Grundmoränen der Gletscher, die heute tief in die Alpen zurückgezogen sind, erreichen die Donau (Beitrag Graul). Ein scheinbar dramatisches Geschehen, wenn man es im Zeitraffertempo sieht. – Im Grunde aber sind es Veränderungen über Äonen hinweg. Sie haben viel zerstört, aber sie geben uns auch die Chance, die jüngste geologische Vergangenheit – das Quartär, ursprünglich die vierte Epoche der
Tab. 1, 2 Erdgeschichte – zu strukturieren. Dieses Verfahren wird als »Quartärgliederung« bezeichnet. Die Formation Quartär wird in zwei Abteilungen – das Pleistozän und das Holozän – gegliedert, was in der Übersetzung einfach zu verstehen ist: »zän« ist eine Vereinfachung des griechischen »neu«; »pleistos« heißt lediglich »am meisten« und »holos« schließlich »gänzlich«, also nichts anderes als die Abteilungen der »am meisten neuen« und »gänzlich neuen« Lebewesen. Daß in derartigen Bezeichnungen auch viel Forschungsfortschritt und bisweilen daher eher erzwungene Wortschöpfungen stecken, sei nur nebenbei bemerkt. Das Quartär bildet zusammen mit dem Tertiär (die Formationen Primär und Sekundär sind längst verschwunden, da sie der wahren Sequenz der Ereignisse schon bald nicht mehr gewachsen waren) die Ära des Känozoikums = Neuzeit der Lebewesen. Man vergleiche damit »Neuzeit« als Phase der Geschichte: gerade mal eben ein halbes Jahrtausend.

Wie schon erwähnt, ist für die Gliederung des Quartärs – und auch des Holozäns – das erkennbare mehrfache Wechseln des Klimas ein gutes Hilfsmittel. Schon Ende des 18. Jahrhunderts wurde in den Alpen eine größere Ausdehnung der Gletscher vermutet. Durch die Beobachtung neuer Vorstöße zu Beginn des 19. Jahrhunderts wurde dies schließlich zur Gewißheit, und schon 1822 wurde ein mehrfacher Vorstoß vermutet (*H. D. Kahlke 1981*). Diese Vorstellungen faßten schließlich um 1840 weltweit Fuß. Allerdings blieb noch lange unklar,

Tabelle 2: Gliederung des süddeutschen Quartärs

Abteilung	Unterabteilung	Florenstufe	Glazialstufe (Endmoränenphasen)
Holozän	Jungholozän	Subatlantikum Subboreal	Interglazial
	Mittelholozän	Atlantikum	(= Thermal)
	Altholozän	Boreal Präboreal	10000 v. 1950
Pleistozän	Jungpleistozän	Jüngere Dryas Alleröd (warm) Ältere Dryas Bölling (warm) Älteste Dryas Denekamp (warm) Hengelo (warm) Moershoofd (warm) Odderade (warm) Brörup (warm)	Rückzugsstand Würm 28000 v. h. Glazial Vorstoß-Stände
		St. Germain II (warm) Eem	Interglazial ca. 130000 v. h.
	Mittelpleistozän		Riß
		Holstein	Interglazial 400000 v. h.
	Altpleistozän		Mindel Günz?
		Cromer	Warmzeit 800000 v. h. Günz?
	Ältestpleistozän		Warm- und Kaltzeiten 1,5 – 2,0 Mio. v. h.

mit wie vielen derartigen Eisvorstößen zu rechnen war und vor allem auch, welche Ausmaße sie jeweils hatten, und zwar in Raum und Zeit. Erst die Revision aller eiszeitlichen Beobachtungen im Alpenraum, die *A. Penck* und *E. Brückner* (1901–09) publizierten, führten zur Aufstellung der vier klassischen Eiszeiten. Sie wurden nach Alpenflüssen und in alphabetischer Abfolge mit der ältesten beginnend als »Günz«, »Mindel«, »Riß« und »Würm« bezeichnet. Dabei muß man sich vor Augen halten, daß die eigentlichen Hauptvorstoßzeiten, die durch Endmoränen belegt wurden, nur recht kurze Dauer besaßen, wie heute prinzipiell bekannt ist. Zwischen den kurzen Endmoränen-Ereignissen »Riß« und »Würm« liegt also eine sehr lange interglaziale Phase (*R. Hantke 1978*). In Norddeutschland wurden nur drei große Gletschervorstöße nachgewiesen (*H. D. Kahlke 1981*), die als »Elster«, »Saale« und »Weichsel« nach dortigen Flüssen bezeichnet werden. Es gilt als sicher, daß »Würm« und »Weichsel« in ihren Hauptzügen übereinstimmen. Wieweit »Riß« und »Saale« miteinander identisch sind, ist schon weniger klar, und »Mindel« kann nur mit Vorbehalt als Gegenstück von »Elster« betrachtet werden. Das alpine »Günz« hat kein klares Gegenstück im Norden und wird entweder noch in den Beginn des »Elster« oder aber davor in eine Eiszeit gestellt, die mit ihren Gletschern nicht über Skandinavien bis nach Norddeutschland vorgestoßen ist, wie das bei den anderen drei großen Eiszeiten, freilich immer nur über relativ kurze Zeit, der Fall gewesen ist. Es gäbe weltweit noch viele eigenständige Gletscherregionen, die mit dem alpinen System zu vergleichen wären, etwa in England, Westsibirien, Ostsibirien, Nordamerika und so fort. Für uns ist die alpine Gliederung die räumlich vorgegebene. Nun bewegen sich Gletscher in ständigen kurzfristigen Schwankungen. So stießen sie um 1600 und um 1850 n. Chr. nach dazwischenliegendem Rückzug wieder beträchtlich vor. Diese Vorstöße (vgl. Beitrag Graul) waren mit Perioden kalter Sommer verbunden, also eindeutig Perioden abgesunkener Temperaturen (*H. J. Zumbühl 1980*). Das alles fand aber im noch anhaltenden gegenwärtigen »Interglazial« statt. Das Verharren der Gletscher in einem Außenstand wird als »Stadial« bezeichnet, der weit längere Rückzug in einen Innenstand als Interstadial. Glaziale und Interglaziale werden also durch Stadiale und Interstadiale unterteilt. Man kann sich leicht vorstellen, daß solche kurzfristigen Änderungen nur schwer gleichzusetzen sind und es dazu sehr genauer Datierungen bedarf. Das ist selbst für die gutbekannten Grindelwaldgletscher erst kürzlich in allen Details gelungen (*H. J. Zumbühl 1980*). Wir können für unsere Gesamtstratigraphie festhalten, daß wir in Süddeutschland vier größere Gletschervorstöße in das Vorland der Alpen kennen, die auch mit Moränen in Verbindung stehen. Ältere Eisvorstöße (»Donau«, »Biber«) werden indirekt nur durch ihnen zugewiesene Vorstoßschotter postuliert (vgl. Beitrag Graul). Am richtigsten stellt man sich die eiszeitlichen Endstände nur kurzfristig vor. Von den Altendmoränen des »Riß« erfolgt ein schwankungsreicher Rückzug in das folgende Interglazial und danach mit Verschlechterung des Klimas ein noch langsamerer Wiedervorstoß, bis endlich nach vielen Schwankungen der äußerste Stand der Jungendmoränen des »Würm« erreicht wird.

In den trockenen Kaltzeiten werden aus ausgeblasenen feinkörnigen Flußablagerungen Lösse gebildet. Hier waren schon früh ebenfalls drei Hauptphasen bekannt, etwa in den großen Aufschlüssen von Achenheim bei Straßburg (*R. R. Schmidt 1912*): Sandlöß, Altlöß und Junglöß, die durch mächtige Böden der staubfreien warmen Interglazialzeiten unterteilt wurden. Es lag nahe, diese drei Stufen mit »Mindel«, »Riß« und »Würm« gleichzusetzen. In groben Zügen stimmt das auch. Nur haben sich auch die Lösse durch genauere Beobachtungen und immer neue eingeschobene Böden weiter unterteilen lassen. Der Haken ist freilich, daß es keine genaueren Datierungsmöglichkeiten gibt, um alle diese Bodenphasen im Löß mit den Interstadialen der Gletscherregionen zu korrelieren. Das wäre schon deswegen erfreulich, weil die archäologischen Funde zwar häufig mit Lössen, aber fast nie mit Moränen verbunden sind.

Ein ganz anderer Maßstab wird wieder von den vegetationsgeschichtlichen Beobachtungen geliefert (vgl. Beitrag Frenzel). Hier lassen sich nicht nur Waldzeiten von Steppen- und Tundrenphasen trennen, sondern es gelingt sogar, festzustellen, welcher Art die Wälder waren und wie die Veränderungen abliefen. Es ist klar, daß dies der feinste Maßstab ist, zumal er in den Pollenprofilen auch an ganzen Serien von Pflanzenarten über längere Zeit verfolgt werden kann. Leider gibt es wenig archäologisch interessante Stationen, die gut mit derartigen Pollensequenzen verknüpft werden können. Einigermaßen zuverlässig geht das nur im Spätglazial und Holozän (vgl. Beiträge Albrecht, Hahn und Müller-Beck aus diesem Abschnitt). Prinzipiell hat man wärmere Waldphasen mit Interglazialen und kältere Tundren- oder Steppenzeiten mit Glazialen gleichgesetzt. Offenbar ist dies aber so einfach nicht möglich. So können etwa zwei gutentwickelte Waldphasen zwar durch eine kühlere Waldsteppenzeit oder sogar sehr kalte Steppen getrennt sein, die selbst aber wieder nicht lange genug dauerten, um auch den Gletschern einen weiten Vorstoß zu ermöglichen. Es ist also denkbar, daß wir in einem Interglazial eine ganze Serie von wärmeren und kühleren Vegetationsperioden antreffen werden. Es spricht gegenwärtig alles dafür, daß dies im »Riß-Würm-Interglazial« tatsächlich so ist. Jedenfalls liegen zwischen den ursprünglich definierenden Endmoränenständen (vgl. Tabelle 1) mindestens neun wärmere Vegetationsphasen, die alle mit Wiedererholung der Waldbestände verbunden waren. Daß diese Wiedererholung stärker war, als der Wald noch nicht viel Areal aufgegeben hatte, ist leicht einzusehen. Nur reichen auch hier unsere Unterlagen zu genaueren Beschreibungen noch nicht aus, wennschon doch zu recht realistischen und vielfältigen Teilaussagen. Erst die Wiederbewaldung am Ende der letzten Eiszeit ist in unserem Raume bereits gut bekannt und läßt erkennen, wie wir methodisch auch in den älteren Phasen einmal folgern müssen, wenn genügend Beobachtungen dazu vorhanden sind (vgl. Beitrag Frenzel).

Es ist also viel zu einfach, ein Gletscher-Interglazial einer Waldzeit mit intensiver Bodenbildung gleichsetzen zu wollen. Immerhin kennen wir aber doch sehr markante und in sich gutbeobachtete Waldzeiten, die uns weiterhelfen. Da ist einmal das sehr häufig in seiner ganzen Abfolge nachgewiesene »Eem«, das wir zwar nicht genau absolut datieren können, das aber doch sicher älter als 80000 Jahre sein muß. Älter sind das nicht so gut schon in allen Teilen gesicherte »Holstein« und noch einmal davor das »Cromer« mit gewiß mehreren nachgeordneten Waldphasen. Beginnen wir wieder von oben, so liegt das »Eem« eindeutig vor den Jungendmoränen des »Würm« und in der großen Phase zwischen diesen und den Altendmoränen des klassischen »Riß« (*M. Welten 1981*). Das wahrscheinlich auch mehrgliedrige »Holstein« ist erst vor diesen anzusetzen, aber nach dem alpinen »Mindel«, während vor jenem dann der »Cromer-Komplex« liegt. Nach dieser Abfolge lassen sich auch die Tierfaunen einstufen (vgl. Beitrag v. Koenigswald) und ebenso die aus Baden-Württemberg stammenden Menschenreste (vgl. Beitrag Czarnetzki). Daß neben dem »Eem« noch weitere Waldzeiten im »Riß-Würm-Interglazial« liegen könnten, ist von geringerer Bedeutung für unsere grobe, aber in diesem Raster dann eben »richtige« Einteilung, der wir in diesem Buch folgen wollen.

Man kann sich auch noch dadurch helfen, daß man das Pleistozän in Unterabteilungen gliedert. Von unten beginnend: Ältestpleistozän, dann Alt-, Mittel- und Jungpleistozän und ebenso für das Holozän. Dieser im deutschsprachigen Raum üblichen Vierteilung steht im Englischen nur eine Dreiteilung gegenüber
Tab. 3 (*J. Wymer 1982*): Alt-, Mittel- und Jungpleistozän. Dort benutzt man die gutbekannten Florenstufen zur Gliederung: Präboreal und Boreal sind das Altholozän; das Atlantikum ist das Mittelholozän, und schließlich bilden Subboreal und Subatlantikum das Jungholozän. Der Vorteil dabei ist, daß man Dinge, die sich in den feineren Vegetationsraster nicht sicher einstufen lassen, wenigstens den gröberen Unterabteilungen zuzuordnen vermag. Das Ältestpleistozän würde dann von Beginn des Quartärs bis zum Beginn des Cromer-Komplexes reichen; das Altpleistozän mit jenem anfangen, das Mittelpleistozän mit dem Beginn des Holstein zusammenfallen, um bis zum Beginn des Eem zu laufen, das dann zugleich den Anfang des Jungpleistozäns markieren würde, welches in der Regel mit dem Beginn des holozänen Präboreal endet. Im Ältestpleistozän

Tabelle 3: Vergleich zur englischsprachigen Gliederung

Holozän	Postglazial	
Jungpleistozän	Würm Eem	Late Pleistocene
Mittelpleistozän	Riß	
	Holstein	Middle Pleistocene
Altpleistozän	Mindel Cromer	
Ältestpleistozän	Günz?	Lower Pleistocene

setzt sich übrigens eine Faunenstufe fort, die schon im Tertiär begonnen hat: das »Villafranchium«, zugleich ein Zeichen für die dort tiefgreifenden Übergangsverhältnisse. Schwieriger ist die Angabe absoluter Daten. Dazu zieht man heute »absolute« Datierungsverfahren heran, die aber auch eigentlich strenggenommen Annäherungsschätzungen sind (*R. Hantke 1978*) und sehr häufig an Tiefseesedimenten oder vulkanischen Neubildungsgesteinen gewonnen werden, deren Gleichsetzung mit unserer Vegetationsabfolge wieder ihre Probleme hat. Zudem ist es eine Definitionsfrage, womit man das Quartär beginnen lassen will. Dies kann bei 2 Millionen Jahren vor heute oder auch bei 1,5 Millionen Jahren sein. Das Altpleistozän könnte man etwa vor 800 000 Jahren, das Mittelpleistozän vor 400 000 oder auch erst 350 000 Jahren und das Jungpleistozän vor etwa 130 000 oder etwas weniger Jahren beginnen lassen. Erst das Ende des Jungpleistozäns läßt sich mit einem echten, recht gut gemessenen Datum als 10 000 vor heute fassen. Es beruht auf der ^{14}C-Methodik (vgl. Beitrag Hahn), die diesen Wert in der Nähe des Präborealbeginns sicher hundertmal erbracht hat. Ob es sich dabei um echte »Sonnenjahre« unserer Zeitzählung handelt, die ja übrigens doch nur »Erdjahre« sind – der geschätzte Leser sei gebeten, sich die Gründe für diese Behauptung selbst zu überlegen –, ist wegen der Kausalität der ^{14}C-Methode allerdings offen. Wir reden daher besser von ^{14}C-Jahren, also direkt gemessenen Zeiten, die nicht auf die Sonnenjahrskala umgeeicht sind. So wird in diesem Buch generell verfahren.

Die archäologischen Abschnitte sitzen in einem Gewebe, das dem eines Kriminalromans gleicht. Man kann eine Frühe Altsteinzeit (Frühpaläolithikum) abtrennen, die dann in den Unterabteilungen Ältestpleistozän und Altpleistozän bis zum Ende der Florenstufe des Cromer ginge. Danach käme die Ältere Alt- *Tab. 4*

Tabelle 4: Phasen der süddeutschen Urgeschichte

Abteilungen		Klimaphasen	Florenstufen	Archäol. Stufen (Technokomplexe)
Holozän 10000 v. h.		Postglazial	Subatlantikum Subboreal Atlantikum Boreal Präboreal	Eisenzeit Bronzezeit Neolithikum Mittlere Steinzeit
Jung- pleistozän	(Würm) Glazial	Spätglazial	Jüngere Dryas Bölling	Spätpaläolithikum Magdalénien
		Oberes Pleniglazial		Gravettien
		Interpleniglazial	Denekamp Hengelo	Aurignacien Blattspitzen Mittelpaläolithikum
		Unteres Pleniglazial		Mittelpaläolithikum
		Frühglazial	Brörup Ammersfoort	
130000 v. h.		Interglazial	Eem	
Mittel- pleistozän		(Riß) Glazial		Altpaläolithikum Schädel von Steinheim
400000 v. h.		Interglazial	Holstein	
Alt- Pleistozän		(Mindel) Glazial (Günz?)		
800000 v. h.		Warmphasen	Cromer	Unterkiefer von Heidelberg

steinzeit (Altpaläolithikum), die auch das eben genannte Frühpaläolithikum mit einschließen könnte. In der Regel beginnt die Mittlere Altsteinzeit (Mittelpaläolithikum) in Europa mit dem Einsetzen des Jungpleistozäns. Es ist aber vom Altpaläolithikum nicht sauber zu trennen. Schärfer gilt das für die Jüngere Altsteinzeit (Jungpaläolithikum) (Beitrag Hahn) – aber dazu doch noch einmal ein schematischer Rückgriff: es hat sich in den letzten Jahren eingebürgert, das Jungpleistozän klimatologisch in das eigentliche Interglazial, das schon kältere Frühglazial, ein unteres Pleni-(Voll-)glazial, das wieder wärmere Interpleniglazial das obere Pleniglazial und schließlich das Spätglazial einzuteilen. Basis dafür sind nicht mehr die Gletscher allein, sondern ihr ganzes »glazial« beeinflußtes Umfeld, das »Periglazial« mit Löß, Kaltschutt in den Höhlen, Vegetationsveränderungen, Böden, Terrassenschottern und so fort. Das Jungpaläolithikum begänne dann im Bereich des ausgehenden Interpleniglazials (Beitrag Hahn). Aber ganz ohne Forschungsgeschichte gehen derartige Einleitungen nicht ab – also auch dazu einige kurze Sätze –, sie manifestiert sich naturgemäß in den einzelnen Beiträgen und vor allem in den Regesten viel eingehender. Dort wird auch deutlich, wie viele Sparten der Wissenschaft an dem Erarbeiten dieser »Urgeschichte in Baden-Württemberg« beteiligt gewesen sind. Die in der Folge erwähnten Forscher haben über den Einsatz der archäologischen Methode vor allem die für die Urgeschichte entscheidende Beziehung zum handelnden Men-

Abb. 2. Grabung in Stuttgart-Bad Cannstatt 1816. Stoßzahnhaufen von Elefanten.

Abb. 3. Oskar Fraas (1824–1897)

schen hergestellt. Wir wollen allerdings hier nur die nennen, welche die Erforschung des Paläo- und Mesolithikums als sehr wichtige Teilaufgabe oder gar Hauptaufgabe ihrer Arbeiten in unserem Lande angesehen haben. Dazu gehört auch der Postrat a. D. Eduard Peters, der ab 1927 in Hohenzollern und Baden als Autodidakt tätig war. Intensiver und vor allem auch vollamtlich konnte schon früh im höhlenreichen Württemberg gearbeitet werden, wo allerdings die ersten überlieferten, aber noch nicht als solche erkannten eiszeitlichen Faunenfunde schon 1700 im Löß von Cannstatt gemacht wurden, die später immerhin – z. T. auf Umwegen – in das Naturalienkabinett nach Stuttgart verbracht wurden. Auch ein weiterer Fund von 1816, ebenfalls aus Cannstatt, wurde nicht in seiner Bedeutung erfaßt. Die aufgehäuften Stoßzähne fielen leider 1944 im Naturalienkabinett dem Krieg zum Opfer. Aus Resten dieses Fundes konnte *K. D. Adam* (1969) noch Feuerspuren nachweisen, die den Zusammenhang mit einem Jägerlager dokumentieren.

Abb. 2

Abb. 4. Robert Rudolf Schmidt (1882–1950).

Am Naturalienkabinett wirkte auch der ehemalige Pfarrer, dann Konservator und schließlich Vorsteher *Oskar Fraas* (1824–1897), der vor allem als Paläontologe tätig war. Er erkannte bei der Bergung von Höhlenbärenresten im Jahre 1862 im Hohlestein im Lonetal die Steingeräte dort offensichtlich noch nicht. Das war erst der Fall, als er in den Resten eines eiszeitlichen Jägerlagers an der Schussenquelle im Jahre 1866 grub (vgl. Beitrag Albrecht). Im gleichen Jahr zeitigten seine weiteren Grabungen im Hohlestein dann auch die ersten Steingeräte. Auch im Hohlen Fels bei Schelklingen (1870–71) und in den Ofnethöhlen an der bayerischen Grenze (1875–76) war O. Fraas in weithin beachteten Ausgrabungen bereits erfolgreich. Diese Arbeiten wurden durch seinen Sohn *E. Fraas*, der auch sein Nachfolger im Stuttgarter Naturalienkabinett wurde, fortgeführt. Sie fanden einen ihrer Höhepunkte durch die Bergung eines fast vollständigen Steppenelefantenskelettes 1910 in Steinheim (vgl. Beitrag v. Koenigswald). In Baden war durch den Fund des Unterkiefers des Heidelberger Urmenschen in den San-

Abb. 3

Abb. 5. Gustav Riek (1900–1976).

Abb. 6. Grabung mit G. Riek in der Brillenhöhle bei Blaubeuren. ▶

den von Mauer, den O. *Schoetensack* 1908 publizierte (vgl. Beitrag Czarnetzki), das Interesse an der Urgeschichte erheblich angewachsen.

Abb. 4 Besonders umfangreiche Forschungen führte schließlich *Richard Rudolf Schmidt* (1882–1950), angeregt durch seinen Lehrer, den Paläontologen *E. Koken*, von Beginn des Jahrhunderts an durch. Er promovierte als erster Urgeschichtler 1907 in Tübingen, habilitierte 1912 daselbst und führte von 1921 bis 1929 das dort von ihm ins Leben gerufene Urgeschichtliche Institut. Ihn unterstützte dabei vor allem auch *G. Kraft*, der später in ungewöhnlicher Breite die Paläolithforschung in Freiburg weiterverfolgte und dessen Büchlein: »Der Urmensch als Schöpfer. Die geistige Welt des Eiszeitmenschen« noch heute, trotz aller Zunahme an Detailkenntnissen, seit der ersten Drucklegung im Jahre 1942 noch immer sehr lesenswert ist. Das Urgeschichtliche Institut blieb stets den

Naturwissenschaften und der Paläontologie eng verbunden. Leider mußte R. R. Schmidt unter sehr unglücklichen Umständen die Leitung seines Instituts schon allzufrüh abgeben.

Erst *Gustav Riek* (1900–1976) setzte ab 1931 diese guten Anfänge mit den Ausgrabungen in der noch heute international äußerst wichtigen Vogelherdhöhle im Lonetal wieder intensiv fort. Er übernahm die Leitung des Instituts und erhielt nach seiner Habilitation mit der venia legendi (dem Vorlesungsrecht) für »Urgeschichte des Menschen« den Lehrstuhl für Urgeschichte, den er bis zu seiner Emeritierung im Jahre 1969 innehatte. Trotz oft schwieriger Umstände hat Gustav Riek die Urgeschichtsforschung in Württemberg durch intensivste Arbeit – deren Ergebnisse dem Leser auch in diesem Buch überall begegnen, weshalb es seinem Andenken gewidmet ist – zu einer gewichtigen Einrichtung gemacht. *Abb. 5, 6*

Vor allem hat er sie auch, u. a. durch die Einrichtung des Urgeschichtlichen Museums Blaubeuren, das gegenwärtig neu gestaltet wird, einer breiten und sehr interessierten Öffentlichkeit näherbringen können.
Auch wenn wir auf weitere Details verzichten wollen – es sei noch einmal auch im Hinblick auf die Forschungsgeschichte auf die einzelnen Beiträge des Bandes verwiesen –, muß noch ein Mann genannt werden: *R. Wetzel*, der in Tübingen tätige Anatom, der vor und nach dem Krieg in eindrucksvoller Weise am Bockstein im Lonetal arbeitete. Seine Funde liegen heute in den Prähistorischen Sammlungen der Stadt Ulm.
Damit sind wir nun endlich in der Gegenwart angelangt. Schwerpunkte der Forschung liegen unterdessen beim Landesdenkmalamt Baden-Württemberg, das im Rahmen seines Auftrags auch die steinzeitlichen Stationen bewahrt und dort, wo notwendig, ausgräbt, wie gegenwärtig in Cannstatt oder im Geißenklösterle bei Blaubeuren. Einbezogen ist ebenfalls das Staatliche Naturkundemuseum in Stuttgart mit besonderem Schwergewicht im paläontologisch-urgeschichtlichen Bereich, das auch das Urmenschenmuseum in Steinheim betreut. An Ausgrabungen und Auswertungen im ganzen Lande ist das Institut für Urgeschichte der Universität Tübingen beteiligt, dessen Forschung zugleich Grundlage eines breitgefaßten Lehrangebotes ist. Spezielle urgeschichtliche Veranstaltungen werden aber auch an der Universität Stuttgart angeboten. An der Universität Hohenheim befindet sich ein Schwerpunkt der quartärbotanischen Forschung; an der Universität Heidelberg werden im Bereich Umweltphysik die ^{14}C-Datierungen in größeren Serien auch für Landesfunde durchgeführt; in Tübingen findet die Bearbeitung der steinzeitlichen Menschenreste aus dem Land statt. Des weiteren sind vor allem an den vielfältigen Auswertungen zahlreiche Institutionen, z. T. selbst im Ausland bis nach Bordeaux (Sedimente), Paris, ja Kapstadt (Datierungen) beschäftigt.
Urgeschichtliche Funde zeigen z. Z. vor allem die beiden Spezialmuseen in Steinheim an der Murr und in Blaubeuren. Weitere werden auch bald wieder im Württembergischen Landesmuseum und im Naturkundemuseum in Stuttgart zugänglich sein. Zu finden sind sie aber auch in vielen Lokalmuseen im Bereich der Landschaften, aus denen sie kommen.
Zum Schluß noch eine Mahnung, die leider allzu notwendig geworden ist: Urgeschichtliche Funde sind bedeutsame Quellen zur Erhellung unserer Vergangenheit. Sie müssen unbedingt geschützt werden und können nur von geschulten Kräften unter Feststellung der Zusammenhänge gehoben werden. Es ist auch hier in der Tat so wie bei der Kriminalistik: Spuren müssen von Spezialisten gesichert werden! Wer also je auf Dinge stößt, die urgeschichtliche Bedeutung haben könnten, und das sind schon Tierknochen aus einer Höhle oder aus Schottern

oder etwa erst recht die nicht leicht zu erkennenden Steingeräte, sollte sie in der angetroffenen Situation belassen und entweder den nächsten Polizeiposten oder das zuständige Landkreisamt oder unmittelbar die Denkmalämter-Außenstellen in Stuttgart, Karlsruhe, Tübingen und Freiburg benachrichtigen, die dann die notwendigen Maßnahmen veranlassen können. Auch auf Baustellen sollte überall eine entsprechende Meldung erfolgen, wie das zum Glück in zunehmendem Umfang geschieht.

Gerade die Urgeschichtsforschung ist auf die breiteste Unterstützung der Öffentlichkeit angewiesen. Als Gegenleistung ist sie zum Bericht über ihre Arbeit in verständlicher Form verpflichtet, wie das auf den folgenden Seiten, aufbauend auf eine Vortragsreihe der Universität Tübingen, geschieht.

Die Paläogeographie des Eiszeitalters

von Hans Graul

Einleitung

Bisher gibt es keine zusammenfassende Darstellung der Paläogeographie des südwestdeutschen Eiszeitalters, nicht einmal in Form eines Fachbuches. Daß ein solcher Versuch noch nicht gemacht wurde, liegt an dem dichten Nebeneinander höchst verschiedener Naturlandschaften in diesem Raum: den Alpen, dem Al- *Abb. 7*
penvorland, dem Oberrheingraben, den kristallinen Massiven an dessen Rändern und den restlichen Flächen der heute von Neckar und Donau bestimmten mesozoischen Deckgebirgen, die in Form von flach lagernden Sedimentschichten starken Wechsels, von Nordwest nach Südost leicht abfallend, den Kernbereich unseres Gebietes bilden. Es liegt auf der Hand, daß die eiszeitliche Entwicklungsgeschichte der Landschaft in der Folge dieser naturgegebenen Gliederung beschrieben werden muß.

Sind Alpensaum knapp südlich des Rheins, Alpenvorland bis etwa zur Iller, Oberrheingraben und seine angrenzenden kristallinen Ränder als Landschaften klar faßbar, so müßte auch die Zone der mesozoischen Deckgebirge in eine ganze Reihe von verschiedenen Naturräumen gegliedert werden, die weniger von ihrer Höhenlage als vom Unterschied der Zusammensetzung und der Widerstandsfähigkeit des Gesteins gegenüber den physischen und chemischen Einflüssen der Atmosphäre – der Verwitterung – bestimmt wird. Die geologische *Abb. 8*
Karte zeigt bereits in ihren großflächigen Farben die auf der Unterlage widerständiger Gesteine ausgedehnten sogenannten Landterrassen. Im Süden zunächst der Weißjura über der intensiv vom Eiszeitgeschehen geprägten Donauniederung als Grenze des eigentlichen Alpenvorlandes. Weiter nach Norden folgen die Liasα-Flächen, die Keupersandsteinflächen, die Hügel und Rücken der Muschelkalkzone und schließlich das Buntsandstein-Schollenland. Die eiszeitliche Genese aller dieser Einzellandschaften ist außerordentlich verschieden. Ihre Beschreibung wäre sicher reizvoll, würde aber allzu umfänglich werden, so

daß die hier gegebene Übersicht nur kursorisch sein kann und sich auf einige Hauptzüge beschränken muß, die das oft dramatische Geschehen nur in Auszügen zu spiegeln vermögen.

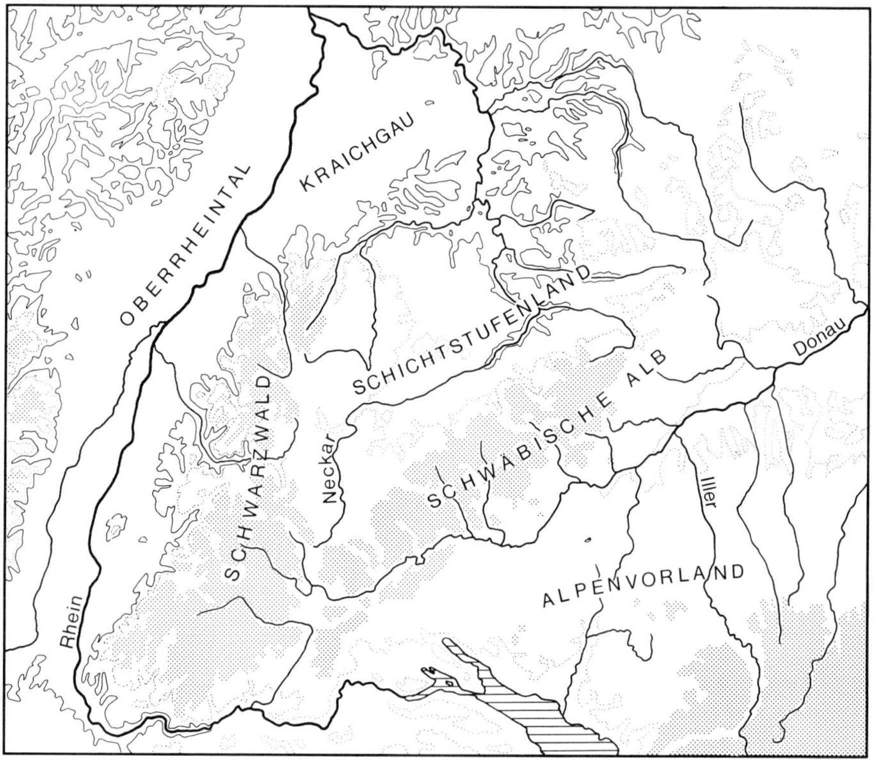

Abb. 7. Die landschaftliche Großgliederung Südwestdeutschlands.

Abb. 8. Geologische Karte Südwestdeutschlands. ▶

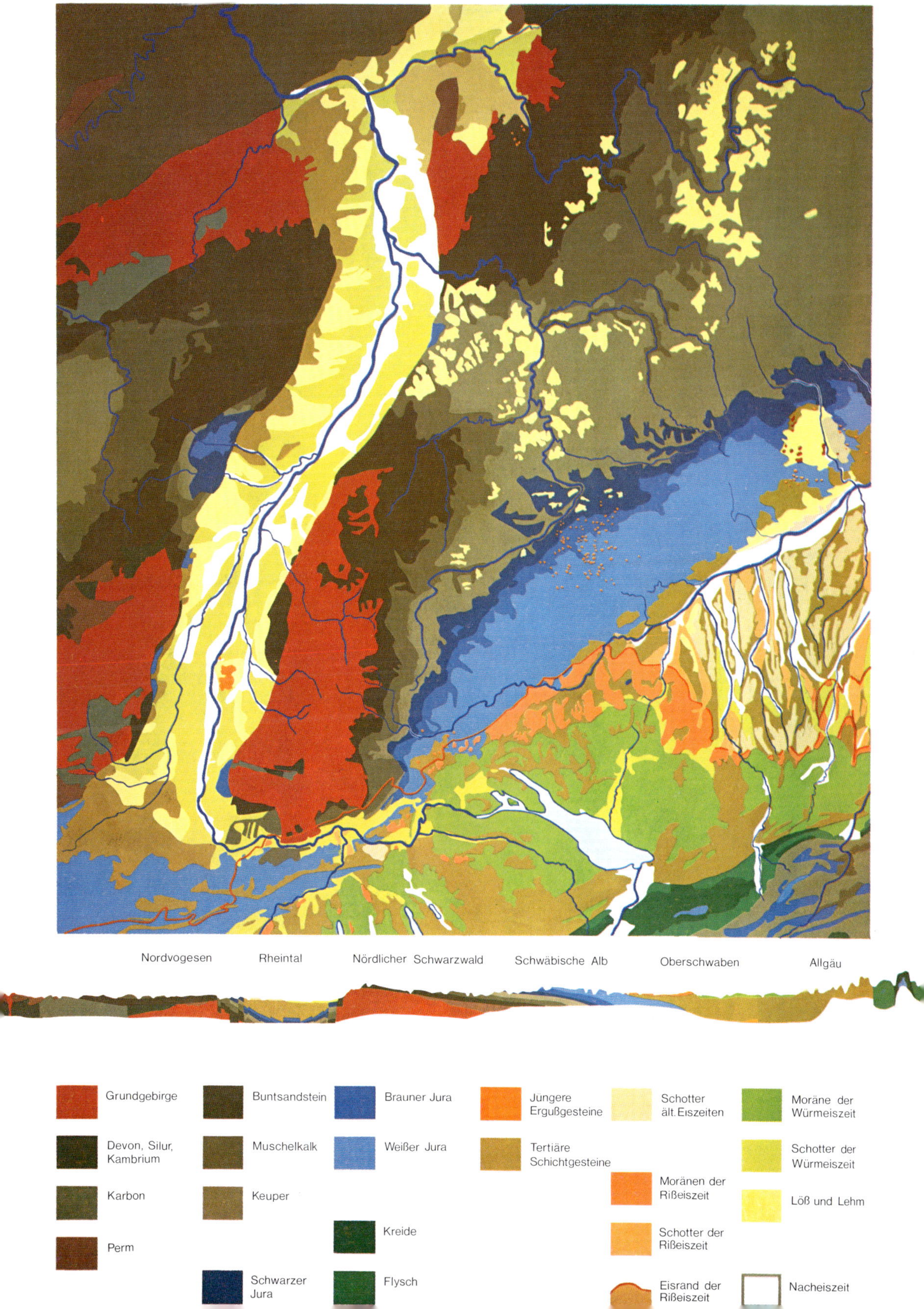

Nordvogesen
Rheintal
Nördlicher Schwarzwald
Schwäbische Alb
Oberschwaben
Allgäu
Grundgebirge
Devon, Silur, Kambrium
Karbon
Perm
Buntsandstein
Muschelkalk
Keuper
Schwarzer Jura
Brauner Jura
Weißer Jura
Kreide
Flysch
Jüngere Ergußgesteine
Tertiäre Schichtgesteine
Schotter ält. Eiszeiten
Moränen der Rißeiszeit
Schotter der Rißeiszeit
Eisrand der Rißeiszeit
Moräne der Würmeiszeit
Schotter der Würmeiszeit
Löß und Lehm
Nacheiszeit

Die Formung durch die alpinen Vergletscherungen

Das Eiszeitalter wird durch eine relativ plötzlich einsetzende Schwankung der Klimate charakterisiert, die vor allem in mittleren Breiten deutlich erkennbare Spuren hinterlassen haben (vgl. auch Einführung und Vegetation). Wir setzen dabei die Jahrestemperatur als Grundlage und erkennen aus ihrem Verlauf (vgl. Einführung), daß schon das Tertiär eine allmähliche und schwankende ständige Abnahme der Temperatur zeigt, aber bei weitem noch nicht die kurzen intensiven Schwankungen des seit zwei Millionen Jahren andauernden Pleistozäns. Im letzten Drittel desselben sind solche von zehn bis zwölf Grad in Perioden von 20000 bis 100000 Jahren nachweisbar, während sie in den ersten zwei Dritteln noch nicht genauer bekannt sind, aber kaum die Intensität der späteren Zeit erreicht haben konnten. Jedenfalls sind als Vereisungen des alpiden Gebirgszuges bis hinaus in das nördliche Alpenvorland nur vier oder vielleicht fünf bis sechs
Abb. 9, 10 große Vergletscherungen wirklich morphologisch an den Landoberflächen faßbar. Solange wir von früheren Kaltzeiten keine Grund- oder Endmoränen, sondern allenfalls auf kalte Klimate hinweisende Ablagerungen und andere morphologische Ausräumungs- oder Einfüllformen finden können, ist es naheliegend, die Letzte Eiszeit, die naturgemäß in sich gegliedert ist, als »Würm« im Jungpleistozän anzusetzen. Die vorletzte Gruppe stünde als »Riß« im Mittelpleistozän, die davorliegende als »Mindel« im Altpleistozän, aber auch noch die Gruppe des »Günz« und des »Donau«, die stratigraphisch noch einmal tiefer liegen, würden am ehesten ebenfalls noch in das Altpleistozän zu stellen sein, zumindest, soweit diese Begriffe durch Ablagerungen im Alpenvorland definiert worden sind. Das davor liegende Ältestpleistozän würde dann spätestens vor etwa 700000 bis 800000 Jahren enden.

Im Gelände kann man noch heute sehr rasch erkennen, daß die Wirkung der Formungsfaktoren auf die Landoberfläche im Pleistozän sehr viel wechselhafter gewesen sein mußte, als sie es im Tertiär gewesen war. Zur Zahl der schon zuvor wirksamen Formkräfte kam die Auswirkung ausgedehnter Gletscher, in den Alpentälern oft über 2000 m mächtig, aber auch am Alpenrand oft noch über 1000 m hoch, und die der zugehörigen sommerlichen Schmelzwasserströme an den breiten Gletschersäumen. Dazu kam periglazial die verstärkte Wirkung des Oberflächenfrostes, des oft mehrere Meter mächtigen Auftaubodens über tiefreichendem Permafrost und schließlich die Windwirkung in einer langzeitig nur von offener Vegetation bedeckten Landschaft (vgl. Vegetation). Heute ist unser Gebiet noch immer zumindest zu 50 Prozent mit Wald und dicht stockenden Wiesen bedeckt. Dazu kommen die bebauten Zivilisationsflächen, die alle weitgehend gegen Windabtragungen geschützt sind. Im Tertiär war dagegen der

A

B

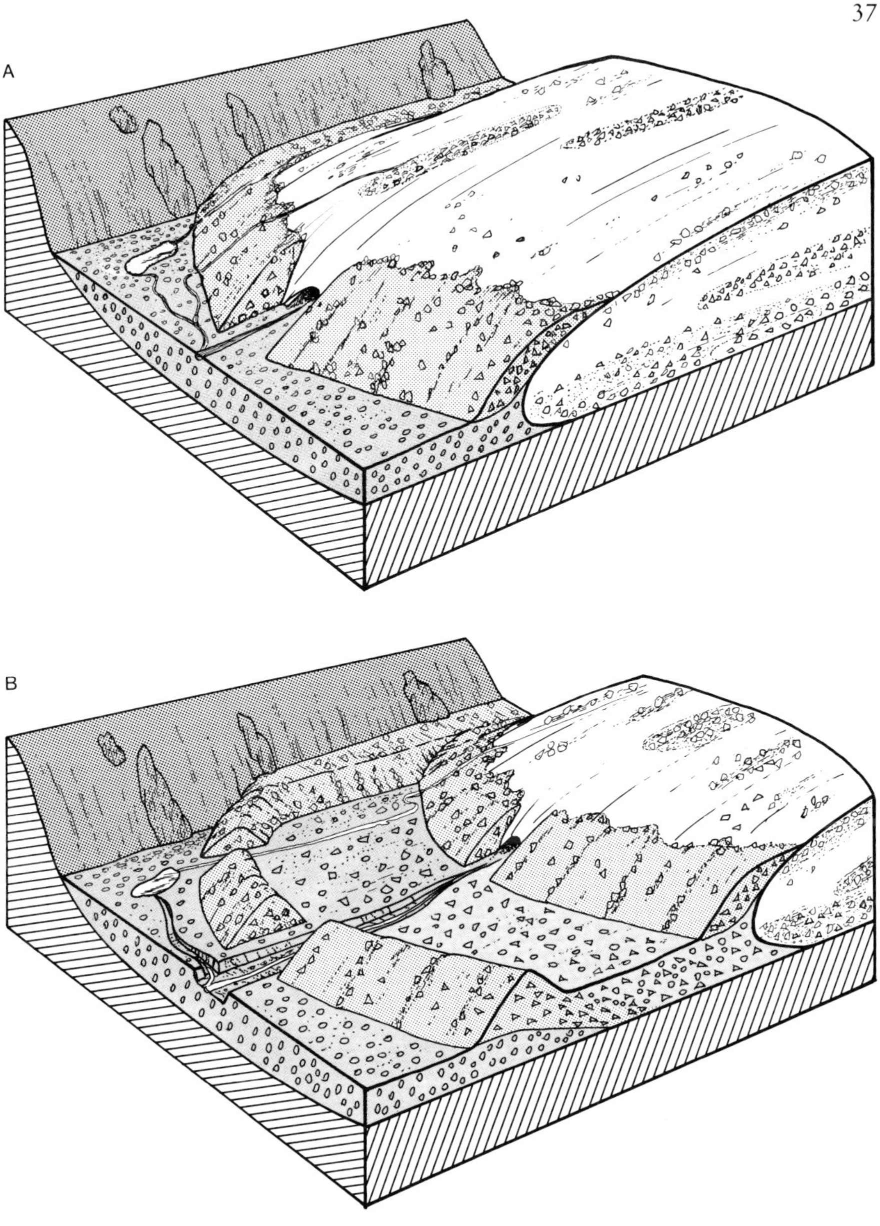

Abb. 9. Blockbild vorstoßender Gletscher. A: Erster Vorstoß durch ein mit Schotter aufgefülltes Tal. Der Gletscher hat die »Nase« im Boden und schiebt eine Endmoräne vor sich her. B: Der Gletscher stößt nach einem Rückzug erneut vor und schiebt jetzt die Grundmoräne seines früheren Standes auf, um sie mit Schutt aus dem Eis zur Endmoräne zu vermengen.

Wald vorherrschend, soweit er nicht schon in einzelnen Zeitphasen, die bisher noch kaum genauer festgelegt werden können, bei geringerer Gesamtfeuchtigkeit steppenartig aufgelockert wurde. Faktoren, die die Landschaftsgestaltung nicht unbeeinflußt gelassen haben können. Außerdem ist selbst der die regionalen Klimate differenzierende Faktor der Windablenkung (Luv und Lee) nicht vor der erst im Jungtertiär richtig einsetzenden Gebirgshebung und damit ebenfalls erst im Pleistozän voll in Rechnung zu stellen.

So können wir uns den Unterschied der landschaftlichen Formgenese jeweils zwischen dem Tertiär mit warmen Wäldern und subtropischen Waldsteppen einerseits und den Kaltzeiten mit Entwaldung, Frost- und Eiswirkungen, verstärktem Relief andererseits innerhalb des Pleistozäns recht gut klarmachen. Die dritte fazielle Großeinheit der Landschaftsbildung stellen die Warmzeiten innerhalb des Pleistozäns dar, die etwa dem heutigen Klimacharakter entsprechen oder auch vor allem im älteren Abschnitt recht warm sein konnten und sich damit eher den Bedingungen im Tertiär annähern. Damit haben wir aber die wichtigsten Voraussetzungen für eine einigermaßen realistische Einschätzung der Betrachtung der Entwicklung und damit Bildung unserer gegenwärtigen Landschaft gefunden. Allerdings ist jeweils die zeitliche Ausdehnung der einzelnen Großepochen mit zu berücksichtigen, die in der Praxis in Süddeutschland auch kaum schon annäherungsweise zu fassen ist. Wenn wir von der Gebirgsgliederung (Orographie) unseres Landes ausgehen, so müssen wir bei der tief eingelassenen, 35 km breiten Grabenzone des Oberrheins beginnen, die bei Basel in 240 m und beim nördlichen Ausgang unter 100 m NN liegt. Die höchste Erhebung ist im Süden seiner östlichen Randgebirge beim Feldberg in 1493 m. Die Voralpen mit ihren Höhen um 2000 m liegen alle bereits außerhalb Südwestdeutschlands, in Bayern und Vorarlberg. Die riesige Vergletscherung, die mindestens viermal Oberschwaben bis über die Donau-Rhein-Wasserscheide überzog, muß also von außerhalb (allochthon), nämlich aus dem Einzugsgebiet des Alpenrheins kommen. Auf der geologischen Karte sind nur die Verbreitung der letzteiszeitlichen und die älteren Vereisungen – zusammengenommen als älteres Pleistozän – zu erkennen. Sie reichen alle über die im Tertiärhügelland des Alpenvorlandes tief ausgeräumte Wasserscheide zwischen Atlantik und Mittelmeer.

Die Ablenkung des Alpenrheins in den Bodenseerhein nach Westnordwest muß also entschieden älter sein als günzzeitlich, da wir auch die Günz-Moränen dicht

◀ *Abb. 10. Stirnbereich eines heutigen Gletschers.*

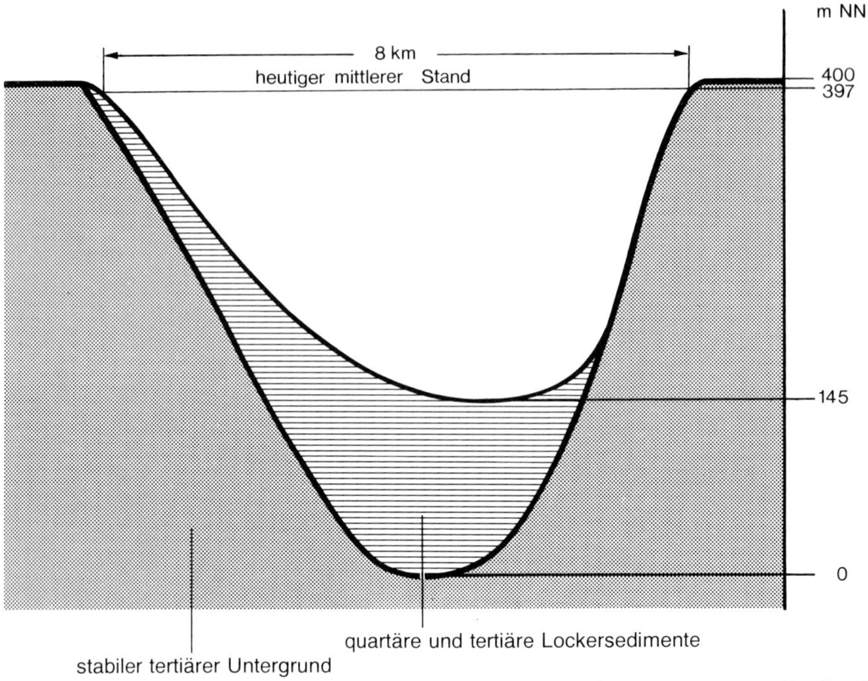

Abb. 11. Schnitt durch den Bodensee. Das ursprüngliche Becken ist fast zur Hälfte durch tertiäre und quartäre Lockersedimente aufgefüllt.

hinter den Mindel-Moränen im Riß-Rot-Gebiet finden. Die Untergliederung der oft übereinandergeschobenen Altmoränen ist durch mächtige interglaziale Braun-(Wald-)böden erwiesen. Wir wissen also nicht, wann genau die Anzapfung von Basel her erfolgte. Viel wichtiger für uns ist allerdings, daß der See zwar immerhin 252 m tief ist (bei einem Spiegel von 397 m über Meereshöhe), daß aber der stabile tertiäre Untergrund durch Echolot erst bei ca. 0 m Meereshöhe gemessen wurde, daß es sich also bei der tiefsten Stelle des Sees beinahe um eine Pseudodepression handelt, wie bei vielen Alpenrandseen im Süden. Ferner wissen wir durch die vielen Erdöl-Tiefbohrungen, daß es sich beim Bodenseebekken keineswegs um ein tektonisches, sondern durchaus um ein glazial übertieftes Becken handelt. Wir können die letzteiszeitliche Eismächtigkeit beim Pfänder mit mindestens 1200 bis 1300 m annehmen. Auch die breiten Zuflußtäler von Norden, etwa der Schussen, sind noch eisübertieft, und erst beim Wiederabschmelzen des Gletschers durch die zum Gletscherende gerichteten Abflüsse

Abb. 11

Abb. 12. Durch Alt- und Jungendmoränen gebildete Landschaft bei Lindau. Frische Formen der Jungendmoränen und stärker verwaschene im Altmoränenbereich davor.

(Wolfegger Ach, Argen usw.) mit ihren randlichen Schwemmfächern in der Mitte mit Seetonen aufgefüllt worden. Neben diesen steilwandigen Becken, die nach Abschmelzen des Eises öfters Abschalen der randlichen übersteilten Hänge zeigen (so besonders bei Sipplingen, – Seebeben kamen vor), folgen auf benachbarten Schultern des höheren Geländes die ziemlich regelmäßig in der Gletscherrichtung gestreckten Drumlin, ferner vor allem Randrinnenmaterial (Esker) und echte breite Randrinnen, so vor allem zwischen der äußersten und der deutlichen Inneren Jungendmoräne, die sich eine Zeitlang in der Rißrinne sammelten und hier die breite Erosionsflächen mit Mäandern am unteren Ende, mit bis auf mehrere Kilometer breitem Trichter zur Donau hin bedingten. Im Osten war in etwa gleicher Zeit des Würm-Maximums des Rheingletschers der Anschluß zu einer neuen Abflußrinne des Iller-Gletschers zustanden gekommen (im sog. Erolzheimer Feld). *Abb. 12*

Die Jungmoränenlandschaft ist bei weitem vielgliedriger als die der Altmoränen.

Jene zeigt unzählige, teilweise recht tiefe, abflußlose Löcher und Wannen (Toteislöcher), die nachträglich nicht mehr mit Schmelzwassermaterial aufgefüllt worden, aber biogenetisch durch Verlandung oft weitgehend wieder ausgeebnet, bei tiefem Grundwasserspiegel trocken, sonst mit einem See geschmückt sind, während die Altmoränen, selbst bei mächtigen Ablagerungen wie im Rißtal, relativ flache Neigungen und ganz flache, nur künstlich entwässerte Wannen in der Nähe der großen Wasserscheide besitzen. Sie zeigen selbst auf den Endmoränenkuppen die erwarteten dicken Böden der über sie hinweggegangenen Warmzeiten selten. Diese an Tonmaterial angereicherten, alten Waldböden sind in den folgenden Kaltzeiten »solifluidal« abgeflossen (oder in Trockenphasen auch abgeblasen), was schließlich zu der bekannten Abflachung der ganzen altglazialen Formenwelt geführt hat. Letzteiszeitliche und ältere Kuppenformen sind nur ausnahmsweise zu verwechseln.

Die Formung durch die Gletscherschmelzwasser

Außerhalb der Moränenlandschaft wurde das Tertiär des Alpenvorlandes von den sommerlichen Schmelzwässern formbestimmt. Diese Wässer nahmen trotz ihrer Breite nicht immer die gleichen Bahnen ein. In der Regel wanderten sie nach Westen ab, so daß die Schmelzwassertäler meist ein asymmetrisches Querprofil haben, nämlich einen Steilhang bis zu einem altpleistozänen Schotterstrang im Westen und eine Treppe von Hochterrassen über verschiedene Mittelterrassen bis wieder zu einem Altschotter hinauf im Osten. Es kam so zu getreppten Terrassenstreifen.

Abb. 13

Seit dem Unterpliozän kommt der Bewegungsumschwung zur Geltung, das heißt also von der früheren ständigen Absenkung des Vorlandbeckens mit Auffüllungen von Tausenden von Metern in seiner Längsachse zu einer Heraushebung des gleichen Vorlandstreifens und zur ständigen Ausräumung. Trotz der noch stärkeren Heraushebung der Alpen im Süden bildeten sich zwar genauso wie in der Zeit vorher breite Schwemmfächer entlang dem Alpenrand, aber hier wie an anderen, relativ depressiven Stellen des Vorlandes blieben keinerlei Ablagerungen aus dieser ganzen Zeit der Heraushebung erhalten, eben bis tief ins Pleistozän herein. Die Entwässerung kann im Unterpliozän genauso wie vorher im Obermiozän noch nach Westen zum Bodenseeraum und in die Schweiz gerichtet gewesen sein. Erst durch die spezielle Heraushebung des Schwarzwaldes kam es zum Ost-Abfluß des Gewässernetzes im Alpenvorland und zur Entstehung der Donau, von der wir keine älteren als mittelpliozänen Gerölle, und zwar am Südrand des Juras, kennen. Es entwickelte sich das heutige Abflußnetz von den Aare-Alpen bis zu den Ostalpen zur Donau, und wir kennen bei uns keinerlei Unterbrechung der Abtragung der weichen Tertiärschichten durch neue Sedimente. Da sehr kleine Reste hypsometrisch am höchsten liegender

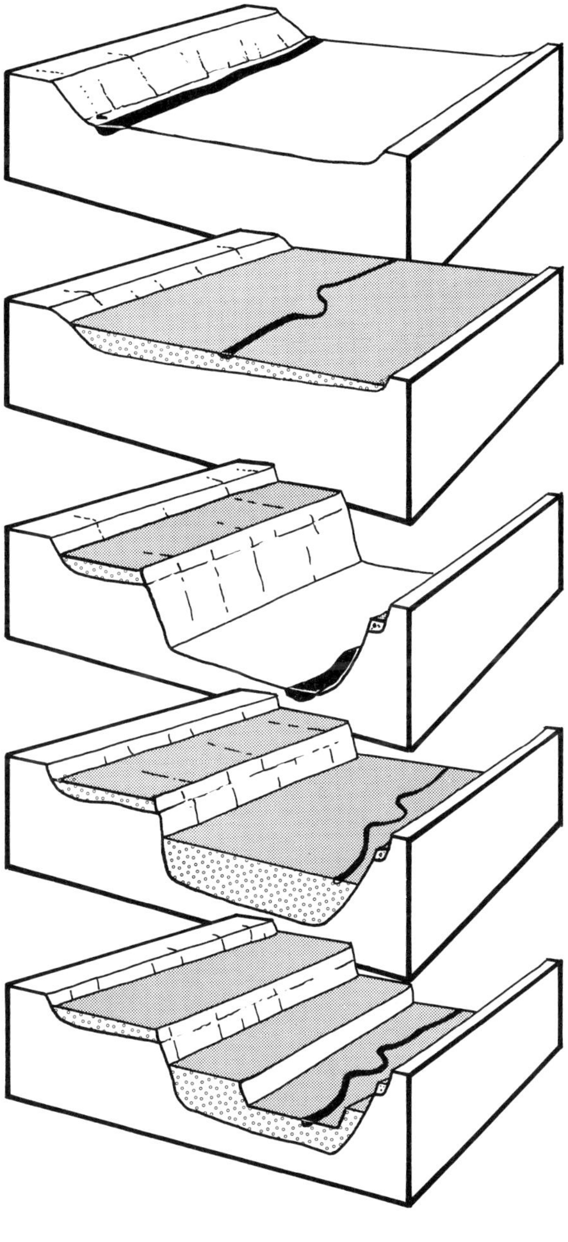

Abb. 13. Terrassenbildung in einem Tal. Oben: Ausräumung der anstehenden Gesteine. Darunter: Ablagerung von Schotter aus höheren Laufbereichen bei Nachlassen der Flußenergie. Mitte: Neues Einschneiden in den Felssockel bei zunehmender Wasserführung. Darunter: Aufschotterung bei Nachlassen der Stromstärke. Unten: Erneutes Ausräumen – Die Terrassenzahl nimmt zu.

Alpenschotter (Staufersberg) noch pleistozän sind, aber kaum viel älter als eine Million Jahre, bleibt uns etwa die gleiche Zeit für das älteste Pleistozän und mindestens sechs Millionen Jahre des Pliozän als Schichtlücke. Da die Basis der Staufersberg-Schotter etwa 100 m über dem heutigen Donauniveau liegt, kann man sich vorstellen, wie stark die Abtragung des Tertiärs innerhalb jener Abtraglücke gewesen sein mag (*K. Lemcke* schätzt sie an der Donau auf über 200 m). Um so erstaunlicher ist es, wenn von manchem für das spättertiäre Sarmatopont eine einheitliche Abtragdecke über die Alb, die kristallinen Randgebirge, über das ganze Vorland bis zum Alpenrand und sogar ins Alpeninnere angenommen wird. Dabei haben wir seit dem Sarmatopont mit Sicherheit in einem Falle Abtragung in weichen Schichten, im anderen intensive Heraushebung der harten Randgebirge.

Für uns ist also entscheidend, daß sich das Alpenvorland während des ganzen Pleistozäns ebenfalls noch hob, bzw. sich eine vorausgegangene Heraushebung noch auswirkte – eben in Form einer Abflachung der Gefällskurven, natürlich nur dort, wo die Flüsse im Tertiär flossen. Spätere Schotterakkumulationen erbrachten wieder etwas versteiltere Talböden. Diese Wirkungen von direkten oder vorausgegangenen Hebungen war eine Erosion und großzügige Ausräumung des Tertiärs durch die Vorlandflüsse, seien es nun allochthone alpine Täler oder die autochthonen voralpinen gewesen. Unterbrochen wurde diese Erosion jeweils erst bei entsprechenden Kaltzeiten, die oberhalb der Donau zu einer Entwaldung bzw. Reduktion der Flora zu einer Kaltsteppe bis Tundra (im Würm etwa) führten. Da von Ulm bis zur heutigen natürlichen Waldgrenze
Abb. 14 etwa 1400 m Höhenunterschied bestehen, aber auch die Gebiete unterhalb Ulms noch weitgehend unbewaldet waren, können wir wenigstens für die jüngeren Eiszeiten eine Abnahme der Jahrestemperatur von mindestens zehn Grad annehmen. Das heißt theoretisch: die Waldgrenze lag beim Maximum einer Kaltzeit im Oberrheintal tiefer als der heutige Meeresspiegel. Wir müssen von folgenden meteorologischen Veränderungen während einer Kaltzeit bei uns ausgehen:

- der genannten Temperatursenkung im Jahresdurchschnitt,
- da die Sonnenhöhe die gleiche wie heute war, muß anfangs stärkere Bewölkung und höherer Niederschlag bestanden haben als heute, da sonst die Entstehung der riesigen Gletschermassen in immerhin relativ kurzer Zeit nicht recht zu verstehen wäre,
- durch die Temperatursenkung entstand in den nichtvergletscherten Gebieten eine tiefe winterliche Gefrornis, die aber auch im Sommer nicht einmal flächenhaft auftaute. Das ergab Ewige Gefrornis (Permafrost) mit einem mehrere Meter mächtigen Auftauboden mit den entsprechenden Wirkungen an

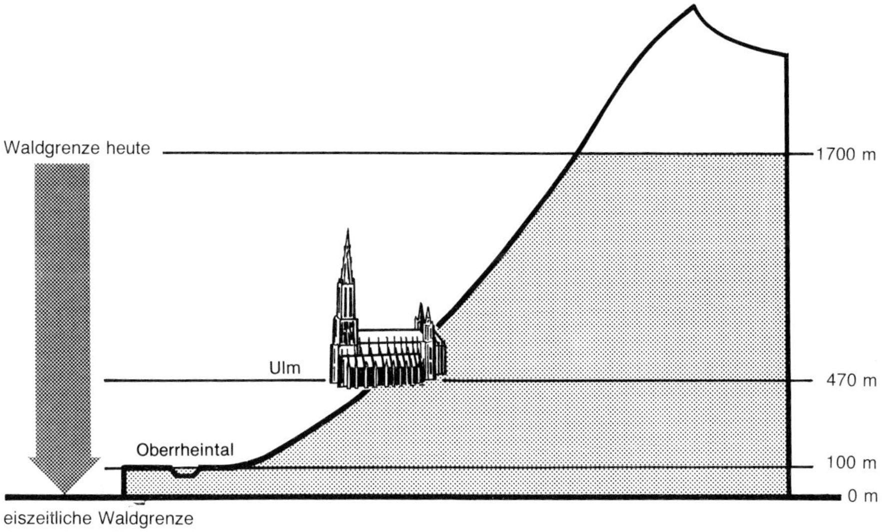

Abb. 14. Lage der heutigen Waldgrenze. Sie war während der kältesten Abschnitte der Eiszeit bis unter den heutigen Meeresspiegel abgesunken. Ganz Süddeutschland war also waldfrei.

der unmittelbaren Oberfläche. Jener führte an allen Hängen zu einer intensiven Abfuhr vor allem der Verwitterungsdecke in die Täler, womit die Frostverwitterung neue Angriffsflächen erhielt (Solifluktion und Frostverwitterung, mit dem Ergebnis einer wesentlich stärkeren Abtragung sowohl der Hänge als auch der flachen Oberflächen gegenüber heute),

- durch die niedrige und lückenhafte Pflanzenbedeckung wurden die Feinteile der Oberflächen, besonders der Akkumulationsflächen in den breiten Tälern, also die Schluffe und Tone während feuchter Abschnitte abgespült, während der jährlich auftretenden Abtrocknungszeiten ausgeblasen (Entstehung von Dünen, Sandlöß bis Löß). *Abb. 16*

Die Terrassentreppen mit dem Älterwerden der Böden mit der Höhe der Terrasse, bzw. mit dem Mächtigerwerden der äolischen und denudativen Deckschichten auf ihnen sind die Grundlagen der sog. Lithostratigraphie im Gletschervorland. Auf diese Weise hat man bei uns wenigstens sieben selbständige fluvioglaziale Schotterfelder erweisen können, womit der Penck-Brücknersche Tetraglazialismus hinfällig erscheint. Allerdings werden die ältesten Schotterfelder in Baden-Württemberg kaum älter als 700000 bis 800000 Jahre zu schätzen sein, so *Abb. 17*

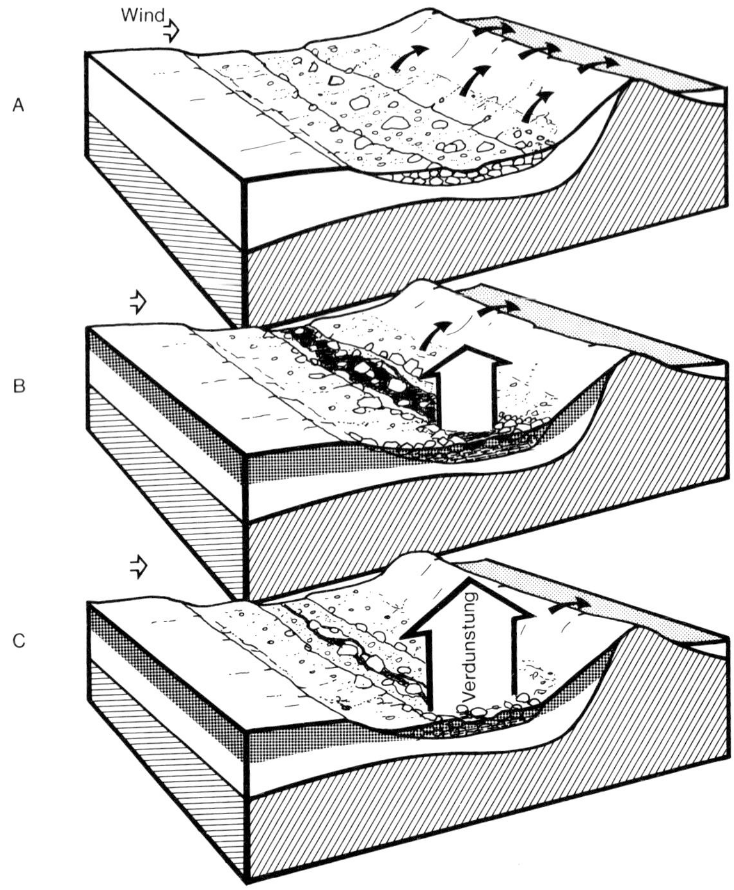

Abb. 16. Erosionsfaktoren in der Eiszeit. A: Im Winter fließt kein Oberflächenwasser, Ausblasung herrscht vor, der Untergrund ist festgefroren. B: Im Frühjahr und Frühsommer taut der Untergrund, Bäche fließen, Ausblasung gering. C: Herbst: das Abfließen läßt nach, Verdunstung nimmt zu und die Ausblasung beginnt wieder.

Vorhergehende Seite
◀ *Abb. 15. Federsee innerhalb Riß- und Moränenlandschaft*

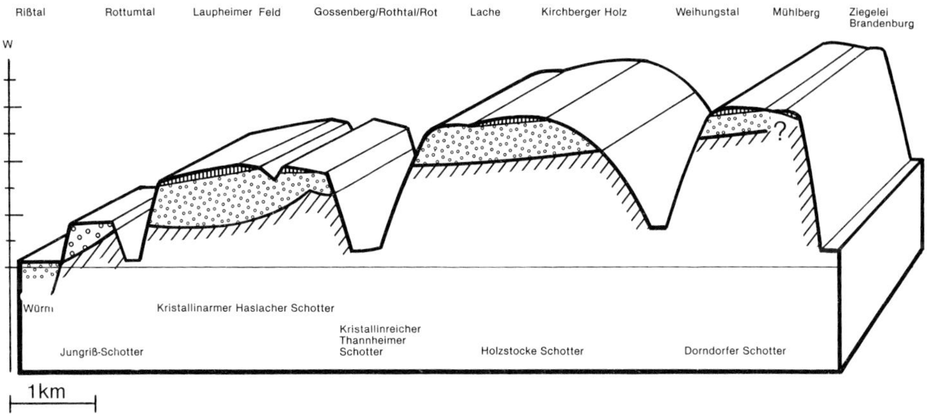

Abb. 17. Blockbild der Riß-Iller-Treppe. Über dem anstehenden tertiären Untergrund Schotter verschiedener Zeitstellungen. Oben rechts die ältesten, links unten die jüngsten (vgl. Abb. 9).

daß fast zwei Drittel des Eiszeitalters hier nicht mehr vorhanden sind, also ausgeräumt sein müssen. Im anschließenden bayerischen Gebiet liegen die Verhältnisse, wie schon erwähnt, ein wenig günstiger.

Die Vergletscherung außerhalb der Alpen und ihrem Vorland

Wir verlassen damit das Vorland und sehen uns das Gebiet nördlich der Donau an.

Da die eiszeitliche Schneegrenze am Alpenrand etwa bei 1200 m anzunehmen ist, können wir den richtigen Schluß ziehen, daß auch der südliche Schwarzwald mit seinen 1493 m vergletschert gewesen sein muß. Da es sich hier aber um ein variskisches Rumpfgebirge (eingeebnet bis zur unteren Buntsandsteinzeit) handelt, zeigt die Vergletscherung nicht die alpine Form (Eisstromnetz), sondern die plateauförmige, ähnlich wie in Schottland und anderen Rumpfgebirgen. Das heißt, es bildeten sich auf den Flächen weite Eiskappen, die an den langen Hängen langsam frontal abrutschten. Wie sie auf einen tief ins Gebirge hineinreichenden Talkessel stießen, bildete sich eine Gletscherzunge, die aber wegen der Steilheit der Talschlüsse und wenig großen Mächtigkeit der Flächengletscher auf den Höhen bald ins Zehrgebiet gelangten und damit keine Längen erreichten. Die Schneegrenze wird auf nur 900 m geschätzt, was auf die atlantischere Exposition und die auch heute noch damit verbundenen hohen winterlichen Nieder-

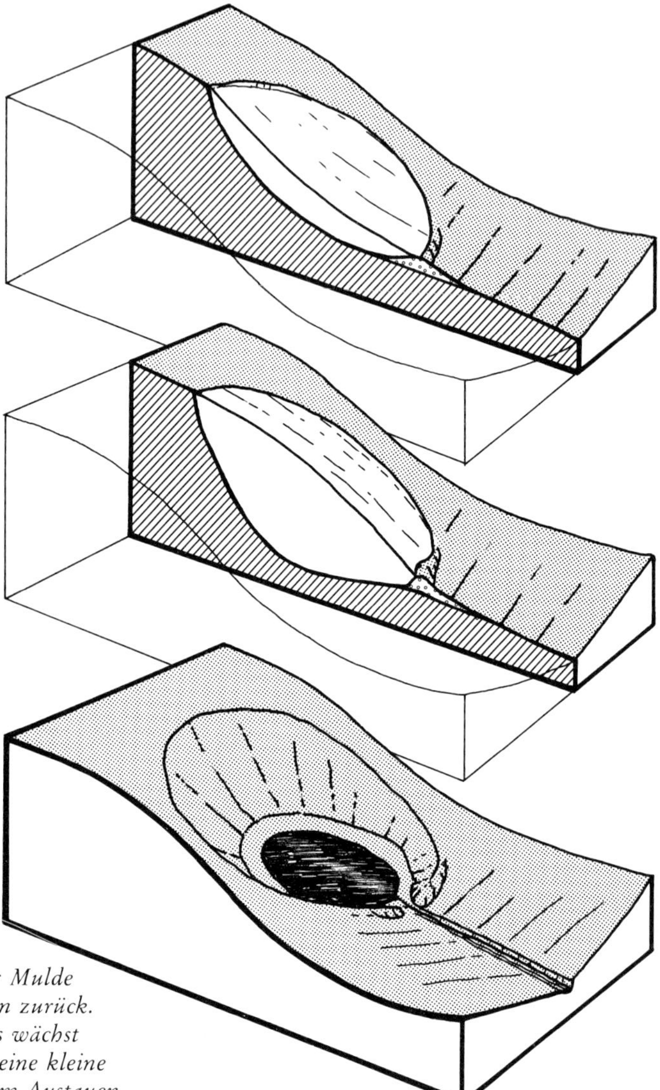

Abb. 18. Karbildung im Schwarzwald. Oben: In einer Mulde bleibt vereisender Firn zurück. Mitte: Das Muldeneis wächst weiter an und bildet eine kleine Endmoräne. Nach dem Austauen entstehen ein Kar als Hohlform mit einem Stausee.

schläge zurückzuführen ist. In den Vogesen liegt die Schneegrenze gerade auf dem Westabfall noch einmal tiefer (700 m). Glaziale Übertiefungen mit Seewannen, Moränen, Schotterterrassen und andere Anzeichen der glazialen Vorgänge sind hier ebenfalls deutlich zu beobachten. Gerade beim Schwarzwaldeis ist die Gleichmäßigkeit des Rückzuges in allen Tälern und zu allen Phasen sehr genau studiert (*A. Zienert*), doch wurde neben einer weiter hinausreichenden vorletzten Vereisung (Riß) keine andere ältere gefunden. Diese Tatsache mit einer besonders jungen Heraushebung des Feldbergmassivs in Zusammenhang zu bringen, ist sicher ein Irrtum. Die älteren Ablagerungen sind in den schmalen Tälern einfach ausgeräumt. Mindestens genau so interessant sind die ca. 200 Kare im nördlichen Schwarzwald, die aber fast alle im Buntsandstein liegen und weitgehend folgende Ursachen haben: *Abb. 18, 19*

- Durchlässigkeit des hier schon bedeutend mächtiger werdenden Haupt-Buntsandsteins,
- der Quellhorizont des Eckschen Konglomerates an dessen Basis, wo es geradezu zu Quelleisbildungen gekommen sein muß,
- Nordost-Exposition der Kare ist weitgehend vorherrschend,

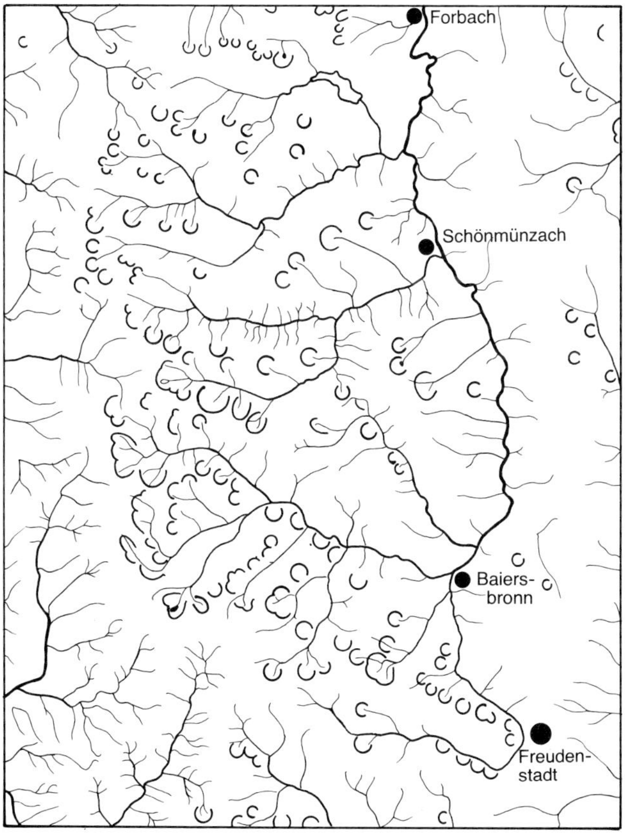

Abb. 19. Eiszeitliche Kare im Schwarzwald (nach G. Wagner 1960).

– Schneeüberwehung der flachen Nord-Süd-Rücken bei vorherrschenden Westsüdwest-Winden.

Die Kare reichen mit ihrem Boden bei Freudenstadt 600 bis 700 m herab, die Rücken sind darüber oft nur 800 bis 850 m hoch (!), so daß wir hier mit einer *lokalen* Schneegrenze von nur etwa 700 bis 750 m rechnen müssen. Es ist sehr auffallend, daß im benachbarten Kristallin diese eiszeitlichen Erscheinungen so weitgehend fehlen, also Ursache 2 entscheidend sein dürfte.

Diese lokale Schneegrenze ist so tief, daß, als die Suche nach Vergletscherungsspuren in den deutschen Mittelgebirgen modern wurde (90er Jahre), manche Geologén auch andere kesselförmige Talschlüsse, allerdings in tieferen Lagen, aber weiter nördlich gelegen, als Kare erklären zu können meinten (z. B. Odenwald innerhalb von Baden-Württemberg; wie wir sehen werden, sind diese anderer Entstehung).

Wenn wir nämlich jetzt die topographische Übersichtskarte betrachten, erkennen wir, daß außer in der westlichen Alb keine Höhen mehr über 1000 m gehen, und daß nördlich des Albtraufs kaum Höhen über 700 m steigen, in der Regel sogar unter 600 m bleiben. Es war ein folgenreicher Irrtum zu meinen, daß in der westlichen Alb wegen der Nähe der Schwarzwald-Schneegrenze von 900 m noch glaziale Formen und Ablagerungen zu finden seien. *Wolff* hatte schon 1962 gezeigt, daß es sich in der westlichen Alb um gipfelnahe nivale Nischen und an den Hängen nur um periglaziale Schuttkörper handelt. Wir dürfen bei der Hö-

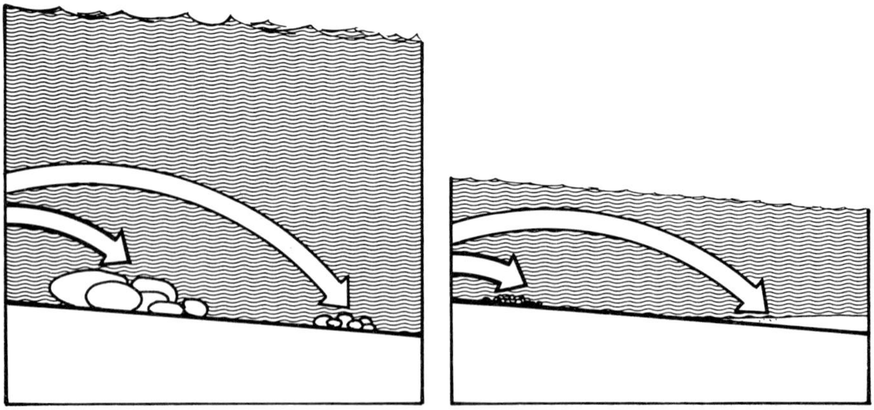

Abb. 20. Transportleistung des Wassers. Links: Viel Wasser bewegt große Gerölle über größere Strecken und kleinere über erhebliche Distanzen. Rechts: Wenig Wasser kann nur Feinschotter über einige Distanz bewegen, dagegen Sande über große Strecken. Die Gesamtenergie nimmt mit der Wasserdurchsatzmenge zu.

henlage der eiszeitlichen Schneegrenze keineswegs den deutlichen Anstieg kontinentalwärts vergessen, insbesondere wenn höhere Gebirgsschranken sich im Westen befinden.

Die Formgebung im periglazialen Gebiet

Was unterhalb der eiszeitlichen Schneegrenze formenwirksam geworden ist, sind in den Kaltzeiten nun die periglazialen Vorgänge. Wir gliedern sie grob in:

- vom strömenden Wasser ausgelöste fluviatile Vorgänge, mit exzessivem zweirhythmischem System in den Sommern, meist mit überschüssigem Geröll, also Akkumulation, *Abb. 20, 21*

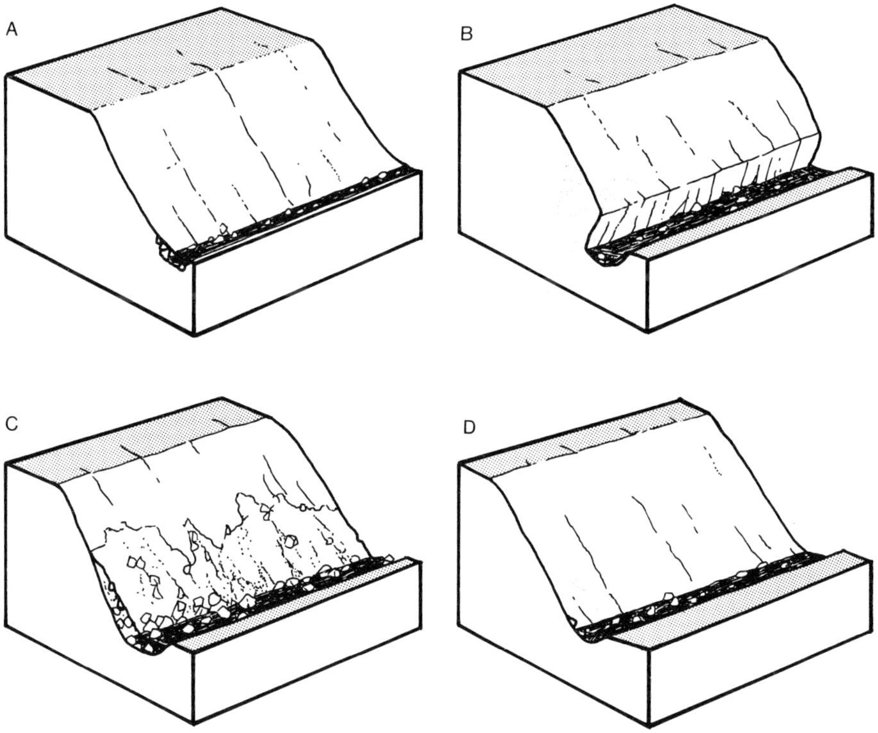

Abb. 21. Hangabtragung durch Breitenerosion. Ein fließender Bach unterschneidet einen Hang (A, B), dieser rutscht endlich ab (C) und das abgestürzte Material wird durch den Bach abtransportiert (D).

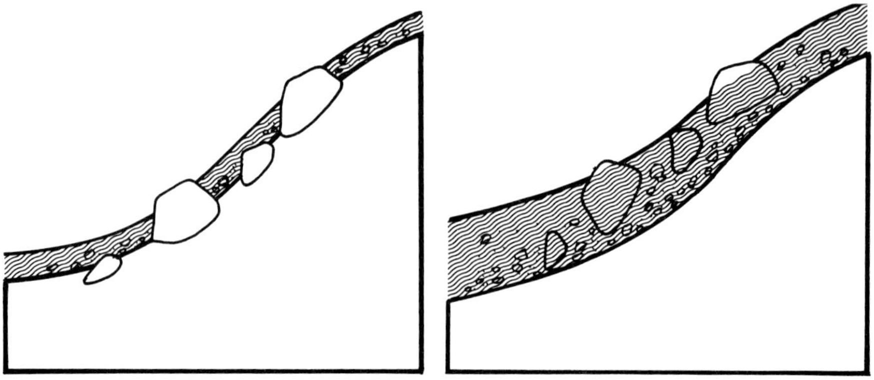

Abb. 22. Erosion durch oberflächlich abfließende Wasser am Hang. Links: Wenig Wasser trägt wenig ab. Rechts: Größere Wassermengen nehmen auch größere Materialien mit.

- durch Hangbewegungen verursachte denudativ-makrosolifluidale (von den Mikroformen wollen wir hier absehen) in tonreichere Schichten. Bei Lockerschichten der Hänge über ein bis zwei Grad beginnend, bei stark mit Steinen durchsetzten Hangmassen verlangsamt,

Abb. 22 – durch Abspülung ausgelöste denudative Vorgänge auf den steileren Hängen von Lockerschichten (Sand, Grus usw.),

Abb. 23 – durch Windkräfte bedingte denudativ-äolische Vorgänge, und zwar abtragende und aufschüttende verschiedener Fernwirkung, je nach Feinheit des aufgenommenen Materials.

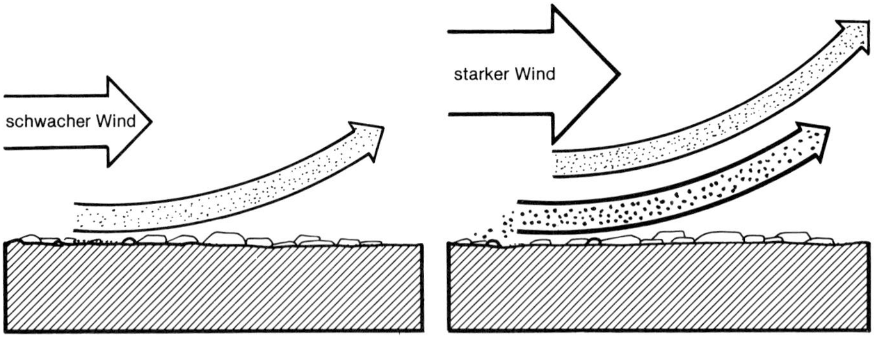

Abb. 23. Winderosion: Geringer Wind nimmt nur leichten Staub auf, stärkerer auch gröberen Sand und verfrachtet ihn über weitere Distanz.

Diese Vorgänge werden weiterhin differenziert durch:
- die Gesteinswiderständigkeit gegenüber der fluviatilen Erosion, wobei die Granite, Hauptbuntsandstein, die harten, meist ungebankten Lagen des Weißjura und quarzitischer Rhätsandstein besonderen Widerstand entgegen-

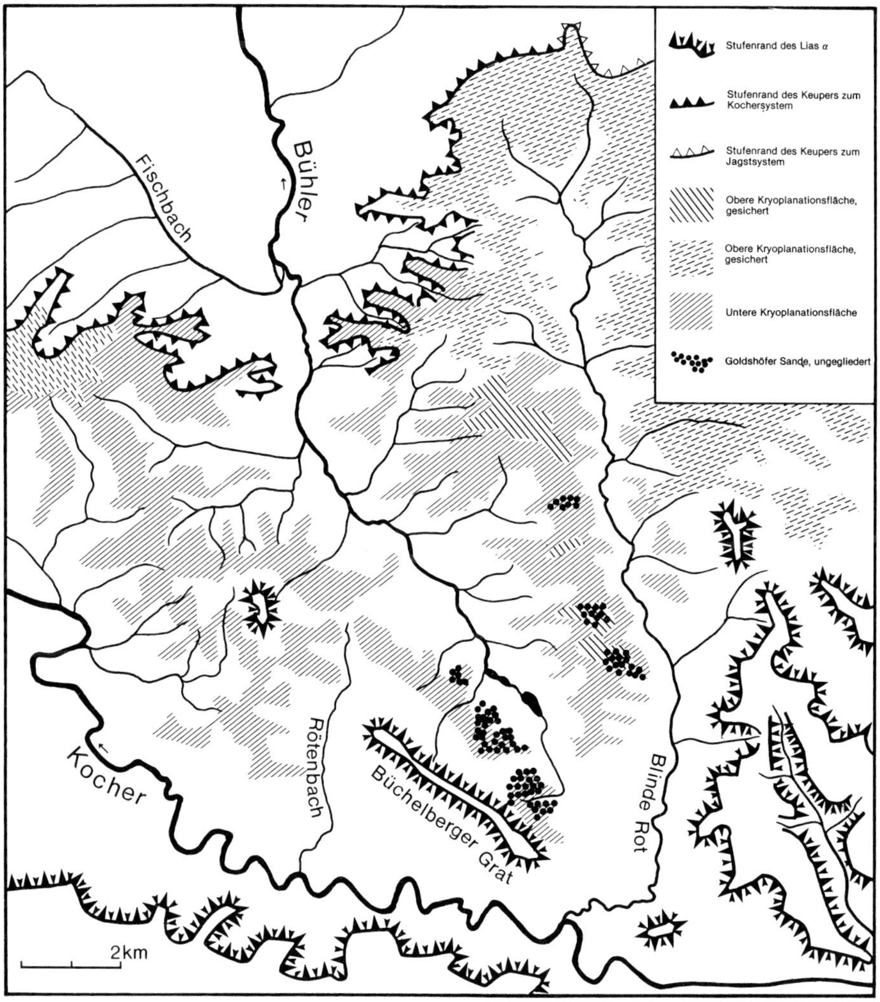

Abb. 24. Eiszeitliche Verebnungsflächen im Schichtstufenland nördlich des Kochers. Auf der Schichtstufenfläche zwischen unterem Lias und Keuper haben sich durch eiszeitliche Bodenbewegungen geformte Verebnungen erhalten (Zeese 1971).

setzen und stets Engen der Talbildung zeigen. Wir kommen noch darauf zurück,

- Dellensysteme auf den Landterrassen, soweit hier noch Tonlagen erhalten sind, so im Oberen Buntsandstein, Lettenkeuper, Numismatismergel und ähnliche Sedimente,
- unterhalb der nicht gesteinsbedingten Albflächen (s. *Hj. Dongus*) müssen alle tieferen (stratigraphisch gesehen!) Landterrassen in ihrer heutigen Form eiszeitlich sein. *Zeese* (1971) hat als erster auf die eiszeitliche Abspülung besonders durch Frostaufbruch gelockerter Sandsteinflächen des Keupers hingewiesen und sie als Kryoplanationsflächen bezeichnet. Es ist sicher, daß mit diesen Vorgängen die Verjüngung der Schnittflächen unserer Landterrassen besonders auf durchlässigen Sandsteinen am besten erklärt wird. Die gleiche Möglichkeit besteht auch bei frostverwitterndem Kalk (also besonders auf dem gebankten), auf dem die älteren Böden ausgespült oder weggeblasen worden sind. Man sehe sich daraufhin den hunderte Meter langen Kalkaufschluß der Zementfabrik Geislingen an,
- alle Trockentäler in den Kalken des Weißjura (weit großflächiger erhalten als im Muschelkalk) führten in den eiszeitlichen Sommern infolge der Gefrornis im Untergrund Wasser und formten sie fluviatil anstelle der denudativ geformten Dellen weiter aufwärts. Es gibt dort Mäander, Talböden, Terrassen, Asymmetrie usw.
  Diese Trockentäler gehören zu dem Phänomen der Einfrierung des Karstes. Dies und die allgemein tiefen Temperaturen unterbrachen auch die Bildung von Süßwasserkalken vor allem in den obsequenten Tälern der Alb. Derartige Kalke sind erst wieder als postglazial erwiesen,
- die Hangabtragung wurde durch das Bodenfließen bestimmt. Die Tiefe des Auftaubodens des Sommers bei 49 Grad Nord ist recht beträchtlich. Eine Vergleichsmöglichkeit mit irgendeinem der heutigen subnivalen (unmittelbar unter der Schneegrenze) Gebiete fehlt uns. Man müßte dazu die ozeanischen Uferlandschaften der subnivalen Zone aufsuchen.

Nach Ansicht des Autors waren diese Hangsolifluktionen um so stärker, je mehr der Hang untermischt war von tonig-mergeligen Schichten, die das Schmiermittel abgaben. Je toniger das Material war, um so breiter entwickelten sich auch die Dellen auf den Landterrassen, die sich zu einem sehr flachwelligen Hügelland verwandelten (so auch auf den Zementmergeln des Weißjura). Es zeigt sich dabei in vielen Aufschlüssen, daß die Tiefe und der Wassergehalt die Auftauschichten bereits bei wesentlich geringerem Gefälle als zwei Grad Neigung in Bewegung gebracht hatten. Wir können auch hier nicht die subarktischen Verhältnisse mit 25 cm Auftauboden, der dazu viel Gestein enthält, zum direkten Vergleich mit unserem Gebiet während der Eiszeiten heranziehen. Bei der geomorphologischen Kartierung ist daher die zwei Grad Hangneigungslinie nicht immer eine entscheidende. Sie trennt bei uns durchaus nicht immer Mikro- von Makrosolifluktion auf den Hängen.

Zu ergänzen ist, daß gesteinsarme, aber tonreiche Schichten je nach Hangneigung ein relativ rasches Abfließen bedingten. Man kann sich aber leicht vorstellen, daß zwischengelagerte widerständigere Gesteinsbänke den Fließbrei bremsten und ebenfalls je nach Hangneigung auch mächtigere Wanderschuttdecken erzeugt haben. Im Kleinen Odenwald erreichen diese durchaus drei bis fünf Meter Dicke, in Aufstausituationen wie zwischen Königstuhl- und Gaisbergscholle bis 40 m (*H. Eichler, Geiger*).

Nimmt das grobe Gestein mehr und mehr zu, entstehen aus den Wanderschuttdecken *Blockmeere,* am oberen Ende oft mit einem Kliff (vor allem im mittleren Hauptbuntsandstein) und mit kurzer echter Kryoplanationsfläche (*Geiger*). Halden sind erst bei mehr als 35 Grad zu finden. Diese Großmulden mit den Blockströmen weiter abwärts wurden einst als Kare erklärt.

Diese enorme, jeden eiszeitlichen Sommer auftretende Materialabfuhr auf allen Hängen – denn nirgends gab es dichtere Vegetation – mußte selbst die Hochwässer des ganzen Neckarsystems, wie aber auch der Donau, zu Tiefen-, Seitenerosion und schließlich zu Akkumulation bringen. Dabei dürfen wir vor allem in den Engtalstrecken die Mächtigkeit der bewegten Geröllmasse auf dem Talboden nicht unterschätzen. Daß die Gröbestfazies mit Ein- bis Drei-Meter-Blökken immer am Boden eines Akkumulationszyklus, der ja nicht jedesmal bis zur jeweiligen Geröllbasis reichen mußte, liegt (!), ist nicht allzu schwierig einzusehen; denn einmal wurde sie, wenn auch langsam, ebenfalls bewegt, was die Abrollung nicht gerade der allergrößten Stücke auf allen ihren Seiten beweist, zum anderen wurde ihre Masse durch die Grobblöcke des denudativen Hangschuttes dauernd ergänzt, schließlich ist sie eine kumulative Erscheinung während des ganzen Eiszeitalters. In Engtalstrecken und unmittelbar unterhalb eines Engtalausganges schwankte der Talboden des Hochwasserstromes in geringer Breite, so daß bei allmählichem Tieferlegen des Talbodens die Kumulation der Grobblöcke an der jeweiligen Basis selbstverständlich ist. Eisschollen und Schlitterbahnen auf gefrorener Flußoberfläche sind zwar phantasievolle Denkanstöße, aber sicher in der Regel zur Erklärung des Vorganges stark verfehlt.

Als Endergebnis sehen wir die in der Letzten Eiszeit aufgeschütteten oberen Niederterrassen, die bei größeren Flüssen hochwasserfrei blieben. Darüber sind einzelne Reste noch älterer, ebenfalls kaltzeitlicher Akkumulationsschichten zu finden. Nur in nicht tektonisch jung bewegten Tälern können wir solche Reste zu einem durchlaufenden ehemaligen Talboden zusammenfügen. Am Oberrhein geht dies oft nur auf ganz kurzen Strecken, denn man beobachtet immer wieder, daß es sich an seinen Rändern nicht unbedingt um fluviatile Terrassenreste mit Rheinsanden handelt, sondern um Randschollen, die entweder mit Oligozän, Keuper (Wiesloch, s. *H. Graul* 1977) oder sogar Buntsandstein zeigen. Hier helfen meist nur schweremineralogische Vergleichsmessungen, um stratigraphisch im Pleistozän weiterzukommen.

Wenn wir die Formungsvorgänge exzessiver Art in den vegetationslosen, abgemildert in den bewaldeten Abschnitten des Eiszeitalters im Auge behalten, haben wir immer auch noch die Gesamtheit der Abtragung des Deckgebirges in Südwestdeutschland über die gesamte Nachjura-Landzeit zu berücksichtigen. Wenn wir uns also über das Aussehen der Landschaft während der ersten Kaltzeit einigermaßen richtige Vorstellungen machen wollen, dann werden wir uns bei Beachtung von Zeit und Intensität der verschiedenen Vorgänge folgendes Bild entwerfen müssen:

Abb. 24 Selbstverständlich gab es ein Schichtstufenland wie heute, mit hohen Traufen und Denudationsterrassen an den Sockeln. Aber es herrschten tiefgründigere Böden (bitte keine übertriebenen Vorstellungen, wir liegen ja an der Grenze von Pliozän zu Pleistozän). Schutthalden, Abrutschungen, breite aufgeschotterte und terrassierte Täler fehlten im Albvorland dagegen weitgehend. Wir haben keine paläobiologischen Zeugen für besondere Trockenheit in der präpleistozänen Zeit.

Der Trauf der Alb lag etwa 2 km weiter vorne, bei besonders widerständigen Riffstotzen etwas weniger. Dieses Maß erhalten wir im Vergleich mit den Weißjura-Einschlüssen im Scharnhausener Basaltstotzen in den Fildern. Bei Aalen allerdings errechnet *Zeese* (1971) nur 300 m Rückgang. Der Donau-Talboden lag bei Donauwörth mindestens 100 m höher als heute. Man kann sich das Alpenvorland aber keineswegs als Fußfläche vorstellen, sondern es war ein Hügelland wie das niederbayerische Hügelland heute, mit sand- und kiesabführenden Hauptflüssen aus den Alpen, die aber ihr Material so langsam verarbeiteten, daß von den Kalken im Donautal wahrscheinlich nur mehr Kieselkalke und Hornsteine übrig geblieben waren. Die heutige breite Entwicklung dieser wie auch der autochthonen Täler, aber besonders die breiten Ausräumungswannen von München, Dinkelsscherben oder dem Donaumoos bei Ingolstadt, sind durchaus kaltzeitlich und ging weitgehend auf Kosten des Tertiärhügellandes, das wir im Südwesten nur mehr im Zwickel zwischen Bussen und Riß finden.

Auf diesen allmählich sich absenkenden Vorfluter am Albrand stellten sich die konsequenten Flüsse der Alb ein, zuerst sicher noch mit höherem Karsthöhlen- und -röhrensystem als heute. Die frühpleistozänen Auffüllungen in der Bärenhöhle (*U. Lehmann,* 1953) aus einer heutigen Karstkuppe (70 m Einschneidung) zeigen, wie dies auch *Hj. Dongus* näher mitteilt (1977), das Verhältnis zwischen Albflüssen und der Donau. Dabei waren diese heute meist am Trauf geköpften konsequenten Täler nach oben ein wenig, eben um den inzwischen zurückgegangenen Albtrauf länger, aber die Köpfungen der Obertäler bestanden in gleicher Weise wie heute. Ein Tal macht eine ganz beträchtliche Ausnahme, nämlich das der Brenz, das für das älteste Pleistozän am Trauf eine erst durch Bohrung festgestellte Einsattelung von 60 m unter heutigem Talboden besitzt, also seither ganz bedeutend plombiert worden ist. Die korrelaten Schichten liegen im Albvorland in gleicher Höhe wie die sog. Goldhöfer Sande, die nach *Zeese* durchaus als kalte Ablagerungen angesprochen werden müssen.

Man darf den Abstand zwischen der damaligen und der heutigen Wasserscheide keineswegs als den Betrag des pleistozänen Trauf-Rückgangs ansehen. Die altpleistozäne Köpfung der konsequenten Brenz durch den zum Neckar bereits tributären Kocher steht in Zusammenhang mit schon älteren Traufbuchten, höher gelegenen Kopfenden der Brenz, die ja wesentlich weiter zurückgereicht hatte als die heutige Verbreitung der restlichen Goldhöfer Sande, die nach *Zeese* in mindestens drei Stockwerken vorhanden sind, wobei die tiefstgelegenen die jüngsten sind.

Ähnlich steht es mit anderen Anzapfungen im Traufgebiet vor allem des oberen Neckar. Auch bei der Wutach-Anzapfung ist eine radikale Verkürzung des obersten Donaueinzugsgebiets zugunsten des Rheins erfolgt. Sie ist aber wesentlich jünger, daher bei Blumberg so außerordentlich frisch geformt. Die Anzapfung erfolgte jedenfalls durch die glaziale Übertiefung des Klettgautales in den verschiedenen Eiszeiten des Mittel- und Altpleistozäns (das Mindel-Eis dürfte nämlich auch hier etwa so weit wie das Riß-Eis hinausgereicht haben, ausführlich bei *G. Wagner,* 1929).

Wir sehen im ganzen Neckarsystem während der langen Landperiode Südwestdeutschlands eine enorme Erweiterung seines Einzugsgebietes, vor allem durch Einbeziehung von breiten Subsequenzen vor den Landstufen, und andererseits eine kräftige Belebung der obsequenten Stufenquellen, je weiter die Einschneidung an den Traufen vor sich ging. Während der Kaltzeiten ist im ganzen nur eine Tieferlegung dieses Systems, ferner Verbreiterung der Talböden bzw. ein stärkeres Ausschwingen der Mäanderbögen im Muschelkalk oder im Hauptbuntsandstein (außer den genannten und anderen Anzapfungen) anzunehmen. Die Tieferlegung kann infolge der wechselnden tektonischen Vorgänge recht verschieden sein. Im mittleren Gebiet des Systems werden ca. 50 bis 60 m Einschneidung angenommen, was recht gut zu den über 100 m in den weichen Molasseschichten des Alpenvorlandes paßt. Oberhalb der noch jung herausgehobenen Königstuhl-Weißenstein-Scholle im Mündungsgebiet zum Oberrheingraben hin konvergieren die pleistozänen Talböden bis Eberbach deutlich, ja wir finden stellenweise sogar warmzeitliche Akkumulationen, die sonst nur aus Grabenzonen bekannt geworden sind. Wir kommen auf diese im Zusammenhang mit den Mauerer Sanden noch zu sprechen.

Im Albvorland besteht eine Einschachtelung von Schwemmfächern, also letzt- und vorletzt-eiszeitlicher Entstehung, aber es bestehen hier kaum Reste älterer fluviatiler Aufschüttungen. Dagegen sind im oberen und mittleren Neckartal an verschiedenen Stellen solche zu finden, altersmäßig zurück bis zu jenen ausgelesenen Buntsandsteinschottern, die bereits präglazial sein dürften.

Jedenfalls haben wir in der Neckar-Subsequenz den unmittelbar präquartären Talboden noch deutlich *unter* der Liaslandfläche anzunehmen. Damit wird das physiogeographische Landschaftsbild zwischen damals und heute um so ähnlicher, denn die Liasfläche ist ja heute die große Landterrasse im Albvorland mit dem Rhät-Lias-Trauf nach außen (Norden) und den weit zurückgewichenen Stufen und Denudationsterrassen im höheren Lias und dem Dogger am Sockel der Alb. Ähnlich, nur weniger exzessiv haben die Verhältnisse im unmittelbaren Präquartär ausgesehen. Von einem Bruch der Formengenese bzw. einer Aufeinanderfolge völlig verschiedener Reliefgenerationen an der Grenze Pliozän/Pleistozän kann keine Rede sein.

Während wir im Kraichgau über Heilbronn ins Löwensteinische ein System von breiten, flachen tektonischen Mulden vor uns haben, welche den Keuper entweder fast zur Gänze (im Westen) oder mit kleinen Lias-Resten (im Osten) in Reliefumkehr erhalten haben, sammelt sich das in dieses Muldensystem von Süden kommende Gewässernetz im Neckar.

Nur die Elsenz im Westen durchbricht ebenso wie der Neckar das im Norden wieder bis zum kristallinen Grundgebirge aufsteigende Deckgebirge antezedent, besonders imposant im Hauptbuntsandstein des Kleinen Odenwaldes in engen Kerben. Die Geschichte des südwestdeutschen Gewässernetzes ist außerordentlich interessant und durchaus noch nicht in allen Fragen gelöst. Sie ist hier nicht zu behandeln, da der größte Teil seiner Entstehung bereits ins Tertiär fällt.

Ich sagte schon, daß im antezedenten Neckar-Unterlauf die Schotterterrassen vom Königstuhl bis Eberbach deutlich konvergieren (durch Stau, eben durch Hebung des ersteren). Ferner wurde erwähnt, daß in der eigenartigen weitausgezogenen Schleife von Mauer, die durch Verwerfungen vorgezeichnet ist, anhand der ältesten, den Wiesenbacher Schottern keine tiefere pleistozäne Einschneidung des dortigen Neckar von mehr als 60 bis 70 m angenommen werden kann. Der Rest der Reliefenergie von bis zu 300 bis 350 m (Eberbach, Königstuhl usw.) fällt auf ältere Tiefenerosionen, zu der wir zusätzlich die Abtragung auf den Hochflächen hinzuzurechnen haben.

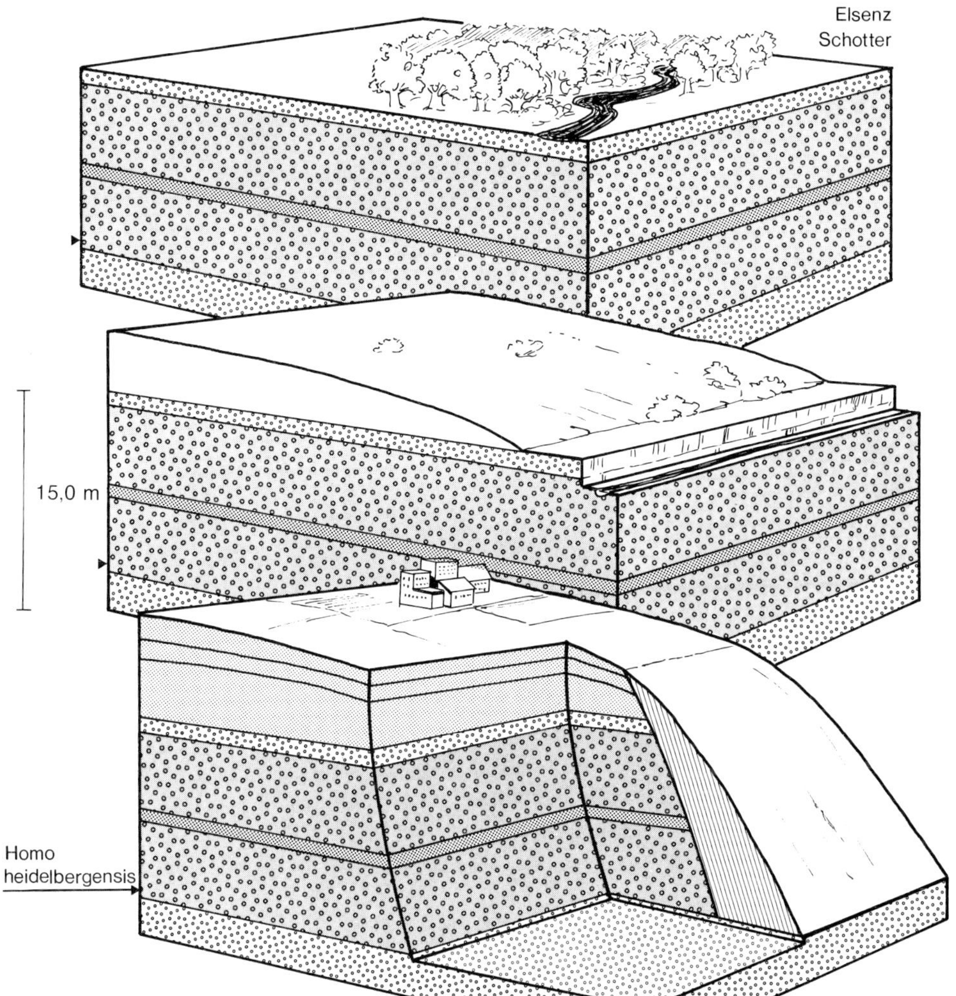

Abb. 25. Die Sedimentbildung am Grafenrain bei Mauer. Oben: Sande des Neckars mit Schottern der Elsenz in Wechsellagen. Lauf der Elsenz nach Verlassen des Tales durch den Neckar im Altpleistozän. Mitte: Erste Lößanwehung über den Elsenzschottern. Unten: Vollständige Ablagerung der Löße und wieder Aufschluß durch den Sandgrubenbetrieb.

Die Mauerer Schleife ist nicht nur wegen der mächtigsten Pleistozänverbreitung *Abb. 25* in der ganzen Durchbruchsstrecke interessant oder wegen des Fundes des *Homo heidelbergensis* in einer Warmablagerung derselben, sondern einmal wegen der

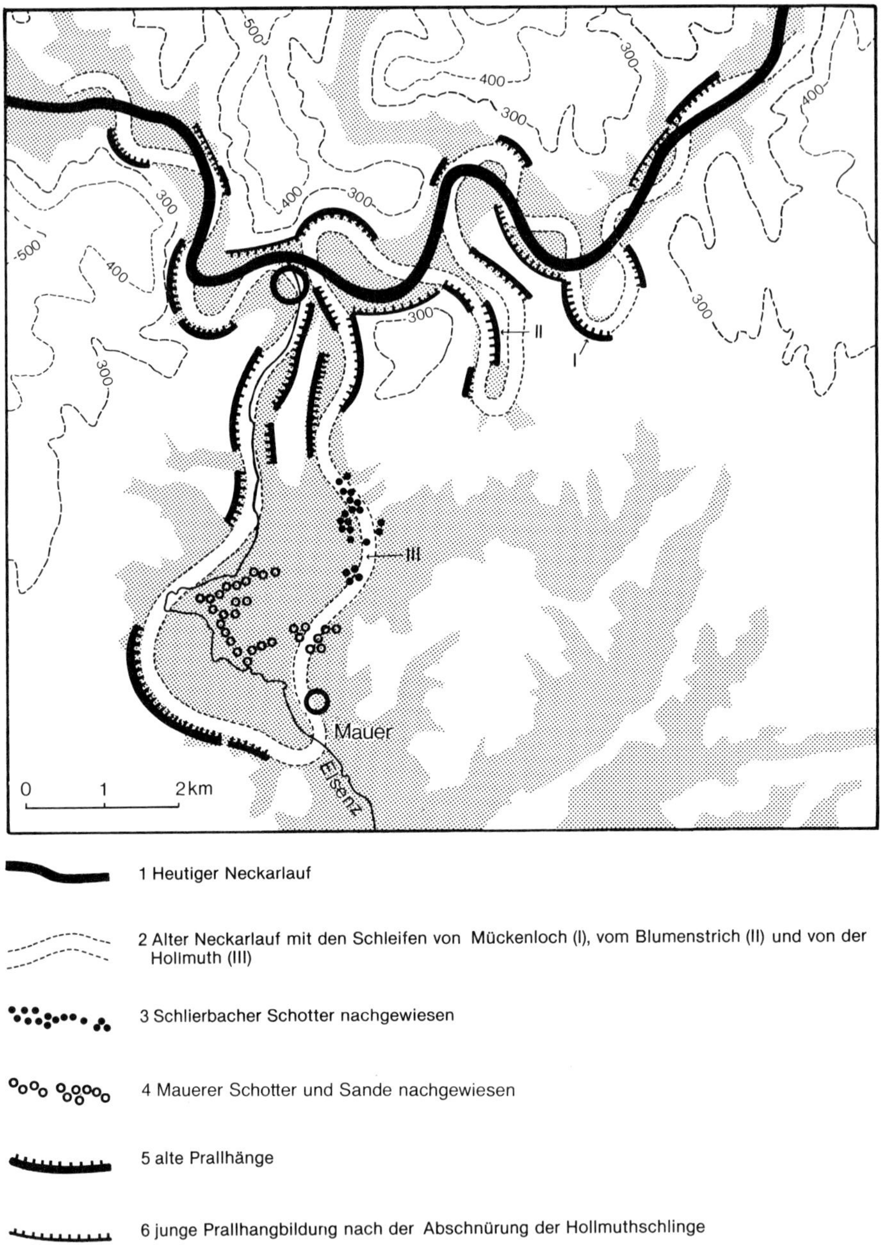

Abb. 26. Die Verlegung der Neckarschlinge bei Mauer nach Norden.

immerhin reichhaltigen pleistozänen Stratigraphie im Wechsel von Neckar- und Elsenzablagerungen und zum anderen des Vorhandenseins eben der genannten *warm*zeitlichen fluviatilen Ablagerungen zwischen den kalten. Wir haben solche in unseren Breiten *nur* in *tektonischen Fallen* zu suchen, alle anderen grobklastischen Ablagerungen des Quartärs sind aber kaltzeitliche, was sie auch immer in der Menge des Fernmaterials, der groben Basislage, exzessiver Wasserführung, ufernahen, hereingerutschten Denudationsschuttes und so fort erkennen lassen. *Abb. 26*

Wir können uns auch mit diesem so interessanten Einzelthema nicht länger befassen, aber unsere lithostratigraphischen Untersuchungen (bei Vernachlässigung der Deckschichten in der Sandgrube Grafenrain, im Gegensatz zu *W. Soergel*) lassen die Geröllschicht mit der warmen Fauna und dem *Homo heidelbergensis* zwischen 5. und 6. Kaltzeit, von heute zurückgerechnet, zu liegen kommen. Die Wiesenbacher Schotter sind wegen ihres Fernmaterials (viele Jura-Hornsteine) ebenfalls noch als kaltzeitliche aufzufassen und liegen etwa 25 m hypsometrisch höher als die Oberkante der Schotter der 6. Kaltzeit. *Abb. 25*

Die ausgelesenen Schotter mit Rotlehmmatrix in der Blumenstrichschleife südlich Dilsberg, die etwa 100 m über dem heutigen Neckarlauf verlassen wurde, könnten bereits präpleistozän sein. Sie liegen bei 190 bis 200 m, die heutige Landoberfläche bei 250 m im Süden bis 450 m im Norden.

Man erkennt also aus diesen Zahlen den bedeutenden Betrag der präpleistozänen Einschneidung des Neckars in den Kleinen Odenwald (s. Näheres *Graul* 1976, 1977).

Als letzte landschaftliche Einheit wäre der westliche Teil des Oberrheingrabens zu nennen. Er ist ökologisch, bodenkundlich und lithostratigraphisch-geomorphologisch Süd-Nord texturiert im Gegensatz zum westlichen Teil. Die vielen Bohrungen zeigten, daß die östliche Hälfte bei weitem länger, ja bis in die Jetztzeit, abgesenkt wurde, während die westliche seit dem Pliozän eher ansteigt. Der Oberrheingraben ist nach Ansicht des Autors ein rein geologisch-sedimentologisches Problem. Wir selbst können eigentlich nur die Kleinformenwelt der Oberfläche, die sich vom Ende der Letzten Eiszeit bis vor einigen Jahrtausenden um einiges verändert hat, betrachten. Hierbei ist vor allem die erosive Ausräumung der Rhein-Talau aus der Niederterrassenfläche (in einer Breite von 5 bis 6 km von insgesamt 15 km und bis zu zehn Meter Tiefe = Hochgestade) zu nennen. Man unterschätze diesen Ausraum nicht. Ferner sind die äolischen Vorgänge von Bedeutung: Ausblasung im östlichen, Dünenanhäufung im westlichen Teil des Hartwaldstreifens. Außerdem ist hydrologisch die Durchfeuchtung der sog. Randniederung, die aber keineswegs niedriger liegt als die Rhein-Niederterrasse, durch die Unmenge von Grund- und Bergwasser des ostwärts anschließenden Randgebirges zu nennen. Letzten Endes ist die Ausblasung mächtiger Staubmassen (Löß) aus den lang anhaltenden, oftmaligen kaltzeitlichen Akkumulationen aus dem Oberrheingraben nach Osten, besonders in den Kraichgau, zu erwähnen. Alle diese späthoch- bis frühpostglazialen Vorgänge wurden von erheblicher Bedeutung für die Landschaftsgliederung und deren menschliche Nutzung. Die mehrmalige Überblasung schon verwitterter Lösse, die eventuell zur Stratigraphie herangezogen werden könnten, ist aber nur im Kaiserstuhl von einiger Bedeutung.

Geschichte der eiszeitlichen Böden

von Klaus E. Bleich

Einleitung

Böden können bei richtiger Ausdeutung dazu beitragen, die Klima- und Vegetationsentwicklung im Eiszeitalter zu erhellen, da sie unter dem Einfluß von Atmosphärilien (Stoffe in der Atmosphäre, die Verwitterung oder Korrosion verursachen) und Organismen aus Gesteinen von der Erdoberfläche her entstehen, und da sie ihrerseits (zusammen mit dem Klima) den Charakter des natürli- *Abb. 27*
chen Pflanzenbestandes bestimmen. Sie sind aber auch insofern abhängig vom Relief, als durch dieses die Intensität bestimmter bodenbildender Prozesse ver- *Abb. 28*
ändert wird, z. B. der Einfluß gestauten Wassers in ebenen Hochflächen, die Erosion am Oberhang und die Sedimentation am Hangfuß, der Absatz gelöster Stoffe in Mulden (Kalk, Eisen) u. a. Aus einem Gestein entstehen damit zu glei- *Abb. 32*
cher Zeit verschiedene Böden.

Als Umweltzeugen aus dem Eiszeitalter stehen in Südwestdeutschland zum einen Böden der heutigen Oberfläche zur Verfügung, die in Teilen offensichtlich nicht mehr mit den jetzigen Umweltbedingungen in Einklang stehen (Reliktböden), zum andern Böden alter Landoberflächen, die unter derart mächtigen Sedimentdecken (Löß, Geschiebemergel, Auenlehm, Terrassenschotter, Fließerden) begraben wurden, daß sie den heutigen Umwelteinflüssen praktisch ent- *Abb. 29*
zogen sind (fossile Böden); beide werden als Paläoböden zusammengefaßt. Zu *Abb. 30*
den Reliktböden des Eiszeitalters können mit ausreichender Sicherheit nur kaltzeitliche Böden als Zeugen des einstigen Dauerfrostbodens gerechnet werden, bei einzelnen Böden mit besonders langer Bildungsdauer (z. B. durch Kalklösung) ist jedoch vorholozäne Entstehung zu vermuten. Als fossile Böden sind dagegen Zeugen kalt- und warmzeitlicher Bodenentwicklung gleicherweise gesichert; sie werden nicht nur als Klimahinweise, sondern vielfach auch zur Altersgliederung der Sedimente benutzt. Letzteres setzt voraus, daß die Sedimen-

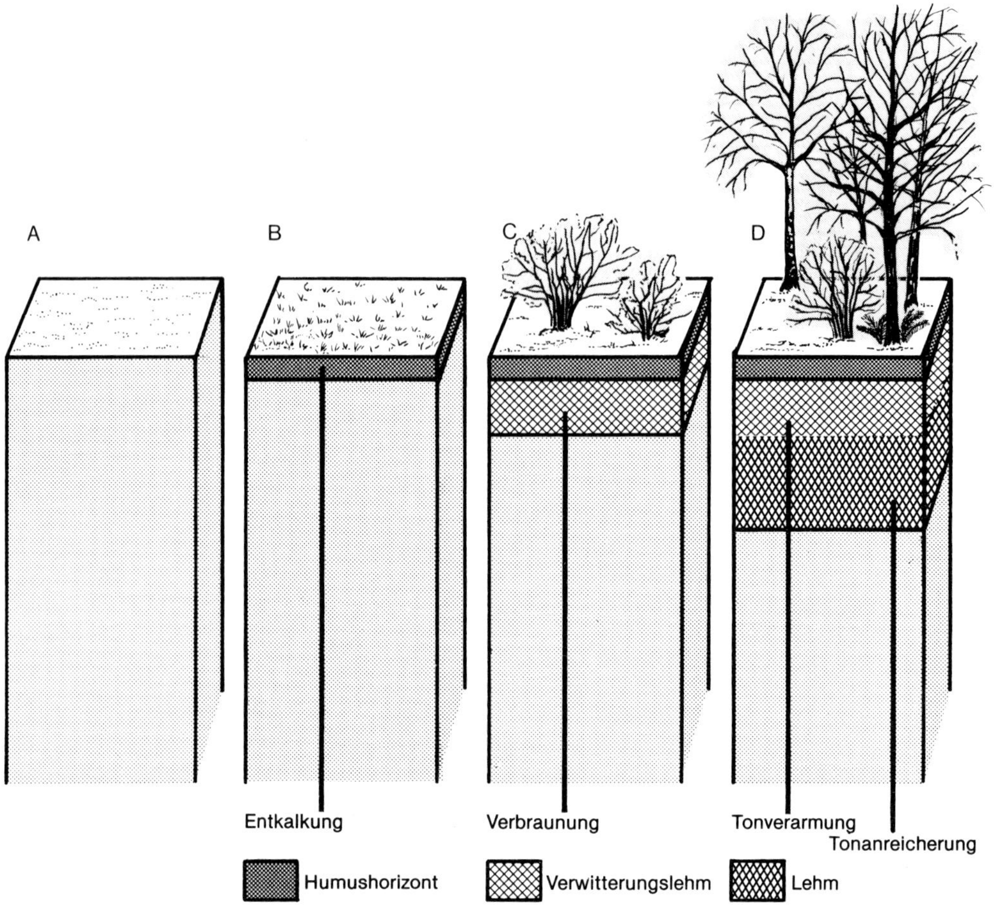

Abb. 27. Böden werden durch Verwitterung gebildet. Links: Auf Löß beginnt nach der Ablagerung die Verwitterung und die Besiedlung mit Pionierpflanzen. Daneben: Mit der Verwitterung und Vegetationsentwicklung nimmt die Entkalkung zu, Humus bildet sich unter Gras. Daneben: Unter Verbuschung findet Verbraunung statt. Rechts: Längere Verwitterung und Bewaldung führt zu tieferer Verlehmung.

tation während der Bodenbildung überregional unterbrochen war; dies ist jedoch schwerlich beweisbar und wenigstens bei der kaltzeitlichen Bodenentwicklung nicht sehr wahrscheinlich. Schwierigkeiten ergeben sich aber auch bei der Auswertung als Klimazeugen, und zwar um so mehr, je genauere Aussagen man machen möchte. Erste Voraussetzung ist, daß die begrabenen Böden mit rezenten gleichgesetzt werden können. Das ist um so weniger möglich, je mehr sie erodiert oder umgelagert sind. Unter den rezenten Vergleichsböden zeigen die tiefentwickelten die stärkste Umweltprägung; sie sind jedoch das Produkt einer ebenso langen wie wechselhaften Klimaentwicklung und damit eigentlich mit zunehmendem Alter immer weniger zum Vergleich geeignet. Man müßte also dafür Böden nehmen, die so jung sind, daß sie faktisch als geschichtslos gelten können; sie zeigen jedoch keine ausreichende Umweltprägung. Es wäre demnach am besten, statt einzelner Böden jeweils ganze Landschaftsausschnitte miteinander zu vergleichen, wo immer die Aufschlußverhältnisse im Gelände dies erlauben. Hierzu sollen zunächst einmal die Bodengesellschaften jener Gebiete kurz erläutert werden, in denen auch (zumeist fossile) Böden des Eiszeitalters erhalten sind. *Abb. 31*

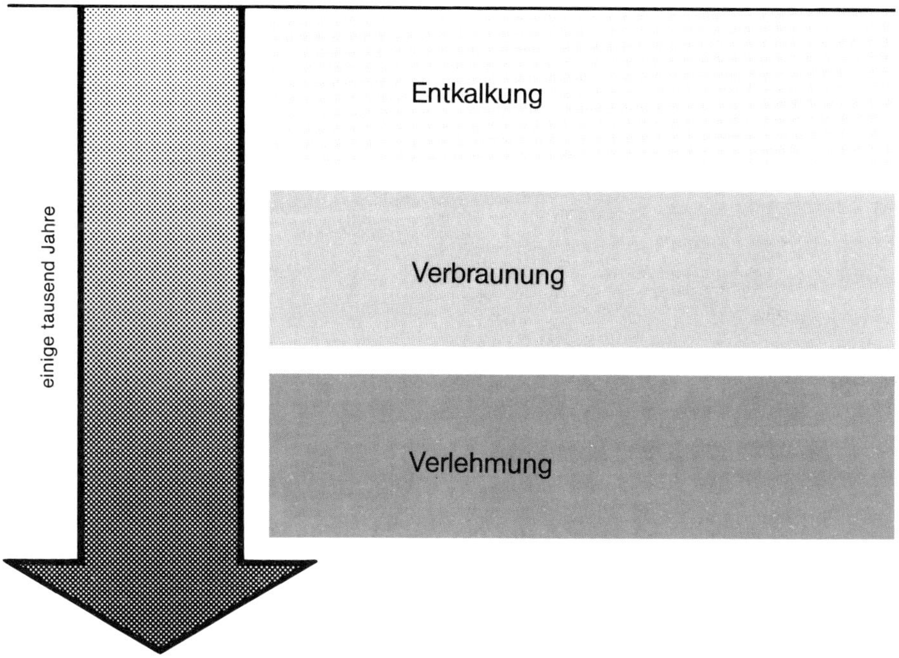

Abb. 28. Entkalkung, Verbraunung und Verlehmung sind dynamisch aneinander schließende Vorgänge, die bei stärkeren Niederschlägen und höheren Temperaturen beschleunigt ablaufen.

Abb. 29. Abfolge von Lössen mit z. T. erodierten Parabraunerden in Mainfranken.

Heutiges Bodenmuster südwestdeutscher Löß-, Geschiebemergel- und Terrassenlandschaften

Allgemein sind tiefentwickelte, zunehmend wechselfeuchte Böden in Hochflächenzentren und im unteren Teil flacher Hänge zu erwarten, an steilen Oberhängen hingegen flachgründige, erodierte Böden, denen am Hangfuß humose Bodensedimente (Kolluvium) entsprechen, manchmal mit Hangwassereinfluß. Grad und Ausdehnung der Vernässung sind in Gebieten mit dichterem oder tonigem Unterboden ebenso verstärkt wie in solchen mit kühl-feuchterem Klima. Als Eiszeitrelikte sind in den Hochflächenzentren und vor Hangstufen mit guter Durchfeuchtung Taschenböden und gelegentlich Eiskeile verbreitet, während die Hänge durch Bodenfließen gekennzeichnet sind; vor allem an den Unterhängen sind mächtige Fließerdedecken akkumuliert.

In den Gebieten mit Löß, Geschiebemergeln oder buntgemischten Terrassen-
Abb. 33 sedimenten sind besonders entkalkte, braune Böden mit Tonverlagerung (Parabraunerden) verbreitet. In den Lößlandschaften und im Altmoränengebiet sind

Abb. 30. Links: Waldboden aus Schottern. Mitte: Der erste Boden wird durch Löß begraben, auf dem sich ein Steppenboden entwickelt. Rechts: Auch der zweite Boden wird von kaltzeitlichem Löß begraben, auf dem sich wieder ein Waldboden entwickelt.

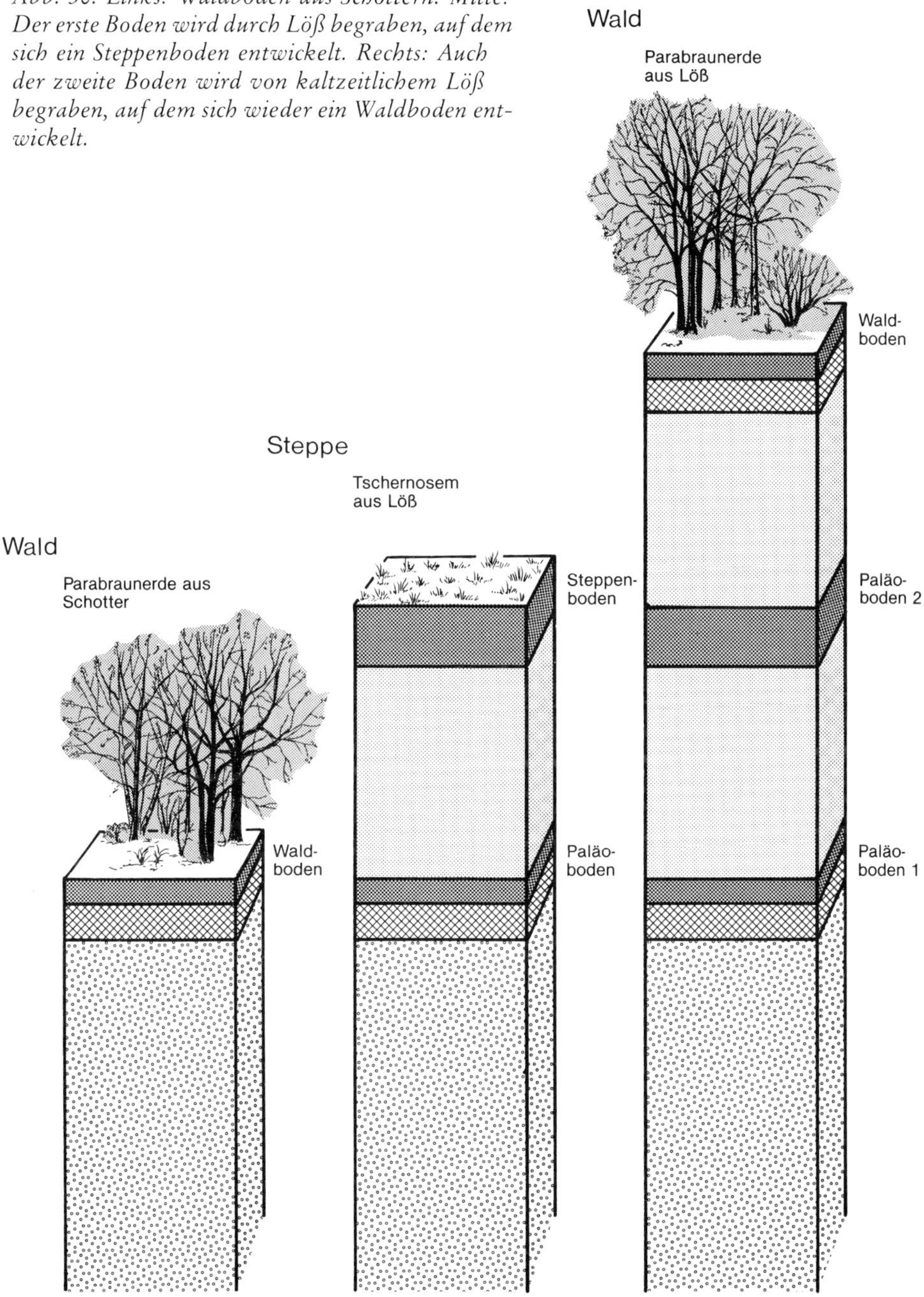

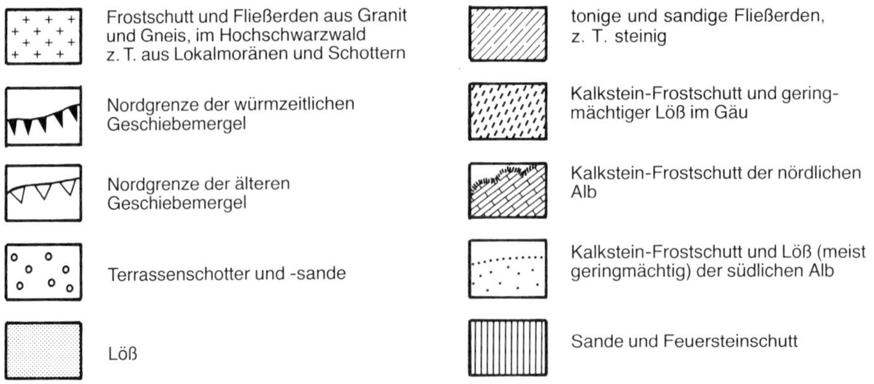

Abb. 31. Karte der Ausgangsgesteine für die Böden Südwestdeutschlands. Böden werden durch Gestein und Klima bestimmt, sie stehen aber auch in Wechselwirkung zum je nach Klima entwickelten Bewuchs.

---

sie häufig mit stärker verdichteten, wechselfeuchten Böden mit Oberbodenblei-
Abb. 34 chung und Unterbodenmarmorierung (Pseudogleye) vergesellschaftet; kleinflächig treten auch (vor allem in Depressionen) ganzjährig staunasse Böden (Sta-
Abb. 35 gnogleye) auf, die sich von den wechselfeuchten durch stärkere Oberbodenbleichung, Rohhumusakkumulation und das Fehlen von Oxidkonkretionen unterscheiden. Die Entwicklungstiefe dieser Böden überschreitet im Löß kaum einen Meter, im Terrassenkies zwei Meter und kann im Geschiebemergel der Altmoräne drei Meter und mehr erreichen. Da die Vernässung durch wiederholte Tonverlagerung gefördert wird, verstärkt sie sich mit zunehmendem Alter der Landoberfläche; sie ist in der Altmoränenlandschaft und in Gebieten mit geringer Sedimentation von jüngerem Löß besonders verbreitet. An steileren Hängen kommen zu den genannten Böden flachgründige, kalkhaltige (Pararendzinen) hinzu, die in den Lößgebieten auch auf flache Kuppen übergreifen, am Hangfuß entsprechend kolluviale braune Böden (Braunerden) mit erhöhtem Humusgehalt, die in der Talaue in braune Böden mit Grundwassereinfluß (Vegen) übergehen. In breiten Talsenken sind Grundwasserböden mit teilweiser Durchlüftung (Gleye) und Niedermoore vergesellschaftet; in alten Seebecken der Moränenlandschaft sind Hochmoore entwickelt. – In einigen Gebieten mit geringmächtigem Löß über Tonschichten (auf den südlichen Fildern, im mittleren Neckarland) sind in Talanfängen und längs Bachoberläufen kolluvial überschüttete anmoorige Gleye mit schwarzerdeähnlichem Aussehen nachweisbar. Es

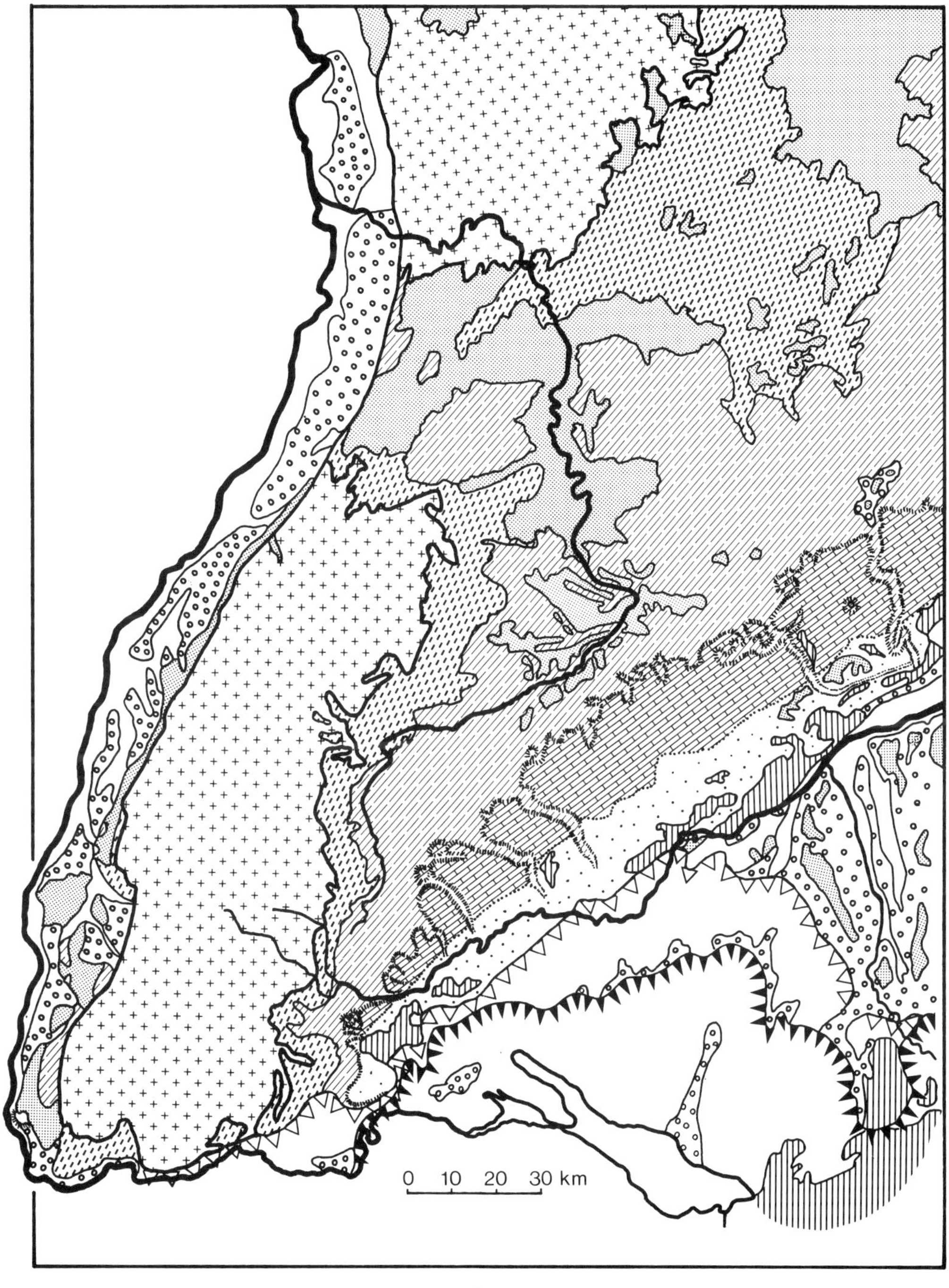
0 10 20 30 km

Abb. 32. Boden mit Eisenverlagerung (Podsol) aus Frostschutt im mittleren Buntsandstein-Schwarzwald.
Abb. 33. Parabraunerde aus Löß unter Laubwald auf den Fildern.
Abb. 34. Pseudogley aus Löß unter Mischwald auf den Fildern.
Abb. 35. Stagnogley aus Fließerde im östlichen Buntsandstein-Schwarzwald.

sind jedoch auch schwarzerdeartige Böden in Plateaulage vom Fellbach-Schmidener Feld beschrieben (von *S. Müller* 1951 und *Eissele* 1955), die als Relikte einer wärmer-trockeneren Klimaperiode vor dem Subatlantikum gedeutet werden und somit etwa mit dem Neolithikum zeitgleich sind. Allerdings sind dort neolithische Siedlungsspuren stellenweise so häufig, daß hin und wieder auch eine Verwechslung mit schwarzen Kulturschichten möglich ist. Aus der gleichen Zeitspanne stammt wahrscheinlich auch die auffallende Rotfärbung einiger Unterböden von Kiesparabraunerden in Oberschwaben (*Moll* 1970).

Aus dieser Übersicht wird deutlich, daß in dem heutigen Bodenmuster sowohl *Abb. 31* Altersmerkmale aus wiederholter, an sich gleichgerichteter Bodenentwicklung (Tonverlagerung, Pseudovergleyung) stecken als auch Reliktmerkmale, die teils einer wärmeren nacheiszeitlichen Klimaphase entstammen, teils erheblich kälteren Abschnitten des Eiszeitalters. Das erschwert die Zuordnung rezenter Böden zu enggefaßten Klimabereichen ebenso wie die Parallelisierung mit fossilen Böden. Es wurde bereits angedeutet, daß einzelne Züge der Bodenentwicklung mehrdeutig sein können (Vernässung bei bestimmter Relieflage, Gesteinsfolge, Klimavariante oder Alterung; schwarzerdeähnliches Aussehen bei Böden am Hangfuß oder in kleinen Senken) und damit auch die Deutung fossiler Böden bedenklich machen. Hinzu kommt, daß wir bisher nicht sicher wissen, wann in der Nacheiszeit die Bodenentwicklung begonnen haben kann, der wir die rezenten Böden verdanken; hatten sich doch bereits *Brunnacker* (1959) und *Schönhals* (1961) für spätglaziale Bildung einzelner Parabraunerden ausgesprochen. Je mehr aber von dieser Bodenentwicklung auch unter typisch kaltzeitlichen Bedingungen möglich ist, desto vorsichtiger müssen wir bei der klimatischen Einordnung fossiler Böden sein. Werfen wir deswegen noch einen Blick in die heutige Arktis, um zu sehen, was dort neben der Bildung von Eiskeilen, Taschenböden und Fließerden an Bodenentwicklung nachweisbar ist.

Arktische Bodenbildung

Die bisherigen Untersuchungen sind bei *Tedrow* (1977) zusammengestellt. *Abb. 36–38* Durch eigene Anschauung konnte erhärtet werden, daß Umlagerung von Eisen und Vermoorung in nassen Senken schon bei Jahresmitteln von –25° C und weniger als 65 mm Niederschlag stattfindet; für Gleye- und Moorbildung ist es demnach im Pleistozän außerhalb der vergletscherten Bereiche nie zu ungünstig gewesen. Bei –10° C und 200 mm/Jahr ist bereits Kalkumlagerung und auf Kieskuppen Braunerdebildung nachweisbar. Daß die Verbraunung dabei tiefer reicht als die jetzige sommerliche Auftauzone, führen *Tedrow* und *Douglas* (1964) auf vorpleistozänen Klimaeinfluß zurück. Bei eigenen Untersuchungen

(*Bleich* 1977) wurden jedoch vergleichbare Böden aus Geschiebekies gefunden, die diese Deutung nicht zulassen; denkbar wäre allenfalls Entstehung bei tieferem Auftauen im Atlantikum (also jener wärmeren Phase des Holozäns, der verschiedene südwestdeutsche Reliktböden zugeschrieben werden). Als Besonderheit treten in Sandkuppen Stagnogleye mit Naßbleichung über dem Dauerfrostboden auf (*Bleich* und *Stahr* 1978). Die ersten Parabraunerden erscheinen offenbar im subarktischen Bereich (um 0° C, 500 mm/Jahr); wenigstens sind flachgründige Formen (»Nanoparabraunerden«) von Alaska innerhalb der Waldzone (bei *Rohdenburg* und *Meyer*, unveröffentlicht) aufgeführt. Eine Pseudogley-Parabraunerde aus Lößlehm in der südlichen Taiga (5° C, 550 mm/Jahr) der Sowjetunion (*Duchaufour* 1976) ist in ihrem Aussehen und ihrer Entwicklungstiefe (zwei Meter) bereits fossilen Böden Südwestdeutschlands vergleichbar. Sofern hier wie auch im vorgenannten Falle relikte Bodenbildung früherer Warmzeiten ausgeschlossen werden kann, deuten diese Beispiele darauf hin, daß die Entstehung von Parabraunerden an Waldbedeckung und klimatische Mindestbedingungen geknüpft ist. Eisen-/Tonbeläge im Mikromaßstab wurden jedoch auch in Wüstenböden der Antarktis gefunden (*MacNamara* 1969).
Diese ausführlichen Vorbemerkungen waren notwendig, weil sie die Grenzen aufzeigen sollten, die der Deutung von Paläoböden gesteckt sind. Die folgenden Ausführungen werden deutlich machen, wo weitere Untersuchungen notwendig sind, bis ausreichende Klarheit über die Bodenentwicklung im Eiszeitalter erlangt ist.

Pleistozäne Böden in Südwestdeutschland

Böden im Löß

Von den pleistozänen Böden sind die unter Löß begrabenen am wichtigsten, weil sie zu den besterhaltenen zählen. Mächtige Abfolgen liegen in der Vorbergzone des Rheintals, am Kaiserstuhl und Hochrhein, im Kraichgau und im mittleren Neckarland sowie auf den Fildern, weniger bedeutende im Albvorland und *Abb. 31*

Abb. 36. Eiskeilnetze und Bodenfließen auf Axel Heiberg Island (Canadische Arktis).
Abb. 37. Eiskeil auf Banks Island (Canadische Arktis).
Abb. 38. Durch Gefrierdruck emporquellendes Bodenmaterial in Nord-Ellesmere (Canadische Arktis).

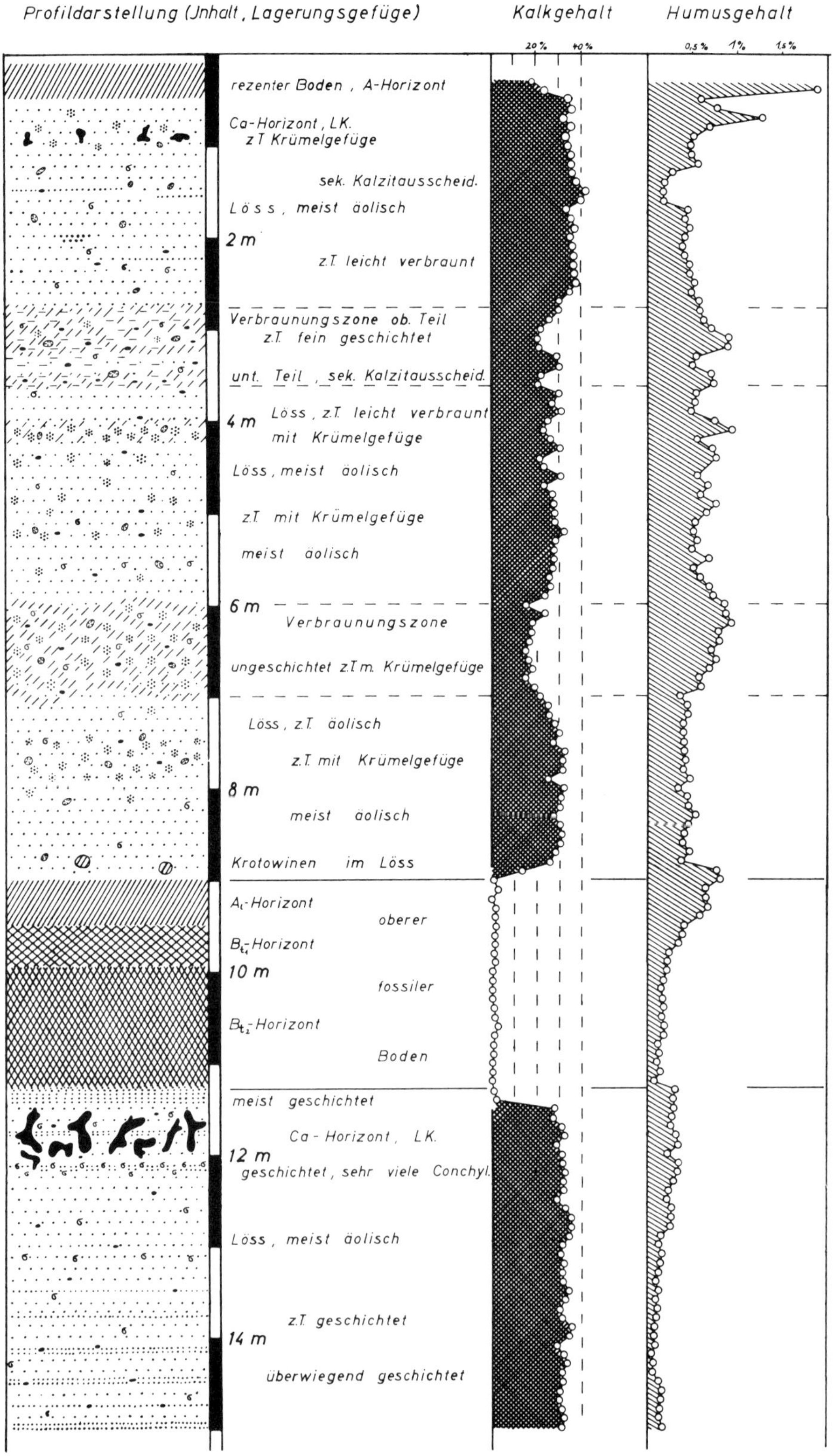

Abb. 39. Profil der Lößabfolge von Heitersheim am Kaiserstuhl, nach Bronger 1966a. Drei Böden folgen hier an einer Stelle übereinander mit unterschiedlich intensiver Lößkindel-Bildung (Kalk-Ausfällung), links = oberer Teil, rechts = unterer Teil.

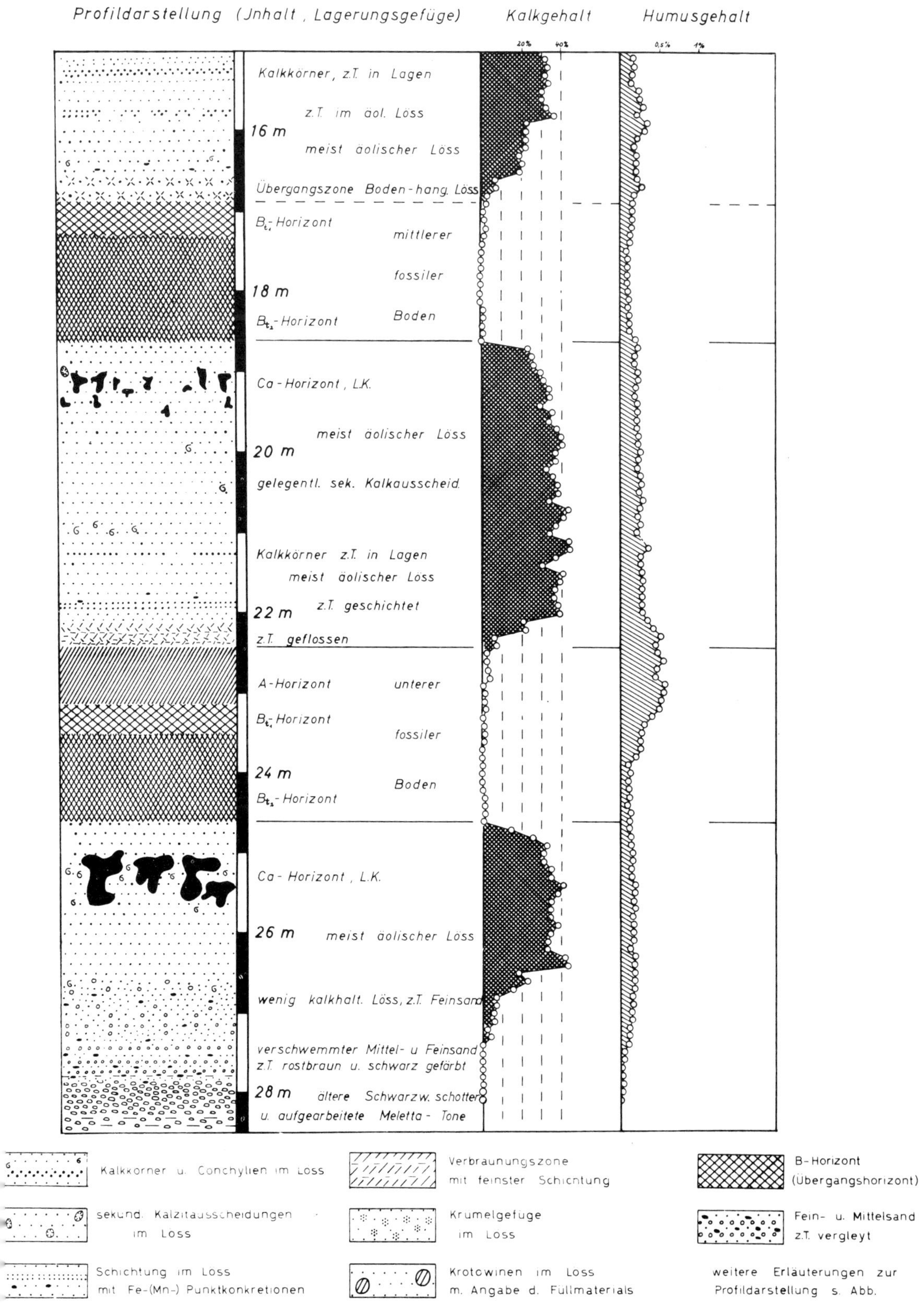

Profildarstellung (Jnhalt, Lagerungsgefüge)
Kalkgehalt
Humusgehalt
20%
40%
0,5%
1%
Kalkkörner, z.T. in Lagen
z.T. im äol. Löss
16 m
meist äolischer Löss
Übergangszone Boden-hang. Löss
Bt1-Horizont
mittlerer
fossiler
18 m
Bt2-Horizont
Boden
Ca-Horizont, L.K.
meist äolischer Löss
20 m
gelegentl. sek. Kalkausscheid.
Kalkkörner z.T. in Lagen
meist äolischer Löss
z.T. geschichtet
22 m
z.T. geflossen
A-Horizont
unterer
Bt1-Horizont
fossiler
24 m
Boden
Bt2-Horizont
Ca-Horizont, L.K.
26 m
meist äolischer Löss
wenig kalkhalt. Löss, z.T. Feinsand
verschwemmter Mittel- u Feinsand
z.T. rostbraun u. schwarz gefärbt
28 m
ältere Schwarzw. schotter
u. aufgearbeitete Meletta-Tone
Kalkkörner u. Conchylien im Löss
Verbraunungszone mit feinster Schichtung
B-Horizont (Übergangshorizont)
sekund. Kalzitausscheidungen im Löss
Krumelgefüge im Löss
Fein- u. Mittelsand z.T. vergleyt
Schichtung im Löss mit Fe-(Mn-) Punktkonkretionen
Krotowinen im Löss m. Angabe d. Füllmaterials
weitere Erläuterungen zur Profildarstellung s. Abb.

in der südlichen Ostalb. In der Vorbergzone wurden zwei gut gegliederte Auf- *Abb. 39* schlüsse eingehend untersucht (*Bronger* 1966a und b, 1969, 1969/70). Bei Heitersheim sind im 28 m mächtigen Lößdrei Parabraunerden (zum Teil mit humosem Oberboden) erhalten, von denen jede über zwei Meter tief entwickelt ist. Bei Buggingen sind in 16 m Löß vier schwach pseudovergleyte Parabraunerden (davon eine mit humosem Oberboden) und ein Parabraunerde-Pseudogley ähnlicher Mächtigkeit wie in Heitersheim eingeschaltet. Da hier der Fließerdecharakter der Böden nach unten zunimmt, ist anzunehmen, daß die Abfolge in Unterhangposition entstand. Es wird betont, daß sich die Böden untereinander wie auch von einer rezenten Parabraunerde der Umgebung nicht wesentlich unterscheiden; der rezente Vergleichsboden ist lediglich geringmächtiger. Die Böden werden als voll warmzeitlich bezeichnet, wobei der Oberboden in einer Spätphase in einen Waldsteppenboden transformiert wurde. Im Löß über der jüngsten Parabraunerde treten im Heitersheimer Profil zwei schwach ausgeprägte Verbraunungszonen auf, deren obere vielleicht zweiteilig ist. Die untere von beiden ist stärker verwittert, beide sind nur wenig tonreicher als der frische Löß. Wahrscheinlich genügte für ihre Entstehung eine schwächere Sedimentation bei geringer Erwärmung. – Am Kaiserstuhl sind die Reste von höchstens drei Parabraunerden nachgewiesen (*Guenther* 1953, *E. Schmid* 1959, *Khodary Eissa* 1968, *Hädrich* 1970, 1975). Sie sind stark erodiert (in einem Falle 0,2 m mächtig!), zum Teil im Hangenden durch Bodenfließen beeinträchtigt, und das Liegende zeigt manchmal Schwemmschichtung durch Wasserumlagerung, wodurch die Vergleichsmöglichkeit mit anderen Profilen erheblich eingeschränkt wird. *Khodary Eissa* macht dafür das steile Relief unter dem Löß verantwortlich. Zur Parallelisierung der Profile wurde eine Gliederung der Löße nach dem Dolomitgehalt versucht (*Hädrich* 1975), dessen Anstieg nach oben mit Veränderungen im Liefergebiet begründet wurde. Untersuchungen an Moränen zeigten, daß sich mit zunehmender Transportweite immer mehr Dolomit in der Grobschluff-Fraktion ansammelt (*Dreimanis* und *Vagners* 1966). Ähnliches könnte für die Schwemmdecken des eiszeitlichen Rheins als Liefergebiet der Löße gelten, die hauptsächlich aus Feinmaterial von Moränen abzuleiten sind. Schon eine andere Windgeschwindigkeit würde indes reichen, um den Dolomitgehalt der *Abb. 40* Löße zu verändern. – Am Hochrhein bei Murg wurde ein Profil beschrieben (*Guenther* und *Tidelski* 1964), mit dem eine Angliederung der oberen Lößserie an die Moränenabfolge des Alpenvorlandes möglich ist. Bei der »verlehmten Rißmoräne« dürfte es sich um den Unterboden einer Parabraunerde oder eines Pseudogleys gehandelt haben, der die Basis der Hangfuß-Abfolge bildet. Darüber folgt angeblich warmzeitlicher Torf; nach B. Frenzel (mündl. Mitt.) hat er jedoch bestenfalls Interstadial-Charakter. Ein gyttjaähnliches Sediment (Gyttja

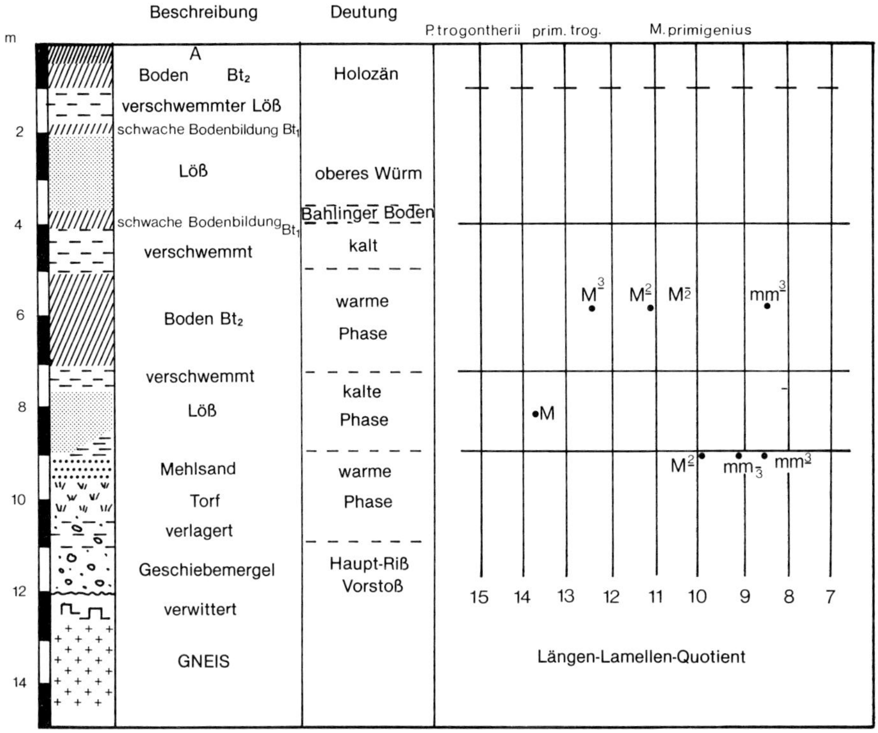

Abb. 40. Gesamtprofil von Murg über der Grundmoräne des maximalen Riß-Eisvorstoßes nach E. W. Guenther und F. Tidelski 1964. Eingetragen sind auch die verschiedenen aus den Ablagerungen entnommenen Elefantenmolaren: P. trogontherii = Steppenelefant; prim. trog. = Übergang zum Mammut; M. primigenius = Mammut.

= in Seen und Mooren abgelagerter Faulschlamm organischer Herkunft) vermittelt zum darüber folgenden Lößs. In diesen sind eine stark kolluvial und solifluidal überdeckte Parabraunerde und zwei schwach ausgeprägte, im oberen Teil verschwemmte Bodenzonen eingeschaltet, für deren Entstehung keine besondere Klimagunst notwendig ist. Der Verwitterungsgrad der Parabraunerde ist nicht hinreichend untersucht.

Im Kraichgau treten an Unterhängen z. T. über 20 m mächtige Löße auf, die im günstigen Falle an der Basis und inmitten der Abfolge je eine Parabraunerde (manchmal mit ihrem Oberboden) enthalten. Dabei ist die untere stärker solifluidal überschichtet und mächtiger (bis zu 6 m); fehlt sie jedoch, dann ist die obere mächtiger.

Im mittleren Neckarland liegen drei Löße vor, die durch die solifluidal aufgehöhten Unterböden zweier Parabraunerden voneinander getrennt sind; die obere ist nur gering entwickelt und wenig älter als Aurignacien, da die Fließerde darüber vereinzelt solche Artefakte enthält (*Freising* 1951, 1957). Eine weitere Parabraunerde an der Basis der Abfolge ist bei Böckingen und Fellbach erkennbar (*Müller-Beck* 1957). Der mittlere und obere Löß lassen sich durch marmorierte Lagen weiter untergliedern, die durch Wasserstau des einstigen Dauerfrostbodens bedingt sein sollen und daher als Tundren-Naßböden bezeichnet werden (*Freising* a. a. O.). Bevor sie jedoch zur Parallelisierung mit anderen Abfolgen benutzt werden, sollte geklärt werden, ob es sich um eine relief- oder klimabedingte Vernässung handelt. Die Deckschichten der fossilführenden Terrassenschotter von Steinheim/Murr wurden mehrfach untersucht (*Freising* 1952, *Guenther* 1954), zunächst lag aber nur eine unvollständige Schichtenfolge vor. Gestützt auf unveröffentlichte Aufnahmen (*Brunnacker* und *Schirmer* 1969/70) erfolgte neuerdings eine Neubearbeitung aller Aufschlüsse, die durch *Abb. 41* Bohrungen ergänzt wurde (*Bloos* 1978). Es ließen sich drei vermischte Fließerdepakete unterscheiden, wovon die beiden unteren stärker mit Gipskeuper-Tonmergeln durchsetzt sind. Die obere wechselt von Tonmergel- in Lößfließerden über, die an der Oberkante mit einer Verbraunungszone abschließen; darüber folgt Löß mit zwei »Naßböden«, mit deutlicher Diskordanz zum Liegenden. Die drei Fließerden werden durch schwach pseudovergleyte Parabraunerden getrennt. Deren untere geht hangab in einen Pseudogley über, dessen Anschluß an die alte Talaue bisher nicht untersucht werden konnte. Die obere Parabraunerde ist selbst bei stärkerer Hangneigung recht vollständig erhalten; der humose Oberboden ist aufgekalkt und schwarzerdeartig transformiert (Krümelstruktur, zahlreiche Wurmröhren). An Steilhängen ist statt der Parabraunerde eine kolluvial aufgehöhte Braunerde entwickelt. Zur damaligen Aue hin folgt ein Pseudogley mit vergleytem Unterboden, der in einen Gley mit mächtigem Oxydationshorizont übergeht; in einer benachbarten Rinne schließt sich ein Anmoor daran an. Die Schotter darunter sind metertief verwittert. Im Talhang dieser Kleinlandschaft steckt eine unter Fließerden begrabene ältere Aue mit einem kryoturbat (Kryoturbation = Bodenbewegung, die im Bereich des Frostbodens bei wechselndem Frost in der oberen Bodenschicht vor sich geht) gestörten Naßgley (ohne Oxydationshorizont), in den aus der Fließerde tiefe Eiskeile herunterziehen. Er ist demnach als kaltzeitliche Bodenbildung zu werten; dazu paßt, daß die Schotter darunter nur wenig verwittert sind. Aufgrund der Faunenführung der verschiedenen Schotterkörper läßt sich nun folgende Entwicklung der Talaue rekonstruieren: Die Aufschüttung der Schotterzüge begann offenbar jeweils nach einer Seitenerosion der Murr in einer Kalt-

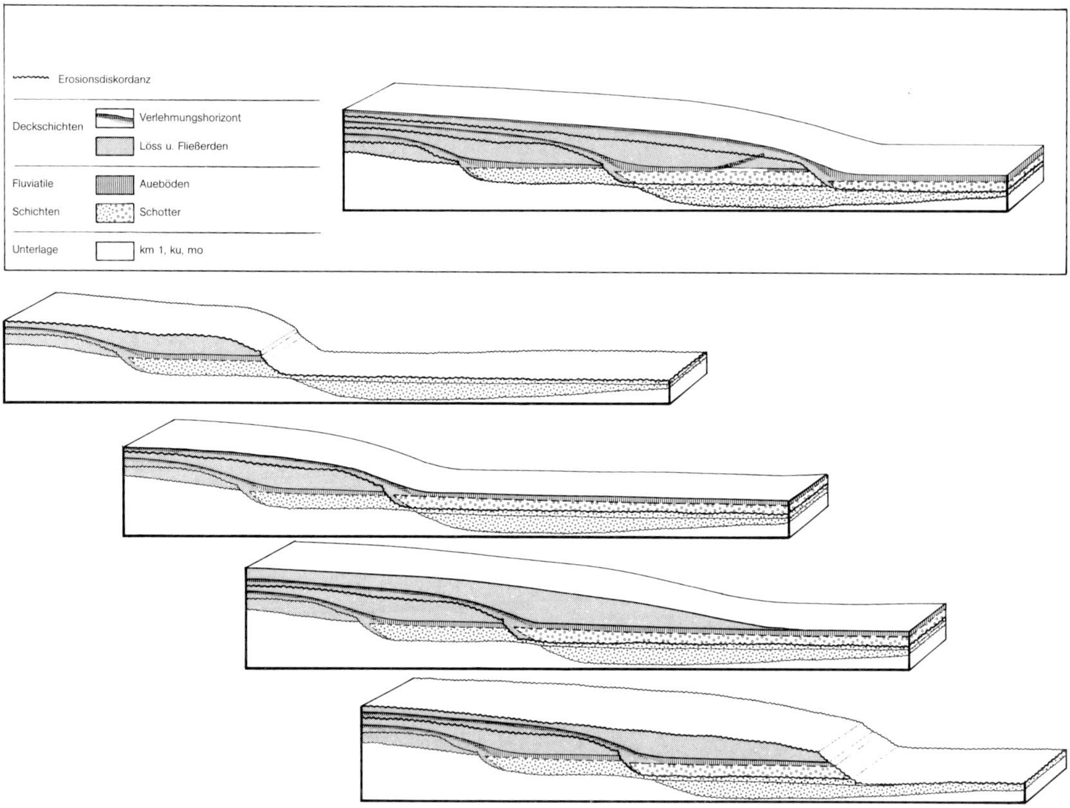

Abb. 41. Die Entwicklung der Schichtenfolge von Steinheim an der Murr, nach Bloos 1977 – hier in Teilschritte aufgelöst: oben: Das Gesamtprofil 1977, darunter: Die beiden Schotter I (Zyklus 1 u. 2) mit überdeckendem Löß und Erosionsfläche; darunter: Der Schotter II (Mammutschotter) des Zyklus 3 mit Löß und Bodenbildung; darunter: Lößdecke über der vorhergehenden Abfolge; ganz unten: nachfolgende Erosion von Löß und Schottern, darauf eine weitere Deckschicht mit Bodenbildung über einem jüngsten Schotter.

phase. Die erste fing noch vor der Holstein-Warmzeit an und setzte sich bis zu deren Ende fort. Die zweite griff weiter hangwärts und endete mit der Bildung einer Auenlehmdecke, in der sich der kaltzeitliche Naßgley entwickelte; beide sind, wie auch die dritte Aufschotterung, rißkaltzeitlich. Danach entstand die oben geschilderte Kleinlandschaft, die somit ins Eem-Thermal zu stellen wäre; die Schwarzerdebildung am Ende müßte dann in eine trockene Spätphase dieser Warmzeit gehören. Anschließend wurde ein großer Teil des Schwarzerdematerials kolluvial (mit Schrägschichtung) in die Aue umgelagert und mit Fließerden überdeckt; einer Feuchtphase mit starker Bodenabspülung muß demnach eine kaltzeitliche Solifluktionsphase gefolgt sein. Danach (und vielleicht gleichzeitig mit der jüngsten Lößanwehung) erfolgte die letzte Schotteraufschüttung (die somit würmkaltzeitlich im engeren Sinne wäre) und der holozäne Auenlehm. Schwierigkeiten bereitet noch die Parallelisierung mit den Ablagerungen eines Seitenzuflusses, dessen Schotterrinne die Abfolge an einer Stelle unterbricht; sie erbrachte eemzeitliche Faunenreste. In ihrem Hangenden verläuft eine Bodenzone, deren Beziehung zu den oben erwähnten Böden nicht geklärt werden kann. – Unklar ist auch die Zeitstellung eines Anmoors, das auf einer Terrasse der Enz bei Eutingen liegt und von Lößlehm-Fließerden bedeckt ist. – Wie in Steinheim, so wurde auch von den Fildern zunächst nur eine unvollständige Abfolge beschrieben (*Zürl* 1958). Mittlerweile wurde bekannt, daß der geringmächtige Unterboden einer Parabraunerde den noch kalkhaltigen jüngeren Löß unterteilt, während der ältere Löß völlig in den Unterboden einer Pseudogley-Parabraunerde umgewandelt ist (*Blume* 1968). Diese ist bis vier Meter mächtig und zeigt im tieferen Teil deutliche Fließerde-Merkmale. Stellenweise ist auch der humose Oberboden noch erhalten. Eingehende Untersuchungen (*Alaily* 1972) zeigten nun, daß die ältere fossile Parabraunerde erheblich stärker, die jüngere dagegen deutlich schwächer verwittert ist als der rezente Vergleichsboden, anders als in der Vorbergzone. Bei der älteren Parabraunerde läßt sich dieser Widerspruch durch die Annahme beseitigen, daß in der Fließerde noch älteres, vorverwittertes Bodenmaterial enthalten war. Bei der jüngeren Parabraunerde ließe sich erwägen, daß sie das Kondensat der zwei bzw. drei Bodenbildungen von Heitersheim darstellt, wohl infolge geringerer Lößanwehung, die dort im Löß über der jüngsten fossilen Parabraunerde liegen. Aus der Talsenke südlich von Neuhausen ist schließlich noch eine Abfolge von unterschiedlich steinigen Lößlehm-Fließerden beschrieben, die zwei anmoorige Gleye einschließt (*Stahr* 1968). Der untere hat aufgrund einer Radiokarbondatierung seiner organischen Substanz ein Mindestalter von 31 200 ± 1900 Jahren v. h. (vor 1950) und repräsentiert somit das in den Niederlanden zuerst gefundene Denekamp-Interstadial. Er wurde zu Beginn der nächsten Kaltphase in große Fließfalten gelegt. Der obere Gley ist stärker gestört und von großen Rostlinsen durchsetzt (in denen *Stahr* heute Laacher Bimstuff vermutet; der Gley wäre damit allerödzeitlich).

An vielen Stellen des Albvorlandes ist infolge geringerer Lößbedeckung nur noch der mächtige Unterboden einer unterschiedlich pseudovergleyten Parabraunerde unter jüngerem Löß erhalten geblieben. Stellenweise ist diese auch in der südlichen Ostalb nachweisbar; hier ist sie jedoch über Kalkstein(schutt) er-

heblich toniger und nicht pseudovergleyt. Die Löße in Oberschwaben sind dagegen infolge des nahen Liefergebietes sandiger und kaum einmal stärker durch fossile Böden untergliedert.
Zusammenfassend lassen sich in den Lößgebieten Gemeinsamkeiten feststellen und daraus Gesetzmäßigkeiten zur Erhaltung fossiler Böden ableiten: Zunächst einmal ist die Entstehung mächtiger Löß/Bodenabfolgen an ein bewegtes Untergrundrelief gebunden. Das gilt auch für Landschaften wie die Filder, die auf den ersten Blick als eben gelten können. Ob der Löß mehr luvseitig (dem Wind zugekehrt) abgelagert wurde wie in der Vorbergzone, oder mehr leeseitig (dem Wind abgekehrt) wie im Kraichgau, spielt dabei eine untergeordnete Rolle. Überschreitet das Relief jedoch eine bestimmte Steilheit, wie im Kaiserstuhl, dann verschlechtert sich die Erhaltung der fossilen (wie auch der rezenten) Böden zusehends, ohne daß die Lößablagerung verringert würde. Anfangs besorgt das Bodenfließen einen erheblichen Teil des Reliefausgleichs, in Tonstein-Landschaften wie im Gebiet der Murr sogar den Hauptteil. Das ist auch der Grund dafür, warum die untersten Böden zumeist am mächtigsten sind und in Gebieten mit geringer Lößsedimentation nur noch ein einziger fossiler Boden entsteht. Bezeichnend ist das Fehlen schwach ausgeprägter Böden in den älteren Lößen. Offenbar haben sich die fossilen Parabraunerden in viel tiefere, ältere Schichten hinein entwickelt, wobei Bodenbildung und -abtrag einander die Waage hielten (wie dies auch heute unter natürlichen Bedingungen der Fall ist); dabei wurden tieferliegende Bodenzonen »aufgezehrt«. Wäre die holozäne Bodenentwicklung auf den Fildern ähnlich weit fortgeschritten, dann ginge dort der rezente Boden unmittelbar in die untere fossile Parabraunerde über. Die größere Gründigkeit der fossilen Parabraunerden läßt – neben anderen Kriterien – auf eine längere Dauer der pleistozänen Warmzeiten schließen (s. auch *Brunnacker* 1964a).

Paläoböden der Geschiebemergel- und Terrassenlandschaften Oberschwabens

In Oberschwaben sind Paläoböden besonders im Nordsaum des Altmoränen- *Abb. 42*
gebiets erhalten, jedoch allgemein schlechter überliefert als im Löß. Da die pleistozänen Kaltzeiten erheblich länger gedauert haben als die namengebenden Vergletscherungsphasen, wurden diese Böden viel später begraben als die Böden im Lößgebiet, erfuhren somit auch längere Entkalkung, Verbraunung und Tonbildung (*Moll* 1970) als die Lößböden; beide sind daher schlecht miteinander vergleichbar. Ein zusätzlicher Unterschied besteht darin, daß im Moränengebiet zusammenhängende begrabene Landoberflächen vorliegen, die durch ihre Lage zwischen »klassischen« Gletscherablagerungen eine gute Gliederung nach dem relativen Alter erlauben. Zu den Versuchen, Datierungen aufgrund einfacher

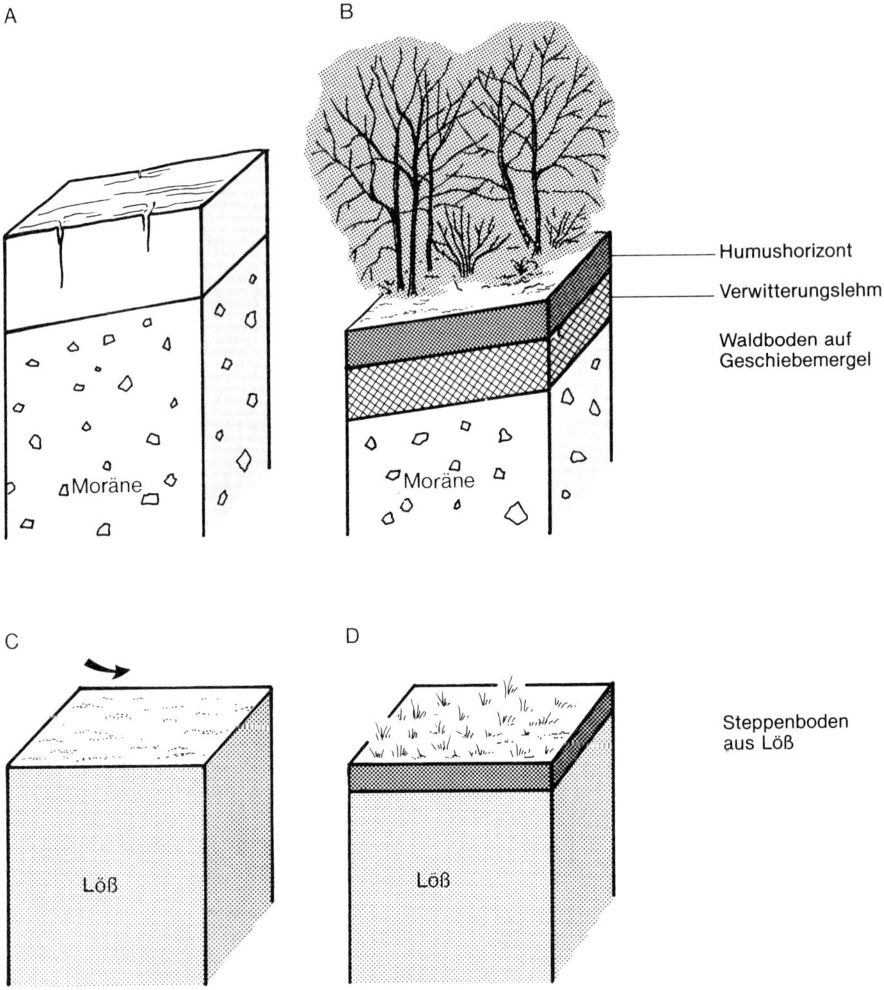

Abb. 42. Beispiele für Ablagerungen in Kaltzeiten und nachfolgende Verwitterung. Aufschüttung von Moränen durch Gletscher – Anwehung von Staub (Löß) – warmzeitliche Waldbodenbildung aus dem Geschiebemergel der Moräne – Steppenboden aus Löß.

chemischer Analysen vorzunehmen, hat sich *Brunnacker* (1970) kritisch geäußert. Für die oberflächennahen Paläoböden, vor allem jene der sehr alten, hochgelegenen Schotterflächen, wäre eher eine umfassende Untersuchung des Verwitterungsgrades hilfreich, bei der auch die jeweiligen Ausgangsgesteine berücksichtigt werden müßten. Zu den ältesten fossilen Böden zählen erodierte

Parabraunerden aus günzzeitlichen Schottern, die von mindelzeitlichen Gletscherablagerungen überdeckt sind. Aufschlüsse liegen bei Ochsenhausen, Hattenburg und südlich Rottum (*Brunnacker* 1962, *Schädel* und *Werner* 1963) sowie am Ziegelberg (*Göttlich* und *Werner* 1967). Noch häufiger sind Böden aus Mindelablagerungen unter Rißmoräne. Gefunden wurden ein bis zwei Meter mächtige Kiesparabraunerden bei Dieterskirch (*Fezer* 1969), bei Neufra und Ertingen (*Brunnacker* 1962, *Schädel* und *Werner* 1963), eine ähnliche aus Geschiebemergel nördlich Rottum mit kolluvialem Oberboden (*Schädel* und *Werner* a. a. O.), manchmal auch nur Kalkverkittungen von der damaligen Bodenunterkante (*Graul* et al. 1968). Aus der Rotfärbung des Unterbodens schließen *Schädel* und *Werner* auf Klimabedingungen ähnlich denen im Atlantikum, nehmen aber eine erheblich längere Dauer an. Böden aus Rißsedimenten unter Würmmoräne sind bisher nicht bekannt geworden; überhaupt sind Böden aus dieser Zeitspanne seltener. Das Profil von Murg wurde bereits genannt; eine Parabraunerde aus Geschiebemergel unter geringer Lößbedeckung bei Dieterskirch (*Fezer* 1969) und Kiesparabraunerden der rißzeitlichen Terrassen der Riß bei Laupheim (*Brunnacker* 1962) sind ebenfalls hierher zu stellen. Letztere sind von Sandlöß bedeckt, der von der Haupt- auf die Jungrißterrasse übergreift und mit Taschenböden oder Eiskeilen ins Liegende eingetieft ist. *Werner* (1974) nimmt statt einer Warmzeit zwischen Riß und Würm eine Summe von Interstadialen an. Die 3,5 Meter tief entwickelten Laupheimer Kiesparabraunerden geben indes Anlaß zu der Vermutung, daß für ihre Bildung eine Warmzeit *und* mehrere Interstadiale anzusetzen sind. Jüngere fossile Böden sind bisher kaum beschrieben; wahrscheinlich gehört der kryoturbate Unterboden einer Parabraunerde im Löß über Riß-Geschiebemergeln bei Ertingen hierher (*Schädel* und *Werner* a. a. O.).

Paläoböden der Schutt- und Fließerdegebiete

Aus den Schutthängen der Alb sind bislang nur Bodenreste beschrieben worden, die sich nicht mit bestimmten holozänen Böden gleichsetzen lassen. An mehreren Stellen wurden lehmige braune Fließerden gefunden (*Bleich* 1960), in Einzelfällen mit Eiskeilen verknüpft (*Bleich* und *Groschopf* 1959). Eine komplizierte Schichtenfolge von Böden, Fließerden, Frostschutt und Löß, die unter wechselnder Schüttungsrichtung entstanden ist, wurde am Bockstein bei Rammingen gefunden (*Wetzel* 1957). Für die Deutung benutzte *Wetzel* eine faustkeilführende Schicht als Bezugshorizont; besser eignet sich dafür jedoch seine »schwarzviolette« Schicht als die einzige typisch warmzeitliche Lage (wie bereits *Müller-Beck* 1957 erkannte). Die »violette Kulturschicht« stellt mit ihrem Gemisch aus warm- und kaltzeitlichen Tierresten bereits eine Fließerde dar, aus der sich die »rote Faustkeilschicht« entwickelt und allmählich solifluidal über den Unterhang ausgedehnt hat. Die folgenden Schichten, »Streifenlehm« und Löß, werden durch eine lehmige braune Fließerde angeblich aus dem Aurignacien unterteilt. Ein ähnlicher, genauer datierter Befund liegt z. B. im Geißenklösterle bei Schelklingen vor (*Hahn, v. Koenigswald* und *Wagner* 1976); es handelt sich um verlagerte Bodenreste aus dem Denekamp-Interstadial. In manchen Fällen ist auch das Hengelo-Interstadial mit enthalten. Demgegenüber fehlen Bodenreste aus dem Alleröd-Interstadial selbst dort, wo sie aus den Fundzusammenhängen her zu erwarten wären, wie am Bruckersberg bei Giengen/Brenz (*Riek* 1957).

Abb. 159

Aus anderen Gebieten mit Schutt und Fließerden sind nur kaltzeitliche Bodenrelikte (Taschenböden, vereinzelt Eiskeile) überliefert, hauptsächlich an (damals wie heute) feuchteren Stellen. Wo die Taschenboden-Unterkante zugleich auch die Untergrenze der jetzigen Bodenbildung ist, kann vermutet werden, daß der Boden schon vor der Kryoturbation vorhanden war. Böden aus bestimmten mesozoischen Ton- und Mergelgesteinen wären demnach häufig vorholozän.

Böden der Kalksteingebiete

Tiefentwickelte Böden aus Kalkstein haben aus zwei Gründen ein überdurchschnittlich hohes Alter: Zum einen geht die Kalklösung sehr langsam (*Werner* errechnete 1958 für die Verwitterung von 1 m Kalkstein der Alb einen Zeitbedarf von mehr als 25 000 Jahren; bei 10% Lösungsrückstand und der normalen Lockerung entspräche dies 0,2 m Boden), zum andern ist durch die Verkarstung des Untergrundes der Oberflächenabtrag erheblich verringert. In der Ostalb besteht der Unterboden sogar vielfach aus umgelagerten Bodenresten der Tertiärzeit, die häufig rot gefärbt sind. Von ihnen unterscheidet sich der Kalkstein-Braunlehm (Terra fusca) durch seine erheblich weitere Verbreitung; im Gäu liegt er vielfach an der Basis der Löße über Muschelkalk. Wahrscheinlich stammt er zum größten Teil aus den wärmeren Abschnitten des Eiszeitalters. Der Oberboden ist stets schluffiger infolge geringmächtiger Lößbedeckung (*Hemme* 1970). Eine rötliche Variante stellt der stark erodierte Boden an der Basis der Lößabfolge von Riegel am Kaiserstuhl dar. Es ist sicher nicht gerechtfertigt, ihn aufgrund seiner Färbung ins Tertiär zu datieren, da Böden ähnlicher Tönung ja auch aus pleistozänen und holozänen Kiesen entwickelt sind.
Andere sicher pleistozäne Böden sind bisher nicht bekannt.

Versuch einer Bodenentwicklungsgeschichte

Wie die obigen Ausführungen zeigen, genügen die bisherigen Forschungsergebnisse nicht, um ein zusammenhängendes Bild der Bodenentwicklung im Eiszeitalter zu geben. Bei den älteren Abschnitten läßt sich eine simple Abfolge von Kalt- und Warmzeiten feststellen, wovon letztere jeweils länger gedauert haben dürften als die Nacheiszeit und mindestens eine ebenso warm war wie das holozäne Klimaoptimum. Eine Parallelisierung der Böden im Löß mit jenen unter oder aus Geschiebemergeln ist nicht nur deshalb schwierig, weil anzunehmen ist, daß die Bodenentwicklung im Vereisungsgebiet länger anhalten konnte, sondern auch, weil mehr Lößanwehungsphasen faßbar sein können als Gletschervorstöße. Einer Geschiebemergel- und erst recht einer Schotter-Parabraunerde würden dann mehrere der älteren Lößparabraunerden entsprechen. Beim Vergleich der Filder mit der Vorbergzone wurde außerdem darauf hingewiesen, daß auch eine Lößparabraunerde mehrere Bodenbildungsphasen repräsentieren kann. Die größere Zahl fossiler Böden in anderen Gebieten (*Semmel* 1977 u. a.) braucht deswegen nicht zu bedeuten, daß dort ältere Lößschichten erhalten wären.

Für den letzten Abschnitt des Eiszeitalters existieren genügend viele Hinweise *Abb. 43* zur Rekonstruktion des Bodenbildungsverlaufs. Auf die tiefentwickelte, an Unterhängen pseudovergleyte Lößparabraunerde folgt (hier wie auch in anderen Lößgebieten Deutschlands) eine Schwarzerde, die wohl infolge beginnender Lößanwehung aufgekalkt wird; daher sind z. B. in der Steinheimer Schwarzerde auch zahlreiche Schneckenschalen erhalten geblieben. War intensive Bodenerosion bisher auf Steilhänge beschränkt, so kommt es nun zu großflächiger Bodenabspülung; auf wärmer-trockenes Klima folgte also eine kühlfeuchte Phase, die offenbar in Mittelgebirgslagen (wie am Bockstein) bereits zu schwachem Bodenfließen führte. Die Bildung von Auenböden wurde damit in Zonen mit geringer Sedimentation zurückgedrängt. Im weiteren Verlauf griff das Bodenfließen auch auf die Lößgebiete in den tieferen Lagen über, zog sich jedoch bald auf die lößfreien Hänge zurück. Statt dessen setzte, zum Rheintal hin zunehmend, eine ausgedehnte Lößsedimentation ein, die nur lokal durch einzelne Naßphasen unterbrochen wurde. Auf Phasen schwacher Erwärmung sind Verbraunungszonen in der Vorbergzone und wenig entwickelte Parabraunerden im mittleren Neckarland wie auch auf den Fildern zurückzuführen, denen wahrscheinlich eine braune Bodenbildung im Albhangschutt entspricht. Danach setzte erneute Lößsedimentation ein; sie erreichte diesmal ihre größte Mächtigkeit und Ausdehnung innerhalb der letzten Kaltzeit, auch die Schutthänge der Alb wurden davon betroffen. Dort entstanden darauf noch Schuttfließerden, dann bricht die

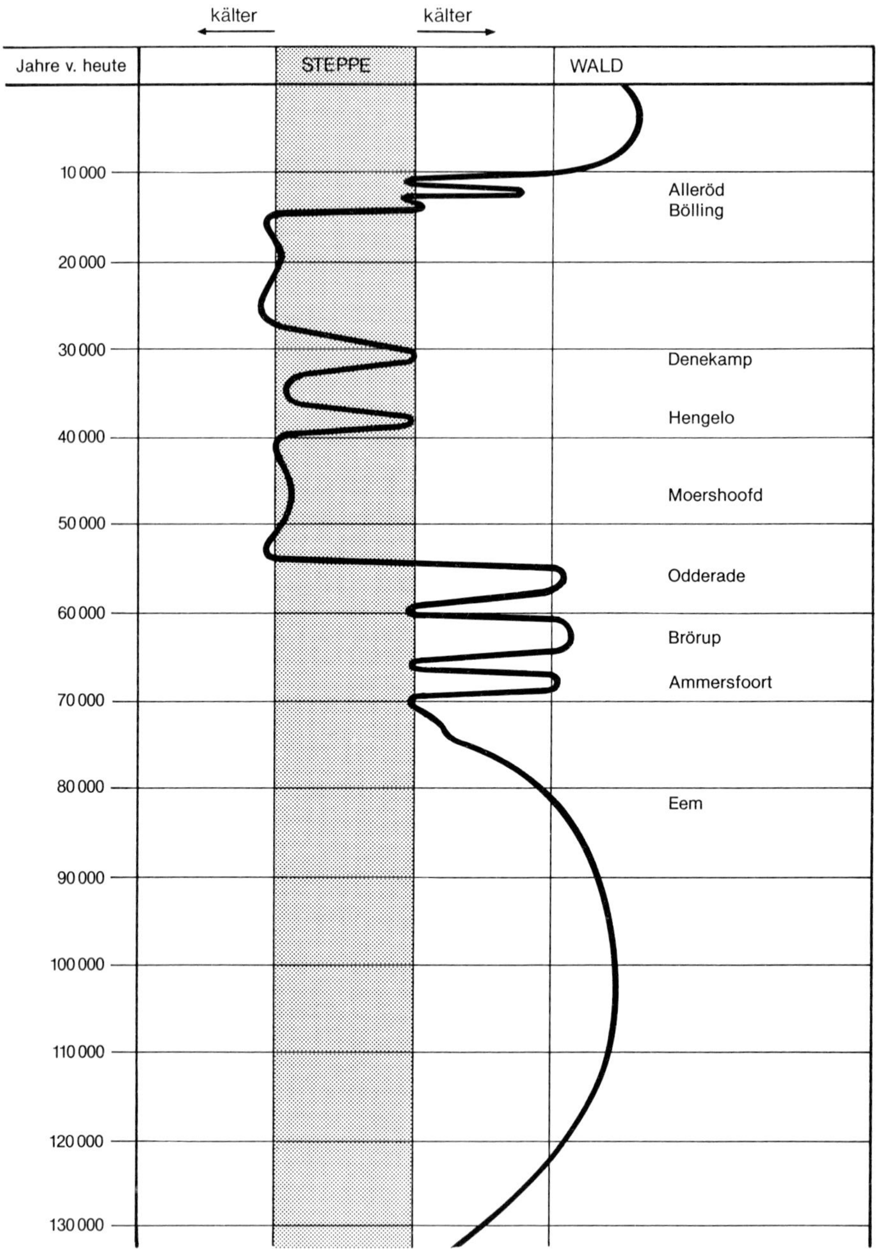

Abb. 43. Klimaentwicklung im Jungpleistozän.

pleistozäne Überlieferung ab; wenig später setzte offenbar die holozäne Bodenentwicklung ein. Anzumerken bleibt, daß diesmal der Parabraunerdebildung eine Schwarzerde vorausging. So verlockend nun auch eine Parallelisierung mit den Gliederungen anderer Gebiete (*Brunnacker* 1956, 1964b, *Schönhals* et al. 1964, *Rohdenburg* und *Meyer* 1966) wäre, hier soll sie lieber unterbleiben, da sie nur neue Probleme aufwirft statt die alten zu lösen.
Bemerkenswert ist noch der Unterschied zwischen dem vorletzten und letzten großen Abschnitt des Eiszeitalters in der Verbreitung und Größe der Eiskeile, da sie auf die Alterung des Dauerfrostbodens schließen lassen. Während in den rißzeitlichen Ablagerungen Eiskeile nicht selten sind und zum Teil beträchtliche Größe erreichen, sind sie in jüngeren spärlich. Demnach ist anzunehmen, daß in der letzten Kaltzeit kein gealterter Dauerfrostboden existierte.

Die Vegetationsgeschichte Süddeutschlands im Eiszeitalter

von Burkhard Frenzel

Einleitung

Der Versuch, die Vegetationsgeschichte Süddeutschlands für das gesamte Eiszeitalter, also für die letzten 2,6 Millionen Jahre, darzustellen, ist bislang nicht unternommen worden: Zu groß waren die Lücken in unserer Kenntnis, zu unsicher unsere Vorstellungen über den Ablauf des Eiszeitalters und zu lückenhaft die Geländebefunde, als daß man es hätte wagen dürfen, dieses Thema zu behandeln. Dennoch geht gerade von den in Süddeutschland und in den angrenzenden Landschaften erarbeiteten Vorstellungen über die Geologie des Quartärs, über die geomorphologischen Prozesse während des Eiszeitalters und über die hier recht reichhaltigen archäologischen Funde der Anreiz aus, nicht nur einzelne, lokale Schritte der Vegetationsgeschichte kennenzulernen, sondern auch die Grundprinzipien in der Entwicklung des Pflanzenreiches dieser Landschaften herauszuarbeiten. So mag verständlich werden, weshalb trotz aller Bedenken der Versuch unternommen wird, die Vegetationsgeschichte Süddeutschlands für das Eiszeitalter darzustellen. Diesem Vorhaben stehen jedoch ernste Fehlermöglichkeiten entgegen:

Die Zahl der Fundpunkte ist zu gering; das paläobotanische Material ist zu inhomogen; die Sicherheit des geologischen und des geomorphologischen Fundamentes läßt oft zu wünschen übrig; Verknüpfungsmöglichkeiten mit Forschungsergebnissen der Paläontologie fehlen in der Regel, obwohl Ökosysteme, also in sich ruhende Lebensgemeinschaften der einzelnen physisch-geographischen Landschaftseinheiten, nur aus dem Zusammenspiel von Flora und Fauna verstanden werden können; die Zahl der absoluten Datierungen reicht vielfach nicht aus.

Die Bedeutung dieser Hemmnisse kann dadurch etwas gemildert werden, daß ein möglichst umfangreiches Material berücksichtigt wird. Es ist im Regestenteil aufgeführt. Dennoch bleiben die Schwierigkeiten derart groß, daß man sich stets der Vorläufigkeit der Darstellung bewußt bleiben muß und auch der Tatsache, daß es sich vielfach um meine persönliche Interpretation abweichend gedeuteter Befunde anderer Autoren handelt. Auf welcher Seite der größere Anteil einigermaßen richtiger Überlegungen liegt, wird die weitere Forschung lehren. *P. Woldstedt* definierte einmal die Wissenschaft als den Irrtum von heute. Dies trifft auch für den vorliegenden Beitrag zu, darüber hinaus mag er aber als eine Aufforderung aufgefaßt werden, den so faszinierenden und bedeutungsvollen Problemen stärker und bewußter nachzugehen, als es bisher geschehen ist.

Wenn eingangs davon gesprochen wurde, daß zusammenfassende Darstellungen fehlen, so betrifft das das eigentliche Eiszeitalter, das Pleistozän, nicht aber die Nacheiszeit, das Postglazial oder das Holozän. Für diesen jüngsten Abschnitt, der die letzten 10300 Jahre umfassen dürfte, liegen mehrere monographische Abhandlungen vor, die in der Literatur erwähnt sind. Eine hervorragende Stellung nimmt hierbei das Werk von *Firbas* ein, in dem – anhand des damaligen Kenntnisstandes – Vegetationsgeschichte und Änderungen der paläoökologischen Bedingungen tiefgründig und ideenreich behandelt worden sind. Seither haben sich manche neue Fragestellungen ergeben; ältere Befunde können oder müssen heute anders gedeutet werden, und viele neue Erkenntnisse sind hinzugekommen. So wird es nötig, auch die Nacheiszeit zu behandeln, wenn auch nie auf die älteren Arbeiten verzichtet werden kann, falls man sich ein möglichst klares Bild vom Stand der Kenntnis, von der Vielfalt möglicher Interpretationswege und vom Gewicht der Argumente machen will. Sehr hilfreich sind in dieser Beziehung die übrigen Aufsätze dieses Sammelbandes.

Im vorliegenden Beitrag werden zunächst die Fragen nach Zahl und Charakter der pleistozänen Warmzeiten, also nach der auf botanischem Wege zu erschließenden Gliederung des Eiszeitalters, und nach Vegetationscharakter und Paläoökologie der Warm- und Kaltzeiten behandelt. Hieran schließt eine Untersuchung des Spätglazials der Letzten Eiszeit an, gefolgt von der Erörterung der vegetationskundlichen und paläoökologischen Bedingungen verschiedener süddeutscher Landschaften während der Nacheiszeit.

Methoden vegetationsgeschichtlicher Forschung

Abb. 44, 45 Die vegetationsgeschichtliche Forschung kann nicht direkt die ehemalige Vegetation rekonstruieren, sondern sie muß sich mit Totengemeinschaften begnügen, die ihre Existenz weitgehend dem Zufall der Akkumulation und der Erhaltung verdanken. Diejenigen botanischen Reste, die bis in die Gegenwart in irgendwelchen Schichten überdauert haben, waren schon nicht proportional dem

Abb. 44. Das vegetationsgeschichtlich zu untersuchende Material muß zuerst durch geologische Bohrungen gewonnen werden. Bohrung bei den Höhlen von Mauern mit einem Bohrturm; links Wasserwagen für Spühlbohrungen in Schotter oder Fels.

Abb. 45. Maschinelle Bohrung (Zweitakt-Schlagbohrer) zur Gewinnung geringerer Materialmengen. Mit dem Hebebock wird der Bohrer herausgezogen.

Artenanteil der ehemaligen Vegetation in die späteren Sedimentationsräume gelangt. Vielmehr spielten die Produktionsrate oder der relative Mengenanteil der einzelnen Zellen, Gewebe und Organe eine erhebliche Rolle, die sicherlich ebenso wichtig gewesen sind, wie ihre unterschiedliche Transportmöglichkeit durch Wind, Wasser und Tiere und schließlich die stark voneinander differierende Erhaltungsfähigkeit der verschiedenen Zellen, Gewebe und Organe. Nach beendetem Transport mag es schließlich zu einer unterschiedlichen Anreicherung gekommen sein, etwa durch Flotation auf einem See, und schließlich ermöglichen nur wenige Typen der Sedimentationsräume eine derart gute Erhaltung des organischen Materials, daß Bestimmungen der Sippenzugehörigkeit, am besten bis zur Art, Unterart und Form, möglich werden. Dies ist im wesentlichen nur dort gegeben, wo das organische Material sofort unter Sauerstoffabschluß geraten ist, etwa in Mooren und Seen, oder wo es schnell von Kalkkrusten dicht umschlossen worden ist, die später nicht mehr aufgelöst worden sind, wie in manchen Quelltuffen oder einigen Lößvorkommen. Das bedeutet, daß man in der Regel bei kleinen Sedimentationsräumen, die für die Rekonstruktion der unmittelbar umgebenden Vegetation sehr wichtig sind, nur eine beschränkte Anzahl möglicher Biotope repräsentiert findet. Große Teile der Vegetation einer physisch-geographischen Großlandschaft können also überhaupt nicht, oder doch nur unvollkommen, vegetationsgeschichtlich untersucht werden. Lediglich in Sedimentationsräumen erheblichen Ausmaßes, etwa in großen Mooren und Seen, können bestimmte Teile des fossilen organischen Materials Auskunft über die ehemalige Vegetation großer Landschaftseinheiten geben. Dies ist der Blütenstaub (der Pollen) windbestäubter Pflanzen. Er war durch die aufsteigende Luftbewegung in größere Höhen gebracht, über einem weiten Gebiet vermischt worden und hatte sich schließlich abgesetzt, oder er war niedergeschlagen worden, so daß er in erster Annäherung die groben Züge der ehemals in einem größeren Gebiet gedeihenden Formenkreise anzeigt; darüber hinaus läßt er aber auch Überlegungen über den einstigen Mengenanteil wichtiger Sippen
Abb. 46 (Taxa) an der ehemaligen Vegetation zu. Diese sogenannte Pollenanalyse ist das leistungskräftigste Verfahren vegetationsgeschichtlicher Forschung, da der Pollen der chemischen Verwitterung gegenüber extrem widerstandsfähig ist. Aller-

Abb. 46. Die Pollenanalyse macht sich die Tatsache zunutze, daß Blütenstaubkörner verschiedener Pflanzengattungen oder -arten vielfach recht verschieden voneinander gestaltet sind. Die hier gezeigten rasterelektronenoptischen Aufnahmen dienen als Beispiele, und zwar von links oben nach rechts unten: Brillenschötchen, Blauer Lattich, gemeiner Baldrian, Rauhgras, Fuchsschwanz, Seerose, Sonnenröschen, Linde und Kornblume. Der horizontale Strich in der rechten unteren Ecke jedes Photos bezeichnet 5 μ Länge (ein μ = 1/1000 mm). ▶

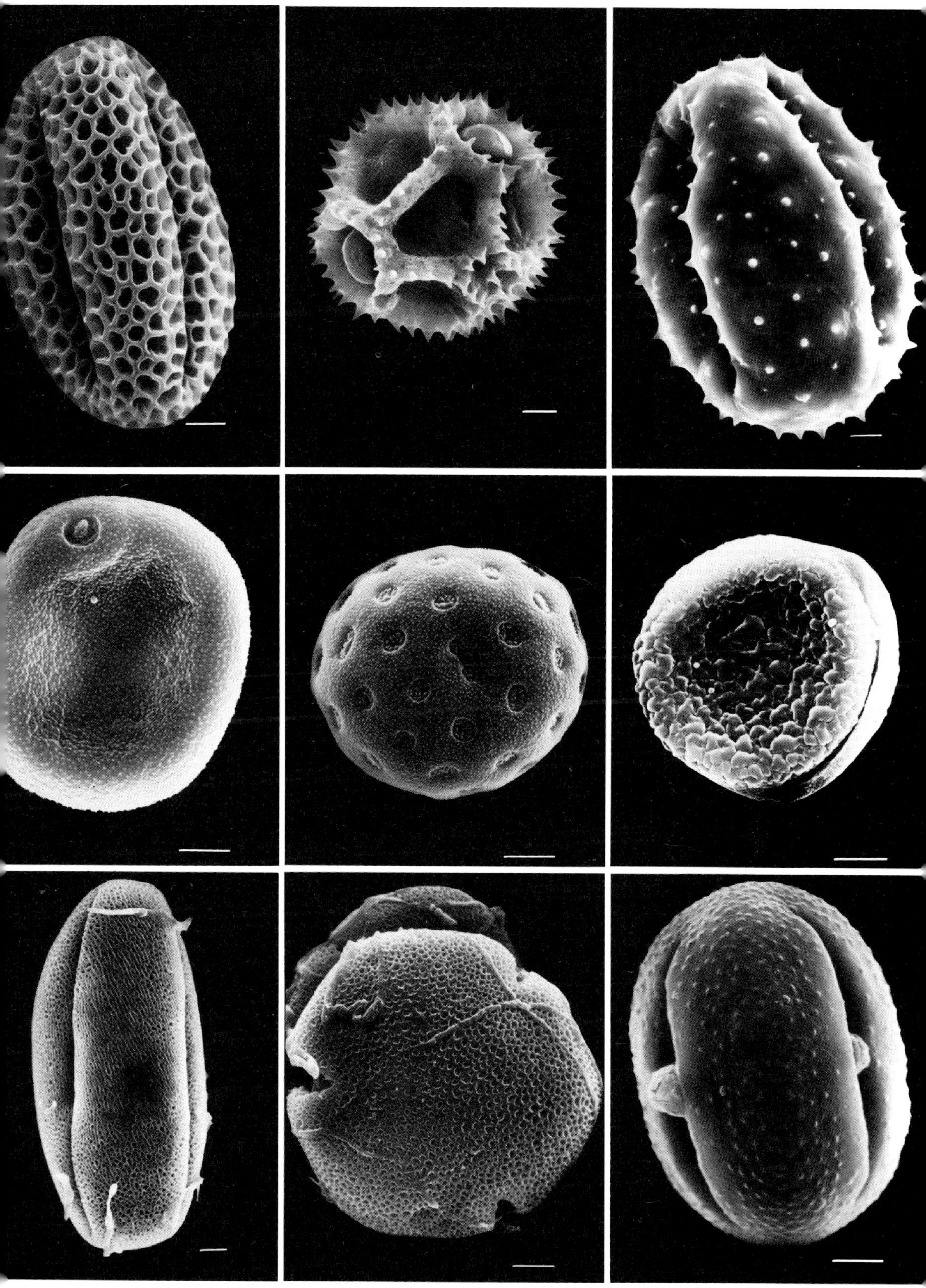

dings bedurfte es sehr zahlreicher Untersuchungen über den Zusammenhang zwischen der jeweiligen Vegetation und dem von ihr gelieferten Pollen, ehe die Pollenanalyse zu einem zuverlässigen Forschungsinstrument verfeinert werden konnte. Die Beobachtungen mußten außerdem auf die verschiedensten Vegetationszonen ausgedehnt werden. Dennoch sind die Ergebnisse nicht eindeutig, denn das relative Ausmaß der Pollenproduktion einer Sippe, d. h. die Frage, ob sie mehr oder aber weniger Pollen produziert, als ihrem relativen Mengenanteil in der Vegetation entspricht, ist keine konstante Größe, sondern hängt entscheidend von eben diesen relativen Mengenanteilen an der Vegetation ab. Man muß daher zusätzlich zur Pollenanalyse alle anderen bestimmbaren biologischen Objekte nutzen.

Ein weiteres Hemmnis, das zuverlässigen Ergebnissen entgegensteht, stellen die Unsicherheiten der Datierung dar. In manchen pleistozänen Warmzeiten hatte die Entwicklung der Vegetation über größere Räume hinweg einen derart typischen Verlauf genommen, daß Vegetationsabfolgen desselben Typs, bisher aber unbekannten Alters, als Ausdruck ein- und derselben Zeit sicher zusammengefaßt werden können, falls der Vegetationsablauf tatsächlich einzigartig gewesen war. Diese Voraussetzung und ihre Schwierigkeiten werden im Verlauf der Untersuchung mehrfach zur Sprache kommen. Sind aber im günstigen Falle derartige Typen der Vegetationsentwicklung herausgearbeitet worden, dann gilt es, sie in ein Zeit-Schema einzupassen. Hierbei steht die – relative – geologische Datierung an erster Stelle. Für sie gilt, daß Sedimente, die das interessierende, Pflanzenreste führende Vorkommen unter- und überlagern, in ihrer Genese ebenso sicher wie in ihrer relativen Zeitstellung zueinander angesprochen werden müssen. Ob es jedoch stets gelungen ist, z. B. Grundmoränen der Rißeiszeit von denen der Mindeleiszeit allein auf geologischem, d. h. im wesentlichen sedimentologischem Wege zu unterscheiden, muß ebenfalls später diskutiert werden. Immerhin ist dies aber die entscheidende geologische Voraussetzung.

Bei dem bisherigen Kenntnisstand tritt dieser relativen geologischen Datierung gegenüber die absolute an Bedeutung zurück. Die sehr wichtige ^{14}C-Methode wird bei mehr als 25000 bis 30000 Jahren schon sehr unsicher. Die Kalium-/Argon-Methode, oder auch die Thermolumineszenz, sind im Alpenvorland bisher nicht ausreichend angewandt worden, können daher vorläufig in der Regel nicht helfen. Ein gegenwärtig häufig genutztes Datierungsverfahren, nämlich die Paläomagnetik feinkörniger Gesteine (Seetone, Hanglehme, Lösse), ist kein direktes Hilfsmittel zur Datierung. Vielmehr wird der ehemalige Verlauf der erdmagnetischen Feldlinien bestimmt; erst durch einen Vergleich mit auf anderem Wege datierten Kurvenverläufen der Änderung dieser Feldlinien kann etwas über das Alter der untersuchten Schichten ausgesagt werden, allerdings unter

der Voraussetzung, daß sich die ehemaligen Feldlinien schon bei der Ablagerung bestimmter, als kleine Magnetnadeln wirkender Mineralien (Dipolmineralien) ausgewirkt haben und daß dieser »Fingerabdruck« später nicht mehr geändert worden ist. Dies, und die bisweilen recht geringe Sicherheit in der Zuweisung kurzer Ausschnitte paläomagnetischer Kurven einzelner Schichtglieder zu bestimmten Teilen gut datierter paläomagnetischer Kurvenverläufe ganz anderer Erdräume, stellen eine unübersehbare Gefahr aller absoluten »Datierungen« mit dieser Methode dar.
Faßt man das Gesagte zusammen, so muß abermals auf die Unsicherheit unserer bisherigen Kenntnisse verwiesen werden.

Das Pleistozän
(ohne das Spätglazial der Letzten Eiszeit)

Bevor der Versuch unternommen werden kann, die Grundsätze der Vegetationsgeschichte der pleistozänen Kalt- und Warmzeiten, bzw. der Eiszeiten und der Interglaziale herauszuarbeiten, muß zunächst die Frage nach der Anzahl botanisch faßbarer Warmzeiten Süddeutschlands, nach ihrem Vegetationscharakter, nach ihrer Korrelation mit bisher bekannten, botanisch definierten Warmzeiten anderer Gebiete und schließlich nach der Sicherheit der bisherigen botanischen, paläontologischen, bzw. geologisch-geomorphologischen Datierung erörtert werden.

Die Anzahl botanisch faßbarer Warmzeiten Süddeutschlands und seiner Nachbargebiete

Die klassische Gliederung des Eiszeitalters durch *Penck* und *Brückner* rechnete mit vier Eiszeiten (vom Ältesten zum Jüngsten Günz, Mindel, Riß und Würm) und mit drei Interglazialen (s. a. S. 18). Diese Gliederung beruht vor allem auf geomorphologischen Geländebefunden, nicht aber auf einer sedimentologischen Definition einzelner Schichtglieder und erst recht nicht auf einer paläobotanischen oder paläontologischen Charakterisierung warmzeitlicher Schichten. Dies muß stets bedacht werden, obwohl *Penck* und *Brückner* auch alle übrigen damals zur Verfügung stehenden Befunde zusammengetragen und bewertet hatten: Die Grundlage ihres Schemas war die Geomorphologie. Sie scheint vielerorts derart klar zu sein, daß man sich immer wieder dieses Schemas bedient hat, obwohl mehrfach Beobachtungen gemacht worden sind, die hiermit nicht mehr zu vereinbaren waren (vgl. Graul) und obwohl inzwischen im nordischen

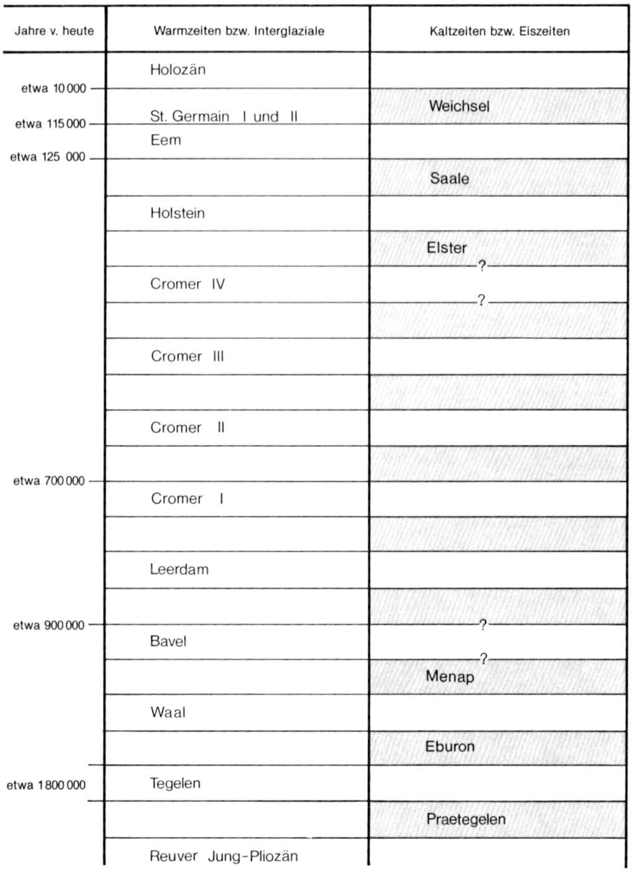

Abb. 47. Gegenwärtiger Stand der Gliederung des Quartärs in Mitteleuropa. Es sind nur die bisher bekannten eigentlichen Interglaziale sowie die nachweislichen Kalt- oder Eiszeiten (schraffiert) dargestellt. Die süddeutsche Eiszeit-Terminologie wurde nicht benutzt, da Unklarheiten über die Korrelierung mit den nord-mitteleuropäischen Ereignissen bestehen.

Vereisungsgebiet sicher sechs Kaltzeiten vom Range echter Eiszeiten bekannt geworden waren. Der weitere Fortgang der Forschung ließ dort bald mit elf derartigen Kaltzeiten rechnen; *Fink* und *Kukla* postulierten unlängst 17 Kaltzeiten vom Range echter Eiszeiten, und *Dansgaard* und *Tauber* schätzten, daß bis zu 20 bis 30 Klimaschwankungen dieses Ausmaßes während des Eiszeitalters möglich gewesen seien. Diese Überlegungen werden durch die paläoklimatische Information aus Tiefseebohrkernen in ihrer Grundtendenz bestätigt. Um so er-

Abb. 47

staunlicher ist es, daß in Süddeutschland und in seinen Nachbargebieten botanisch nur recht wenige Warmzeiten faßbar sein sollen (s. Regesten Tabelle a). Hierfür lassen sich drei Erklärungsmöglichkeiten angeben:

1. Während des Pleistozäns fand besonders im Alpenvorland ein tiefgreifender Wandel der Oberflächenstrukturen statt. Statt der anfangs vorherrschenden weiten Verebnungsflächen, in die die Flüsse in breiten Betten nur schwach eingeschnitten waren, setzte im Verlauf des Eiszeitalters offenbar ziemlich plötzlich eine beachtliche Tiefenerosion durch Flüsse, vielleicht auch durch Gletscher ein. Die so entstandenen Tiefenzonen wurden anschließend unter mächtigen Schotterkörpern begraben, in die sich Flüsse und Gletscher wiederholt erneut eingeschnitten haben. Der anfängliche Zeitraum breiter und flacher Flußtäler oder der großen Verebnungen war der Entstehung lange Zeiten umfassender Sedimente sicher nicht günstig. Andererseits dürfte bei der späteren energischen Tiefenerosion und Akkumulation viel verlorengegangen oder unter mächtigen Schottermassen so tief begraben worden sein, daß nur ein günstiger Zufall den einen oder anderen Fund ermöglicht. Es könnte also sein, daß hier die Reliefentstehung einer Überlieferung organischen Materials ungünstig gewesen ist.
2. Da die ausschürfende Wirkung des Gletschereises im Alpenvorland stark war, blieben im wesentlichen nur Torfe und Seeablagerungen der letzten beiden Warmzeiten, einschließlich einiger ihrer Interstadiale erhalten. Die im ehemals nicht vergletscherten Bereich gelegenen Flußlandschaften waren aber einer Erhaltung der Schichten dieses Typs noch viel ungünstiger.
3. Die scheinbar so klaren geomorphologischen Verhältnisse des Alpenvorlandes mögen wiederholt dazu verleitet haben, warmzeitliche Schichten nur der nach *Penck* und *Brückner* möglichen geringen Zahl von Interglazialen zuzuweisen. Hierbei muß erschwerend wirken, daß vom Gletscher geschaffene, also glazigene Sedimente mit den zugehörigen Hohlformen auf ihren ehemaligen Landoberflächen aus der Günz- und der Mindeleiszeit in viel geringerem Maße bekannt sind, als aus der Riß- und der Würmeiszeit, so daß es nahegelegen haben könnte, warmzeitliche Bildungen besonders dem Riß/Würm-Interglazial, vielleicht auch noch dem Mindel/Riß-Interglazial, kaum aber dem Günz/Mindel-Interglazial, bzw. den entsprechenden Interstadialen zuzuweisen.

Soll der Gang der pleistozänen Vegetationsentwicklung dargestellt werden, dann ist es nötig, sich Klarheit darüber zu verschaffen, welche der drei besprochenen Erklärungsmöglichkeiten zutreffen dürfte. Einen ersten Anhaltspunkt zur Beantwortung dieser Frage stellt die Untersuchung des Vegetationscharakters der von den einzelnen Autoren bearbeiteten warmzeitlichen Bildungen dar.

Der Vegetationscharakter der Warmzeiten Süddeutschlands

Allgemein wird dann von Interglazialen oder von Warmzeiten interglazialen Ranges gesprochen, wenn die damaligen Vegetationsbedingungen auf Klimate schließen lassen, die mindestens ebenso günstig gewesen sind, wie im Postglazial. Hatten sich jedoch nur Pflanzengemeinschaften kühlerer bis kalter Klimate einstellen können (etwa im Tiefland ein subalpiner Nadelwald oder eine Waldgrenzformation), dann handelt es sich um Interstadiale. Diese Unterscheidung ist nicht korrekt, da sie stillschweigend davon ausgeht, daß die betreffenden Warmzeiten lang genug gewesen sind, eine den jeweiligen Klimaten entsprechende optimale Ausbreitung von Flora und Fauna zu ermöglichen, daß also die klimatisch möglichen Endzustände der Einwanderung und Entwicklung der Biosphäre (hinsichtlich der Böden vgl. Bleich) erreicht worden seien. Über die Länge der einzelnen »Interstadiale« sind wir jedoch nur sehr ungenügend unterrichtet. Es ist allerdings bekannt, daß die Refugien der anspruchsvolleren Vegetation vielfach sehr weit im Süden gelegen haben, oft durch zahlreiche und hohe Gebirge von Süddeutschland getrennt, und daß manche Interstadiale durch bedeutende Kälterückschläge untergliedert gewesen sind. Dies, und möglicherweise auch die Kürze der zur Verfügung stehenden Zeit, mögen in einzelnen Fällen dazu geführt haben, daß starke Klimabesserungen mit einer hohen geomorphologischen Wirksamkeit im glazialen und periglazialen Bereich nicht ihren entsprechenden Niederschlag in gleichzeitigen Änderungen der Vegetation gefunden haben, wohingegen vielleicht manche schnellwandernden Tiersippen, etwa bestimmte Käferarten, bessere Klimaindikatoren dargestellt haben mögen. Da jedoch im südlichen Mitteleuropa noch nicht genügend vielseitige Untersuchungen durchgeführt worden sind, die in dieser Beziehung Klarheit verschaffen könnten, muß im folgenden lediglich auf die Veränderung der Pollenfloren zurückgegriffen werden. Hierbei ist ebenfalls in den Regesten, Tabelle a, vermerkt worden, bei welchen Warmzeiten (unabhängig von ihrem Rang) die gesamte Klimaentwicklung von kalt über warm nach kalt erfaßt worden ist und welche Optimumzustände der Vegetation jeweils erreicht worden sind. Man erkennt,

daß nur in seltenen Fällen die gesamte Klimaentwicklung, vom Ende der vorausgegangenen Kaltzeit bis zu den ersten Schritten der nachfolgenden Kaltzeit, überliefert worden ist;

daß Hinweise auf eine Vegetation interstadialen Charakters recht häufig sind;

daß selbst unter dem Namen eines einzigen Interglazials (Mindel/Riß, bzw. Riß/Würm) Vegetationstypen ganz unterschiedlichen Ranges miteinander vereint sind, und zwar von denen einer südlichen Tundrazone bis hin zu denen von

Klimaten, die offenbar wärmer und milder als die heutigen gewesen sind. Falls nicht angenommen werden soll, daß besonders die Phasen günstiger interglazialer Klimate aus unbekannten Gründen meist nicht nachgewiesen worden sind, geht aus dieser Tabelle a (Regesten) hervor, daß vielfach recht verschiedenalte Bildungen fälschlicherweise als gleichalt angesehen worden sind.

Korrelation süddeutscher und norddeutscher Interglaziale

Es gilt als sicher, daß die alpine Würmeiszeit der nordischen Weichseleiszeit, die *Abb. 48* Rißeiszeit der Saaleeiszeit und die Mindeleiszeit der Elstereiszeit entsprochen habe. Dies bedeutet, daß das Mindel/Riß-Interglazial dem Holstein-Interglazial, das Riß/Würm-Interglazial dem Eem-Interglazial des nordischen Vereisungsgebietes gleichzusetzen ist, abgesehen von allen Schwierigkeiten der Gliederung der genannten Eiszeiten und vielleicht auch des Holstein-Interglazials. Diese Korrelation ist in den Regesten, Tabelle b, dargestellt. Sie wird deutlich, wenn von einem Mindel/Riß- als einem Holstein-Interglazial gesprochen wird, oder wenn eine Moräne, bzw. andere glazigene Sedimente im Liegenden eines pollenfloristisch nachweisbaren Interglazials vom Typ Eem dieser Lagebeziehungen wegen in die Rißeiszeit verwiesen werden. In diesem Zusammenhang ist es wichtig, sich klarzumachen, daß unsere bisherigen Kenntnisse zu der Schlußfolgerung ausreichen, daß die typischen Züge der Vegetationsentwicklung des niederländischen und norddeutschen Eem-Interglazials auch im südmitteleuropäischen Bereich klar nachweisbar sind. Der Vegetationscharakter Süddeutschlands wich damals also nicht entscheidend von demjenigen des nördlichen Mitteleuropa ab. Für das Holstein-Interglazial mag man dasselbe vermuten. Klare Beweise hierfür liegen allerdings noch nicht vor, doch war die Vegetation dieses Interglazials in weiten Bereichen West-, Mittel- und Osteuropas derart homogen, daß man kaum mit wesentlichen Abweichungen im Alpenvorland rechnen sollte.

Aus Tabelle b (Regesten) geht hervor, daß es bisher nirgends gelungen ist, den Vegetationscharakter echter süddeutscher Interglaziale, die in die Mindel/Riß-Warmzeit gestellt worden sind, sicher mit denen des nordischen Holstein-Interglazials zu parallelisieren. Außerdem weicht der Charakter der Vegetationsentwicklung der sogenannten süddeutschen Mindel/Riß-Interglaziale stark voneinander ab. Man erkennt, daß offenbar selbst in Süddeutschland und in den angrenzenden Gebieten Verschiedenaltes miteinander verknüpft worden ist, daß aber auch keines dieser Vorkommen sicher gleichalt mit dem nordischen Holstein-Interglazial ist. Der Grund hierfür mag darin zu suchen sein, daß man sich in Ermangelung eines Besseren auf die geologische Feldansprache oder auf

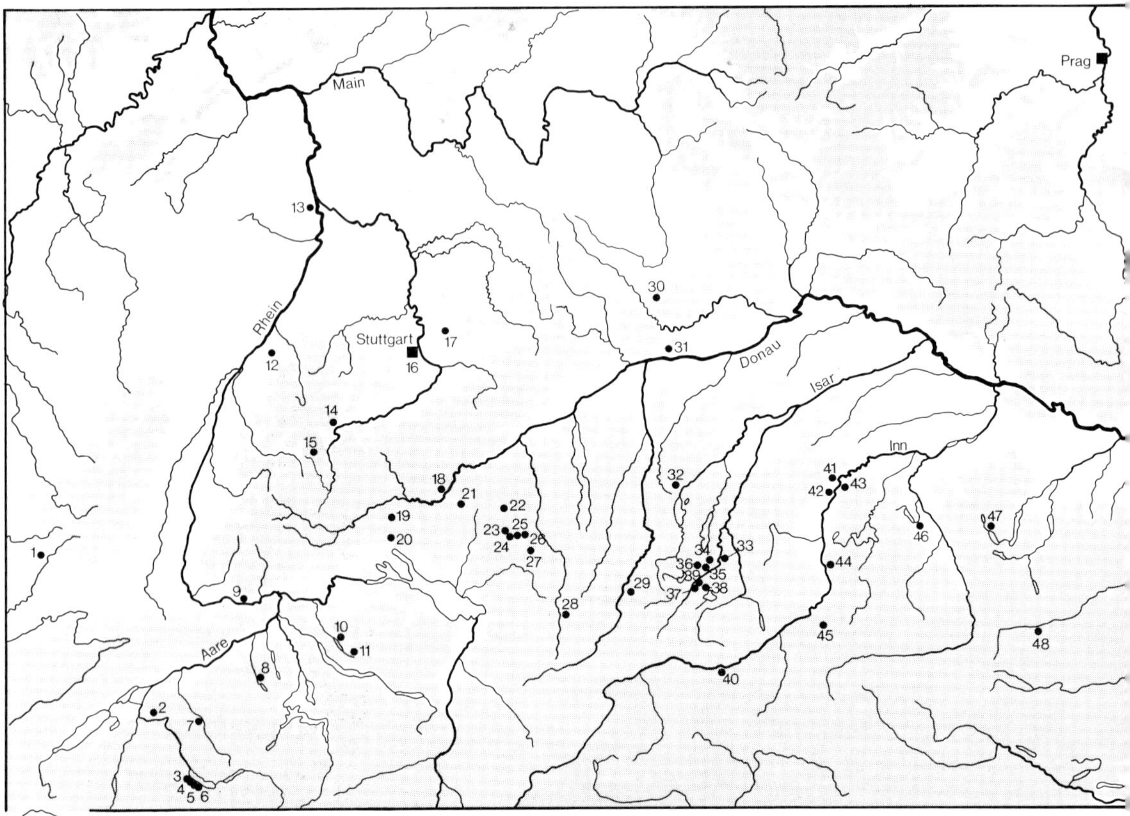

Abb. 48. Für die vorliegende Darstellung genutzte Fundorte warmzeitlicher Bildungen (Interglaziale und Interstadiale). Literatur vgl. Regesten. 1 = Grande Pile; 2 = Meikirch; 3 = Wässerifluh, Glütschtal; 4 = Guntelsei, Glütschtal; 5 = Hurifluh, Glütschtal; 6 = Kanderdurchstich, Glütschtal; 7 = Mutten-Signau; 8 = Weiherbach; 9 = Murg bei Säckingen; 10 = Großriet; 11 = Ambitzgi; 12 = Steinbach; 13 = Jockgrim; 14 = Dießen; 15 = Winzeln; 16 = Stuttgart; 17 = Leutenbach; 18 = Wilflingen; 19 = Maienberg; 20 = Waltere; 21 = Krumbach; 22 = Füramoos; 23 = Bad Wurzach; 24 = Seibranz; 25 = Ziegelberg; 26 = Unterpfauzenwald; 27 = Wuchzenhofen; 28 = Wachter/Sonthofen; 29 = Pfefferbichl; 30 = Weißenhorn; 31 = Mauern; 32 = Wildmoos; 33 = Höfen und Herrnhausen; 34 = Eurach; 35 = Breinetsried; 36 = Antdorf; 37 = Hechendorf, Ohlstadt und Pömetsried; 38 = Großweil; 39 = Schwaiganger; 40 = Amras; 41 = Bergholz; 42 = Zell am Inn; 43 = Schambach; 44 = Samerberg; 45 = Hopfgarten; 46 = Zeifen; 47 = Mondsee; 48 = Schladming an der Enns.

das Abzählen warmzeitlicher Bildungen von oben nach unten verlassen hatte, ohne mit der Möglichkeit von Hiaten zu rechnen.
Hinsichtlich des Eem-Interglazials in Süddeutschland (gemäß seiner botanischen Definition) ist die Situation besser. Die Vorkommen von Meikirch bei Bern (oberes Interglazial), von der Grande Pile in den südwestlichen Vogesen, von Krumbach westlich des Federsees und von Zeifen nahe Laufens an der Salzach können bei dem heutigen Kenntnisstand gut mit dem nordischen Eem-Interglazial verglichen werden. *Abb. 48*

Tabelle 1: Übersicht über die Vegetationsentwicklung der Interglaziale des Typs Zeifen gegenüber derjenigen des Typs Pfefferbichl (die ältesten Phasen stehen jeweils unten) *Abb. 49, 50*

a Typ Zeifen

8. Subarktisch-subalpine Kiefern-Fichten-Birkenwälder und waldtundraähnliche Vegetation.
7. Tannen- und Tannen-Fichtenwälder, mit Hainbuche und Haselnuß.
6. Hainbuchenwälder; in geringerem Maße Eichen-Ulmen- und Fichten-Tannenwälder; stets relativ viel Haselnuß.
5. Eichenwälder, Ulmen-Eschenwälder und viele Haselnußgebüsche; die Hainbuche begann sich auszubreiten. Wenig Fichte.
4. Stellenweise, doch nicht überall, bemerkenswerte Eiben-(*Taxus*-) Bestände.
3. Haselnußwälder und Eichen-Ulmen-Eschenwälder; wenig Fichte.
2. Eichenwälder, sowie Ulmen-Eschenwälder mit Haselnußgebüschen.
1. Kräuterreiche Kiefern-Birkenwälder.

b Typ Pfefferbichl

7. Subarktisch-subalpine Fichten-Kiefern-Birkenwälder.
6. Tannen-Fichtenwälder, mit sehr wenig Eiche und Kiefer.
5. Hainbuchen-Tannen-Fichtenwälder, mit einem bemerkenswerten Anteil wärme- und feuchtigkeitsliebender Holzpflanzen.
4. Tannen-Fichtenwälder.
3. Haselnußgebüsche, Fichtenwälder sowie Eichen-Linden- und Ulmen-Eschenwälder. Am Ende stellenweise Ausbreitung von Eibengebüschen.
2. Eichen-Ulmen-Lindenwälder, mit relativ viel Haselnuß, Kiefer und auch schon Fichte.
1. Kräuterreiche Kiefernwälder.

Abgesehen von manchen warmzeitlichen Bildungen interstadialen Charakters (Regesten Tab. a) sind darüber hinaus noch die Interglaziale von Bad Wurzach, vom Pfefferbichl bei Füssen, von Seibranz bei Schloß Zeil, von Großweil, Eurach, vom Samerberg und vom Mondsee als zeitgleiche Bildungen angesehen worden.

Ihre Vegetationsentwicklung unterschied sich jedoch in manchen Zügen von der der Interglaziale von Meikirch (oberes Interglazial), der Grande Pile, von Krumbach und von Zeifen. Tabelle 1 unterrichtet über die wesentlichsten, botanisch faßbaren Unterschiede der beiden Interglazial-Gruppen. Hierbei werden die mit dem Eem-Interglazial verglichenen warmzeitlichen Vegetationsfolgen als die des »Typs Zeifen« bezeichnet, die übrigen aber als die des »Typs Pfefferbichl«. Besonders *Beug* hatte darauf verwiesen, daß derartige Unterschiede keinen stratigraphischen Wert besäßen. Vielmehr seien fast alle damals bekannten Interglaziale gleichalt (Regesten Tab. a); Unterschiede in der Vegeta-
Abb. 49 tion erklärten sich aber zwanglos aus der unterschiedlichen Höhenlage. Abb. 49 zeigt, daß die Höhenlage offenbar nicht der entscheidende Faktor für die beobachtbaren Differenzen ist, da beide Interglazialtypen in derselben Höhe nebeneinander vorkommen können. *Zagwijn* (freundlicher mündlicher Hinweis)
Abb. 50 dachte stattdessen an Unterschiede in der Niederschlagsmenge. Aus Abb. 50 geht hervor, daß anscheinend auch diese Interpretation nicht den Kern der Sache trifft. Der hohe Reichtum des zweiten Teiles vieler Interglaziale vom Typ Pfefferbichl an wärme- und feuchtigkeitsliebenden, also an thermophilen oder hygrophilen Pflanzenarten und die teilweise zu beobachtende Gliederung dieses Abschnittes in eine anfängliche Tannen-, eine Tannen-Hainbuchen- und in eine erneute Tannenphase läßt vielmehr an ostpolnische Holstein-Interglaziale denken. Zugunsten dieser Annahme spricht, daß die Schieferkohlen des Pfefferbichls, deren Pollenflora den erwähnten Ablauf der Vegetationsentwicklung klar zeigt, älter ist als zwei große Gletschervorstöße und als zwei bedeutende Warmzeiten (ohne Einbeziehung des Postglazials). Sollte diese Ansicht allgemein zutreffen, dann müßte die Gruppe sogenannter riß/würmzeitlicher Interglaziale des Alpenvorlandes in zwei voneinander unabhängige Typen, nämlich in das Holstein- und in das Eem-Interglazial, aufgetrennt werden. Diese Möglichkeit läßt es notwendig erscheinen, die bisherigen Datierungen warmzeitlicher Bildungen Süddeutschlands und seiner Nachbargebiete auf ihre Sicherheit zu überprüfen.

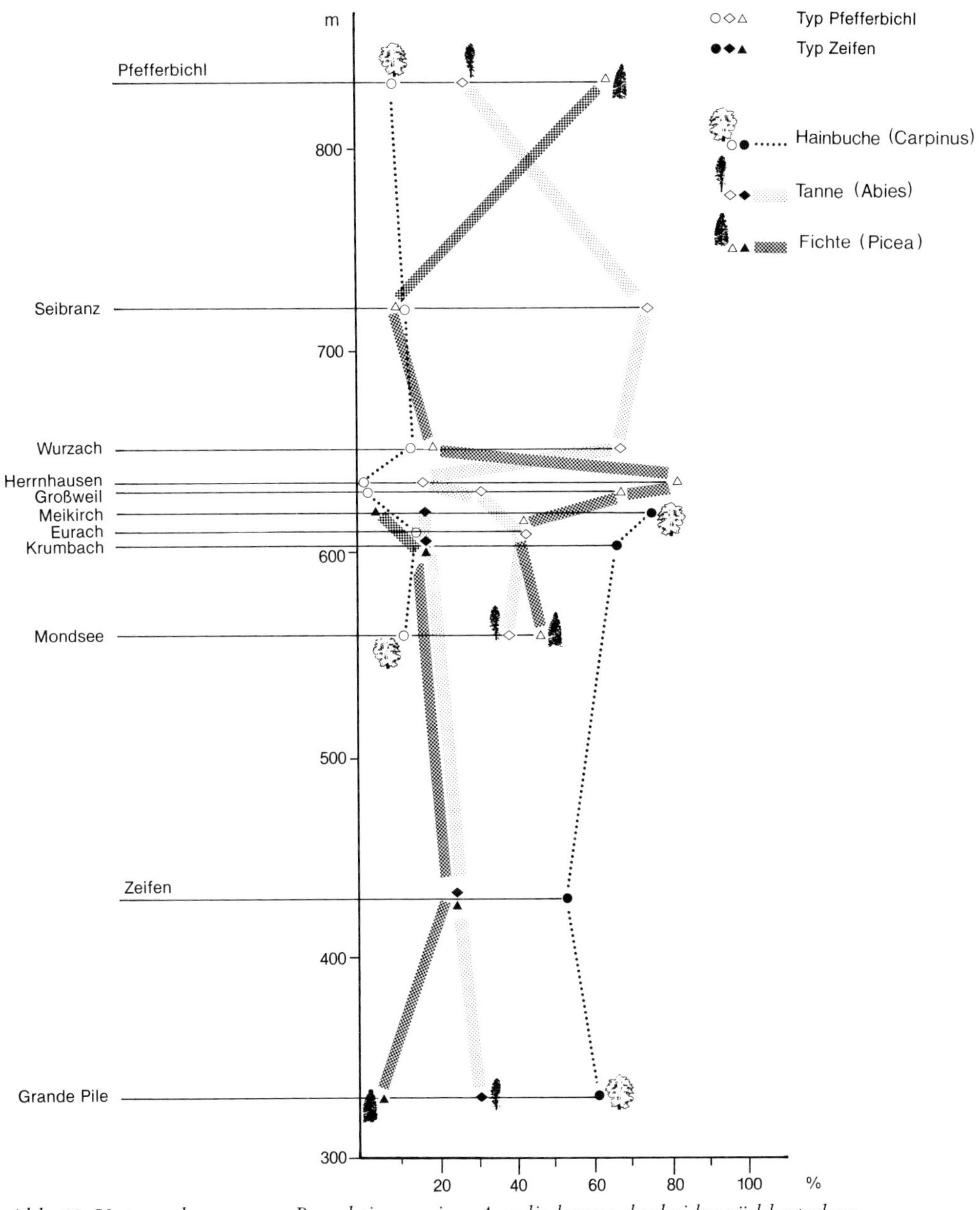

Abb. 49. Untersuchungen zur Berechtigung einer Ausgliederung der beiden süddeutschen Interglazialtypen »Zeifen« und »Pfefferbichl«: a) in Abhängigkeit von der Meereshöhe. Ordinate: Meereshöhe; Lage der Interglazialvorkommen vgl. Abb. 2. Abscisse: Mittlerer prozentualer Anteil des Blütenstaubes der Hainbuche, der Fichte und der Tanne während der Fichten-Tannen-Hainbuchenphase beider Interglaziale. Die Gesamtsumme des Pollens der drei genannten Holzgattungen wurde gleich 100% gesetzt.

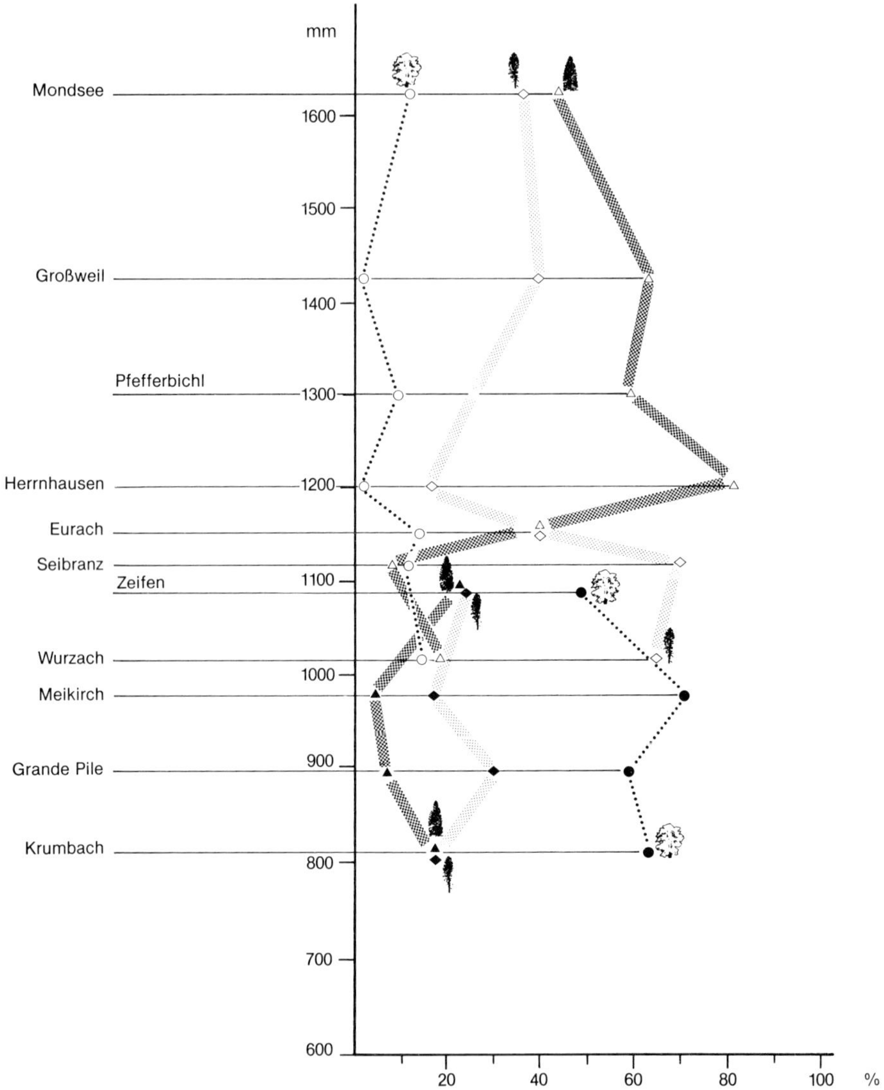

Abb. 50. Untersuchungen zur Berechtigung einer Ausgliederung der beiden süddeutschen Interglazialtypen »Zeifen« und »Pfefferbichl«: b) in Abhängigkeit von dem mittleren heutigen und damit vermutlich auch ungefähr dem damaligen Jahresniederschlag der untersuchten Lokalitäten. Ordinate: Jahresniederschlag in mm; alles übrige wie in Abb. 49.

Die Sicherheit bisheriger Datierungen süd-mitteleuropäischer warmzeitlicher Bildungen

Warmzeitliche Sedimente Süddeutschlands sind sowohl vegetationsgeschichtlich als auch paläontologisch und geologisch-geomorphologisch datiert worden. Die botanische und die paläontologische Datierung erfolgten aufgrund eines Vergleiches mit anderen, bereits bekannten Interglazialvorkommen, besonders Nord- und Mitteldeutschlands. Die geologisch-geomorphologische Altersangabe ergab sich aus feldgeologischen Beobachtungen, bei denen in der Regel keine umfangreichen Sedimentanalysen gemacht worden sind. Diese scheinen zudem im deutschen Alpenvorland nicht umfassend genug angewandt worden zu sein, so daß es meist nicht gelingt, Sedimente eines bestimmten Alters und eines bestimmten Raumes lediglich nach sedimentologischen Kriterien zu datieren.

In Tabelle b der Regesten ist der Versuch unternommen worden, bei Anlegen strenger Maßstäbe an die Zuverlässigkeit der jeweiligen Datierungsart, eine Bewertung der Sicherheit dieser Datierungen darzustellen. Die Bewertung setzt sich in der Regel aus zwei Ziffern zusammen. Eine entstammt dem botanisch-paläontologischen Bereich, die andere dem geologisch-geomorphologischen. In jedem Falle war entscheidend, ob die von den Autoren vorgenommene Datierung zweifelsfrei belegt war. Damit ist keine Kritik an der Leistung der einzelnen Gelehrten verbunden; vielmehr spiegeln sich darin der Gang der Forschung und die wissenschaftlichen Grundanschauungen einer Zeit wider. Es fällt auf, daß mehr oder weniger zuverlässige Datierungen, von welcher Seite auch immer, äußerst selten sind. Häufiger treten unwahrscheinliche bis vermutlich falsche Datierungen auf. Viele Datierungen mögen aber in einem oder in zwei Detailaspekten richtig sein, nicht jedoch in allen; d. h. möglicherweise richtige vegetationsgeschichtliche Altersangaben stehen z. B. unwahrscheinlichen, oder mindestens nicht erwiesenen, bzw. unrichtigen geologisch-geomorphologischen Datierungen eines Vorkommens gegenüber, oder das Entgegengesetzte trifft zu.

Mir erscheint es sehr wichtig, daß offenbar nirgends der Beweis hat erbracht werden können, daß das Mindel/Riß-Interglazial dem Holstein-Interglazial entsprochen hat. Dies ist bereits früher gesagt worden. Es ist aber auch nirgends der Beweis geglückt, daß das Riß/Würm-Interglazial das Äquivalent des Eem-Interglazials war, obwohl vermutlich sichere Vorkommen des Eem-Interglazials auch aus dem süd-mitteleuropäischen Raum bekanntgeworden sind.

Die bedrückende Konsequenz, daß nämlich unsere bisherigen Vorstellungen über die Gliederung des Eiszeitalters im südlichen Mitteleuropa auf recht schwachen Füßen stehen, mag darauf zurückzuführen sein, daß als sicher angenommene Denkschemata genutzt worden sind, deren Anwendbarkeit zunächst hätte überprüft werden müssen. Entscheidend wichtig ist stets die unabhängig voneinander durchgeführte botanische, paläontologische und geologisch-geomorphologische Datierung. Gleichartige Ergebnisse stellen hierbei ein sicheres Fundament dar; abweichende Resultate zwingen aber zur Überprüfung bisheriger Vorstellungen. Nur in diesem zuletzt genannten Sinne seien der Inhalt der Tabelle b (Regesten) und die Ausführungen des folgenden Kapitels verstanden.

Versuch einer Synthese

Wie bereits erwähnt, sind in der Vergangenheit mehrfach vegetationskundlich recht verschiedenwertige Zeitabschnitte unter dem Namen eines einzigen Interglazials zusammengefaßt worden. Muß nicht mit sehr starken und nachweisbaren Hiaten gerechnet werden, denen unterschiedlich lange Abschnitte ein und desselben Interglazials zum Opfer gefallen sind, dann erscheint dieser Weg nicht geraten zu sein. Stattdessen bietet es sich an, warmzeitliche Bildungen lediglich aufgrund ihrer damaligen Vegetation zu Gruppen gleichen Vegetationscharakters und gleichartiger Vegetationsabfolge zusammenzufassen, und zwar zunächst unabhängig von den Ansichten über deren geologisches Alter. Da die Höhenunterschiede der bisher bekannten warmzeitlichen Bildungen nicht sehr groß sind (alle Vorkommen liegen zwischen etwa 330 und 850 m Höhe), brauchen in der Regel keine starken höhenabhängigen Vegetationsunterschiede eines einzigen Zeitraumes berücksichtigt zu werden. Wie weit einwanderungsgeschichtlich bedingte Besonderheiten der Vegetationsentwicklung bedeutungsvoll gewesen sind, kann wegen fehlender Kriterien nicht abgeschätzt werden. Allerdings dürften die postglazialen Verhältnisse trotz aller durch die Einwanderungsgeschichte verursachter Unterschiede der Vegetation verschiedener süddeutscher Landschaften Beweis genug dafür sein, daß dennoch innerhalb der montanen Stufe eine zweifelsfreie Zuordnung nacheiszeitlicher Pollendiagramme zum Postglazial (und nur zu diesem) möglich ist. Vergleichbares sollte in der Regel auch für die Vergangenheit gelten, jedoch mit der Ausnahme, daß die Wahrscheinlichkeit, daß auf diesem Wege unterschiedlich alte Phasen der Vegetationsentwicklung zusammengefaßt werden, desto größer wird, je anspruchsloser die ehemalige Vegetation war; d. h., ein Fichten-Kiefern-Wald mag mehrmals im Pleistozän weite Gebiete eingenommen haben, eine Vegetationsentwicklung vom Typ Eem sollte aber sehr selten, wenn nicht gar einmalig gewesen sein.
Tabelle 2 stellt einen Versuch dar, die bisher bekannten warmzeitlichen Bildun-

Tabelle 2: Kurzcharakteristik der Vegetationsentwicklung, der Zahl der jeweiligen Vorkommen und ggf. des Alters der hier unterschiedenen Interstadial- und Interglazial-Typen (Erläuterungen vgl. Regesten)

Typ Breinetsried: 30 bis 40% Baumpollen. *Pinus* (Kiefer), mit sehr wenig *Betula* (Birke) und *Picea* (Fichte).
7 Vorkommen, davon 1 fraglich.
5 ^{14}C-Daten zwischen 29290 und 48300 vor heute (v. h.).

Typ Mauern: Ca. 50% Baumpollen. Sehr viel *Pinus,* mit *Betula, Picea* und *Larix* (Lärche).
12 Vorkommen, davon 2 fraglich.
8 ^{14}C-Daten zwischen mehr als 24700 und 67100 v. h. Meiste endliche Daten zwischen 58500 und 67100 v. h.

Typ Füramoos: Ca. 90% Baumpollen oder mehr. Sehr viel *Picea,* dazu *Pinus.* Wenige % an Thermophilen.
21 Vorkommen, davon 3 fraglich.
8 ^{14}C-Daten zwischen 63300 und 72300 v. h., bzw. mehr als 67700 v. h.

Typ St. Germain II: Vollkommen bewaldet. Phase I: Thermophile und mäßig *Corylus* (Haselnuß). Phase II: *Picea-Pinus.* Alles mit sehr wenig *Carpinus* (Hainbuche).
4 Vorkommen, davon 1 fraglich.
2 ^{14}C-Daten: 67700 und 69500 v. h.

Typ Winzeln-Unterpfauzenwald: Vollständig bewaldet. Phase I: Birken-Kiefern-Fichtenwälder mit thermophilen Laubholzarten. Phase II: Fichten-Tannenwälder mit thermophilen Laubholzarten. Phase III: Tannen-Fichtenwälder, ohne *Carpinus.*
8 Vorkommen, davon 2 fraglich.

Typ Zeifen: Gebiet vollkommen bewaldet. Phase I: Kiefern-Birkenwälder. Phase II: Ulmen-Eichen- und Eichen-Lindenwälder. Phase III: Haselnußgebüsche, z. T. gefolgt von Eiben- (*Taxus-*) Beständen. Phase IV: Hainbuchen-Tannen- und Fichtenwälder, mit Buchsbaum und z. T. auch Hopfenbuche (*Ostrya*). Phase V: Fichten-Kiefernwälder. Hohe Bedeutung der Haselnuß bis weit in Phase IV hinein.
7 Vorkommen, davon 1 fraglich.

Typ Pfefferbichl: Gebiet vollständig bewaldet. Phase I: Kiefernwälder. Phase II: Ulmen-Eichenwälder. Phase III: Eichen-Ulmen-Fichten-Eschenwälder, mit viel Haselnuß. Phase III a: z. T. Ausbreitung von Eibengebüschen. Phase IV: Tannen-Fichten-Hainbuchenwälder. Die Bedeutung der Haselnuß geht vor Phase IV stark zurück. In Phase IV anfangs sehr viel Tanne, später Hainbuche

mit vielen Thermophilen und Tanne, gefolgt von Tannen-Fichtenwäldern bei nur sehr geringer Bedeutung der Hainbuche und anderer Thermophiler.
9 Vorkommen, davon 2 fraglich.

Typ Steinbach: Gebiet vollständig bewaldet. Phase I: Fichten-Kiefernwälder. Phase II: Eichen-Hainbuchenwälder mit Linde sowie Fichten-Kiefern-Bestände. Phase III: Tannen-Fichten- und Kiefernwälder mit Eichen. Phase IV: Fichten-Kiefern-Birkenwälder.
3 Vorkommen?

Typ Marktheidenfeld: Gebiet vollkommen bewaldet. Da er zu wenig belegt ist, wird auf eine Kurzcharakteristik verzichtet, vgl. Regesten.

gen aufgrund ihrer Entwicklung und ihres optimalen Zustandes zu Gruppen zusammenzufassen. Diese Gruppen oder Typen wurden mit lokalen Namen belegt. Außerdem wurde vermerkt, wie viele Vorkommen den einzelnen Typen zugeordnet werden müssen, ob Hinweise auf eine typologisch zwar richtige, chronologisch aber falsche Zusammenfassung vorliegen und welche absoluten Altersangaben bisher bekanntgeworden sind.
Tabelle 3 unterrichtet über die wichtigsten Charakteristika der Vegetation und ihrer paläoökologischen Bedingungen während der Herrschaft der einzelnen vegetationsgeschichtlichen Typen.

Tabelle 3: Überblick über die paläoökologischen Bedingungen zur Zeit der Klimaoptima der hier unterschiedenen Interglazial- und Interstadial-Typen

Typ Breinetsried: Vereinzelte Baumgruppen, ausgedehnte Riedgras-(Cyperaceen-)Sümpfe, Gras- und Kräuterheiden, z. T. mit Wacholder, Wermut und Chenopodiaceen (Gänsefußgewächse) auf nährstoffreichen Böden.

Typ Mauern: Waldtundra-Waldsteppenartige Gesellschaften, mit Wacholder-Wermut-Heiden und wenigen Cyperaceen-Sümpfen auf nährstoffreichen Böden.

Typ Füramoos: Lichtoffene Nadelwälder mit reichem Gras-Unterwuchs. Sehr wenige Cyperaceen-Sümpfe. Boden nicht versauert.

Typ St. Germain II: Grasreiche Laubwaldgesellschaften, meist auf nährstoffreichen Böden; zum Ende der Warmzeit deutliche Versauerung bei beginnender Klimaverschlechterung.

Typ Zeifen: Vermutlich rasche Abfolge mehrerer recht lichtoffener Gebüsch- und Laubwaldtypen auf nährstoffreichen Böden. Keine Anzeichen einer beginnenden Versauerung der Böden zum Ende des Interglazials, trotz damals sich ausbreitender Nadelwälder.

Typ Pfefferbichl: An Nadelhölzern reiche Laubwälder, bzw. Nadel-Laub-Mischwälder; anfangs recht licht, zum Schluß schattiger werdend. Dennoch Böden auch dann nicht verschlechtert und weiterhin reich an Gräsern und Kräutern.

Typ Winzeln-Unterpfauzenwald: Lichtoffene, klimatisch und hinsichtlich des Nährstoffgehaltes der Böden anspruchsvolle Laub- und Nadelholzgesellschaften. Kein Hinweis auf abschließende Bodenverarmung.

Typ Marktheidenfeld: Thermo- und hygrophile Mischwaldgesellschaften auf nährstoffreichen Böden eines milden, feuchten Klimas. Erst ganz zum Schluß Hinweise auf eine schwache Versauerung der Böden.

Typ Steinbach: Anfangs thermo- und hygrophile Laubwaldgesellschaften, später auch anspruchsvolle Laubwälder neben immer wichtiger werdenden Tannen-Fichtenwäldern. Böden stets recht nährstoffreich, unter einem milden, nur mäßig feuchten Klima. Selbst zum Ende der Warmzeit keine deutlichen Hinweise auf Bodenverarmung oder Bodenversauerung.

Der Exkurs in die Stratigraphie war notwendig, um die Leitlinien und Argumente zu verdeutlichen, die hier genutzt worden sind, wenn es gilt, provisorisch die zeitliche Stellung der einzelnen warmzeitlichen Bildungen zueinander zu ermitteln. Von einer endgültigen Lösung des Rätsels sind wir noch weit entfernt. Als Versuch einer Zusammenfassung mögen Tabelle 4 im Beitrag und Tabelle c (Regesten) dienen.

Zur Paläoökologie einiger süddeutscher Interglaziale

Für die Erörterung paläoökologischer Probleme der Interglaziale ist – unabhängig von deren geologischem Alter – die Kenntnis ihrer Dauer erforderlich, einschließlich einiger Angaben über die Länge der vegetationsgeschichtlichen Phasen. Hierzu bieten sich bisher nur Jahresschichtenzählungen ehemaliger Seen an. Es kommt erschwerend hinzu, daß derartige Untersuchungen, mit Ausnahme derer einiger Abschnitte des Postglazials, in Süddeutschland noch nicht durchgeführt worden sind. Daher muß auf Ergebnisse zurückgegriffen werden, die in Norddeutschland und in England gewonnen worden sind. Zum Vergleich mögen ^{14}C-Datierungen eines postglazialen Pollenprofils vom Wildseemoor bei Kaltenbronn im Nord-Schwarzwald dienen (Tabelle 5). Die ältesten Phasen der betrachteten Warmzeiten stehen in der Tabelle jeweils unten.

Tabelle 4: Versuch einer Gliederung des Eiszeitalters in Süddeutschland (vgl. Regesten Tab. c).

Warmzeit-Typen	Kaltzeiten
Postglazial Typ Breinetsried (mindestens zwei Interstadiale?) Typ Mauern (zwei Interstadiale?)	Klassischer Würm-Vorstoß Würm-Eiszeit
Typ Füramoos	
Typ St. Germain II	Riß-Eiszeit, ganz oder teilweise?
Typ Zeifen (gleich Eem-Interglazial)	
Typ Pfefferbichl (gleich Holstein-Interglazial?) Typ Winzeln-Unterpfauzenwald	Mindel-Komplex, bzw. nach Typ Pfefferbichl noch Teil des Riß-Komplexes?
Typ Marktheidenfeld (Teil des Cromer-Komplexes?)	Günz-Komplex?
Typ Steinbach (Teil des Cromer-Komplexes?) – Große Hiaten – Typ Uhlenberg (Ende Tegelen?)	Donau-Komplex?
	Biber-Komplex?

Tabelle 5: Wahrscheinliche Dauer einiger Interglaziale und ihrer vegetationsgeschichtlichen Phasen (Angabe in Jahren)

1. Postglazial, Wildseemoor bei Kaltenbronn, Nord-Schwarzwald: *Abb. 51*

Rodungen, Wirtschaftswälder	880
Buchen-Tannenwälder	3 100
Tannen-Buchenwälder	1 000
Eichen-Lindenwälder, mit einwandernder Buche und Tanne	1 300
Linden-Eichenwälder, mit Ulmen-Eschenwäldern	1 900
Haselgebüsche und Ulmen-Eichenwälder	1 060
Ausbreitung der Hasel	280
Kiefern-Birkenwälder	760

Ohne Ausgleich der durch ^{14}C-Schwankungen verursachten Fehler 10 280 Jahre

2. Eem-Interglazial, Bispingen an der Luhe, Lüneburger Heide: *Abb. 51*

Mäßig krautreiche Birken-Kiefernzeit	ca. 2 000
Fichten-Kiefernzeit	
Kiefern-Fichten-Tannenzeit	ca. 2 000
Kiefern-Fichten-Hainbuchenzeit	
Hainbuchenzeit	ca. 4 000
Linden-Ulmen-Haselzeit	1 000–2 000
Haselzeit	700
Eichenmischwald-Haselzeit	450
Kiefern-Eichenmischwaldzeit	450
Kiefern-Birkenzeit	200
Birkenzeit	100

ca. 11 100 Jahre

3. Holstein-Interglazial,
 a Marks Tey, Essex:

Hainbuchen-Tannenzeit	4 500
Eichen-Ulmen-Eiben(*Taxus*-)Zeit	5 000

Ohne beginnende und abschließende Phasen: 9 500 Jahre

b Zweiter Teil des Interglazials, ohne sein Ende, Munster-Breloh, Lüneburger Heide:

Zeit des Eichen- und Erlenrückganges	ca.	1000–1500
Eichen-Tannenzeit	ca.	4000–5000
Jüngerer Birken-Kiefernvorstoß	ca.	300– 500
Hainbuchenzeit	ca.	1600
Hasel-Fichtenzeit	ca.	1000
Älterer Birken-Kiefernvorstoß	ca.	200– 400
Eiben-Hasel-Fichtenzeit	etwas mehr als	2500
Dauer des zweiten Teiles, ohne sein Ende		10600–12500 Jahre

c Erster Teil des Interglazials, Hetendorf, Lüneburger Heide:

Erlen-Fichtenanstieg	ca.	1000
Ulmen-Kiefern-Birkenzeit	ca.	1000
Kiefern-Birkenzeit	ca.	600
Birken-Kiefernzeit	ca.	500
Birkenzeit	ca.	300
Dauer des ersten Teiles vor der Eibenzeit	ca.	3400 Jahre
Dauer des Holstein-Interglazials also etwa		15000–16000 Jahre

4. Cromer-Komplex, Bilshausen:

Warmzeit b:

Fichten-Kiefern-Birkenzeit	2200
Fichtenzeit	1000
Eichen-Tannen-Hainbuchenzeit	9300
Tannen-Hainbuchen-Eichenmischwaldzeit	1200
Eichenmischwaldzeit	1800
Birken-Kiefernzeit	400
	15900 Jahre

Warmzeit a:

Fichten-Tannen-Eichenmischwaldzeit	4000
Jüngere Ulmen-Fichten-Kiefernzeit	6000
Ältere Ulmen-Fichten-Kiefernzeit	4500
Ohne beginnende und abschließende Phasen	14500 Jahre

Sicherlich kann nicht davon ausgegangen werden, daß die norddeutsche Vegetationsgeschichte der betrachteten Warmzeiten stets derjenigen Süddeutschlands genau entsprochen hatte, und das Postglazial lehrt, daß gleichartige vegetationsgeschichtliche Phasen eines größeren Gebietes nicht genau gleichen Alters und gleicher Dauer gewesen sein müssen. Dennoch ergeben sich aus Tabelle 5 Konsequenzen, die auch auf Süddeutschland anwendbar sind:

1. Die Dauer der betrachteten Warmzeiten liegt zwischen 11000 und 16000 Jahren. Hinweise auf die Realität des ehemals geforderten »Großen Interglazials« (Mindel/Riß) von etwa 120000 Jahren Länge fehlen.
2. Die einleitenden Schritte der Wiederbewaldung durch Lichtholzarten (Birke – *Betula* – und Kiefer) scheinen oft recht schnell abgelaufen zu sein, etwa in der Größenordnung von zwei bis drei Baumgenerationen; die anschließenden Etappen umfassen aber in der Regel sehr viel längere Zeiträume. Die Klimabesserung dürfte demnach anfangs – vielleicht mit Ausnahme des Holstein-Interglazials – schnell erfolgt sein. Demgegenüber vollzog sich der Übergang vom Interglazial zur anschließenden Kalt- oder Eiszeit über Zeiträume von etwa 3000 bis 4000 Jahren, falls von den scheinbar kurzen Schwankungen (Birken-Kiefernzeiten) innerhalb des Holstein- und des Cromer-Interglazials abgesehen wird, deren Bedeutung vielleicht noch etwas unklar ist.
3. Innerhalb der Warmzeiten haben sich offenbar mehrere Climax-Vegetationstypen abgelöst, die – jeder für sich – mehrere Jahrtausende lang hatten bestehen können, bis neue, kräftigere Konkurrenten eingewandert waren. Hierbei vollzog sich der Übergang zwischen zwei aufeinanderfolgenden Climax-Phasen mehrfach über erstaunlich lange Zeiträume (Postglazial: Ersatz der Eichenwälder durch Tannen-Buchenwälder, mindestens 1300 Jahre; Holstein-Interglazial: Verdrängung der Kiefern-Birkenwälder durch Laubwälder, dann durch Laub-Nadelwälder, je etwa 1000 Jahre; Cromer-Interglazial, Teil b: Ersatz der Eichenmischwälder durch Eichen-Tannen-Hainbuchenwälder, etwa 1200 Jahre). Dies zeigt, daß ein derartiger Wandel weniger durch wichtige Klimaschwankungen geprägt worden ist, als vielmehr durch die Konkurrenz der beteiligten Arten bei Einwanderung neuer Holzarten.
4. Normalerweise wird in der Bodenkunde davon ausgegangen, daß, ähnlich wie die Vegetation, auch die Böden einem Climax-Zustand zustreben, wobei zahlreiche Schritte von den eiszeitlichen Rohböden bis zu den dem optimalen warmzeitlichen Klima am besten entsprechenden Böden durchmessen werden. Die hierbei eingeleiteten Tendenzen sollen sogar bei konstantem Klima zu einer Verschlechterung der Standorte führen können, falls eine zu starke Tondurchschlämmung stattfindet, die zur Entstehung stauender Nässe führen kann, oder falls die Auswanderung und tiefer unten erfolgende Ausfäl-

lung der Eisenverbindungen eine Verarmung im Oberboden und eine die Wurzeln behindernde Zementierung im Unterboden verursacht. Die Vorgänge der Bodengenese selbst sollten demnach während der Warmzeiten vielfach zu einer Verschlechterung der Standortsqualität und damit zu einer Verarmung der Vegetation führen. In diesem Zusammenhang erstaunt, daß nach Ausweis von Tabelle 5 Climax-Gesellschaften sehr anspruchsvoller Holzarten, die auf gute, nährstoff- und sauerstoffreiche Böden angewiesen sind, während aller Warmzeiten in der Regel viele Jahrtausende lang das Bild beherrscht hatten, ohne daß eine Verschlechterung der Böden erkennbar wird (Postglazial mindestens 7300 Jahre; Eem-Interglazial mindestens 5700 Jahre; Holstein-Interglazial 10 000 bis 11 000 Jahre; Cromer-Interglazial, Warmzeit

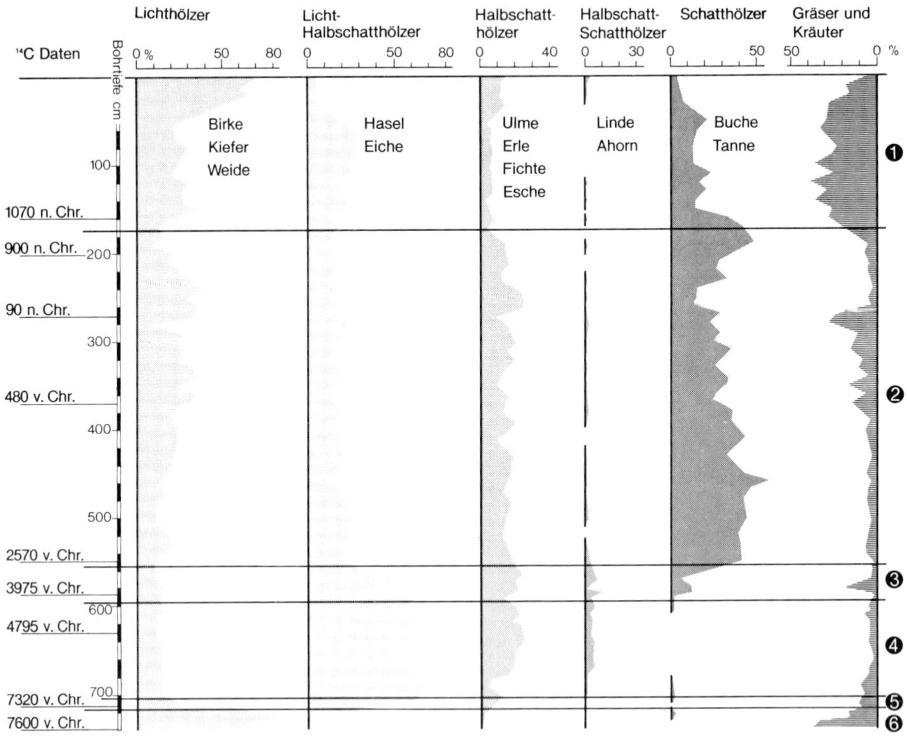

❶ Wirtschaftswälder, landwirtschaftliche Kulturen
❷ Tannen- Buchenwälder
❸ Zeit der einwandernden Buchen und Tannen
❹ Haselgebüsche, Eichen - Linde, Ulmen - Eschenwälder
❺ Ausbreitung der Hasel
❻ Kiefern- Birkenwälder

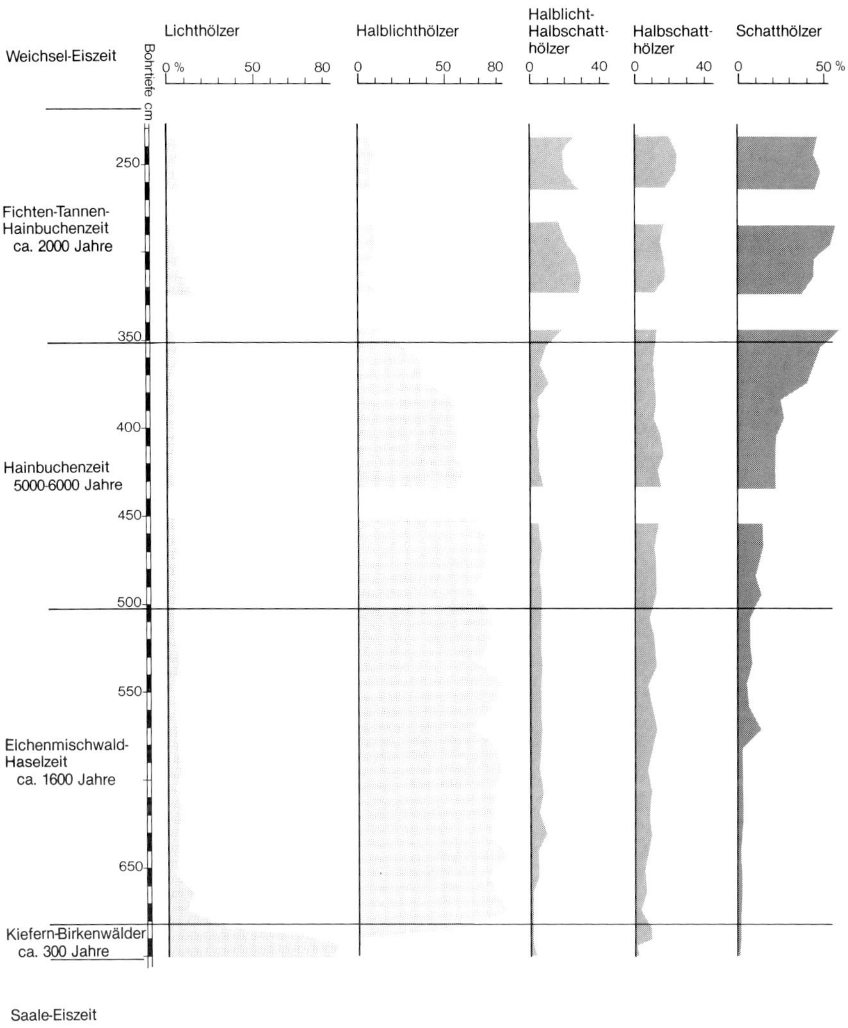

Abb. 51. Lichtoffenheit der natürlichen Waldvegetation Süddeutschlands während der Nacheiszeit (Holozän; Wildseemoor von Kaltenbronn, Nordschwarzwald, 908 m) und während des letzten Interglazials (Typ »Zeifen«, ehem. See von Krumbach westlich des Federsees). Ordinate: Neben der jeweiligen Bohrtiefe sind Altersangaben gemacht, und zwar für das Holozän (linker Bildteil) ^{14}C-Daten, für das letzte Interglazial aber Werte, die sich aus der norddeutschen Jahresschichtenzählung abschätzen lassen (nach Müller, 1974). Es ist der prozentuale Anteil des Pollens der Lichtholz- bis Schattholzarten an der gesamten Pollensumme dargestellt. Der Anteil der Gräser und Kräuter an der interglazialen Pollenflora war so gering, daß er nicht dargestellt worden ist.

b, etwa 12300 Jahre). Dies bedeutet, daß die erwähnten Schritte der Bodenentwicklung, falls sie überhaupt in dieser Reihenfolge und Form ablaufen, bestenfalls nur an besonders ungünstigen Standorten anzutreffen gewesen sein mögen (etwa sehr armes Ausgangsgestein oder Mulden mit behindertem Abfluß), daß im übrigen aber die nachschaffende Kraft der Böden und die Stoffumsätze der Pflanzen am Standort in der Regel ausgereicht haben, um fast überall in Mitteleuropa Biotope eines ausgeglichenen, guten Nährstoffhaushaltes zu schaffen. Die in der Nacheiszeit über weite Flächen zu beobachtende Verschlechterung der Böden, und zwar in Richtung auf zunehmende Staunässe oder Verarmung an Nährstoffen, scheint angesichts dieser Beobachtungen aber im wesentlichen das Ergebnis der Tätigkeit des Menschen gewesen zu sein. Mit anderen Worten, auch in Süddeutschland dürfte in den zu Eingang dieses Abschnittes geschilderten »natürlichen« Bodenentwicklungsreihen eine entscheidende anthropogene Komponente stecken, die einen Vergleich mit der Bodengenese vergangener Warmzeiten unkontrollierbar erschwert.

Die süddeutschen Warmzeiten vom Typ Zeifen, Pfefferbichl und vielleicht auch vom Typ Winzeln-Unterpfauzenwald fallen durch einen weiteren bemerkenswerten Unterschied gegenüber dem Postglazial auf; ähnliches scheint auch für Norddeutschland zu gelten. Es ist dies die Dichte der Waldvegetation. Mit ihr hängt natürlich das Ausmaß der jährlichen Produktion an Biomasse in der für die Pflanzenfresser (Herbivoren) erreichbaren Kraut- und Strauchschicht zusammen. Dauerten die von Licht- und von Halblichthölzern beherrschten einleitenden Schritte der nacheiszeitlichen Waldentwicklung nördlich der Alpenkette etwa 2000 bis 2500 Jahre, so belaufen sich die entsprechenden Werte für die Interglaziale des Typs Zeifen und des Typs Pfefferbichl vermutlich auf etwa 6000 bis 7000 Jahre, falls das Alter einzelner Schritte der süddeutschen interglazialen Vegetationsgeschichte nicht völlig von dem der entsprechenden Etappen in Norddeutschland abgewichen sein sollte. Sicherlich muß mit derartigen Unterschieden und fraglos auch mit lokalen Abweichungen vom generellen Bild gerechnet werden, doch die wesentliche Tendenz scheint bestehen zu bleiben. Falls das zutrifft, müßte für die erwähnten Interglaziale mit einer erheblichen Bioproduktion in der Krautschicht vieler Wälder gerechnet werden, sicher aber auch mit einer recht beachtlichen Offenheit, die Wanderbewegungen und Jagd des prähistorischen Menschen erleichtert haben sollten.

Will man sich eine Vorstellung von Aussehen und Ökologie dieser Wälder der süddeutschen Hügellandschaften außerhalb der Alpen machen, so geben Pollengehalte der entsprechenden Spektren vieler Orte an *Taxus* (Eibe), *Corylus*

Abb. 52/53. Eibenwald (Taxus baccata) von Paterzell bei Weilheim südlich von München (links) und Rothwald in der Nähe von Scheibbs, Niederösterreich, als Beispiele einer Waldvegetation, wie sie für vom Menschen ungestörte Bedingungen in Mitteleuropa vorstellbar ist.

(Haselnuß), *Hedera* (Efeu), *Ilex* (Stechpalme), z. T. auch von *Buxus* (Buchsbaum) und *Ostrya* (Hopfenbuche) einen guten Anhaltspunkt. Sie verweisen auf Waldtypen, die habituell denen des Eibenwaldes von Paterzell beträchtlich geähnelt haben dürften. Das recht konstante Vorkommen der erwähnten Gattungen, das sich oft noch zum zweiten Teil der Warmzeiten verstärkt hatte, verweist zudem auf ein insgesamt etwas wärmeres, sicher auch auf ein ausgeglichener feuchtes Klima als das der Gegenwart. Dies müssen ideale Bedingungen für eine recht arten- und individuenreiche Fauna gewesen sein. *Abb. 52, 53*

Wie bereits erwähnt worden ist, scheint sich der Übergang von den sehr guten interglazialen Klimaten zu denen der anschließenden Kalt- oder Eiszeiten während eines Zeitraumes von etwa 2000 bis 4000 Jahren Dauer vollzogen zu haben, falls die in Tabelle 5 dargestellten norddeutschen Verhältnisse auf Süddeutschland übertragbar sind. Hierbei tritt in den zur Verfügung stehenden Pollendiagrammen zunächst die bereits erwähnte Zunahme in Zahl und Menge der Indikatoren warm-milder Klimate hervor, und zwar unabhängig vom geologischen Alter der betrachteten Warmzeit (Typ Zeifen: Krumbach, Grande Pile, Meikirch; Typ Pfefferbichl: Pfefferbichl; Typ Winzeln-Unterpfauzenwald: Winzeln, Meikirch, Unterpfauzenwald; Typ Steinbach: Steinbach). Erst später vollzogen sich bemerkenswerte Änderungen: Bei allmählichem Rückgang der genannten Klimaindikatoren breiteten sich in der Umgebung langsam Torfmoose der Gattung *Sphagnum* aus. Sie wurden schließlich gefolgt von zahlreichen Ericaceen z. T. auch von Lycopodien. Den Abschluß bildeten Fichten-Kiefern-Wälder, mit einem hohen Birkenanteil in der sumpf- und bachbegleitenden Vegetation. Dies muß einerseits als Hinweis auf eine nun endlich erfolgende Versauerung der Böden weiter Landschaftsräume gewertet werden (Norddeutschland: Eem-Interglazial, ca. 7000 Jahre nach Beginn des Interglazials; Holstein-Interglazial, etwa 13 000 bis 14 000 Jahre nach Beginn der Warmzeit; Cromer-Interglazial, Warmzeit b, etwa 13 000 Jahren nach Beginn der Warmzeit). Der späte Beginn der Bodenverschlechterung läßt erkennen, daß aller Wahrscheinlichkeit nach hieran keine autogene Bodendegeneration unter konstanten Außenbedingungen beteiligt gewesen ist. Andererseits lehren diese Beobachtungen, daß die den Landschaften zur Verfügung stehende Feuchte relativ oder absolut zugenommen haben muß. Beide Vorgänge, zusammengenommen, verweisen auf eine langsam voranschreitende Abkühlung, die mindestens anfangs mit einer Zunahme oder doch mit einer gleichmäßigeren Verteilung der Feuchte, also mit einem Anstieg der Ozeanität des Klimas weiter südmitteleuropäischer Landschaften, verbunden gewesen ist.

Eine Erhöhung der zur Verfügung stehenden Feuchte sollte bei langsam abnehmenden Temperaturen die Akkumulation von Schnee und Eis gefördert haben. Dies wird in dem folgenden Kapitel erörtert werden.

Die Vegetation Süddeutschlands während der Kalt- und Eiszeiten

Die älteste einschneidende Kaltzeit des Pleistozäns, die vermutlich dem niederländisch-norddeutschen Prätegelen entsprochen hatte, scheint bereits unmittelbar zu Beginn des Eiszeitalters einer Steppenvegetation im Wiener Becken und bei Krems an der Donau den Weg nach Westen geöffnet zu haben. Soweit die bisherigen Analysen den Schluß zulassen, mag es sich um relativ artenarme und ökologisch nicht sehr klar umschriebene baumfreie oder gehölzarme Fluren gehandelt haben, die von Osten bis sicher an den Osthang des Waldviertels gereicht hatten. Ob und wie weit diese Formationen nach Westen vorgestoßen sind, wissen wir nicht; mindestens in Südfrankreich sind sie aber zur selben Zeit in gleicher Form nachweisbar. Auch die ältestpleistozäne Waldvegetation des Uhlenberges westlich von Augsburg, die dort vermutlich während eines Interstadials oder am Ende eines Interglazials gedieh, leitete zu gehölzarmen Pflanzengemeinschaften über. Ihr wohl lokal bedingter hoher Anteil an Pflanzen feuchter bis nasser Standorte verdeckt leider den Vegetationscharakter der trokkeneren Hügelstandorte während der anschließenden ältestpleistozänen Kaltzeit. Vermutlich wird man in Süddeutschland mit einer kaltzeitlichen Waldsteppen-Landschaft während des Ältest- und Altpleistozäns rechnen müssen. Erst aus der Kaltzeit, die der Warmzeit des Typs »Winzeln-Unterpfauzenwald« vorausgegangen war, verfügen wir über genauere Beobachtungen. Sie berichten von Vegetationsbedingungen, die für alle späteren Kalt- und Eiszeiten dieses Raumes typisch waren, so daß die entscheidenden Schritte und Tendenzen der kaltzeitlichen Vegetationsentwicklung an dem weitaus besser bekannten Beispiel der Letzten Eiszeit erörtert werden sollen.

In dieser und während der vorangegangenen Eiszeiten scheint sich der Umbau der Vegetation von den interglazialen zu den kaltzeitlichen Bedingungen in mehreren Schritten vollzogen zu haben, gesteuert durch die generellen Tendenzen der Klimaentwicklung, sowie durch interstadiale Wärmeschwankungen. Die groben Züge der Floren- und Vegetationsentwicklung einer Eiszeit sind in Abb. 54 dargestellt. Ihr liegen die bislang zugänglichen vegetations- und floren- *Abb. 54*
geschichtlichen Untersuchungen mehrerer Eiszeiten des süddeutschen Raumes zugrunde, aus denen die bezeichnenden Gemeinsamkeiten herausgearbeitet worden sind. Offenbar waren Beginn, Hochstand und Ende einer Eiszeit vegetationskundlich stets recht verschieden voneinander; aber trotz dieser Unterschiede scheinen vergleichbare Entwicklungsphasen verschieden alter Eiszeiten in ihrer Vegetation gemeinsame Züge aufgewiesen zu haben. Dies bezieht sich zunächst auf die Formenkreise, die am Aufbau der damaligen Vegetationstypen tonangebend beteiligt gewesen sind. Über ihren relativen Flächenanteil zueinander, also über den Aufbau der Vegetation und über ihre standörtliche Abhängigkeit, wissen wir nicht viel. Es scheint bisher lediglich für den Ostrand der Alpen gelungen zu sein, unter Vorbehalt das Vegetationsmuster eines Hochglazials zu ermitteln: An Tundra-Elementen etwas reichere Pflanzengemeinschaften in feuchten Mulden, an Quellen und in Tälern; steppenartige Bestände, die unseren heutigen *Bromus erectus* (aufrechte Trespe) Rasen geähnelt haben mögen, auf

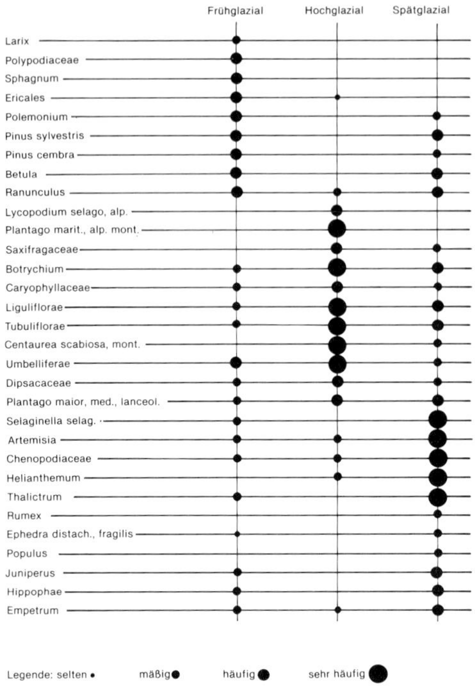

Abb. 54. Zeitliches Auftreten und relativer Mengenanteil verschiedener Pflanzentypen während einer Eiszeit in den Tieflagen des süddeutschen Raumes. Die unterschiedlich starke Pollen- und Sporenproduktion der verschiedenen Pflanzen ist berücksichtigt worden. Die Symbole sind nur in der Horizontalen untereinander vergleichbar und sagen nichts über die Flächendekkung aus.

nährstoffreichen, aber trockeneren Hangpartien; durch gegenwärtig fakultative Halophyten (Salzpflanzen) charakterisierte »Steppen«-Typen auf den trockenen Plateaus, auf denen Lößsedimentation und Ausblasung der ökologisch wichtigste Faktor gewesen sind. Vermutlich waren gleichzeitig die süddeutschen Landschaften von einem ähnlichen, wenn auch nicht identischen Vegetationsmosaik überzogen. In ihm machte sich eine merkwürdige Verarmung der Flora von den trockenen Lößlandschaften über die damals mäßig feuchte Vorhügelzone zum *Abb. 55* feuchteren Gebirgsrand der Alpen und des Waldviertels bemerkbar. Diese Florenverarmung in Richtung auf die damals feuchteren Großlandschaften könnte als Ausdruck einer zum Gebirge hin zunehmenden Sedimentumlagerung unter dem Einfluß der bei regional feuchteren Klimaten immer wichtiger werdenden Solifluktion und anderer Hang-Abtragungsprozesse gedeutet werden, also als eine sekundäre Auswahl der widerstandsfähigsten Pollentypen. Da jedoch die untersuchten Pollenfloren in Gebirgsnähe keine größere Korrosion aufweisen als in der Lößlandschaft, und da am Gebirgsrand wie auch in der Vorhügelzone und im anschließenden Flachland Blütenstaubkörner mit sehr unterschiedlich

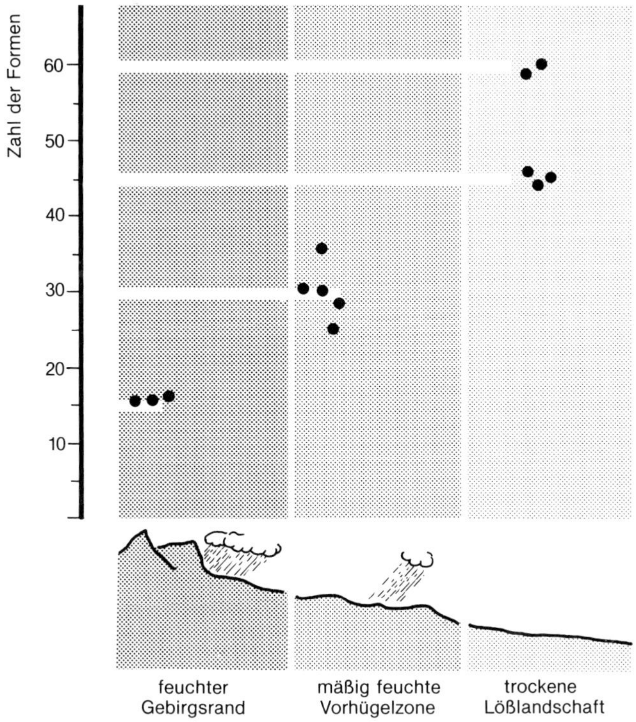

Abb. 55. Formenreichtum der offenen Vegetation Niederösterreichs und des Burgenlandes während des Höchststandes der Letzten Eiszeit, in Abhängigkeit von den damaligen relativen Niederschlagshöhen. Ordinate: Zahl der an jeder Untersuchungsstelle der genannten Zeit pollenanalytisch festgestellten Formentypen des Blütenstaubes (also etwa verschiedene Gattungen und Arten).

dicken Zellwänden auftreten, ist eher an einen primären Unterschied in der Flora zu denken. Er dürfte auf der Vielzahl der Standorte auf Rohböden im trockenen Gebiet der Lößakkumulation gegenüber der ausgewogeneren Vegetation der feuchteren Gebirgsränder beruht haben. Derartige Florenunterschiede zwischen Rohbodenstandorten und Biotopen mit gereifteren Böden sind gegenwärtig aus eisfrei werdenden Gletschervorfeldern der Alpen gut bekannt. Eine Ausnahme von dieser Regel scheinen im Alpenvorland nur Gebiete eines bewegteren Reliefs gemacht zu haben, also einer größeren Zahl von Kleinstandorten um Seen oder Sümpfe eines vom Ausgangsgestein her verschiedenartigen Hügellandes, in denen sich der Pollen der verschiedensten, relief- und gesteinsbedingten Vegetationstypen erhalten konnte.

Eine ähnliche Verarmung der Flora, wie sie mit zunehmender Gebirgsnähe während des Hochglazials einzelner Eiszeiten in Erscheinung getreten ist, hat sich offenbar auch im Ablauf der Zeit, vom Ende einer Warmzeit zu dem Hochglazial der anschließenden Kaltzeit, vollzogen. Anfangs, als die klimatischen Bedingungen zur Zeit der Kaltphasen noch nicht extrem ungünstig gewesen sein

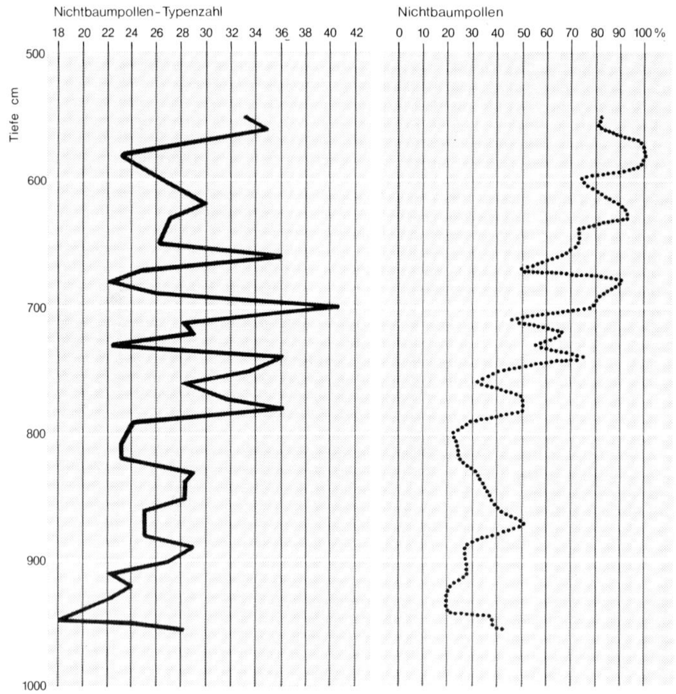

Abb. 56. Entwicklung des Charakters der offenen Vegetation bei zunehmender Ungunst des Klimas während einer Eiszeit (Letzte Eiszeit, Füramoos, südöstlich von Biberach). Es werden die Anteile des Nichtbaumpollens, also des Blütenstaubes der Kräuter und Stauden, an der gesamten Pollenflora jedes untersuchten Horizontes (als Hinweis auf die Bedeutung der offenen Vegetation im damaligen Pflanzenkleid) mit der Zahl der pollenanalytisch unterscheidbaren Nichtbaumpollen-Typen (als Ausdruck des Artenreichtums), verglichen. Ordinate: Bohrtiefe in cm. Offenbar hatte im Laufe der Zeit (von unten nach oben) die Bedeutung der offenen Vegetation zugenommen. Das war in Wellen erfolgt. Hierbei war die Flora anfangs zu Zeiten stärkerer Bewaldung (z. B. 800 cm Tiefe) artenarm, die Menge verschiedener Kräutersippen nahm aber zu den Kaltphasen hin zu (etwa um 780 cm). Später (z. B. 700 bis 550 cm) lagen die Verhältnisse genau entgegengesetzt: Während der Kaltphasen war das Klima offenbar derart rauh, daß nur sehr wenige Pflanzenarten diesen Bedingungen widerstehen konnten.

mögen, konnte sich bei Fehlen des Waldes eine sehr artenreiche Kräuterflora einstellen, die zudem reich an Gräsern war. Unter ihnen fielen Arten mit Pollen des Getreidetyps in bedeutender Menge auf. Bei Fortgang der generellen Klimaverschlechterung änderte sich das Bild. Nun konnten während der waldfeindlichen Kaltphasen nur noch wenige Spezialisten der Kräuter- und Staudenflora den extremen Witterungsunbilden widerstehen. Der Artenreichtum an Vertretern dieser Flora nahm aber zu den Interstadialen – jetzt im Gegensatz zum Beginn der betreffenden Eiszeit – wieder zu. Es fällt darüber hinaus auf, daß die Pollenproduktion im Vergleich der verschiedenen Stadiale einer Eiszeit zueinander mit fortschreitender Klimaverschlechterung immer geringer geworden zu sein scheint, sicherlich ein Hinweis auf die abnehmende Bioproduktion. Dies muß später in einem anderen Zusammenhang erörtert werden. *Abb. 56*

Schließlich ist ein weiterer Grundzug der Vegetationsentwicklung Süddeutschlands während einer Eiszeit zu erwähnen: Der wechselnde Anteil der Gräser an der Vegetation im Ablauf der Zeit. Während der ersten Abschnitte einer Eiszeit scheint die offene Vegetation vor allem durch recht verschiedenartige Gräser ausgezeichnet gewesen zu sein, wie bereits erwähnt, mit einem hohen Anteil an Pflanzen des Getreidetyps. Bei ihnen braucht es sich nicht um die heutigen Gattungen des Getreides gehandelt zu haben. Es sind auch sehr viele andere Pflanzen, wie *Bromus* (Trespe), *Elymus* (Strandroggen), *Glyceria* (Schwaden) usw. denkbar. Insgesamt scheint es sich aber um Grassteppen, bzw. während mancher Interstadiale und in einzelnen Landschaften (etwa Niederösterreich) um grasreiche Waldsteppen gehandelt zu haben. Später ging die Bedeutung der Gräser auffallend zugunsten der Kräuter und Stauden zurück. Kräutersteppen dürften von nun an das Bild beherrscht haben. In ihnen machte sich die eingangs geschilderte Florenverarmung in Richtung auf den Gebirgsrand hin geltend. Erst zum Ende der betreffenden Eiszeit vollzog sich erneut ein genereller Wandel, da nun besonders von Wermut (Artemisien) beherrschte Bestände, schließlich aber auch flächenhaft Mischungen zwischen Tundren- und Steppenelementen hervortreten konnten, bei insgesamt wieder recht schnell zunehmender Bioproduktion.

Die erwähnten generellen Tendenzen der Vegetationsentwicklung sind überprägt worden von Schwankungen geringeren Ranges. Abb. 56 hatte hierfür bereits ein Beispiel geliefert. Anhand der Profile des Füramooses und des Wild- *Abb. 57, 58*
mooses lassen sich die wichtigsten Eigenarten zeigen. Es gab offenbar Florenelemente, die entweder mehr für Interstadiale, bzw. die mehr für Stadiale bezeichnend waren. Zu der ersten Gruppe scheinen Ericaceen, Sphagnen und *Botrychium* (Rautenfarn) gehört zu haben. Ihr Anteil an der Vegetation nahm allerdings von Interstadial zu Interstadial schnell ab. Wollte man aus dem gehäuften Auftreten der Sphagnen, besonders zum Ende der anfänglichen Interstadiale, ableiten, daß das Klima am Übergang vom Stadial zum Interstadial nennenswert feuchter geworden sei, und daß es zu Beginn einer Eiszeit niederschlagsreicher als später gewesen sei, so zeigt das gleichzeitige Vorkommen von *Botry-*

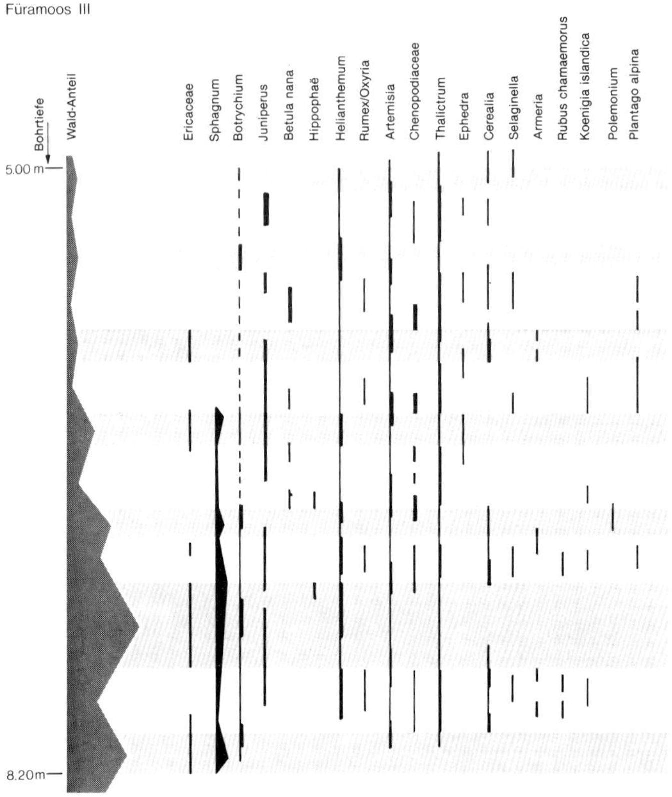

Abb. 57. Veränderung der offenen Vegetation – außerhalb der Gehölze – zu Zeiten ansteigender Ungunst des Klimas während der beginnenden Letzten Eiszeit (Bohrung Füramoos III, südöstlich von Biberach). Die linke Zackenkurve gibt den relativen Wald- oder Gehölzanteil an. Zeiten relativ etwas besserer klimatischer Bedingungen sind durch horizontale, schraffierte Bänder hervorgehoben. Vorkommen und relative Bedeutung der einzelnen Formenkreise des Pflanzenreiches (Auswahl) sind durch vertikale Striche unterschiedlicher Dicke dargestellt, vgl. Text.

chium, Helianthemum (Sonnenröschen), z. T. auch von *Ephedra* (Meerträubel), daß diese Erklärung kaum zutreffen dürfte. Eher scheint es sich um ein Standorts- und Vegetationsmosaik gehandelt zu haben, mit stellenweise versauernden Böden, auf denen sich Ericaceen und Sphagnen bei kälter werdendem Klima auszubreiten vermochten, umgeben von Standorten basischer Böden, die etwa für *Botrychium, Helianthemum* und *Ephedra* geeignet waren. Wenn auch nicht bestritten werden darf, daß die zur Verfügung stehende Feuchtigkeit zu

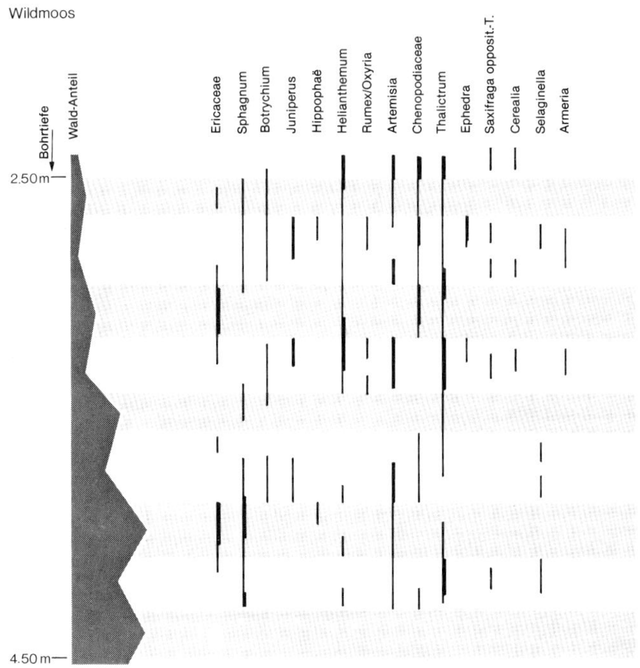

Abb. 58. Veränderung der offenen Vegetation – außerhalb der Gehölze – zu Zeiten ansteigender Ungunst des Klimas während der beginnenden Letzten Eiszeit (Bohrung Wildmoos bei Fürstenfeldbruck). Bedeutung der Schraffuren und Striche wie in Abb. 57. Der Vergleich mit dieser Abb. unterrichtet über die Gemeinsamkeiten in der Vegetationsentwicklung beider, voneinander recht weit entfernter Fundorte des Alpenvorlandes.

Beginn einer Eiszeit und am Ende der Interstadiale größer als später gewesen ist – schon die gleichzeitig verstärkte Solifluktion weist nachdrücklich hierauf hin – kann somit nicht auf ein naßkaltes Klima der genannten Phasen geschlossen werden. Hierauf wird später zurückzukommen sein.

Das zweite wichtige Florenelement war dasjenige, das die Stadiale charakterisierte. In ihm sind *Betula* cf. *nana* (Zwergbirke), *Rumex/Oxyria*-Typ (Sauerampfer/Säuerling), *Artemisia, Chenopodiaceae* (Gänsefußgewächse), *Thalictrum* (Wiesenraute), *Selaginella* (Moosfarn), *Rubus chamaemorus* (Moltebeere), *Koenigia islandica* und *Plantago alpina* (Alpenwegerich) zu nennen. Der relativ hohe Anteil heutiger Tundrenpflanzen innerhalb dieses Elementes fällt auf. Allerdings verringerte er sich schnell. Es kommt hinzu, daß sich das Verhalten einiger Arten im Ablauf der Zeit geändert zu haben scheint. So kam *Helianthe-* *Abb. 59*

	Juniperus	Hippophae	Salix	Betula nana-Typ	Calluna	Ericales	Empetrum	Ephedra	Polemonium	Rubus Chamaemorus	Rumex/Oxyria	Thalictrum	Filipendula	Armeria	Gentianaceae	Cerealia	Caryophyllaceae	Umbelliferae	Papilionaceae	Rosaceae	Potentilla-Typ	Dryas-Typ	Koenigia	Dipsacaceae	Centaurea scabiosa	C. montana	C. jacea	Triglochin	Plantago alpina	Pl. maritima	Chenopodiaceae	Artemisia	Botrychium	Selaginella	Sanguisorba minor	Sphagnum
Buntsandstein																																				
1) Vogesen, Grande Pile (Mesowürm, St. II)	•	•	•	?	●	•	●	•	–	–	●	●	●	–	•	•	•	●	•	–	•	?	–	•	•	–	–	–	–	–	●	●	•	•	•	●
2) Grands Pres II a	•	•	•	?	•	–	•	●	–	–	●	●	●	–	–	•	•	•	–	–	•	?	–	–	–	–	–	–	–	–	●	●	•	–	–	•
Kalkstein																																				
3) Mühlacker	?	•	•	?	●	•	–	●	•	–	•	•	•	–	●	–	●	●	•	•	•	–	–	●	●	●	•	–	•	–	•	•	●	•	–	–
4) Wellheimer Trockental	–	–	•	?	–	–	–	•	–	–	–	●	–	•	–	?	●	•	–	•	–	–	–	–	•	–	–	–	–	–	•	•	●	•	–	–
Molasse und Altmoräne																																				
5) Füramoos	●	–	•	•	•	•	–	•	–	•	•	●	•	–	–	●	•	•	•	•	–	–	–	–	–	•	–	–	•	•	•	●	–	•	–	•
6) Wildmoos	●	–	●	?	•	–	–	●	–	–	•	●	–	●	–	–	•	•	–	•	?	?	–	–	–	–	–	–	–	–	•	•	•	•	–	•
Löß																																				
7) Oberfellabrunn	•	•	●	•	–	–	–	•	–	–	–	•	–	•	•	•	•	●	●	●	●	–	–	•	–	–	–	•	–	●	•	•	–	•	–	–
8) Stillfried	•	–	●	●	–	–	–	–	–	–	–	•	–	–	●	•	●	●	●	●	●	–	–	–	–	–	–	•	–	●	•	•	•	•	–	–

Abb. 59. Qualitative und quantitative Zusammensetzung der offenen Vegetation einiger Landschaften Süddeutschlands und der angrenzenden Gebiete während des Höchststandes der Letzten Eiszeit (etwa 20000 bis 17000 v. h.), in Abhängigkeit vom geologischen Substrat. Man erkennt, daß sich damals das unterschiedliche Gestein deutlich in der Steppen-Tundra-Vegetation ausgeprägt hatte.

mum anfangs recht reichlich besonders während der Stadiale vor; später verschob sich das Vorkommen des Sonnenröschens zu den Interstadialen hin. Umgedreht scheint sich *Juniperus* (Wacholder) verhalten zu haben. Dies alles lehrt, wie wechselvoll die Geschichte der Vegetation selbst im Ablauf eines kürzeren Teiles einer Eiszeit gewesen ist. Hierbei mag die im Wechsel der Interstadiale und Stadiale schwankende Biomasse Anlaß zu Vegetationsveränderungen sekundären Ranges gewesen sein. So scheint sich das Vorkommen der Chenopodiaceen, in geringerem Maße auch der Artemisien, im süddeutschen Raum jeweils auf das Ende einer Wärmeschwankung konzentriert zu haben. Vielleicht darf dies als Hinweis auf die damals verfügbaren relativ hohen Stickstoffmengen im Boden gewertet werden, die beim Absterben der interstadialen Vegetation freigeworden sind. Im Falle der Artemisien fällt jedoch zusätzlich auf, daß sich das geschilderte Bild im Ablauf der Zeit derart verschoben hat, daß der Wermut auch kurz vor Beginn späterer Interstadiale und des Postglazials an Bedeutung stark zugenommen hatte. Dies dürfte nicht mehr nur über den Stickstoffgehalt des Bodens, sondern eher durch andere Wermutarten als unmittelbar am Ende eines Interstadials zu erklären sein. Leider bereitet die pollenanalytische Artdiagnose der Gattung *Artemisia* immer noch große Schwierigkeiten.

Bisher hatten die ersten Abschnitte einer beginnenden Kaltzeit im Vordergrund des Interesses gestanden. Die ebenfalls recht bezeichnenden Phasen der Spätglaziale werden in einem besonderen Kapitel dargestellt. Zunächst ist aber noch die Frage nach der Bioproduktion und den steuernden Klimaten zu erörtern.

Die während einzelner Zeitabschnitte der Vergangenheit produzierte Biomasse Süddeutschlands kann nur annähernd und indirekt erschlossen werden. Den entscheidenden Ausgangspunkt stellt eine möglichst zuverlässige Rekonstruktion der Vegetation dar. Daß das Pflanzenkleid Süddeutschlands auch zu bestimmten Phasen einer einzigen Eiszeit sehr unterschiedlich geartet gewesen ist, wurde bereits gesagt. Abb. 59 gibt hierfür ein weiteres Beispiel. Werden derartige Untersuchungen für verschiedene Phasen, etwa der Letzten Eiszeit, durchgeführt, dann lassen sich pflanzengeographische Karten, wie die der Abb. 60 für den Hochstand der Letzten Eiszeit, also für etwa 20000 bis 18000 v. h., herstellen. Es fällt auf, daß alle damaligen Vegetationstypen von ihren heutigen nächsten Verwandten sehr verschieden gewesen sind. Dies ist der Grund dafür, daß in der Legende zu Abb. 60 von »Pollengesellschaften«, nicht aber von heutigen Pflanzenformationen oder gar -gesellschaften gesprochen worden ist. Es wird nämlich immer deutlicher, daß die heutigen Pflanzengemeinschaften in der Regel nicht in die Letzte Eiszeit hinein und über sie hinaus in noch weiter zurückliegende Zeiten verfolgt werden dürfen. Dies wirkt sich als Hemmnis bei dem Versuch aus, die ehemalige Bioproduktion abzuschätzen. Allerdings lassen sich in der heutigen, mehr oder weniger naturnahen Vegetation Eurasiens Pflanzengemeinschaften ermitteln, die floristisch ähnlich zusammengesetzt zu sein scheinen, wie diejenigen der Abb. 60. Hierdurch wird eine vorsichtige Abschätzung für die Vergangenheit ermöglicht, da die heutige Produktion der Biomasse vieler wichtiger pflanzengeographischer Formationen und einzelner Pflanzengemeinschaften in großen Zügen bekannt ist. So dürfte die pflanzliche Bioproduktion zur Zeit der anfänglichen Grassteppen- und Waldsteppenphasen der

Abb. 59
Abb. 60
Abb. 60

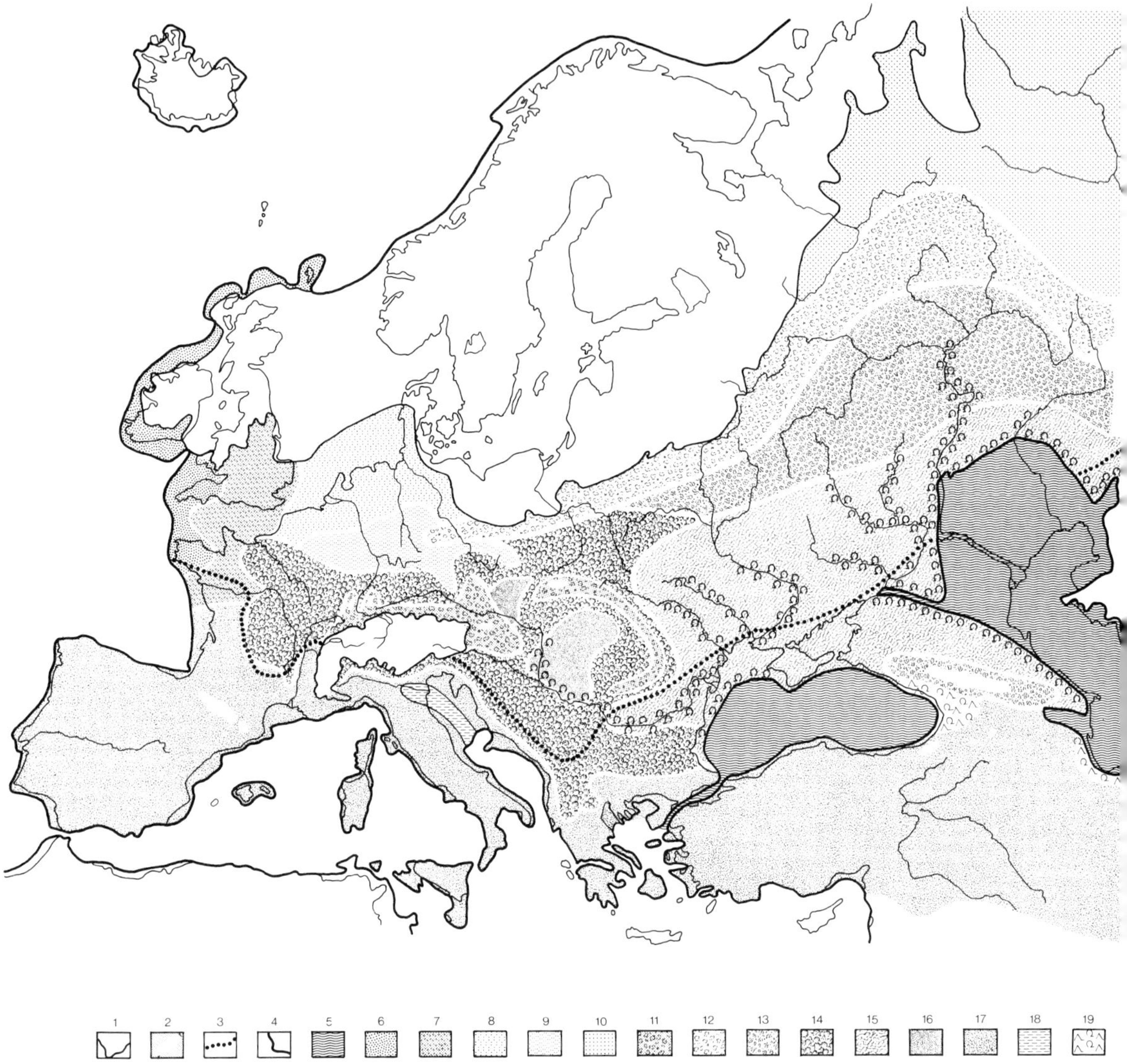

Abb. 60. Karte der Vegetation Europas während des Höchststandes der Letzten Eiszeit (etwa 20000 bis 17000 v. h.). Die dargestellten Vegetationstypen sind im wesentlichen pollenanalytisch ermittelt worden. Sie stellen somit Pollen- und Sporengesellschaften dar, bezeichnen aber nur indirekt Pflanzengesellschaften im heutigen Sinne. Die Ziffern der Legende bedeuten:

I. Physisch-geographische Grundlagen: 1 = Inlandeis und Eisstromnetze; 2 = im wesentlichen Tal- und Kargletscher; 3 = Südgrenze des Dauerfrostgebietes (geschlossene und inselhafte Gefrornis); 4 = Küstenlinie des Festlandes (– 100 m NN); 5 = Seen und brackische Gewässer.
II. Vegetationstypen (Pollen- und Sporengemeinschaften):
A) Tundra-ähnliche Pflanzengemeinschaften:
6 = Ozeanische offene Vegetation, besonders charakterisiert durch Ampfer- und Zwergweidenarten; 7 = durch viele Kräuter und obligate Salzpflanzen gekennzeichnete offene Vegetation; 8 = durch Sauergräser, Süßgräser und Moosfarn bestimmte subozeanische Pflanzengemeinschaften; 9 = subozeanische Schneeboden- und Solifluktionsschutt-Gesellschaften (besonders Cyperaceen, Compositae/Korbblütler, Selaginella) einiger höherer Mittelgebirge; 10 = sehr offene, hochnordisch-kontinentale Tundrenvegetation, mit einem hohen Anteil an Xerophyten (Pflanzen trockener Standorte, wie etwa Artemisia/Wermut, Chenopodiaceae/Gänsefußgewächse).
B) Steppen-ähnliche Pflanzengemeinschaften:
11 = Artenarme Artemisia-Kräuter-Gesellschaften, durch Solifluktion beträchtlich geprägter Landschaften der Alpen und der Karpaten; 12 = artenreiche Artemisia-Chenopodiaceen-Kräuter-Steppen der nordisch-kontinentalen Landschaften, an geeigneten Standorten mit einem höheren Anteil an Tundrenelementen, u. a. Ericales (Heidekrautgewächse), Polemonium (Himmelsleiter), Zwergweiden; 13 = kontinentale Artemisia-Kräuter-Chenpodiaceen-Steppen mit Staublehmbildung der nordischen bzw. der höheren Gebirgslagen Kaukasiens; 14 = subozeanisch-submediterrane Gramineen-Kräuter-Steppen (u. a. mit Ephedra/Meerträubel) der Gebiete mit intensiver Lößbildung (bis etwa 400 bis 600 m NN); 15 = kontinentale Chenopodiaceen-Kräuter-Artemisia-Gesellschaften mit starker Lößbildung; 16 = kontinentale Kräutersteppen, mit z. T. vielen fakultativen Halophyten in Gebieten intensiver Lößbildung; 17 = mediterran-submediterrane Artemisia-Ephedra-Juniperus/Wacholder-Compositae-Gebirgssteppen, besonders im Süden an zahlreichen lokalklimatisch und edaphisch günstigen Standorten mit Inseln einer mannigfaltigen, doch unterschiedlich zusammengesetzten Vegetation lichter Haine.
C) Moore:
18 = im wesentlichen hypothetische Cyperaceen-Gramineen-Kräuter-Niedermoore.
D) Waldvegetation:
19 = Subalpine, lichte Nadel- und im wesentlichen kälteresistente Laubwälder im Wanderrefugium der Kolchis; 20 = Haine einer gewässerbegleitenden Gehölzvegetation, besonders aus Pinus/Kiefer, etwas Picea/Fichte, Larix/Lärche, z. T. auch Abies/Tanne und kälteresistenten Laubholzarten innerhalb der im übrigen vorherrschenden Steppen.

Letzten Eiszeit Süddeutschlands etwa 10 bis 15 t Grünmasse pro Hektar und Jahr betragen haben; diejenige zur Zeit des in Abb. 60 dargestellten Bildes erreichte aber wahrscheinlich nur knapp 0,8 bis 1,0 t Grünmasse pro Hektar und Jahr. In den zweifellos groben Schätzungen sind die besonders zum Hochglazial *Abb. 60* an Intensität zunehmenden interannuellen Schwankungen des Niederschlages im Gefolge sich stark ändernder Witterungsabläufe nicht berücksichtigt. Gerade sie müssen sich aber auf die Tierwelt ungünstig ausgewirkt haben. So sind z. B. aus den heutigen Trockengebieten der Erde interannuelle Schwankungen der produzierten Biomasse im Unterschied zwischen trockenen und feuchten Jahren im Verhältnis von 1:8 durchaus keine Seltenheit.

Der Futterwert der an der Produktion der Biomasse beteiligten Pflanzenarten war sicherlich sehr unterschiedlich. Hierüber läßt sich aber kaum eine einigermaßen zuverlässige Angabe machen. Für die folgenden Überlegungen wurde daher von einem mittleren Futterwert ausgegangen, außerdem davon, daß die für Tiere verfügbare Grünmasse pro Jahr um etwa 20 Prozent durch Äsen und Weiden vermindert, z. T. auch zerstört worden ist. Es ist aus heutigen Beispielen bekannt, daß eine scheinbar derart geringe Schädigung doch eine Erholungszeit von bis zu einigen Jahren benötigen kann, bis alle Schäden wieder ausgeglichen sind. Dies wurde im vorliegenden Beispiel nicht berücksichtigt. Außerdem wurde angenommen, daß Großsäuger-Herbivoren nur etwa 180 Tage lang pro Jahr im Gebiet gelebt hatten, sich sonst aber wegen zu viel Schnees oder anderer ungünstiger Witterungsbedingungen nach Süden hatten zurückziehen müssen. Als eiszeitliche Großsäuger kommen in Frage Mammut, Ren, Saiga-Antilope, Pferd, Esel, Reh (bzw. dessen Verwandte), Bison, Nashorn und Höhlenbär. Über ihren Grünfutterbedarf liegen anhand des heutigen Verhaltens derselben oder verwandter Arten einige Erkenntnisse vor. Die große Schar der Pflanzen fressenden Kleinsäuger wurde aber ebenso wenig berücksichtigt, wie das Raubwild. Unter diesen – zweifellos zu günstigen – Voraussetzungen ergibt sich, daß während der einleitenden Gras- und Waldsteppenphasen der Letzten Eiszeit im Gebiet etwa 5 Stück Großwild pro 100 Hektar vorhanden gewesen sein könnten; dies entspricht ungefähr der heutigen »natürlichen« Wilddichte in »naturnahen« Waldgesellschaften Mitteleuropas. Während der anschließenden Kräutersteppenphase zur Zeit des Hochstandes der Letzten Eiszeit scheint der Wert auf etwa 0,3 bis 0,4 Stück Großwild pro 100 Hektar zurückgegangen zu sein. Hieraus mag sich erklären, weshalb manche Abschnitte der Letzten Eiszeit bei uns so leer oder arm an Funden der Hinterlassenschaften des prähistorischen Menschen sind, der doch weitgehend von der Jagd gelebt haben dürfte.

So unsicher die mitgeteilten Werte auch sein mögen, so lassen sie doch die generelle Tendenz zu einer extremen Verschlechterung von den noch relativ günstigen Vegetationsbedingungen zu Beginn einer Eiszeit (die Letzte Eiszeit ist hier nur als besser erforschtes Beispiel genutzt worden) zu den äußerst ungünstigen während der hochglazialen Phasen klar erkennen. Dies drängt allerdings die Frage nach den jeweils herrschenden Klimaten auf.

Ähnlich wie im Falle der Bioproduktion handelt es sich auch bei der Ermittlung einiger wichtiger Klimaparameter nur um Schätzungen. Die so ermittelten Tendenzen dürften interessant sein, nicht die Einzelwerte. Diese wurden dadurch gewonnen, daß die Vegetation einiger süddeutscher Landschaften für hier interessierende Abschnitte der Letzten Eiszeit möglichst sorgfältig rekonstruiert worden ist und daß zu dieser Vegetation die heutigen Äquivalente ermittelt wurden. Die mittleren Klimawerte dieser heutigen Vergleichsgebiete, die in Tabelle d (Regesten) aufgeführt worden sind, liegen den Tabellen d und e (Regesten) für einzelne Phasen der Letzten Eiszeit zugrunde. Dezimalstellen nach dem Komma ergeben sich lediglich aus der Mittelung mehrerer Originalwerte. Sie sagen nichts über die Genauigkeit der Klimarekonstruktion aus. Da diese vielmehr über eine Rekonstruktion der ehemaligen Vegetation angestrebt worden ist, müssen sich Fehler in der botanischen Rekonstruktion und im Vergleich mit heutigen Äquivalenten gravierend auswirken. Beispiele derartiger Fehler finden sich wiederholt in den Tabellen d und e (Regesten), doch dürften vermutlich unabhängig hiervon die großen Züge der ehemaligen Klimagestaltung einigermaßen zutreffend hervortreten. Dies bezeugen die recht ähnlichen Werte, die vom Climap-Programm für die Oberflächen-Wassertemperaturen des Nord-Atlantiks und des Mittelmeeres für den August des Jahres 18000 v. h. ermittelt worden sind. In den Tabellen d und e ist das folgende bemerkenswert:

1. Die mittleren Sommertemperaturen scheinen während aller untersuchter Phasen der Letzten Eiszeit gegenüber denen der Gegenwart nicht nennenswert abgesenkt gewesen zu sein. Vielleicht muß sogar sowohl während einiger Stadiale, als auch während der Interstadiale mit einer geringen Zunahme der Sommertemperaturen gegenüber heute gerechnet werden. Dies ließe sich zwanglos durch die damals beträchtlich verminderte Bewölkung bei gleichem Sonnenstand erklären.
2. Außerordentlich einschneidend hatte sich offenbar die starke Absenkung der Wintertemperaturen ausgewirkt, die während der Stadiale bedeutend stärker als während der Interstadiale gewesen ist. Auch dieser Vorgang mag durch die Zunahme der Kontinentalität des Klimas intensiv verstärkt worden sein.
3. Die Dauer des Zeitraumes, der durch Mitteltemperaturen von mehr als 0° C ausgezeichnet gewesen ist, hatte generell um mehrere Monate abgenommen. Die stärksten Abweichungen ergaben sich hierbei in den heute subozeanischen Klimaten. Dies ist wieder aus der Zunahme der Kontinentalität verständlich, die im heute subozeanischen Bereich besonders fühlbar geworden sein muß.
4. Generell hatte das Wassersättigungsdefizit der betrachteten Landschaften erheblich zugenommen (Tab. e Regesten). Zwar war der interstadiale Wasser-

haushalt sicher günstiger als der der Stadiale. Dennoch wird deutlich, daß selbst die Interstadiale nicht durch ein kalt-feuchtes, sondern durch ein winterkalt-trockenes Klima ausgezeichnet gewesen sind. Dies war bereits anhand des in Abb. 54 und 60 verarbeiteten Materials abgeleitet worden. Die extreme Trockenheit während der Stadiale stellte offenbar einen besonders bemerkenswerten Zug des eiszeitlichen Klimas dar. Sie war größer als heute in Peary Land, Nordost-Grönland, wohl ein weiterer Hinweis darauf, unter welch prekären Umweltverhältnissen der Mensch während der Stadiale der verschiedenen Eiszeiten im südlichen Mitteleuropa hatte leben müssen. Angesichts dieser Sachlage müssen lokal besonders günstige Bedingungen (Lage an geschützten perennierenden Seen, stets wasserführende Fließgewässer usw.) von höchster Bedeutung geworden sein. Da die klimatisch so ungünstigen Stadiale jeweils mehrere Jahrtausende gedauert hatten, wird deutlich, welch prägenden Einfluß Klima und Pflanzenwelt auf Tier und Mensch damals ausgeübt haben müssen.

Abb. 54, 60

Das Spätglazial der Letzten Eiszeit

Abb. 61

Unter dem Begriff Spätglazial wird das Ende der Letzten Eiszeit bis zu dem Übergang zur Nacheiszeit, dem Holozän, verstanden. Innerhalb des Spätglazials haben sich mehrere Klimaschwankungen ereignet. Sie geben die Grundlage für die bisher weitgehend akzeptierte Gliederung:

Beginn des Holozäns	10300 v. h.
Jüngere Tundrenzeit	
Ende des Alleröd-Interstadials	10800 v. h.
Beginn des Alleröd-Interstadials	11800 v. h.
Ältere Tundrenzeit	
Ende des Bölling-Interstadials	12400 v. h.
Beginn des Bölling-Interstadials	13300 v. h.
Älteste Tundrenzeit	

Der Beginn des Holozäns ist an vielen Stellen der nördlichen Halbkugel durch ^{14}C datiert worden. In Nordeuropa liegen dieser Angabe auch Warven-Datierungen (d. h. Zählungen jahreszeitlich geschichteter Sedimente von Eisstauseen) zugrunde. Das zeitliche Gerüst, das auch für die älteren Abschnitte des Spätglazials auf diesen beiden Datierungsverfahren beruht, scheint klar zu sein.

Dennoch bestehen ernste Schwierigkeiten:

1. Der Beginn des Spätglazials läßt sich nicht sicher festlegen. So hat man in Norddeutschland z. T. an den Beginn des Gletscherrückzuges von der Pommerschen Eisrandlage gedacht, deren Äquivalent in Süddeutschland unbekannt ist. Oder man erblickte in dem Anstieg der *Artemisia*-Kurve in Pollendiagrammen einen Hinweis auf eine durchgreifende Klimaverbesserung, die an den Anfang des Spätglazials gestellt wurde. *Artemisia* spielte jedoch am Alpenrand zu sehr verschiedenen Abschnitten der Letzten Eiszeit eine bedeutende Rolle, so daß hier im Süden auch dieses Kriterium fragwürdig ist. Andererseits haben Untersuchungen, die an zoologischem Material in Wales, in Westengland und auf der Isle of Man durchgeführt worden sind, erkennen lassen, daß die Temperaturzunahme, die ein wichtiger Faktor des spätglazialen Geschehens gewesen sein dürfte, vermutlich früher erfolgt ist, als man bisher gedacht hatte. In dem vorliegenden Beitrag wird die zeitliche Untergrenze des Spätglazials dort gezogen, wo in Zunahme der Pollendichte und in der Vegetation Hinweise auf einen deutlichen Rückgang der frostbedingten Störungen in Bodenbildung und Vegetationsschluß zu erkennen sind. Dies liegt noch ein gutes Stück vor Beginn des Bölling-Interstadials.
2. Das Ende des Spätglazials scheint klar zu sein, da Warven- und ^{14}C-Datierung annähernd dieselben Werte erbracht haben (10300 v. h.). An der Zuverlässigkeit der Warvendatierung bestehen jedoch in Schweden Zweifel. Sie scheinen noch von der Dendrochronologie verstärkt zu werden. Denn der Jahrringkalender und die ^{14}C-Datierung klaffen mit zunehmendem Alter der Abschnitte des Holozäns auseinander, so daß 5000 ^{14}C-Jahre alte Schichten wahrscheinlich 5800 bis 5900 Jahre alt sind. Da trotz inzwischen bis etwa 7800 v. h. zurückreichender Jahrringkalender keine Hinweise auf eine erneute Annäherung der Jahrring- und der ^{14}C-Datierungen gleichalter Schichten zu erkennen sind, muß befürchtet werden, daß die Grenze zwischen Spät- und Postglazial älter sein kann, als bisher angenommen worden ist. Hinsichtlich der Warvendatierung wird in Schweden an ein bislang um 300 bis 1000 Jahre zu geringes Alter gedacht. Geht man von warvenchronologisch und ^{14}C-analytisch sehr sorgfältig durchgearbeiteten Profilen bzw. Zeitmarken aus, dann fallen selbst bei Berücksichtigung dieser Fehlermöglichkeit die in vielen bisher durchgeführten Arbeiten enthaltenen zu geringen ^{14}C-Alter einzelner Datierungen auf. Ein zu hohes ^{14}C-Alter bestimmter Proben aus einzelnen Profilen läßt sich leicht durch Kontamination mit altem Kohlenstoff des Grundwassers erklären. Ein zu geringes Alter mag auf Beeinträchtigungen durch jüngere Wurzeln, durch später erfolgte Sedimentdurchmischung oder durch junges Grundwasser zustande gekommen sein. In den-

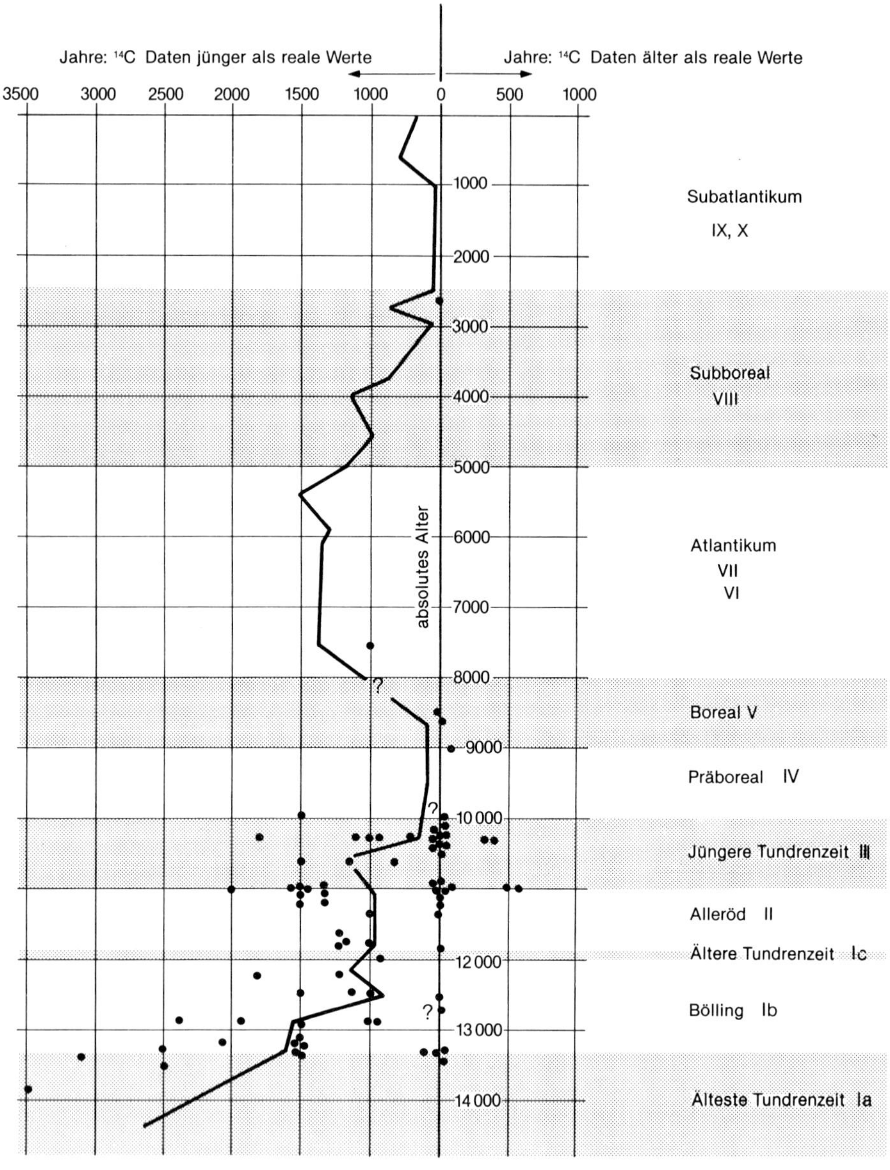

Abb. 61. Unsicherheiten in der ^{14}C-Datierung: Ordinate: Durch Jahrring-, z. T. auch durch Warvenchronologie (jahreszeitlich geschichtete Ablagerungen von Eisstauseen) ermitteltes, mehr oder weniger »absolutes« Alter einzelner Schichten, auf dem Hintergrund der mitteleuropäischen Vegetationsgeschichte, nach Firbas, 1949. Jede zweite vegetationsgeschichtliche Phase ist schraffiert dargestellt, um die Abb. leichter lesbar zu machen. –

Abscisse: Positive oder negative Abweichungen des ermittelten ^{14}C-Alters (Punkte: Einzelwerte, fette Linie: gemittelte Werte zahlreicher Messungen) gegenüber dem mehr oder weniger »absoluten« Alter. Es ist nur eine Auswahl vieler gleichartiger Beobachtungen dargestellt.

---

jenigen Fällen, in denen eine derartige Störung durch zu jungen Kohlenstoff vermutlich ausgeschlossen werden kann, bzw. wo diese Fälschungsmöglichkeiten unwahrscheinlich sind, treten trotzdem häufig vermutlich zu geringe ^{14}C-Altersangaben auf. Dies gilt erst recht dann, falls die Obergrenze des Spätglazials bislang tatsächlich zu jung datiert worden sein sollte. Außerdem fällt hierbei auf, daß die zu jungen Altersangaben nicht statistisch über das Spätglazial verteilt zu sein scheinen, sondern daß sie sich zu distinkten Gruppen zusammenfügen. Dies erinnert an das Holozän, innerhalb dessen jüngerem Teil ^{14}C-Schwankungen und Klimaschwankungen bemerkenswert zusammengefallen sind. Hierbei mag man an Einflüsse energiereicher Strahlung oder an Änderungen des erdmagnetischen Feldes denken. Besonders im Spätglazial mit seiner rapiden Temperaturzunahme und den starken Veränderungen der Meerestiefe im Schelfmeerbereich (Flachmeere im Küstengebiet) dürften darüber hinaus auch Änderungen in der CO_2-Austauschkapazität der Meeresbecken hinzukommen. Diese Fragen können hier nicht behandelt werden. Es muß aber auf die generell möglichen starken Abweichungen des ^{14}C-Alters einzelner Abschnitte des Spätglazials vom wahren Alter verwiesen werden. *Abb. 61*

3. Die Begriffe der Jüngeren und Älteren Tundrenzeit sind im nordischen Vereisungsgebiet geprägt worden, wo sich mindestens die Jüngere Tundrenzeit durch eine markante Ausbreitung der offenen Vegetation und durch erneute Solifluktion und andere Frosterscheinungen bemerkbar gemacht hat. Realität und Dauer der Älteren Tundrenzeit scheinen aber selbst im nordischen Vereisungsgebiet umstritten zu sein. In Süddeutschland ist eine Vegetationsveränderung, die diesen beiden Tundrenzeiten in Norddeutschland entsprochen hätte, oft recht schwer, mindestens aber nur in einer stark abgeschwächten Form zu fassen, so daß sich Verwechslungsmöglichkeiten mit lokal bedingten Ereignissen ergeben können.

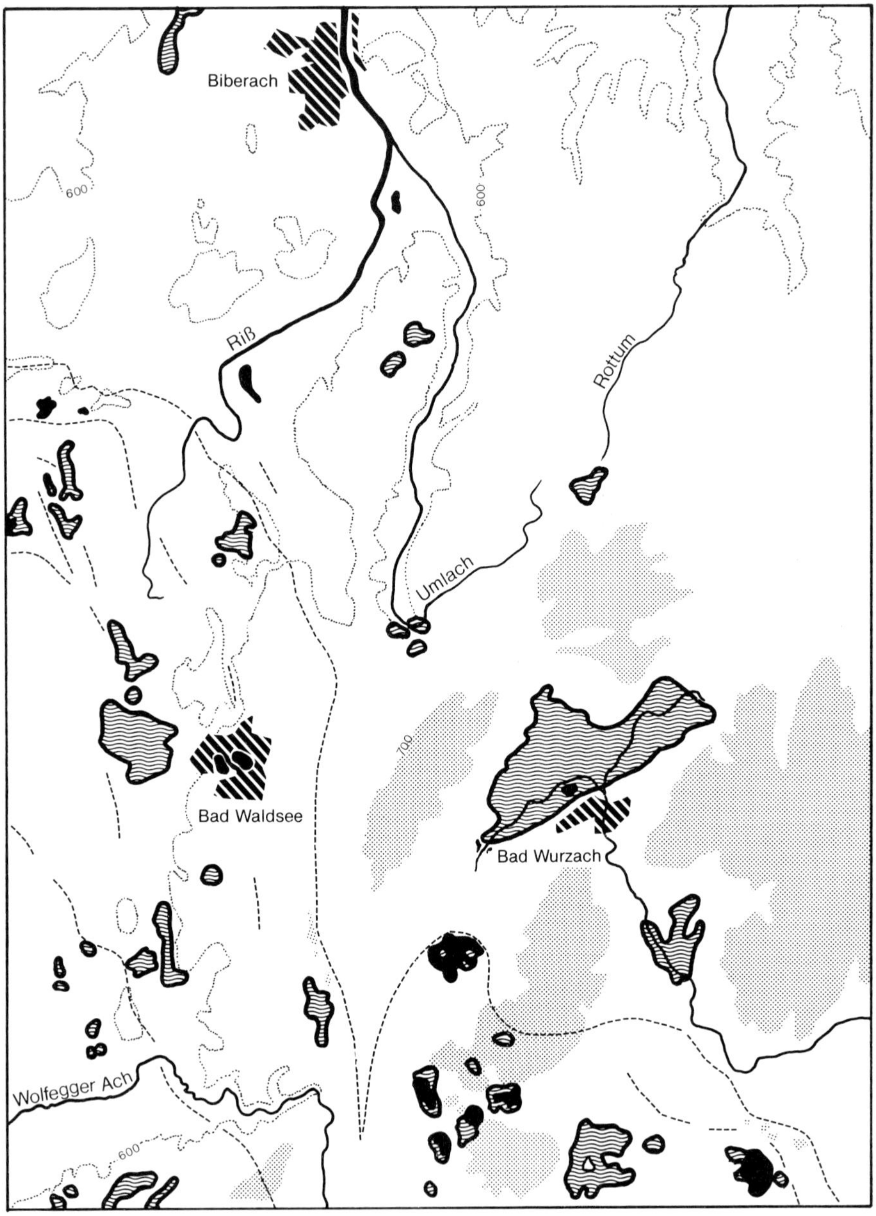

heutige Seen

spätglaziale Seen

------- letzteiszeitliche Eisrandlagen

Punktraster = Höhen über 700 m

schraffiert = heutige größere Orte

Aus dem Gesagten wird deutlich, daß hinsichtlich des süddeutschen Spätglazials mit zum Teil beträchtlichen Schwierigkeiten zu rechnen ist, die in die Interpretation paläobotanischer und paläontologischer Befunde manche Unsicherheit bringen.

Die spätglaziale Vergletscherung der Alpen hatte offenbar zum letzten Mal während des Bühl-Stadiums (irgendwann in der Ältesten Tundrenzeit) den Typ des Eisstromnetzes verwirklicht; die zugehörigen Gletscherenden lagen damals allerdings in der Regel bereits innerhalb des Alpenkörpers. Die Vergletscherung des Gschnitz- (wohl Älteste Tundrenzeit), des Daun- (vermutlich Ältere Tundrenzeit) und des Egesen-Stadiums (Jüngere Tundrenzeit) war aber überhaupt nur noch auf die zentralalpinen Täler beschränkt. Im Alpenvorland spielte also Gletschereis während des Spätglazials keine Rolle mehr. Auch die Vereisungen des Schwarzwaldes, der Vogesen und des Böhmerwaldes dürften längst verschwunden gewesen sein. Die sich zurückziehenden Gletscher hatten im Alpenvorland eine riesige Seenplatte hinterlassen. Viele große Seen bestanden noch bis in die Jüngere Tundrenzeit oder gar noch weiter in das Holozän hinein. Ein derartiges Landschaftsbild muß für Mensch und Wild von großer Bedeutung gewesen sein. Außerdem kam es in den weiten Flußtälern und in Beckenlandschaften vielfach zu flächenhafter Akkumulation fluviatiler bzw. fluviatil-organogener Sedimente, unter denen die sogenannte Basismudde hervorzuheben ist. Das späteste Datum für die Bildung der Basismudde ist, gemäß den bisher vorliegenden Pollenanalysen, die Jüngere Tundrenzeit. Ein hoher Grundwasserstand in den Tälern und häufige Überschwemmungen dürften die Ursache dieses eigenartigen Sedimentes gewesen sein. Ob es allerdings in einem Zuge oder mehrphasig gebildet worden ist, mit zwischengeschalteten Zeiten der Tiefenerosion, wissen wir nicht. *Abb. 62*

Aus dem Spätglazial sind in Süddeutschland nur sehr selten Beobachtungen über Lößbildung und starken Frosteingriff in den Boden bekanntgeworden. Der Dauerfrost war sicher längst verschwunden. Die vorangegangenen Stadien der Letzten Eiszeit hatten jedoch infolge der intensiven Frosteinwirkungen und der Tätigkeit der verschiedensten Schmelzwässer zu einer weitgehenden Zerstörung oder Überdeckung interglazialer und interstadialer Böden geführt, so daß fast überall basen- und mineralreiche Rohböden anzutreffen waren, die von der Vegetation langsam besiedelt und erschlossen werden mußten.

Auf diesem Hintergrund lief die Entwicklung der Vegetation ab. Sie kann anhand der in Abb. 63 verzeichneten Fundpunkte, an denen moderne vegeta- *Abb. 63*

◀ *Abb. 62. Die spätglaziale Seenplatte im Raum Biberach–Bad Waldsee–Bad Wurzach, als Beispiel für den Reichtum an spätglazialen Seen im Alpenvorland.*

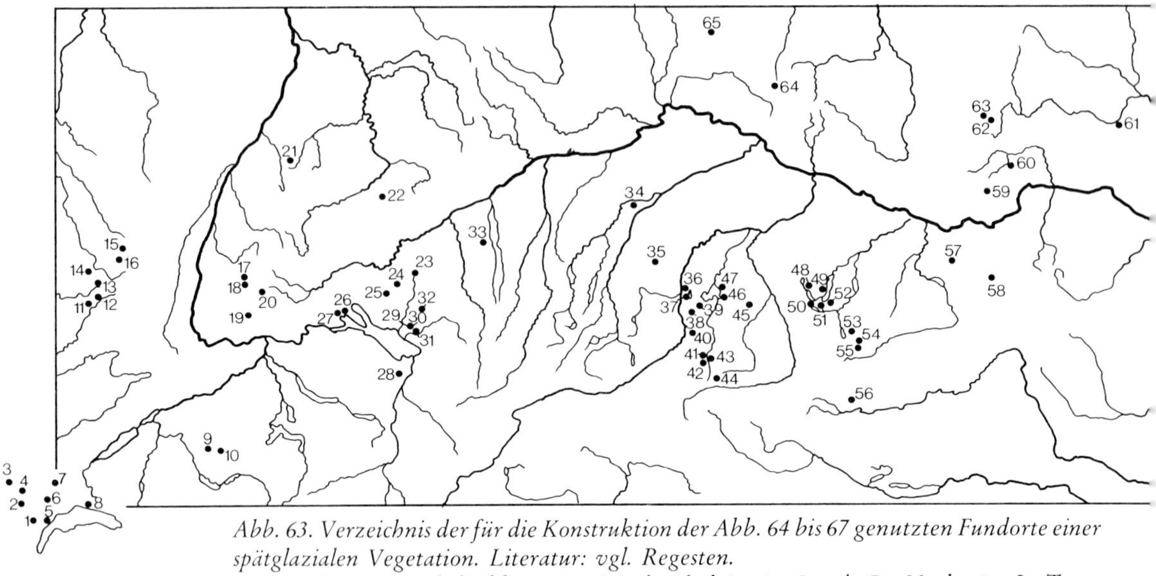

Abb. 63. Verzeichnis der für die Konstruktion der Abb. 64 bis 67 genutzten Fundorte einer spätglazialen Vegetation. Literatur: vgl. Regesten.
1 = La Pile; 2 = Lac de l'Abbaye; 3 = Lac de Chalain; 4 = Lac du Pt. Maclu; 5 = La Tourbière de Coinsins; 6 = Le Marais de Amburnex; 7 = Les Cruilles; 8 = Lausanne; 9 = Linden; 10 = Wachseldorn; 11 = Grands Pres; 12 = Etang du Boffy; 13 = Grand Chemin; 14 = La Demoiselle; 15 = Machey; 16 = Frère Josephe; 17 = Dreherhofmoor; 18 = Erlenbruckmoor; 19 = Horbacher Moor; 20 = Urseemoor; 21 = Wildseemoor, Hohlohsee; 22 = Schopflocher Torfgrube; 23 = Schussenquelle; 24 = Hosskircher Weiherried; 25 = Illmensee; 26 = Buchensee; 27 = Pfarrmoos; 28 = Ballmoos; 29/30 = Schleinsee; 31 = Degersee; 32 = Dietenberger See; 33 = Deisenhausen; 34 = Haag; 35 = Kirchseeon; 36 = Hofstätter See; 37 = Sims-See; 38 = Schwarzer See; 39 = Bärn-See; 40 = Miesberg; 41 = Giering; 42 = Lutzenberg; 43 = Hasenmoos; 44 = Wasenmoos; 45 = Frillensee; 46 = Gramsen; 47 = Schwarzelmoos; 48 = Wildmoos; 49 = Egel-See; 50 = Krotten-See; 51 = Münichsee; 52 = Halleswies-See; 53 = Sommerberger See; 54 = Ödensee; 55 = Grüne Lacke; 56 = Seemoos; 57 = Leckermoor; 58 = Lunzer See; 59 = Torfstichau; 60 = Großweißenbach; 61 = Hrabětice; 62 = Haslau; 63 = Kiensass; 64 = Großer Arber; 65 = Kulzer Moos.

tionsgeschichtliche Untersuchungen durchgeführt worden sind, in die folgenden Phasen gegliedert werden (vom Ältesten zum Jüngsten fortschreitend): Pionier-Gesellschaften; Kräutersteppen; Strauch- und Gehölzvegetation (weitgehend gleich dem Bölling?); Lichtholzwälder (entspricht dem Alleröd); etwas aufgelockerte Wälder und Gehölze (der Jüngeren Tundrenzeit annähernd gleichzusetzen). Innerhalb desselben Zeitraumes vollzog sich der Wandel der Tierwelt, von der hochglazialen Mammut-Ren-Fauna zu der der Warmzeiten,

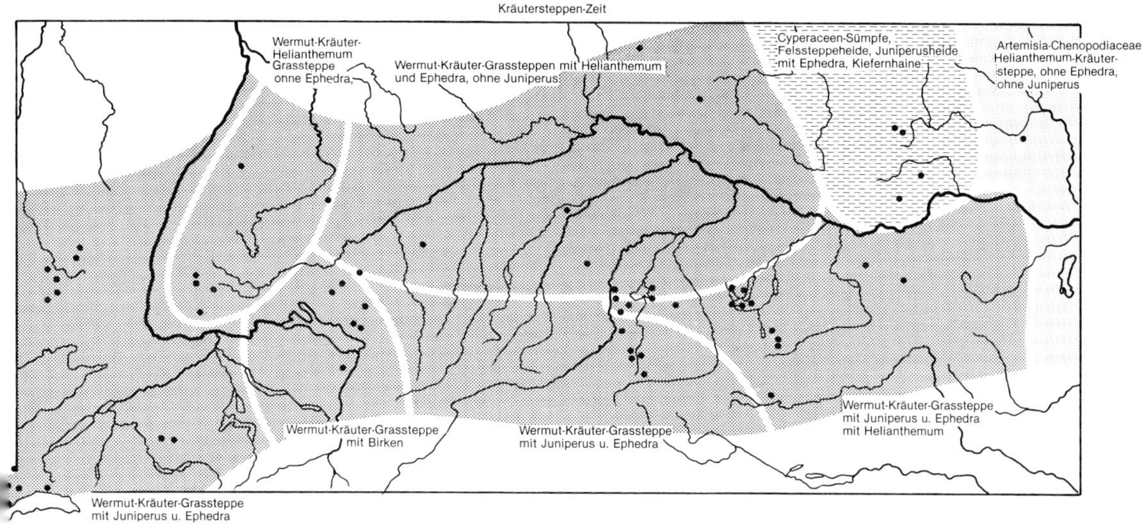

Abb. 64. Vegetationskarte des südlichen Mitteleuropas während der Kräutersteppenzeit (vor Beginn des Bölling-Interstadials). Die Punkte geben die Lage der Fundorte an.

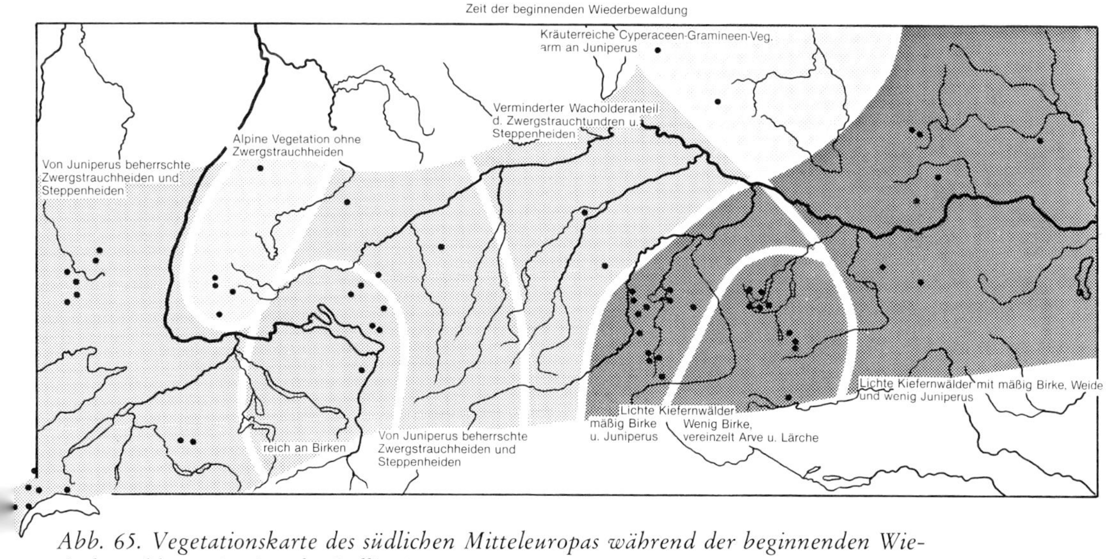

Abb. 65. Vegetationskarte des südlichen Mitteleuropas während der beginnenden Wiederbewaldung (Beginn des Bölling).

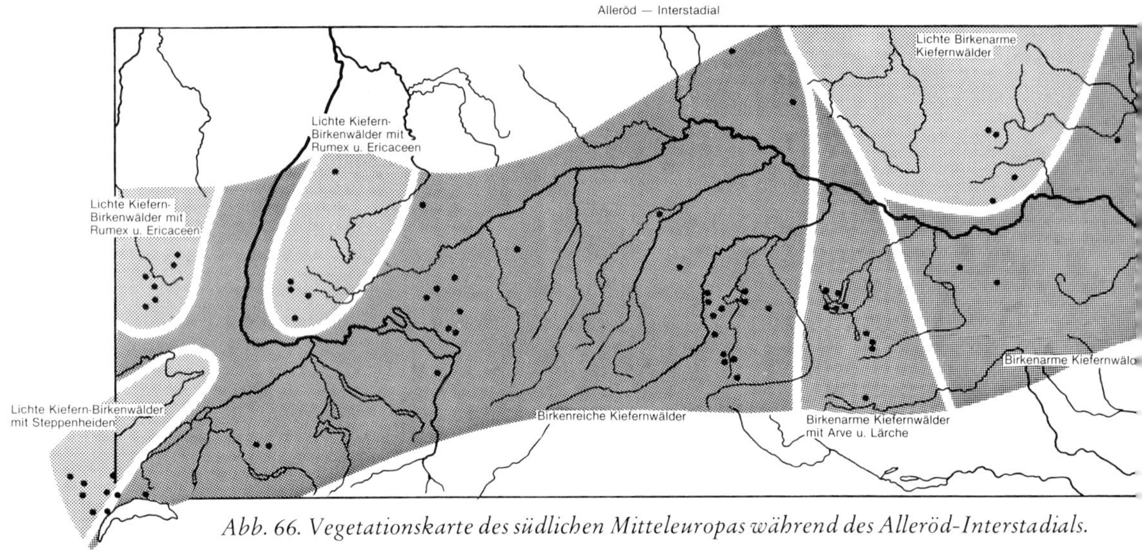

Abb. 66. Vegetationskarte des südlichen Mitteleuropas während des Alleröd-Interstadials.

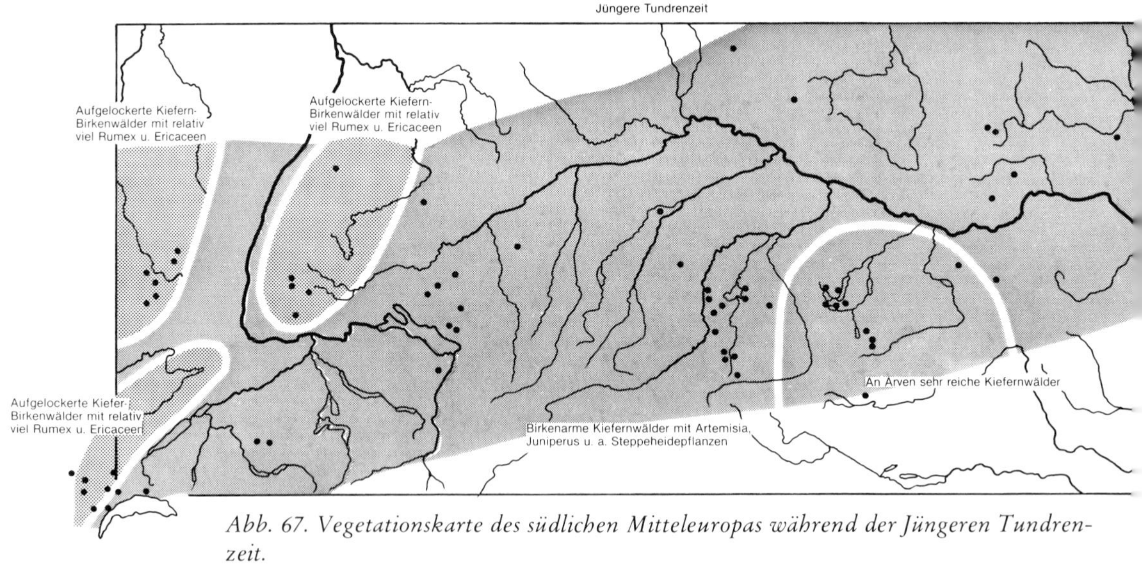

Abb. 67. Vegetationskarte des südlichen Mitteleuropas während der Jüngeren Tundrenzeit.

die für das Holozän charakteristisch ist. Welche Bedeutung dieser Veränderung der Tierwelt im Hinblick auf die Vegetation zukommt, ist gegenwärtig nicht zu überblicken, obwohl mit außerordentlich starken Wechselbeziehungen zu rechnen sein dürfte (vgl. v. Koenigswald und S. 150 ff.).
Die erwähnten Schritte der Vegetationsentwicklung scheinen Etappen in der Veränderung der Bioproduktion der Pflanzen zu bedeuten. Dies zeichnet sich auch in der ehemaligen Pollenproduktion ab. Da jedoch die Probenaufbereitung nicht genormt ist und da keine absoluten Pollenzählungen (pro Flächen- und Zeiteinheit) durchgeführt worden sind, können nur die Werte eines einzigen Fundortes untereinander verglichen werden. Hierbei müssen allerdings die durch Sedimentwechsel verursachten Fälschungen ausgeschaltet werden. Das führt zu einer beträchtlichen Verminderung aussagekräftiger Beobachtungen. Insgesamt scheint aber zu gelten, daß die Pollenproduktion von der Phase der Pioniervegetation zu der der Kräutersteppe nur wenig angestiegen war. Der erste entscheidende Schritt erfolgte bei dem Übergang von der Kräutersteppe zu den Sträuchern und Gebüschen (Zunahme der Pollenproduktion um etwa 300%). Den nächsten Schritt stellte der Übergang von der Phase der Gebüsche und Sträucher zu der der allerödzeitlichen Kiefern-Birkenwälder dar (Anstieg der Pollenproduktion um etwa 240%). Zur Jüngeren Tundrenzeit hin dürfte die Pollenproduktion der miteinander verglichenen Standorte, bei starken lokalen Schwankungen, im wesentlichen gleichgeblieben sein (mittlere Zunahme auf 110%). Sicherlich ist die Pollenproduktion verschiedener Pflanzengemeinschaften kein sicheres Kriterium für die vorhandene Pflanzenmasse. Wenn aber dieselben Formenkreise vorhanden sind (Pionierphase und Kräutersteppe; Phase der Sträucher und Gehölze, des Alleröds und der Jüngeren Tundrenzeit), dann mögen die in diesen Phasen gemachten Beobachtungen eine höhere Beweiskraft haben als solche, die bei einem deutlichen Florenwandel (Kräutersteppe zu Phase der Sträucher und Gebüsche) zu erlangen sind.
Neben diesen generellen Zügen der Vegetationsentwicklung gab es sicher regional und zeitlich sehr verschiedene pflanzengeographische Bedingungen, die auch ihre Auswirkungen auf die Tierwelt gehabt haben mögen. Die Abb. 64 bis 67 dienen der Verdeutlichung der Unterschiede. Aus ihnen geht das folgende hervor:
Zeit der Pionier-Vegetation: In dem betrachteten Gebiet gab es in der Regel keine Holzpflanzen, nicht einmal Zwergsträucher. Der gegenüber der anschließenden Phase bisweilen relativ hohe Baumpollenanteil geht sicher auf Ferntransport zurück, wie die Zusammenhänge zwischen Pollenproduktion, Typen der ehemaligen Vegetation und Baumpollenanteil erweisen. Im Gegensatz zu den norddeutschen Verhältnissen nahm in Süddeutschland die Gattung Wermut

(*Artemisia*) selbst innerhalb der Pioniervegetation eine bedeutende Stellung ein. *Firbas* hatte bereits vermutet, daß es sich hier um andere – etwa heute alpine – *Artemisia*-Arten gehandelt haben möge als in Norddeutschland. Zu dem Wermut waren zahlreiche Kräuter getreten. Der Anteil der Staudenpflanzen ist unbekannt. Eine Gliederung der Vegetation in einzelne pflanzengeographische Provinzen läßt sich bei dem gegenwärtigen Stand der Kenntnis nicht nachzeichnen.

Abb. 64 *Zeit der Kräutersteppen:* Der insgesamt sehr niedrige Baumpollenanteil (BP) erweckt Zweifel, daß es damals Gebüsche oder Gehölze gegeben habe, zumal da der BP-Prozentsatz (an der gesamten Pollensumme), unabhängig von der Meereshöhe, regelmäßig bei ungefähr 15 bis 30 Prozent zu liegen scheint. Bei näherer Betrachtung stellt sich aber heraus, daß schon damals *Juniperus* vorhanden gewesen sein dürfte, wenn auch nur in geringen Mengen. Der Sanddorn (*Hippophaë*) produziert nur wenig Pollen. Wenn sich sein Nachweis trotzdem auf die östliche Hälfte der Abb. 64 konzentriert, so muß damit gerechnet werden, daß einzelne Sanddorngebüsche im östlichen Alpenvorland vorhanden waren; sie scheinen den weiter im Westen gelegenen Landschaften gefehlt zu haben. Genau entgegengesetzt verhält sich *Betula*. Im Bodenseegebiet, vielleicht auch in Niederösterreich und in Südmähren recht reichlich vertreten, war sie in allen übrigen Landschaften selten. Vermutlich stammte der Birkenpollen im Bodenseegebiet besonders von der auch durch Makroreste nachgewiesenen Zwergbirke (*Betula nana*). Möglicherweise handelte es sich im Osten aber bevorzugt schon um baumförmige Birken. Die Weiden scheinen im Bodenseegebiet ebenfalls recht häufig gewesen zu sein, vielleicht auch eine stärkere Rolle in den Nordalpen, vom Chiemsee an, gespielt zu haben. In dieser Osthälfte der Karte häuft sich außerdem das Vorkommen der Kiefern. *Pinus* ist allerdings auch im Schweizer Jura mit höheren Werten als in den übrigen Landschaften vertreten.

Aus dem Gesagten ergibt sich, daß unter Vorbehalt gefolgert werden darf, daß der Fernfluganteil des Baumpollens zwar hoch gewesen sein mag. Dennoch schälen sich einige Provinzen heraus: Im Osten hatten sich bereits die ersten Vorboten der Waldvegetation in Gestalt weit verstreuter, kleiner, lichter Haine aus Waldkiefern, hochwüchsigen Birken und *Hippophaë* eingestellt. Demgegenüber mögen im Bodenseegebiet – und vielleicht auch in physisch-geographisch vergleichbaren westlichen Landschaften? – Zwergstrauchheiden aus Birken und Weiden hervorzuheben gewesen sein. Ihr Anteil war allerdings selbst dort gering. Dasselbe galt für *Juniperus*. Vermutlich handelte es sich bei ihm um *Juniperus sibirica* (Zwerg-Wacholder). Der relativ hohe Kiefern-Pollenanteil des Schweizer Juras kann nicht erklärt werden (vgl. jedoch S. 145). Der stets sehr hohe Beitrag der Kräuter und Stauden lehrt, daß das bezeichnende Element damals jedoch die gehölzfreie Vegetation gewesen ist. In ihr lassen sich mehrere Provinzen unterscheiden: Im Waldviertel bestimmten – mindestens an den untersuchten Stellen – die Cyperaceen (Riedgräser) das Bild; Gräser und zweikeimblättrige Krautpflanzen (im folgenden als Kräuter bezeichnet) spielten demgegenüber eine geringe Rolle. Da dort *Artemisia,* Chenopodiaceen und *Helianthemum* von untergeordneter Bedeutung waren, könnte gefolgert werden, daß Cyperaceen-Sümpfe das Bild beherrscht hatten. Dies ist sicherlich nicht richtig, denn *Ephedra distachya* (-Typ) war auffallend reichlich vertreten. Dasselbe scheint auch für *Juniperus* gegolten zu haben. Diese beiden Pflanzengruppen kennzeichnen heute trockene Mineralstandorte. Es liegt somit der Gedanke an Sümpfe in den zahlreichen Mulden dieses alten Gebirges, umgeben von Pflanzen trockener Fels-Steppenheiden nahe. Dieser Vegetation mögen, wie erwähnt, einzelne Baumgruppen nicht gefehlt haben.

Schweizer Jura, Vogesen und Schwarzwald werden durch die reichhaltige Kräutervegetation, in der bisweilen Süßgräser (Gramineen) recht stark vertreten waren, zusammengefaßt; dem Schwarzwald scheinen aber im Gegensatz zu den beiden anderen Landschaften *Ephedrae* fast vollständig gefehlt zu haben. Die sehr bunte und an lichtliebenden Pflanzen (Heliophyten) außerordentlich reiche Kräuter- und Zwergstrauchflora des Schweizer Juras spricht gegen eine nennenswerte Bedeutung von *Pinus* an der damaligen Vegetation. Eher möchte man aus diesem Grunde an Ferntransport des Kiefernpollens denken (vgl. auch S. 143). Das übrige Süddeutschland scheint in dem von der Abb. 64 erfaßten Be- *Abb. 64*
reich eine recht homogene, bunte, im wesentlichen gehölzarme Vegetation aufgewiesen zu haben, in der im Westen, wie bereits erwähnt, an feuchteren Stellen neben den generell, doch sporadisch verbreiteten *Juniperus*-Heiden, Birken-Weiden-Zwergstrauchheiden, im Osten aber einzelne Baumgruppen anzutreffen gewesen sein dürften. Der stets recht hohe Anteil an Pflanzen heutiger Steppenheiden legt die Bezeichnung Kräuter-Steppen-Phase nahe.

Zeit der beginnenden Bewaldung (etwa gleich Bölling): Im Gegensatz zu der *Abb. 65*
eben geschilderten, in mehrere Provinzen gegliederten Vegetation, wies das Pflanzenkleid im wesentlichen nur noch eine Zweiteilung auf: Von Westen her reichte, das Bodenseegebiet einschließend, das Areal der auffallend stark entwickelten Wacholderheiden. Ihm stand ganz im Osten ein Waldkieferngebiet gegenüber. Im Bereich von Chiemsee, Mondsee und den im Süden angrenzenden Landschaften vollzog sich der Übergang beider. Der Baumpollenanteil war inzwischen angestiegen (auf etwa 30 bis 50% der Gesamtsumme). Dies mag Ausdruck der zunehmenden Ausbreitung der Holzvegetation sein. Im Bodenseegebiet sind die weitaus höchsten Werte zu verzeichnen, wohl Spiegelbild des dort so hohen *Juniperus*-Anteiles. Unabhängig von der Verbreitung des Wa-

cholders und der Kiefer scheinen *Betula* und *Salix* vorgekommen zu sein; die Birke war allerdings im Mondseegebiet auffallend gering vertreten.
Dieselbe geographische Verteilung wie im Falle des Wacholders und der Kiefer findet sich bei vielen anderen Formenkreisen wieder. So sind die Kräuter, die *Ephedrae*, Artemisien, *Helianthemum, Rumex* und Gramineen besonders reichlich im *Juniperus*-Areal vertreten; ihre Menge hatte sich im Gebiet der Kiefern verringert, oder sie fehlten dort vollständig. Stattdessen beherrschten die Cyperaceen noch das Bild. Auch in diesen genannten Fällen scheint der Bereich um Chiemsee und Mondsee ein Übergangsgebiet dargestellt zu haben. Alle diese Beobachtungen deuten darauf hin, daß sich im Osten der Kiefernwald zu schließen begann, ihm im Westen aber kräuterreiche Zwergstrauchheiden gegenüberstanden. Diese mögen z. T. nach Art der Zwergstrauchtundren aufgebaut gewesen sein. Manche Makrofossilanalysen belegen dies. Zum anderen und sicher sehr wichtigen Teil waren es aber wieder Heiden, deren Äquivalent heute eher in den Steppenheiden zu suchen ist. Der hohe Südschwarzwald dürfte hiervon eine Ausnahme gemacht haben. Er scheint von einer alpinen Kräutervegetation (ohne Ericaceen) bedeckt gewesen zu sein.

Abb. 66 *Alleröd-Interstadial:* Die Frage, ob zwischen der gerade erörterten Phase der beginnenden Wiederbewaldung und dem Alleröd ein der Älteren Tundrenzeit entsprechender Klimarückschlag vorhanden gewesen sei, wie lang und von welchen ökologischen Konsequenzen er gewesen sei, soll nicht erörtert werden. Es möge genügen, daß dieser Rückschlag nachweisbar ist, nur gibt es nicht allzu viele sichere Fundpunkte, die eine detaillierte Darlegung zulassen.
Während des Alleröd war das gesamte Gebiet bewaldet. Allerdings machte sich eine Zweiteilung bemerkbar, die merkwürdigerweise nicht höhenabhängig war: Schweizer Jura, Vogesen und Waldviertel wiesen systematisch niedrigere Baumpollenwerte auf als das Bodenseegebiet, der Südschwarzwald und das Alpenvorland, einschließlich der Nordalpen. Die Ursachen hierfür sind unbekannt.
Ähnlich wie in der vorangegangenen Phase der Vegetationsentwicklung war das Pflanzenkleid auch im Alleröd zweigeteilt, obwohl überall die Kiefer dominierte: Im Westen (wieder einschließlich des Bodenseegebietes) kam der Waldbirke eine recht hohe Bedeutung zu, gemeinsam mit noch etwa *Hippophaë*, Artemisien, Chenopodiaceen und *Ephedrae*. Dies läßt auf eine höhere Lichtoffenheit schließen als im Osten. Wiederum verlief der Grenzsaum beider Bereiche anscheinend im Chiemsee-Mondseegebiet, dort allerdings ergänzt durch die Einwanderung der Arve (Zirbelkiefer, *Pinus Cembra*) (und vielleicht auch der Lärche, *Larix decidua*) von Süden her. *Rumex* und Ericaceen, die versauerte Böden anzeigen können, kamen nur verstärkt auf Buntsandstein und Kristallin der Vo-

gesen und des Südschwarzwaldes vor, fehlten hingegen dem östlichen Kieferngebiet, trotz des Kristallins des Waldviertels. Offenbar war die Trockenheit des Klimas noch so groß, daß es zu keiner nennenswerten Versauerung der obersten Bodenhorizonte im Ostteil des Untersuchungsgebietes hatte kommen können. Unter derartigen klimatischen Bedingungen müssen sich lokale Besonnungs- und Feuchtigkeitsunterschiede beträchtlich ausgewirkt haben, so daß mit einem bunten Mosaik sehr verschiedener Vegetationstypen zu rechnen ist, die der sich im großen Stil ändernden Tierwelt reichen Lebensraum geboten haben dürften.
Jüngere Tundrenzeit: Wie bereits erwähnt, hatte sich der Klimarückschlag der Jüngeren Tundrenzeit in Süddeutschland kaum ausgewirkt. Die Gletschervorstöße des Egesen-Stadiums der Zentralalpen waren nicht von Bedeutung, und der Bewaldungsgrad der meisten süddeutschen Landschaften lag nur unwesentlich unter dem des vorangegangenen Alleröds. Lokal hatte der Baumpollenanteil sogar weiterhin zugenommen. Eine Auflockerung der Waldvegetation scheint sich noch am stärksten im Westen bemerkbar gemacht zu haben, also in Schweizer Jura, Vogesen und Schwarzwald, vielleicht auch noch im Bodenseegebiet. Hier hatte sich das Steppenheideelement erneut etwas auszubreiten vermocht. Da außerdem gleichzeitig *Rumex* und Ericaceen ihren Anteil an der damaligen Vegetation vielfach verstärken konnten, wird man weniger an einen Anstieg der Trockenheit des Klimas, als vielmehr an eine Zunahme der Kälte und der Feuchte denken, durch die besonders im Westen die Solifluktion verstärkt worden ist. Tatsächlich liegen ja auch Berichte über flächenhaft wirkende Umlagerungen aus dieser Zeit vor (Basismudde, flächenhafte Akkumulation im Federseegebiet, Abb. 2 der Regesten). *Abb. 67*
In Fortsetzung einer bereits während des Alleröds begonnenen Entwicklung konnte sich das Areal der Arve und der Lärche im Chiemsee-Mondseegebiet vergrößern, und offenbar hatte dort auch die Bedeutung der Zirbelkiefer im Kiefernwald beträchtlich zugenommen. Insgesamt aber leitete die Vegetationsentwicklung fließend von der Jüngeren Tundrenzeit in die des Holozäns über.

Das Holozän

Der entscheidende Schritt von der eiszeitlichen Pioniervegetation zu den die Nacheiszeit charakterisierenden Wäldern hatte sich noch vor dem Bölling-Interstadial angebahnt. Nachdem sich dann der Wald im Alleröd-Interstadial Süddeutschlands vollends ausgebreitet hatte, scheint seine Entwicklung mehr oder weniger kontinuierlich verlaufen zu sein. Lediglich lokal oder an der Obergrenze des Waldes erfolgten noch während der Jüngeren Tundrenzeit nennenswerte Rückschläge. Es stellt sich die Frage, nach welchen Prinzipien die weitere Entwicklung des Waldes stattgefunden hat und welche treibenden Kräfte beteiligt gewesen sind.

Das Schema der mitteleuropäischen Grundsukzession der nacheiszeitlichen Vegetationsentwicklung ist bekannt: Die sich an die Jüngere Tundrenzeit anschließende Vorwärmezeit (10300 bis 9000 v. h.) hatte zur alles bedeckenden Ausbreitung der Kiefern-Birkenwälder geführt; in der Frühen Wärmezeit (9000 bis 7500 v. h.) vollzog sich der Umbruch zu den fast ganz Europa nördlich der Alpen charakterisierenden Haselnußbeständen, für die es heute kaum noch ein Äquivalent gibt. Die Mittlere Wärmezeit (7500 bis 5100 v. h.) hatte die Herrschaft des Eichenmischwaldes gebracht, der, aus Eichen, Ulmen, Eschen, Linden und Ahornen bestehend, sicher kein einheitlicher Waldtyp gewesen ist, sondern unter dessen Namen recht verschiedene Waldgesellschaften, etwa gewässerbegleitende Ulmen-Eschen-Ahorn-Bestände und Eichen-Linden-Wälder außerhalb der Bach- und Flußtäler vereinigt worden sind. Besonders in den letztgenannten dürften Haselnußbestände z. T. noch reichlich vorgekommen sein. Die Späte Wärmezeit (5100 bis 2800 v. h.) beschreibt eine Phase des Überganges: Teilweise charakterisierten die eben genannten Waldgesellschaften das Bild auch weiterhin; an anderen Orten traten aber Buchen- oder Buchen-Tannen-, bzw. auch gar Fichtenwälder an ihre Stelle. Die Nachwärmezeit, ab 2800 oder 2500 v. h., leitete schließlich in die gegenwärtigen Bedingungen über, bei denen der Mensch ein immer wichtigerer Faktor geworden ist.

Die einzelnen Schritte sind im Herzen Europas derart einheitlich, und sie werden auch in West- und Osteuropa von gut vergleichbaren Entwicklungsfolgen begleitet, daß der Schluß nahelag, sie seien letzten Endes klimatisch geprägt. Dies spiegelt sich wider in den häufig benutzten Bezeichnungen Präboreal, Boreal, Atlantikum, Subboreal und Subatlantikum, die gerne als Synonyme für die eben erwähnten Schritte der mitteleuropäischen Grundsukzession benutzt werden. Allerdings bleibt die Frage offen, ob nicht auch rein biotische Vorgänge steuernd eingegriffen haben mögen und welche Bedeutung den verschiedenen, an der Vegetationsentwicklung beteiligten Faktoren – relativ zueinander – zugekommen war. Dieser Fragenkomplex soll im folgenden näher betrachtet werden.

Es ist verständlich, daß das erwähnte Schema nur Abbild des großen Rahmens sein kann, von dem es lokal und regional manche Abweichungen gegeben hat.

Abb. 68 Abb. 68 vermittelt für einige Landschaften (Nordschwarzwald, Bodenseegebiet, Waldviertel, Westeifel und Oberharz) eine Vorstellung vom Ausmaß der Abweichungen gegenüber dem generellen Schema. Es ist zu erkennen, daß trotz vieler Ähnlichkeiten in den Grundzügen doch beachtliche Unterschiede in den

Einzelheiten bestehen. Diese beziehen sich sowohl auf das Alter der verschiedenen Umbrüche in der Vegetationsentwicklung, als auch auf die beteiligten Waldarten. So fällt z. B. das Fehlen der Fichte während fast des gesamten Holozäns im Schwarzwald auf, gegenüber ihrer frühen und ausgedehnten Herrschaft im Waldviertel. Gerade dort, aber auch in den Nordalpen und in einigen weiteren Mittelgebirgslandschaften, wird erkennbar, daß im Laufe der Zeit ausgedehnte und lange Zeit herrschende Fichtenwälder von Buchen- oder Tannen-Buchenwäldern abgelöst werden können, ein sicherer Hinweis darauf, daß die Fichte nicht generell den Boden so degradiert, wie aus den heutigen mitteleuropäischen Bedingungen abgeleitet wird. Dies mahnt erneut zur Vorsicht bei paläoökologischen Arbeiten.

Falls Klimaschwankungen die Vegetationsentwicklung Mitteleuropas während der Nacheiszeit gesteuert haben sollten, müßte auch bei Berücksichtigung von Verzögerungsraten in der Antwort der belebten Natur auf steuernde klimatische Faktoren eine gewisse Gleichzeitigkeit der untersuchten biotischen Vorgänge erkennbar sein. Dies wird in den Abb. 3 bis 5 der Regesten untersucht. In jeder dieser Abbildungen ist ganz rechts das Zeitschema der bei dem gegenwärtigen Stand der Kenntnisse für die Nordhalbkugel mit großer Vorsicht zu ermittelnden Klimaschwankungen enthalten, allerdings ohne Angabe des Ausmaßes und der Richtung dieses Faktors. Es fällt auf, daß der erste sichere Nachweis und die Massenausbreitung der einzelnen Holzarten in der Regel keine Bindung an Zeiten der Klimaschwankungen aufweisen. Nur in einzelnen Fällen scheinen klare Abhängigkeiten vom sich ändernden Klima bestanden zu haben. Dies trifft z. B. zu für den Beginn der Nacheiszeit und für den ersten sicheren Nachweis für die Massenausbreitung der Ulme und Hasel. In anderen Fällen bestehen offenbar nur lokal enge Beziehungen zwischen Klimaschwankung und Vegetationsveränderung (Fichte und Tanne) oder sie fehlen gänzlich (Buche, Hainbuche sowie Rückgang von Linde und Ulme). Bei vorsichtigem Abwägen der einzelnen Erscheinungen muß daher gefolgert werden, daß mindestens in dem betrachteten Gebiet Klimaschwankungen nur selten für die Vegetationsentwicklung bedeutungsvoll gewesen sein dürften. Meist aber überwog der Einfluß anderer Faktoren. Unter ihnen könnten die Bodenreifung und die Einwanderung und Ausbreitung der Pflanzenarten besonders wichtig sein.

Mehrfach ist der Einfluß des Substrats auf die Vegetation klar faßbar. So war bereits, wie erinnerlich, der Anteil auf versauerte Standorte verweisender Pflanzen während der Jüngeren Tundrenzeit in den Buntsandsteingebieten der Vogesen und auf dem Kristallin des Südschwarzwaldes deutlich höher als in den im wesentlichen von anderen Gesteinen aufgebauten übrigen Landschaften. Das Gegenstück hierzu stellen die *Taxus*-Wälder bei Paterzell, südlich von München, und im Dachsteinmassiv dar. Sie scheinen seit der Frühen Wärmezeit an Kalkquellen und deren Sinterterrassen oder an Kalkfelsen gebunden zu sein. Im Ammergebirge läßt die nacheiszeitliche Waldentwicklung innerhalb der letzten 5000 Jahre darüber hinaus eine bereits sehr früh beginnende Differenzierung in fast reine Fichtenwälder auf ebenen, horizontalen oder nur schwach geneigten Flächen des Flysch erkennen, gegenüber Tannen-Buchenwäldern, mit etwas Fichte, auf lehmig-mergeligem Substrat, dem Kalkblöcke nicht fehlen, oder in Buchen-Tannenwälder auf Dolomitfelsen. Derartige Beispiele könnten vermehrt werden. Sie werden zudem noch kompliziert durch den Einfluß unterschiedlicher Großklimate, der während der einzelnen Abschnitte des Spät- und Postglazials zwar qualitativ gleichgeblieben sein dürfte, jedoch deutliche quantitative Unterschiede aufgewiesen hatte. Hierauf ist später (S. 161) nochmals zurückzukommen.

Gegenüber diesen klaren Beispielen für den Einfluß des geologischen Substrats auf die Vegetation sind Hinweise auf die Wechselbeziehungen zwischen Boden- und Vegetationsentwicklung schwerer und seltener zu erfassen. Als ein Beispiel für das, was sich wahrscheinlich häufig in Talmulden im Einflußbereich großer Moore abgespielt hat, möge das Wildseemoor bei Kaltenbronn dienen, bei dem dort, wohin die Moorwässer zogen, um das sich ausweitende Moor stets ein Kiefernwald-Streifen paläobotanisch nachweisbar ist, und zwar unabhängig von den im übrigen herrschenden Hochwäldern. Hier hat offenbar das sich ausbreitende Moor die Bodenbildung durch seine Wässer gesteuert; ein geländeklimatischer Einfluß der sich ausbreitenden Moorfläche mag hinzugekommen sein, ist aber in seiner Bedeutung nicht abzuschätzen. Ähnliche Beispiele eines Zusammenhanges zwischen Vegetations- und Bodenentwicklung liegen auch aus anderen Gebieten vor (etwa Schweizer Mittelland, Hunsrück, Westeifel, Nordschwarzwald, Alpenvorland, Waldviertel Niederösterreichs). Dort scheinen beide Vorgänge aber parallel zu der Tätigkeit des Menschen verlaufen zu sein, können also nicht als alleiniges Ergebnis der die Vegetationsentwicklung steuernden Kraft einer natürlichen Bodenbildung gewertet werden. Vielmehr schält sich heute immer deutlicher heraus, daß die Bodenentwicklung – so wichtig sie auch im Einzelfall für die Vegetation sein mag – nicht zur Erklärung der einschneidenden Veränderungen in der nacheiszeitlichen Vegetation herangezogen werden kann (für die Interglaziale vgl. S. 115).

Der andere Faktor, nämlich die Einwanderungs- und Ausbreitungsmöglichkeiten der Holzarten, dürfte wesentlich wichtiger gewesen sein. Sein Einfluß wird schon aus den Abb. 3 und 4 der Regesten deutlich. Er war auch bei Behandlung der Vorgänge im Spätglazial klar hervorgetreten. Die drei entscheidenden Wanderbahnen – im Osten um die Alpen herum, über die Alpen bzw. vom Südwe-

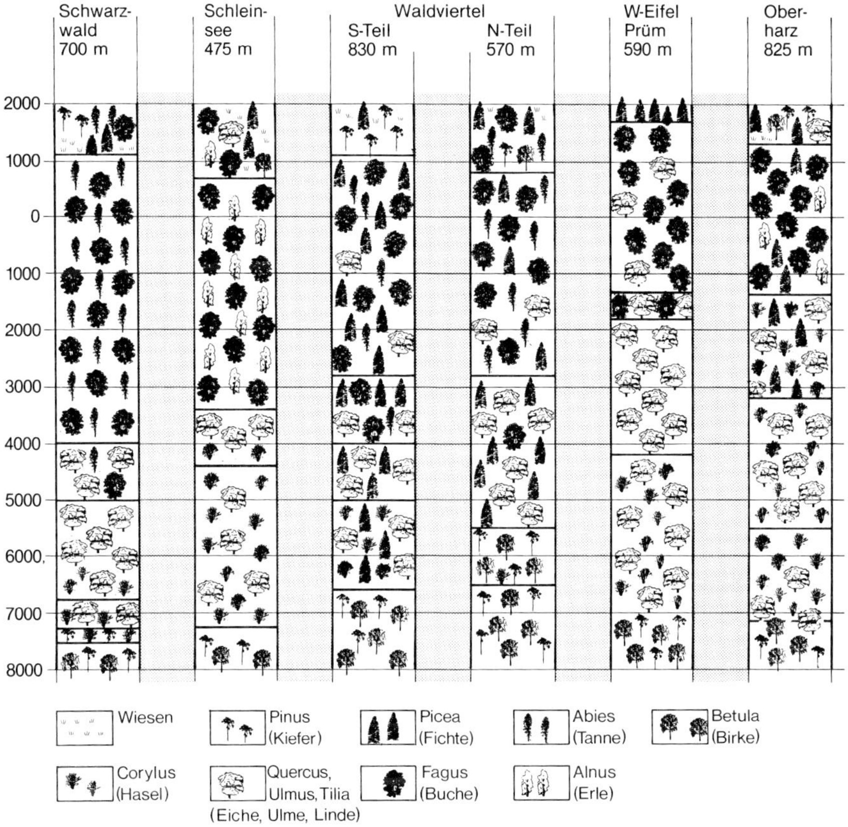

Abb. 68. Grundzüge der nacheiszeitlichen (holozänen) Vegetationsentwicklung einiger Landschaften Mitteleuropas. Der Schwärzungsgrad der verwandten Symbole gibt den unterschiedlichen Lichtbedarf des Jungwuchses der verschiedenen Holzarten an. Ordinate: Alter vor oder nach Chr. Geb.

sten her in das Alpenvorland hinein – sind von den einzelnen Holzarten zu verschiedenen Zeiten in recht unterschiedlichem Maße genutzt worden. Hierauf kann aber wegen der zu geringen Zahl absoluter Datierungen im deutschen und österreichischen Alpenvorland und Alpenanteil noch nicht ausführlich eingegangen werden. Allerdings ist schon heute klar, daß sehr verschiedene Climax-Gesellschaften sowohl im Ablauf der Zeit als auch in den einzelnen Landschaften, vorhanden gewesen sind; die einschneidenden Veränderungen in der

Herrschaft einzelner Climax-Typen dürften aber besonders durch die Einwanderung neuer, konkurrenzstärkerer Arten bestimmt worden sein. Hierbei kam *Abb. 68* der Lichtkonkurrenz die entscheidende Bedeutung zu (Abb. 68). Schon die Tatsache, daß die verschiedenen Climax-Gesellschaften in der Regel über lange Zeit, oft über Jahrtausende hinweg, in Zusammensetzung und lokaler Bedeutung gleichgeblieben, später aber in der Regel von Pflanzengesellschaften ersetzt worden sind, die ebenfalls hohe Ansprüche an Nährstoff-, Feuchtigkeits- und Sauerstoffgehalt der Böden stellen (etwa Ersatz eines Eichen-Lindenwaldes durch einen Tannen-Buchenwald oder die Folge Eichen-Linden, Fichten-, Tannen-Buchen-Wald), läßt erkennen, daß die Bodenentwicklung im Großen gesehen keine ausschlaggebende Rolle gespielt haben kann.

Die lange Zeitdauer für den Übergang einer Climax-Gesellschaft in eine andere ist ein bemerkenswertes Charakteristikum. Soweit bisher gut datierte Beobachtungen aus Europa vorliegen, betrug dieser Zeitraum häufig 1000 bis 1300 Jahre. Bei Erörterung der interglazialen Vegetationsgeschichte (S. 115) kam dasselbe für frühere Warmzeiten zur Sprache. Offenbar haben mehrere Faktoren eine Rolle gespielt, von denen die Lichtkonkurrenz nur einer ist. Möglicherweise muß auch die Entstehung neuer genetischer Lokal-Sippen der einzelnen Holzarten berücksichtigt werden, denn eine sehr feine lokale und regionale Sippengliederung, in Abhängigkeit von Zahl und Charakter der verschiedenen Biotope, ist heute sowohl im Tierreich als auch im Pflanzenreich bekannt. Diese zahllosen Sippen können nicht auf breiter Front eingewandert sein; sie müßten sich vielmehr im wesentlichen an Ort und Stelle herausgebildet haben. Schließlich mag das Wechselspiel zwischen einwandernden Holzarten und den für diese am neuen Standort ungewohnten Parasiten zu berücksichtigen sein. Die Bedeutung dieses Vorganges läßt sich heute zwar erahnen (z. B. jüngste Geschichte der Weymouth-Kiefer, *Pinus Strobus,* in Nordamerika), im fossilen Material aber so gut wie nicht nachweisen. Das häufige Auf und Ab der Pollenkurven bei Phasen der Neueinwanderung einiger Holzarten zeigt allerdings, daß sich gerade während der erwähnten Übergangszeiten für die einwandernde Holzart förderliche und schädliche Einflüsse steuernd ausgewirkt haben müssen, bis sich schließlich der Eindringling endgültig hat durchsetzen können.

Diese Übergangszeiten, generell aber die Einwanderung der thermo- und hygrophilen Laubholzarten zu Beginn des Holozäns, stellen auch von einem anderen Gesichtspunkt aus ein Problem dar. Es sind dies die Wechselbeziehungen zwischen Wild und Vegetation.

Während des Spätglazials hatte sich der entscheidende Faunen-Umbruch vollzogen. An die Stelle der durch Mammut, Ren und Saiga-Antilope gekennzeichneten Tierwelt war diejenige der Wälder getreten. Im vorliegenden Zusammenhang interessieren die großen Herbivoren, nämlich, etwa seit dem Alleröd, Edelhirsch, Elch, Reh, z. T. noch Gemse, Wisent, Auerochs und Wildschwein. Die indirekte Wirkung der reichen Raubtierfauna auf die Vegetation kann noch weniger gefaßt werden als die direkte der Pflanzenfresser. Unabhängig von den durch die heute meist zu große Wilddichte verursachten Schäden ist jedoch bekannt, daß das Wild Pflanzen, die in Minderzahl auftreten, besonders intensiv verbeißt. Dies hätte sich bei dem mehrfachen Wechsel der Vegetation während des Holozäns, angesichts der großen Artenzahl der beteiligten Herbivoren, außerordentlich stark auf die natürliche Vegetationsentwicklung auswirken müssen. Mag noch während des Spätglazials mit starken Klimaschwankungen gerechnet werden, die vor allem die Änderungen der Vegetation gesteuert haben, und auch damit, daß sich erst damals der entscheidende Wandel der Fauna vollzog, so hilft dieses Argument für die Erklärung der postglazialen Waldgeschichte kaum noch weiter. Drei Erklärungsmöglichkeiten bieten sich an:

a Die nacheiszeitliche Entwicklung der Vegetation könnte lediglich durch in den Pflanzen selbst liegende Faktoren gelenkt worden sein (Neueinwanderung, Adaptation, Sukzession). Das Wild hatte aber keinen Einfluß, da die Wilddichte extrem gering gewesen sein mag. Dies erscheint angesichts der doch recht artenreichen endpaläolithischen und der an Zahl deutlich zunehmenden mesolithischen Funde kaum richtig zu sein. Wenn die Funde auch sicher nicht direkt etwas über die Wilddichte auszusagen vermögen, fällt doch auf, daß nicht nur in großer Zahl auftretende und besonders leicht jagdbare Tiere erbeutet worden sind, wie etwa mancher Kleinsäuger, sondern ein sehr buntes Spektrum der Tierwelt.

b Wiederum könnte es sich bei der Abfolge der einzelnen Vegetationstypen um ein rein botanisches Problem gehandelt haben, das Äsungsverhalten des Wildes sich aber von dem heutigen unterschieden haben. Für die Richtigkeit dieser Annahme gibt es keine Anhaltspunkte. Sicher muß sich stets die unter natürlichen Bedingungen über sehr lange Zeiten hinweg in ihrem Artengefüge mehr oder weniger konstant gebliebene Herbivorenfauna des Holozäns an die sich ändernden Ernährungsbedingungen angepaßt haben. Das besagt aber nicht, daß die Lust, besonders intensiv diejenigen Pflanzen zu verbeißen, die in geringer Zahl und neu auftreten, erst eine heutige Eigenart des Wildes sei. Allerdings gibt es kaum eine Möglichkeit, dieser Frage gründlich nachzugehen, außer im Falle der Coprolithen (fossile Exkremente). Ein aussagekräftiges, gehäuftes Vorkommen der Coprolithen ist aber auf nur wenige Spezialstandorte beschränkt, wie etwa auf Höhlen, in denen nur ein Bruchteil der interessierenden Herbivoren seinen Einstand gehabt hatte.

c Schließlich könnte die Veränderung der Vegetation außer durch die bislang besprochenen Faktoren auch durch das Wild beeinflußt worden sein, und zwar so, daß das Wild einige neu einwandernde Pflanzen bevorzugt, andere aber weniger gern genutzt hatte.

Es ist bekannt, daß das Schalenwild zu seinem Aufenthalt lichtere, gebüschreiche Pflanzengemeinschaften bevorzugt (Abb. 69). Andererseits ist die Populationsgröße um so höher, je strauch- und gebüschreicher die Pflanzengesellschaften sind. In diesem Zusammenhang interessiert es, daß sich der Wandel von den eiszeitlichen Kältesteppen zu den nacheiszeitlichen Wäldern nicht abrupt vollzogen hatte. Vielmehr waren die Wälder des Alleröd-Interstadials nach Ausweis

Abb. 69

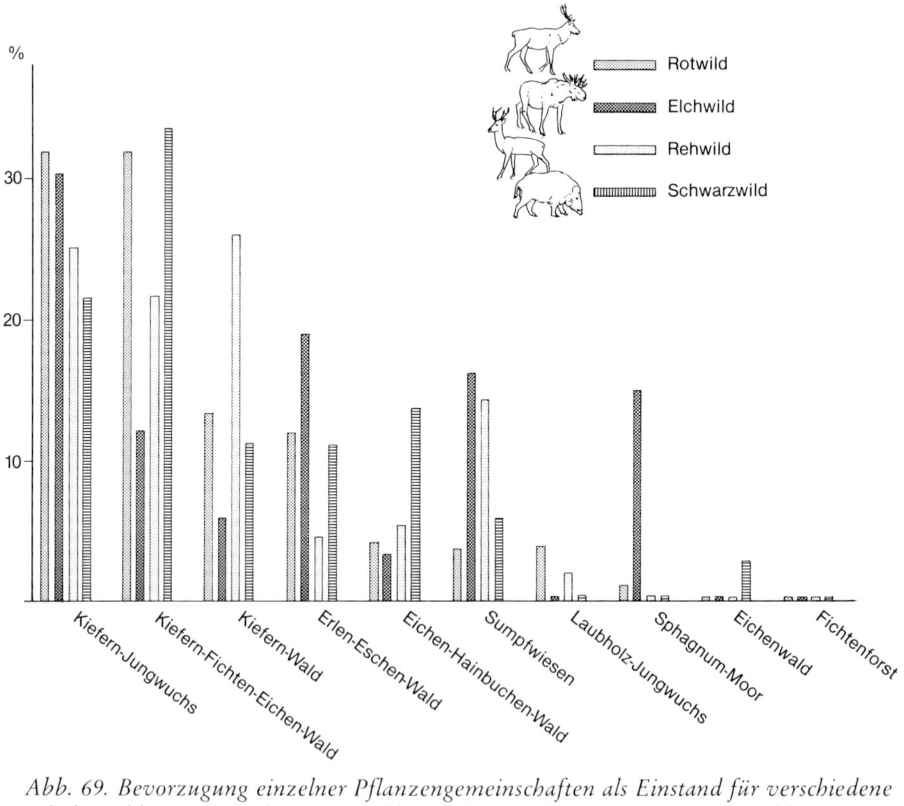

Abb. 69. Bevorzugung einzelner Pflanzengemeinschaften als Einstand für verschiedene Schalenwildarten im Bialowieza-Wald Ostpolens und Westrußlands (nach Sablina, 1955). Ordinate: Prozentuale Einstandsdauer in den unterschiedenen Pflanzengemeinschaften während eines Jahres.

der gleichaltrigen Zwergstrauch- und Kräuterflora noch recht licht. Aber auch noch im beginnenden Postglazial hatte sich das Waldkleid nicht sofort geschlossen. Das Ausmaß der damaligen Lichtoffenheit der Wälder ist schwer anzugeben, doch fällt auf, wie lange noch Lichtholzarten (Waldkiefer, Birken, Pappeln, Weiden, Wacholder, Lärche, Arve) in der damaligen Vegetation anzutreffen gewesen waren. Dies wird in Abb. 6 der Regesten für die Frühe Wärmezeit (Haselnußphase), für die Mittlere Wärmezeit, soweit es sich um die Eichenmischwaldzeit gehandelt hat, für – im wesentlichen – die Späte Wärmezeit (genauer: die Zeit der Schattholzdominanz) und für das Mittelalter dargestellt. Die Wälder der Jüngeren Tundrenzeit und der Vorwärmezeit waren aber nur bzw. fast ausnahmslos aus Lichthölzern aufgebaut.

Man erkennt, daß die Wälder noch während der Frühen Wärmezeit, als sich Hasel, Eiche, Ulme, Linde und Esche (*Fraxinus*) auszubreiten begannen, licht gewesen sein müssen. Der Lichtholzanteil sank nur dort besonders stark ab, wo sich die Hasel schnell und stark hatte durchsetzen können (südwestliche Vogesen, Tieflagen des Schweizer Juras). Andererseits war die Waldvegetation verständlicherweise in den Hochlagen des Schweizer Juras, des Schwarzwaldes und der Alpen ziemlich offen. Hierin wurde sie sogar noch übertroffen durch das Waldviertel und durch Bereiche des eigentlichen Alpenvorlandes, die sich heute im Regenschatten zwischen Jura und Alpen befinden. Zur Mittleren Wärmezeit und zur Späten Wärmezeit hin schlossen sich die Wälder fast überall, wiederum jedoch mit Ausnahme des Waldviertels und des eigentlichen Alpenvorlandes. Die hohen Werte des Lichtholzanteiles während der Späten Wärmezeit in den höheren Alpen gehen allerdings zunächst darauf zurück, daß aus dieser Zeit besonders viele Angaben aus dem Dachsteinmassiv vorliegen. Sie spiegeln die lokalen Bedingungen eines hochgelegenen Kalkplateaus wider. Schließlich hatte der Lichtholzanteil der mittelalterlichen Waldvegetation Werte erreicht, die zwischen denen der Frühen und der Vorwärmezeit gelegen waren; aber auch in diesem Falle trat das unter einem kontinentalen Klima stehende Waldviertel durch besonders hohe Werte hervor.

Wie die Verteilung der einzelnen Holzarten zu den verschiedenen Zeiten im Wald gewesen ist, wissen wir in der Regel nicht. Bei der hier angeschnittenen Frage kann es aber gleichgültig sein, ob mit Mischwäldern zu rechnen ist, die sowohl aus Licht-, als auch aus Halblicht- oder gar aus Schatthölzern bestanden hatten, oder ob stattdessen an ein reiches Mosaik sehr verschiedener Waldtypen, in Abhängigkeit von den Standortbedingungen, zu denken ist: Letzten Endes kommt es nur auf Vorhandensein und Ausmaß geeigneter Einstände für das Wild an. Die meines Erachtens wahrscheinlichere zweite Variante der Denkmöglichkeiten hätte zudem für das Wild den großen Vorteil gehabt, in geringer

Distanz recht verschiedene Pflanzengemeinschaften aufsuchen zu können. Unabhängig von dieser Frage, geht aus Abb. 6 A–D der Regesten hervor, daß es einerseits im Waldviertel und im eigentlichen Alpenvorland stets sehr lichtoffene Waldtypen gegeben hat; man mag sich fragen, ob dies Auswirkungen auf Populationsgröße, Wildbretgewicht usw. gehabt hatte. Andererseits lehren die Abbildungen aber auch, daß sich eine drastische Einschränkung lichtoffener Waldgesellschaften erst am Übergang von der Frühen zur Mittleren Wärmezeit vollzogen hatte, d. h. als die Haselnußwälder endgültig von stärker Schatten ertragenden Holzarten verdrängt worden waren. Diese Übergangszeit von den reinen Lichtholzwäldern der Vorwärmezeit zu den Halbschattholzwäldern der Mittleren Wärmezeit hatte erstaunlich lang gedauert; im Nordschwarzwald etwa 1300 Jahre, am Schleinsee nahe Ravensburg etwa 1700 bis 1800 Jahre, im Waldviertel ungefähr 1500 Jahre, um nur einige Beispiele zu nennen. Andererseits liegt das Mannbarkeitsalter der meisten beteiligten Holzarten bei wenigen Jahrzehnten (in der Regel 2 bis 3 Jahrzehnte). Die Ausbreitung der Laubwälder hätte demnach, angesichts des zur Frühen Wärmezeit hin warmen und deutlich feuchter werdenden Klimas, bedeutend schneller erfolgen müssen als es der Fall gewesen ist. Es ist unmöglich, den Beweis zu führen, daß die Verzögerung in der Ausbreitung einzelner Holzarten vom Wild verursacht wurde. Allerdings muß das folgende bedacht werden: Vorausgesetzt, daß eine einwandernde Pflanzenart geeignete Standorte in hinreichender Zahl antrifft und daß die interspezifische Konkurrenz nicht zu stark wird, sollte sich die Individuenzahl der einwandernden Art exponentiell vermehren. Erfolgt die Zunahme der Individuenzahl jedoch linear, stark schwankend, oder bleibt dieser Wert sogar nahezu konstant, dann müssen außergewöhnlich stark hemmende Faktoren vorhanden sein. Unter ihnen ist das Wild dann als wichtiges Agens zu vermuten, wenn Hemmung durch ungünstige Böden und klimatische Bedingungen ausgeschlossen werden können. Der entscheidende Ansatz zu einer Analyse sollten demnach Art und Weise der Ausbreitung der neu einwandernden Arten sein. In Süddeutschland gibt es zwei Typen der Einwanderungsfolge thermo- und hygrophiler Holzarten während des frühen Holozäns: Der erste bezeichnet – gebietsweise unterschiedlich – eine spezifische Einwanderungsfolge. Sie ist in Tabelle 6 für die untersuchten süddeutschen Landschaften dargestellt.

Im zweiten Falle sind die genannten Holzarten mehr oder weniger gleichzeitig erschienen und erreichten sprunghaft hohe Werte. Eine nähere Analyse lehrt, daß dieser Typ gehäuft bei Sedimentwechsel zu beobachten ist, bzw. dort, wo Torfe plötzlich zu wachsen begonnen hatten. Es scheint, daß die sprunghafte »Einwanderung« nur durch einen Hiatus vorgetäuscht wird, verursacht durch eine Zunahme der Feuchte. Dieser plötzliche Übergang wurde mehrfach auf un-

Tabelle 6: Mittlere zeitliche Abfolge des pollenanalytischen Nachweises für das erste Auftreten des Blütenstaubes wichtiger Holzarten (umgelagertes älteres Material ist nach Möglichkeit ausgeschlossen)

Gebiet	Abfolge
Vogesen:	Eiche, Ulme, Hasel und Esche gleichzeitig, doch vor den Linden.
Schweizer Jura und Schwarzwald:	Hasel, Eiche und Ulme gleichzeitig; diese vor der Linde, die ihrerseits der Esche vorangegangen war.
Alpenvorland:	Wechselnde Abfolge, doch meist Hasel am Anfang, die Linden häufig am Schluß.
Alpenrand und Nordalpen:	Ulme vor Hasel, diese vor Eiche und Linde, die ihrerseits der Esche vorausgegangen waren. Z. T. war auch die Hasel als erste aufgetreten.
Waldviertel und vermutlich Böhmerwald:	Hasel und Ulmen gleichzeitig, doch vor Eiche und Esche. Am Schluß traten die Linden auf.

gefähr 9400 v. h. datiert. Er fiel offenbar zusammen mit einer Episode in der Geschichte der Tieflandflüsse, in der die spätglaziale und frühpostglaziale Akkumulation von einer bedeutenden Tiefenerosion abgelöst worden ist. Auch dies legt den Gedanken an eine Zunahme der Feuchte nahe.

Einwanderungsfolgen des zweiten Typs müssen bei der Betrachtung der gerade aufgeworfenen Frage ausgeschlossen werden. Im ersten Falle ist aber die Mengenzunahme des Haselpollens nahezu stets streng exponentiell und sehr steil verlaufen. Die Hasel kann also durch Außenfaktoren nicht nennenswert behindert worden sein. Bisweilen trifft das auch für die Ulmen zu. Eine exponentielle Vermehrung kann aber in der Regel bei Eichen, Linden und Eschen ausgeschlossen werden (oder sie ereignete sich erst sehr viel später). Diese Holzarten müssen also einem erheblichen Umweltdruck ausgesetzt gewesen sein. Da die Böden noch nährstoffreich waren, die Temperaturen bereits hoch lagen und die Feuchte, wie erwähnt, gleichzeitig sogar noch zugenommen hatte, darf man vermuten, daß Eichen, Linden und Eschen besonders dem Äsen und dem Verbiß zum Opfer gefallen sind. Die Bevorzugung der Eichen und Eschen durch das heutige Wild ist bekannt. Erst dann, als sich trotz des Verbisses langsam so viele Halb-

schatt- und Schatthölzer in den Beständen hatten ausbreiten können, daß der Anteil der lichtbedürftigen Hasel vermindert wurde, mag das Wild wegen des sich verschlechternden Einstandes an Zahl zurückgegangen sein; der Verbiß nahm ab, aber andererseits mag sich auch die langsam zunehmende Zahl der trotz des Verbisses überlebenden Holzpflanzen so stark vermehrt haben, daß sich diese – nun tatsächlich exponentiell – durchsetzen konnten.
Es drängt sich somit der Verdacht auf, daß einer der Gründe für die starke Ausbreitung der Haselnuß während der Frühen Wärmezeit die Bevorzugung anderer Holzarten als der Hasel durch das Wild gewesen ist. Dies muß sich dort besonders ausgewirkt haben, wo bereits klimatisch die Haselnuß in ihrer Ausbreitung gefördert worden war, wie etwa in den westlichen Landschaften des Untersuchungsgebietes, in denen sich trotz günstigen Klimas und trotz nahegelegener eiszeitlicher Refugien die übrigen thermo- und hygrophilen Holzarten erst erstaunlich spät und langsam haben durchsetzen können.
Wie weit diese Erklärungsmöglichkeit zutrifft, kann gegenwärtig nicht überprüft werden. Sie versagt vollends bei dem nächsten wichtigen Wechsel der Waldvegetation, nämlich bei der Ausbreitung der Buchen-, bzw. der Tannen-Buchenwälder, denn damals war die Hasel nur noch höchst unbedeutend; die übrigen Holzarten wurden aber vermutlich gleich gerne geäst. Möglicherweise hat das Wild aber zu der auch in diesem Falle recht langen Zeitdauer des Überganges einer Waldart in die andere beigetragen (Nordschwarzwald etwa 1300 Jahre, Schweizer Jura 1000 bis 1500 Jahre, Schleinsee ungefähr 1300 Jahre, Waldviertel beinahe 2000 Jahre). So unsicher die geäußerte Hypothese der Wechselbeziehungen zwischen Wild und Wald auch sein mag, so sollte das Problem aber beachtet werden, zumal da es in Hunsrück und Westeifel einen sehr markanten Wechsel von Eichen-Buchen- zu fast reinen Buchenwäldern gab, zeitlich beschränkt auf die endneolithischen bis eisenzeitlichen Rodungen, bei dem es naheliegt anzunehmen, daß dieser Wechsel maßgebend durch die Waldweide der Hausschweine, also durch einen dem natürlichen Äsen und Brechen analogen Vorgang, verursacht worden ist. Sie, und die Wildschweine, bevorzugen heute deutlich Eicheln gegenüber Bucheln, könnten also die starke Ausbreitung der Buchen gefördert haben.
Neben den Einwanderungs- und Ausbreitungsmöglichkeiten der Pflanzen, dem Wild, dem Klima, dem Substrat und der Bodenentwicklung, hat auch der Mensch die Vegetation Süddeutschlands während der Nacheiszeit nachhaltig beeinflußt, und zwar vermutlich wesentlich stärker als es Wild, Klima und Boden zu tun vermocht hatten. Das wahre Ausmaß dieser anthropogenen Störungen wird erst langsam deutlich. Der historische und archäologische Nachweis der Tätigkeit des Menschen reicht in den einzelnen süddeutschen Landschaften

Abb. 70

unterschiedlich weit in die Vergangenheit zurück. Er wird hierin aber in der Regel noch von paläobotanischen Beobachtungen übertroffen. So zeigt sich bei Klosterreichenbach im Nordschwarzwald auf pollenanalytischem Wege, daß in Nebentälern der Murg, vermutlich aber auch im Murgtal selbst, eine Ackerbau treibende Bevölkerung rund 1500 bis 1800 Jahre früher vorhanden gewesen ist, als wir aus historischen und archäologischen Daten wissen. Im Waldviertel Niederösterreichs beläuft sich diese Zeitdifferenz sicher auf 1000 Jahre, in der Umgebung des Starnberger Sees auf etwa 1500 bis 1800 Jahre. Die Angaben mögen nur als Beispiele für einen generellen Sachverhalt dienen. Es fragt sich allerdings, wie stark der Mensch damals die Vegetation zu beeinflussen vermocht hatte. Eine sichere Antwort steht noch aus, doch mögen die folgenden Beobachtungen zeigen, in welcher Richtung die Lösung des Problems zu suchen sein kann.

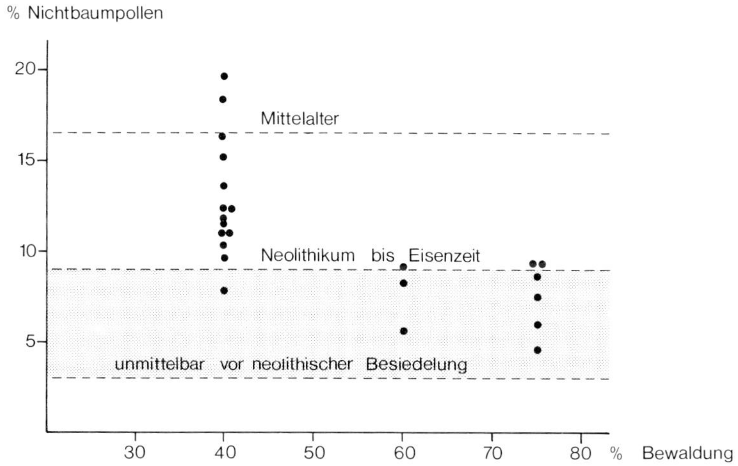

Abb. 70. Zur Abschätzung des Flächenanteils gerodeten Landes (unterhalb 700 m Höhe) in Süddeutschland während des Neolithikums, der Eisenzeit und des Mittelalters. Ordinate: Prozentsatz des Nichtbaumpollens (ohne Wasser-, Moor- und Sumpfpflanzen) an der gesamten Pollenflora während der genannten Zeiten (gestrichelte Linien) bzw. in heutigen Waldgebieten Süddeutschlands, deren Flächenanteil gerodeten Landes bekannt ist (Nordschwarzwald und Ammergebirge; Punkte). Die Punkte bedeuten z. B., daß in einem heutigen großen Waldgebiet mit nur etwa 25% gerodeten Landes der Nichtbaumpollenanteil zwischen 5 und 9% schwankt. Die gestrichelten Linien stellen Mittelwerte sehr zahlreicher Einzelauswertungen aller verfügbarer Pollendiagramme des süddeutschen Postglazials und der angrenzenden Landschaften für die angegebenen Zeiten dar. Flächenraster: Veränderungen während des Neolithikums.

Abb. 70 Der Anteil der waldfreien Vegetation wird in den Pollendiagrammen durch den sogenannten Nichtbaumpollen (NBP) widergespiegelt. Zu ihm gehört der Blütenstaub der bei vegetationsgeschichtlichen Untersuchungen bevorzugten Moore und Sümpfe, aber auch der des umgebenden mineralischen Bodens. Für die Ermittlung des Ausmaßes der Rodungsflächen ist die ehemalige Moorvegetation bedeutungslos. Daher muß zunächst der Pollen der Moor- und Wasserpflanzen aus den Berechnungen ausgeschlossen werden. Dies betrifft vor allem die Cyperaceen (Riedgräser) und Gramineen, die bevorzugt an feuchten Standorten, z. T. aber auch auf mineralischem Boden vorkommen. Ihr Ausschluß aus der Pollensumme mag daher beim versuchten Nachweis des Areals gerodeter Flächen tatsächlich zu geringe Werte liefern. Dies muß jedoch zu hohen Werten gegenüber vorgezogen werden. Die verwendeten Daten sind nur gut durchgearbeiteten und einigermaßen ausreichend datierten Pollendiagrammen entnommen. Hierbei wurde als neolithische Phase eine Zeit um ungefähr 4600 ^{14}C-Jahre vor heute herausgegriffen. Den anderen Ausgangspunkt der Betrachtung stellen Spektren des heutigen Pollenfluges in Landschaften unterschiedlich starker Waldbedeckung dar. Man erkennt, daß der Pollen der »offenen Vegetation« vor den großen neolithischen Rodungen im Mittel zahlreicher Untersuchungen aus Gebieten, die unter 700 m Meereshöhe gelegen sind, etwa drei Prozent der so definierten Pollensumme ausgemacht hat. Während der untersuchten Phase des Neolithikums war dieser Pollenanteil bereits auf 9 bis 10 Prozent angestiegen und hatte damit Werte erreicht, die denen der Jüngeren Tundrenzeit entsprochen hatten. Ähnlich hoch lag der Pollenanteil der »offenen« Vegetation auch während der Eisenzeit. Erst im Mittelalter hatte er rund 15 bis 16 Prozent der Pollensumme erreicht. Der gleichalte Lichtholzanteil an dem Pollenregen der Holzvegetation ist bereits in Abb. 6 (Regesten) dargestellt worden. Der für die ausgewählte Phase des Neolithikums ermittelte NBP-Wert von etwa 9 bis 10 Prozent sagt ökologisch etwas anderes aus, als der gleichhohe Wert der Jüngeren Tundrenzeit, denn während des Neolithikums herrschten in dem betrachteten Gebiet nahezu überall Schatthölzer, mindestens aber Halbschatthölzer. Die Kraut- und Staudenvegetation dieser Wälder dürfte viel lockerer gewesen sein als zur Zeit der Herrschaft der Lichtholzwälder und -haine der Jüngeren Tundrenzeit. Aus jener sind jedoch, wie bereits erwähnt, flächenhafte Umlagerungen im Alpenvorland und die Akkumulation großer Schotterkörper bekannt, vielleicht auch Solifluktionsvorgänge an den Flanken mancher Mittelgebirge. Mit in ihrer Intensität vergleichbaren, jedoch warmzeitlichen geomorphologischen Prozessen sollte daher auch vom Neolithikum an gerechnet werden. Wie aus Abb. 70 hervorgeht, mag der Anteil von 9 bis 10 Prozent NBP einem Areal von ungefähr 40 bis 50 Prozent waldfreier Fläche entsprochen haben, falls der rezente Pollenflug im Nordschwarzwald und im Ammergebirge als Vergleichsmaßstab dienen kann. Dieses Ausmaß ist für Höhen unterhalb 700 m erstaunlich hoch. Es scheint zu zwei verschiedenen Konsequenzen geführt zu haben, wobei der steuernde Faktor das unterschiedliche Klima der einzelnen Landschaften gewesen ist. Dies sind Hangabtrag, Vermoorung und gesteigerte Flußaktivität auf der einen Seite, aber gleichzeitige Ausbreitung der Steppenheiden auf der anderen Seite.

Auf *Gradmann* geht die Hypothese zurück, der prähistorische Mensch habe zur Anlage seiner Siedlungen und landwirtschaftlichen Nutzflächen von Natur aus bestehende Lichtungen in den Urwäldern aufgesucht. Diese Lichtungen seien während der subborealen Trockenzeit entstanden, bzw. der Mensch habe – nachdem die Unhaltbarkeit der Hypothese dieser Trockenzeit deutlich geworden war – noch aus früheren Zeiten datierende Lichtungen aufgesucht, bevor sich der Urwald endgültig habe schließen können. Als Beweis für die Richtigkeit der skizzierten Hypothese wurde die Tatsache gewertet, daß in der Regel die ältesten neolithischen und bronzezeitlichen Siedlungen in Gebieten der heutigen Steppenheiden Mitteleuropas anzutreffen sind, die jüngsten Rodungsflächen aber keine Steppenheidevegetation tragen. Aus der oft verblüffenden Ähnlichkeit in der Verbreitung der Steppenheiden und der sogenannten Altsiedlungsgebiete wurde also auf eine Kausalität geschlossen: Eine steppenähnliche Vegetation innerhalb des im übrigen herrschenden Waldes war die Ursache für die Ortswahl der ersten Landwirtschaft betreibenden Bevölkerung. Inzwischen hat sich das Bild geändert. Es konnte nicht nur gezeigt werden, daß es keine subboreale Trockenzeit des geforderten Ausmaßes gegeben hat, sondern es wurde auch klar, daß während der Mittleren und Späten Wärmezeit kaum noch mit steppenartigen Lichtungen aus vorangegangenen Zeiten innerhalb des Urwaldes gerechnet werden darf. Wie dicht das Waldland damals tatsächlich gewesen ist, zeigt die Abb. 6 (Regesten). Ob es dennoch in Mitteleuropa einzelne Inseln dieser steppenartigen Vegetation gegeben habe, kann bisher wegen ungünstig gelegener paläobotanischer Fundpunkte in Süddeutschland nicht entschieden werden. Die in der Tschechoslowakei an vergleichbaren Standorten durchgeführten Molluskenanalysen (Mollusken = Weichtiere) lehren jedoch, daß noch während der Mittleren und Späten Wärmezeit steilere Felspartien der Mittelgebirge natürliche Steppenheiden sehr beschränkten Ausmaßes getragen haben. Dies kann vermutlich auch auf Süddeutschland übertragen werden, und zwar möglicherweise zunächst derart, daß auch voralpine Schotterstränge eine vergleichbare, wenn auch nicht identische Vegetation lokal aufgewiesen haben. Alle diese Standorte waren aber sicher weder in ihrer Größe, noch in ihrer Bodenbeschaffenheit als Ansatzpunkte für die landwirtschaftliche Tätigkeit des Menschen geeignet. Die erwähnten Molluskenfaunen, aber auch Pollenanalysen in der Nähe der Thaya, der March und des Plattensees lehren außerdem, daß sich gleichzeitig mit den neolithischen und bronzezeitlichen Rodungen nicht nur Schnecken, die für Felssteppenlandschaften charakteristisch sind, auf Kosten der bisher dominierenden Waldtiere ausgebreitet hatten, sondern daß sich auch in den heutigen Trockengebieten Mitteleuropas steppenartige Pflanzengemeinschaften durchzusetzen vermochten, obwohl in vielen benachbarten Mittelgebirgslandschaften zur selben Zeit die feuchtigkeitsliebenden Buchen und Tannen immer wichtigere Komponenten des Waldlandes geworden waren. Vermutlich war also in den gegenwärtigen Trockengebieten Mitteleuropas, bzw. auf Kalkfels, das Areal der botanisch z. T. recht heterogenen Steppenheiden nicht Ursache, sondern im wesentlichen erst die Folge der prähistorischen Siedlungen. Daß unter diesem Eingriff selbst bei sehr waldfreundlichen Klimaten die Vegetation dauerhaft ernst zu leiden gehabt hatte, zeigen u. a. die Untersuchungen am Schleinsee, nahe Lindaus am Bodensee. Eine derartige Ausbreitung der Steppenheiden scheint die Konservierung und Weiterbildung von Steppenböden vieler mitteleuropäischer Trockengebiete im Gegensatz zu zunächst noch längere Zeit bewaldeten Mittelgebirgslandschaften und weiter Teile des Alpenvorlandes gefördert zu haben. Andererseits muß aber beachtet werden, daß sich die neolithischen und bronzezeitlichen Rodungen besonders an die Flußtäler gehalten zu haben scheinen, vermutlich einschließlich der begleitenden Talhänge. Aus heutigen Messungen über Abfluß und Sedimentabtrag gerodeter Landschaften im Vergleich zu weithin bewaldeten, sonst aber vergleichbaren Gebieten unserer Breiten ist bekannt, daß sich hieraus drei Konsequenzen ergeben: Die von der Vegetation transpirierte Menge an Wasser vermindert sich; auf oder im Boden sammelt sich also mehr Wasser an als vorher, bzw. es fließt mehr ab. Der Abfluß wird unregelmäßiger, da die zurückhaltende Kraft des Waldes beseitigt worden ist. Hangabtrag und Sedimentlast der Flüsse nehmen zu.

Diese Vorgänge wurden seit dem Neolithikum, im Gegensatz zu den sich gleichzeitig ausbreitenden Steppenheiden, in Landschaften eines feuchteren Klimas, bzw. auf nicht aus Kalkstein bestehendem Substrat, von äußerster Wichtigkeit.

Abgesehen von der natürlichen Vermoorung, die in den einzelnen Landschaften Süddeutschlands zu sehr unterschiedlichen Zeiten angefangen haben kann – die klimatisch bedingte Phase gegen 9400 v. h. ist bereits erwähnt worden –, gibt es zahlreiche Beispiele für eine ausgedehnte junge Moorbildung, die offenbar mit der Tätigkeit des Menschen zusammenhängt. Sie ist im hohen Nordschwarzwald seit dem Mittelalter faßbar; im Schweizer Mittelland geht sie auf neolithisch-bronzezeitliche Eingriffe zurück; im deutschen Alpenvorland erfolgte sie in mehreren Schritten seit dem Neolithikum, wobei besonders die jüngsten Flußterrassen von der Vermoorung erfaßt worden sind; im Waldviertel scheint sie wieder an mittelalterliche oder an etwas ältere Rodungen geknüpft zu sein. Da in nahezu allen Fällen Brandrodungen vorangegangen zu sein scheinen und sich auch in der gleichalten Pollenflora die Rodungen zur Gewinnung von Akker- oder Weideland abzeichnen, wird klar, wie sehr in einzelnen Landschaften schon seit dem Neolithikum der Wasserhaushalt gestört worden ist. Gleichartiges wird auch in Hunsrück, Odenwald und Westeifel beobachtet. Offenbar handelt es sich um eine generelle Erscheinung. Hierbei war vermutlich die Abtragung des feinsten Bodenmaterials der Talhänge von erheblicher Bedeutung, denn dies kann zur Abdichtung mancher sonst durchlässiger Schotterterrassen geführt haben (z. B. im Molassegebiet des Voralpenlandes). Die im Gefolge dieser Veränderungen entstehenden großen Quell- und Niedermoore stellen demnach ein seit der Jungsteinzeit vom Menschen verursachtes wichtiges Element der Vegetation Süd- und Westdeutschlands dar. *Abb. 71*

Auch die geänderte Flußaktivität muß ihre Spuren in Vegetation und Landschaftsökologie hinterlassen haben. Es scheint, als habe sich mit der Klimaänderung um etwa 9400 v. h., die bereits mehrfach erwähnt worden ist, der letzte klimatisch ausgelöste, allgemeine Wandel in der Aktivität der großen süddeutschen Ströme ereignet, nämlich der Übergang von der seit vermutlich der Jüngeren Tundrenzeit herrschenden Akkumulation zu einer beträchtlichen Tiefenerosion. Ihre Spuren sind mehrfach im südlichen Mitteleuropa faßbar. So lag noch während des zweiten Teiles der Mittleren Wärmezeit der Spiegel der Donau (vermutlich Mittelwasserstand) an der Lechmündung ungefähr drei bis vier Meter tiefer als vor der neuzeitlichen Flußregulierung. Dies läßt sich aus Pollenanalysen erschließen. Die begleitenden Flußterrassen scheinen recht trockene Standorte dargestellt zu haben, auf denen der Mensch nahe dem heutigen Fluß zu leben vermochte, nicht bedroht durch häufige Hochwässer. Seit dem Übergang zur Späten Wärmezeit änderte sich das Bild: Es wurde viel Schotter akkumuliert, der Flußspiegel stieg an, Hochwässer zerstörten wiederholt die flußnahen Eichenwälder, und die Moorbildung parallel der Flüsse wurde gefördert. Die heutige Auenlandschaft, mit ihren Altwasserarmen, der Auenvegetation und der fluviatilen Auendynamik entstand. Dies geschah, wie dendrochronologische und ^{14}C-Analysen zeigen, in mehreren Etappen. Sie sind in Abb. 72 zusammen mit den Altersangaben der nacheiszeitlichen Klimaschwankungen und den Zeiträumen für die Phasen unterschiedlicher landwirtschaftlicher Tätigkeit des Menschen dargestellt, wie sie sich aus einigermaßen zuverlässig datierten Pollenanalysen des Untersuchungsgebietes ergeben. Das offenkundige Fehlen einer strengen Bindung der meisten entscheidenden Phasen einer Änderung der *Abb. 72*

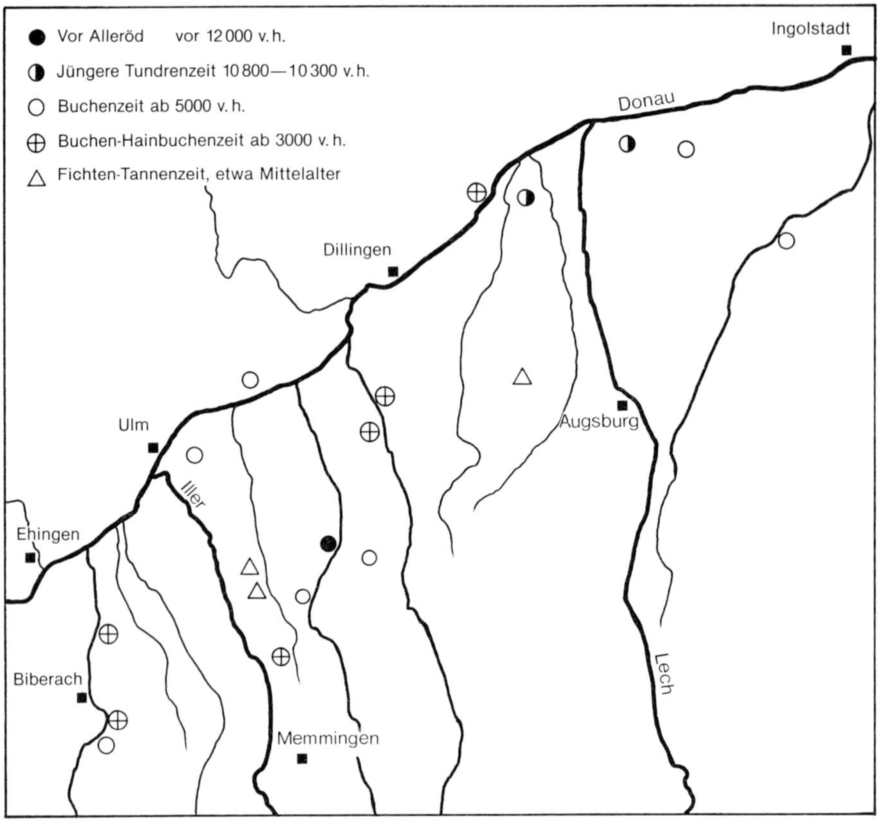

Abb. 71. Beginn der Vermoorung der Auenterrassen oder, in einzelnen Fällen, auch spätglazialer Flußterrassen im Einzugsgebiet der oberen Donau.

bisherigen Flußtätigkeit an die Zeiten der Klimaschwankungen ist deutlich. Andererseits wird aber auch klar, daß Flußtätigkeit und Aktivität des ur- und frühgeschichtlichen Menschen nicht genau zusammenfallen. Vielmehr scheint es so, als seien die Zeiten der Schotterumlagerung und -akkumulation der großen Flüsse später erfolgt, als die stärksten Eingriffe des Menschen in den Haushalt der Natur. Das Bild bezieht sich allerdings nur auf Donau, Main, z. T. auch auf Oberrhein und die Unterlaufpartien der südlichen Nebenflüsse der Donau. In den Gebirgsländern lagen infolge der ganz anderen Gefälleverhältnisse wiederholt recht abweichende Bedingungen vor. Bei näherer Analyse stellt sich heraus, daß der Schotterumlagerung vermutlich Transport und Akkumulation des un-

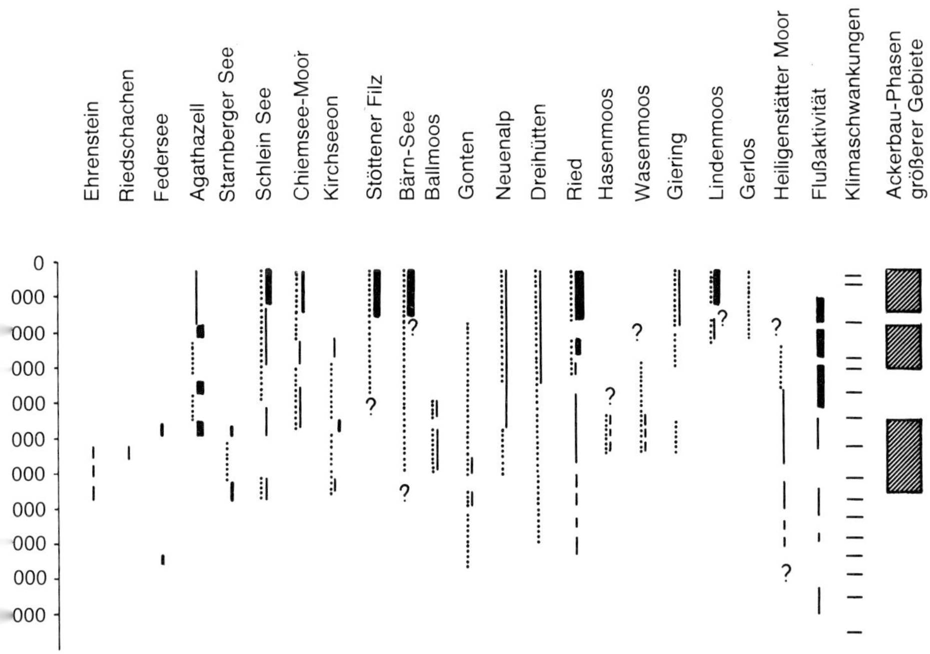

Abb. 72. Zeiten der postglazialen (holozänen) Klimaschwankungen auf der Nordhalbkugel (horizontale Striche ganz rechts außen), der Phasen der Flußaktivitäten (schwarz: Akkumulationsphasen; weiß: Erosionsphasen) und der landwirtschaftlichen Tätigkeit des prähistorischen Menschen Süddeutschlands (vertikale Striche: Ackerbau; die Strichdicke gibt die relative Intensität innerhalb des untersuchten Profils an; – vertikale Punktlinien: Phasen der Grünlandwirtschaft).

mittelbar vorher von den Talhängen abgespülten feinen Bodenmaterials vorausgegangen waren. Dies muß zu einer Störung der Abflußverhältnisse geführt haben. Es darf vermutet werden, daß die anschließende Schotterumlagerung der Flüsse, Seitenerosion, Mäander- und Auwaldbildung erst der nächste Schritt gewesen sind. Sollte dies zutreffen, dann ergeben sich aus den zeitlichen Differenzen zwischen der starken landwirtschaftlichen Aktivität des Menschen und den Zeiten der Schotterakkumulation Hinweise auf diejenige Zeitdauer, die notwendig ist, um dem Fluß die Einrichtung eines neuen Gleichgewichtsgefälles zu ermöglichen. Sie scheint im Falle der neolithisch-bronzezeitlichen Phase etwa 800 bis 1000 Jahre betragen zu haben; bei der eisenzeitlichen könnte sie sich auf etwa 500 bis 600 Jahre belaufen haben, im Falle der römerzeitlichen Störungen aber 300 Jahre.

Schlußbetrachtung

Eingangs wurde auf die Vorläufigkeit einer Rekonstruktion der quartären Vegetationsgeschichte Süddeutschlands verwiesen. Die Unsicherheit unserer Kenntnisse trat im Verlauf der Darstellung wiederholt hervor. Andererseits mag sich auch gezeigt haben, wie viele allgemeine Probleme geologischer, klimatologischer und biologischer Art, deren Ausmaß und Tragweite selbst heute kaum richtig abzuschätzen sind, der Lösung harren. Dies gilt besonders dann, wenn die Beziehungen zwischen Mensch und Umwelt erörtert werden: Stellt das Postglazial wirklich einen geeigneten Ausgangspunkt für die Untersuchung pleistozäner Warmzeiten dar, angesichts des im letzten Kapitel erörterten starken, fast unübersehbaren Einflusses, den schon der urgeschichtliche Mensch auf den Haushalt der Natur ausgeübt hatte? Was ist in der Entwicklung der ur- und frühgeschichtlichen Kulturen eigenständiges Gut des Menschen und was geht auf die verschiedensten Faktoren seiner Umwelt zurück, von denen die Pflanzenwelt nur einen, wenn auch sehr wichtigen Faktor darstellt? Welche Entwicklungen der Umwelt des Menschen sind aber von ihm unwissentlich ausgelöst worden, dann nach eigenen, ihnen selbst innewohnenden Prinzipien ablaufend, wobei nun der Mensch beeinflußt oder sogar extrem gefährdet worden ist, wie es am Beispiel der Vermoorung und der Flußtätigkeit, aber auch an dem der Steppenheiden gezeigt werden konnte? Was kann der heutige Mensch aus diesen scheinbar so weit zurückliegenden Vorgängen lernen? Sicher sind die Lehren so umfangreich und gewichtig, daß sich ihr ernsthaftes Studium lohnt. Aber wird man sich schwach und langsam anbahnende Tendenzen, die erst nach Ablauf mehrerer Jahrhunderte erhebliche geomorphologische Konsequenzen haben, richtig erfassen, richtig berechnen und wird man dann auch von den Zeitgenossen mit ihren ganz andersartigen, vordergründigeren Sorgen verstanden werden? Erd- und Menschheitsgeschichte sind große, spannende, aber auch bedrängende Lehrbücher. Vieles ist noch unbekannt. Aber auch ohne dies wird wahrscheinlich nur sehr Weniges halbwegs richtig verstanden werden.

Die Säugetierfauna des süddeutschen Pleistozäns

von Wighart von Koenigswald

Wenn von der Tierwelt des Eiszeitalters die Rede ist, denkt man zuerst an Tiere, die an arktische Lebensbedingungen angepaßt sind, wie Rentier und Moschusochse, wie Mammut und Wollnashorn. Aber zur Fauna des Eiszeitalters gehören ebenfalls Tierarten, die klimatisch sehr hohe Ansprüche stellen, wie Flußpferd, Wasserbüffel oder der Makake. Diese haben jedoch nicht mit den arktischen Formen zusammen gelebt. Vielmehr belegen sie mehrfache, grundlegende Faunenveränderungen während des Pleistozäns, die hier dargestellt werden sollen.

Im Laufe geologischer Zeiträume, die meist nach Jahrmillionen, mindestens aber nach Jahrtausenden gerechnet werden, verändert sich die Fauna im wesentlichen durch zwei sehr unterschiedliche Faktoren. Auf der einen Seite steht die Evolution des Tierreichs, in deren Verlauf sich Arten durch die schrittweise Veränderung der Erbeigenschaften umwandeln, neue Arten sich abspalten und andere verlöschen. Die Zusammensetzung einer Fauna verändert sich durch diesen Faktor nur relativ langsam. Auf der anderen Seite kommen räumliche Verschiebungen des Lebensraumes vor, die, wenn es die Veränderung der Umwelt erfordert, relativ schnell erfolgen können. Ein neu sich öffnender Lebensraum wird durch aktives Einwandern der Tiere besetzt, also das Verbreitungsareal ausgeweitet. Aber in einem Gebiet, das etwa durch eine Veränderung des Klimas nicht mehr für eine bestimmte Tiergruppe geeignet ist, verringert sich die Zahl der Nachkommenschaft, bis diese Gruppe dort verschwunden ist. Ein aktives Abwandern ist nur wenigen Großsäugern möglich, die Regel wird das lokale Aussterben der Population sein. Diese Arealverschiebungen können für einzelne Arten wie für Faunengruppen gelten. In der Faunengeschichte des Pleistozäns sind beide Faktoren nebeneinander zu beobachten, sowohl die Weiterentwicklung einzelner Arten als auch der mehrfache Austausch ganzer Tiervergesellschaftungen.

Die Erdneuzeit, die mit der Wende von der Kreide zum Tertiär vor etwa 67 Mil-

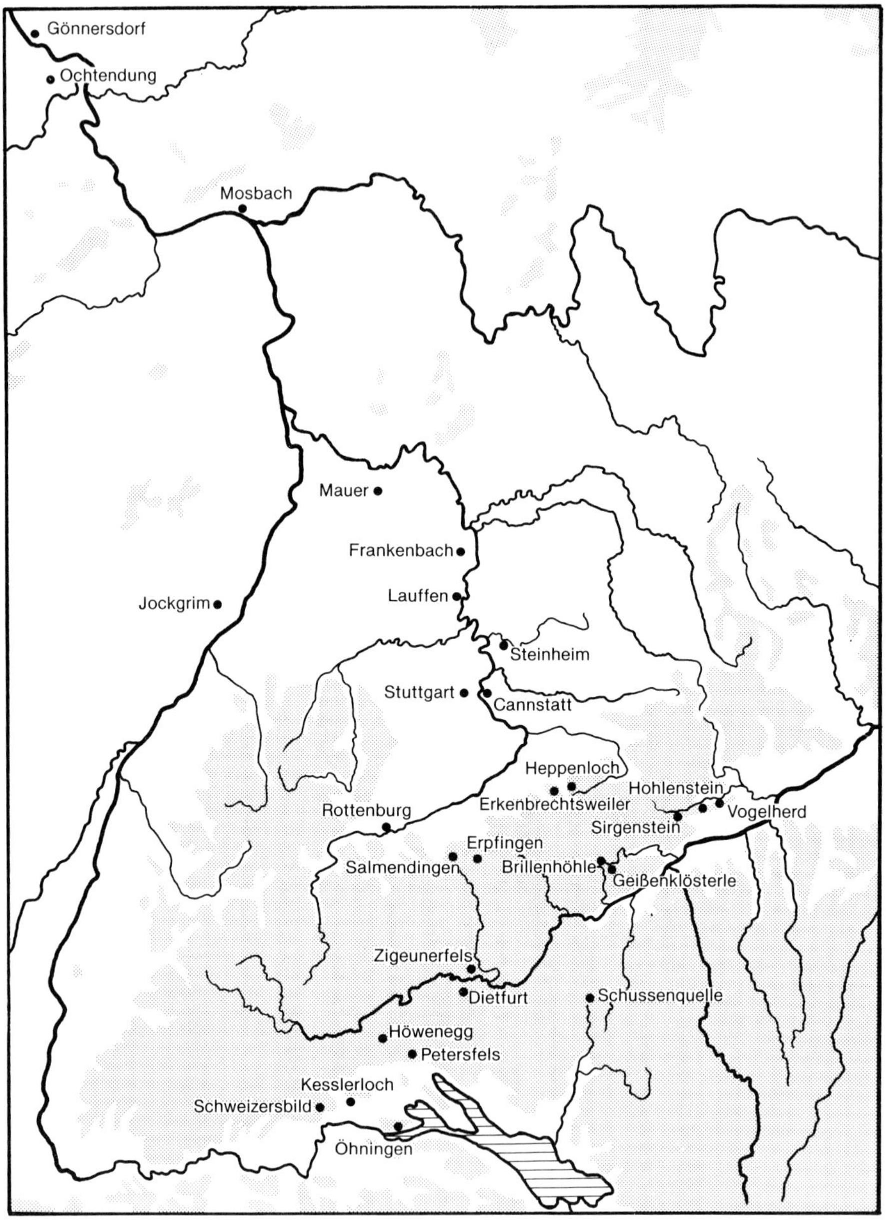

Abb. 73. Geografische Lage der wichtigsten Fundorte für das Pleistozän in Südwestdeutschland.

lionen Jahren beginnt, wird in sehr ungleich große Abschnitte unterteilt. Das Tertiär, die Periode, in der die Ordnung der Säugetiere ihre volle Blüte erreicht, dauert etwa 65 Millionen Jahre und für das Quartär bleiben nur knapp zwei Millionen Jahre. Das Quartär umfaßt das Pleistozän, wie das letzte aber vielgliedrige Eiszeitalter bezeichnet wird, und das mit 10000 Jahren verschwindend kurze Holozän, die postglaziale Jetztzeit. Daß diese kurze Zeitspanne des Quartärs überhaupt vom Tertiär abgetrennt wird, geschieht, weil extreme Klimaveränderungen das ökologische Bild auf der Erde mehrfach und grundlegend verändert haben. Es gab in diesem Zeitabschnitt Perioden, in denen die ökologischen Verhältnisse in Süddeutschland grundsätzlich von den heutigen verschie-

Jahr Millionen			Standardgliederung kaltzeitlich	warmzeitlich	regional belegte Warmzeiten	erwähnte Fundorte
	QUARTÄR	HOLOZÄN			postglaziale Warmzeit	zahlreiche Höhlen in Süddeutschland
0,01		PLEISTOZÄN	Würm			
				Eem	Stuttgarter Thermal	Biedermannscher Steinbruch
					? Thermal	Erkenbrechtsweiler
			Riß			Hunas
						Steinheim trog.-prim. Schotter
				Holstein	Steinheimer Thermal	Steinheim antiquus-Schotter
						Heppenloch
			Mindel			Mosbach, Erpfingen (Spaltenfüll.)
					Mauerer Waldzeit	Mauer, Frankenbach, Lauffen
				Cromer	Cromer Thermal	Voigtstedt, Süssenborn
			Menap			
				Waal		? Jockgrim
						Goldshöfer Sande
			Eburon			
1,8	TERTIÄR	PLIOZÄN		Tegelen		Erpfingen (Fauna von Höhleneingang)
			Prätegelen			
5,5		MIOZÄN				Höwenegg, Salmendingen
						Öhningen

Abb. 74. Stratigraphische Tabelle des Jungtertiärs und Quartärs.

den waren: Inlandeismassen schoben sich von den Alpen bis an die Donau, und der skandinavische Eisschild erreichte den Harz. Dazwischen breitete sich eine Tundra aus. So sah es aber nur zu den Höhepunkten der Kaltzeiten, der Glaziale aus. Dazwischen liegen zeitlich nicht unbedeutende Abschnitte, in denen sich das Klima so weit besserte, daß wie heute Eichenmischwald in Mitteleuropa heimisch war. Diese Abschnitte werden Thermale oder Interglaziale genannt. Der mehrfache Wechsel von Thermalen und Glazialen macht in seiner Gesamtheit das Eiszeitalter aus.
In der geologischen Vergangenheit hat es in zeitlich sehr großen Abständen solche Eiszeitalter gegeben. Das vorletzte Eiszeitalter lag im späten Erdaltertum vor etwa 280 Millionen Jahren. Obwohl es sich bei den Eiszeitaltern wie auch bei den Schwankungen innerhalb dieser Perioden um keine einmaligen Ereignisse handelt, ist es bisher nicht gelungen, eine wirklich überzeugende Deutung für die sicher vielschichtigen Ursachen zu finden. Ja, auch wenn wir recht genau wissen, daß das letzte Glazial des letzten Eiszeitalters vor 10000 Jahren zu Ende ging, kann man jetzt noch keineswegs sicher sagen, ob das Holozän ein Thermal darstellt und von einem Glazial gefolgt wird, oder ob das pleistozäne Eiszeitalter vor 10000 Jahren wirklich zu Ende gegangen ist.
Der frühe Mensch in Süddeutschland hat sich diese geologische Frage sicher nicht gestellt, aber höchst bedeutungsvoll war für ihn, in welcher Umwelt er lebte und welche Möglichkeiten zum Nahrungserwerb er hatte. Da der Mensch seit etwa 500000 Jahren in Mitteleuropa belegt ist, hat er mehrere Thermale und Glaziale miterlebt. Die Klimaschwankungen selbst sind für uns nur in ihren Auswirkungen zu erkennen. In diesem Kapitel sollen die Auswirkungen auf den Artbestand der Säugetierfauna betrachtet werden, wobei das Hauptinteresse bei den jüngeren Abschnitten liegt, in denen auch der Mensch in Süddeutschland nachgewiesen ist, denn die Tierwelt bildete stets einen wesentlichen Anteil an der Nahrung der frühen Sammler und Jäger.

Jungtertiär und frühes Pleistozän

Während im frühen Tertiär in Mitteleuropa ein tropisches bis subtropisches Klima herrschte, läßt sich bereits im Laufe des Tertiärs eine allmähliche Abkühlung feststellen. Aber noch im Jungtertiär, im Mittel-Miozän, vor etwa 14 Millionen Jahren hat eine üppige Vegetation geherrscht, die von vielen Pflanzenarten der wärmeren Klimazonen bestimmt war. Im südwestdeutschen Raum belegen das die fossilen Seeablagerungen von Öhningen am Untersee mit Palmen, Feigen- und Zimtbäumen.

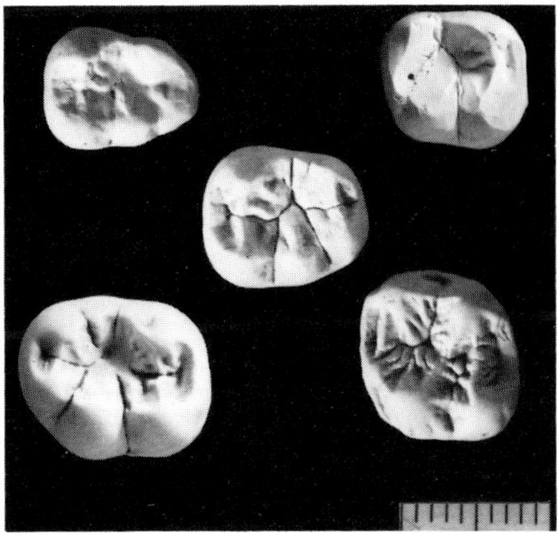

Abb. 75. Fossilfunde von obermiozänen Menschenaffen (Dryopitheciden) aus Südwestdeutschland: Oberschenkelknochen von Paidopithex rhenanus von Eppelsheim in Rheinhessen (Hess. Landesmus. Darmstadt).
Backenzähne von Dryopitheciden aus den Bohnerzspalten von Salmendingen und Melchingen auf der Schwäbischen Alb (Geol. Inst. Tübingen).

Abb. 76. Rekonstruktionsversuch einer Dryopitheciden-gruppe.

Etwas jünger ist die Waldfauna vom Höwenegg, die zwischen vulkanischen Aschen in einem Seebecken eingebettet wurde. Hier sind fast vollständige Skelette von Nashörnern, primitiven Hirschen, Antilopen, den beiden urtümlichen Elefanten Dinotherium und Mastodon sowie dem dreizehigen Pferd Hipparion gefunden worden. Hipparion ist vor etwa zwölf Millionen Jahren aus Amerika über Asien nach Europa eingewandert und sein Auftreten bildet eine wichtige Zeitmarke. Aus annähernd dem gleichen Zeitabschnitt mögen einige der fossilführenden Spaltenfüllungen auf der südwestlichen Alb stammen. Beim Abbau der Bohnerze, die als Verwitterungsprodukte in die engen Karstspalten eingeschwemmt wurden, fand man bei Frohnstetten und im Gebiet von Salmendingen zahlreiche Säugetiere. In Salmendingen, Melchingen und Trochtelfingen
Abb. 75, 76 wurden sogar Zähne von Affen entdeckt, die den Vorfahren des Menschen gar nicht so fern gestanden haben. *Branco* hat ihnen 1898 eine Monographie gewidmet.

Abb. 77. Geweih des Breitstirnelches (Alces latifrons) aus den altpleistozänen Sanden von Goldshöfe bei Aalen (Geol. Inst. Tübingen).

Abb. 78. Rekonstruktion des altpleistozänen Breitstirnelches (Alces latifrons).

Das Miozän schließt mit einer zunehmenden Versteppung im Mittelmeergebiet ab, währenddessen zahlreiche Steppentiere aus Afrika einwandern. Die Trokkenheit führt sogar zu einer weitgehenden Austrocknung des Mittelmeeres. Obwohl wir keine Faunen in Südwestdeutschland aus diesem Zeitraum haben, können wir aus den umliegenden Gebieten schließen, daß sich hier der Wald nicht zur Steppe gelichtet hat. Auch im älteren Pliozän bleibt der Wald erhalten. Im jüngeren Pliozän wandern drei Tierarten nach Europa ein, die für das Pleistozän äußerst wichtig werden, nämlich das echte einhufige Pferd (Equus), der erste echte Elefant (Mammuthus) und das erste Rind (Leptobos). Diese Einwanderungsphase wurde lange Zeit als Untergrenze des Pleistozäns angesehen, weil ihr bald auch die erste Abkühlung folgt, die in der Pollenanalyse als Praetegelen zu erfassen ist. Weil die Paläobotaniker an dieser Grenze einen wesentlichen Umbruch im Florenbestand durch das Verschwinden der wärmeliebenden Pflanzen nachweisen können, halten sie auch an dieser Untergrenze für das Pleistozän fest (s. Beitrag Frenzel). Dagegen wird in der Paläozoologie die Grenze seit einigen Jahren höher angesetzt. Nach einer ersten Abkühlung, dem Praetegelen, die zumindest zeitweise den Laubwald zugunsten des Nadelwaldes zurücktreten läßt, folgt um etwa zwei Millionen Jahre vor heute das Tegelen als ein gemäßigter Klimaabschnitt. In die Tierwelt dieser jüngeren Phase des Pliozäns, dem Villanyium, haben wir Einblick durch eine Fauna aus der Bärenhöhle von Erpfingen. Es handelt sich aber nicht um jene Fauna mit den Höhlenbären, die in das Jungpleistozän zu stellen ist, sondern um die vom Höhlenfluß abgerollten Knochen und Zähne vom Höhleneingang. Hier sind ein altertümlicher Biber (Throgontherium), ursprüngliche Hirsche, Nashörner belegt sowie der Südelefant (Mammuthus meridionalis), aus dem sich im Laufe des Pleistozäns der Steppenelefant und später das Mammut entwickelt hat.

Bereits ins Pleistozän, dessen Beginn nach der neuen Gliederung bei etwa 1,8 Millionen Jahren angesetzt wird und durch das Einwandern bestimmter kleiner Nagetiere gekennzeichnet ist, gehört die etwas jüngere Steppenphase, die in den Goldshöfer Sanden bei Aalen belegt ist. Von hier besitzt das Museum für Geologie und Paläontologie der Universität Tübingen den vollständigen Unterkiefer
Abb. 79 eines frühen Steppenelefanten sowie neben Zahnreihen eines großen Pferdes
Abb. 77 auch das weitausladende Geweih eines Breitstirnelches. Auch Funde vom Rosenstein bei Stuttgart mögen zu dieser Steppenphase gehören.

Die Fauna einer wohl etwas jüngeren Waldphase ist aus den Tonlagern von Jockgrim in der Pfalz bekannt geworden, wo neben Hirsch und Reh auch ein Flußpferd vorkommt.

Diese wenigen Einzelfundstellen haben meist nur eine artenarme Fauna geliefert, die eine exakte Alterseinstufung sowie eine Rekonstruktion der Umwelt

Abb. 79. Unterkiefer eines altpleistozänen Steppenelefanten (Mammuthus sp.) aus den Sanden von Goldshöfe bei Aalen (Geol. Inst. Tübingen).

Abb. 80. Skelett eines mittelpleistozänen Steppenelefanten (Mammuthus primigenius fraasi), das 1910 in den »trogontherii-primigenius-Schottern« (siehe Abb. 92) von Steinheim an der Murr gefunden wurde. Die Schulterhöhe beträgt 4 m. (Abguß im Urmensch-Museum, Steinheim/Murr.)

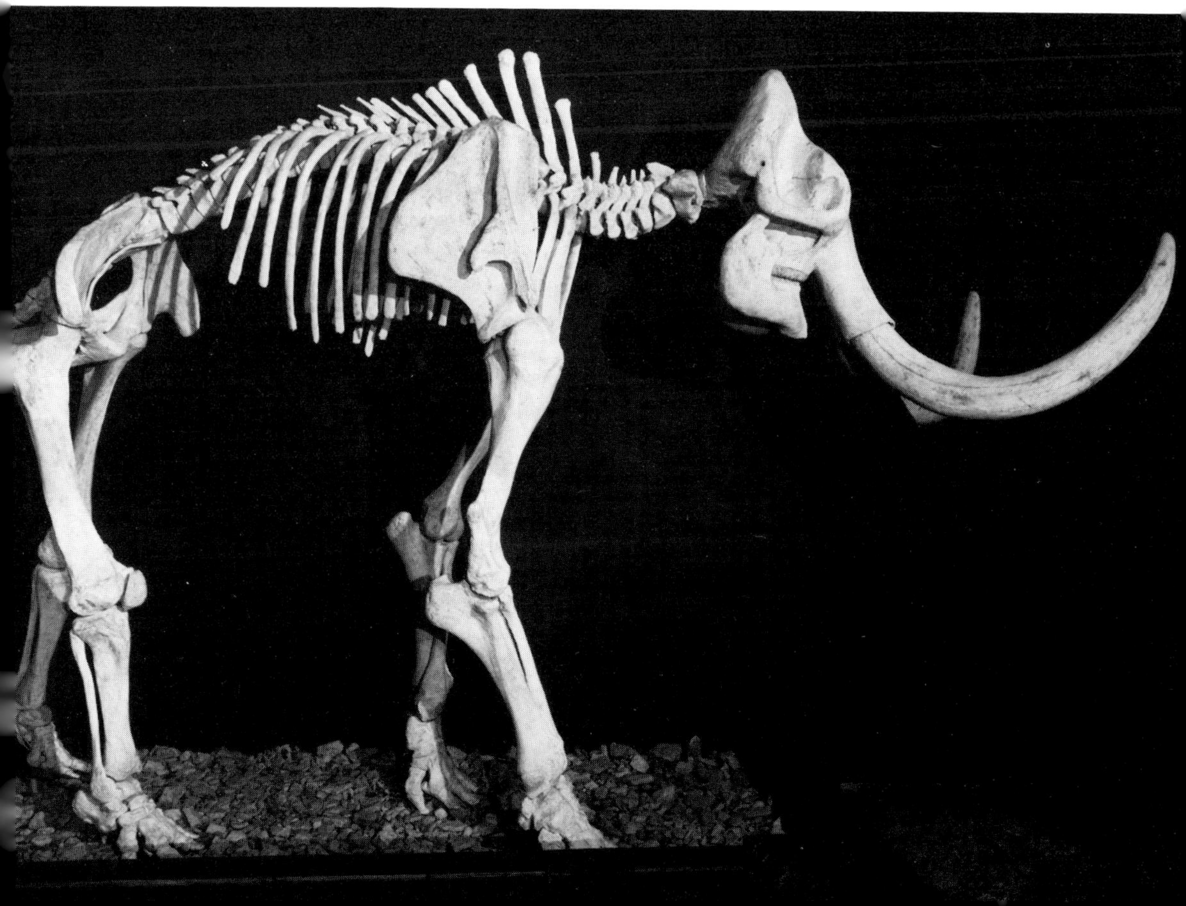

Abb. 81. Wichtige Großsäuger aus der altpleistozänen Waldfauna von Mauer bei Heidelberg: 1 Säbelzahntiger (Homotherium sp.), 2 Löwe (Panthera leo), 3 Luchs (Felis [Lynx] issidorensis), 4 Bär (Ursus deningeri), 5 Wildschwein (Sus scrofa), 6 Flußpferd (Hippopotamus amphibius), 7 Reh (Capreolus capreolus), 8 Rothirsch (Cervus elaphus acoronatus), 9 Breitstirnelch (Alces latifrons), 10 Waldbison (Bison schoetensacki), 11 Pferd (Equus mosbachensis), 12 Waldnashorn (Dicerorhinus etruscus), 13 Waldelefant (Palaeoloxodon antiquus).

wesentlich erschwert. Ein deutlicheres Bild gewinnen wir erst mit der Mauerer Waldzeit, aus der auch der erste Beleg für den frühen Menschen selbst im mitteleuropäischen Raum geborgen wurde.

Die Mauerer Waldzeit

Das kleine Dorf Mauer, das für diese Faunenzone namengebend war, liegt etwa zehn Kilometer südöstlich von Heidelberg. Heute fließt hier der Neckar nicht mehr vorbei, aber im Pleistozän hatte der Neckarlauf eine zusätzliche Schlinge nach Süden und lagerte Sande und Schotter, vornehmlich Buntsandstein und Muschelkalk, ab. Diese Ablagerungen enthalten relativ viele Knochenreste, die eine artenreiche Säugetierfauna belegen. Die Knochen stammen von Kadavern, die in den Hochwasserbereich des Flusses gelangt sind, dann vom Fluß herbeigeschwemmt und im Bereich der Schlinge abgelagert wurden. Der hohe Anteil von Kalken in den Schottern neutralisierte saure Bodenwässer und bewahrte die Knochen vor der chemischen Auflösung. Die Fauna würde dem unvoreingenommenen Betrachter äußerst ungewöhnlich für die Umgebung von Heidelberg erscheinen. Da sind Elefanten, Nashörner, Löwen und sogar das Flußpferd. Die Elefanten wie die Nashörner haben nach der Struktur ihrer Backenzähne Laub von Büschen und Bäumen fressen können, wohl aber kaum Gras in größeren Mengen. Demnach haben diese Tiere in einer bewaldeten Umgebung, nicht aber in der Steppe gelebt. Bewaldung mit Laubhölzern ist ein wichtiges Kriterium für Thermale innerhalb des Pleistozäns. Zu einem warmen Klima

Abb. 81
Abb. 82

Abb. 82. Rekonstruktion des Waldelefanten (Palaeoloxodon antiquus).

Abb. 83 paßt auch gut das Auftreten des Flußpferdes. An weiteren Besonderheiten hat diese Fauna zahlreiche Reste eines Bisons mit kurzen Hörnern, des Pferdes und sogar einen Säbelzahntiger geliefert.

O. *Schoetensack* hat diese Fauna seit 1887 kontinuierlich gesammelt, stets in der stillen Hoffnung, daß auch ein Menschenrest dabei sein könnte. Nach 20 Jahren,
Abb. 124–126 im Herbst 1907, wurde dann der berühmte Unterkiefer des Homo erectus heidelbergensis gefunden, der belegt, daß der frühe Mensch diese Fauna in Süddeutschland erlebt und nach Kräften wohl auch erjagt hat. Trotz dieses Fundes darf nun nicht etwa die in Mauer zusammengeschwemmte Fauna als seine Jagdbeute interpretiert werden.

Das Alter dieser Fauna erschien früher eindeutiger als jetzt. Die Großsäugerfauna zeigt viele Ähnlichkeiten zu den Faunen des Cromer-Thermals, das dem
Abb. 121 Mindel-Glazial vorangeht. Die Kleinsäugerfauna, die besonders durch Wühlmauszähne belegt ist, erlaubt die zur Zeit feinste relative Altersbestimmung. Danach ist die Fauna von Mauer jünger als die klassische Cromer-Fauna aus Ost-England oder deren zeitliche Äquivalente Voigtstedt und Süssenborn in Thüringen. Damit ist in Frage gestellt, ob die Mauerer Waldzeit einen noch jüngeren Teil des Cromeriums ausmacht oder ob sie in eine recht bedeutende Klimaverbesserung gehört, die innerhalb des Mindel-Glazials anzusetzen wäre.

Vergleichbare Faunen, die aber weniger Arten und Individuen belegen, sind in der Gegend von Heilbronn, in den Hochterrassenschottern von Lauffen und Frankenbach gefunden worden (*Adam* 1977). Da hier aber Kleinsäuger fehlen, können sie nicht sicher mit den Schottern von Mauer zeitlich gleichgesetzt werden.

Abb. 83. Rekonstruktion eines altpleistozänen Flußpferdes (Hippopotamus amphibius antiquus).

Das Mindel-Glazial

Der zeitlich nächstjüngere Fundpunkt liegt etwas außerhalb des betrachteten Gebietes, nämlich die Mosbacher Sande bei Wiesbaden. Auch bei den Mosbacher Sanden handelt es sich um Flußablagerungen, die vom Main, der hier in den Rhein mündete, stammen. Hier ist zum einen die Fauna der Mauerer Waldzeit *Abb. 84* belegt, zugleich aber der Beginn des darauffolgenden Glazials. Wird das Thermal durch eine Fauna mit Pferd, Reh, Wildschwein und natürlich Waldelefant repräsentiert, so zeigt sich das Glazial am Einwandern der ersten arktischen Elemente: Rentier und Moschusochse (*Kahlke* 1973). Der Waldelefant wird von *Abb. 85* Steppenelefanten abgelöst. Seine Backenzähne sind breiter und haben deutlich mehr Schneidekanten. Damit sind sie geeignet, statt Laub auch Grasnahrung zu zermahlen.

Diese Fauna kennzeichnet eine offene Landschaft, in der sich – wohl aus klimatischen Gründen – der Wald nicht entwickeln kann.

Eine ebenfalls offene Landschaft für diesen Zeitraum weisen zwei Spaltenfüllungen aus einem Steinbruch bei Erpfingen auf der Alb aus (*Heller* 1936, 1958). Zusammen mit Verwitterungslehmen wurden die Zähne und Knochen vorwiegend kleiner Säugetiere in eine offene Karstspalte gespült und blieben hier erhalten. Es kann gut sein, daß diese Anreicherung der Kleinsäugerknochen aus ehemaligen Eulengewöllen stammt. Hier begegnen uns u. a. die Zähne von Lemmingen, die aber nicht unbedingt vom arktischen Berglemming zu stammen brauchen, sondern möglicherweise vom heute in Mittelschweden heimischen Waldlemming. Allerdings spricht das Vorkommen dieses Tieres für ein deutlich kühleres Klima als etwa während der Mauerer Waldzeit.

Diese Abkühlung läßt, sofern sie mit dem Mindel-Glazial (oder einem Teil davon) gleichzusetzen ist, die Alpengletscher aus dem Gebirgsbereich in das Vorland vorrücken. Gleichzeitig bildet sich über Skandinavien ein Eisschild, der ständig wachsend bis zum Harz und nach Thüringen vordringt. Der süddeutsche Raum bildet damit von Norden nach Süden durch Eismassen eingerahmt einen eisfreien Korridor. Ob zu dieser Zeit der Mensch in diesem Gebiet geblieben ist, kann gegenwärtig noch nicht gesagt werden.

Abb. 84. Wichtige Großsäuger aus den altpleistozänen Schottern von Mosbach bei Wiesbaden (Hauptfundschicht): 1 Bär (Ursus deningeri), 2 Luchs (Felis [Lynx] issidorensis), 3 Säbelzahntiger (Homotherium latidens), 4 Gepard (Acionyx pardinensis), 5 Löwe (Panthera leo), 6 Wildschwein (Sus scrofa), 7 Flußpferd (Hippopotamus amphibius), 8 Breitstirnelch (Alces latifrons), 9 Reh (Capreolus capreolus), 10 früher Riesenhirsch (Praemegaceros verticornis), 11 Rothirsch (Cervus elaphus acoronatus), 12 Waldbison (Bison schoetensacki), 13 Steppenbison (Bison priscus), 14 Pferd (Equus mosbachensis), 15 Merck'sches Nashorn (Dicerorhinus kirchbergensis), 16 Waldelefant (Palaeoloxodon antiquus), 17 Steppenelefant (Mammuthus trogontherii).

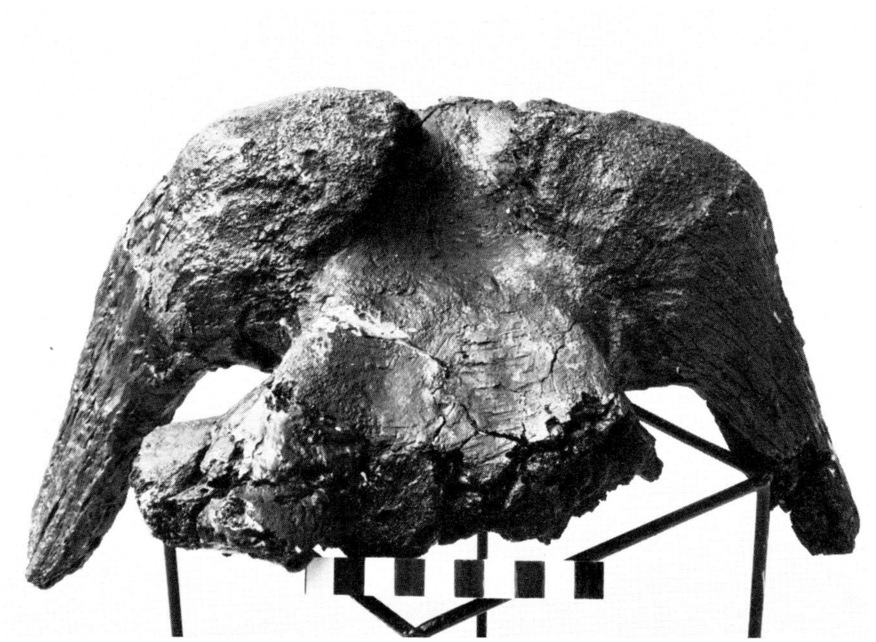

Abb. 85. Schädel eines frühen Moschusochsen (Praeovibus schmidtgeni) aus den altpleistozänen Sanden von Mosbach bei Wiesbaden (Naturhist. Mus. Mainz).

Das Steinheimer Thermal

Die Umklammerung des Eises hält aber nicht ewig an. Das Klima bessert sich so erheblich, daß um 250000 Jahre vor heute erneut Laubwälder in unser Gebiet Einzug halten. Die dazugehörige Fauna ist in dem betrachteten Gebiet in Steinheim an der Murr besonders gut überliefert. Hier handelt es sich wiederum um Ablagerungen eines Flusses, der Murr. Zwei deutlich unterschiedene Horizonte lassen sich gegenüberstellen, die nach den darin vorkommenden Elefanten benannt sind: die antiquus-Schotter (Waldelefant) und darüber die trogontherii- *Abb. 92*
primigenius-Schotter (Steppenelefant). Die oberen Schotter belegen bereits wieder eine Abkühlung des Klimas, während die antiquus-Schotter ein Thermal, das Steinheimer Thermal, belegen. Die hier enthaltene Großsäugerfauna *Abb. 86*
wurde von *K. D. Adam* (1954) bearbeitet und ist deutlich jünger als die des Thermals von Mauer, wie die Entwicklungshöhe einzelner Tierarten beweist. So

Abb. 86. Wichtige Großsäuger aus dem unteren Schotterpaket von Steinheim an der Murr, das einem Thermal zugeordnet wird: 1 Höhlenbär (Ursus spelaeus), 2 Löwe (Panthera leo), 3 Säbelzahntiger (Homotherium sp.), 4 Wildschwein (Sus scrofa), 5 Waldriesenhirsch (Megaloceros giganteus antecedens), 6 Reh (Capreolus capreolus), 7 Rothirsch (Cervus elaphus), 8 Wasserbüffel (Bubalus murrensis), 9 Waldbison (Bison schoetensacki), 10 Auerochse (Bos primigenius), 11 Steppenbison (Bison priscus), 12 Merck'sches Nashorn (Dicerorhinus kirchbergensis), 13 Steppennashorn (Dicerorhinus hemitoechus), 14 Pferd (Equus steinheimensis), 15 Waldelefant (Palaeoloxodon antiquus).

Abb. 87. Stirnschädel vom mittelpleistozänen Wasserbüffel (Bubalus murrensis) aus den warmzeitlichen Schottern von Steinheim an der Murr (Staatl. Mus. Naturkunde Stuttgart).

hat sich aus dem Bären Ursus deningeri, der in Mauer vorkommt, der echte Höhlenbär (Ursus spelaeus) entwickelt. Andererseits tauchen neue Tierarten auf, wie der Auerochse, der nie in älteren Ablagerungen gefunden wurde.
Daß es sich um ein echtes Thermal handelt, belegen nicht nur die Tierarten des Waldes, wie Waldelefant, Hirsch, Reh und Wildschwein, sondern auch das Auftreten von Arten aus recht warmen Zonen. Als besonderer Glücksfall kann die Entdeckung des Schädels eines südostasiatischen Wasserbüffels durch *F. Berckhemer* (1927) gelten. Der Wasserbüffel hat, nach seinem heutigen Verbreitungsgebiet zu schließen, sicher recht hohe Ansprüche an das Klima gestellt. *Abb. 87*
Nach der bisherigen Kenntnis konnte er nur einmal während des Pleistozäns sein Areal nach Mitteleuropa ausdehnen und das war während des Steinheimer Thermals. Bisher sind aus Mitteleuropa von diesem besonderen Tier nur fünf Funde bekannt. Der erste stammt aus Steinheim, ein weiterer aus dem Elbetal bei Magdeburg und drei aus dem Rheintal bei Darmstadt. Noch wichtiger aber ist ein weiterer Beleg für den frühen Menschen.
Nach jahrelanger Überwachung der Fundstelle konnte *Berckhemer* 1933 einen

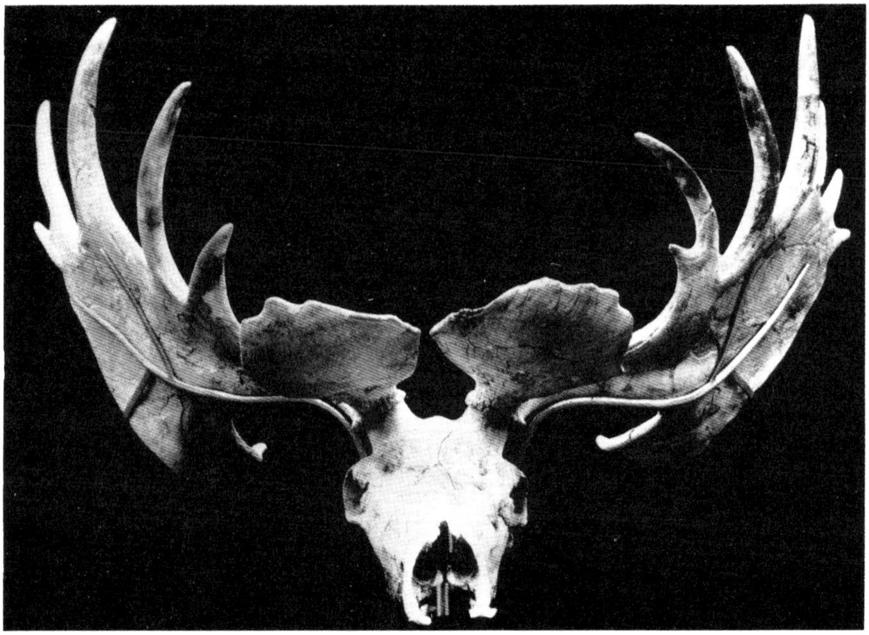

Abb. 88. Schädel und Geweih eines mittelpleistozänen Waldriesenhirsches (Megaloceros giganteus antecedens) aus den warmzeitlichen Schottern von Steinheim an der Murr. Die Spannweite beträgt 135 cm (Staatl. Mus. Naturkunde Stuttgart).

Abb. 89. Lebensbild vom Magot (Macaca sylvana), dem einzigen auch in Europa (Gibraltar) beheimateten Affen.

Abb. 90. Wichtige Großsäuger aus den mittelpleistozänen Ablagerungen des Heppenlochs bei Gutenberg auf der Schwäbischen Alb: 1 Löwe (Panthera leo), 2 Höhlenbär (Ursus spelaeus), 3 Braunbär (Ursus arctos), 4 Makake (Macaca sylvana suevica), 5 Wildschwein (Sus scrofa), 6 Rothirsch (Cervus elaphus), 7 Damhirsch (Dama sp.), 8 Reh (Capreolus capreolus), 9 Waldbison (Bison schoetensacki), 10 Steppenbison (Bison priscus), 11 Pferd (Equus steinheimensis), 12 Steppennashorn (Dicerorhinus hemitoechus).

Abb. 91. Wichtige Großsäuger aus dem oberen Schotterpaket von Steinheim an der Murr, das einem beginnenden Glazial zugeordnet wird: 1 Löwe (Panthera leo), 2 Höhlenbär (Ursus spelaeus), 3 Riesenhirsch (Megaloceros giganteus sp.), 4 Rothirsch (Cervus elaphus), 5 Steppenbison (Bison priscus), 6 Wollnashorn (Coelodonta antiquitatis), 7 Steppenelefant (Mammuthus trogontherii), 8 Mammut (Mammuthus primigenius), 9 Pferd (Equus steinheimensis).

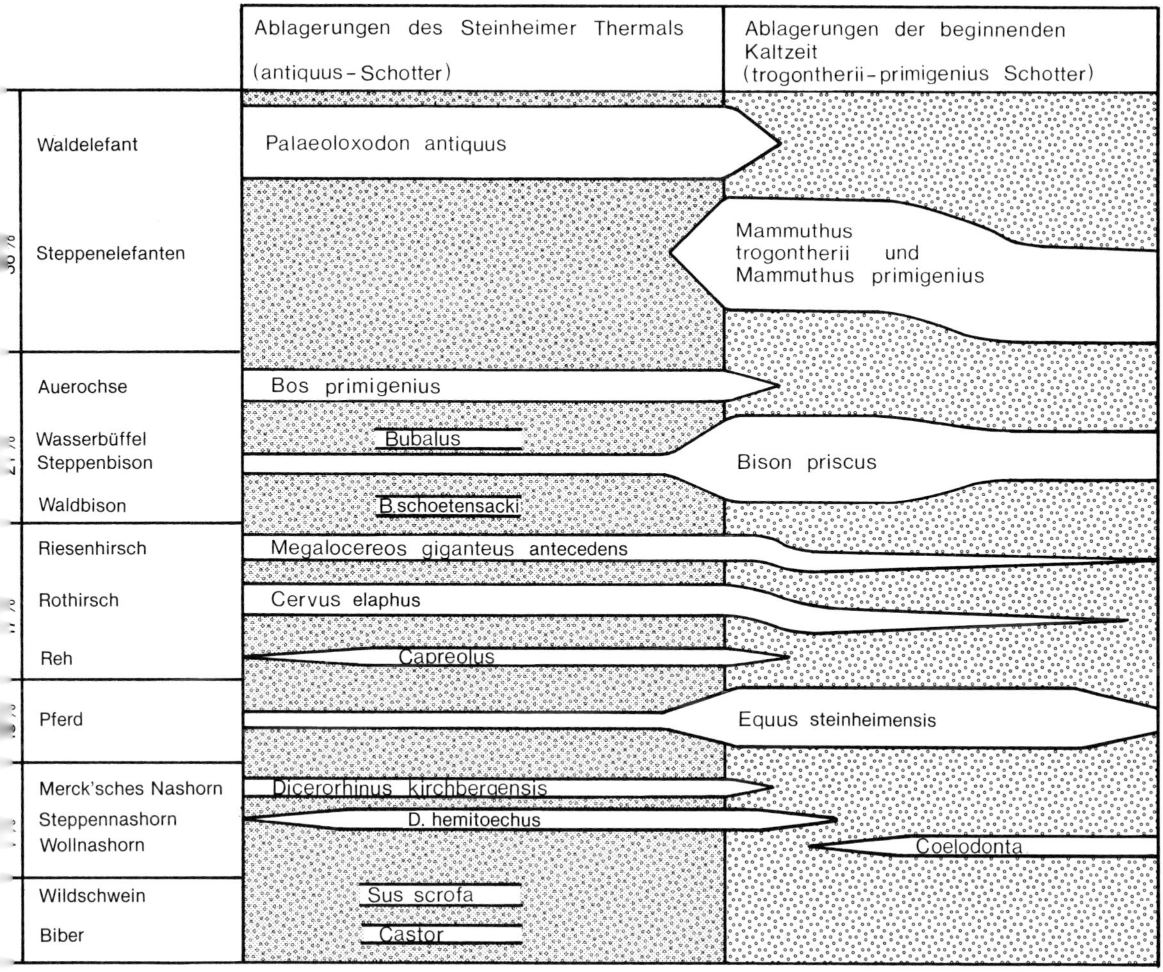

Abb. 92. Unterschied in der Zusammensetzung der Fauna in den beiden Schotterpaketen von Steinheim an der Murr. Der untere Abschnitt, benannt nach dem Waldelefanten (P. antiquus), enthält hauptsächlich Tierarten einer bewaldeten Landschaft. Im oberen Abschnitt der nach den Steppenelefanten (M. trogontherii und M. primigenius) benannt ist, treten die Tiere der offenen Landschaft in den Vordergrund. Deswegen kann der untere Schotter einem Thermal, der obere aber einem beginnenden Glazial zugeordnet werden (nach Adam 1954).

Abb. 93. Rekonstruktion des Steppenelefanten (Mammuthus trogontherii).

Abb. 128, 129 Menschenschädel aus den antiquus-Schottern bergen, der grazil und damit wesentlich moderner wirkt als der Unterkiefer von Mauer. Angebliche Artefaktfunde sind umstritten (*Adam* 1974, vgl. Beitrag Müller-Beck).

Dieses Thermal ist aber nicht nur in Steinheim belegt. Im Heppenloch bei Gutenstein auf der Alb hat der Schwäbische Höhlenverein große Grabungen durchgeführt und dabei eine Knochenbreccie geborgen, die neben anderen Ar- *Abb. 89* ten Affenreste geliefert hat. Es sind zwei Oberkieferreste, die einem Makaken zugeschrieben werden, jenem Affen, der heute Nordafrika und den südlichsten Zipfel von Europa, Gibraltar, bewohnt. Auch das Vorkommen dieser Art im Steinheimer Thermal läßt vermuten, daß das Klima noch wärmer war als es heute *Abb. 90* ist. Die Fauna des Heppenlochs wurde von *Adam* (1975) revidiert.

In Steinheim selber werden die antiquus-Schotter von den trogontherii-primigenius-Schottern überlagert. Bei der Aufsammlung wurden die Knochenfunde getrennt gehalten und vermitteln uns heute ein deutliches Bild des ökologischen *Abb. 80, 93* Wandels. Der Waldelefant wird vom Steppenelefant, dem Vorläufer des weltbekannten Mammuts, abgelöst, der mit seinen Molaren (Backenzähnen) besser an die Grasnahrung angepaßt ist. Der Bison wird gegenüber dem Auerochsen deutlich häufiger, ebenso tritt das Pferd in der Fundhäufigkeit hervor.

Bei den Nashörnern werden die beiden Dicerorhinus-Arten vom Wollnashorn abgelöst. Auch vom Wollnashorn wissen wir, daß es an klimatisch recht unwirtliche Verhältnisse angepaßt war. Gleichzeitig fehlen in diesen oberen Schottern Wasserbüffel, Waldbison, Reh und Wildschwein. Daraus ist sicher auf eine erneute Abkühlung von erheblicher Auswirkung zu schließen. *Abb. 96, 97*

Das Steinheimer Thermal wird in der Regel mit dem Holstein-Thermal gleichgesetzt. Aber z. Z. ist es noch schwer abzuschätzen, welchen Teil es in diesem möglicherweise mehrgliedrigen Abschnitt repräsentiert. Die im oberen Teil des Profils von Steinheim ablesbare Abkühlung könnte der Anfang des Riß-Glazials sein.

Das Riß-Glazial

Das auf das Steinheimer Thermal folgende Glazial ist faunistisch in Südwestdeutschland nicht zu fassen, obwohl die Veränderungen besonders intensiv waren. Die Gletscher Skandinaviens und der Alpen rückten weit nach Deutschland vor. Im Norden erreichten die Gletscher nahezu den Rand des Rheinischen Schiefergebirges, im Süden drang der Rheingletscher bei Sigmaringen sogar über die Donau vor, die er so zu einem großen See aufstaute. Dieser See hat im Donautal und den Seitentälern Sedimente abgelagert, die später wieder weitgehend ausgewaschen wurden. Jüngst konnten Ablagerungen des Sees in der unteren Kammer der Burghöhle von Dietfurt entdeckt werden (*v. Koenigswald* und *Taute* 1979). Daß sich im süddeutschen Gebiet während dieser Zeit eine weitgehend baumlose Tundra gebildet hat, ist anzunehmen. Über die Fauna wissen wir sehr wenig. Sicher hat es den Steppenelefanten, der sich allmählich zum Mammut entwickelte, und das Wollnashorn gegeben. Wie weit dieses Glazial einheitlich war oder ob es auch wärmere Abschnitte einschloß, ist für Südwestdeutschland noch nicht zu sagen. Aus Franken wird die Bearbeitung der Fauna von Hunas neue Erkenntnisse bringen.

Aus den Lößprofilen wissen wir, daß die klassische Gliederung von *Penck* und *Brückner* mit vier Glazialen und drei Thermalen für das Pleistozän nicht ausreicht. Die Gliederung kann auch dadurch nicht vervollständigt werden, daß ältere Glaziale, die dem Günz vorangehen, der Gliederung angefügt werden. Vielmehr ist die Gliederung bei weitem komplizierter. Wenn man Mauer in das Thermal vor dem Mindel einstuft, dann folgen darauf mit größter Wahrscheinlichkeit noch mehr Thermale als die beiden, die in der klassischen Gliederung vorgesehen sind, Holstein und Eem. So ist es wahrscheinlich, daß die Füllung der Höhlenruine von Erkenbrechtsweiler (*Koenigswald* und *Schmidt-Kittler*

1972) eine warmzeitliche Fauna aufweist, die jünger als das Steinheimer Thermal, aber älter als das Stuttgarter Thermal ist.

Das Stuttgarter Thermal

Etwas sicheren Boden erreichen wir erst in einem Thermal, das im Travertin des ehemaligen Biedermannschen Steinbruchs von Stuttgart-Untertürkheim belegt ist. Es ist wieder ein neuer Fundstellentypus. Die Kalkausscheidungen der Mineralquellen haben eine recht umfangreiche Pflanzenwelt inkrustiert und gleichzeitig Tierknochen mit eingeschlossen. Auch dieses Profil ist mehrgliedrig. Im festen Travertin des unteren Abschnittes wurden die Blätter eines Eichenmischwaldes gefunden. An Säugetieren konnten in diesen Schichten Rothirsch, Riesenhirsch, Reh, Wildkatze sowie einige Vögel nachgewiesen werden. In den Hohlräumen ehemaliger Baumstümpfe fanden sich auch Kleinsäuger, darunter die Wimpernspitzmaus, deren Hauptverbreitungsgebiet heute im Mittelmeergebiet liegt und im Norden nicht einmal ganz Norddeutschland einschließt. In diesen Travertinen fanden sich aber auch Holzkohle und mousteroide Artefakte, die bezeugen, daß der frühe Mensch auch an diesen Quelltümpeln Rast gemacht hat. Der Eichenmischwald, ebenso wie Reh und Wimpernspitzmaus belegen die Klimaverhältnisse eines Thermals, bei dem es sich um das letzte Interglazial handelt. Im Profil des Biedermannschen Steinbruchs wird dieser Travertin nach oben abgedeckt von einer dünnen Schicht, die eine ganz andere Faunenzusammensetzung aufweist. In dieser Steppennagerschicht (*Heller* 1934) treten die Nagetiere der Steppe, der Pferdespringer und der Graulemming auf, die bereits wieder das beginnende Glazial ankündigen.
Wie mild das Klima zumindest in gewissen Abschnitten des letzten Thermals war, wird aus dem Wieder-Einwandern des Flußpferdes deutlich. In der Oberrheinebene finden sich in einer Schicht des Schotterkörpers, der durch schwarze Stämme dicker Eichen gekennzeichnet ist, Knochen und Zähne dieser klimatisch recht anspruchsvollen Tierart (*v. Koenigswald* und *Löscher* 1982). Vom Mittelmeergebiet ausgehend haben die Flußpferde ihr Areal über die Rhone und den Rhein bis nach England ausweiten können.

Das letzte Glazial

In dem bisher besprochenen Teil des Pleistozäns konnte sich die Beschreibung der Faunenentwicklung immer nur auf ganz wenige Fundpunkte stützen. Das allgemeine Bild steht zwar im wesentlichen im Einklang mit den Ergebnissen der benachbarten Gebiete, aber sehr viele Fragen der feineren Korrelation müssen

Abb. 94. Wichtige Großsäuger aus dem älteren Teil des letzten Glazials, wie sie in vielen Höhlen der Schwäbischen Alb belegt sind: 1 Höhlenhyäne (Crocuta spelaea), 2 Höhlenbär (Ursus spelaeus), 3 Löwe (Panthera leo), 4 Moschusochse (Ovibos moschatus), 5 Rentier (Rangifer tarandus), 6 Riesenhirsch (Megaloceros giganteus), 7 Rothirsch (Cervus elaphus), 8 Auerochse (Bos primigenius), 9 Steppenbison (Bison priscus), 10 Steinbock (Capra ibex), 11 Pferd (Equus sp.), 12 Wollnashorn (Coelodonta antiquitatis), 13 Mammut (Mammuthus primigenius).

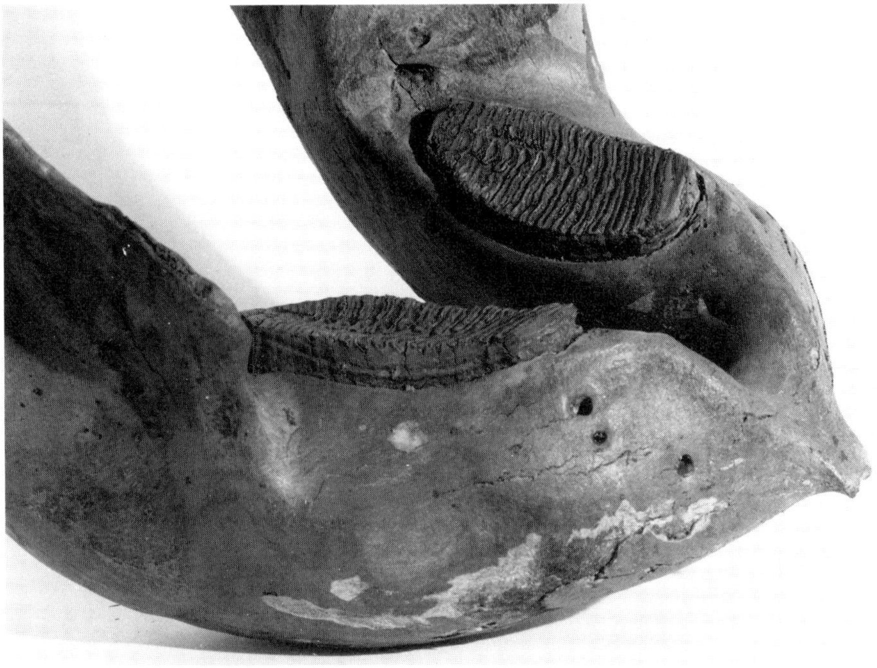

Abb. 95. Unterkiefer des Mammuts (Mammuthus primigenius) aus Erfelden in der nördlichen Oberrheinebene. Die enggestellten Schneidekanten auf den unteren Molaren zeigen die hohe Anpassung an die Grasnahrung der kaltzeitlichen Steppen. (Hess. Landesmus. Darmstadt).

noch offen bleiben, da die Fundstellen fehlen. Dies ändert sich schlagartig, wenn wir in das letzte Glazial eintreten, da uns hier die große Zahl der Höhlenfaunen Zeugnis gibt. Es ist ein allgemeines Phänomen, daß die Höhlen der Alb die Ablagerungen des letzten Glazials enthalten, aber kaum ältere. Das Heppenloch bildet mit der Knochenbreccie aus dem Steinheimer Thermal eine Ausnahme, aber hier waren die erhaltenen Sedimente auch aus lokalen Gründen verfestigt. Das Fehlen älterer Sedimente in den Höhlen kann nicht damit erklärt werden, daß die Höhlen vielleicht noch nicht bestanden. Sie waren sicher auch zu früheren Zeiten Sedimentfallen, aber es spricht alles dafür, daß sie im Übergangsbereich von den Thermalen zu den Glazialen durch erhöhte Wasserführung völlig ausgeräumt wurden. Daher finden sich hier weder ältere Faunen noch die materiellen Hinterlassenschaften des frühen Menschen. Über das letzte Glazial berichten die vielen Höhlen der Alb aber sehr differenziert.

Wie aber sind die Knochen der Tiere in die Höhlen gekommen, denn Nashörner, Pferde oder Elefanten haben ja weder in Höhlen gelebt, noch sind sie hier gestorben. Die Knochen dieser Tiere sind in die Höhlen eingeschleppt worden, dafür kommt neben dem frühen Menschen auch die Höhlenhyäne in Betracht. *Abb. 100 102* Sie hat ihre Horste mit wahren Knochenpflastern versehen. Höhlen sind nicht selten von Menschen und Hyänen wechselseitig aufgesucht worden, so daß die Jagdbeute des Menschen nur durch zusätzliche Kriterien, etwa Schnittspuren oder Schlachtmarken sicher erkannt werden kann. Auf die Höhlenbärenknochen wird weiter unten eingegangen.

Die Kleinsäugerfauna, die uns Hinweise auf die ökologischen Verhältnisse gibt, ist in den Höhlen ebenfalls reichlich vorhanden. Die Kleinsäuger sind als Beutetiere der Eulenvögel in Form von Gewöllen in die Höhle gebracht worden, wo *Abb. 114* sie stellenweise zu dicken »Nagetierschichten« angehäuft wurden.

Nach faunistischen Gesichtspunkten kann das letzte Glazial nur bedingt gegliedert werden, jedoch lassen sich Frühglazial und Spätglazial voneinander unterscheiden. Die Altersbestimmung der Faunen kann direkt durch absolute Bestimmungen am ^{14}C-Gehalt des Kollagens des Knochens bis zu einem Höchstalter von etwa 50000 Jahren bestimmt werden. Die älteren Faunen werden durch die im Schichtverband gefundenen Archaeologica einer Kulturstufe, deren relative Abfolge ja bekannt ist, zugeordnet.

Das Frühglazial

Den Beginn des letzten Glazials um etwa 80000 Jahre vor heute markiert die Einwanderung der Steppenfauna, wie sie uns in der Steppennagerschicht des Biedermannschen Steinbruchs mit Graulemming und Pferdespringer erstmals begegnet ist. Zu dieser Fauna gehört auch ein Esel, wie die Fauna aus einer Höhle im Travertin von Stuttgart-Bad Cannstatt, Villa Seckendorff, beweist. Als weiteres Glied dieser Faunenvergesellschaftung ist das Stachelschwein zu nennen, das nicht nur durch die eigenen Knochen, sondern auch durch charakteristische Nagespuren auf Knochen anderer Tiere sicher nachzuweisen ist. Zu den genannten Formen gesellen sich die typischen Tiere des Glazials, wie Mammut und Wollnashorn, Rentier und gelegentlich der Moschusochse und in der *Abb. 95–97, 103, 104* Kleinfauna der Halsbandlemming und der Berglemming. Die anfangs genannten Steppenarten werden mit der Zeit seltener. Das Stachelschwein ist aber noch im »schwarzen Moustérien« des Hohlestein-Stadels nachgewiesen.

Da diese Faunen noch weit außerhalb der Reichweite der Datierungsmöglichkeiten mit radioaktivem Kohlenstoff liegen, kann noch nicht gesagt werden, ob diese Steppenphase einheitlich ist oder durch Interstadiale unterbrochen wird. Nach der Gliederung der Lößprofile des Rhein-Main-Gebietes ist eher an eine

Abb. 96. Schädel eines Wollnashorns (Coelodonta antiquitatis) aus letztglazialen Schottern der nördlichen Oberrheinebene. Die Hörner sind auf dem Schädel nur durch rauhe Stellen angedeutet, da sie keinen Knochenkern besitzen. Hess. Landesmuseum Darmstadt.

Abb. 97. Rekonstruktion des jungpleistozänen Wollnashorns (Coelodonta antiquitatis).

Gliederung in mehrere Phasen zu denken. Die relative Altersstellung zu den Interstadialen Ammersfort und Brörup ist noch ganz offen.
Wichtige, gut stratifizierte Fundstellen der Fauna des älteren Frühglazials sind: Stuttgart-Untertürkheim, Biedermannscher Steinbruch – Steppennagerschicht – (*Heller* 1934, *Koenigswald* 1973), Stuttgart-Bad Cannstatt, Villa Seckendorff (*Carlé* et al. 1969), Weinberghöhlen bei Mauern – Zone 5 – (*Koenigswald*, *Müller-Beck* und *Pressmar* 1974), Vogelherd im Lonetal – Schicht 7 – (*Lehmann* 1954), Hohlestein-Stadel im Lonetal – schwarzes und rotes Moustérien – (*Gamble* 1979), Bocksteinschmiede im Lonetal – Schichten f bis i – (*Lehmann* 1969), Sirgenstein bei Blaubeuren – Schicht VII und VIII – (*Koken* 1912).
Mit dem Abklingen des Steppeneinflusses im älteren Frühglazial setzt die Blütezeit des Höhlenbären ein, die auch noch während der Interstadiale des jüngeren Frühglazials anhält. Der Höhlenbär ist durch die massenhaften Knochenanreicherungen in manchen Höhlen sehr bekannt geworden. Diese Bärenhöhlen spiegeln eine Besonderheit im jährlichen Lebenszyklus des Höhlenbären. Die *Abb. 98, 99* Bären haben während der Wintermonate den Schutz der Höhlen aufgesucht, wo sie oft weit entfernt vom Eingang im Dunkeln ihren Winterschlaf gehalten haben. Diese Zeit des Winterschlafes ist eine sehr kritische Periode für die Bären. Schwache oder kranke Tiere, sowohl alte wie junge, verenden während dieser Zeit. Die Sterblichkeit der Bären ist in den ersten Lebensjahren besonders hoch. Wenn nur alle paar Jahre ein Tier in einem solchen Winterschlafplatz stirbt, reichern sich im Laufe der Jahrtausende erhebliche Knochenmengen an. Katastrophen braucht man zur Erklärung dieser Knochenansammlungen also nicht heranzuziehen. Ein schönes Beispiel für einen solchen Winterschlafplatz ist im Gebiet der Schwäbischen Alb die Bärenhöhle von Erpfingen (*Wagner* 1952), aus der auch die Höhlenbärenskelette im Geologischen Institut und Museum in Tübingen stammen. Aber Höhlenbären haben nicht nur in abgeschlossenen Höhlen überwintert. Stets, wenn zahlreiche Bärenknochen in einer Höhle zu finden sind und besonders wenn der Anteil der Jungbären, nach den Milchzähnen zu schließen, besonders hoch ist, muß man damit rechnen, daß Tiere während des Winterschlafs in der Höhle umgekommen sind und daher nicht vom Menschen erjagt zu sein brauchen.
Die Grenze vom älteren zum jüngeren Frühglazial ist unscharf und läßt sich wohl am besten durch den Wechsel in der menschlichen Bevölkerung beschreiben. Während im älteren Frühglazial der Neandertaler, der Träger des Moustériens *Abb. 130* und seiner lokalen Ausprägungen lebte, kommt mit dem jüngeren Frühglazial der Homo sapiens sapiens, also der moderne Mensch, nach Süddeutschland. Er ist der Träger des Jungpaläolithikums. Die artenreiche Fauna des älteren *Abb. 131, 132* Frühglazials bleibt mit Ausnahme einiger Steppenelemente erhalten. Obwohl *Abb. 94*

Abb. 98. Schädel eines jungpleistozänen Höhlenbären (Ursus spelaeus) aus der Bärenhöhle von Erpfingen auf der Schwäbischen Alb, der zum Teil vom Kalksinter überkrustet ist (Geol. Inst. Tübingen).

Abb. 99. Rekonstruktion eines Höhlenbären (Ursus spelaeus).

diese Fauna einen kaltzeitlichen Charakter zeigt, war die Landschaft nicht von karger Tundra bedeckt, wie sie jetzt in den arktischen Zonen anzutreffen ist, vielmehr waren die Lebensbedingungen recht günstig. Einen gewissen Eindruck vermittelt der Riesenhirsch. Er ist auf besonders reiche Nahrung angewiesen, da er während der wenigen Wochen, in denen er sein extrem großes Geweih bildet, mit Nahrung bis zu 40 kg Mineralsalze aufnehmen muß. Das kann aber nur in einer Tundra erfolgen, die eine äußerst üppige Krautvegetation bietet. *Abb. 106, 107*

Das jüngere Frühglazial schließt mehrere größere Interstadiale ein, von denen das Hengelo um 38 000 Jahre, das Denekamp um 30 000 Jahre vor heute besonders auffällig sind. Obwohl im atlantischen Frankreich und Belgien das Wildschwein während dieser Phasen kurzfristig einwandert, bringen diese Klimaverbesserungen für Süddeutschland keine nachweisbaren Veränderungen im Artbestand. Quantitative Verschiebungen sind in der Großsäugerfauna nicht zu ermitteln, wohl aber in der Kleinsäugerfauna. Bei der Analyse der Gewöllefauna aus der Kemathenhöhle im Altmühltal ergaben sich Anzeichen dafür, daß während wärmerer Zeiten die Anteile der typisch kaltzeitlichen Arten wie der Lemminge und der sibirischen Zwiebelmaus deutlich zurückgehen. Den Ausgleich schaffen nicht etwa die wärmeliebenden Arten der Thermale, sondern die intermediären Formen mit einer breiten ökologischen Toleranz, wie z. B. die Erd- und Feldwühlmaus. In den kälteren Abschnitten nimmt der Anteil der typisch kaltzeitlichen Arten wieder zu. Bisher liegen aber noch nicht genügend Datierungen vor, um eine sichere Beziehung dieser Schwankungen mit den Interstadialen nachzuweisen.

Die Jagdfauna des frühen Menschen aus dieser Zeit kennen wir aber nicht nur aus den Knochenfunden, sondern auch aus seinen künstlerischen Zeugnissen, seitdem *G. Riek* im Aurignacien des Vogelherdes im Lonetal Tierplastiken entdeckte, die in hervorragender Gestaltung u. a. Mammut, Bison, Höhlenlöwe und Pferd darstellen. Diese Tierfiguren werden durch die jüngst von *J. Hahn* gefundenen Mammutplastiken aus dem Geißenklösterle im Blautal und durch eine Menschenfigur aus dem Stadel im Lonetal ergänzt. *Abb. 174, 176–183*

Für die Faunenreste im Vogelherd wurde angenommen, daß sie ausschließlich aus der Jagdbeute des frühen Menschen stammten, da einerseits sich die Fundstreuung eng an die Kulturschichten hielt und andererseits Knochen von Raubtieren äußerst selten waren. Betrachtet man die Knochen dieser Jagdfauna aber genauer, so sind viele Stücke bedeckt mit den Bißspuren der Höhlenhyäne, die zumindest die Möglichkeit eröffnen, daß ein Teil der Knochen nicht vom Menschen, sondern von der Hyäne eingebracht wurde. Diese Unterscheidung ist besonders dann wichtig, wenn man den Umfang der Jagdaktivität des frühen Menschen abschätzen will.

Wichtige Fundstellen der Fauna des jüngeren Frühglazials sind: Vogelherd im Lonetal – Schicht 4 und 5 – (*Lehmann* 1954), Bocksteinschmiede im Lonetal – Schicht e – (*Lehmann* 1969), Bocksteinhöhle im Lonetal – Schicht 5 – (*Koken* 1912), Hohlestein-Stadel im Lonetal – Aurignacienschicht – (*Gamble* 1979), Sirgenstein bei Blaubeuren – Schicht IB – (*Koken* 1912) und Geißenklösterle im Blautal – Schicht 11 und 15 – (*Hahn* et al. 1977) sowie Kemathenhöhle im Altmühltal – Schicht b – (*Koenigswald* 1978).

Das Hochglazial

Der Beginn des Hochglazials wird um 20000 Jahre vor heute angesetzt. Zu ihm gehört der überwiegende Teil des Gravettiens. Der Charakter der Fauna hat sich gegenüber der des Aurignaciens kaum geändert. Vielleicht tritt der Riesenhirsch nicht mehr auf, weil er nicht mehr genügend Nahrung fand. Im Vergleich zur Fauna des Spätglazials ist es wichtig zu betonen, daß die Hyäne ebenso wie das

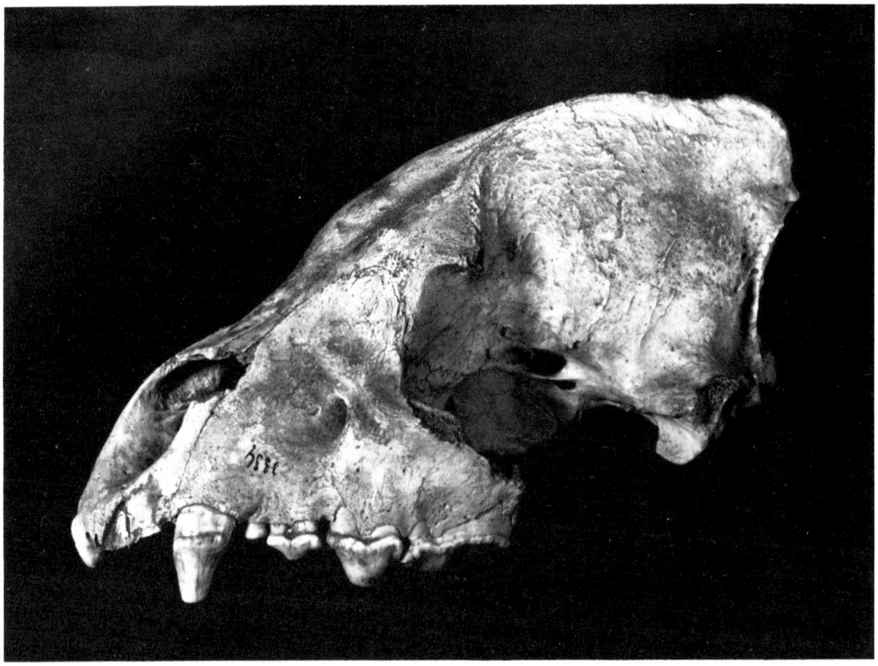

Abb. 100. Schädel einer jungpleistozänen Höhlenhyäne (Crocuta spelaea) aus den Weinberghöhlen bei Mauern unweit a. d. Donau (Bayer. Staatssammlung Paläont. u. hist. Geol. München).

Abb. 101. Rekonstruktion der eiszeitlichen Hyäne (Crocuta spelaea).

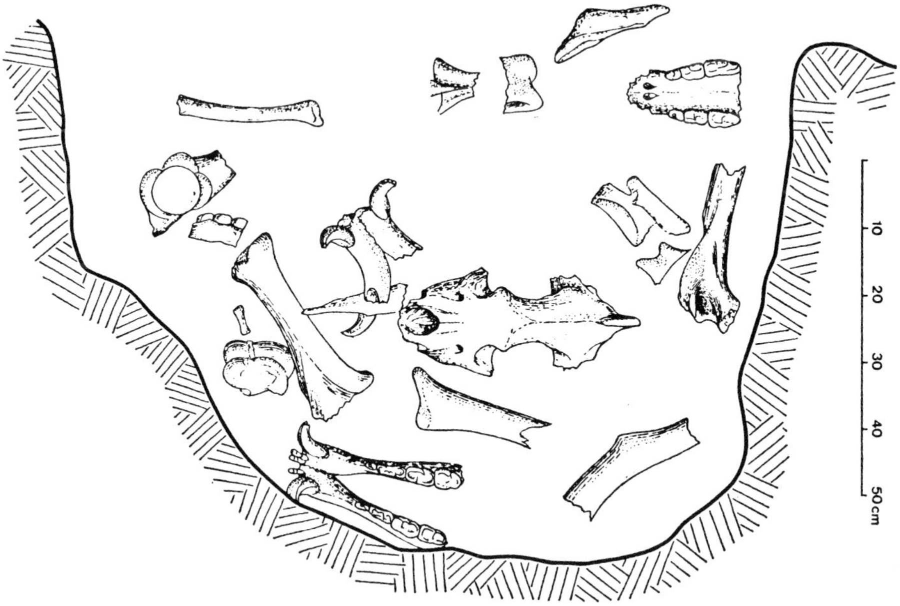

Abb. 102. Hyänenfreßplatz aus den Weinberghöhlen bei Mauern. Neben den zerbissenen Knochen verschiedener Tiere – vor allem des Höhlenbären – finden sich nicht selten auch die Knochen der Höhlenhyäne. Hier ein Schädel in der Bildmitte (nach Koenigswald & Müller-Beck 1975).

Mammut noch regelmäßig vorkommen. Die Jagd auf das Mammut, die besonders von den großen Jagdplätzen aus Mähren bekannt wurde, ist in einem besonders aufschlußreichen Beispiel auch in den Weinberghöhlen von Mauern belegt. In Zone 1 dieser Höhle fand sich ein Mammutschädel zwischen Steinblöcke geklemmt, dem die Stoßzähne herausgebrochen waren. Hinter diesem Schädel liegen mehrere Wirbelsäulenstücke von mindestens sechs Mammuten, die alle aus dem Bereich der letzten Brustwirbel und der Lendenwirbel stammen. Da sie zusammen mit den abgebrochenen oberen Enden der Rippen gefunden wurden, liegt es nahe, daß die Wirbelsäulenstücke zusammen mit dem anhaftenden Fleisch, Filet und Lende, in die Höhle gebracht und erst hier ausgebeint wurden. Nachdem der frühe Mensch die Höhle wieder verlassen hatte, aber ehe die obersten Wirbelsäulenstücke mit Sediment bedeckt waren, kam die Höhlenhyäne und hat an diesen Wirbeln genagt, wie Bißspuren belegen. Gerade dieses Nebeneinander von Hyäne und Mensch verbietet es, die Knochen aus Höhlen, auch wenn sie aus »Kulturschichten« stammen, ohne weitere Indizien als Jagdbeute des frühen Menschen anzusprechen.

Wichtige Fundstellen der Fauna des Gravettiens sind in Süddeutschland: Weinberghöhle bei Mauern – Zone 1 – (*Heller* 1955 und *Koenigswald, Müller-Beck* und *Pressmar* 1974), Sirgenstein bei Blaubeuren – Schicht 2 und 3 – (*Koken* 1912), Brillenhöhle bei Blaubeuren – Schicht 7 – (*Boessneck* und *von den Driesch* 1973) sowie Geißenklösterle im Blautal – Schicht 5.

In Süddeutschland kann keine Fauna in die Zeit während des Hochstandes der Gletscher um 20000 Jahren vor heute datiert werden. Es ist fraglich, ob zu dieser Zeit der Mensch den süddeutschen Raum nicht überhaupt gemieden hat und nach Osten und Westen ausgewichen ist, als sich die alpinen und nordischen Gletscher auf beinahe 600 km Entfernung näherten.

Das Spätglazial

Die Zeitspanne, die zwischen Hochglazial und beginnendem Postglazial liegt, ist faunistisch wie archäologisch gut belegt. Die kaltzeitliche Tierwelt zeigt gegenüber dem Frühglazial merkliche Unterschiede. Von der Höhlenhyäne, die im Frühglazial regelmäßig belegt war, finden sich weder Knochen noch die charakteristischen Bißspuren. Der Höhlenbär scheint nur noch lokal vorzukommen. Eines dieser Restareale lag im Blautal, wo er im Magdalénien der Brillenhöhle gefunden wurde. Auch das Mammut und das Wollnashorn fehlten in der Regel, wanderten aber vereinzelt noch ein. Am Napoleonskopf bei Rottenburg wurden in einer Magdalénien-Fundschicht Knochen und Zähne von mehreren

Abb. 103. Lebensbild des Moschusochsen (Ovibos moschatus).

Abb. 104. Schädel vom jungpleistozänen Moschusochsen (Ovibos moschatus) aus dem Löß von Weinheim an der Bergstraße (Bayer. Staatssamml. Paläont. u. hist. Geol. München).

Abb. 105. Schädel und Unterkiefer vom jungpleistozänen Höhlenlöwen (Panthera leo spelaea) aus einer Höhle bei Weidelwang auf der fränkischen Alb (Paläontol. Institut Erlangen).

Mammuten und einem Wollnashorn gefunden. Obwohl sich in den Behausungen von Gönnersdorf bei Neuwied/Rhein unter den vielen mit Zeichnungen versehenen Platten mehrere Mammutdarstellungen fanden, lieferte die Grabung nur verschwindend wenig Knochen dieser Art. Hauptsächliches Jagdwild waren Rentier und Pferd, wobei die Pferde des Magdaléniens etwas kleiner sind, als die *Abb. 110* des Frühglazials. Pferd und Rentier sind in den Gravierungen aus dem Keßlerloch bei Thayngen dargestellt. Rund um die Gletscherfront liegen in Süddeutschland die großen Stationen der Rentierjäger: Schussenquelle, Petersfels, Keßlerloch und Schweizerbild. Tausende von Rentieren wurden hier erlegt. Und wenn es kleineres Wild zu jagen galt, wurden Schneehasen, Schneehühner *Abb. 111* und Eisfüchse bevorzugt.

Sowohl in der Burghöhle von Dietfurt bei Sigmaringen wie im Keßlerloch bei Thayngen fanden sich Knochen des Moschusochsen, im Keßlerloch sogar das Fragment einer vollplastischen Darstellung. Der Höhlenlöwe taucht ganz sporadisch auf, am Zigeunerfels ein Eckzahn, in der Spitzbubenhöhle ein Finger-

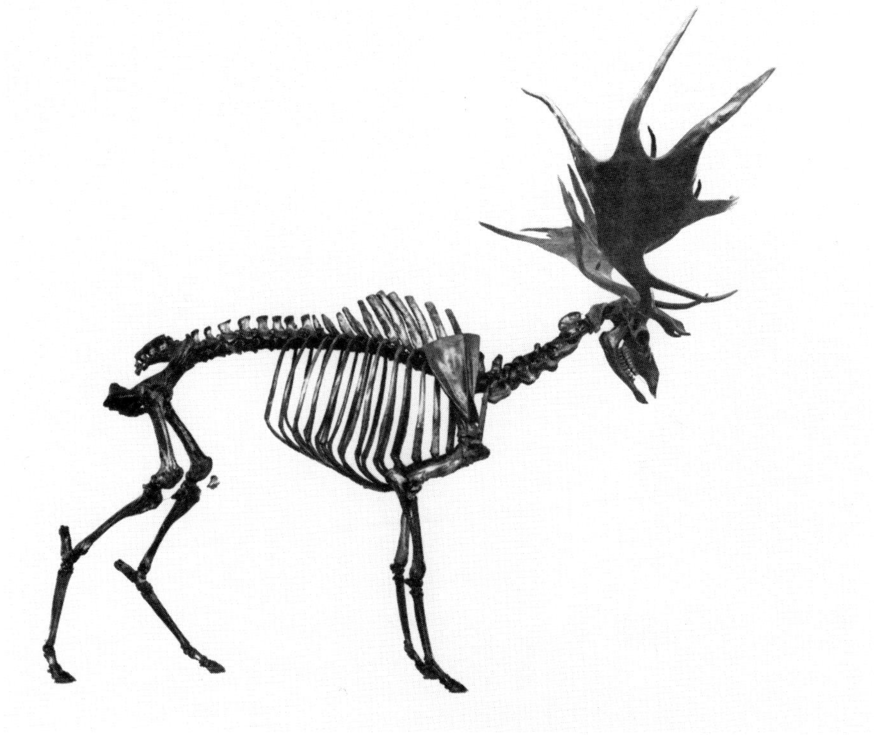

Abb. 106. Skelett des späteiszeitlichen Riesenhirsches (Megaloceros giganteus) aus Irland. Dieser Riesenhirsch war in Mitteleuropa besonders in der ersten Hälfte des letzten Glazials häufig (Hess. Landesmus. Darmstadt).

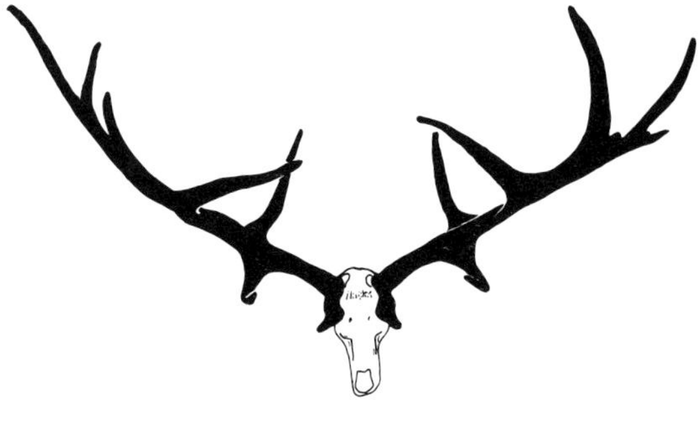

Abb. 107. Das Geweih desselben Schädels vom Riesenhirsch in zwei Kopfhaltungen. Hebt der Riesenhirsch seinen Kopf, so »entfaltet« sich das Geweih für den Betrachter (nach Koenigswald & Hahn 1981).

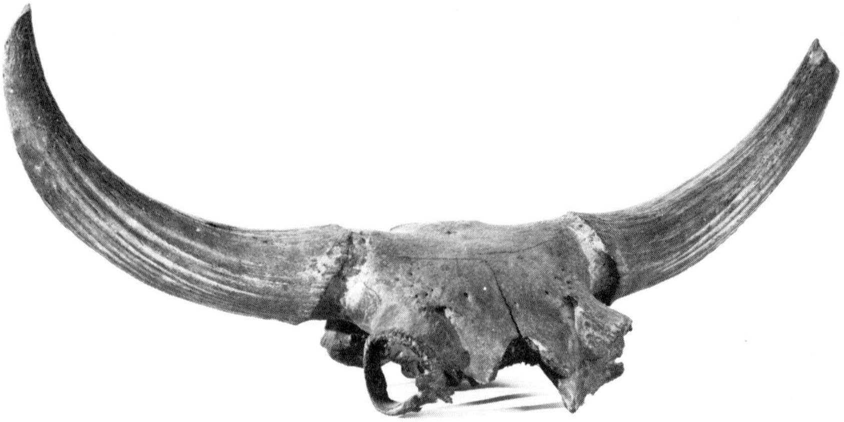

Abb. 108. Schädel vom jungeiszeitlichen Bison (Bison priscus) aus der nördlichen Rheinebene. Die Hornscheiden der Hörner haben die knöchernen Hornzapfen wohl noch um ein Drittel überragt (Hess. Landesmus. Darmstadt).

Abb. 109. Rekonstruktion des jungeiszeitlichen Wildpferdes.

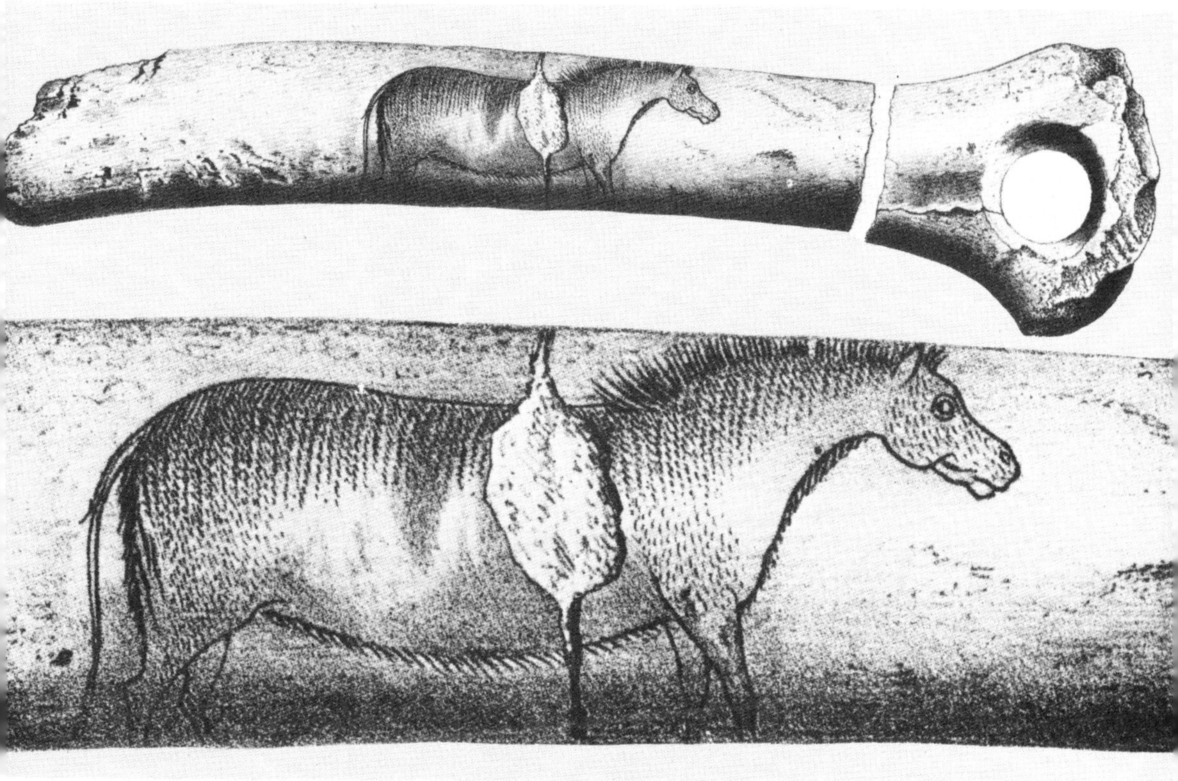

Abb. 110. Darstellung des eiszeitlichen Pferdes durch den Jäger des Magdalénien aus dem Kesslerloch bei Thayngen unweit Schaffhausen (Mus. zu Allerheiligen Schaffhausen, nach Merk 1875).

Abb. 111. Lebensbild vom Schneehuhn (Lagopus sp.).

Abb. 112. Lebensbild einer Schnee-Eule (Nyctea sp.).

Abb. 113. Gewölle einer rezenten Schnee-Eule aus der kanadischen Arktis ist mit Knochen der Beutetiere gespickt.

Abb. 114. Ausgewaschene Probe aus einer Gewölleablagerung des ausgehenden letzten Glazials von der kleinen Scheuer am Hohlestein im Lonetal. Zwischen den wenigen Gesteinsbrocken sind überwiegend Knochen und Kiefer von Wühlmäusen, meist vom Halsbandlemming, aber auch der Kiefer eines Wiesels, ein Vogelknochen und ein Fischwirbel zu erkennen. Das Alter dieser Schicht wurde auf etwa 13300 Jahre v. h. bestimmt.

knochen. Hier muß bereits mit der Möglichkeit gerechnet werden, daß Stücke durch den Menschen weit verschleppt werden, der Eckzahn eventuell als Amulett, der Fingerknochen noch in der Tatze am Fell. Diese Möglichkeit der weiträumigen Verschleppung muß deswegen in Betracht gezogen werden, weil die Jäger dieser Zeit weitreichende Beziehungen hatten und sich als Sammler auffallender Gegenstände betätigten. Aus dem Schweizerbild kennt man zahlreiche Ammoniten, die nicht aus der näheren Umgebung stammen können. Auch am Napoleonskopf fanden sich fossile Muschelschalen, die eventuell aus dem Mainzer Becken stammen.

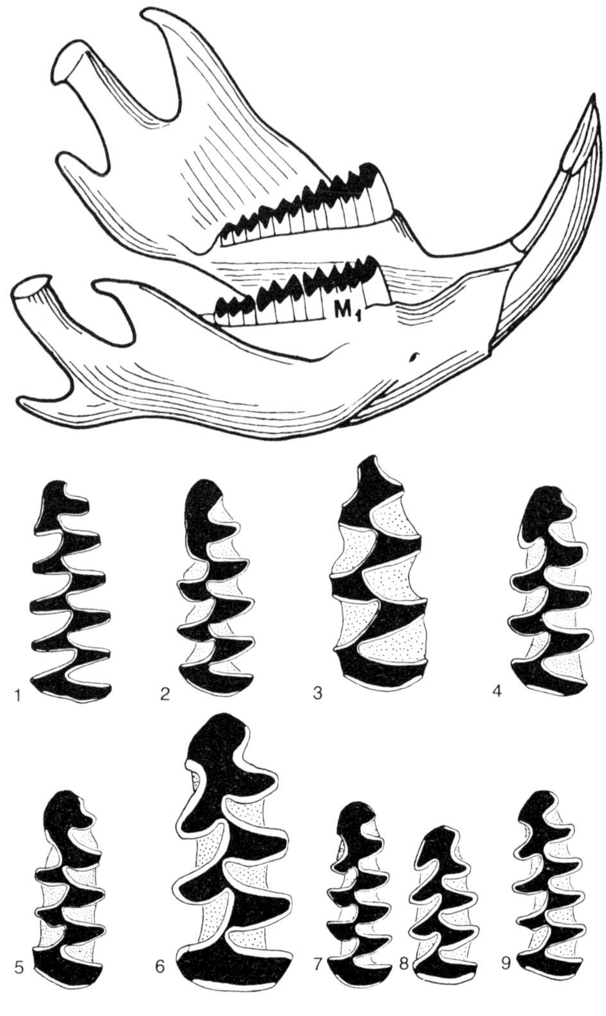

Abb. 115. An der Kaufläche des ersten Molaren im Unterkiefer lassen sich die Wühlmäuse recht gut unterscheiden. Unter vorwiegend kaltzeitlichem Klima haben der Halsbandlemming (Dicrostonyx gulielmi, 1), die sibirische Zwiebelmaus (Microtus gregalis, 2), der Berglemming (Lemmus lemmus, 3), die Schneemaus (Microtus nivalis, 4) und die nordische Sumpfmaus (Microtus oeconomus, 5) auch in Süddeutschland gelebt. Ohne klimatische Aussage ist das Vorkommen der Schermaus (Arvicola terrestris, 6) und Erd- und Feldwühlmaus (Microtus arvalis-agrestis, 7). Vorwiegend warmzeitliches Klima zeigen die Rötelmaus (Clethrionomys glareolus, 8) und die Kurzohrmaus (Pitymys subterraneus, 9) an.

Abb. 116. Kopf einer männlichen Saiga-Antilope (Saiga tatarica).

Abb. 117. Hornzapfen einer späteiszeitlichen Antilope (Saiga tatarica), aus der magdalénienzeitlichen Schicht der Brillenhöhle bei Blaubeuren (aus Boessneck & von den Driesch 1973).

Die Kleinsäugerfauna des Spätglazials weist deutliche Unterschiede gegenüber dem Frühglazial auf. Waren dort die beiden Lemmingarten, Halsbandlemming und Berglemming etwa gleich häufig, so ist der Berglemming im Spätglazial wesentlich seltener geworden und taucht z. B. in der klassischen Gewölleschicht der Kleinen Scheuer am Hohlenstein im Lonetal überhaupt nicht auf. Wenn man die unterschiedlichen ökologischen Ansprüche der beiden Arten in Betracht zieht, dann kann man annehmen, daß das Klima gegenüber dem jüngeren Frühglazial trockener und kontinentaler geworden ist. Dazu paßt die Einwanderung der Saiga-Antilope, die an kontinentale Steppen mit großen Staubstürmen angepaßt ist, wie die merkwürdige Nasenform zeigt. Die Saiga-Antilope ist aus mehreren Magdalénien-Stationen belegt, so in der Brillenhöhle und in Gönnersdorf.

Abb. 114, 115

Abb. 116, 117

Es besteht nun die Frage, wie lange diese kaltzeitliche Fauna in Süddeutschland gelebt hat, denn das Spätglazial geht nicht allmählich in die postglaziale Wärmezeit über, sondern erlebt bedeutende Klimaschwankungen. Zwei wärmere Abschnitte, das Bölling und das Alleröd, untergliedern die dreiteilige Dryaszeit. Aus der ältesten Dryaszeit belegt die Schussenquelle diesen Faunentyp. Auch im Bölling scheinen keine wesentlichen Veränderungen stattgefunden zu haben, denn in Gönnersdorf sind Ren und Pferd das hauptsächlich gejagte Wild. Eigentlich ist es erstaunlich, daß dieses Interstadial keine Veränderungen für die Fauna gebracht hat, denn es hat an geschützten Stellen Kiefernwälder gegeben, die wie in Dättnau bei Winterthur so viel Holz geliefert haben, daß für die Zeit von 12500 bis 12100 Jahre vor heute sogar eine Dendrochronologie erstellt werden konnte. In die ältere Dryaszeit kann die Rentierjägerstation Petersfels bei Singen eingestuft werden, die eine rein kaltzeitliche Fauna geliefert hat.
Mit dem Ausgang der älteren Dryaszeit ist zwar noch nicht die definierte Obergrenze des Pleistozäns erreicht, aber mit dem Alleröd treten in Süddeutschland bedeutende ökologische Veränderungen ein, die nicht mehr rückgängig gemacht werden.
Wichtige Faunenfundstellen des kaltzeitlichen Spätglazials im Bereich der Schwäbischen Alb sind: Vogelherd im Lonetal – Schicht II und III – (*Lehmann* 1954), Kleine Scheuer am Hohlenstein im Lonetal – Nagerschicht – (*Hahn* und *Koenigswald* 1977), Sirgenstein bei Blaubeuren – Schicht I – (*Koken* 1912), Schussenquelle bei Schussenried – Hauptlager – (*Koken* 1912), Napoleonskopf bei Rottenburg (*Koken* 1912), Zigeunerfels bei Sigmaringen – Schicht H bis F – (*Koenigswald* und *Taute* 1974).

Das Alleröd

Abb. 118 Der Übergang von der älteren Dryaszeit zum Alleröd ist in der Burghöhle durch einen deutlichen ökologischen Wechsel markiert. In der quantitativ analysierten Holzkohle nimmt die Kiefer plötzlich gegenüber der Weide einen erheblich höheren Anteil ein. Es ist daraus zu schließen, daß dieser Baum auch in der Vegetation häufiger wurde. Bei den Schnecken tritt die Waldart Discus ruderatus auf. Und bei den Säugetieren stellt sich der Biber ein. Er ist nicht mit einem schütteren Kiefernwald zufrieden, er bevorzugt Eschen und Erlen zum Schneiden. So-
Abb. 120 gar vom Reh, dem ersten Vertreter einer warmzeitlichen Säugetierfauna, liegt ein Kiefer vor. Im Rheinland konnte das Reh auch bereits für das Alleröd nachgewiesen werden, womit die Einwanderung dieser Art für das Alleröd für eine

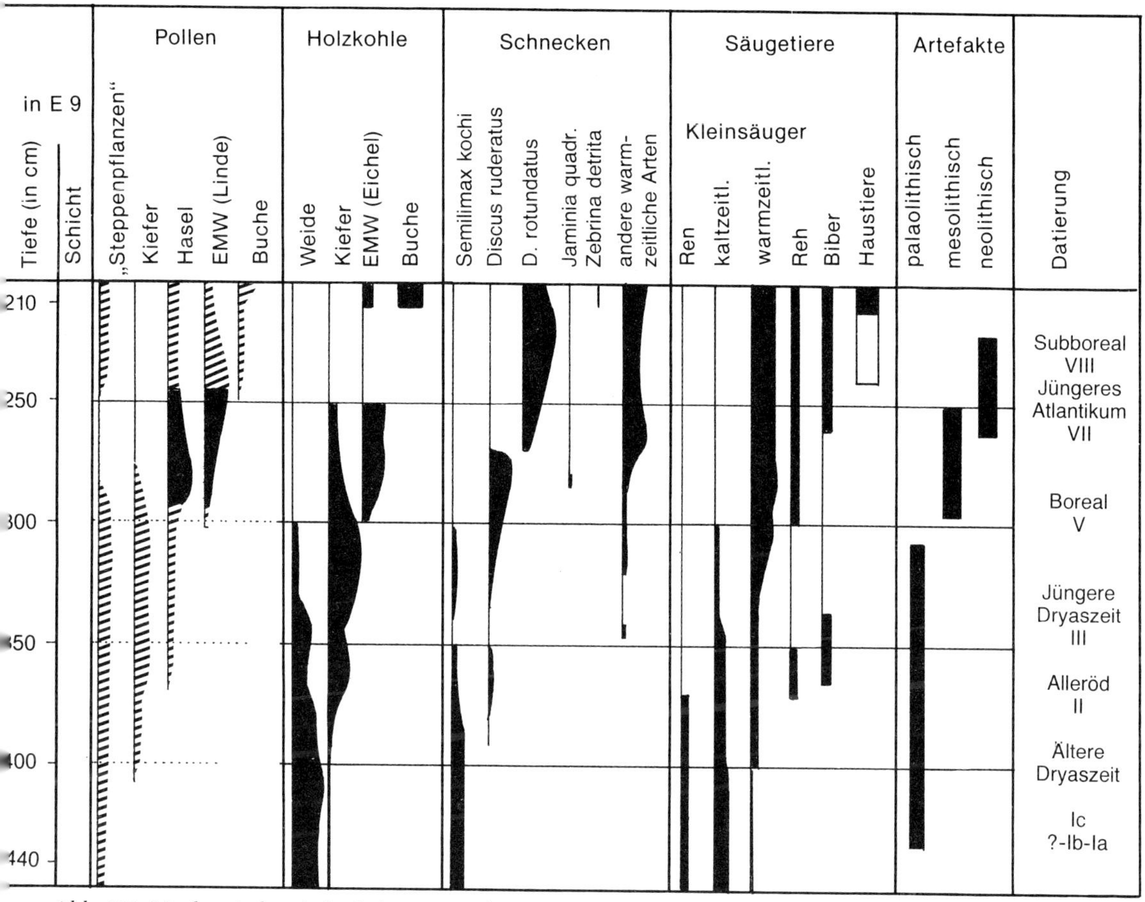

Abb. 118. Nachweis der ökologischen Veränderungen an der Grenze vom Pleistozän zum Holozän in einem Profil der Burghöhle von Dietfurt. Deutlich ist abzulesen, daß sowohl bei den Pflanzen- wie Tierresten die kaltzeitlichen Formen ab der Tiefenanlage um 300 cm zurücktreten und von den warmzeitlichen Formen ersetzt werden (aus v. Koenigswald & Taute 1979).

größere Region angenommen werden kann, denn auf der Alb ist dieser Profilabschnitt in der Burghöhle von Dietfurt die bisher einzige Faunenfundstelle für das Alleröd (*Koenigswald* und *Taute* 1979).

Die jüngere Dryaszeit

In Norddeutschland macht sich die jüngere Dryaszeit als Stadial deutlich bemerkbar. Die Gletscher rücken nochmals vor und in der Ahrensburger Kultur ist das Ren wieder das hauptsächlich bejagte Tier. In Süddeutschland sieht es dagegen anders aus. Aus den Pollenprofilen wissen wir, daß der Wald nicht mehr ganz verschwindet. Im Zigeunerfels bei Sigmaringen kann die jüngere Dryaszeit erfaßt werden. Während die arktischen Arten ausbleiben, treten montane Formen wie Gemse, Schneehase und Schneemaus neben Elch und Biber auf. Es ist also keine echte kaltzeitliche Fauna mehr, da die Arten, die heute in arktischen Regionen leben, nicht mehr einwandern konnten.

Mit dem Ende der jüngeren Dryaszeit ist nach der Definition auch das Ende des Pleistozäns erreicht. Aber nach den Befunden aus dem Alleröd geht die kaltzeitliche Fauna schon früher zurück und die warmzeitliche Fauna wandert bereits im Alleröd ein.

Im süddeutschen Bereich fällt es nicht so deutlich auf, daß an dieser Grenze charakteristische Großsäuger für immer aussterben. Es sind dies Mammut, Wollnashorn, Riesenhirsch, Höhlenbär und Höhlenhyäne. In Süddeutschland wird ihr Bestand bereits während des Hochglazials erheblich vermindert und der mehrfache und vor allem schnelle Wechsel der ökologischen Verhältnisse am Ende des Spätglazials hat diesen Arten nicht nur in Europa, sondern auch in Asien und Amerika die Restbiotope zerstört. Der Mensch als Jäger mag zwar einen gewissen Anteil an der Verminderung dieser Arten haben, aber sicher nur einen sehr geringen.

Als Fundstellen für die Faunen des Alleröds und der jüngeren Dryaszeit sind anzuführen: Burghöhle Dietfurt bei Sigmaringen – Profilabschnitt 370–350 cm – (*Koenigswald* und *Taute* 1979), Zigeunerfels bei Sigmaringen – Schicht E und D – (*Koenigswald* und *Taute* 1974), Michelberg bei Ochtendung (*Boeker, Lehmann* und *Remy* 1972).

Das Holozän

Im Präboreal und dem Boreal tritt uns eine rein holozäne Großfauna gegenüber, die auch vom frühen Menschen, der jetzt im Mesolithikum steht, neben dem erheblichen Fischfang bejagt wird. Es sind vor allem Reh und Hirsch, daneben auch der Auerochse. Als charakteristisches Tier des Thermals tritt das Wildschwein auf. Das Pferd aber findet in dem nun bewaldeten Gebiet keinen geeigneten Lebensraum, ebenso wenig wie die typisch kaltzeitlichen Arten.

Abb. 119

Abb. 119. Wichtige Großsäuger aus dem Altholozän Südwestdeutschlands: 1 Wildschwein (Sus scrofa), 2 Auerochse (Bos primigenius), 3. Reh (Capreolus capreolus), 4 Rothirsch (Cervus elaphus), 5 Elch (Alces alces), 6 Luchs (Felis lynx), 7 Wolf (Canis lupus), 8 Braunbär (Ursus arctos).

In der Kleinsäugerfauna, die wir aus Gewöllefunden kennen, gibt es noch einige Reliktformen des Glazials, so die nordische Wühlmaus, die Birkenmaus und den Hamster. Als holozäner Einwanderer kann in allen Fundstellen der Schwäbischen Alb die Kurzohrmaus relativ häufig festgestellt werden.

Mit dem Atlantikum, dem bisherigen Klimaoptimum des Holozäns, verschwinden diese Arten fast gänzlich aus dem süddeutschen Bereich. Nun ist die Kleinsäugerfauna von der Rötelmaus und den Langschwanzmäusen gekennzeichnet. Wie in früheren Thermalen hat sich auch die Wimpernspitzmaus wieder eingestellt. Ihr Verbreitungsgebiet ist aber nach Norden begrenzt und überdeckt nicht einmal ganz Norddeutschland. Für den Unterschied zwischen der

Abb. 120. Rechter Oberkiefer eines altholozänen Rehs (Capreolus capreolus) aus der Burghöhle von Dietfurt bei Sigmaringen a. d. Donau. Dieser Fund belegt die Wiedereinwanderung des Rehs während des Alleröds, also noch am Ende der letzten Eiszeit.

Fauna des Altholozäns und der des Atlantikums gibt es auch bei den Schnecken ein gutes Beispiel. Es geht um zwei Arten der Schüsselschnecke. Discus ruderatus wandert im Alleröd ein und charakterisiert die Schneckenfaunen bis hin zum Atlantikum. Dann aber wird sie recht schnell von der Schwesterart Discus rodundatus bis auf wenige kleine Reliktstandorte verdrängt. Wichtige Fundstellen für die Faunenentwicklung des Altholozäns sind die Burghöhle Dietfurt bei Sigmaringen (*Koenigswald* und *Taute* 1979) sowie die Schicht C im Zigeunerfels bei Sigmaringen (*Koenigswald* 1972).

Abb. 121. Lebensbild vom Reh (Capreolus capreolus).

Abb. 122. Lebensbild des Wildschweins (Sus scrofa). Auch das Wildschwein war während vieler Thermale in Mitteleuropa heimisch, verschwand aber während der Kaltzeiten aus diesem Raum, den es an der Grenze vom letzten Glazial zum Holozän wieder besiedelt hat.

Mit dem Atlantikum beginnt auch der Mensch die Tierwelt aktiv zu verändern. Seinen Einfluß auf den Artbestand übt er dabei zunächst weniger durch die Jagd als vielmehr durch die mit dem Ackerbau verbundene Veränderung der Landschaft aus.

So ist das Aussterben des Auerochsen sicher nicht nur auf die Jagd durch den Menschen mit immer besseren Waffen zurückzuführen, als vielmehr durch die Zersplitterung der ehemals unbegrenzten Waldgebiete durch sich ausbreitende Feldfluren. Den Lebensraum für andere Tiere wie Biber und Fischotter hat der Mensch erst in jüngerer Zeit durch Ausbau und durch die Verschmutzung der Gewässer vernichtet. *Abb. 119*

Anders ist es mit der Auslöschung mancher Raubtiere wie der des Wolfes. Hier hat die gezielte Bejagung »Erfolg« gebracht, denn der Wolf ist weniger an eine bestimmte Landschaftsform gebunden. Auf der anderen Seite werden durch den Menschen seit dem Atlantikum Haustiere in den betrachteten süddeutschen Raum gebracht. Während Rind und Schwein den vorhandenen Wildformen nahe verwandt sind, ist das Pferd nicht aus dem während des ganzen Pleistozäns vorhandenen Wildpferd im Lande hervorgegangen, sondern aus dem Osten als Haustier eingeführt worden. Auch die Wildtierfauna wird durch den Menschen bereichert. Kaninchen wurden im Mittelalter zunächst in Hasengärten gehalten, aus denen sie natürlich ausbrachen und sich weit verbreiteten. Die Ausbreitung der Bisamratte erfolgte erst zu Beginn dieses Jahrhunderts nach der gleichen Weise. Ebenfalls durch den Menschen wurden die sich mancherorts verbreitenden Damhirsche und Waschbären eingeführt.

Trotz dieser Veränderung durch den Menschen zeigt die Wildfauna Süddeutschlands das unverkennbare Gepräge der Tierwelt aus einem Thermal. Gegenüber früheren Faunen aus Thermalen fehlen aber der Waldelefant und Nashörner. Diese Arten konnten nach der postglazialen Wiedererwärmung nicht mehr einwandern, weil es für diese Arten während des letzten Glazials kein geeignetes Rückzugsgebiet gegeben hatte und sie deswegen ausstarben.
Ebenso wird ein zukünftiges Glazial – falls ein solches kommen sollte – die für Glaziale so typischen Arten wie Mammut und Wollnashorn nicht wiedersehen. Auch sie sind nach dem Hochstand der letzten Vereisung unwiederbringlich verloschen, weil kein Lebensraum, der ihren ökologischen Ansprüchen gerecht geworden wäre, mehr vorhanden war.

Zur Entwicklung des Menschen in Südwestdeutschland

von Alfred Czarnetzki

Neben den zahlreichen Funden menschlicher Tätigkeit im südwestdeutschen Raum nehmen sich die Funde, die vom Menschen selbst stammen, sehr spärlich aus. Dennoch wird immer wieder die Frage gestellt, wie nun die frühesten Menschen ausgesehen haben und über welche Lebewesen sie sich bis zum heute lebenden Menschen hin entwickelten.

So wie die Anfänge der nachweisbaren Tätigkeit des Menschen noch im dunkeln liegen, sind auch die ersten Vertreter der Gattung *Homo* schwer zu erkennen. Selbst Steingeräte aus den frühesten Epochen können nicht eindeutig beweisen, ob hier ein Lebewesen ganz gezielt sich ein Werkzeug hergestellt hat, das auch von anderen ähnlichen Lebewesen nachgefertigt wurde, oder ob nur ein Zufallsprodukt der Natur gezielt aufgelesen wurde, weil es für bestimmte Vorgänge des Nahrungserwerbs oder zum Bau von Behausungen wie Höhlen oder Nestern geeignet war.

Während die Geräte, die aus Stein hergestellt sind, eine große Überlebensdauer haben, sind die sterblichen Reste von Säugetieren, zu denen ja auch der Mensch gehört, wesentlich schneller vergangen. Vor allem sind die durch den Zerfall der Weichteile freiwerdenden zerfallenden Aminosäuren gegenüber dem sehr festen Skelettsystem äußerst aggressiv. So kann ein bestatteter Leichnam bereits nach wenigen Jahrzehnten völlig vergangen sein. Nur unter besonders günstigen Bedingungen werden hin und wieder größere oder kleinere Teile des Skelettes überliefert. Sie sind so selten, daß man Funde bis zum Auftreten des *Homo sapiens* aus Südwestdeutschland an einer Hand abzählen kann. Besonders häufig un- *Abb. 123* ter den Funden vom Menschen selbst sind die Reste des sehr widerstandsfähigen Zahnschmelzes.

So konnte bereits aus dem Tertiär der Schwäbischen Alb ein Hinweis auf das Vorhandensein von menschenähnlichen Lebewesen gefunden werden. In den sog. Bohnerzen von Salmendingen und Melchingen kamen Reste von Zähnen zum Vorschein, die für den Laien nicht von menschlichen Zähnen zu unter-

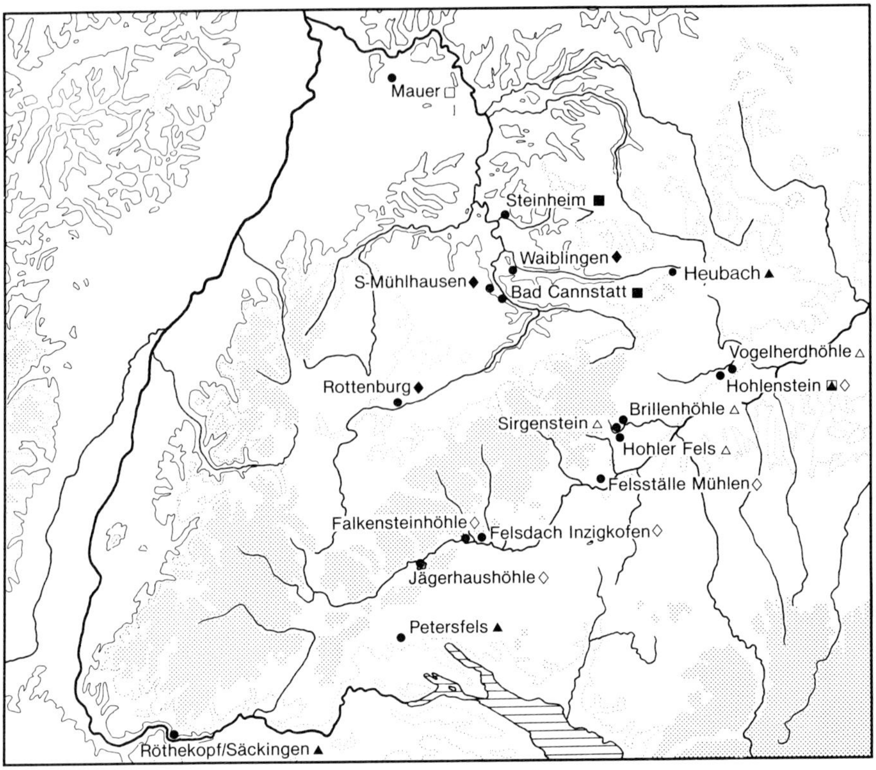

• Fundorte menschlicher Skelettreste aus verschiedenen Zeiten

□ Altpleistozän
■ Mittelpleistozän
◪ Jungpleistozän, früh (Neandertaler)
△ Jungpleistozän, früh
▲ Jungpleistozän, spät
◇ Holozän, Mittelsteinzeit
◆ Holozän, Jungsteinzeit

Abb. 123. Karte der Fundorte menschlicher Reste aus dem Pleistozän in Südwestdeutschland.

scheiden sind. Daher nennt *Branco* (1897) die Veröffentlichung dieser Zahnreste: »Die menschenähnlichen Zähne . . .« Die Zeit, zu der Lebewesen mit diesen menschenähnlichen Zähnen auf der Schwäbischen Alb lebten, wird das Miozän genannt. Wahrscheinlich gehören die Bohnerze in den Übergang vom Miozän zum Pliozän. Sie sind sicher zwischen vier und zehn Millionen Jahre alt. Wesentlich genauer kann man die Zeit in absoluten Jahren nicht angeben, da die entsprechenden Datierungsmethoden noch nicht voll ausgereift sind.

Heute werden die Lebewesen, zu denen die Zähne gehören, zu den sog. Dryopithecinen gestellt. Sie sind eine größere Gruppe (Unterfamilie) von Tieren, die mit zu dem Grundstock (*Hominoidea*) gehören, aus dem sich die heute lebenden Affen ebenso wie der Mensch entwickelt haben. Denn Ramapithecus (vor ca. 5,2 Millionen Jahren) wird von den meisten Fachleuten heute zu den ausgestorbenen Pongiden gestellt. Er gilt also nicht mehr als einer der Vorläufer des Menschen. *Abb. 75, 76*

Gegen Ende des Tertiärs kündigten sich tiefgreifende Änderungen in den Biotopen (Lebensräumen) der *Hominoidea* (Menschenähnlichen) an. Aus dieser Zeit und den ersten Eiszeiten in Europa und der gesamten nördlichen Hemisphäre sind keine Reste von Knochen oder Zähnen in Südwestdeutschland bekannt geworden, die einen Rückschluß auf die Entwicklung zum Menschen zuließen oder gar einen Baustein aus dem großen Mosaik der menschlichen Evolution darstellen.

Lediglich in Afrika und vielleicht auch in Südostasien wurden Reste von Lebewesen entdeckt, die in der ersten Euphorie ihrer Entdeckung als Bindeglied zwischen Mensch und Tier eingestuft wurden. Diese Lebewesen bevölkerten wahrscheinlich die Galeriewälder und deren steppennahen Teil in Afrika. Auch heute ist die Diskussion um diese Australopithecinen (Südaffen) nicht verstummt. Einige Fachleute und Wissenschaftler, die diese Funde gemacht haben, glauben, Vorläufer der Gattung *Homo* unter diesen gefunden zu haben. Aber auch der sog. *Homo habilis* (der fähige Mensch) ist stark umstritten. Das gilt sowohl für die morphologischen Kriterien als auch für die sog. Artefakte (choppers und chopping tools), die er benutzt oder gar hergestellt haben soll. Es ist jedoch nicht zu übersehen, daß diese Australopithecinen ein größeres Hirnschädelvolumen haben als andere Lebewesen aus dieser Zeit (Endpliozän bis frühes Pleistozän). Die Anpassung an den aufrechten Gang ist ebenfalls weiter fortgeschritten als bisher. Merkmale der oberen Extremität und die Zahnmorphologie lassen jedoch den Schluß zu, daß diese Gruppe nicht in die direkte Vorfahrenreihe zum Menschen gehören kann. Dafür ist sie zu stark spezialisiert.

Die weitere Entwicklung bis zum Auftreten von Lebewesen, die einen aufrechten Gang wie der heutige Mensch besaßen, und daher als *Homo* angesprochen werden können, ist durch Funde aus Südwestdeutschland nicht belegbar.

Funde dieser Lebewesen, die zuerst als Pithecanthropus (Affenmensch) beschrieben wurden, sind aus Ostasien und Afrika bekannt. Heute werden sie von den meisten Fachleuten als *Homo erectus erectus* oder *Homo erectus modjokertensis* bezeichnet. Von den jüngsten Vertretern dieser ersten Menschen liegen auch Reste aus Südwestdeutschland vor.

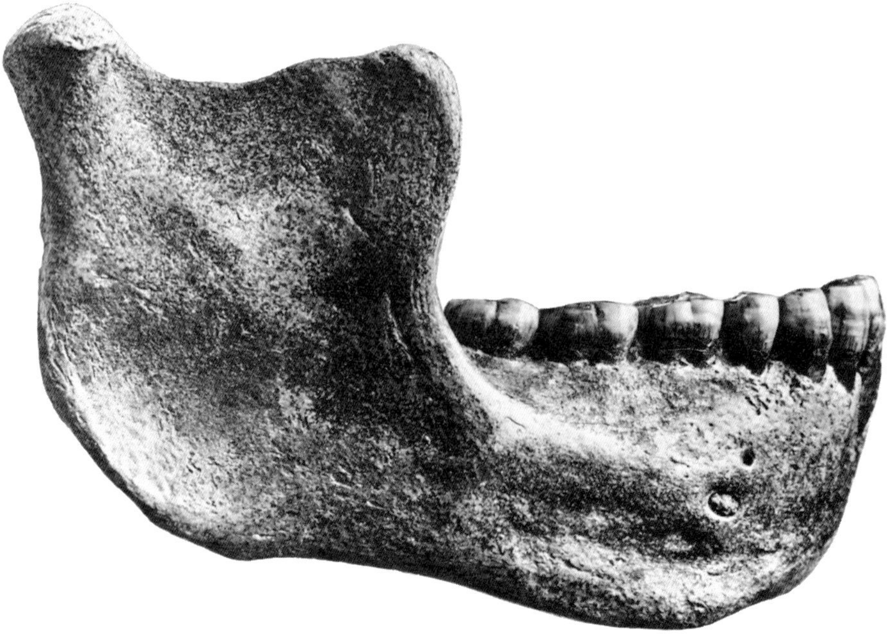

Abb. 124. Der Unterkiefer von Mauer bei Heidelberg in der Ansicht von der Seite (breiter und sehr niedriger Ast).

Abb. 125. Der Unterkiefer von Mauer bei Heidelberg in der Ansicht von oben (großer Zahnbogen).

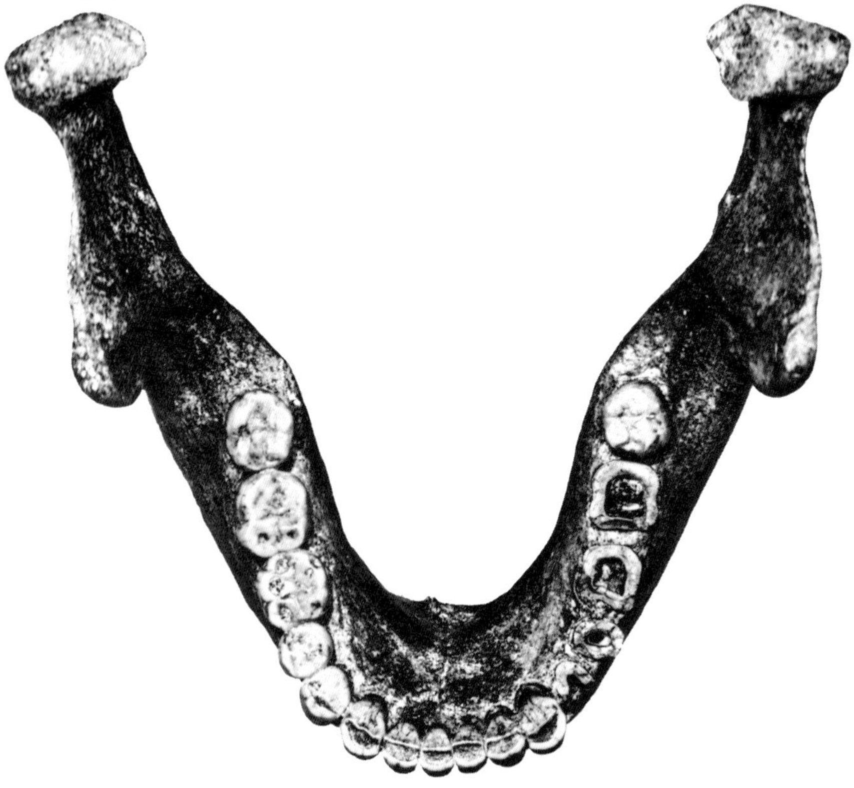

Allgemein ist dieser Fund als der Unterkiefer von Mauer bekannt. Er wurde am 21. Oktober 1907 in der Sandgrube »Grafenrain« wenig nördlich des Ortes Mauer (Rhein-Neckar-Kreis) entdeckt. Trotz der sehr exakten Untersuchung der Schichten, in denen der Unterkiefer lag, ist seine genaue zeitliche Einordnung ins Pleistozän umstritten. Einige Fachleute stellen die Schichten ins sog. Mosbachium, das zeitlich dem Cromerian englischsprachiger Autoren entspricht. Damit hätte der Mensch, dessen Unterkiefer hier gefunden wurde, am Ende des frühen Pleistozäns gelebt. Andere kommen aufgrund der Untersuchung der übrigen Fauna zu dem Schluß, daß die Schichten in eine Warmphase innerhalb der folgenden pleistozänen Vereisung, also in ein Intervall im Mindel (I/II), gehören. Zwischen diesen Datierungen liegen ca. 200000 Jahre. Es ist daher leicht einzusehen, daß eine absolute Datierung dieses Fundes fast nicht möglich ist. Einig ist man sich darüber, daß zu dieser Zeit in der Gegend um Mauer lichte Mischwälder mit Nadelbäumen und Eichen gewachsen sind. Aus den Ablagerungen der Sande kann man auf ein relativ träge fließendes Wasser schließen, das in einer Warmzeit wie dem Mosbachium durchaus zu erwarten gewesen wäre. Der Unterkiefer ist bereits 1908 von O. *Schoetensack* morphologisch sehr genau beschrieben worden.

Abb. 124, 125

Abb. 81

Diese Beschreibung ist so exakt und detailliert, daß eine weitere Wiedergabe auch für neuere Analysen der Morphologie nicht mehr nötig ist. Bezeichnend ist der breite Ast im Verhältnis zur Höhe. Die gesamte Form des Unterkieferastes ist bisher einmalig. Sie beruht auf dem späten Umbiegen der hinteren Kante zum Unterkieferwinkel (*Angulus mandibulae*), der geringen Einziehung zwischen

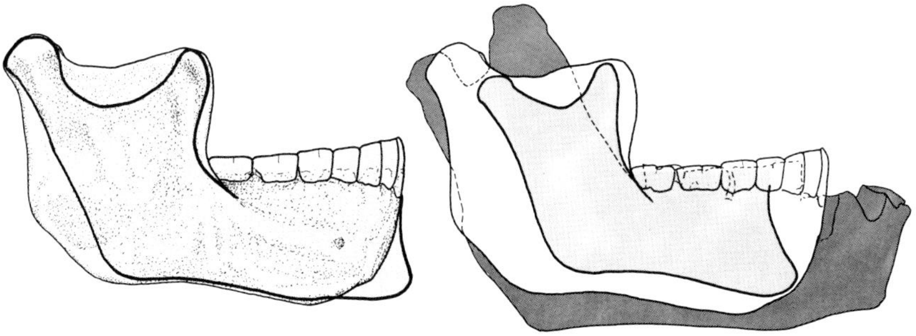

Abb. 126. Der Unterkiefer von Mauer im Vergleich mit anderen Unterkiefern. Links: Vergleich mit dem Unterkiefer eines heutigen Menschen (gerastert), auf die gleiche Größe gebracht. Rechts: Vergleich mit dem Unterkiefer eines heutigen Menschen (hellgrau) und des Unterkiefers von Ternifine (dunkelgrau), alle in natürlichem Größenverhältnis.

dem Gelenkfortsatz (*Processus articularis*) und dem davor liegenden Muskelfortsatz (*Processus coronoideus*) sowie der sehr steil nach unten verlaufenden Vorderkante des Astes. Diese Form des Astes teilt der Unterkiefer von Mauer mit keinem anderen Unterkiefer der gleichen Zeit oder aus anderen Zeiten (*Sauser*, 1975). Selbst der bisher größte fossile menschliche Unterkiefer (Atlanthropus III) hat einen grazileren Ast. Während die äußere Form der Zähne nicht von der des heutigen Menschen abweicht, zeigen sich im Röntgenbild sehr deutliche altertümliche Merkmale. Die Pulpahöhle ist wesentlich großräumiger als beim heute lebenden Menschen. Man verwendet dafür den Begriff Endotaurodontie. Eine Exotaurodontie ist nicht vorhanden, denn die Wurzeln sind ähnlich differenziert wie beim heute lebenden Menschen. Das Massige fehlt also. Die Backenzähne sind nicht wesentlich größer als die größten heute noch vorkommenden Zähne beim Menschen. Dagegen übertreffen vor allem die Eck- und Schneidezähne in ihrer Längenausdehnung die größten Zähne des heutigen Menschen. Daher ist dieser Unterkiefer auch länger. Das hat eine besondere Bedeutung bei der Beurteilung früher Menschenaffen. Denn mit der Abnahme (Reduktion) der Größe des Gebisses ist die Entwicklung des für den heutigen Menschen typischen Kinns verbunden.

Abb. 126

Das sog. Negativkinn – man kann es auch als fliehend bezeichnen –, die oben genannte Taurodontie, der massige Unterkieferkörper und -ast weisen diesen Unterkiefer eindeutig einer frühen Form des Menschen zu. Damit ist jedoch die Aussagekraft dieses Fundes nicht erschöpft.

Der niedrige, breite Ast läßt auf ein kurzes, niedriges Gesicht schließen. Daraus wiederum kann mit der nötigen Vorsicht und nach den Ergebnissen *Liebermanns* angenommen werden, daß dieser Mensch noch nicht so fein artikuliert sprechen konnte wie wir heute (*Liebermann*, 1976). Vor allem die Bildung von sehr verschiedenen Konsonanten war bei der flachen und weiten Führung der Luft noch nicht möglich.

Abb. 127

Die Form des aufsteigenden Astes, mit dem der Unterkiefer gelenkig mit dem Kopf verbunden ist, läßt auf kräftige Kaumuskeln schließen (*Mm. temporalis, pterygoideus medialis* und *lateralis, masseter*). Für die Übertragung des Kaudruckes hat der massige Ast allerdings keine Bedeutung.

1. Die Abflachung der Gelenkfortsätze ist bisher kaum erwähnt worden. Sie erlaubt aber einen Einblick in besondere Lebensumstände dieses Menschen. Diese Art der Abflachung ist in der Zahnmedizin als Arthritis des Kiefergelenkes bekannt. Der vorliegende Grad der Schwere läßt annehmen, daß diese Erkrankung mit Schmerzen verbunden war. Sie kann entweder durch eine Infektion oder aber durch Fehlbelastungen beim Kauen entstanden sein.

Der Unterkiefer von Mauer kann uns keinen Aufschluß darüber geben, ob diese

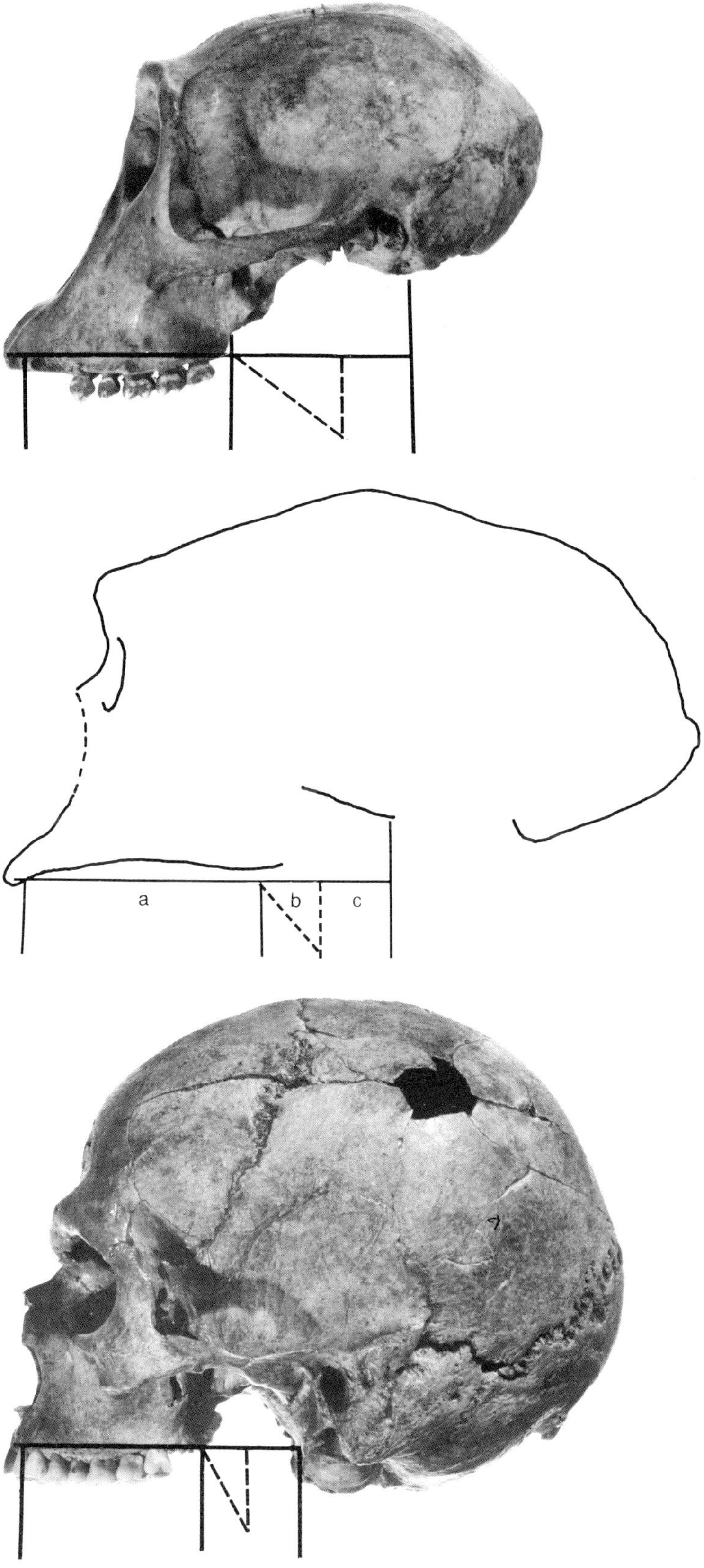

Abb. 127. Rekonstruktion des Raumes, in dem die Sprache gebildet wird. Oben: beim Schimpansen (langer harter Gaumen, flacher Winkel des Luftstromes). Mitte: beim Homo erectus wie Mauer (langer harter Gaumen, steilerer Winkel des Luftstromes). Unten: beim Homo sapiens (kurzer harter Gaumen, steiler Winkel des Luftstromes). (a = Länge des knöchernen Gaumendaches, b = Neigung des Luftstromes zwischen den Stimmbändern und dem harten Gaumen, c = der hintere Anteil des Luft- und Speiseröhrensystems).

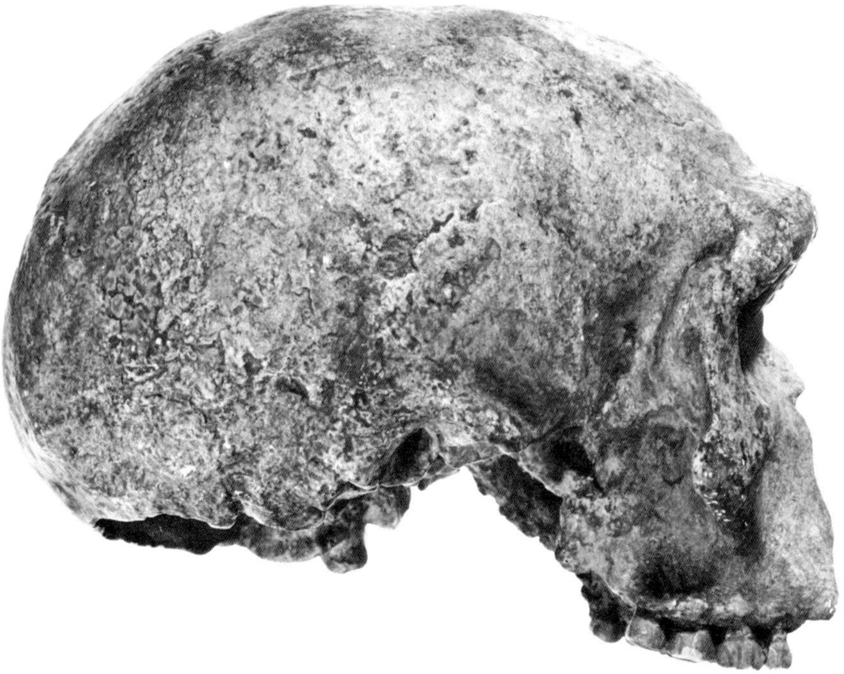

Abb. 128. Der Schädel von Steinheim an der Murr in der Ansicht von der rechten Seite.

Menschenform, zu der der Unterkiefer gehört, in die direkte Vorfahrenreihe zum modernen Menschen gehört oder nicht. Sicher ist nur seine insgesamt sehr menschenähnliche Gestalt. Ein direkter Ausschluß ist aber ebenfalls nicht möglich. Aus diesem Grunde unterbleibt hier die Wiedergabe eines systematischen Namens wie etwa *Homo erectus heidelbergensis* oder *Homo heidelbergensis* u. ä.
2. In jedem Fall trägt der Fund von Mauer wesentlich zu unserer Kenntnis über die Variabilität der frühen Vertreter des Menschen bei. Denn nur der Nachweis einer großen Variabilität erlaubt die Annahme eines Fortschrittes in der Evolution.

Während aus anderen Gebieten der Erde aus der Zeit des Heidelberger Urmenschen besser erhaltene Funde bekannt sind und auch die direkt nachfolgende Zeit ebenfalls mit entsprechenden Hominidenfunden belegt ist, klafft in Südwestdeutschland abermals eine Lücke von gut 200000 bis 250000 Jahren.

Im Jahre 1933 meldete am 24. Juli der Kiesgrubenbesitzer Karl Sigrist den Fund eines »affenähnlichen Schädels« aus seiner Kiesgrube in Steinheim an der Murr.

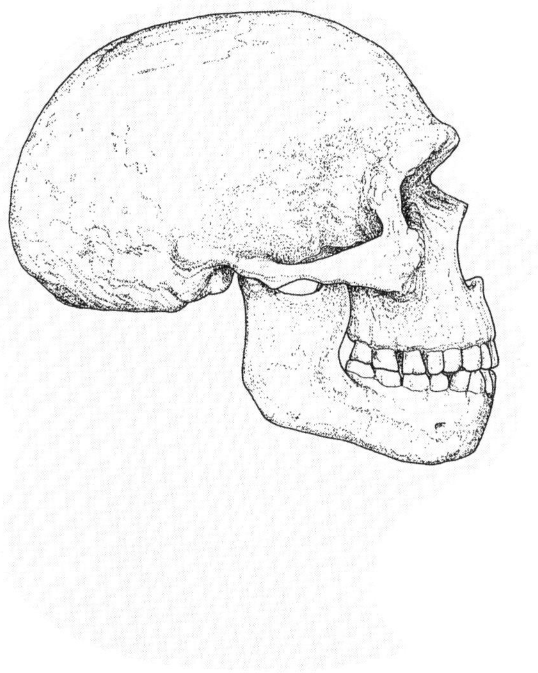

Abb. 129. Rekonstruktion des Steinheimer Urmenschen mit Weichteilen.

Es konnte ein fast vollständiger Schädel geborgen werden. Aufgrund des relativ guten Erhaltungszustandes kommt diesem Schädel eine ganz besondere Bedeutung für die Rekonstruktion der Entwicklung zum rezenten *Homo sapiens* zu. Bis heute liegen keine so präzisen und umfassenden Beschreibungen des Schädels vor wie etwa die vom Unterkiefer von Mauer, obwohl der Schädel schon vor fast 50 Jahren gefunden wurde. Selbst die geologischen Schichten sind nicht so gut dokumentiert wie in Mauer. *Abb. 128, 129*

So nahm auch *Berckhemer* (1933) zunächst an, daß die Fundschicht in ein Riß-Interstadial zu stellen sei. *Adam* (1954) konnte aufgrund der »Elefantenfauna« aber die Schichten eindeutig in das Mindel-Riß-Interglazial (Holstein-Warmzeit) datieren. Die absolute Datierung ist ähnlich unsicher wie beim Unterkiefer von Mauer. Bisher wurde ein Alter von ca. 250000 Jahren angenommen. Aufgrund neuerer Überlegungen und Untersuchungen über das Pleistozän muß jedoch eventuell mit einem höheren Alter von ca. 300000 bis 320000 Jahren gerechnet werden (*Brunnacker*, 1975).

Sicher ist, daß offensichtlich auch zur Zeit, als der Urmensch von Steinheim lebte, die Wälder licht waren. Die Temperaturen waren so hoch, daß eine recht warme Fauna hier leben konnte (vgl. v. Koenigswald S. 181 ff.). Das sehr warme *Abb. 86* Klima wird etwa durch Funde des Wasserbüffels, des Waldelefanten, Auerochsen und Riesenhirsches und schließlich des Waldnashornes eindeutig belegt.

Über die Morphologie des menschlichen Schädels wurden bisher nur wenige Angaben bekannt. Daher ist seine systematische Stellung innerhalb der Entwicklungsreihe bis hin zum *Homo sapiens* (= *Homo sapiens sapiens*) von verschiedenen Fachleuten unterschiedlich beurteilt worden. Neuerdings wird sehr häufig die Meinung vertreten, daß dieser Schädel in die Reihe der *Homo erectus*-Funde zu stellen sei. Tatsächlich fehlen solche Funde aus etwa der gleichen Zeit in verschiedenen Gebieten der Alten Welt. Häufiger wird dagegen betont, daß wesentliche Merkmale auf den heute lebenden Menschen hinweisen. Dazu wird stets angeführt: die relativ steile Stellung der Scheitelbeine, die tiefe Wangenbeingrube (*Fossa canina*), die eingesenkte Nasenwurzel und die starke Größenreduzierung des Weisheitszahnes (*Adam*, 1976).

Die tiefe Wangenbeingrube findet sich auch beim *Homo erectus.* Sie dürfte daher als Merkmal für die Nähe des Fundes zum *Homo sapiens* ohne besonderes Gewicht sein. Auch das Fehlen des sog. Spitzgesichtes, wie es sich beim Neandertaler findet, kann nicht als ein Hinweis auf die enge Verwandtschaft zum *Homo sapiens* oder zum *Homo erectus* gewertet werden. Denn bei beiden fehlt es.

Der durchgehende Überaugenwulst (*Torus supraorbitalis*) ist ein Zeichen für die »Urtümlichkeit« des Schädels. Dieses Merkmal haben alle Funde von Menschenschädeln, die nicht zum *Homo sapiens* (= *Homo sapiens sapiens*) gehören. Lediglich in der Form des Überaugenwulstes gibt es Unterschiede. Beim Urmenschenschädel von Steinheim ist der Wulst von vorne gesehen in der Mitte (*Glabella*) leicht eingezogen. Aber nur in der Art der Einziehung weicht er von den *Homo erectus*-Formen ab. Diese Unterscheidung zum *Homo erectus* ist aber nur dann möglich, wenn man die leichte Verformung im mittleren Bereich des Wulstes beseitigt.

In der Form des Wulstes unterscheidet sich der Steinheimer Urmensch auch deutlich von dem etwa gleichzeitig lebenden Urmenschen aus Bilzingsleben, Thüringen.

Abb. 130 Die Zugehörigkeit des Steinheimers zu einer Warmzeit wird besonders durch die breite Öffnung der knöchernen Nase (*Apertura piriformis*) bestätigt. Auch heute ist eine breite Nase eng mit der Zunahme des Wasserdampfdruckes – hohe Luftfeuchtigkeit bei hohen Temperaturen – verknüpft (korreliert). Insgesamt kann man bei genauer Kenntnis der Morphologie des Steinheimer Urmenschen sagen, daß dieser stärker in Richtung auf den *Homo sapiens* (= *Homo sapiens sa-*

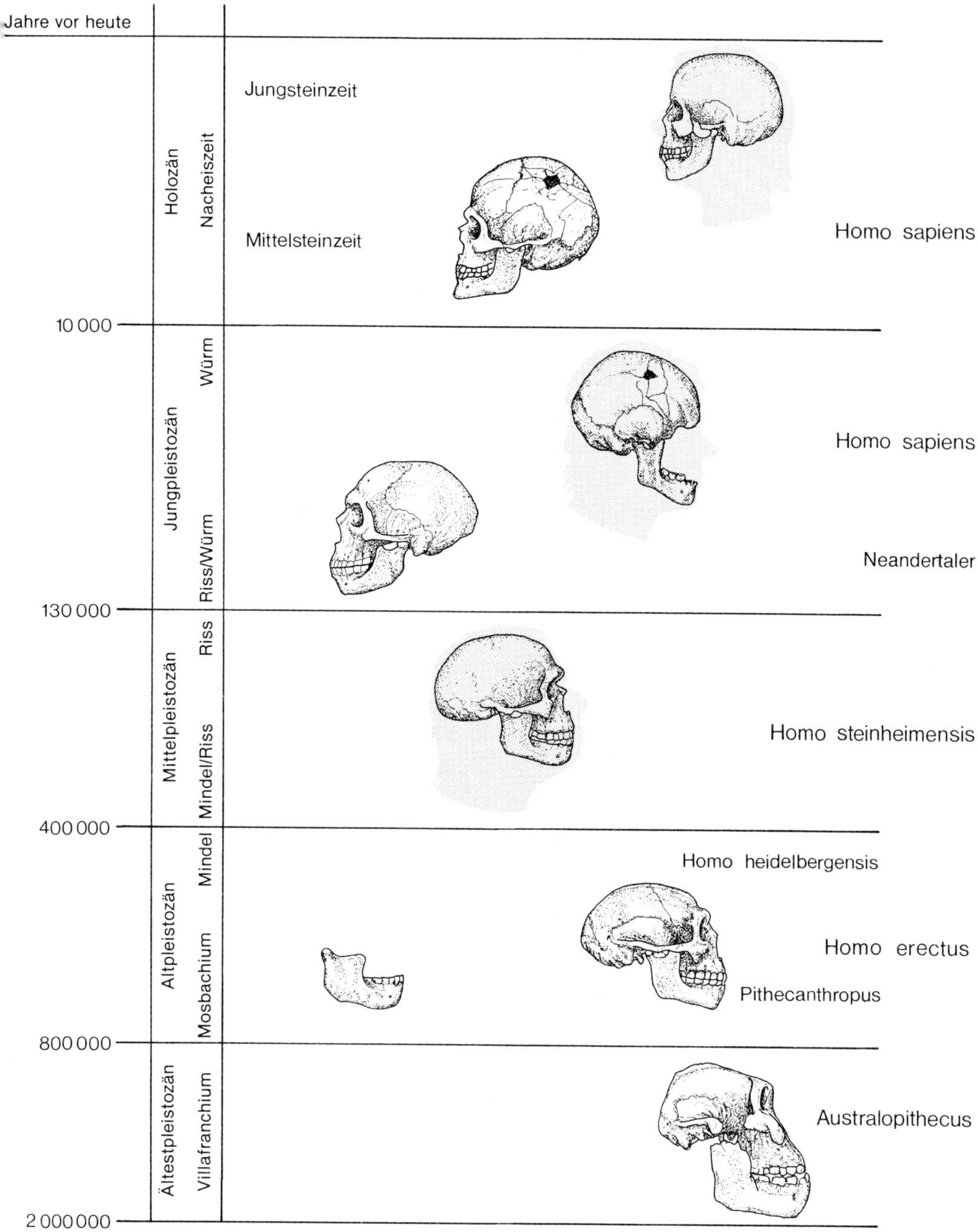

Abb. 130. Zeitliche Abfolge der wichtigsten Funde aus der Stammesgeschichte des Menschen.

piens) hin entwickelt ist als alle bisherigen und gleichzeitigen Funde (z. B. Bilzingsleben), mit Ausnahme des Fundes von Swanscombe, England. Da die einzelnen Merkmale jedoch bisher nicht veröffentlicht sind, und die endgültige Präparation und Restaurierung noch nicht abgeschlossen ist, kann auf die Details hier nicht eingegangen werden.

Häufiger und genauer sind dagegen die vorgefundenen Zerstörungen am Steinheimer Urmenschenschädel beschrieben und gedeutet worden. Die Zerstörung auf der linken Seite wird von den Fachleuten, die sich bisher damit befaßten, auf einen schweren Hieb mit einer stumpfen Keule zurückgeführt (*Gieseler*, 1974; *Adam*, 1981). Ein schwerer Hieb mit einem stumpfen Gegenstand verursacht aber vor allem radiäre und zirkuläre Risse. Solche Fissuren sind etwa auf dem später zu besprechenden Schädel aus dem Hohlenstein im Lonetal zu sehen (vgl. S. 236). An dem Steinheimer Urmenschenschädel sind sie nicht zu beobachten. Auch die sog. Impressionsfraktur auf dem Scheitel zeigt nicht die typischen zirkulären Risse einer solchen Fraktur. An der Stelle, an der der Schädel besonders stark zerstört ist, lag nach den Bergungsberichten ein größerer Kiesel. Durch diesen könnte vor allem die Verziehung des Schädels bedingt sein. Denn die Mitte des Gesichtes und des Hinterhauptes können nicht, wie normalerweise möglich, mit einer Geraden verbunden werden. Das Gesicht ist gegenüber dem Hirnschädel leicht nach links verschoben.

Die Zerstörung im Bereich der Basis wird von einigen Fachleuten ebenfalls als ein gezielter Eingriff von Menschenhand gedeutet. Es wird angenommen, daß nach dem Tode, der gewaltsam gewesen sein soll, der Kopf vom Rumpf getrennt, das Hinterhaupt eingeschlagen und schließlich das Gehirn entnommen wurde. Was dann mit dem Gehirn geschehen sein soll, ist eine noch weiter reichende Spekulation als die Deutung des Defektes als bewußte Zerstörung. Solche Defekte können an sehr vielen prähistorischen Schädeln gerade in diesem Bereich beobachtet werden. Denn an diesen Stellen ist das Hinterhaupt besonders dünn. Andererseits sind Beispiele aus der Ethnologie bekannt, die eine bewußte Öffnung des Schädels in der vorliegenden Weise belegen. Bei der Unterscheidung solcher Defekte in solche, die direkt nach dem Tode und solche, die während der Lagerung in der Erde durch Erddruck entstanden sind, muß man sehr genau die Art der Bruchstellen beobachten. Der Defekt beim Steinheimer Schädel könnte auch während der Lagerung im Boden entstanden sein.

Mit dem Schädelfund von Steinheim an der Murr hat Südwestdeutschland einen ganz besonderen Beitrag zur Erforschung des Stammbaumes der menschlichen Entwicklung geleistet. Denn während in den verschiedenen Gebieten der Alten Welt (Bilzingsleben) noch urtümliche Formen des *Homo erectus* leben, steht der Steinheimer dem heutigen Menschen bereits sehr nahe.

Die dem Mindel-Riß-Interglazial folgende Kaltzeit (Riß-Eiszeit) blieb bisher in Süddeutschland fundleer. Lediglich aus Frankreich sind einige eindeutig in diese Zeit zu stellende Funde gemacht worden. Sie zeigen noch mehr oder weniger deutlich die Nachfolge der *Homo erectus*-Formen an. Lediglich der Fund von Biache St. Vaast soll nach den bisherigen Untersuchungen als echter Vorläufer des am Ende der letzten Warmzeit (Riß-Würm-Interglazial) und dem zu Beginn der letzten Eiszeit (Würm oder Weichsel) auftretenden sog. Neandertalers (*Homo neanderthalensis, King*) anzusprechen sein.
Soweit die Funde bekannt sind, scheinen sich die *Homo erectus*-Formen bis in die Zeit der letzten Vereisung weiter zu entwickeln. Hier sind vor allem die Funde von Ngandong (Java) zu nennen. Sie werden von einigen Fachleuten daher auch als *Homo erectus soloensis* bezeichnet. Abweichend davon entwickelt sich in Europa oder Nordafrika der »klassische Neandertaler«, genannt nach *Abb. 130* dem Fund von 1856 im Neandertal bei Düsseldorf (rechtsrheinisch). Diese Menschenform ist während der ersten Phase der letzten Eiszeit über ganz Europa und Nordafrika verbreitet. Der Schädel der Neandertaler weicht in seiner Morphologie sehr deutlich von den sog. *Erectus*-Formen ab.
Seine besonderen Merkmale sind das Spitzgesicht und der ovale Hirnschädelumriß in der Ansicht von hinten. Erwartungsgemäß hat er noch einen kräftigen Überaugenwulst, ist prognath und hat ein fliehendes bis neutrales Kinn. Ein echter Kinnvorsprung wie beim modernen Menschen ist also noch nicht ausgebildet. Auch das Fehlen einer Wangenbeingrube ist für ihn charakteristisch.
Nach dem letzten »Catalogue of Fossil Hominids« (1971) sind Funde des Neandertalers aus Südwestdeutschland nicht vorhanden. Tatsächlich wurde aber ein Rest eines Neandertalers gefunden. Nur ist er bis heute noch nicht im Detail publiziert. Es handelt sich dabei um einen Oberschenkelknochen, den *Wetzel* in den späten dreißiger Jahren im sog. »schwarzen Moustérien« des Stadels im Lonetal gefunden hat. Über die Morphologie dieses rechten Oberschenkelschaftes ist lediglich eine kurze Notiz zu der Tafelabbildung bekannt (*Bosinski/Wetzel*, 1969). Darin heißt es: »Urmenschlicher rechter Femurschaft . . . *Linea aspera* in typisch urmenschlicher, wenig prominenter, auch nicht eigentlicher ›rauher‹ Form.« Die entsprechende Abbildung zeigt ein mit dem oberen Teil (proximalen) nach unten orientiertes Oberschenkelfragment von hinten (dorsal). Die erwähnte glatte und wenig prominente hintere Ansatzlinie für verschiedene Muskeln des Oberschenkels (*Mm vasti, adductores* und *Caput breve* des *m. biceps femoris*) ist aber nicht typisch für die in der entsprechenden Zeit lebenden Neandertaler. Der so wichtige Hinweis auf die Schaftkrümmung fehlt. Lediglich aus der Schattengebung der fotografischen Aufnahme kann mit der nötigen Vorsicht geschlossen werden, daß sie auf jeden Fall stärker ist als die eines Oberschenkel-

knochens des heutigen Menschen. Die starke Biegung der Femora des Neandertalers ist nicht Grund für eine vom heutigen Menschen abweichende Haltung beim Gehen. Vielmehr sagt diese Krümmung aus, daß das Verhältnis der Kräfte zwischen den Muskeln an der Rück- und Vorderseite des Oberschenkels deutlich voneinander unterschieden war.

Wahrscheinlich lag der Oberschenkelknochen in einer Schicht, die in eine Übergangsphase von einer Kalt- zu einer Warmzeit (Interstadial) gehört. Das widerspricht der Annahme, daß der Neandertaler am Rande des Eises gelebt haben soll. Zu dieser Zeit herrschten Kiefern- und Tannenwälder vor. Aber auch einige Laubbäume (Ulmen) waren vorhanden. Die Faunenliste für die entsprechende Zeit enthält ebenfalls Reste von Tieren, die nicht eindeutig auf ein eisrandnahes Biotop schließen lassen, wie etwa Höhlenbär, -hyäne und -löwe oder Hirsche und Rinder.

Diese nicht eindeutige Vergesellschaftung innerhalb der Pflanzen- und Tierwelt hat auch zu der Vermutung Anlaß gegeben, daß dieser Neandertaler am Ende der letzten Warmzeit gelebt haben könnte. Nach Funden aus anderen Teilen Europas kann man heute annehmen, daß der europäische Neandertaler bereits zu dieser Zeit, also der letzten Zwischeneiszeit (Riß-Würm-Interglazial) gelebt hat. Die jüngsten Funde von Neandertalern stammen aus einer Zeit, in der bereits die frühesten Vertreter der heute lebenden Menschen vorkommen.

Der fossile *Homo sapiens* (= *Homo sapiens sapiens*) tritt während der letzten Eiszeit (Würm- oder Weichsel-Eiszeit) auf. Die frühesten Belege für seine Existenz kommen nicht aus dem südwestdeutschen Raum. Beachtlich ist, daß die frühesten Funde des *Homo sapiens* durchweg weltweit denen ähnlich sind, die aus Europa stammen. Daraus kann allerdings nicht der Schluß gezogen werden, daß der moderne Mensch aus Europa kommt oder sich dort entwickelt hat. Das tatsächliche Ursprungsgebiet ist bis heute noch nicht bekannt. Alle Angaben darüber müssen vorläufig noch als Spekulationen angesehen werden.

Rechnet man den fossilen *Homo sapiens* bis zum Ende der letzten Eiszeit, so finden sich zahlreiche Belege für seine Existenz in Südwestdeutschland. Hier ist die Funddichte größer als in anderen Gebieten Deutschlands.

Die ältesten Reste des *Homo sapiens* im südwestdeutschen Raum stammen aus der Vogelherdhöhle bei Stetten ob Lontal. *G. Riek* fand sie dort bei seinen Grabungen zwischen dem 22. und 24. Juli 1931. Nach den bisher vorliegenden Veröffentlichungen gehören die Reste von mindestens einem Menschen sicher in eine frühe Phase des Jungpaläolithikums, einer Kultur, die sehr eng mit dem Auftreten des modernen Menschen verbunden ist. In ungestörter Lage wurden der Hirnschädel mit Unterkiefer aber ohne Gesicht, ein Oberarmknochen, zwei Lendenwirbel und ein Mittelhandknochen gefunden. Der zweite Schädel wurde

in gestörten Schichten gefunden. Während der Ausgräber die Zugehörigkeit zum frühen Jungpaläolithikum nicht ausschließen wollte, wurde er vom Anthropologen aufgrund seiner Morphologie als zeitlich unsicher bestimmt.
Der Hirnschädel von Stetten I – so wird der in gesicherter Lage gefundene Schädel bezeichnet – zeigt alle typischen Merkmale des modernen Menschen. Obwohl der Schädel sicher der eines Mannes ist, der im Alter von ca. 40 bis 50 Jahren starb, ist er für seine Zeit recht klein. Seinem Aussehen nach würde er viel besser in eine späte Phase der Jungsteinzeit passen. Daraus ist aber schon leicht zu ersehen, daß das Aussehen allein kein sicherer Faktor für die zeitliche Einreihung eines Fundes, vor allem eines einzelnen menschlichen Schädels, sein kann. Denn seit dem Auftreten des modernen Menschen haben sich die verschiedenen Schädelformen bis heute erhalten. Lediglich in der Summe bestimmter Merkmale kann man verschiedene Bevölkerungsstichproben voneinander unterscheiden. *Abb. 131, 132*
Auch der erhaltene Teil des Unterkiefers kann aufgrund des deutlich vorspringenden Kinns eindeutig dem modernen Menschen zugeordnet werden. Oberarmknochen und Mittelhandknochen sind bereits vor dem Auftreten des modernen Menschen wie bei diesem ausgebildet.
Schon sehr früh wurde darauf hingewiesen, daß bei beiden Hirnschädeln die Teile des Gesichtes vollständig fehlen, sieht man einmal von dem Unterkiefer ab, der eindeutig zu dem Schädel Stetten I gehört. Hervorzuheben sind die Besonderheiten im Verhältnis von Gesichts- zu Hirnschädel. Die beiden Teile verwachsen während des Lebens nie. Auch bei jüngeren prähistorischen Funden sind Gesichts- und Hirnschädel in den meisten Fällen voneinander getrennt. Es ist daher leicht einzusehen, daß diese beiden Teile auch bei Funden aus Höhlen voneinander getrennt waren und dann unterschiedlich verwittert sind. Ferner sind an beiden Schädeln gerade die besonders dünnen Teile des Hirnschädels zerbrochen. Dazu gehören wie beim Steinheimer Urmenschenschädel die hintere Partie der Basis (so bei Stetten II) und die Stirnpartie mit den oft nur einen Millimeter dicken Augenhöhlendächern und der inneren und äußeren Wand der Stirnbeinhöhlen. Der vorhandene Unterkiefer von Stetten I spricht gegen die Interpretation, daß das Gesicht durch Menschenhand bewußt vom Schädel getrennt wurde, um das Gehirn zu entnehmen.
Entgegen diesen vagen Deutungen der Zerstörungen an den beiden Schädeln gibt es andere Merkmale, die einen recht genauen Einblick in das persönliche Schicksal dieser beiden Menschen ermöglichen. Da die Unterschiede zwischen männlichen und weiblichen Schädeln des *Homo sapiens* (= *Homo sapiens sapiens*) bekannt sind, können diese beiden Schädel nur von Männern stammen. Während Stetten I ein frühmatures Alter – das entspricht etwa einem Alter von

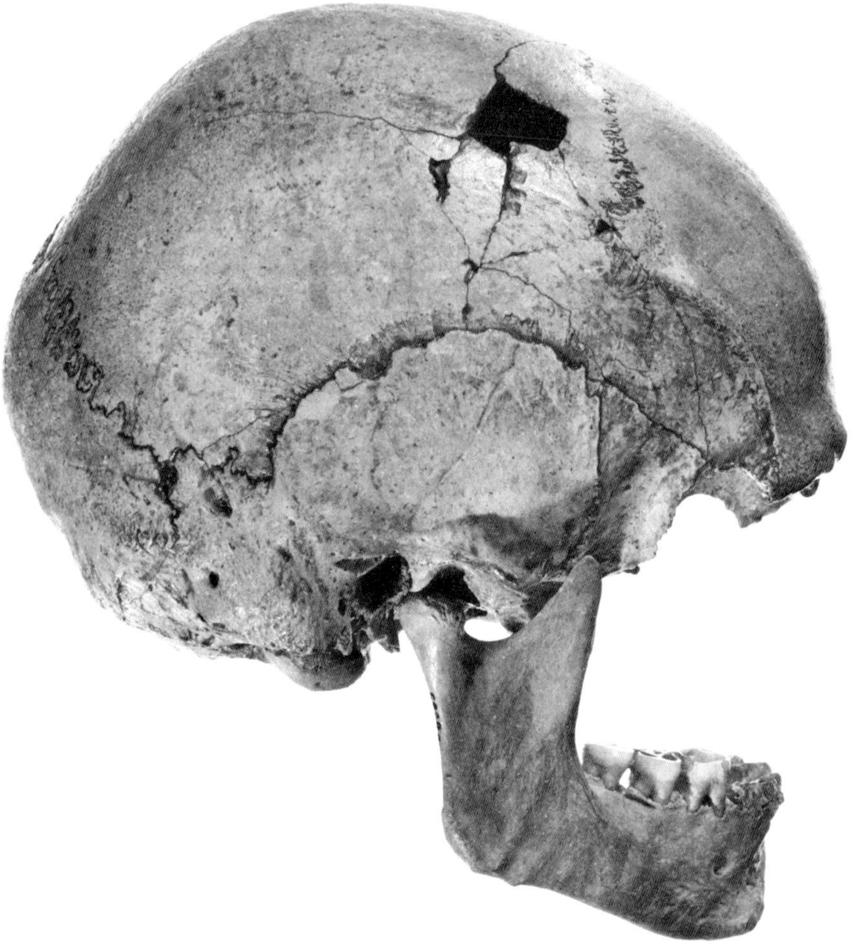

Abb. 131. Schädel und Unterkiefer des Jungpaläolithikers aus der Vogelherdhöhle bei Stetten ob Lontal.

40 bis 50 Jahren – erreichte, wurde der andere Mann (Stetten II) frühadult, also etwa 20 bis 30 Jahre alt. Bedenkt man, daß im Neolithikum das durchschnittliche Sterbealter bei ca. 20 Jahren lag, sind diese beiden Männer sicherlich sehr alt geworden für ihre Zeit.

Mit dem relativ hohen Alter des Mannes Stetten I kann die Verwachsung in den beiden Lendenwirbeln zusammenhängen. Der verengte Spalt zwischen den beiden Wirbeln spricht für einen Schwund in der Substanz der Zwischenwirbel-

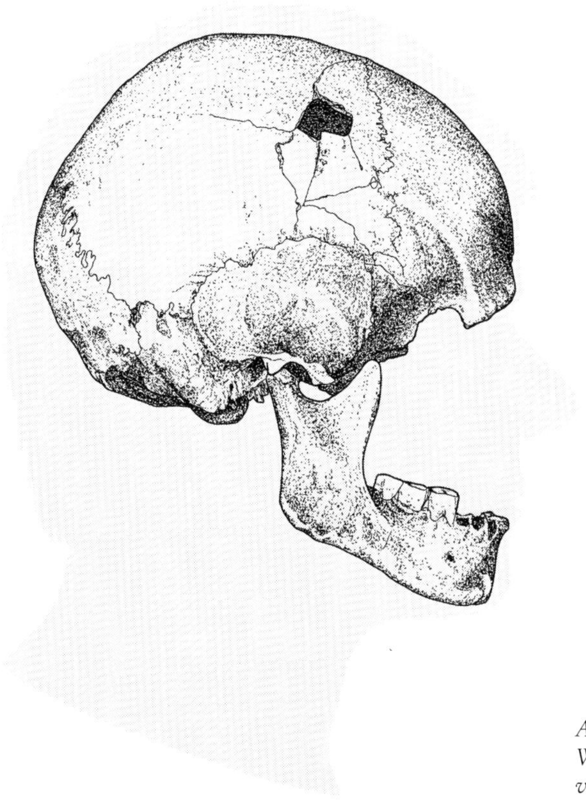

Abb. 132. Rekonstruktion der Weichteilumrisse des Mannes von Stetten ob Lontal.

scheibe. In der Folge trat dann die Verknöcherung zwischen den beiden Wirbeln (Ankylosierung) ein. Eine Verletzung durch äußere Einwirkung kann sicher ausgeschlossen werden. Altersbedingt ist sicher auch die Abflachung des Unterkieferköpfchens (*Caput mandibulae*). Wahrscheinlich hat der starke Abschliff der Mahlzähne zu einem Fehlbiß geführt, der zur Artikulation zwischen Caput mandibulae und Gelenkgrube führte. Gleichzeitg muß die knorpelige Zwischenscheibe (*Discus articularis*) zerstört worden sein. Nur so ist der nachweisbare direkte Kontakt von Knochen auf Knochen, der sicher sehr schmerzhaft war, zu erklären. Neben diesen Schmerzen im Kiefergelenk beim Kauen wird dieser für seine Zeit recht alte Mann zeitweise auch Schmerzen im Rücken gehabt haben.

Da von Stetten II nur der größte Teil des Hirnschädels erhalten blieb, kann nicht so viel über diesen Mann und sein Lebensschicksal gesagt werden. Lediglich im

Scheitelbereich fällt eine leichte Vorwölbung der Schädeldecke auf. Der Blick in das Innere des Schädels und eine Röntgenaufnahme zeigen einen raumfordernden Prozeß, der sich im oder auf dem Gehirn ausgebildet hatte. Eine kurzfristige Blutung in den Hirnhäuten dieser Gegend ist nicht in der Lage, den Knochen zu verdrängen. Es bleiben etwa langsam wachsende Geschwülste (z. B. Meningeom) oder Zysten als Ursache übrig.

Die Verrundung des Schädels veranlaßte *Gieseler*, den Schädel nicht dem Jungpaläolithikum zuzuordnen. Sie läßt sich aber durchaus als eine Fehlentwicklung im Wachstum des Schädels interpretieren (Sphenokephalus). Dazu würde auch die raumfordernde Geschwulst passen. Die Abweichungen in der Verknöcherung der Nähte können jedoch bei diesem biologisch gesehen jungen Mann nicht eindeutig nachgewiesen werden. Lediglich die anomale Hirnschädelform gibt Aufschluß darüber, daß eine krankhafte Veränderung vorliegt. Sie weicht in ihrer Form auch deutlich von den wesentlich später auftretenden Menschen mit Rundkopf (Brachykephalie) ab.

Nach der Fundsituation kann Stetten I vor ca. 30000 Jahren gelebt haben. Der Zeitraum bis zur Grablegung von Stetten II ist nicht festlegbar. Somit kann auch nicht gesagt werden, ob Stetten II ebenfalls mit einiger Wahrscheinlichkeit in einem Interstadial gelebt hat. Denn um ca. 30000 vor unserer Zeit war die letzte Eiszeit durch eine kurze Warmphase unterbrochen.

Diesen beiden recht gut erhaltenen Resten vom frühen *Homo sapiens* stehen wesentlich spärlichere Reste von anderen Stellen gegenüber. So wurden im Sirgenstein im Achtal lediglich drei Zähne gefunden. Sie können von einem oder zwei Bestatteten stammen. Ob hier ein seniles Alter erreicht wurde, kann nicht mit Sicherheit gesagt werden. Denn die Menschen im frühen Jungpaläolithikum kauten ihre Zähne schneller ab als die Menschen heute. Sicher ist nur, daß der eine oder beide Menschen, dessen bzw. deren Zähne uns erhalten blieben, über das Jugendalter hinaus lebten.

Aus dem Hohlenstein-Stadel ist lediglich ein Vorbackenzahn (*Prämolar*) eines wahrscheinlich erwachsenen Menschen erhalten. Die Fundstelle Hohler Fels im Achtal – sie liegt fast genau gegenüber dem Sirgenstein – erbrachte wenige Reste von Extremitätenknochen. Die drei Bruchstücke gehören zum linken und rechten Oberschenkelknochen (*Femur*) sowie zum Wadenbein (*Fibula*). Die sehr deutliche Modellierung der Muskelmarken, vor allem des großen Gesäßmuskels (*m. glutaeus maximus*) deutet auf eine kräftige Muskulatur hin. Dennoch kann daraus nicht geschlossen werden, daß die Knochen von einem Mann stammen. Denn über die Stärke der Ausbildung der Muskeln bei Paläolithikern im südwestdeutschen Raum ist nichts bekannt. Auch das Sterbealter kann anhand der vorliegenden Reste nicht genau genug bestimmt werden. Allein die Größe der

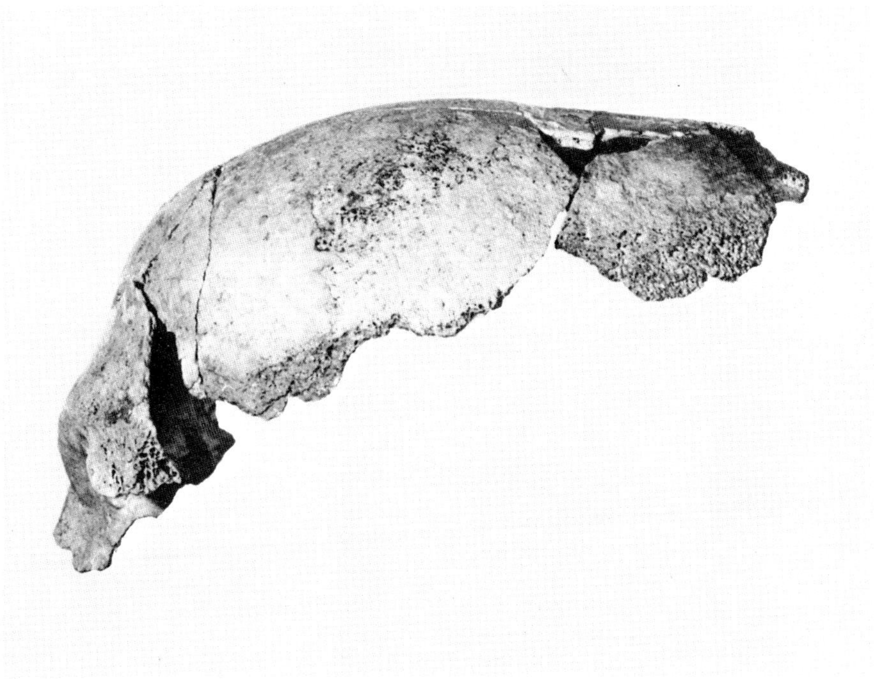

Abb. 133. Das Stirnbein eines Jungpaläolithikers, der in der Brillenhöhle bei Blaubeuren bestattet wurde.

Stücke und die Dicke der Wandung (*Kompakta*) der Knochen läßt den Schluß zu, daß es sich hier sicher nicht um die Bestattung eines Kindes handelt. Als Besonderheit fallen sehr feine Ritzungen auf den Knochen auf. Sie können nur von scharfrandigen Gegenständen herrühren, die härter als Knochen sind.

Alle diese Funde reichen aber nicht aus, um ein so umfassendes Bild des frühen *Homo sapiens* im südwestdeutschen Raum zu entwerfen, wie das etwa für die Tschechoslowakei oder für Mittelfrankreich möglich ist. Ein Vergleich mit den erwähnten Funden zeigt jedoch, daß sich die Menschen in diesem Raum von denen, die gleichzeitig weiter östlich oder westlich lebten, deutlich unterschieden.

Auch aus der jüngeren Phase des Jungpaläolithikums liegen einige wenige Funde vor. Zu diesen gehören vor allem die Reste von mindestens drei Menschen aus der Brillenhöhle (Blaubeuren), die Reste von zwei Kindern aus dem Petersfels (Singen) sowie drei Zähne aus der Kleinen Scheuer bei Heubach (Schwäbisch Gmünd). Aus keinem der aufgezählten Funde kann das Aussehen, das den Menschen der späten Phase des Jungpaläolithikums im südwestdeutschen Raum kennzeichnete, auch nur annähernd rekonstruiert werden. Allein das teilweise *Abb. 133* erhaltene Stirnbein eines alten Mannes aus der Brillenhöhle zeigt Merkmale, wie sie zur gleichen Zeit an Schädeln in Mittelfrankreich zu finden sind.

Auffällig ist bei allen Funden aus Höhlen – Reste von Bestattungen aus Freilandstationen sind aus Südwestdeutschland bisher noch nicht bekannt – die starke Zertrümmerung und sehr bruchstückhafte Erhaltung der einzelnen Skelettelemente. Sehr häufig werden diese Befunde als Kannibalenmahlzeit gedeutet. Man darf dabei nicht übersehen, daß uns alle Funde aus Höhlen sehr bruchstückhaft überliefert sind. Diese Befundsituation erstreckt sich über nahezu 30000 Jahre oder noch mehr, nämlich vom Fund des Neandertalers im Stadel bis zu den jüngsten Funden aus den verschiedenen Magdalénienstationen. Innerhalb dieser Zeit haben wir aber nur eine Konstante, und das sind die Ablagerungen in Höhlen. Es dürften also im wesentlichen die Verwitterungsbedingungen in den Höhlen zu der einheitlichen Fundsituation führen und nicht ein durchgehender Kannibalismus. Selbst die auf den menschlichen Knochen aus der Fundstation Hohler Fels oder Brillenhöhle gefundenen Einritzungen lassen sich durch die speziellen Verwitterungsbedingungen in den Höhlen plausibel erklären.

Auf die Umwelt des frühen *Homo sapiens* soll hier nicht weiter eingegangen werden, da dies in anderen Aufsätzen dieses Bandes (Hahn und Albrecht) ausführlich geschieht.

Mit den Funden aus der Brillenhöhle sind die jüngsten Vertreter des fossilen *Homo sapiens* erfaßt. Die nächsten Funde gehören schon in die mittlere Steinzeit, das Mesolithikum.

Zwar hat auch für diese Zeit der südwestdeutsche Raum mehr Belege vom Menschen selber erbracht als jede andere Gegend Deutschlands, mit Ausnahme von Bayern. Denn dort fand man in der großen und kleinen Ofnethöhle Schädel von mehr als 30 Personen. Ähnlich große Stichproben aus Bevölkerungen (Populationen) sind nur noch aus Frankreich bekannt.

Unter den Funden aus dem Mesolithikum, zu denen die Funde aus der Falkensteinhöhle bei Tiergarten, der Felsställe bei Mühlen, der Jägerhaushöhle und dem Felsdach Inzigkofen an der oberen Donau gehören, ragt der Fund aus dem *Abb. 134* Stadel im Hohlenstein besonders hervor. Die gleiche Höhle hatte schon das Stück eines Femurs vom Neandertaler erbracht.

Am Eingang zum Stadel fanden *Völzing* und *Wetzel* am 26. Juli 1937 eine Kopfbestattung von drei Schädeln. Alle waren ausgezeichnet erhalten. Um so mehr verwunderte es, daß neben den Schädeln nur noch die Halswirbel dieser Menschen gefunden wurden. Es stellte sich sehr rasch heraus, daß mit diesem Fund eine eindeutige Kopfbestattung vorlag, wie sie in viel größerem Ausmaße bereits von der Ofnethöhle bekannt war.

Abb. 134. Rekonstruktion der Kopfbestattung einer mesolithischen Familie aus dem Hohlen Stein im Lonetal.

Nach den neuesten Untersuchungen nehmen auch diese Schädel eine Sonderstellung innerhalb der europäischen Mesolithiker ein. Denn sie passen in ihrem Aussehen zu keiner der bekannten morphologischen Gruppen dieser Zeit.
Die drei Schädel stellen wahrscheinlich eine Familienbestattung dar, denn der eine Schädel gehört zu einem Mann, der im Alter von 20 bis 30 Jahren starb. Der zweite Schädel stammt von einer Frau, die etwas älter als 20 Jahre wurde. Der dritte gehört zu einem ein- bis zweijährigen Kind. Im Gegensatz zu dem Schädel von Steinheim kann am Schädel des Mannes und der Frau die Einwirkung eines stumpfen Schlages jeweils auf die linke Seite des Hirnschädels eindeutig nachgewiesen werden. Es finden sich die typischen Merkmale, die auch aus der Unfallchirurgie und Gerichtsmedizin bekannt sind. Hinzu kommen Schnittmarken an den Halswirbeln, die sich von den Einritzungen an jungpaläolithischen Kno-

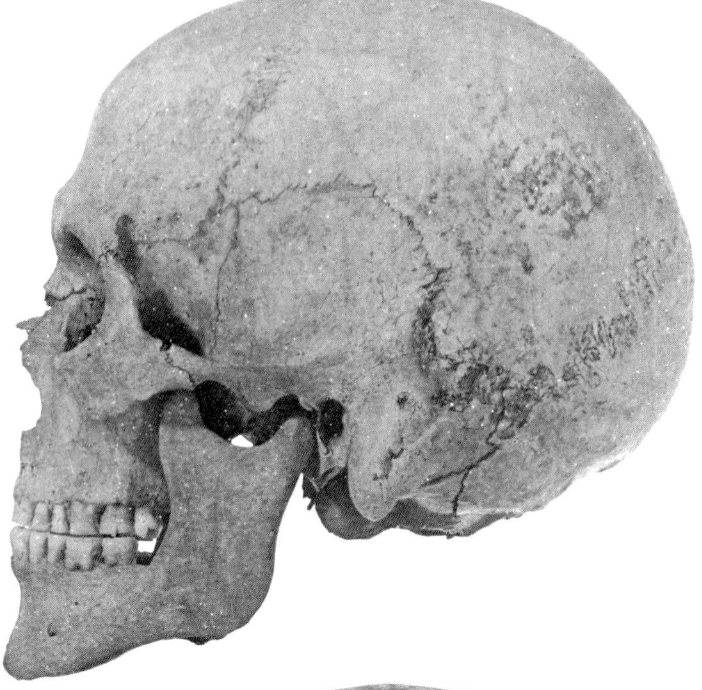

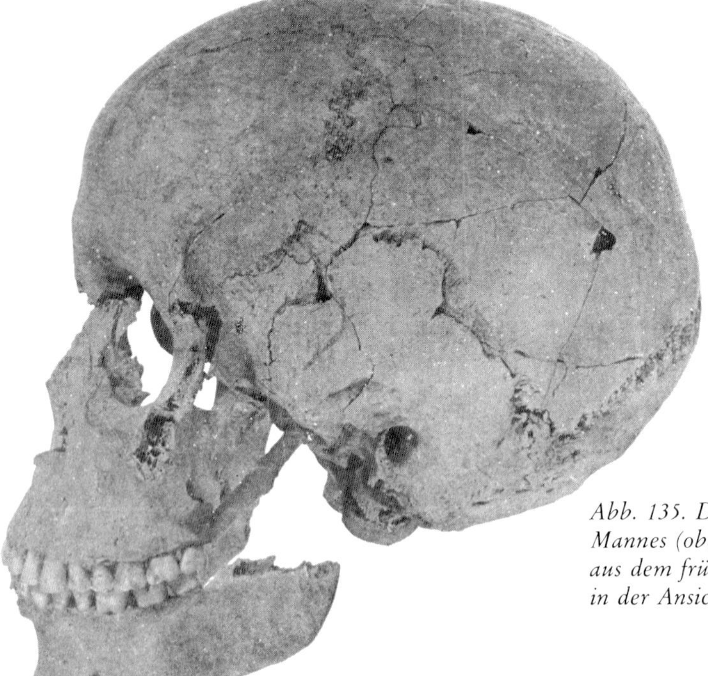

Abb. 135. Der Schädel eines Mannes (oben) und einer Frau aus dem frühesten Neolithikum in der Ansicht von der Seite.

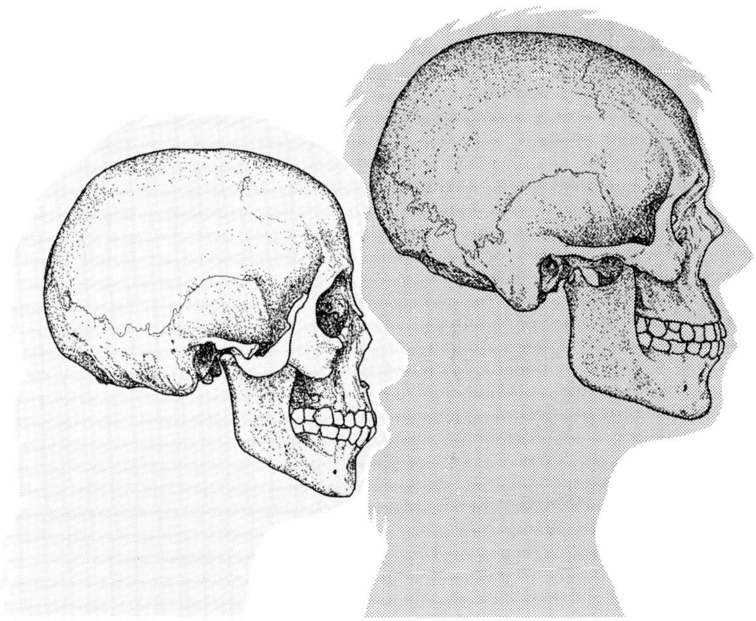

Abb. 136. Rekonstruktion der Weichteilumrisse einer Frau und eines Mannes aus dem frühen Neolithikum.

chen eindeutig unterscheiden. Danach sind die Köpfe durch Schneiden vom Rumpf getrennt worden.

Der Schluß, daß diese Bestattung eine Familienbestattung ist, geht nicht allein aus der Tatsache hervor, daß hier ein Mann, eine Frau und ein Kind bestattet wurden. Schaltknochen in der Hinterhauptsnaht (*Ossa intersuturarum sut. lambd.*) bei Mann, Frau und im verstärkten Maße beim Kind geben einen weit besseren Hinweis.

Einen besonderen Einblick in das Lebensschicksal des Kindes gaben Röntgenaufnahmen. Diese erbrachten den Beweis, daß das Kind ein Hydrokephalus (Wasserkopf) war. Allerdings war die Vergrößerung des Hirnschädels durch eine übermäßige Wasseransammlung so gering, daß es vielen Fachleuten, die den Schädel bearbeitet hatten, nie aufgefallen war.

Unterstellt man einmal, daß die gut erhaltenen Funde aus dem Stadel die mesolithische Bevölkerung von Südwestdeutschland repräsentieren, so haben die Menschen auch in dieser Zeit wiederum eine andere Entwicklung in ihrem Aussehen durchgemacht als die Menschen in anderen Teilen Europas.

Die Träger der frühen Bauernkulturen sind durch ihre sterblichen Reste nur sehr selten nachgewiesen. Im Gegensatz zu anderen Gegenden Deutschlands ist es nicht möglich, ein Bild vom Aussehen dieser Menschen zu entwerfen. Da die Bevölkerungsdichte erheblich zugenommen hat, ist es aus populationsgenetischen Gründen nicht mehr zulässig, über einzelne Funde zu versuchen, die in diesem Raum lebenden Populationen zu rekonstruieren. Von den neolithischen Funden, die *Gaebele* (1968) einmal zusammengestellt hat, sind zudem nur ca. 16 Prozent eindeutig einer neolithischen Kultur zuzuordnen. Alle übrigen 62 Funde können nur vage in diese Zeit eingereiht werden.

Es bleibt zu hoffen, daß die Skelettreste aus dem Gräberfeld von Jechtingen, Viesenhäuser Hof und Tauberbischofsheim/Impfingen einen ersten fundierten Beitrag zum Aussehen von Populationen im Neolithikum liefern.

Während die Funde aus Südwestdeutschland unsere Erkenntnismöglichkeiten in den frühen Phasen der menschlichen Evolution bereichern, vertiefen oder gar entscheidende Marksteine liefern, geht die Bedeutung der Funde mit zunehmender Nähe an die historischen Zeiten zurück. Da wegen der Technisierung des Abbaues älterer Schichten kaum noch mit Funden des frühen Menschen gerechnet werden kann, ist zu hoffen, daß neue Grabungen bald eine Rekonstruktion des Bildes der Menschen im Meso- und Neolithikum ermöglichen, wie das etwa für das frühe Mittelalter schon möglich ist.

Sammlerinnen und Jäger von den Anfängen bis vor 35000 Jahren

von Hansjürgen Müller-Beck

In den bisherigen Kapiteln unserer Urgeschichte Baden-Württembergs kamen Paläogeograph, Paläopedologe, Paläobotaniker, Paläozoologe und Paläoanthropologe zu Wort. Sie haben über die Entwicklung der Landschaft, der Böden, der Pflanzen und Tiere berichtet. Abläufe, die seit Jahrmillionen in Abwesenheit des Menschen nachweisbar sind. Nur der Anthropologe konnte die biologische Entwicklung eines Wesens beschreiben, das uns in seinem Skelett- und vor allem im Schädelbau so sehr gleicht, daß wir es als Menschen bezeichnen können. Aber von den Handlungen, von der Lebensweise dieses Wesens, das schon Mensch genannt wurde, war noch nicht die Rede. An seinen Skelettresten allein lassen sie sich nicht ablesen. Wir benötigen Spuren dieser Handlungen, von ihm gefertigte Objekte, Funde, die darüber Auskunft geben. Und es gibt in der Tat solche Spuren, die sich unmittelbar datieren, die sich beobachten, dokumentieren und interpretieren lassen. Eine ganze Wissenschaft, die Archäologie, hat sich dieser Aufgabe verschrieben, und sie ist durchaus in der Lage, Fragmente der menschlichen Urgeschichte – frühester menschlicher Handlungen – zu rekonstruieren. Sie arbeitet im Prinzip ähnlich wie die Kriminalistik, nur daß sie im Gegensatz zu jener, eher wie die Paläontologie, Gesamtverhalten und nicht nur normenbrechende Ausnahmen darzustellen sucht.

Allerdings ergeben sich dabei erhebliche Schwierigkeiten. Die größte, wie auch bei der Paläontologie, ist die, daß sich weit zurückliegende Spuren nur selten erhalten haben. Voraussetzung dafür ist die Einbettung, möglichst ohne Veränderungen, dann die unveränderte Erhaltung der eingebetteten Spuren und schließlich noch die glückliche Entdeckung vor der zufälligen Zerstörung. Geht der Archäologe nun mit der notwendigen Vorsicht an derartige Spuren heran, dann bedarf es lediglich der sorgfältigen Freilegung und der gleichzeitigen genauen Dokumentation aller Einzelheiten, die ja bei der allmählichen stufenweisen Abdeckung notwendigerweise zerstört werden müssen. Natürlich werden nicht die gefundenen einzelnen Objekte, die »Funde«, zerstört, sondern bei jeder Bewegung die ursprünglichen Zusammenhänge, der »Befund«. Das ist auch der Grund, warum Ausgrabungen ausschließlich durch gut trainierte Spezialisten ausgeführt werden dürfen. Nur sie sind in der Lage, diese Zusammenhänge zu beobachten und zu dokumentieren, so wie das auch nur der geschulte Kriminalist in seinen Bereichen der Verbrechensrekonstruktion kann, zumal äußerst selten alle Funde noch so liegen, wie der ehemals tätige Mensch sie fallen ließ. In der Regel sind die Objekte durch Störungen, spülendes Wasser, Druck in den Gesteinsschichten (auch Sande und Schotter sind für den Archäologen sowie für den Geologen »Gesteine«, nicht etwa nur der feste Fels) verlagert. Die genaue Aufzeichnung der vorgefundenen Situation ermöglicht oft aber die Rekonstruktion der primären Gegebenheiten, dem Ende einer menschlichen Handlung.

Schon beim Nachweis der ersten einfachen Abschläge aus Stein, die ein handelndes Wesen und nicht etwa die Wirkung des stoßenden Wassers oder Eises von einem Steinkern getrennt hat, kommt es auf genaue Beobachtung an. Denn ein einzelner Abschlag kann durchaus auch im Flußbett beim Aufeinanderprallen wandernder Gerölle oder noch eher durch den Druck von Eisschollen am Ufer und in der Gewalt der Meeresbrandung entstehen. Seit Jahrmillionen sind so Schotter zerschlagen worden. Wie aber läßt sich davon nun die gezielte Handlung eines mit seiner Hand arbeitenden Geschöpfes unterscheiden? In der Theorie ist das einfach, schwer freilich in der Praxis. Dem Archäologen muß das gelingen, was er einen »geschlossenen Fund« nennt. Darunter versteht er Objekte, die sich zu einem geschlossenen Befund vereinigen lassen und eine Handlung belegen, welche beschrieben werden kann. Wollen wir also das gezielte Zerschlagen eines Gerölls beweisen, dann benötigen wir nicht nur einen einzelnen Abschlag, sondern auch noch den Kern, von dem er abgetrennt wurde. Die Größen von Abschlag und Kern müssen selbstverständlich so dimensioniert sein, daß die Kraft eines allenfalls 60 bis 80 kg schweren Wesens für ihre Herstellung ausreicht. Noch besser ist natürlich ein Fund von mehreren Abschlägen, die alle zu einem Kern gehören, und möglichst noch des Schlagsteins, der die Schlagmarken erkennen läßt, die in der Größe zu Kern und Abschlägen passen. Am günstigsten wäre naturgemäß, wenn sich auch noch Spuren an Knochen oder Holz erkennen lassen, die beweisen, daß mit den Abschlägen gearbeitet worden ist. Schließlich sollten diese Objekte alle auf engstem Raum und möglichst in einem Sediment liegen, das ganz feinkörnig ist oder eine vollständig andere Gesteinszerstörung erkennen läßt. In der Praxis sieht das leider meist so aus, daß zwar ein oder mehrere Abschläge, kaum aber gleich ein passender Kern und schon gar nicht Arbeitsspuren an Knochen oder Holz vorliegen. Die Abschläge blieben nicht am gleichen Ort, Knochen und vor allem Holz sind oft nicht erhalten. Der Zusammenhang mit den Einbettungssedimenten und mit den sie vielleicht datie-

Abb. 137

renden weiter entfernten Faunenresten ist nicht wirklich eindeutig zu klären. Kurz, es dürfte jetzt eher verständlich sein, warum der Nachweis früher Geräte, die wir mit guten Gründen aus Stein gefertigt vermuten, so sehr schwer ist und auch immer wieder umstritten bleibt. Außerdem muß dieser einst sicher rekonstruierbare Befund weitgehend unverändert durch eine Überdeckung von anderen Schichten gegen Zerstörungen geschützt werden. Und schließlich muß ein derartiges Dokument vergangener Arbeit bei der Wiederaufdeckung auch genau beobachtet und in seiner Situation eindeutig festgehalten werden. Erst wenn alle diese Voraussetzungen erfüllt sind, wird die ehemalige Lebensspur zu einer urgeschichtlichen Quelle.

Daß der Nachweis frühester Geräte schwierig ist, mag allein schon die Tatsache verdeutlichen, daß in Afrika schon Einzelfunde mit einem Alter von rund 13 Millionen Jahren als potentielle Artefakte postuliert worden sind. Da es sich nicht um »geschlossene Funde« im Sinne der oben genannten archäologischen Methodik handelt, haben diese mit einem altertümlichen Primaten, dem *Ramapithecus*, der aber dem Menschen schon recht nahesteht, verbundenen Objekte noch keine Anerkennung als Arbeitsleistungen gefunden. Ebenfalls in Ostafrika, unter optimalen Einbettungs- und Aufschlußbedingungen, scheinen einfache Kerne und Abschläge schon vor etwa drei Millionen Jahren, also noch im jüngsten Tertiär, vorzukommen – vorausgesetzt, daß datierte Schichten, andere Einschlüsse und Funde wirklich einen unmittelbaren Zusammenhang besitzen. Sicher nachgewiesen ist ein derartiger Zusammenhang in der berühmten Fundstelle von Olduway in Ostafrika. Hier gibt es geschlossene Ensemble aus Kernen und Abschlägen auf engstem Raum, die sich von der sonst dort vorkommenden natürlichen Schotterzerstörung eindeutig abtrennen lassen. Allerdings ist nicht klar, ob nur einer oder mehrere der im gleichen Schichtverband gefundenen menschenartigen Primaten ihre Verfertiger waren. Für den technologisch interpretierenden Archäologen ist das von geringerer Bedeutung, zumal die Anthropologen sich noch nicht einig sind, wie die Skelettreste zu klassifizieren sind. Es werden dort bis zu vier unterscheidbare Primatengattungen aufgestellt, die alle jedenfalls als höher differenziert angesehen werden als die heutigen Menschenaffen: *Homo habilis, Australopithecus africanus,* beides eher zierliche Formen, *Australopithecus robustus,* ein schwererer Pflanzenfresser und schließlich auch noch *Ramapithecus*, ein recht leichter Körnerfresser. *Homo habilis* und *Australopithecus africanus*, die sich sehr ähneln und daher von manchen Autoren nur zögernd getrennt werden, scheinen bereits ein ausgeprägtes Jagdverhalten zu besitzen. Für die Artefaktherstellung geeignete Hände haben alle vier, wie auch die Fähigkeit des aufrechten Sitzens zur Freistellung der Hände zur Arbeit. Der aufrechte Gang, der ihnen in allerdings vielleicht unterschiedlichem Grade eigen ist, wird dafür keineswegs benötigt, wie philosophische Spekulationen dies gern postulieren.

Aus Europa kennen wir aus diesen frühen Zeiten bisher keine Artefakte, doch das mag eher ein sich negativ auswirkender Zufall sein, zumal es etwa gleichzeitige problematische Einzelfunde sogar gibt. Wir haben es also wieder mit einem Erkenntnisproblem zu tun. Außerdem wissen wir, daß es auch im Tertiär Europas neben dem *Dryopithecus* (einem altertümlichen Menschenaffen, der auch auf der Schwäbischen Alb vorkam und vor allem durch einzelne Zähne belegt wird) genau jenen *Ramapithecus* (bisher in der Türkei und in Ungarn) gab, dem man schon in Ostafrika ein unklares und als Einzelfund ungesichertes Artefakt zuschreiben wollte (s. S. 219). Immerhin sind aus Südfrankreich, Kroatien und Rumänien einige Artefaktfunde bekannt, die nahezu eine Million Jahre alt sein können. Auch hier sprechen die mitgefundenen Faunenreste dafür, daß die frühesten Vertreter der Gattung Homo Jäger der Steppe gewesen sind. So wie auch schon *Ramapithecus* ein auf Körnerfraß stark ausgerichteter Steppenaffe gewesen ist, der sicher, ähnlich wie heute noch der Pavian – aber nicht der im Wald lebende schwere Gorilla und seine Vettern, Schimpanse und Orang-Utan – bei Gelegenheit, aber wohl wenig konsequent, auch kleinere oder jüngere Tiere jagend erbeutete. Wie groß die Tiere waren, die von den frühesten Menschen gejagt wurden und welche Waffen diese dabei benutzten, ist unbekannt. Wir kennen in ihren Steingeräten nur die Werkzeuge, die zur Herstellung von noch unbelegten Holzstoßlanzen geeignet gewesen sind. Wir wissen auch nicht, wie ausdauernd sie jagten und wie stark sie sich von den gleichzeitigen hochentwikkelten Menschenaffen, die sie später in der Steppe alle verdrängen sollten, unterschieden. Immerhin kann dieser Unterschied nicht sehr groß gewesen sein, da sich ja neben ihnen im gleichen Biotop eben jene anderen Formen noch halten konnten, die ihnen vielleicht sogar technologisch kaum wesentlich nachstanden.

Anders werden die Verhältnisse erst vor etwa 800000 Jahren, soweit das unsere Quellen erkennen lassen. Es bildet sich eine Menschenform heraus, die man generell als *Homo erectus* bezeichnen kann, wenn sie auch eine ganze Reihe von lokaleren Untergruppen entwickelt. Die bisher meist noch nicht sehr starken Klimaschwankungen werden allmählich ausgeprägter (vgl. S. 219). Vor allem in Afrika, aber auch in Europa und in Südasien, verbessert sich die Steinschlagtechnik. Die Kerne werden vor dem Abtrennen der Abschläge zugerichtet, so daß man voraussagbare Formen erzielen kann. Die grobe Arbeitskante an Geröllgeräten wird verfeinert, was zur Erfindung des typischen Faustkeiles führt. Auch in Mitteleuropa tauchen jetzt aus Phasen mit Wald- und Waldsteppenvegetation noch im Altpleistozän vor 800000 bis 600000 Jahren neben den ersten Menschenresten die ersten Artefakte auf. Zu ihnen gehört als noch immer ältester Beleg der schon 1907 gefundene *Homo heidelbergensis*, dessen Unterkiefer zusammen mit zeitgleichen Faunenresten unter mehr als 20 Meter Sanden und Lössen in Mauer bei Heidelberg durch die Aufmerksamkeit eines Sandgrubenarbeiters gefunden wurde. Es unterliegt keinem Zweifel, daß jener Mensch, der möglicherweise das Opfer eines Neckarhochwassers war, auch Artefakte hergestellt hat. Aber bis heute ist es nicht gelungen, diese Artefakte als geschlossene Funde in den Sanden von Mauer oder in der Nähe eindeutig nachzuweisen. Wir treffen damit auch hier wieder auf dieses offensichtlich eher geologische, also von den Ablagerungsbedingungen abhängige Erkenntnisproblem. Immerhin kennen wir schon seit 1928 ein einzelnes aus Muschelkalkhornstein gefertigtes Artefakt, das eindeutig aus den unteren Sanden stammt und einen zuverlässigen Finder hat. Dazu kommen die von *A. Rust* geborgenen Streufunde aus den Sandgruben Grafenrain bei Mauer, unter denen sich zweifellos auch echte Artefakte befinden, ohne daß es freilich gelang, Spuren eines echten Arbeitsplatzes wieder im Sinne des »geschlossenen Fundes« mit abschätzbarer Zeitkomponente zu beobachten oder zu bergen, die mit dem *Homo heidelbergensis* eindeutig zeitgleich sind.

Vorerst läßt sich der *Homo heidelbergensis* also nur als indirekter, wenn auch trotzdem eindeutiger archäologischer Befund werten. Seine Datierung innerhalb des Altpleistozäns ist noch immer offen. Relativstratigraphisch gehört er der Mauerer Waldzeit an, die durch die gleichzeitige Fauna bestimmt wird und neben Waldelefant auch Rehformen, Hirsche, das keineswegs sehr klimaempfindliche Flußpferd, altertümliche Nashörner, Bären, Pferde und Raubkatzen enthielt. Die Landschaft war weitgehend von einem dichten Wald bedeckt, der sicher im Bereich der weiten Flußauen auch lichter wurde und so eine nicht allzu schwierige Lauerjagd an Tränken ermöglichte. Wie eine derartige Jagd ablief, ist unklar. Nimmt man an, daß schon größere Stoßlanzen verfügbar gewesen sind (sie sind wenig später in Spanien durch Originalreste erstmals belegt), so ist die Jagd auf Hirsch und Pferd, ja selbst bei genügender Vorsicht und Erfahrung auch auf den Elefanten, kaum ein echtes Risiko. Daneben gab es zahllose eß- und sammelbare Pflanzen, deren Bedeutung für die Ernährung des frühesten Menschen nicht unterschätzt werden darf. Ob die ersten Heidelberger Jäger, die sicher vor mehr als 400000, aber kaum vor über 700000 Jahren gelebt haben (genauer läßt sich für sie heute keine Zeitangabe machen), nur gelegentlich das untere Neckartal aufsuchten und ihr eigentliches Standlager im breiteren und wohl teilweise ständig versteppten Rheintal hatten, wissen wir nicht. Es ist keineswegs ausgeschlossen, daß sie in wärmeren Perioden ganz Südwestdeutschland in wohl eher geringer Populationsdichte durchstreiften. Bei schlechter Witterung oder allein schon für die Übernachtung werden sie sich gewiß gekuppelte Windschirme gebaut haben, wie solche wenig später in Terramata in Nizza an der Mittelmeerküste nachgewiesen worden sind. Es handelt sich dort um die ältesten eindeutigen Wohnbauten, die wir bisher kennen, mit zugehörigen herdartigen Feuerstellen, die sogar schon kleine Windschutzmäuerchen besitzen. Die Jagd auf Elefanten, Hirsche und andere Tiere ist durch Beuteknochen dort eindeutig belegt.

Für die folgende Kaltzeit, das noch im Altpleistozän liegende Mindel der alpinen Gliederung (s. S. 24), fehlen uns in Südwestdeutschland wieder alle Funde. Es spricht einiges dafür, daß der Mensch zumindest zeitweise bei Überwiegen der kalten kontinentalen Klimaverhältnisse unseren Raum gemieden hat. Immerhin sind aus dem mindelzeitlichen Löß in Achenheim bei Straßburg einige eindeutige Geräte belegt, die seinen Aufenthalt in den damaligen Steppen am Rhein dokumentieren. Im atlantiknahen Westen hat er sich aber gleichzeitig auch in Europa ständig halten können; und im Bereich der altweltlichen Subtropen und Tropen, in denen sich die Klimaverschlechterung kaum auswirkte, blieb er von Veränderungen der Umweltfaktoren ganz unbeeinflußt. Trotzdem beginnen die Faustkeiltraditionen sich großräumig zu differenzieren. In Ostasien bildet sich erstmals eine gewisse Eigenständigkeit heraus, die durch Beibehaltung einfacherer Geröllgeräteformen auf lange Zeit auffällt, auch wenn damit später ebenfalls eine Adaption an kältere Steppenverhältnisse verbunden ist.

Auch ein weiterer südwestdeutscher Fund ist wieder nur von indirektem archäologischem Wert: der Frauenschädel von Steinheim. Er wurde ebenfalls aus Flußablagerungen mit darin enthaltener Waldfauna geborgen, die sich von der von Mauer unterscheidet. Zugehörige Artefakte fehlen dort bis heute. Es steht auch hier fest, daß dieses Wesen einmal Artefakte gefertigt hat. Ja, falls das Hinterhauptloch des Schädels wirklich durch Bearbeitung vergrößert wurde, wie immer wieder postuliert, wäre sogar echte menschliche Tätigkeit zusammen mit dem Schädel nachgewiesen. Selbst ein erster Schimmer von Religiosität, sei es nun, daß man diese Manipulation nicht als reine Nahrungsnutzung, sondern als rituellen Kannibalismus, bzw. als Präparation bei der Bestattung auffaßt, wie er gerade bei späteren nordasiatischen Jägergruppen immer wieder erkennbar ist, scheint denkbar. Ob die Steinheimerin und ihre Angehörigen neben Abschlaggeräten und oft gut präparierten Kernen, wie sie wohl etwa zeitgleich in Travertinsanden in Stuttgart erst ganz neuerdings gefunden wurden, die sich jetzt im gesamten westlichen und auch im südlichen Mitteleuropa nachweisen lassen, schon Faustkeile wie in den Steppen des Westens, oder lediglich Geröllgeräte und wohl gleichzeitig Knochen- oder sogar Holzkeile, wie in den dichteren Waldzonen hergestellt haben, ist ungewiß. Sicher haben aber die zugehörigen Jäger gut geschliffene Eibenlanzen besessen, wie sie aus England und nicht eindeutig datiert auch aus Norddeutschland in Zusammenhang mit der Tötung eines Waldelefanten nachgewiesen sind. Die Steinheimerin selbst wird gewiß einen Grabstock geführt haben, wie er für die Sammlerinnen nicht nur als Werkzeug, sondern auch zugleich als wirksame Verteidigungswaffe typisch ist. In der Waldzeit von Steinheim, die sicher vor mehr als 200000 Jahren, aber kaum vor über 300000 Jahren anzusetzen ist, stand wieder das Pflanzensammeln und auch das Sammeln von Kleintieren, wie Insekten und Amphibien, stark im Vordergrund. Gejagt wurden aber neben Hirsch, Waldwisent und Pferd wohl wieder der Altelefant und vielleicht das Nashorn und der für die Zeit charakteristische, nach Osten weisende Wasserbüffel. Behausungen mögen noch immer zweiggedeckte gekuppelte Windschirmhütten gewesen sein. Ob Leder schon Verwendung fand, ist unbekannt.

Abb. 137. Herstellung von Abschlägen mit einem Schlagstein. Der Schlag auf eine ebene Fläche (A) löst den ersten Abschlag. Mit zwei weiteren Schlägen (B und C) ist eine größere Fläche am Kern entrindet.

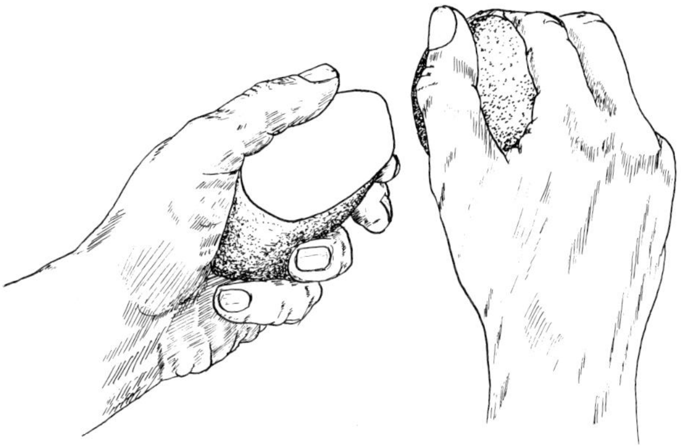

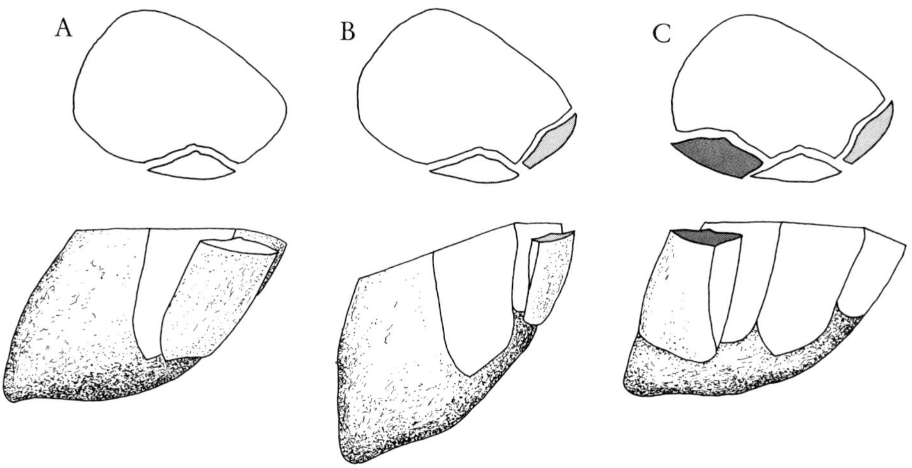

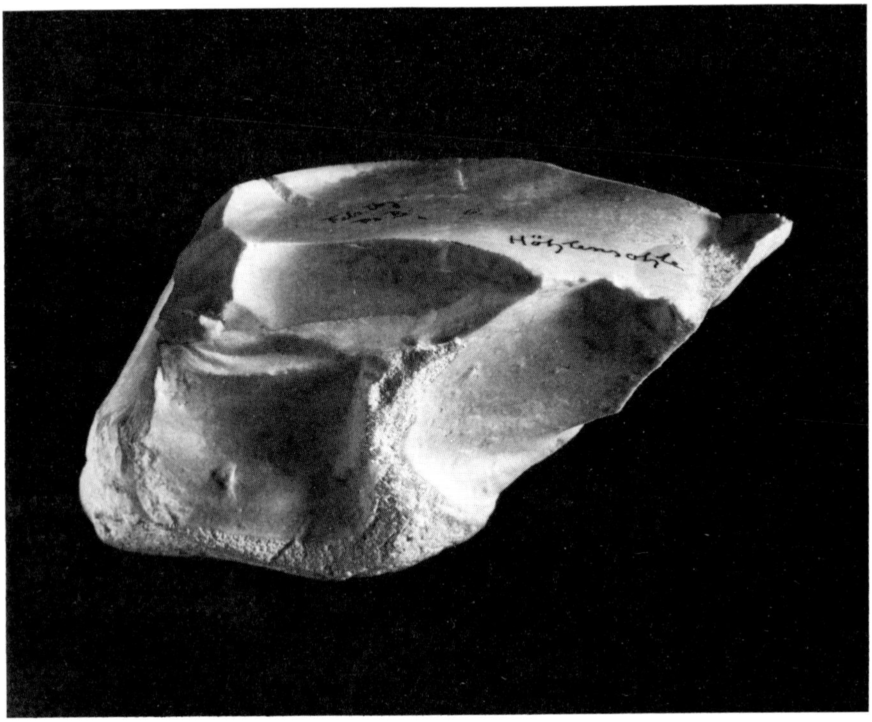

Abb. 138. Restkern aus dem Vogelherd, Höhlensohle (IX). 8,0 cm breit, 5,0 cm hoch.

Auch der nächst jüngere Fundkomplex bleibt noch problematisch. Es ist ein kleines, aus einer Sandlinse in Steinheim geborgenes Inventar aus einem groben Kalkfaustkeil und einigen einfachen groben Abschlägen-Formen, wie sie etwas älter aus der Station Torralba ebenfalls aus noch weicherem Kalk durchaus bekannt sind. Leider wurde der Fund durch einen Sammler ohne Zeugen gehoben, so daß er auf oft schlüssig formulierte Ablehnung stieß. Nur bedeutet eine Ablehnung zugleich, daß man dem Finder, zumindestens in Hinsicht auf den Faustkeil, eine bewußte Fälschungsabsicht unterstellt, was auch wieder nachzuweisen und nicht nur als Vermutung zu postulieren wäre. Wir haben schon oben gehört, daß für die frühesten Funde der Nachweis der Artefakte schwierig ist. Der große Kalkfaustkeil ist keineswegs unikär, wie wir schon erwähnten, und ist in jener Zeit durchaus denkbar – was dem Finder übrigens unbekannt war. Die Fundsituation an einer Sandlinse in einem Schotter wäre ebenfalls üblich, und aus Westeuropa gibt es aus jener Zeit Zehntausende von Faustkeilen, oft sogar ähnlich grober Gestalt. In sehr kleinen Inventaren dominieren zudem oft die groben Formen, und hier liegt ein solches kleines Inventar vor, das möglicherweise vom Aufbrechen und Abhäuten eines gejagten Großwildes übrigblieb. Denn es spricht einiges dafür, daß Faustkeile auch häufig zum Aufbrechen und Häuten des Wildes gedient haben. Kurz, es ist durchaus denkbar, daß wir mit dem kleinen Faustkeilkomplex von Steinheim, der zeitlich erst in eine Steppenphase nach der Waldzeit gehört, den ältesten Artefaktbeleg Südwestdeutschlands vor uns haben. Der Schädel aus der Waldzeit könnte also Jahrzehntausende älter sein. Dazu kommt, daß der Komplex nicht ganz sicher wirkt, so daß dem Finder sogar eine entsprechende Manipulation unterstellt wird. Wobei es amüsanterweise gleichsam aus lokalhistorischen Gründen ganz unwesentlich bleibt, daß schon mehr als eine Jahrmillion früher anderswo Artefakte gefertigt wurden und daß ferner gleichzeitig kaum 500 km weiter westlich viel schönere Faustkeile in riesigen Serien und schon zuvor keine 300 km weiter östlich ganze Inventare mit Tausenden von z. T. eher noch gröberen Abschlägen, aber eben als geschlossener Fund, beobachtet worden sind. Zudem kennen wir unterdessen einen Faustkeil aus dem Raum von Basel, von Pratteln, der mit ziemlicher Wahrscheinlichkeit sogar wohl noch älter ist.

Ganz eindeutig ist dagegen ein kleines unscheinbares Abschlaginventar aus einem alten Löß aus Böckingen bei Heilbronn. Aber auch das ist noch kein geschlossener Fund, sondern eher ein etwa im gleichen Horizont streuender Artefaktschleier, dessen Beobachtung ebenfalls wieder einem archäologisch interessierten Mitarbeiter der die Lößlehme ausbeutenden Ziegelei zu verdanken ist. Die Formen der Artefakte sind nur grob retuschiert und infolge des Transportes im offenbar teilweise gefrorenen Grund zusätzlich kantenzerstört. Ein Vorgang, der vom Pleistozän-Archäologen als »Kryoretusche«, also »verwürgende« Retusche, bezeichnet wird, im Gegensatz zur planmäßigen Kantenausformung, die er einfach »Retusche« nennt. Auch hier ist die genauere zeitliche Einordnung wegen mangelnder klarer Zusammenhänge noch immer problematisch. Immerhin gehört die Fließerde an der Basis einer Löß-Stufe nach der Steinheimer Waldzeit noch in das Mittelpleistozän, innerhalb jenen Eiszeitkomplex, den wir in diesem Buch mit dem Sammelbegriff »Riß-Eiszeit« bezeichnen. Ob die Objekte vor ihrer Einbettung schon einige Zeit auf der Oberfläche oder im Boden lagen, ist nicht mehr sicher auszumachen, weil kein echter Siedlungshorizont vorliegt. Wir können im archäologischen Sinne auch hier nicht von einem »geschlossenen« Fundkomplex sprechen, dessen anthropogen bedingte Entstehungsdauer sich zumindest grob abschätzen läßt. Das Vorkommen von Böckingen ist ebenfalls eine wegen ihrer offensichtlichen Umlagerung durch geologische Faktoren stark gestörte Bildung. Trotzdem kann sie als Beleg für die Anwesenheit des Menschen gelten, von dem diesmal Skelettreste in der

Fundstelle fehlen, die aber gewiß mehr als 100000 Jahre alt ist. Offen bleibt freilich, ob es sich um Spuren von Jägern handelt, die in einer vegetationsreichen, warmen Bodenbildungszeit in Südwestdeutschland lebten, oder schon die deutliche Klimaverschlechterung einer beginnenden Eiszeit miterlebten. Das hängt davon ab, ob die Zeitdistanz von der Artefaktherstellung bis zur Artefakteinbettung relativ lang (von einer ursprünglichen und längst abgeschlossenen warmen Bodenbildungsphase) oder kurz (gleichzeitig mit der einbettenden Fließerdebildung) gewesen ist.

Weitere Funde, die noch in das Mittelpleistozän gehören würden, fehlen bisher aus Südwestdeutschland. Offenbar war die enge Talung der Landschaft in den nicht von Eisvorstößen überfahrenen Teilen unseres Raumes der Erhaltung entsprechender Sedimente nicht günstig. Die Bildungen waren in ihrer Ausdehnung gering und fielen rasch der Ausräumung zum Opfer. Auch im wahrscheinlich letzten großen Thermal, der Warmzeit, die durch die jüngeren Cannstatter Sauerwasserkalke (Travertine) belegt wird, kennen wir nach wie vor nur vereinzelte und gestreute, aber eindeutig als solche mit den Straten verbundene Artefakte. Z. T. sind sie mit Ablagerungen und Faunenresten kombiniert, die ein stärkeres Vorherrschen der Steppenvegetation andeuten. Im Prinzip handelt es sich um Fundvorkommen, die jenem von Böckingen gleichen, nur daß die Objekte im Travertin rascher festgelegt werden und geringeren Verlagerungen unterworfen sind. Ein Teil der Stücke ist bereits sorgfältiger retuschiert, sei es im Bereich der längeren Kanten, zu Formen, die vereinfachend als »Schaber« bezeichnet werden, sei es über die gesamte Fläche, so daß eine dreidimensionale Formenkontrolle möglich wird, wie sie etwa auch für den Faustkeil typisch ist. Zu beobachten ist, daß wir aus dieser Zeit auch in Mitteleuropa, z. B. aus Thüringen und aus der Slowakei sowie natürlich in den noch klimagünstigeren atlantischen Bereichen Westeuropas und den mediterranen Südeuropas zahlreiche Fundstellen mit umfangreichen, geschlossenen Inventaren kennen, die sich in

Abb. 139. Gesamtabfolge der Ablagerungen und Fundeinschlüsse im Vogelherd (»Vogelherd-Stratigraphie«). Hier liegt die bisher vollständigste Sequenz paläolithischer Straten in Baden-Württemberg vor. Die älteren Horizonte (IX bis VI) sind nur sehr eng räumlich begrenzt erhalten geblieben. Dagegen ist das Aurignacien (V und IV) in der ganzen Höhle in einer recht mächtigen Ablagerung beobachtet worden (vgl. Beitrag J. Hahn S. 287 f.). Das Magdalénien ist wieder nur in kleinen Vorkommen belegt. An der Basis (Höhlensohle) fanden sich noch Spuren des warmen Waldelefanten aus dem Interglazial oder warmen Abschnitten des Frühglazials. Der Höhlenbär ist in allen Fundzonen belegt und war wahrscheinlich auch eines der Hauptbeutetiere. Pferd und Rentier sind fast überall häufig, während Nashorn und Mammut erst ab VII vorliegen. Rothirsch und Hyäne fehlen im Magdalénien, wo dafür aber der Riesenhirsch und der kältehärtere Moschusochse erscheint. Dazu vgl. a. Beitrag W. v. Koenigswald.

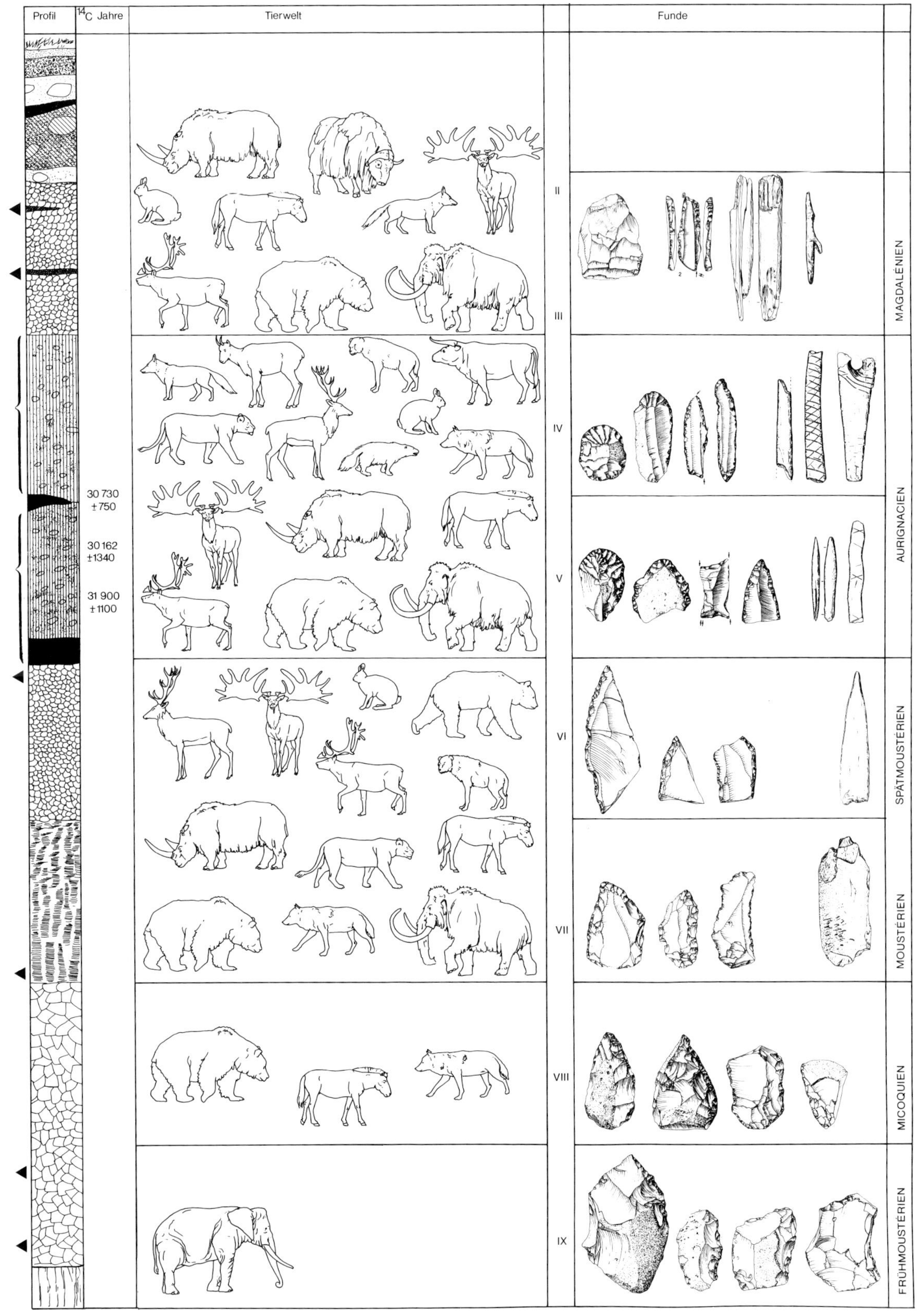
Profil
14C Jahre
Tierwelt
Funde
30 730
±750
30 162
±1340
31 900
±1100
II
III
IV
V
VI
VII
VIII
IX
MAGDALÉNIEN
AURIGNACIEN
SPÄTMOUSTERIEN
MOUSTÉRIEN
MICOQUIEN
FRÜHMOUSTÉRIEN

den Grundzügen mit jenen Streufunden aus dem Stuttgarter Raum vergleichen lassen. Der Grundproduktion liegt eine in ihrer Sorgfalt wechselnde einfache Kerntechnik zugrunde. Der Trennschlag ist noch immer relativ hart und wohl fast immer direkt. Die in ihrer Größe und Stärke geeigneten Abschläge werden weiter durch Nacharbeitung (Retusche) modifiziert. Als »Schaber« bezeichnete Zurichtung der längeren Abschlagkanten werden mit Spitzenausformungen an den Enden kombiniert. Seltener sind breite, bogige Bearbeitungen der Schmalenden (Kratzer) und Gesamtüberarbeitungen zu Blattformen oder Faustkeilvarianten. Die genannten Stationen außerhalb unseres in seinen Erhaltungsbedingungen benachteiligten Raumes belegen eindeutig, daß jetzt alle Tierarten, bis zum Elefanten und Nashorn – oft unter geschickter Nutzung der vorgegebenen topographischen Situation, bis zum Einsatz von Travertinschlammtümpeln als Fallen – bejagt werden. Vorauszusetzen ist erneut das Sammeln pflanzlicher Nahrung. Der Träger dieser Steingeräteindustrien, die sicher auch durch Holzgeräte und eine noch wenig differenzierte Nutzung von Geweih und Knochen zu ergänzen sind, ist eine Menschenform, die den Neandertalern zugerechnet wird (*Homo sapiens neanderthalensis*). Allerdings in einer Ausprägung, die noch nicht die extremen Merkmale dieser Form am Ende ihrer Entwicklung in West- und Südeuropa besitzt. Zeitlich datieren die wenigen Streufunde Südwestdeutschlands aus dieser Phase zwischen etwa vor 120000 bis 80000 Jahren. Wobei nur der letztere Wert schon im Bereich der Meßmöglichkeiten der ^{14}C-Datierungen (vgl. S. 284 ff.) liegt. Der ältere Wert beruht auf Abschätzungen, die aus dem Verhältnis zwischen zerstrahlenden Mutterisotopen und neugebildeten Tochterisotopen errechnet werden. Ein Verfahren, das alle geologischen Altersangaben mit unterschiedlicher Genauigkeit ermöglicht und mit allen jeweils neu gebildeten ausreichend langsam zerfallenden unstabilen Elementvarianten durchführbar ist. Die höhere Genauigkeit des Radiokohlenstoff-Kalenders (zerstrahlender Kohlenstoff, Isotopbezeichnung ^{14}C, gegenüber dem normalen Kohlenstoff-Element ^{12}C) beruht auf der einfachen Möglichkeit, das relativ rasch (rasch in bezug auf geologische Zeitgrößen) zerfallende ^{14}C und die dabei noch ziemlich häufigen Strahlungsereignisse direkt zu messen.

Abb. 138–141 In größerem Umfang treten archäologische Inventare in Südwestdeutschland schließlich in den Höhlenablagerungen der beginnenden jungpleistozänen Würm-Eiszeit auf, die so jung sind, daß sie eine bessere Chance der Erhaltung hatten. Aber auch jetzt noch bleiben die Inventare oft sehr klein. Typisch ist das im bekannten Vogelherd. Hier umfaßt der älteste Horizont, die sog. »Kultur der Höhlensohle« des Ausgräbers, einfacher sicher das »Inventar der Höhlensohle«, wieder nur eine geringe Zahl von Abschlaggeräten, die z. T. die schon weiter oben angeführte »Kryoretusche« erkennen lassen, also offensichtlich umgela-

Abb. 140. 2 Schaber (an den Kanten retuschierte Abschläge) aus dem Mittelpaläolithikum des Vogelherd, Höhlensohle (IX) 6,0 und 5,8 cm lang.

gert worden sind. Somit bleibt wieder offen, ob der bei ihnen liegende Milchzahn eines noch an relativ warme Bedingungen angepaßten Waldelefanten zeitgleich mit der Herstellung der wenigen Geräte ist, also eine echte ursprüngliche »Lebensgemeinschaft« bildet oder aber nur durch geologische Zufälle über einen

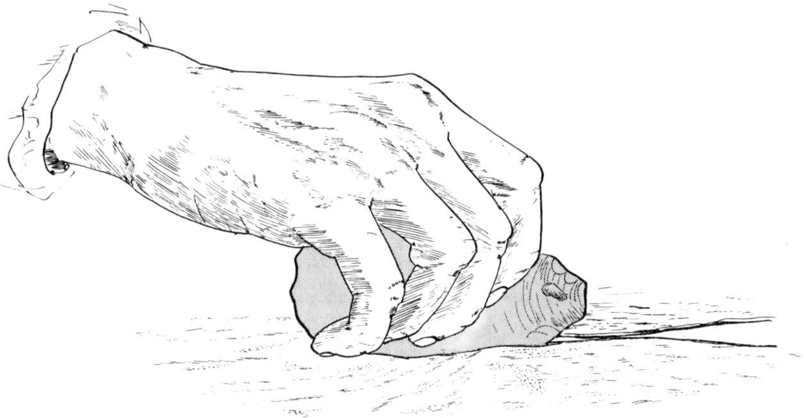

Abb. 141. Zum Zerschneiden von Fell läßt sich die scharfe Kante eines Schabers verwenden.

Abb. 142a. Faustkeilchen aus dem Vogelherd, Horizont VIII, 7,5 cm lang.

Abb. 142b. Auch mit der scharfen Kante eines Faustkeils kann man Fell zerschneiden.

oder mehrere Umlagerungsvorgänge zu einer »Einbettungsgesellschaft« wurde. Auch das nächsthöhere Inventar, auf engstem Raum gefunden und so auch dokumentiert durch den Ausgräber Gustav Riek, aus dem archäologischen Horizont VIII ist aus sich selbst heraus schwer zu interpretieren. Es enthält einen Kern, von dem eine ganze Reihe von Abschlägen gelöst wurden, keiner davon läßt sich aber mehr anpaßbar im erhaltenen Inventar finden. Sie wurden offenbar an anderem Ort weiterbenutzt, wo sie entweder verschwanden oder noch nicht gefunden worden sind. Man muß sich vergegenwärtigen, daß auch jedes Gestein an der Oberfläche den Kräften der Verwitterung ausgesetzt ist und allmählich zu Bodenpartikeln zerfällt, die die Verblasungen, Verschwemmungen und auch die zerstörende Wirkung des Chemismus der Pflanzen langsam aber sicher verschwinden läßt. Das gilt selbst für die härtesten und beständigsten Minerale wie Diamant und Platin. Dazu kommen im gleichen Horizont (VIII) eine Reihe von mehr oder weniger modifizierten Abschlägen von anderen Kernen, die ihrerseits nicht im Inventar vorhanden sind und neben einem etwas plumpen Faustkeil ein *Abb. 142a, b* Werkzeug, das mit seinem dreieckigen Querschnitt und seiner faustkeilartigen Flächenzurichtung offenbar sorgfältig geformt wurde. Tatsächlich sind derartige *Abb. 143* Formen für weite Bereiche Europas im älteren Jungpleistozän (und zwar sowohl in der – bzw. vielleicht den – Waldphasen an seiner Basis wie auch in den ersten Abschnitten der folgenden Abkühlungen des Eiszeitkomplexes, den wir als »Würm« bezeichnen) recht typisch. Sie geben uns einen ersten groben zeitlichen und erstmals auch durch Vergleiche einen unmittelbar archäologischen Anhaltspunkt. Für die zuvor beschriebenen älteren, sehr einfachen und kleinen Inventare, die z. T. ja in sich selbst problematisch blieben – bis zum aufgeworfenen Problem eventueller Fälschung –, galt das leider nicht. Wir haben nach dem Ausweis der mitgefundenen Faunenreste sogar guten Grund anzunehmen, daß die Hersteller dieser Steinartefakte intensive Pferdejäger gewesen sind.

Tatsächlich kennen wir aus dem gleichen Lonetal am Bockstein ein bedeutend größeres Inventar, das mit den relativ wenigen Funden aus dem eben beschriebenen Vogelherd-Niveau einigermaßen gleichzeitig sein dürfte. Neben einer noch einfachen Abschlagtechnik, mit der zahlreiche, nicht weiter intensiv nachgeformte Abschläge produziert wurden, ist hier die Zahl echter später Faustkeile und faustkeilartiger dicker Messerformen recht hoch. Dazu kommen noch die für das Alt- und Mittelpaläolithikum typischen einfacheren Werkzeugformen, die der Spezialist als Schaber, Spitzen und so fort bezeichnet, obwohl sich häufig die ursprüngliche tatsächliche Funktion nicht mehr nachweisen läßt. Zusammen mit Resten von Beutetieren, unter denen neben Elefant (kaltzeitliches Mammut) und Wollnashorn auch Höhlenbär und vor allem wieder Pferd auffallen, lagen diese Steinartefakte im Inneren kleinräumiger Höhlen und – z. T. leicht verlagert

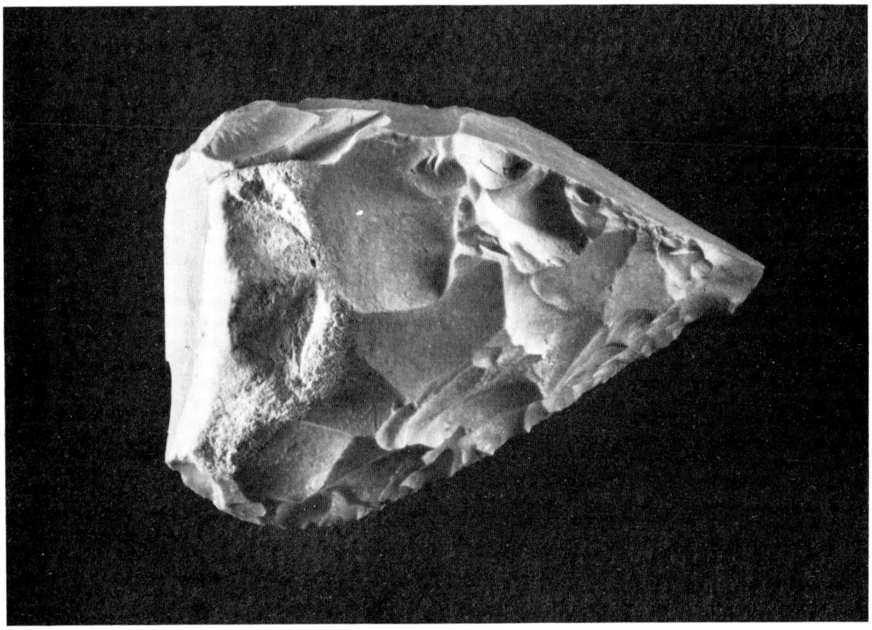

Abb. 143. Keilmesser oder »Faustkeilschaber« aus dem Vogelherd, Horizont VIII, 7,5 cm lang.

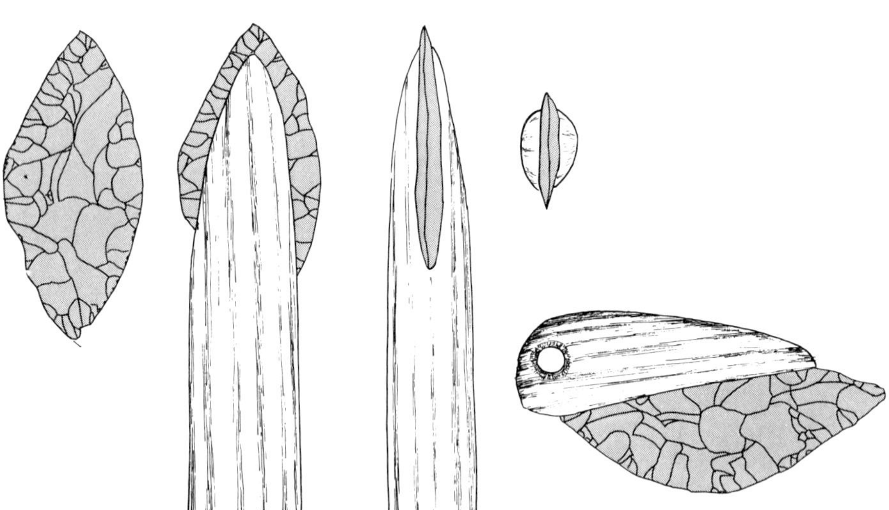

Abb. 144. Zwei Schäftungsmöglichkeiten für eine Blattspitze: Links als Speerspitze in einen Holzschaft eingesetzt, rechts als Messer in einem hölzernen Griff.

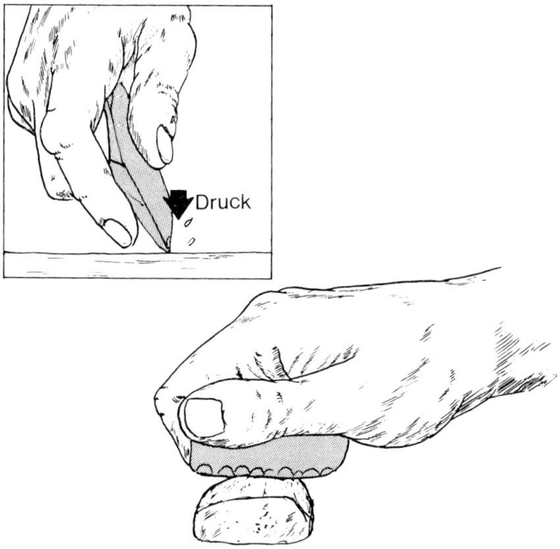

Abb. 145. Die scharfen schneidenden Kanten der Steinwerkzeuge lassen sich auch durch Druck herstellen.

– auf dem Hang davor. Ganz offensichtlich haben wir damit zum ersten Mal in Süddeutschland einen in sich geschlossenen echten Siedlungskomplex vor uns, wie er zuvor dort nicht nachweisbar ist. Mit Sicherheit können wir annehmen, daß in den Höhlen und am Hang des heutigen Bocksteins im Lonetal einst eine Jägergruppe saß, die ihre Steinwerkzeuge fertigte und mit ihnen u. a. auch die *Abb. 145* Jagdbeute zerwirkte. Anzunehmen ist auch, daß mit einem Teil der Steingeräte die Jäger ihre Waffen fertigten und reparierten, deren sorgfältige Herstellung aus *Abb. 146* Holz wir gewiß voraussetzen dürfen. Die Faunenelemente sowie die allgemeine Datierung in den Höhlensedimenten, die durch umgelagerte ältere Pollen ein wenig verfälscht wird, läßt erkennen, daß dieses Leben unter nicht allzu kalten, aber doch klar subarktischen Bedingungen zu Beginn des letzten Eiszeitkom- *Abb. 147, 148* plexes vor etwa 70000 bis 50000 Jahren ablief. Eine Zeit, in der in ganz Europa noch eine Menschenform allein zu existieren scheint, die der Anthropologe als Neandertaler nach einem Fundort im Rheinland benennt und der gegenwärtig – was im Laufe des guten Jahrhunderts, seitdem er bekannt ist, immer wieder geändert wurde – als *Homo sapiens neanderthalensis* bezeichnet wird. Nach den Kriterien der wissenschaftlichen Definition wird er damit zu einer Unterart der Art *Homo sapiens,* deren gegenwärtige weltweit einheitliche Unterart als *Homo sapiens sapiens* definiert wird.

Wir sind also einigermaßen sicher, daß Neandertaler die Funde aus den ältesten Niveaus der Ablagerungen am Bockstein (es gibt andere, jüngere) hinterlassen

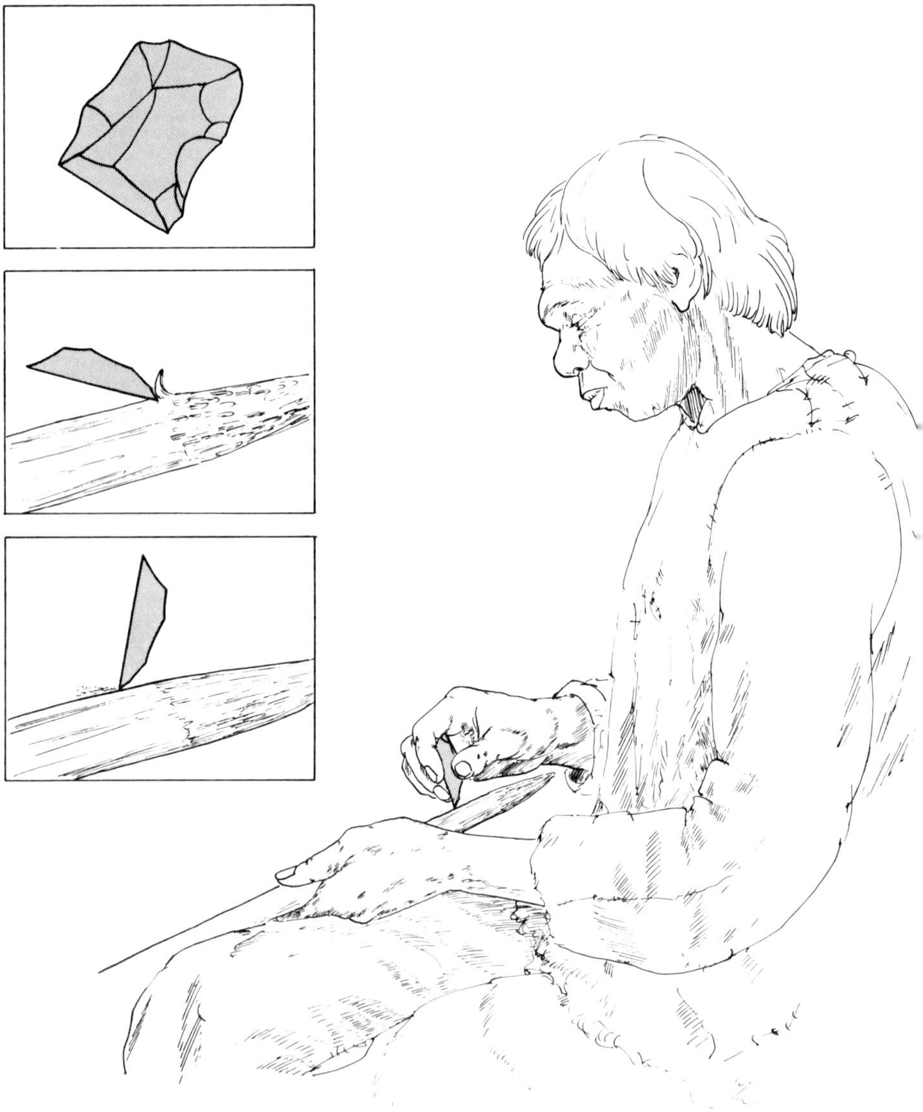

Abb. 146. So kann mit einem steinernen Schaber ein Holzspeer zur Zeit des Neandertalers geschnitzt worden sein.

haben und als subarktische Jäger das Lonetal in ihren wohl schon jahreszeitlich gesteuerten Streifzügen durchzogen, Menschen, denen wir auch eine gewiß schon recht entwickelte Kleidung zubilligen müssen, die ihre Beweglichkeit auch in der Winterkälte für die Jagd garantierte. Reste dieser Kleidung sind noch unbekannt. Voraussetzen läßt sich aber auch eine einfache Stoßlanze und eine wohl noch nicht durch eine Speerschleuder zu handhabende Wurfspeerform, wie sie auch anderswo schon früher nachgewiesen worden ist. Vielleicht gab es bereits knöcherne Waffenspitzen. Aus Norddeutschland ist eine entsprechende, wohl etwas ältere Form nahe Braunschweig belegt, und aus unserem Raum selbst gibt es einen jüngeren, aber noch mittelpaläolithischen Knochenspitzenfund aus der Großen Grotte unfern von Blaubeuren, Waffen also, die gegen jedes Wild einsetzbar sind und bei der Anwendung neben Geschicklichkeit auch Kraft voraussetzen. So wird sicher der verhältnismäßig grobe Skelettbau des Neandertalers, der dem heutigen Betrachter vorwiegend im Schädelbereich auffällt, nicht zuletzt durch die Notwendigkeit stabiler Ansätze für die sehr kräftige Muskulatur vor allem der Männer weitgehend bestimmt. Über die geistige Lebenswelt der Neandertaler wissen wir nahezu nichts. Aber es wäre gänzlich falsch, sie sich als stumpfe, tierartige Wesen vorzustellen. Wir haben bereits gesehen, daß die Anthropologen (unter denen der berühmte ältere Virchow die ersten Belege dieses Menschen noch für pathologische Monstrositäten hielt) ihn unterdessen als einen durchaus einkreuzungsfähigen Vetter heutiger Rassen ansehen – denn nach den Regeln der Zoologen sind Unterarten untereinander fruchtbar. Die Bestattungen von Neandertalern bieten schon seit Jahrzehnten bereits einen indirekten Beweis für ihre Kulturhöhe. Denn Menschen, die zumindest einen Teil ihrer Toten mit Sorgfalt in Schlafstellung bestattet haben und ihnen, wie wir jetzt durch einen Fund aus dem Vorderen Orient wissen, sogar Blumen mit in das Grab gaben, müssen sich Gedanken über Leben und Tod gemacht haben. Dabei kommt es nicht darauf an, wie sich diese Gedanken einst konkretisierten. Sie setzen aber ein Weltbild voraus, in dem sich schon jener Bereich manifestiert haben muß, den wir als Religiosität betrachten: die Auseinandersetzung mit dem Übermenschlichen und dem Überzeitlichen.

Daß der Neandertaler nun für Jahrzehntausende Bewohner Südwestdeutschlands bleibt, zeigen über 30 Fundstellen mit z. T. mehreren, dem Mittelpaläolithikum angehörigen Horizonten. Das ist etwa der Fall in einer fundreichen, bereits erwähnten Fundstelle im Stadtgebiet von Blaubeuren, der Großen Grotte. Hier sehen wir auch, daß die Zusammensetzung der erhaltenen Inventare oft eher zufällig ist. Begreiflich, wenn man sich klarmacht, daß schon der Neandertalerjäger vor allem in der offenen Landschaft streifte, wie etwa Funde aus dem Löß bei Murg oder aus dem schweizerischen Jura bei der Löwenburg und andere

Abb. 147. Mit Speeren bewaffnete Neandertaler verlassen die Bocksteinschmiede.

Abb. 148. Der Bockstein, eine der interessantesten Stellen im Lonetal.

sog. Freilandfundstellen erkennen lassen. Zudem war das meiste Wild, wie etwa das häufig belegte Pferd, der Hirsch und das Mammut, gewiß nur in der offenen Landschaft bejagbar. Allenfalls der Höhlenbär kann nach dem Aufschrecken aus seinem Schlafplatz in der Höhle dort unmittelbar erbeutet worden sein, was auch für die gewaltige Höhlenhyäne, der man aber wohl eher aus dem Weg gegangen sein dürfte, wie auch für die ebenfalls in Knochenresten nachgewiesenen Großraubkatzen zutrifft, wobei zu betonen ist, daß nicht alle Tierknochen, die in Höhlen gefunden werden, auf die Jagd des Menschen zurückgehen müssen. Denn auch Hyänen, Großkatzen, Bären, Wölfe, Füchse und Kleinraubtiere können ihre Beute ganz oder in Teilen in Höhlen schleppen, wo deren Skelett-

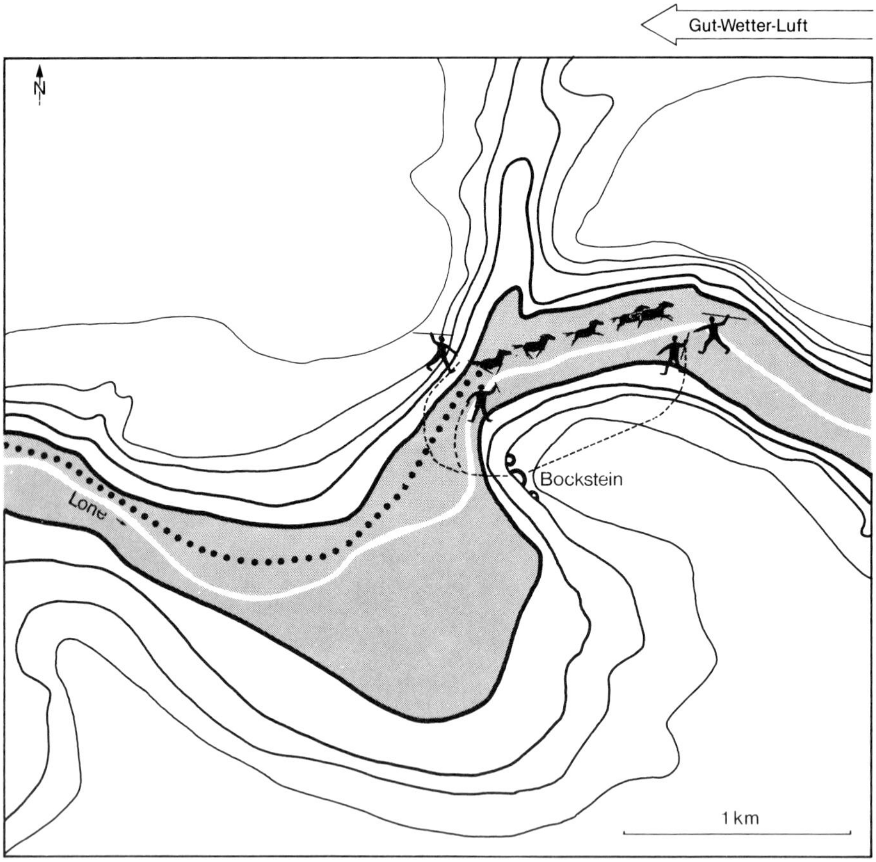

Abb. 149. Jagdtaktische Situation am Bockstein. Eine Pferdeherde zieht loneabwärts. Zwei Jäger lassen die Tiere passieren und greifen sie gegen den Wind an. Zwei weitere Jäger versperren den Fluchtweg.

Abb. 150. Retuschierplatte (»Retoucheur«) aus Knochen zum Stupfen der Artefaktkanten aus dem Vogelherd, Horizont VII, 9,8 cm lang.

fragmente eingebettet werden und erhalten bleiben können. Auch hier ist die Entscheidung nur durch sorgfältige Grabungen möglich, ob Knochen tatsächlich zusammen mit menschlichen Artefakten einen »geschlossenen Fund« bilden, ein methodisches Problem, das uns schon zuvor in anderem Zusammenhang beschäftigt hat. Denn die Einlagerungsbedingungen können derart sein, daß sich trotz sorgfältiger Grabung nicht mehr entscheiden läßt, ob Tierreste auf die Aktivität des Menschen oder auf die Tätigkeit eines kurz zuvor oder danach dort anwesenden Tieres zurückgehen.

Im Vogelherd gibt es insgesamt vier Horizonte, die als mittelpaläolithisch, also neandertalerzeitlich angesprochen werden können. Sie werden von Horizonten überlagert, die das spätere Jungpaläolithikum belegen (vgl. S. 286 ff.). Der späteste mittelpaläolithische Horizont des Vogelherdes fällt offenbar bereits in eine Zeit, in welcher die erste große Kaltphase der Würm-Eiszeit wieder abklingt und von einem Abschnitt unterbrochen wird, der eine weltweite Klimaverbesserung erkennen läßt, etwas unglücklich auch außerhalb der Gletscherzonen als »Interstadial« bezeichnet. Ein Begriff, der sich aus der Gletschergeschichte ableitet und dort für einen kürzeren Eisrückzug mit folgendem Wiedervorstoß in ein

Abb. 150, 152

Stadial benutzt wird. Wir wissen heute, daß diese Wiedererwärmungsphase in sich selbst in mehrere relativ milde und relativ kühlere Abschnitte gegliedert ist, die jeweils nur einige Jahrtausende angedauert haben. In diesen im Schnitt verhältnismäßig milden Zeitraum fällt auch der Beginn des eigentlichen, durch seine Steingerättechnik abtrennbaren Jungpaläolithikums (Jüngere Altsteinzeit) vor etwa 35000 Jahren. Das bedeutet, daß das jüngste mittelpaläolithische Niveau des Vogelherdes, mit nur wenigen Steingeräten und zwei Knochenspitzen, von
Abb. 151 denen wenigstens eine eine Geschoßspitze sein dürfte, noch vor 35000 Jahren
Abb. 153 und, nach der Korrelationsmöglichkeit mit den Klimahorizonten, kaum vor 50000 Jahren vor heute liegen sollte. Wobei auch diese Jahresangaben in sich selbst schon Schätzungen sind, auch wenn sie immerhin auf Werten beruhen, die sich aus Datierungen mit der ^{14}C-Methode ableiten lassen.

Aus diesem späten mittelpaläolithischen Zeitraum kennen wir als stärker vorherrschende Sonderformen sog. Blattspitzen, die in dieser Zeit vor allem in Mitteleuropa häufiger auftreten. In Südwestdeutschland ist das kleine Inventar aus der engen Haldensteinhöhle bei Urspring im Lonetal eigentlich dafür der einzige direkte Beleg. Hier wurden zwei sorgfältig geformte Blattspitzen und eine sehr schöne große Klinge gefunden. In einem tieferen, aber noch würmzeitlichen Niveau fanden sich neben Knochen von Kröten und Fröschen, die damals als Nahrung gesammelt worden sein dürften, einige einfache Abschlaggeräte. Das Klingen-Blattspitzen-Inventar ist im Zusammenhang mit den zugehörigen Faunenresten von besonderem Interesse. Zunächst ist nicht klar, ob die sog. Blattspitzen Geschoßköpfe oder Messerklingen waren. Die Klinge selbst ist ungewöhnlich groß. Jede andere einfachere Geräteform fehlt. Das spricht wohl dafür, daß es sich hier um eine spezielle Deponie handelt, die durchaus als Gabe an mächtigere Gewalten oder als symbolische Niederlegung im Zuge eines uns unbekannten Rituals gedeutet werden kann. Denkbar ist natürlich auch die reine Versteckniederlage zur Aufbewahrung für späteren Wiedergebrauch. Tatsächlich fällt allgemein auf, daß diese schönen und für uns eindrücklichen Steingeräte immer auch anderswo wieder vereinzelt abseits der eigentlichen Lagerplätze in den Höhleneingängen im Höhleninnern gefunden werden. Leider ist gänzlich unklar, ob auch die Fauna, die aus der gleichen Strate stammt, ausschließlich auf den Menschen zurückgeht. Denn auch die Tierreste einschleppende Hyäne, eine sicher mit dem Menschen konkurrierende Jägerin, ist nachweisbar. Sie war um die Hälfte größer als die heutige afrikanische Tüpfelhyäne, über deren aktives Jagen kein Zweifel mehr besteht. Bis auf das nicht eindeutige Mammut sind fast alle wichtigen vom Neandertaler damals in den Mittelgebirgszonen Südwestdeutschlands bejagten Tierarten an dieser Stelle belegt: das wollhaarige Nashorn, das als ständiger Begleiter des Mammuts und als sicheres Zeichen subarkti-

Abb. 151. Geschoßspitze aus Knochen aus dem Vogelherd, Horizont VI, 10,0 cm lang.

Abb. 152. Winkelschaber (Abschlag mit winklig aneinanderstoßenden retuschierten Kanten) und Klinge (langschmaler Abschlag) aus dem Vogelherd, Horizont VII, 6,5 und 7,0 cm lang.

scher Bedingungen gelten kann; ein schweres tarpanartiges Pferd; das leichtere Steppenwildpferd vom Przewalski-Typus, durch das sich die offene Landschaft der Albhöhen dokumentiert; dazu kommt der Halbesel, der deutlich macht, daß die Klimabedingungen nicht extrem kalt gewesen sein können; der Rothirsch, der eher im Sommer in die Albtäler hinaufzog, während er im Winter die Donauniederungen bevorzugte; das Rentier, das ebenfalls im Sommer auf die windigen Höhen der Alb zog und die mückenreichen Niederungen mied und das insgesamt unter dem Konkurrenzdruck der schon zuvor beschriebenen Pflanzenfresser stand, eine kleine und verkümmert wirkende Form, die derjenigen nachsteht, die später im kälteren Jungpaläolithikum auftritt. Der Höhlenbär ist vorhanden, jener omnivore Konkurrent des Menschen, den wir noch in den krautweidereichen Abschnitten des Älteren Würm bis hoch hinauf in die Alpen an der Schneegrenze beobachten können. Dazu kommen Wolf, Fuchs und Schneehase, ebenfalls Formen, die allenthalben nachweisbar sind. Allerdings fehlen in der doch schon fast 600 m hoch liegenden Haldensteinhöhle in dem dort nicht mehr sehr geschützten Lonetal einige Arten, die am Vogelherd vorkommen, der unterhalb 500 m und in einem geschützten Bereich des gleichen Tales liegt. Das kann natürlich auch Zufall sein, aber genauso ist denkbar, daß empfindlichere Arten sich nicht allzu weit von den Donauniederungen entfernten. Es gibt dafür auch anderswo entsprechende Hinweise. Es sind jene drei Arten, die im ebenfalls faunen- und relativ artefaktreichen Horizont VII des Vogelherdes, dem dortigen vorletzten mittelpaläolithischen, die Liste der Pflanzenfresser ergänzen: Wisent, Ur- und Riesenhirsch. Zu den Raubtieren kommt Felis spelaea, der Höhlenlöwe.

Auch wenn unsere archäologischen Belege noch immer sehr fragmentarisch bleiben, so zeigen sie doch, daß der mittelpaläolithische Mensch, der Neander-

Abb. 153. Abschläge aus verkieseltem Holz, Vogelherd, Horizont VI, 3,7 bis 6,3 cm lang.

taler, offensichtlich nicht nur die relativ rauhen Höhen der Schwäbischen Alb durchstreifte, sondern gewiß auch die großen Flußtäler bejagte, wenn schon dort seine Spuren mit wenigen Ausnahmen – wie etwa bei Murg – nicht erhalten geblieben sind. Die zerstörenden anschließenden Verlagerungen der Schmelzwasser waren zu groß. Durch analoge Funde aus dem bernischen Simmental und den St. Galler Alpen wissen wir aber, daß er selbst schon bei Beginn der letzten Eiszeit vor 70000 oder 60000 Jahren und auch in der später eingeschobenen warmen Phase der größeren Interstadiale vor 40000 Jahren ganz am Ende des Mittelpaläolithikums auch die Alpenzone bis zu Höhen über 1800 m bejagt hat. Daß eine solche Alpenjagd auf die günstige Jahreszeit beschränkt bleiben mußte, ist leicht einzusehen. Im Winter werden die mittelpaläolithischen Sammlerinnen und Jäger in den relativ warmen und geschützten Talzonen geblieben sein, wo auch im Galeriewald das Wild zu überwintern suchte. Auch wenn wir die genaueren Zyklen wegen unzureichender Funde noch nicht kennen, werden wir von einer jahreszeitlich wechselnden Nutzung der Jagd- und Sammelzone ausgehen dürfen. Im Sommer könnte die Jagd auf den zwar gewaltigen, aber beim Erwachen aus dem Winterschlaf wenig wehrhaften Höhlenbär eine geringere Rolle gespielt haben als im Spätwinter oder frühen Frühjahr. Daß dieses in der Größe dem Kodiakbär entsprechende Tier tatsächlich gejagt worden ist, zeigen eindeutige Befunde in Ungarn und Polen. Die hölzerne Stoßlanze und der wohl schon mit der Schleuder geworfene Speer mit eingesetztem Blatt haben dafür ausgereicht. Im Sommer wird neben die Jagd auf alles erreichbare Wild, wie Pferd, Mammut, Ren und Wildrind, vor allem auch die Niederwildjagd und in zunehmendem Umfang mit den Reifezeiten auch das Sammeln von Nährpflanzen getreten sein. Im Herbst mußte allmählich die Jagd auf den höheren Alpenmatten auf Steinbock und Moschusochse eingestellt werden. Auch die Hochflächen der Alb wurden dann zunehmend unwirtlicher. Höhepunkt des Herbstes war wahrscheinlich die Jagd auf die in der Brunft wenig vorsichtigen Hirsche. Wie weit für den Winter schon Vorräte angelegt wurden, wissen wir nach den uns verfügbaren Quellen nicht. In den Phasen noch relativ günstigen Klimas, aus denen unsere meisten mittelpaläolithischen Funde Südwestdeutschlands zu stammen scheinen, war sicher die Beschaffung des Lebensunterhaltes auch im Winter nicht allzu schwierig. Zunächst gab es noch Sammelfrüchte. Das Fallenstellen auf Niederwild und Federwild ist denkbar, auch wenn wir es nur indirekt durch die Häufung von Wildkaninchen in einigen Fundstellen außerhalb Deutschlands vermuten können. Außerdem sind winddichte, gut beheizbare Winterbauten sowie Winterkleidungen, die aber keinesfalls die Bewegungsfähigkeit einengen dürfen, unbedingt vorauszusetzen. Solange Galeriewälder in ausreichendem Umfang vorhanden waren, dürfte auch die Jagd auf das dort

überwinternde Hoch- und Niederwild gesichert gewesen sein, vor allem dann, wenn stärkere Schneefälle die Tiere behinderten, aber den leichter beweglichen Jäger, der durchaus schon einfache Schneeschuhe besessen haben könnte – die wir freilich auch noch nicht kennen – unterstützten.
Bedenken wir dies alles, so sprechen sowohl unsere Funde, die eigentlich nur die Anwesenheit des Menschen selbst in den genannten Zeiten belegen, als auch das Beute- und Sammelpotential der Landschaft für ein eher gesichertes Auskommen der mittelpaläolithischen Populationen in Südwestdeutschland. Nur in der kältesten Phase um 50 000 Jahren vor heute, aber möglicherweise schon zuvor in einer anderen kurzen und kalten Phase vor 70 000 Jahren, könnte es so unwirtlich geworden sein, daß Wild und Sammelfrüchte seltener wurden. Das mag den Menschen veranlaßt haben, unseren Raum für einige Jahrtausende aufzugeben und sich wieder weiter nach Südwesten und Südosten zurückzuziehen. Dort harrte er jedenfalls in Europa auch dann noch ohne jede Unterbrechung aus. Gewiß ist das auch der Fall in den südlicheren Breiten der Alten Welt, in denen von den Abkühlungen des Nordens und von den Eisvorstößen kaum viel zu spüren war. Allenfalls hatte sich die Zone intensiverer Niederschläge etwas verschoben oder die Gebirge der Tropen trugen größere Eiskappen und waren auch in tieferen Lagen unwirtlicher geworden.
Zur Rekonstruktion der Sozialstruktur der Neandertaler-Bevölkerung sind unsere südwestdeutschen Quellen wieder unzureichend. Wir besitzen aber Befunde aus Südwesteuropa und aus dem südlicheren Bereich der europäischen Sowjetunion, die vermuten lassen, daß wir noch immer Kocheinheiten mit Kleinfamilien von drei bis sieben, also im Schnitt fünf Köpfen als Grundstandard voraussetzen können. Wie groß deren Streifgebiet gewesen ist, bleibt gänzlich ungewiß. Immerhin läßt sich wohl vermuten, daß sich die Einzelfamilien im Sommer parallel zu den meisten Tieren der würmzeitlichen Subarktis weiter zerstreuten, während sie sich im Winter in den niederen Talzonen eher verdichteten. Dennoch werden sicher auch im Sommer schon mehrere Familien gemeinsam ihren Unterhalt gesucht haben. Das gilt bestimmt im Falle einer schon erfolgten Arbeitsteilung nach Geschlechtern. Denn die Jagd auf Großwild setzt zweifellos das Zusammenwirken mehrerer Jäger voraus, wie wir das etwa auch für weniger wehrhafte mittelgroße Raubtiere kennen. Es ist kaum verfehlt, schon für den Neandertaler im Sommer ein Zusammengehen von einigen wenigen Familieneinheiten (Mann, Frau, zwei bis drei Kinder, allenfalls ein Großelternteil) anzunehmen. Im Winter könnte es zu größeren Gruppenbildungen gekommen sein. Über die tatsächliche Zahl der mittelpaläolithischen Bevölkerung in Südwestdeutschland lassen die bisher gemachten Funde keinerlei direkten Rückschlüsse zu. Die rund 40 verschiedenen würmzeitlichen Fundinventare

Südwestdeutschlands verteilen sich auf eine Zeitspanne von mindestens 20000 Jahren, wenn man jene Abschnitte abzieht, in denen sich noch wenige erhaltende Sedimente bildeten oder in denen die Bedingungen so ungünstig gewesen sein können, daß der Mensch unsere Region mied. Diese 40 Inventare liegen kaum gleichmäßig über die beiden Jahrzehntausend verstreut. Sie gehören eher in sedimentdynamisch günstige Abschnitte um 60000 bis 40000 Jahre und rükken vielleicht auf zwei mal fünf Jahrtausende zusammen. Aber selbst dann haben wir pro Jahrtausend allenfalls noch vier Inventare oder alle 250 Jahre ein einziges. Diese Rechnung relativiert sich weiter durch die Überlegung, daß im Laufe der Jahreszeiten kaum nur ein Lager eingenommen worden ist. Wir müssen mindestens wohl ein Hauptlager jeweils im Winter und Sommer annehmen, zu denen noch Außenlager gehört haben könnten. Deshalb ist es besser, vom Beute- und Nahrungspotential der Landschaft selbst auszugehen. In den gemäßigteren Jahrzehntausenden war auch noch in den Wald- und Krautsteppen der Würmzeit unsere Landschaft eher wild- und pflanzenreich, wie schon die Vielfalt der Tierarten zweifelsfrei belegt. Gehen wir vereinfachend davon aus, daß Jägerpopulationen bei sehr günstigen Bedingungen, die entwickelte Befischungstechniken und entsprechende Fischbestände vorausgesetzt, sich auf maximal 0,1 Person pro qkm belaufen können, so würde Südwestdeutschland mit seinen 35000 qkm allenfalls 3500 frühen Jägern Raum bieten. Da wir aber nicht mit einer gleichmäßigen Nutzbarkeit rechnen dürfen und zudem niemals eine Jägerpopulation auf Dauer die äußerste Nutzbarkeit realisieren kann, werden wir diese Zahl zumindest halbieren müssen. Das würde bedeuten, daß die Obergrenze der Neandertaler-Population im heutigen Südwestdeutschland etwa in der Nähe von 1000 Personen, im Schnitt aber bei schlechteren Bedingungen wohl eher darunter geblieben sein dürfte. Einige hundert Menschen wird sie aber doch meist umfaßt haben. Auf unter hundert bis zum gänzlichen Abzug wird sie nur relativ kurzfristig, während vielleicht einiger Jahrtausende, gesunken sein.

Angaben über die durchschnittliche Lebenserwartung der Mittelpaläolithiker sind uns noch nicht möglich. Es gibt zwar Durchschnittsberechnungen vom Alter der aufgefundenen Skelette. Aber gerade hier müssen wir durch die bei Jägervölkern übliche Auswahl bei Erdbestattungen, die oft auf irgendwie auffallende Menschen beschränkt bleiben, mit verfälschender Dokumentation rechnen. Neandertaler von über sechzig Jahren kommen immerhin vor. Sicher wird das aber die Ausnahme gewesen sein. Andererseits wird auch ein Alter von 30 bis 40 Jahren kaum selten gewesen sein. Ob die Kindersterblichkeit hoch war, läßt sich überhaupt nicht direkt schätzen. Wie bei den meisten Jägern war sie es wohl nicht. Ganz gewiß müssen wir schon mit einer langen Jugendphase von etwa 15

Jahren rechnen. Eine soziologisch bedeutsame Tatsache, die neben einer starken Elternbindung ebenfalls eine anzunehmende Mutterbindung und Lernphase voraussetzen läßt und das Vorhandensein einer entwickelten Sprache vermutlich einschließt. Diese ist für die Gemeinschaftsjagd notwendig, selbst wenn bei der Jagd eine ausgefeilte stumme Zeichensprache benutzt worden wäre, wie das etwa von Buschmännern bekannt ist. Vor allem setzt die Jagd auf die erwähnten Tierarten eine genaue Kenntnis ihres Verhaltens und damit wieder Lernvorgänge und zugehörige Tradierungen von Generation zu Generation voraus, genauso wie bei der Nutzung von Pflanzen und der Fertigung von Geräten, deren Traditionen wir eindeutig verfolgen können. Wir werden kaum mit der Annahme fehlgehen, daß auch damals schon Führerpositionen nur auf Spezialgebieten eingenommen werden konnten, wie wir das bei nahezu allen rezenten Jägern kennen. Ständige »Häuptlinge« wird es also kaum gegeben haben, auch wenn der Rat und damit der Einfluß der erfahrenen Älteren, wie etwa im historischen Australien, sicher eine nicht unerhebliche Rolle gespielt haben dürfte. Ob die Höhlenfunde selbst schon z. T. als religiös motivierte Niederlagen angesehen werden können, haben wir bereits oben bei Besprechung des Blattspitzen-Depots aus der Haldensteinhöhle zur Debatte gestellt. Es spricht im Vergleich mit anderen synchronen Funden durchaus einiges dafür. Das gilt auch für die eindeutig nachgewiesenen Neandertaler-Bestattungen. Wir müssen also schon für das Mittelpaläolithikum Reflektionen erwarten, die in das für den Menschen nicht mehr unmittelbar Begreifbare hinüberweisen, in jene Zone, die wir als übersinnlich und als religiös zu bezeichnen gewöhnt sind. Das bedeutet, daß schon der Neandertaler sich mit Mächten auseinandersetzte, die er als stärker empfunden hat als sich selbst, und die er wohl auch zu beeinflussen suchte. Auch wenn unsere Quellen noch weitgehend schweigen, wäre es falsch, solche Möglichkeiten zu verneinen, die zudem gleichzeitig Reflektionen belegen, die in die Zukunft hinausgriffen und somit Sorge und Hoffnung erkennen lassen. Damit wäre bewiesen, daß schon im Mittelpaläolithikum nicht nur technische Erfahrungen gesammelt wurden, auf denen die späteren Entwicklungen aufbauten. Wir können somit unmittelbar aus unseren vor mehr als 40000 Jahren liegenden Quellen und damit als historisches Ereignis bestimmen, daß zumindest die späten Neandertaler – die oft noch als Untermenschen abqualifiziert werden – die Gedanken an die Zukunft mit Ansätzen von Religiosität verbanden. Ob sie dabei Systeme entwickelten, die schon jenen der historischen Australier oder Buschmänner ähnelten, wissen wir vorerst nicht. Möglich wäre es durchaus. Sicher ist dagegen, daß wir Heutigen ohne die Vorleistungen, die die mittelpaläolithischen Menschen über Jahrzehntausende hinweg auch in Südwestdeutschland erbracht haben und deren Spuren wir als deutbare Quellen besitzen, nicht zu dem geworden wären, was wir sind. Auch jene sind Glieder in der Kette unserer Vergangenheit, und sie waren Bewohner unserer eigenen nur in Details gewandelten Landschaft, in der ihre Hinterlassenschaften erhalten blieben. Ganz ohne Zweifel schulden wir ihnen, die mit derart bescheidenen Möglichkeiten in einem wohl geschlossenereren Wertsystem als dem heutigen ihr Leben mit Sorge und Hoffnung zu gestalten wußten, ohne Einschränkung die gebührende Achtung.

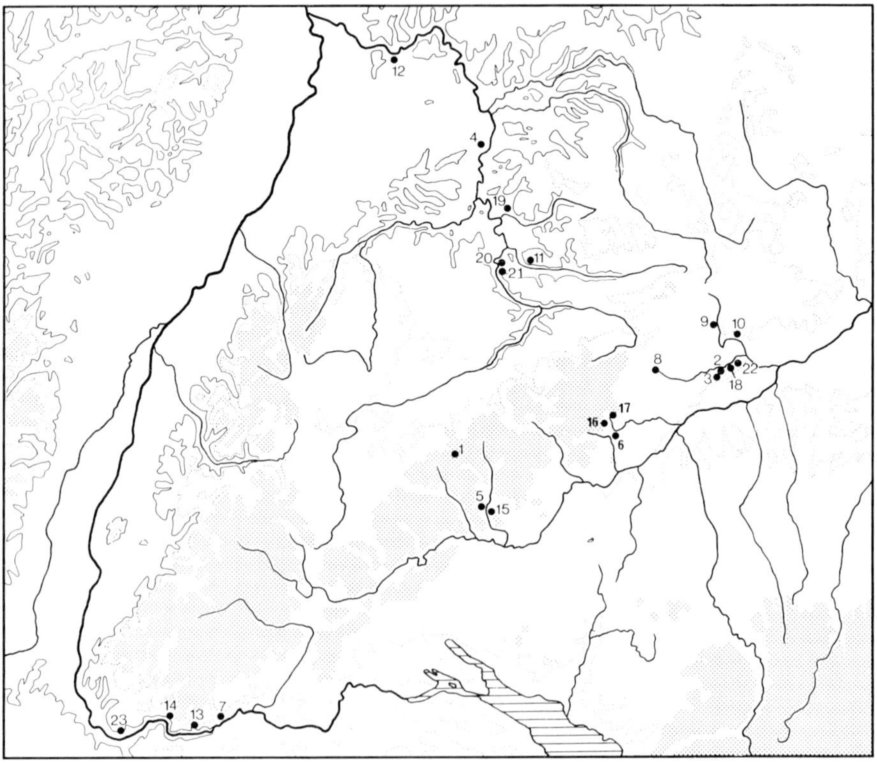

Abb. 154. Alt- und mittelpaläolithische Fundpunkte. 1 Bärenhöhle, 2 Bocksteinhöhle, 3 Bocksteinschmiede, 4 Böckingen, 5 Göpfelsteinhöhle, 6 Große Grotte, 7 Grunholz, 8 Haldensteinhöhle, 9 Heidenschmiede, 10 Irpfelhöhle, 11 Kleinheppach, 12 Mauer, 13 Murg, 14 Öflingen, 15 Schafstall, 16 Schmiechen, 17 Sirgenstein, 18 Stadel, 19 Steinheim a. d. Murr, 20 Stuttgart-Bad Cannstatt, 21 Stuttgart-Untertürkheim, 22 Vogelherd, 23 Wyhlen.

Eiszeitliche Jäger zwischen 35000 und 15000 Jahren vor heute

von Joachim Hahn

Auf den ersten Blick stellt dieser Zeitabschnitt einen größeren Bruch in der Entwicklung der altsteinzeitlichen Kulturen dar, wenn wir die auf uns gekommenen Hinterlassenschaften mit denen aus der Zeit der Neandertaler und der Faustkeilindustrien vergleichen. Denn es hat den Anschein, als ob unvermittelt eine neue Menschenform, der *Homo sapiens sapiens,* unser direkter stammesgeschichtlicher Vorfahre, den Neandertaler ablöst. Der *Homo sapiens sapiens,* auch als Cro-Magnon-Mensch bezeichnet, ist in den Fundschichten, in denen selten genug Menschenreste auftreten, immer mit spezifischen Werkzeugformen vergesellschaftet. Man nimmt daher an, daß auch die gleichartigen Fundinventare ohne Menschenreste vom Cro-Magnon-Menschen hergestellt wurden. Zu den neuen Werkzeugformen zählen Klingen, lange schmale Abschläge, die mit einer anderen Technik hergestellt sind als die bereits im Mittelpaläolithikum bekannten. Aus diesen Klingen werden vorzugsweise neue Werkzeugformen zugeschlagen, die es zwar vereinzelt hin und wieder auch in mittelpaläolithischen Inventaren gibt, nun aber den Großteil ausmachen. Als wichtigste Neuerung des Jungpaläolithikums sind die Gegenstände aus Knochen, Geweih und Elfenbein zu nennen. Allerdings haben uns gerade in Süddeutschland einzelne Inventare aus der mittleren Altsteinzeit Geschoßspitzen aus Geweih oder Knochen geliefert, die als die Vorläufer hierfür gelten können. Mit dem Beginn der jüngeren Altsteinzeit finden sich aber zum ersten Mal Schmuckstücke, die aus Zähnen, aus Elfenbein oder sogar Gagat, einem fossilen Holz, geschnitzt wurden. Als neue Erfindungen sind auch Verzierungen, Zeichen und vor allem Kunstobjekte anzusehen.

Trotzdem scheint die Veränderung, die mit den Inventaren der frühen jüngeren Altsteinzeit zu erkennen ist, so groß zu sein, daß man den Eindruck hat, etwas vollkommen Neues vor sich zu haben. Das mag aber auch daran liegen, daß in Südwestdeutschland echte Übergangsfunde, wie sie in anderen Teilen Europas bekannt sind, fehlen. Als einziges Inventar sind möglicherweise die wenigen

Fundstücke aus der Haldensteinhöhle hierher zu stellen. Die auffallende Seltenheit der frühesten Funde, die an einen Übergang gestellt werden können, läßt verschiedene Interpretationsmöglichkeiten zu. Die frühen *Homo-sapiens*-Menschen sind mit ihrer bereits in einer anderen Region voll ausgebildeten Kultur in Südwestdeutschland eingewandert. Dabei muß es übrigens gar nicht zu einer direkten Begegnung oder gar Auseinandersetzung mit den letzten Neandertalern gekommen sein. Denn man darf sich solche Wanderungen sicher nicht in Form einer Völkerwanderung vorstellen, sondern eher als langsames Einsickern kleiner Menschengruppen. Die zweite Möglichkeit ist die, daß sich die Technik zwar unter Einfluß von außen, aber von im Lande vorhandenen Menschengruppen getragen, fortentwickelte. Da dieser Wandel verhältnismäßig schnell, in wenigen tausend Jahren erfolgte, wurden wenig Fundschichten abgelagert und die Archäologen finden sie demnach kaum. Man kann sich aber als dritte Möglichkeit auch vorstellen, daß die früheste jüngere Altsteinzeit zu einer klimatisch sehr unruhigen Zeit bestand, in der sich entweder kaum Schichten bildeten und somit keine Funde auf uns kommen konnten, oder aber daß die Schichten mit Funden nachträglich durch Bodenfließen aus den Höhlen und Stationen unter freiem Himmel wegtransportiert wurden. Welche von diesen Möglichkeiten die wahrscheinlichere ist, oder ob nicht sogar eine Kombination davon in Frage kommt, läßt sich kaum entscheiden. Die letzte, die ja nicht mit der Ausbreitung zusammenhängt, scheint für die schlechte Überlieferung verantwortlich zu sein.
Dieser Übergangszeitraum ist in West- und im östlichen Mitteleuropa besser belegt. Bei einem Vergleich dieser Erscheinungen wird deutlich, daß dieser Wandel im archäologischen Bild recht kompliziert ist. So fand sich in der Sesselfelsgrotte bei Kelheim in Bayern ein sehr spätes Mittelpaläolithikum. Neben beidflächig bearbeiteten, faustkeilartigen Stücken, Abschlägen und den dazugehörigen Abschlagkernen enthält dieses Inventar auch Schmalklingen und Kratzer. Diese Schicht könnte daher ein Mittelpaläolithikum am Übergang zum Jungpaläolithikum sein. Da weiter nach Osten zu ähnliche Komplexe schon früher belegt sind – wenn die Datierungen stimmen –, kann sich hier auch der Einfluß von gleichzeitigen, voll ausgebildeten jungpaläolithischen Inventaren bemerkbar machen. Bei dem heutigen Kenntnisstand lassen sich leider solche Aussagen noch nicht mit der wünschenswerten Sicherheit treffen.
Wenn man diesen Übergang, der zwischen 40 000 und 35 000 Jahren vor heute liegen dürfte, in einem gesamteuropäischen Rahmen zu skizzieren versucht, so scheinen sich überall lokale Traditionen abzuzeichnen. Das bedeutet wohl so viel, daß vorhandene Traditionen in der Werkzeugherstellung und in der Benutzung besonderer Werkzeugformen fortgeführt werden. Als Beispiele hierzu lassen sich im östlichen Mitteleuropa die Beibehaltung von Levallois-Technik und

von Blattspitzen im älteren Jungpaläolithikum, in Westeuropa die von speziellen Messerformen im Châtelperronien heranziehen. Gerade in Westeuropa führte aber die enge zeitliche Verflechtung zwischen dieser Übergangsindustrie und dem anscheinend total unterschiedlichen älteren Jungpaläolithikum zu der Auffassung, daß hier eine neue Einwanderung aus dem Osten stattgefunden habe.

Trotz neuer früher jungpaläolithischer Funde auf dem Balkan ist aber der Übergang vom Mittelpaläolithikum zum Jungpaläolithikum noch nicht gelöst. Es bestehen noch zu viele Unsicherheiten, die oft in der Datierung, aber auch in der unterschiedlichen Bewertung gewisser Merkmale liegen.

Definition

Der hier behandelte Abschnitt ist durch sehr wenige Fundstellen und Inventare vertreten. Die Zahl von 35000 Jahren vor heute für den Beginn ist nicht als echter Wert zu verstehen, sondern eine Annahme für den Beginn der jüngeren Altsteinzeit in unserem Raum. Als jüngere Altsteinzeit (Jungpaläolithikum) werden Inventare bezeichnet, die eine deutliche Herstellung von Schmalklingen zeigen, aus denen auch die meisten Werkzeuge angefertigt worden sind.

Der ältere Abschnitt wird auch »Aurignacien« genannt, nach dem Fundort Aurignac in Südwestfrankreich, wo man am Ende des vorigen Jahrhunderts diesen Technokomplex zuerst in typischer Form feststellte. Der mittlere Abschnitt ist entsprechend das »Gravettien«, nach der Station La Gravette, einem Weiler in der Dordogne, ebenfalls in Südwestfrankreich. Diese Übernahme französischer Namen für die Fundinventare folgt der Tradition der Urgeschichtsforschung seit Beginn dieses Jahrhunderts. Es wurde zwischenzeitlich vorgeschlagen, diese Begriffe durch deutsche Bezeichnungen zu ersetzen, die aber mit »älteres« und »mittleres« Jungpaläolithikum recht nüchtern klingen. Um eigene lokale Namen für die entsprechenden Technokomplexe zu gewinnen, müßten mehr Funde vorliegen. Für eine Definition reichen die wenigen vorhandenen noch nicht aus. Trotzdem gibt es genügend Besonderheiten, die es erlauben, die Entwicklung und die Lebensverhältnisse in dem Zeitraum zwischen 35000 und 15000 Jahren vor heute zu beschreiben und mit den benachbarten Gebieten zu vergleichen. Wegen der seltenen Fundinventare ist das Bild, das wir von diesem Abschnitt entwerfen können, sehr lückenhaft und kann nur als grober Raster gelten, der durch neue Funde bald überholt sein wird.

Die Fundstellen

Die Fundstellen des Aurignacien konzentrieren sich auf drei Talsysteme: das Lonetal auf der Ostalb, das Achtal auf der mittleren Alb und das Laucherttal auf der westlichen Alb. An der Grenze des nicht berücksichtigten bayerischen Fundgebietes liegen die Ofnethöhlen am Westrand des Nördlinger Rieses. Das Gravettien findet sich nur in einer Fundstelle im Lonetal und konzentriert sich auf das Achtal bei dem heutigen Forschungsstand. Wohin die seltenen Fundstellen mit nur einzelnen Funden im Albvorland bei Stuttgart zu stellen sind, ist nicht klar. Wir werden darauf später noch zurückkommen.

Die meisten Fundstellen sind Höhlen, oft von beträchtlicher Ausdehnung. Zu den kleinsten gehört wohl die Göpfelsteinhöhle, während der Sirgenstein und der Bockstein zu den mittleren zu rechnen sind. Größere Höhlen mit ausgedehnten Fundhorizonten sind der Vogelherd, der Hohlenstein im Lonetal mit der Bärenhöhle und dem Stadel, die Brillenhöhle im Achtal und wahrscheinlich ebenfalls die nur angegrabene Höhle Geißenklösterle, dicht bei der Brillenhöh-
Abb. 155 le. Die Lage der Höhlen über dem jeweiligen Talgrund ist unterschiedlich. Im Lonetal beträgt sie zwischen 2 und 18 Metern, im Achtal zwischen 6 und 80 Metern und im Laucherttal etwa 20 Meter. So wie anscheinend keine spezielle Höhenlage bevorzugt wurde, spielte wohl auch die Lage der Öffnung keine besondere Rolle, da sowohl südliche als auch nördliche vertreten sind. Das ist insofern überraschend, als die Funde sich meist auf dem Vorplatz oder im Eingangsbereich konzentrieren, und man schließen würde, daß Licht und Wärme wichtig waren. Eine größere Bedeutung dürfte der Nähe zum Wasser beizumessen sein, die zwischen 100 und 200 Meter beträgt, und dem guten Ausblick, der durch die Lage der Fundstellen in Talerweiterungen oder gegenüber Seitental-Einmündungen oder in Spornlage zu einem Nebental gegeben war. Ob es sich dabei um eine bewußte Auswahl handelte oder ob gerade bei solchen Nebentälern bevorzugt Höhlen liegen bzw. offen sind, läßt sich bei der geringen Zahl der Fundstellen nicht entscheiden. Die wenigen Freilandfundstellen, die alle im Stuttgarter Raum liegen (Stuttgart-Bad Cannstatt, Neckarweihingen, Cannstatt-Leimengrube, Kleinheppach), lassen sich keinem Technokomplex zuweisen und scheinen keine auffällige Position im Gelände innezuhaben, abgesehen vielleicht von Kleinheppach im unteren Bereich eines steilen Hanges. Das Vorkommen von Fundschichten in den einzelnen Fundstellen und ihre Verteilung auf das Freiland oder Höhlen und Felsschutzdächer oder Abris zeigt Tabelle 1.

Hierbei wird die Seltenheit der Freilandstationen deutlich, da die Inventare aus einzelnen Fundstücken bestehen, die sich kaum archäologisch einordnen lassen. Die begrenzte Ausgrabung im Abri-Schafstall 1 läßt ebenfalls keine sichere Da-

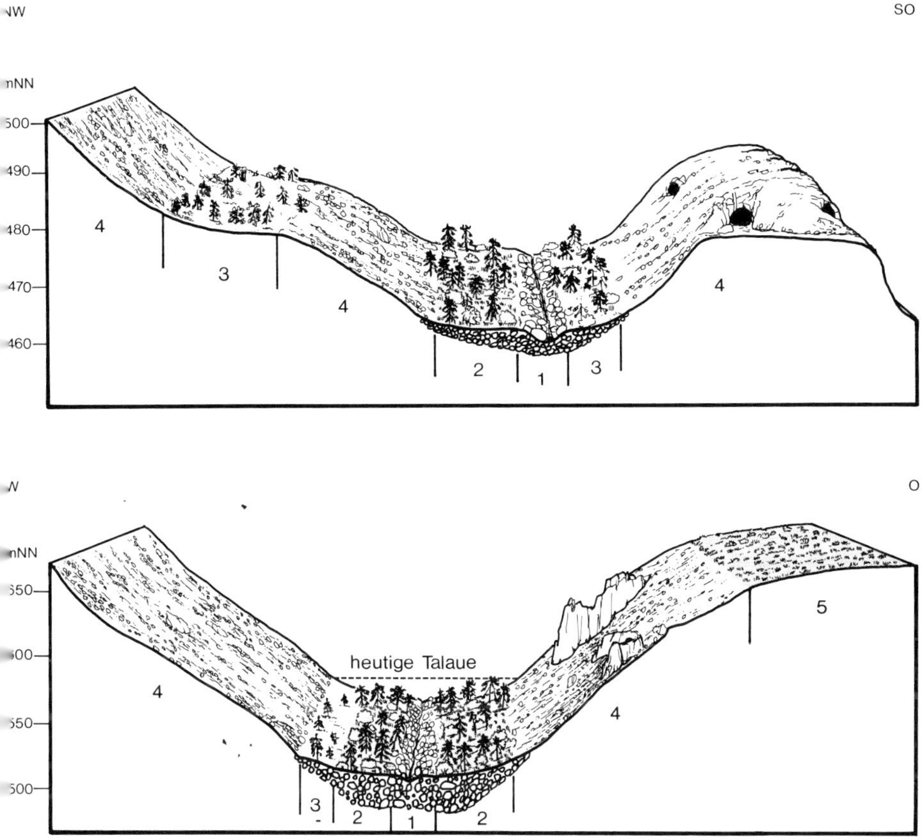

Abb. 155. Talquerschnitte am Vogelherd (oben) und am Geißenklösterle (unten) während der Letzten Eiszeit. Die Täler waren stärker eingetieft und die Waldbedeckung stark vermindert (1 Bachbereich, 2 Talaue, 3 flacher Unterhang mit Gehölzen, 4 steile schuttbedeckte Hänge, 5 Albhochfläche mit krautreicher Grassteppe).

tierung zu, was für eine Höhlenstation eher eine Ausnahme darstellt. Wenn man die von den jeweiligen Ausgräbern gegebenen horizontmäßigen Unterteilungen berücksichtigt, so stehen 16 Aurignacien- 18 Gravettienhorizonte gegenüber. *Tab. 1* Nur sieben Fundinventare sind nicht zu datieren. Aber die vielen Fragezeichen machen deutlich, daß z. B. die Anzahl der Horizonte aus dem Geißenklösterle und dem Vogelherd nicht vergleichbar ist. Im Vogelherd allein erreichte das Aurignacien eine Mächtigkeit, die im Geißenklösterle Gravettien und Aurignacien zusammen ausmachen.

Tabelle 1: Fundstellen des Aurignacien und Gravettien

	Fundstelle	Aurignacien	Gravettien	unbestimmt
Höhle	Vogelherd	mehr als 2	–	–
	Hohlenstein-Stadel	1?	–	–
	Hohlenstein-Bärenhöhle	1?	–	–
	Bockstein-Törle	1	2–3	–
	Brillenhöhle	1?	3	1
	Geißenklösterle	5	7	–
	Sirgenstein	3?	1–2?	–
	Hohler Fels	?	3	2
	Göpfelsteinhöhle	1	–	–
Abri	Schafstall	1?	–	–
Freiland	Stuttgart-Leimengrube	–	–	?
	Neckarweihingen	–	–	?
	Kleinheppach	–	–	?
	Stuttgart-Bad Cannstatt	–	–	?

Die geringe Anzahl der Fundstellen – und im Verhältnis zu den hier behandelten 20 000 Jahren auch die wenigen Horizonte – ist vermutlich nicht auf die schwache Besiedlung der Schwäbischen Alb zurückzuführen. Wahrscheinlich läßt sich das Überwiegen von Fundschichten in Höhlen nicht nur mit der Vorliebe der Archäologen, hier Ausgrabungen durchzuführen, in Zusammenhang bringen, sondern mit den schlechten Entdeckungsmöglichkeiten solcher unscheinbarer Überreste im Freiland. Aber der Unterschied zwischen beiden liegt nicht nur an der ungünstigen Auffindbarkeit, sondern auch daran, daß sich solche Schichten im Freien, unter offenem Himmel, schlechter erhalten haben. Hier konnte sich das eiszeitliche Klima voll auswirken. Anders als Höhlen, die natürliche Sediment-»Fallen« darstellen, gab es weniger Möglichkeiten für Fundschichten, an günstigen Stellen von Hängen die intensiven Abspülvorgänge und das starke Bodenfließen der Eiszeit und sogar der Nacheiszeit zu überdauern. Denn es gibt eine große Anzahl von Fundstellen aus der Mittelsteinzeit, die auf die Sammeltätigkeit zahlloser Amateurforscher zurückzuführen sind. Sie enthalten übrigens auch manchmal mittelpaläolithische Fundstücke, gerade im Stuttgarter Raum.

Eindeutige Aurignacien- und Gravettienfunde aus oberflächlich anstehenden Stationen fehlen bisher völlig. Dabei zeigen aber einige Fundstellen im Freien aus anderen Räumen Mitteleuropas, wie das Rheinland oder Niederösterreich, daß solche durchaus vorkommen.
Aber auch in Höhlen darf man nicht mit einer dauernden Schichtenbildung rechnen, bei der man vollständige Abfolgen hat und bei der alle einmal abgelagerten Fundhorizonte erhalten bleiben. Gerade in Höhlen kann man deutlich Ausräumungen ganzer Schichtpakete beobachten, wobei oft nur Reste an geschützten Stellen oder nur ein kleiner Teil von Fundstücken zurückblieben. Die Hauptursache für Ausräumungen in Höhlen dürfte ebenfalls im Bodenfließen zu suchen sein, das wohl meist im Frühjahr oder Herbst beim Auftauen oder kurz vor dem endgültigen Wiedergefrieren stattfand. Diese Abtragungen lassen sich in den Höhlen mit den einheitlichen Sedimenten aus Kalkschutt und Feinmaterial oft kaum nachweisen. Manchmal kann man sie aber anhand von umgelagerten Steinartefakten und Knochen erkennen, die durch die Bewegung in den steinreichen Schichten abgestoßene Kanten und eine leicht glänzende Oberfläche aufweisen. Vermutlich ist gerade die hier behandelte Zeit des älteren und mittleren Jungpaläolithikums in Höhlen wegen dieser Umlagerungen so schlecht vertreten, wobei erst gegen Ende der Eiszeit eine ruhigere Schichtenbildung eintrat. In einigen Fällen läßt sich vermuten, daß besondere Umstände zur Erhaltung der Schichten beitrugen. Das sind wohl der Vogelherd und der Bockstein, die nicht an das aktive Karstsystem angeschlossen erscheinen, und das Geißenklösterle, in dem die Aurignacienhorizonte durch einen mächtigen Deckenversturz festgehalten wurden.

Klima und Umwelt

So wie das eiszeitliche Klima für die Ausräumung der Fundschichten verantwortlich war, so waren es vor allem die schnell wechselnden härteren Bedingungen, die die Sedimente in den Höhlen bildeten. Durch die extremen Temperaturen und die größere Kälte verwitterte der Jurakalk schneller als unter dem heutigen Klima. Aus Schutt, der von der Höhlendecke und den Wänden abbrach, bauten sich langsam die Schichten auf. Die feinen Sedimentbestandteile entstanden teils durch Verwitterung des Kalkschutts, teils durch eingewehten Staub und teils durch aus dem Karstinnern eingespülte Lehme.
Die Rekonstruktion des Klimas für das Aurignacien und Gravettien beruht vor allem auf den Ausgrabungen im Geißenklösterle. Mit modernen naturwissen- *Abb. 156, 157*
schaftlichen Methoden durchgeführte Untersuchungen erlauben es, ein verhält-

Abb. 156. Geißenklösterle bei Blaubeuren.

nismäßig sicheres Bild zu entwerfen, bei dem aber für den Nichtfachmann immer wieder überraschend ist, auf wie vielen Voraussetzungen und Vermutungen solche Aussagen beruhen. Immer muß von heutigen Bedingungen ausgegangen werden, deren Übertragung auf die anderen Verhältnisse während der Eiszeit nicht immer eindeutig ist. Als Untersuchungen werden durchgeführt die der Schuttschichten, der Blütenstaubkörner (Pollen), der Schnecken, der Kleintiere, vor allem der Mäuse, der Großtiere, der Vögel, der Fische, der chemischen Zusammensetzung der Fundhorizonte, der Radiokarbonbestimmung zur zeitlichen Einordnung und einer mineralogischen Untersuchung der benutzten Steinmaterialien sowie der verbrannten Hölzer. Die Untersuchungen sind zwar in vielen Teilen noch unvollständig und ergeben auch gewisse Probleme bei dem Versuch einer Verbindung der Ergebnisse verschiedener Disziplinen, lassen aber doch einen allgemeinen Trend erkennen.

Die Schuttschichten, in denen die Aurignacien- und Gravettienhorizonte eingebettet sind, zeigen möglicherweise zu einem guten Teil lokale Bedingungen an. Das kann vor allem den in allen Schichten hohen Anteil von Kalkgeröllen betreffen, die aus den Karstspalten stammen dürften und mit Tonen und Lehmen im vorderen Bereich der Höhle abgelagert wurden. Trotzdem deuten die Untersuchungen auf recht unruhige Ablagerungsbedingungen. Nur selten sind deutliche

Schichtlücken vorhanden, häufiger treten in dem Profil Durchwaschungszonen auf, die wahrscheinlich aus einem gemäßigteren, feuchten Klima herrühren, bei denen die feinen Bestandteile ausgewaschen und in den darunterliegenden Schichten wieder angereichert wurden. Wahrscheinlich sind drei klimatisch günstigere Phasen feststellbar, von denen eine vor 34 000 bzw. um 34 000, eine zwischen 30 000 und 29 000 und eine weitere um 23 000 Jahren vor heute liegt. Ob darüber in der ausgehenden Würm-Eiszeit noch eine weitere vorhanden ist, muß noch geklärt werden. Das Klima während der Ablagerung der Aurignacienhorizonte läßt sich allgemein als kalt-trocken angeben, was hauptsächlich für die Horizonte IIa und IIb zutrifft. IIn liegt wieder in einer der schwachen klimatischen Verbesserungen, die auch nur einen sehr geringfügig höheren Anteil der sonst nur sehr schwach vertretenen Baumpollen, vor allem Birken, aufweist. Nach der Ablagerung der Schicht IIb fiel ein mächtiger Deckenversturz direkt auf den Fundhorizont und zerschlug dort Artefakte und Knochen. Dieser entspricht keiner besonders kalten Klimaphase, sondern nur der Periode, in der die Risse und Klüfte in der Decke so groß geworden waren, daß sie instabil wurde. In der folgenden Zeit mit Gravettienhorizonten war das Klima mehr *Abb. 158*

Abb. 157. Ausgrabungsarbeiten in der Geißenklösterle-Höhle bei Blaubeuren im Jahr 1982.

Tab. 2

feucht-kalt, es läßt sich also eine gewisse Abkühlung beobachten, die aber nicht auf bereits hochglaziale Verhältnisse hindeutet. Auch in den darüber folgenden Gravettienhorizonten zeigt sich keine besondere Verschlechterung des Klimas. Die spätglazialen Schichten weisen wieder auf ein feuchteres Klima hin, bestätigt durch die Mollusken und vielleicht auch die Pollen. Der Versuch, nach den vorhandenen Informationen die Fundstellen in einen groben klimatischen Raster zu stellen, ist auf Tabelle 2 wiedergegeben, wobei die Radiokarbondaten, die später behandelt werden, viel zur Einordnung beitrugen:

Tabelle 2: Klima der Fundhorizonte

Technokomplex	Klima	Fundhorizonte
Gravettien	?	Hohler Fels IIa
	kühl-feucht	Geißenklösterle It, Brillenhöhle VI
	kalt-feucht	Geißenklösterle Ia, b, c
	kalt-trocken	Brillenhöhle VIII
Aurignacien	kühl-feucht	Geißenklösterle IIn, Bärenhöhle II, Bockstein-Törle VI?
	kalt-trocken	Geißenklösterle IIa, b Vogelherd IV
	kühl-feucht	Geißenklösterle IId, III, Vogelherd V?

Die anderen Fundhorizonte, vor allem des Vogelherds und des Bocksteins, lassen sich aufgrund dieser klimatischen Daten ansprechen. Die Einordnung der Inventare der Bärenhöhle und des Bockstein-Törles in die kühlfeuchte Phase am Ende des Aurignacien ist noch unsicher, da zu wenig konkrete Anhaltspunkte über die klimatische Entwicklung dieser Fundstellen vorliegen. Allerdings haben beide Horizonte, wie auch der Stadel IV, eine gewisse Anzahl durch Bodenfließen beschädigter Artefakte ergeben, die vielleicht in derselben Periode umgelagert worden sind. Die beiden kühl-feuchten Klimaphasen am Ende des Aurignacien und im Gravettien lassen sich vermutlich mit dem Denekamp- bzw. dem Tursac-Interstadial vergleichen, während die unterste schwache Klimabesserung bisher kaum eine Entsprechung hat. Allerdings ist diese Einordnung nach den Radiokarbondaten nicht so eindeutig, wie wir im folgenden sehen werden.

Abb. 158. Ausschnitt eines freigelegten Gravettienhorizontes im Geißenklösterle.

Datierungen

Die zeitliche Einordnung eiszeitlicher Fundschichten braucht in ihrer Wichtigkeit nicht betont zu werden. Man unterscheidet einmal zwischen einer relativen und einer absoluten Zeitstellung. Die relative Einordnung der Fundhorizonte ergibt sich aus der Überlagerung verschiedener Horizonte in den Fundstellen, wobei Höhlen wegen der intensiven oder zumindest häufigeren Begehung gegenüber Fundstellen unter offenem Himmel bevorzugt sind. Aufgrund der Lage des Gravettien über dem Aurignacien wissen wir, daß das Aurignacien in den Fundstellen relativ älter sein muß als das Gravettien. Wenn sich das an vielen Stellen wiederholt, kann man mit einiger Sicherheit voraussetzen, daß dieses einen allgemeinen Zeitunterschied bedeutet, zumindest für die Region, in der dies beobachtet wird. Diese relative zeitliche Einordnung ist aber ebenfalls wichtig, um eine Auseinanderziehung der Technokomplexe Aurignacien und Gravettien zu versuchen, die beide je mehrere tausend Jahre gedauert haben. Wegen der anscheinend verhältnismäßig geringen Sedimentation in den Höhlen der Alb liegen

GH
Profil
¹⁴C Jahre
Tierwelt
Funde
1
2
4
5
6
7
8
9
10
11
12
13
14
16
17
23 625
±290
30 625
±796
31 525
±770
31 070
±750
31 870
±1000
32 680
±470
33 700
±825
34 140
±1000
36 540
±1570
In
Io
Ip
Ir
Is
It
Ia
Ib
Ic
IIn
IIa
IIb
IId
III

die einzelnen Begehungshorizonte meist dicht beieinander. Das trifft sowohl für die drei Gravettienhorizonte VII, VI und V der Brillenhöhle zu, als auch für die des Geißenklösterle. Dort sind auch die Aurignacienhorizonte dicht übereinander gelegen und alle wahrscheinlich unter etwas anderen Bedingungen eingelagert worden.

Wenn nun mehrere Aurignacien- oder Gravettienhorizonte mit verschiedenem Inhalt übereinanderlagern, so läßt sich wie bei den Technokomplexen ein gewisser Unterschied annehmen, der zunächst wieder auf die Fundstelle beschränkt ist, und kann erst bei Wiederholung in einem größeren Gebiet als Entwicklung innerhalb eines Technokomplexes angesehen werden.

Diese Überlagerung mehrerer Fundschichten gibt uns aber nur einen Anhaltspunkt über die relativen Altersstellungen. Erst mit der Radiokarbonmethode haben wir die Möglichkeit, genauere zeitliche Bestimmungen zu erhalten und vor allem auch Fundschichten, bei denen z. B. überlagernde Magdalénienhorizonte keinen Hinweis auf den zeitlichen Abstand zwischen den Schichten ergeben, genauer einzuordnen. Bei der Radiokarbonmethode wird die Radioaktivität von C 14 gemessen. C 14 entsteht in der Atmosphäre durch kosmische Strahlung aus C 13. Durch die Luft kommt der radioaktive Kohlenstoff C 14 in die Pflanzen und durch die Pflanzen auch in die Menschen und Tiere und lagert sich dort ab. Mit Absterben des Lebewesens werden keine neuen radioaktiven ^{14}C-Atome mehr aufgenommen, und das radioaktive Material beginnt zu zerfallen. Nach bisherigen Rechnungen nahm man an, daß nach 5568 Jahren nur noch die Hälfte der Radioaktivität vorhanden sei. Inzwischen hat man diese Halbwertszeit auf 5730 Jahre verbessert, was einer Erhöhung der Radiokarbondaten um drei Prozent entspricht. Bei Annahme eines gleichen Radiokarbongehalts in der Atmosphäre konnte man mit dieser Methode davon ausgehen, eine absolute Altersbestimmung für organische Materialien, aber auch Kalksinter und Schnecken- wie Muschelschalen in der Hand zu haben. Eine Kontrollmessung aber von Holzproben aus Bäumen, so der Borstenkiefer in Kalifornien, bei denen mit Hilfe der Dendrochronologie, d. h. dem Auszählen der Baumringe, die sich Jahr um Jahr mit einem weiteren Ring auf ihr Alter genauestens festlegen lassen, ergab jedoch Abweichungen. Es zeigte sich nämlich, daß sich z. B. um 5000 v. Chr. ein um 800 Jahre zu niedriges ^{14}C-Datum ergibt, während es zwischen 3600 und 4600 nur um 50 Jahre schwankt. Woran diese Schwankungen liegen, ist noch unbekannt. Eine Übereinstimmung mit dem Sonnenfleckenzyklus scheint nicht zu bestehen.

Abb. 159

◀ *Abb. 159. Schichtenfolge des Geißenklösterle.*

Für die älteren Datierungen aus der Eiszeit, die uns hier interessieren, hat man Vergleichsmessungen mit anderen naturwissenschaftlichen Methoden an verschiedenen Stellen durchgeführt. Dies sind vor allem die Thermolumineszenz-Methode, die magnetische Datierung und die Thorium 230/Uran 234-Methode. Da vor allem die letztere Thorium/Uran-Methode bei Vergleichsdatierung zwischen Salzen und der ^{14}C-Bestimmung organischer Reste in einem ausgetrockneten See in Kalifornien nur Abweichungen von 2000 Jahren ergaben, kann man davon ausgehen, daß der Fehler nicht sehr viel größer ist. Ähnliche Fehlergrenzen ergaben übrigens auch an anderen Orten mit der oben erwähnten Thermolumineszenz-Methode und der paläomagnetischen Datierung durchgeführte Vergleichsmessungen. Für uns ist es wichtig zu wissen, daß diese Radiokarbon-Altersbestimmungen für die frühen Zeiträume um 30000 vor heute zwar einen gewissen Fehler aufweisen, in dem sie sogar eher zu niedrige Alter angeben, aber doch weiterhin als brauchbares Mittel für eine Zeitskala gelten können.

Allerdings ist die Methode nicht ohne Probleme. Schon bei der Probenentnahme können größere Fehler entstehen, indem verschieden altes Material zusammenkommt. Dazu gehört auch die Aufbereitung der Proben, die Herauslösung des Kollagens z. B. aus Knochen, die dann verbrannt werden, um das C 14 zu erhalten. So sollten Proben möglichst von einer sehr beschränkten Stelle stammen, die genau festgehalten ist. Da die ^{14}C-Alter aus drei Messungen im Zählrohr über einen bestimmten Zeitraum ermittelt werden, handelt es sich um Durchschnittswerte, bei denen ein Laborfehler die Abweichung angibt. Dadurch gewinnt eine Probe nur eine gewisse Wahrscheinlichkeit, ein echtes »Radiokarbonalter« anzugeben, das man nicht mit der absoluten heutigen Zeitrechnung verwechseln darf. Um eine gewisse Sicherheit für die Altersansetzung zu gewinnen, sollte man immer für einen Horizont mehrere Proben datieren lassen. Ab drei Werten hat man eine gewisse Spannweite, aber erst ab zehn Daten eine statistische Sicherheit. Da aber bei altsteinzeitlichen Materialien meist von der verfügbaren Probenmenge her Grenzen gesetzt sind, sind drei Daten das obere Maximum, zumal noch die Preise für solche Datierungen relativ hoch sind.

Aus dem Zeitraum zwischen 35000 und 15000 Jahren vor heute, der ja nach Radiokarbondaten festgelegt ist, sind aus Süddeutschland eine gewisse Anzahl von Daten verfügbar. Diese stammen teilweise aus Knochen, teils aus verbrannten Knochen. Holzkohle war in keiner Fundstelle in ausreichender Menge verfügbar. Ein Teil der Proben wurde dem Material früherer Ausgrabungen entnommen, wir wissen demnach wenig über die genaue Herkunft der Knochenstücke, bei denen nur die Schicht festliegt. Ein größerer Probenteil kommt aber aus den laufenden Untersuchungen und ist somit besser kontrolliert, was die schicht-

und flächenmäßige Herkunft anbetrifft. Für die Fundstellen des Vogelherds konnten für beide Schichten mehrere Daten sowohl aus Knochen als auch aus verbrannten Knochen gewonnen werden. Auch für die Aurignacienschicht des Hohlenstein-Stadel und des Bockstein-Törle wurden Proben aus dem Knochenmaterial ausgesucht, für das Törle auch für die Gravettienschicht. In der Brillenhöhle, dem Geißenklösterle und dem Hohlen Felsen wurden die Proben während bzw. kurz nach der Beendigung der Ausgrabungskampagnen gemessen.

Die beiden Technokomplexe Aurignacien und Gravettien sind aber nicht gleichwertig vertreten. Vor allem wegen der Zahl der Daten für den Vogelherd und das Geißenklösterle ist das Aurignacien insgesamt besser belegt mit insgesamt 19 Messungen, während für das Gravettien nur sechs Daten vorliegen. Die Daten lassen insgesamt recht gut die zeitliche Staffelung der beiden Technokomplexe erkennen. Die wenigen abweichenden Proben aus dem Vogelherd, die zeitlich in das Gravettien zu fallen scheinen, dürften auf Probleme bei der Aufbereitung gerade von Mammutknochen für die Messung und die mögliche Verwendung vermischten Materials zurückzuführen sein. Insgesamt sind die Daten für den Vogelherd recht unterschiedlich, was wahrscheinlich auf die Entnahme der Proben aus dem alten Grabungsmaterial zurückzuführen ist. Das neu gegrabene Geißenklösterle hingegen zeigt eine Abfolge von Daten, die recht gut den zeitlichen Abstand eines Horizonts zum nächsten angeben. Dieser läßt sich aber wegen der starken Überlappung der Streuungen nicht absichern. Eine zeitliche Unterscheidung innerhalb des Aurignacien läßt sich aus den Daten nicht entnehmen. Für das Bockstein-Törle dürfte wegen der abweichenden Datierung das gleiche zutreffen wie für den Vogelherd.

Tabelle 3: Liste der Radiokarbondaten für das Aurignacien und Gravettien Südwestdeutschlands (Stand September 1980)

a) Aurignacien

H-3800-3025	31750^{+1150}_{-650}	Hohlenstein-Stadel IV	(Knochen)
GrN-6583	23860 ± 190	Vogelherd IV-V	(Knochen)
GrN-6662	27630 ± 830	Vogelherd IV/V	(Knochenkohle)
GrN-6661	30650 ± 560	Vogelherd V	(Knochenkohle)
H 4053-3211	30730 ± 750	Vogelherd IV/4	(Knochen)
H 4054-3210	30162 ± 1340	Vogelherd V/5	(Knochen)
H 4055-3209	23020 ± 400	Vogelherd V/6	(Knochen-Mammut)

H 4056-3208	31900 ± 1100	Vogelherd V/7	(Knochen)
H 4059-3527	31965 ± 790	Bockstein-Törle VII	(Knochen)
H 4059-3356	26133 ± 376	Bockstein-Törle VII	(Knochen)
H 4147-3346	30625 ± 796	Geißenklösterle IIa/1	(Knochen)
H 4279-3534	31525 ± 770	Geißenklösterle IIa/2	(Knochen)
H 4751-4404	33700 ± 825	Geißenklösterle IIb/4	(Knochen)
H 5315-4908	36000 ± 3560	Geißenklösterle IIb/7	(Knochen)
Pta-2116	32680 ± 470	Geißenklösterle IIb/3	(Knochenkohle)
Pta-2361	31070 ± 750	Geißenklösterle IIb/2	(Knochenkohle)
Pta-2270	31870 ± 1000	Geißenklösterle IIb/1	(Knochenkohle)
H 5118-4600	34140 ± 1000	Geißenklösterle III/6	(Knochen)
H 5316-4909	36540 ± 1570	Geißenklösterle III/8	(Knochen)

b) Gravettien

B 492	>25000	Brillenhöhle VII	(Knochenkohle)
H 4058-3355	20400 ± 220	Bockstein-Törle VI	(Knochen)
H 4058-3526	23440 ± 290	Bockstein-Törle VI	(Knochen)
H 5117-4568	23625 ± 290	Geißenklösterle Ia/5	(Knochen)
H 5314-4899	21160 ± 500	Hohler Fels IIb/5	(Knochen)
Pta-2746	23000 ± 70	Hohler Fels IIb/6	(Knochenkohle)

Wegen der wenigen Daten läßt sich der jüngere Abschnitt, das Gravettien, kaum ansprechen. Das einzige Datum aus der Brillenhöhle läßt sich in keiner Weise interpretieren. Nach den übrigen ist zu vermuten, daß das Gravettien mindestens 3000 Jahre, zwischen 23000 und 20000 Jahren vor heute, bestand. Die Lage der Fundhorizonte im Geißenklösterle und im Hohlen Felsen bei Schelklingen geben an, daß der mittlere bis jüngere Teil datiert ist, die stratigraphisch tiefer gelegenen können durchaus 1000 bis 2000 Jahre älter sein. Falls diese Annahme zutrifft, dann kommt der Altersansetzung der Brillenhöhle VII doch einige Wahrscheinlichkeit zu, auch wenn das Alter hier sowohl 2000 Jahre jünger als auch älter sein kann. Sowohl im Geißenklösterle als auch im Bockstein-Törle sind jüngere, nicht ^{14}C-datierte Horizonte vorhanden. Ob sie noch nach 20000 anzusetzen sind, ist unsicher, aber nicht auszuschließen. Leider haben die fundarmen Horizonte im Geißenklösterle noch nicht ausreichend datierbares Material geliefert.

Diese Altersbestimmung ist um so wichtiger, als zwischen 20000 und 18000 Jahren vor heute die größte Ausdehnung der alpinen und skandinavischen Gletscher stattfand. Das Fehlen von Radiokarbondatierungen und von dort einzuordnenden Fundhorizonten kann bedeuten, daß das Gravettien in Südwestdeutschland in seiner Entwicklung abbricht, während es im Osten und im Süden weiter zu laufen scheint. Aber die umgelagerten Fundhorizonte Ip und Ir des Geißenklösterle könnten in oder kurz nach dieser Zeit gehören, ohne daß sie aber bedeuten, daß in dieser Zeit die Menschen in der Schwäbischen Alb gelebt haben. Es kann aber auch heißen, daß die Besiedlung so dünn war, daß sie sich in den Höhlenschichten nicht in ihrem Fundgut niederschlagen konnte.

Insgesamt gesehen läßt sich aber der »Radiokarbon-Kalender« für die Altersansetzung der Fundinventare gut benutzen, wenn einerseits die Probenentnahme ausreichend definiert ist und andererseits mehrere Daten für ein Inventar zur Verfügung stehen. Gerade letzteres ist aber erst in den wenigsten Fällen geschehen. Die erwähnten Abweichungen zeigen, daß mit der ^{14}C-Methode keineswegs eine absolut sichere Datierungsmethode vorliegt. Im Vergleich mit anderen Fundregionen ergibt sich aber als wichtige Aussage, daß Südwestdeutschland mit den Albhöhlen keineswegs eine Region mit anderer oder sogar verspäteter kultureller Entwicklung ist. Das Aurignacien ist gleichzeitig mit dem in Westeuropa, kann aber später als das im östlichen Mittel- und in Südosteuropa sein, wo einige Daten älter als 40000 vor heute sind.

Zwischen Aurignacien und Gravettien kann in Südwestdeutschland eine Lücke bestehen, die vielleicht sogar 5000 Jahre beträgt. Aber fehlende neue Daten für die anscheinend älteste Station Brillenhöhle VII oder die älteren Horizonte im Geißenklösterle Ib und Ic lassen den zeitlichen Abstand zum Aurignacien unsicher erscheinen. Auch die jungen Daten für das Bockstein-Törle VII verringern diesen Abstand etwas. Sonst scheint es gleich alt wie entsprechende Technokomplexe in Frankreich, das Périgordien supérieur oder das Pavlovien in Mähren oder das Gravettien in Niederösterreich zu sein, deren Daten auch zwischen 20000 und 25000 Jahren vor heute streuen. Die Lücke zwischen 20000 und 17000 wurde bereits erwähnt, eine Zeit, in der in Frankreich und Spanien das Solutréen auftritt, das bei uns aber fehlt. Weiter im Osten, in Ungarn und den russischen Steppen besteht zur gleichen Zeit ein spätes Gravettien. Dieses darf man auch bei uns erwarten, falls eben nicht eine so schwache Besiedlung bestand, daß sie sich im archäologischen Fundgut der Höhlen nicht niedergeschlagen hat.

Technologie

Die auf uns gekommenen altsteinzeitlichen Überreste sind beschränkt auf die widerstandsfähigen Teile, die der Verwitterung im Boden widerstehen: Stein, Knochen, Geweih, Elfenbein und fossiles sowie verbranntes Holz. So ist es verständlich, daß die Zuweisung zu dem Aurignacien oder Gravettien aufgrund der Stein- und Knochenwerkzeuge vorgenommen wird, wobei wegen der allgemein guten Haltbarkeit den Steinwerkzeugen die Vorrangstellung zukommt. Wir müssen uns aber immer vor Augen halten, daß wir mit unseren Funden nur den Bruchteil dessen finden, was damals die materielle Kultur der eiszeitlichen Jäger ausmachte. Trotzdem scheint ein gewisser Zeitstil bestanden zu haben, abgesehen von technischen Neuerungen, so daß sie als Klassifikationsgrundlage wohl berechtigt sind. Über die Bedeutung der in den Fundstellen vertretenen Steinwerkzeuge besteht aber noch eine gewisse Unklarheit. Da die Steinwerkzeuge Gebrauchswerkzeuge sind, spiegeln sie zum einen bestimmt gewisse Tätigkeiten wider. Man kann aber das Schaben von Häuten mit den verschiedensten Werkzeugen oder sogar mit überhaupt nicht zurechtgeschlagenen Artefakten durchführen. Die Mengen der retuschierten Stücke sagen also wenig über die Häufigkeit von Tätigkeiten aus. Zum anderen wurden praktisch alle Steinwerkzeuge

Abb. 160. Mit einem steinernen Meißel und einem Schlagstein kann man so Klingen herstellen: Bei einer Rohknolle (A) erzeugt man zunächst eine Schlagfläche (B). Mit dem Schlagstein legt man einen Leitgrad an (C), an dem die erste Klinge entlangläuft (D). Die dabei entstandenen Grate (E) erlauben das Abschlagen weiterer Klingen (F).

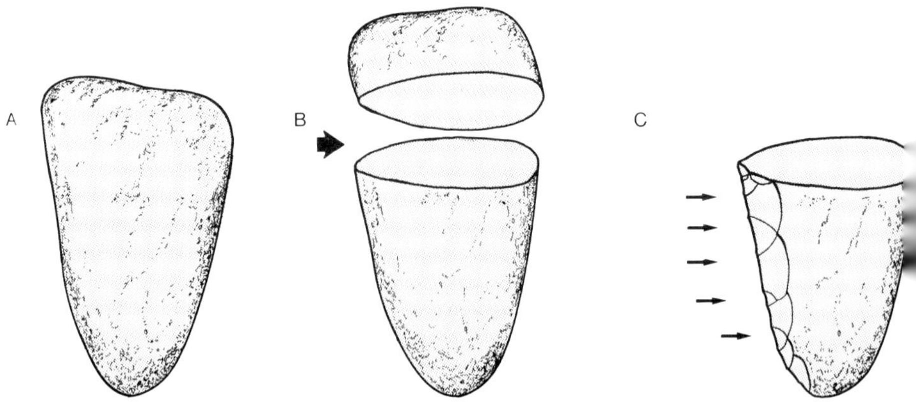

immer wieder nachgeschärft, und in der Form, in der wir sie finden, sind es meist unbrauchbar gewordene, zu kurze Gegenstände, nur selten solche, die verloren oder vergessen oder gar absichtlich deponiert worden waren. In dieser Richtung müssen noch viele Vorarbeiten, vor allem kontrollierte Experimente durchgeführt werden, um die Bedeutung der Steinwerkzeuge wirklich in den Griff zu bekommen.
Wie in der vorangegangenen mittleren Altsteinzeit wurden im Aurignacien und Gravettien die Steinwerkzeuge überwiegend aus den örtlich verfügbaren Rohmaterialien hergestellt. Dies waren im Bereich der Schwäbischen Alb hauptsächlich Hornsteine, aber auch Jaspisse und Radiolarite, alles gut spaltbare Gesteine von großer Härte. Die Hornsteinknollen wurden an Talhängen in ausgewitterter Form, aber auch in Fluß- oder Bachschottern aufgesammelt, und sogar auf

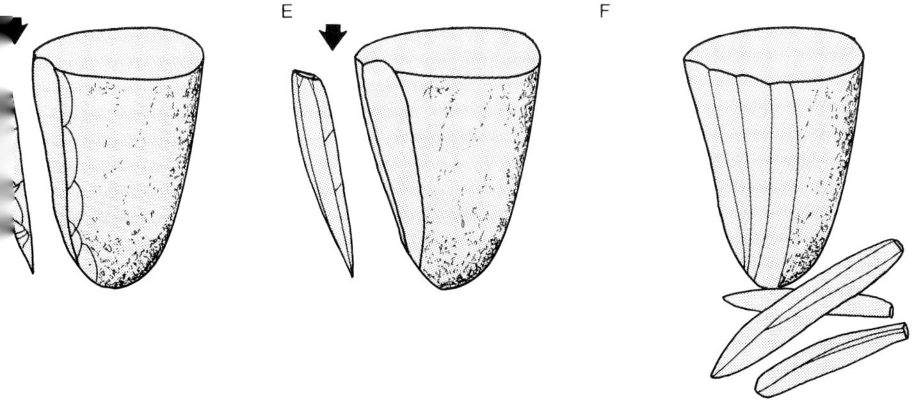

Abb. 161. Kern und zwei Klingen des Aurignacien aus der Vogelherdhöhle bei Heidenheim. 6,4 bis 8,6 cm lang.

den alten Donauflußterrassen der Albhochfläche wurde nach Rohmaterialien gesucht. Daß man hierbei auch Material fand, zeigen angeschlagene, nicht weiterverarbeitete Knollen, die wegen eines Materialfehlers liegenblieben.

Abb. 160, 161 Bei der Zerlegung des Rohmaterials verwendeten die Menschen der jüngeren Altsteinzeit andere Techniken als die Neandertaler, wobei es auf die Gewinnung langer, schmaler »Klingen« genannter Abschläge ankam. Zu ihrer Herstellung war eine besondere Vorbereitung der Knolle notwendig, vor allem dann, wenn kein Leitgrat zur Verfügung stand, an dem die erste Klinge »entlanglaufen« konnte. Im Aurignacien, in dem relativ lange, aber auch breite und dicke Klingen erzeugt wurden, war aber anscheinend die Technik der Kernpräparation nicht allzu stark verbreitet. Denn die typischen Präparationsabfälle, die Kernkantenklingen, sind relativ selten. Dagegen ist sie im Gravettien etwas häufiger. In beiden Technokomplexen ist eine weitere Art der Präparation, nämlich das Abdrücken oder Abschleifen der Kante der Schlagfläche, um einen stabilen Ansatzpunkt zu erreichen, weit verbreitet. Dadurch wurde vermieden, daß durch den Abdruck der vorher abgeschlagenen Klinge, die ja am Schlagkegel eine Vertiefung hinterließ, eine unsichere Schwächezone entstand, die ein kontrolliertes Abschlagen nicht mehr zuließ.

Experimente haben gezeigt, daß das Abtrennen der Klingen mit den verschiedensten Techniken erfolgen kann, ohne daß sich heute feststellen läßt, welche davon damals benutzt worden ist. Vermutlich erfolgte das Abtrennen überwiegend mit dem »indirekten Schlag«. Zum Abschlagen diente ein Zwischenstück aus Holz, Geweih oder Stein, das in einem spitzen Winkel auf die vorher überriebene Stelle gesetzt wurde. Mit einem kurzen, trockenen Schlag konnte dann eine Klinge gelöst werden. Ein Problem bei dieser Technik ist die Halterung des Kernes, der fest aufsitzen muß und nicht verrutschen darf. Im Sitzen kann ein einzelner Mann den Kern mit beiden Füßen halten, er kann aber auch unter einen Fuß gelegt werden, und das Abschlagen erfolgt seitlich. Oder, wie bei den nordamerikanischen Indianern überliefert, ist ein zweiter Mann notwendig, der den Kern hält. Im Aurignacien wurden anscheinend die Kerne bis zum letzten ausgenutzt, selbst wenn keine Klingen mehr abgeschlagen werden konnten, wurden noch kleine Abschläge gelöst. Im Gravettien hatte man eine etwas andere Technik der Kernausnutzung, die bei uns allerdings nicht so stark belegt ist wie in Westeuropa. Durch die Verwendung des Kernes von zwei Enden aus, von denen abwechselnd Klingen abgeschlagen werden, lassen sich weniger gekrümmte Klingen herstellen und auch die Kerne besser ausnützen. Die Kerne wurden insgesamt weniger stark abgebaut als im Aurignacien.

Aber wahrscheinlich gab es noch weitere, spezialisierte Kerne, die nicht leicht als solche zu erkennen sind, da sie meist zu den gewöhnlichen Werkzeugen gezählt werden. Im Aurignacien ist zum ersten Mal die Verwendung winziger Klingen nachgewiesen, die von kleinen Klingenkernen oder von Kielkratzern, die unten beschrieben werden, herrühren. Sie wurden teils retuschiert, teils unretuschiert verwendet, vermutlich in Holz geschäftet und mit Harz festgehalten. Auch von den Sticheln konnten die langen, schmalen, oft dreikantigen Abfälle genutzt werden. Im Gravettien gibt es sogar Stichel an dicken Klingen, die wie kleine Klingenkerne aussehen und deren Abfälle von kleinen Klingen nicht zu unterscheiden sind. Man nimmt an, daß die Stichelabfälle zu kleinen, einsetzbaren Werkzeugen weiterverarbeitet werden konnten, bei denen man eine Kante noch durch steile Retusche abstumpfte. In beiden Technokomplexen wurde auch eine weitere besondere Kerntechnik verwendet, die heute noch bei Eingeborenen in Neuguinea bekannt ist. Hierbei setzt man ein Hornsteinstück, im älteren und mittleren Jungpaläolithikum oft ein Klingenfragment oder einen ausgedienten Klingenkratzer, auf eine harte Unterlage, z. B. einen Stein, und

Abb. 162. Kratzer zur Fell- oder Geweihbearbeitung. Vogelherdhöhle, 6,8 cm lang.

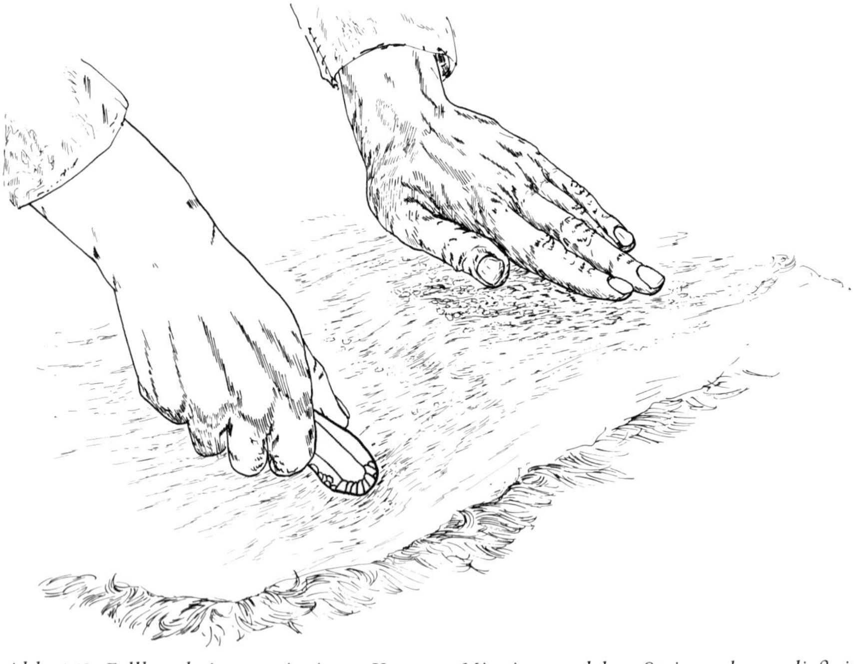

Abb. 163. Fellbearbeitung mit einem Kratzer. Mit einem solchen Steinwerkzeug ließ sich das Fell von anhaftenden Haut- und Fleischteilen säubern und weichmachen.

schlägt mit einem Stein darauf. Dabei lösen sich kleine und kleinste, dünne, flache Abschläge ohne Grate und ohne Schlagkegel oder Schlagfläche, die ideal für den Einsatz in Schäftungen sind. Die gleichen Merkmale entstehen auch dann, wenn man den Kratzer als Meißel oder als Dechsel benutzt, so daß man nicht sicher ist, welchen Zweck diese »ausgesplitterten Stücke« wirklich erfüllten. *Abb. 166*
Bei den verschiedenen Arbeitsgängen zur Vorbereitung und Zurichtung von Kernstücken, bei dem Anlegen von Schlagflächen und beim Abschlagen selbst, entstanden zahlreiche Artefakte. Die meisten hiervon sind recht klein, aber es finden sich auch größere, nicht weiter verarbeitete Abschläge von Klingen. Sie lassen sich gewöhnlich in den Größen recht gut von denjenigen Stücken abtrennen, die weiter benutzt wurden und als Werkzeuge anzusprechen sind. Denn diese sind in der Regel breiter und dicker als der unretuschierte »Abfall«. Die abgeschlagenen Klingen und Abschläge wurden teilweise ohne weitere Veränderung zu den verschiedensten Zwecken benutzt. Die messerscharfen Kanten eignen sich vorzüglich zum Schneiden von Fellen, zum Schnitzen von Holz oder Knochen und Geweih. – Dabei bricht der spröde Silex relativ schnell an der Kante aus, deren Scharten auf Benutzung im Zusammenhang mit weiteren Gebrauchsspuren zurückschließen lassen.

Bei bestimmten Tätigkeiten war aber eine scharfe Kante kaum von Nutzen, und man mußte diese vorher durch Retusche, eine Reihe von nebeneinander gesetzten Schlägen, entweder stabiler oder auch stumpfer machen. Eine in der jüngeren Altsteinzeit weit verbreitete Werkzeugform ist der *Kratzer,* bei dem eine *Abb. 162, 163* Schmalseite durch Retusche ein gebogenes, mehr oder weniger scharfes Ende erhielt. Nach den Gebrauchsspuren nimmt man an, daß sie auch zur Fellbearbeitung dienten. Dabei wurden sie fast senkrecht gehalten und zum Körper hingezogen. Das Fell wurde sowohl von Hautresten und Fett gereinigt, als auch nach

Abb. 164. Kielstichel des Aurignacien aus dem Vogelherd, 5,0 cm lang.

Trocknen und Gerben weichgeschabt. Durch diese Arbeiten wurde die Kante langsam abgeschliffen und verstumpft. Die Kratzer stellte man meist aus Klingen her, die hin und wieder auftretende zusätzliche Retusche an den Kanten diente teils zur Kantenverstumpfung, teils aber auch einfach zur Erzielung einer gleichen Breite. Nur im Aurignacien lassen sich zwei Sonderformen von Kratzern herausstellen: der Kielkratzer an einem dicken Abschlag oder Trümmerstück, der im Vergleich zu den einfachen Klingenkratzern mindestens eine Dicke hat, die die Hälfte der Breite beträgt, und der Nasenkratzer, bei dem die retuschierten Enden durch eine oder zwei Kerben verschmälert worden sind.
Abb. 165 Die zweite wichtige jungpaläolithische Werkzeugform ist der *Stichel.* Diese aus der modernen Technik entlehnte Bezeichnung wird für ein Steinwerkzeug angewendet, dessen schmale, schneidende Kante senkrecht zu der Fläche steht, die eingeschnitten wird. Diese Kante wird durch eine lange, schmale Bahn erzeugt,
Abb. 164 die durch Schlagen auf eine oft speziell präparierte Plattform entsteht. Gebrauchsspuren auf den Sticheln scheinen eine rillenschneidende Benutzung anzugeben, bei der zur besseren Handhabung vielleicht manchmal geschäftete Stichel senkrecht gehalten wurden. Viele Stichel weisen aber keine Gebrauchsspuren auf, wie auch die Kratzer, da beide Werkzeuge immer wieder nachgeschärft wurden, wenn sie stumpf geworden waren. Die Stichel wurden zunächst nach der Lage der Schneide klassifiziert, je nachdem sie in der Ecke oder Mitte der Klinge lag. Das Anpassen von Stichelabfällen machte aber deutlich, daß sich die Lage der Schneide laufend veränderte. Das betrifft auch die Technik, in der die Plattform zum Ansatz der Stichelbahn hergestellt wurde. Die Möglichkeiten sind hier entweder vorgegeben, d. h., es wurde eine Kortexfläche oder ein Negativ der Klinge benutzt oder eine Bruchkante, wobei nicht zu entscheiden ist, ob diese speziell angelegt oder eine Bruchkante ausgesucht wurde. Auf eine gezielte Anlage der Plattform verweisen eine Retusche am Ende, seltener an der Kante, oder eine Stichelbahn.

Wie bei den Kratzern, so finden sich auch bei den Sticheln Sonderformen, die für die beiden hier behandelten Technokomplexe eine besondere Bedeutung haben. Für das Aurignacien sind zwei Stichelarten zu erwähnen, deren Schneide durch mehrere Bahnen erzeugt ist und die in ihrer Größe und allgemeinen Form stark an die Kiel- und Nasenkratzer erinnern: Die Kielstichel haben eine Serie von gebogenen Stichelbahnen und sehen im Profil wie Kielkratzer aus, während die Bogenstichel wie die Nasenkratzer durch eine Kerbe abgesetzte Stichelbahnen aufweisen und somit in Form und Länge festgelegt sind. Diese Bogenstichel sind nur in wenigen Exemplaren belegt, vor allem im Bockstein-Törle VII, und sind praktisch auf das Aurignacien beschränkt. Die Kielstichel hingegen finden sich ebenfalls im Gravettien und im späten Magdalénien.

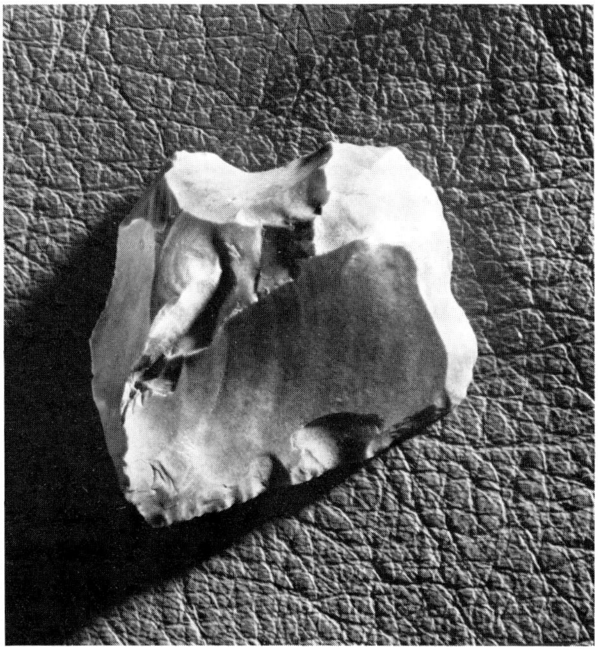

Abb. 165. Nasenkratzer des Aurignacien aus dem Vogelherd, 4,8 cm lang.

Abb. 166. Ausgesplittertes Stück aus dem Vogelherd-Aurignacien. Benutzt als Meißel oder Zwischenstück, 3,6 cm lang.

Abb. 167. Zwei Rückenspitzen (außen) und Rückenmesser (innen) des Gravettien aus dem Geißenklösterle bei Blaubeuren, 1,5 bis 2,4 cm.

Aus dem Gravettien kennen wir die oben erwähnten Stichel, die zahlreiche feine Bahnen besitzen und damit stark an kleine Kerne erinnern. Eine andere Form der Stichel sind solche, bei denen ähnlich wie bei den Kielsticheln eine Serie von gebogenen Bahnen vorhanden ist, die aber alle auf der Unterseite der Klinge liegen.

Zu den übrigen Werkzeugen aus Stein gehören noch die seltenen Bohrer, die etwas häufigeren Spitzklingen und die ausgesplitterten Stücke, wobei diese wie ein Teil der retuschierten Klingen erst bei dem Gebrauch entstehen. Andere retuschierte Klingen sind wahrscheinlich abgebrochene Teile anderer Werkzeuge, teilweise wohl auch messerartige Stücke.

Abb. 167 Der Gebrauch der feinen messerartigen Einsätze wurde ebenfalls oben erwähnt. Im Gravettien treten diese in größerer Zahl auf. Im Gravettien (und im späteren Magdalénien) wurden sie aus kleinen Klingen oder Stichelabfällen hergestellt, bei denen man eine Kante steil retuschierte. Eine besondere Mode im Gravettien bestand darin, den Schlagkegel und die Basis auf der Unterseite durch eine Retusche zu entfernen. Vollständige Exemplare laufen spitz zu, so daß man nicht ausschließen möchte, daß sie die Bewehrung eines Wurfspeeres oder Pfeiles bildeten. Sie können aber auch wie die Rückenmesser, die meist an beiden Enden gebrochen sind, als messerartige Ein- oder Aufsätze auf hölzerne und beinerne Schäfte verwendet worden sein. Da man in West- und Mitteleuropa keine Schäftungsrillen aus Geweih oder Knochen gefunden hat, ist anzunehmen, daß sie aufgesetzt wurden. Ob diese zusammengesetzten Werkzeuge dann messerartige Werkzeuge bildeten oder Speerspitzen oder ähnliche Jagdwaffen, läßt sich z. Z. nicht entscheiden. Auffällig ist nur, daß in den meisten Fundstellen, vor allem im Aurignacien, keine steinernen Geschoßspitzen vorzuliegen scheinen. Im Gravettien ist es möglich, daß die erwähnten kleinen Spitzen solche Geschoßköpfe waren, vielleicht auch Stiel- und Kerbspitzen. Es könnte sich damit in beiden ein technischer Wandel abzeichnen, obwohl die Hauptmenge an Werkzeugen in beiden Technokomplexen solche sind, die man am ehesten im »Haushalt« benutzte, d. h. zum Fleischschneiden, Fellereinigen und zur Herstellung der Kleidung.

Bis vor kurzem schien es so, als ob im Aurignacien unvermittelt Werkzeuge aus organischem Material, aus Knochen, Geweih und Elfenbein, auftauchen würden. Inzwischen sind aber aus der späten mittleren Altsteinzeit vereinzelte Geschoßköpfe aus Geweih veröffentlicht worden, so im Vogelherd VI und in der Großen Grotte II. Diese deuten an, daß eine allmähliche Entwicklung vorliegt, wobei aber einige Werkzeuge und Gegenstände neu erfunden zu sein scheinen. Auch die Herstellung von Gegenständen aus Geweih, Knochen und Elfenbein erfordert eine Reihe von vorbereitenden Schritten, bis man das fertige Stück in der Hand halten kann. Die einfachste Technik, wie bei der Steinbearbeitung, ist der Schlag. Bei dem relativ elastischen Material läßt sich zwar mit einem Schlagstein das Gelenkende von Langknochen abschlagen und dann längs spalten oder ebenfalls ein Geweihstück, das man durch eine ringsum laufende Kerbe auf die gewünschte Länge gebracht hat, in längliche Stücke zerlegen. Aber die hierbei gewonnenen Bruchstücke sind manchmal lang, manchmal kurz, je nach Geschick des Schlägers und der Güte des Materials. Kontrollierte Mengen lassen sich so nicht herstellen. Es scheint, daß man mit Schlag vor allem die großen Mammutstoßzähne zertrennt hat, nachdem man sie wie im Vogelherd in handliche Abschnitte zerlegt hatte.

Um lange Gegenstände herstellen zu können, muß man sich aber anderer Techniken bedienen. Durch Einschneiden von zwei parallelen Rillen mit einem Stichel, Bohrer oder sogar unretuschiertem Abschlag läßt sich die Größe des Spans festlegen, der anschließend noch losgelöst und dann weiterverwendet werden konnte. Knochen wurden in ähnlicher Art, vor allem im Gravettien, zerschnit-

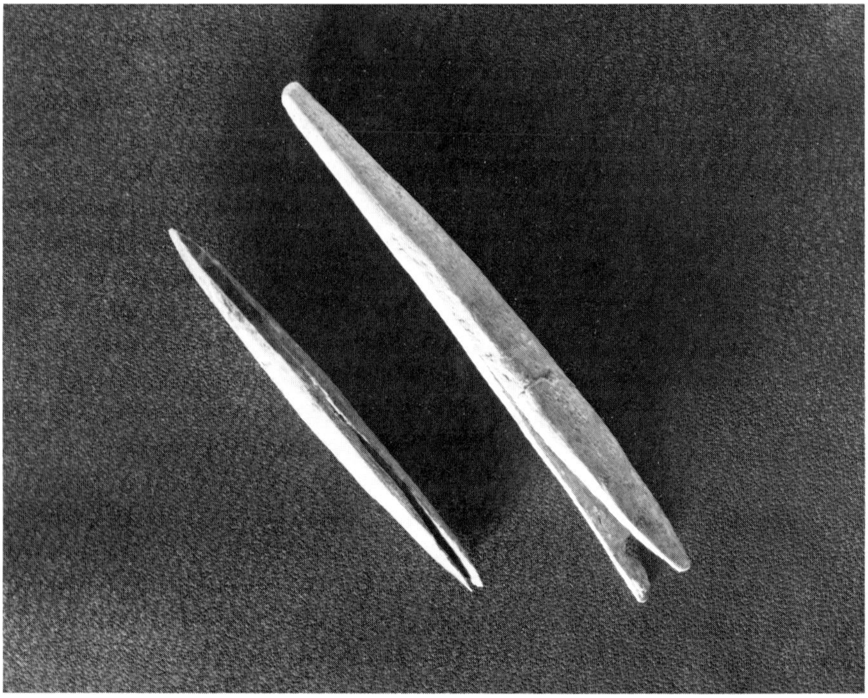

Abb. 168. Geschoßspitzen mit gespaltener Basis aus Geweih der Vogelherdhöhle, 6,2 und 7,1 cm lang.

ten. Dabei bemühte man sich, durch neue Rillen das Rohmaterial soweit als möglich auszunutzen. Es ist anzunehmen, daß ähnliche Bearbeitungstechniken auch bei Holz angewendet wurden, wobei man sich sogar überlegen muß, ob nicht die des Holzes mehr oder weniger auf die härteren Materialien übertragen wurden, als das Holz auf dem Hochstand der letzten Eiszeit immer seltener wurde. Dabei wurden vor allem aber die härteren Hölzer verdrängt wie die Eibe, aus der die frühen altsteinzeitlichen Holzspeere ausschließlich bestehen. Parallel zu der Entwicklung von beinernen Geschoßköpfen verlief aber die der aus Stein und weicherem Holz zusammengesetzten Geräte, darunter wahrscheinlich auch Speere.

Abb. 168 Die beinernen Geschoßspitzen haben sich im Laufe der jüngeren Altsteinzeit stark verändert, so daß sie als zeitliche Bestimmungsmarken dienen können. Im Aurignacien stellte man aus Geweih Geschoßköpfe her, die als Besonderheit eine gespaltene Basis besitzen. Bisher ging man davon aus, daß die Spaltung auf einen zungenförmig zugeschnitzten Schaft gesteckt wurde. Bei jedem Auftref-

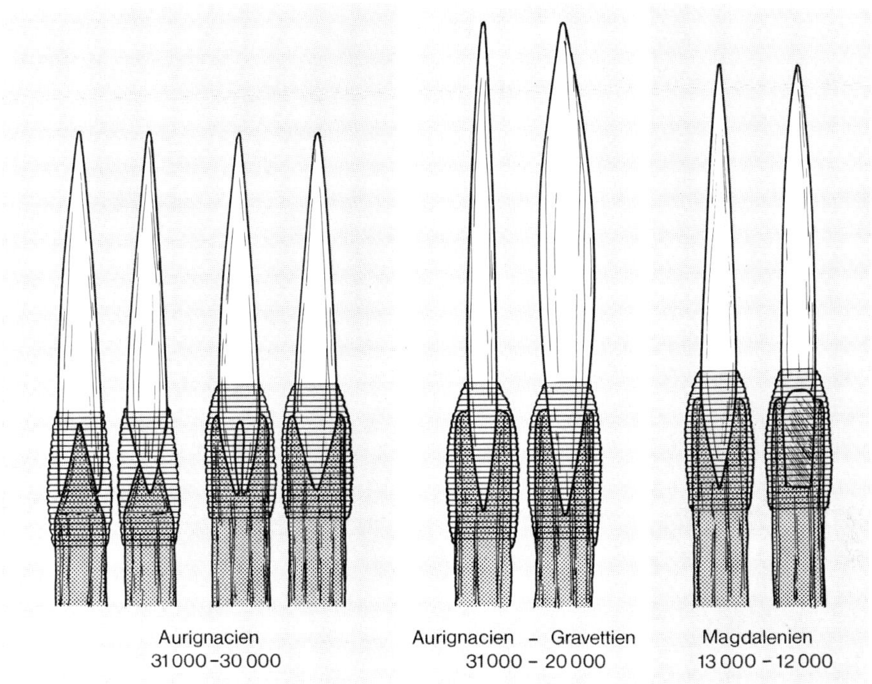

Abb. 169. Schäftungen für Speerspitzen aus Knochen und Geweih. In einen gespaltenen oder ausgehöhlten Schaft eingesetzt, befestigte man sie wahrscheinlich mit Sehnenwicklungen.

fen mußte sich die Spaltung erweitern und schließlich nach kurzer Zeit zerreißen. Man kann aber ebenso annehmen, und Gebrauchsspuren belegen das, daß die zusammengedrückte Spaltung wegen der Elastizität des Geweihs eine Federwirkung ausübte und in einen gespaltenen oder ausgehöhlten Schaft eingesetzt wurde. So konnte sie für einen besseren Halt sorgen, falls nicht sogar beabsichtigt war, daß sich nach dem Auftreffen der Schaft von dem eingedrungenen Geschoßkopf löste. Daneben gab es aber auch solche mit abgerundeter, massiver Basis, die vielleicht fest mit dem Schaft verbunden waren. Abb. 169

Ähnliche Geschoßspitzen, aber aus Knochen, weniger aus Geweih, waren im Gravettien häufig. Vermutlich waren bereits im Aurignacien ähnliche aus Elfenbein geschnitzte zylindrische Stäbe vorhanden, die, nach dem Durchmesser zu urteilen, bis einen Meter Länge erreichen konnten. Diese Längen waren nur zu erreichen, wenn die ursprünglichen gebogenen Elfenbein- oder Geweihstäbe nach Erhitzen über einem Feuer geradegebogen wurden.

Für die beiden hier behandelten Technokomplexe scheinen Geschoßspitzen die

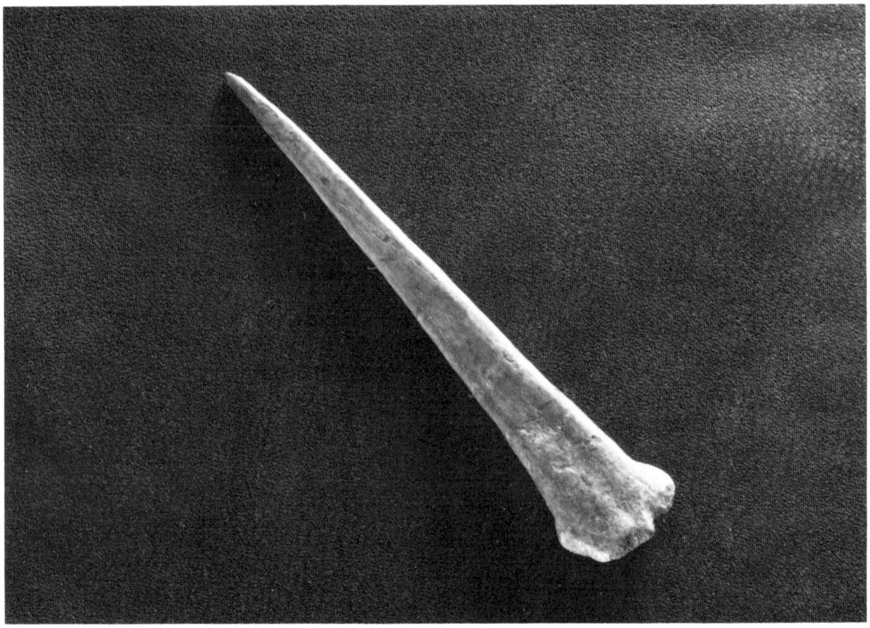

Abb. 170. Knochenpfriemen aus dem Vogelherd-Aurignacien. Verwendung vermutlich zum Nähen. Länge 9,6 cm.

einzigen in den Fundstellen belegten Jagdwaffen zu sein. Wahrscheinlich mit zur Jagdausrüstung zu zählen sind die Lochstäbe, sei es, daß sie Pfeilstrecker wie die der Eskimos zum Geradebiegen der Schäfte und Geschoßköpfe, sei es, daß sie Schleudern waren, wobei durch das Loch ein Lederband geführt wurde, das den Stein aufnahm.

Die übrigen Gegenstände aus Geweih, Knochen oder Elfenbein scheinen mehr mit der Nahrungsgewinnung und -zubereitung und der Kleidung im weitesten Sinne zusammenzuhängen. Zu den ersten gehören vermutlich die Glätter aus gespaltenen Rippen, seltener aus flachen Geweihspänen, bei denen ähnlich wie beim Kratzer ein Ende gebogen zurechtgeschnitzt ist. Nach den Gebrauchsspuren an diesem Teil schloß ein russischer Forscher, Semenov, auf den Gebrauch als Grabstock, wobei man diese Stücke aber gewöhnlich zum Auslösen des Wildes aus der Decke ansah. Da sie in den verschiedensten Größen vorliegen, ist nicht auszuschließen, daß man sie für verschiedene Funktionen verwendete. Zu *Abb. 170* der Fellverarbeitung können Pfriemen gedient haben, die oft aus Splittern von Röhrenknochen auf einfachste Weise hergestellt wurden, indem man nur ein Ende zuspitzte. Damit konnten Löcher vorgestochen werden, wobei der Gebrauch wieder nach Vergleichen mit ähnlichen Werkzeugen aus der Völkerkunde erschlossen wurde. Aus dem Gravettien des Hohlen Felsen stammt ein messerartiges Stück aus Elfenbein, das sogar Kerben zur Fingerauflage trägt und ebenfalls bei der Fellbearbeitung benutzt sein könnte. Ob zu diesem Zweck auch dünne, nadelförmige Fragmente aus Knochen dienten, ist unsicher. Auch die Bedeutung von Vogelknochen, die durch ringförmige Kerben zerlegt wurden, die zusätzlich mit Kerben oder Einschnitten verziert sind und im Aurignacien wie Gravettien vorkommen, ist unbekannt. Nach völkerkundlichen Parallelen wären es am ehesten Nadelbüchsen, aber echte Nähnadeln wurden erst im Magdalénien erfunden, zumindest in einem Material, das sich bis heute erhalten konnte.

Mit zu der Kleidung gerechnet werden müssen auch die Schmuckgegenstände, die gute Unterscheidungen zwischen beiden Technokomplexen erlauben. Den geringsten Zeitaufwand für die Herstellung haben Tierzähne, gewöhnlich Eck-

Abb. 171. Elfenbein-Schmuckstücke des Aurignacien (links oben) und des Gravettien (rechts) aus der Geißenklösterle-Höhle bei Blaubeuren, 0,5 bis 3,0 cm lang.

zähne vom Fuchs, seltener vom Wolf oder Hirsch. Sie müssen aus dem Kiefer ausgebrochen und nur an der Wurzel mit der üblichen von beiden Seiten angebrachten sanduhrförmigen Durchbohrung versehen werden. Da sie in der gesamten jüngeren Altsteinzeit vorkommen, dürfen wir diesen Schmuck als den universellsten betrachten. Nur selten wurden auf ähnliche Art die großen Eckzähne vom Höhlenbären oder Wildpferdzähne verwendet. Die aus Elfenbein gefertigten Stücke brauchten einen größeren Arbeitsaufwand und erlaubten es
Abb. 171 auch, besondere Formen herauszubilden. Eine eigenartige kleine, ovale Anhängerform mit doppelter Durchlochung kennt das Aurignacien. Diese knopfartigen Stücke sind in der Mitte erhaben. Daneben kommen aber auch einfach durchbohrte, meist aber dicke Elfenbeinanhänger vor. Im Gravettien dagegen sind die Elfenbeinanhänger tropfenförmig, flach und weisen nur eine Durchbohrung auf. Wie die des Aurignacien finden sie sich verstreut in den Fundstellen in verhältnismäßig großer Zahl, so daß man annehmen möchte, es handelte sich nicht um zerrissene Teile von Halsketten, sondern um Perlen, die auf der Kleidung aufgenäht waren. Zu diesem Schmuck gehören auch Schmuckschnekken, die man entweder durchbohrte oder so lange abschliff, bis ein Loch entstand, oder die eingeschnitten wurden. Sie fanden sich bisher nur in wenigen Fundinventaren, vor allem dem Gravettien und kommen sowohl in der Brillenhöhle wie im Hohlen Felsen vor, fehlen aber im Geißenklösterle.

Viel seltener sind Ammoniten. Ein einziges großes Stück mit Kerben kommt aus dem Vogelherd-Aurignacien, das wahrscheinlich aus dem Schwarzwald zum Vogelherd auf der Ostalb gebracht wurde. Im Achtal fanden sich in Gravettienhorizonten des Geißenklösterle und des Hohlen Felsens auch kleine Ammoniten mit einem Loch in der Mitte, deren Herkunft noch nicht geklärt ist.

Stein hatten die jungaltsteinzeitlichen Jäger zwar meist durch Schlag verarbeitet. Nur weicher Tonschiefer ließ sich in der damaligen Technik wie Geweih oder Elfenbein schnitzen. In dem Gravettien scheint die Hauptzeit für die Herstellung von ringartigen Anhängern und tropfenförmigen Perlen zu liegen. Allerdings wurde auch härteres Gestein durchbohrt oder leicht zugeschliffen.

Fossiles Holz scheint in diesem älteren Abschnitt recht wenig benutzt worden zu sein, obwohl es wie die Schnecken in tertiären Spaltenfüllungen vorkommt. Nur aus dem Aurignacien des Geißenklösterle ist ein kugeliger, durchbohrter Anhänger aus diesem Material überliefert, das erst in dem späteren Magdalénien eine weite Verbreitung fand.

Es ist anzunehmen, daß diese Rohstoffe, die durch Schlag, weniger wohl durch Druck, durch Schnitzen und Polieren oder sogar Schleifen und Bohren verarbeitet wurden, nur einen kleinen Ausschnitt aus der Technologie der jüngeren Altsteinzeit darstellen, eben denjenigen, der sich Jahrtausende hindurch im Boden

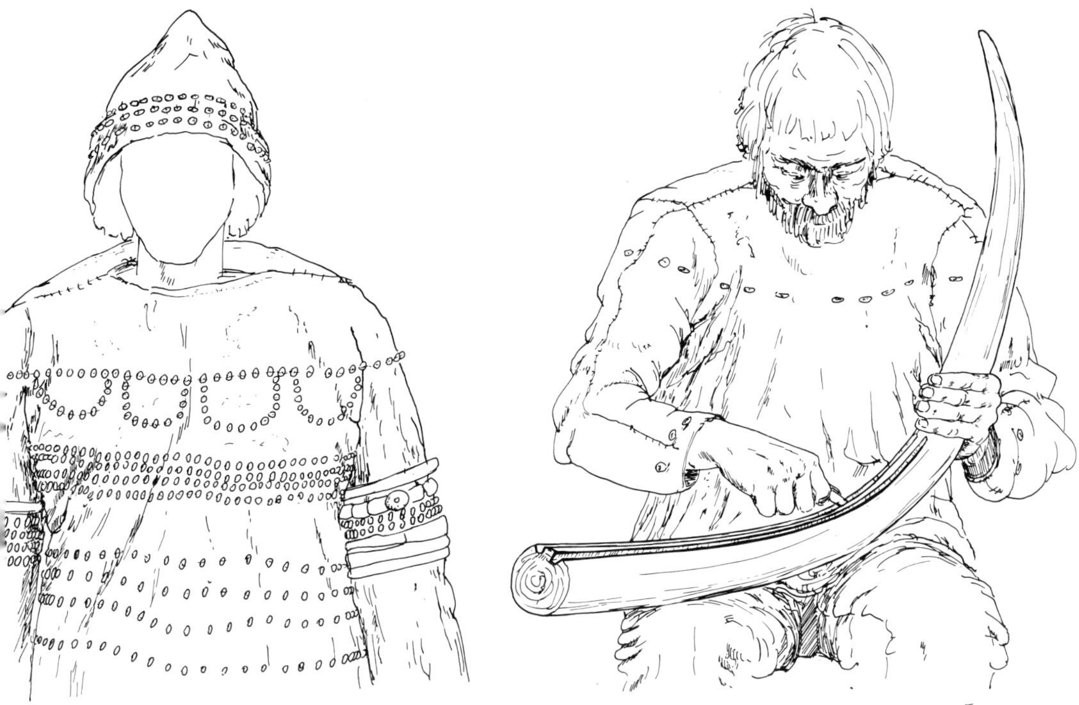

Abb. 172. Links: Rekonstruktion einer jungpaläolithischen Bekleidung, nach dem Grabfund von Songir bei Moskau. Rechts: Mann in einfacher verzierter Kleidung beim Herstellen eines Elfenbeinspans.

erhalten konnte. Wir können heute nur vermuten, daß Holz, Rinde und Leder einen viel größeren Bestandteil des für die beweglichen Jäger ohnehin kleinen Besitztums darstellte. Alles mußte klein und handlich, und auch irgendwie transportabel sein, wobei vielleicht die in der Religion verwendeten Gegenstände und Orte eine gewisse Ausnahme gebildet haben können.

Als Teil von zusammengesetzten Werkzeugen wurden bereits die kleinen Rükkenmesser und Spitzen genannt, die die Verwendung von Holz sehr wahrscheinlich machen. Ob Rinde, vor allem die biegsame und feste Birkenrinde benutzt wurde, ist völlig unbekannt.

Das kalte Klima setzt voraus, daß eine den Körper völlig einhüllende Kleidung entwickelt worden war. An Werkzeugen, die für das Nähen verwendet werden konnten, sind nur die Pfriemen und vielleicht noch die kleinen nadelförmigen Spitzen belegt, Nähnadeln mit Öhr gab es anscheinend noch nicht. Die Kleidung scheint aber weitgehend mit solchen oben erwähnten Anhängern besetzt *Abb. 172a, b* worden zu sein, wie wir aus Bestattungen in Frankreich, von der Riviera-Küste und neuerdings auch aus Rußland wissen. Z. T. weist der Schneckenschmuck rote Farbspuren auf, ohne daß in der Schicht direkt Rotfärbungen entdeckt werden konnten. Man muß sich daher fragen, ob nicht die Kleidung teilweise rotgefärbt war. Roten Farbstoff, vor allem Hämatit, kann man zum Gerben und Imprägnieren von Leder benutzen. Die Kleidung selbst dürfte nach den aufgenähten Anhängern aus einer parkaähnlichen Jacke und einer Hose bestanden haben. Mützen oder Haarbänder waren ebenfalls bekannt, und nach dem harten Klima kann man ebenfalls die Existenz von Schuhen und Handschuhen voraussetzen, wobei letztere nicht so notwendig wie Schuhe sind. Gerade im Bereich der vergänglichen Materialien bestehen große Fundlücken, die nur unter günstigen Umständen geschlossen werden könnten, falls Ausgrabungen gezielt an solchen Stellen durchgeführt würden, an denen außergewöhnlich gute Erhaltungsbedingungen vorhanden sind, vor allem in Mooren.

Kunst

Einen Einblick in das Denken des frühen *Homo sapiens* geben die Kunstwerke und Zeichen, die mit dem Aurignacien zum ersten Mal in Europa auftreten. Ob diese Kunstwerke bereits zu Beginn des Aurignacien vorhanden sind oder erst im Laufe seiner Entwicklung entstanden, läßt sich noch nicht sagen, da zu wenig Fundkomplexe vorliegen. In den älteren Schichten des Geißenklösterle sind bis jetzt keine gefunden worden. Für die geringe Zahl der Fundstellen mit Aurignacien ist ihr Vorkommen immerhin recht häufig: Allein aus dem Vogelherd, dem Hohlenstein-Stadel und dem Geißenklösterle sind aus Mammutelfenbein geschnitzte Figuren bekannt.

Abb. 173 Die aus dem Aurignacien des Vogelherds stellen die größte und am besten erhaltene Kollektion dar. Sie fanden sich in beiden Horizonten IV und V. Es sind überwiegend in vollplastischer Ausführung Tiere dargestellt, die sich auch in der *Abb. 174–183* Jagdbeute finden: Mammut, Wildpferd, Wollnashorn (?) und Bison. Dazu kommen aber auch Raubtiere, vor allem die großen Raubkatzen, Höhlenlöwe oder Höhlenpanther. Ihre Wiedergabe in plastischer Form dürfte daher andere Folgerungen zulassen. Die Funde aus dem Geißenklösterle mit zwei Mammuten und einem Feliden (?) scheinen die gleiche Mischung von Jagd- und Raubtieren widerzuspiegeln. Wie in Tabelle 4 zu sehen ist, sind diese Tierarten in sehr unterschiedlichen Häufigkeiten vorhanden:

Abb. 173. Die Vogelherdhöhle bei Heidenheim.

Tabelle 4: Häufigkeit der Tierarten

Tierart	Vogelherd V	Vogelherd IV	Geißenklösterle	Hohlenstein-Stadel	zusammen
Mammut	2	1	2	–	5
Wollnashorn?	1	–	–	–	1
Bison	–	1	–	–	1
Wildpferd	1	–	–	–	1
Felide	2	1	1	–	4
menschl.	–	1	1	1	3
zusammen	6	4	4	1	15

Das Überwiegen des Mammuts ist hierbei besonders zu beachten. Denn das zeigt wohl, daß diesem Tier als wichtigem Fleisch-, Fell- und Rohmateriallieferanten in der bildhaften Darstellung eine Rolle zukam, die seinem Wert für die eiszeitlichen Jäger entsprochen haben muß. Das nächstwichtige Tier ist aber bereits der Höhlenlöwe oder Höhlenpanther, der wegen seiner Seltenheit keine Bedeutung für den Speisezettel gehabt haben dürfte. Denn Raubtiere dieser Größe benötigen ein großes Jagdrevier – wie die Menschen –, da der Ertrag der Jagd allgemein sehr unsicher ist und weniger als die Hälfte aller Jagdunternehmen zum Erfolg führt. Es ist möglich, daß Löwen oder Panther eine Stellung hatten, die dem der »Herrn der Tiere« neuzeitlicher Jäger sehr nahekommt. Die Seltenheit der übrigen Tiere entspricht zwar nicht ihrer numerischen Anzahl, wohl aber dem ihrer Menge an nutzbarem Fleisch. Andererseits bedeutet aber das Fehlen von Darstellungen von Hasen, Fischen und Vögeln wohl, daß diesen kein größerer Wert beigemessen wurde, obwohl dieses Niederwild zu den »sicheren« Fleischlieferanten gehört haben dürfte.

Abb. 174. Mammutdarstellung aus Elfenbein. Länge etwa 5 cm, Vogelherdhöhle. Die Kreuzzeichen und Punkte dürften kein Fell andeuten sondern sind wohl für uns heute verschlüsselte Zeichen.

Abb. 175. Mammutfigur aus Elfenbein. Geißenklösterle-Höhle bei Blaubeuren. 6,7 cm lang. Diese Figur war in zahlreiche Teile zerbrochen und mußte erst wieder zusammengesetzt werden.

Abb. 176. Tierdarstellung aus Elfenbein, Vogelherdhöhle, 5,8 cm lang. Welches Tier gemeint war, läßt sich wegen der schlechten Erhaltung kaum sagen. Die Figur wurde sowohl als Bär als auch als Nashorn angesprochen, kann aber auch ein Löwe sein.

Abb. 177. Darstellung eines Löwen, 6,8 cm lang, Vogelherdhöhle, wahrscheinlich als Anhänger getragen.

Abb. 178. Wildpferdfigur aus Elfenbein. Länge 5 cm, Vogelherdhöhle. Dieser Anhänger ist mit den betont geschwungenen Formen eines der besten Kleinkunstwerke aus dem Aurignacien.

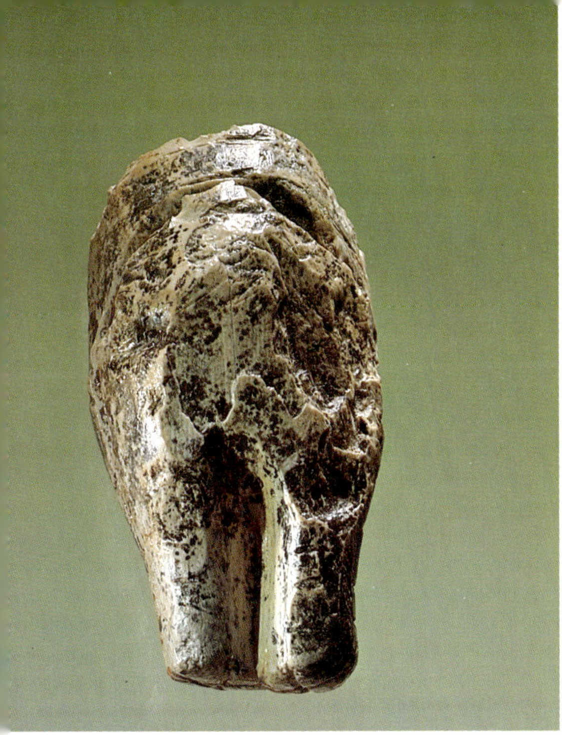

Abb. 179. Hinterteil einer Mammutfigur aus Elfenbein. Höhe 5,2 cm, Vogelherdhöhle. Die Figur war ursprünglich etwa 10 cm lang.
Abb. 180. Mammutflachrelief aus Knochen. Länge 6,9 cm, Vogelherdhöhle Schicht IV. Dieser Anhänger wurde zur Herstellung von Steinwerkzeugen verwendet.
Abb. 181. Tierdarstellung aus Elfenbein, Länge 9 cm, Vogelherdhöhle. Die dargestellte Tierart ist nicht sicher, denn es kann sich um ein junges Nashorn oder einen Löwen handeln.
Abb. 182. Bisonfigur aus Elfenbein. Länge 7,2 cm, Vogelherdhöhle. Nur die äußere Schale dieser ursprünglich vollplastischen Darstellung ist noch erhalten.

Abb. 183. Bruchstück einer stark verzierten Tierfigur aus Mammutelfenbein, Vogelherdhöhle, Länge 8,8 cm. Vielleicht war es ein Löwe, dessen Kopf man abgeschnitten hatte.

Die Formgebung der Tiere ist recht naturgetreu, verzichtet aber auf gewisse Einzelheiten und betont andere. So wurden bei Mammuten keine Stoßzähne und Ohren dargestellt, aber Augen, Muskelpartien der Extremitäten und *Abb. 174, 175* Schwanz, bei dem Schwanz sogar die Haare wie bei dem Geißenklösterle-Mammut angedeutet. Die Behaarung wurde sonst nicht wiedergegeben. Die gewisse Überbetonung des Umrisses hängt wahrscheinlich mit dem damaligen Stilgefühl zusammen, das die Rundungen eindeutig hervorhebt. Das wird be- *Abb. 178* sonders bei dem Wildpferd aus dem Vogelherd deutlich, zeigt sich aber auch bei den Mammuten, bei den Rundungen des Rückens und des Bauches. Insgesamt sind die Figuren recht stark genormt, von ähnlicher Größe, Formgebung und mit ähnlichen Zeichen, d. h. Kerben, Einschnitten, Grübchenreihen, die auf Rücken, Extremitäten und Bauch verlaufen. Ihre Bedeutung ist unbekannt, sie geben sicher keine Körperdetails wieder, sondern enthalten verschlüsselte Zusatzinformationen, vielleicht in der Art einer Gedächtnisstütze.

Zu den rätselhaftesten Figuren gehören die drei menschlichen Darstellungen, die frühesten aus unserem Raum. Eine Frauendarstellung aus Elfenbein wurde in dem Gravettien der Schicht VII in der Brillenhöhle gefunden, ließ sich aber nicht konservieren, so daß wir nur die aus dem Aurignacien beurteilen können. Das *Abb. 184* flache, schlanke Stück aus dem Vogelherd IV läßt sich nur anhand des abgesetzten knopfartigen Endes, wohl ein Kopf, als menschenartiges Wesen interpretieren, bei dem es keine Hinweise darauf gibt, ob ein Mann oder eine Frau dargestellt ist, da alle Hinweise auf das Geschlecht fehlen. Arme sind überhaupt nicht, die Beine nur grob dargestellt. Das Stück ist soweit vollständig, da es auf dem Körper Punktreihen trägt. Die zweite Menschendarstellung aus dem Hohlen- *Abb. 186* stein-Stadel ist nicht weniger seltsam. Der menschliche Charakter dieser großen Figur ist deutlicher mit den Beinen und Armen, wenn auch der Kopf nichts mit einem Menschen gemeinsam hat. Die beiden kurzen Ohren oben auf dem Kopf sprechen eher für eine Katze oder einen Bären, das fehlende Gesicht verbietet aber eine definitive Bestimmung. Immerhin läßt sich sagen, daß ein menschlicher Körper mit einem Tierkopf kombiniert ist, eine Verbindung, die sich gegen Ende der Eiszeit im Magdalénien in Höhlen als Wandbild öfter findet und dort eindeutig männlich ist. Wie weit später aufgefundene Teile als weiblich einzustufen sind und dazu gehören, läßt sich vorerst nicht entscheiden.

Auch die große Tier-Mensch-Figur trägt Zeichen, aber nur breite Einschnitte auf dem Oberarm. Da sich keine natürliche Erklärung finden läßt, müssen sie wie bei den Tierfiguren eine zusätzliche Bedeutung besessen haben.

Erst kürzlich wurde im Geißenklösterle die dritte Menschendarstellung des Au- *Abb. 185* rignacien gefunden. Es handelt sich um ein flaches, 38 mm langes Plättchen aus Mammutelfenbein. Auf der Vorderseite findet sich die als Halbrelief herausgeschnitzte Menschengestalt mit gespreizten Beinen und erhobenen Armen. Leider ist fast die gesamte Oberfläche abgeplatzt, nur an den Armen und Beinen teilweise erhalten. Die querverlaufenden Einschnitte der Arme haben wie die allgemeine Körperform und die klobigen Füße gute Vergleichsmöglichkeiten mit der Figur aus dem Hohlenstein-Stadel, trotz der Größenunterschiede. Der lange, gebogene Fortsatz zwischen den Beinen kann als Schurz, Schwanz oder Phallus gedeutet werden. In ihrer Körperhaltung ist diese Figur nicht nur bei den wenigen Aurignacien-Menschendarstellungen, sondern auch in der jüngeren

Abb. 184. Schematische Menschendarstellung, 6,9 cm lang, Vogelherdhöhle. Eine genaue Ansprache dieses nur grob zugeschnittenen Stückes läßt sich nicht geben. ▶

Abb. 185. Schematische Menschendarstellung, 3,8 cm lang aus Mammutelfenbein, Geißenklösterle. Bemerkenswert sind der schurz- oder schwanzartige Fortsatz zwischen den Beinen und die erhobenen Arme. ▶

Abb. 186. Menschendarstellung, 28,1 cm hoch aus Elfenbein, Stadel im Hohlenstein. ▶

Abb. 187. Rückseite der Menschendarstellung des Geißenklösterle, randlich umlaufend gekerbt und mit vier Reihen von Einschnitten markiert. Vielleicht handelt es sich um eine Art Kalender.

Altsteinzeit einmalig. Denn die nächsten Entsprechungen aus der Jungsteinzeit und den Metallzeiten werden als Adoranten, das heißt Betende oder Priester angesehen. Auch für das Halbrelief aus dem Geißenklösterle ist die ungewöhnliche Haltung wohl beabsichtigt und drückt vielleicht ebenfalls eine religiöse Haltung aus. Falls diese Annahme zutrifft, dann bestand vielleicht mindestens seit dem Aurignacien eine religiöse Ebene, die abgesetzt von der irdischen war.

Abb. 187 Die Rückseite der Darstellung ist nicht minder bemerkenswert. Sie trägt neben dem ringsum gekerbten Rand vier Reihen von kleinen Einschnitten, spart aber im unteren Teil eine Fläche aus. Die Zahlen betragen zweimal dreizehn, einmal zwölf und einmal zehn, an beiden Längsrändern je dreizehn. Es ist nicht auszuschließen, daß diese Zahlen eine besondere Bedeutung haben. Ob aber Mond-

zyklen gemeint sind und in welchem Zusammenhang diese mit der Figur auf der Vorderseite stehen, läßt sich nicht angeben, aber auch nicht ausschließen.
Obwohl nur durch wenige Figuren belegt, läßt sich die Kleinkunst des Aurignacien wie folgt charakterisieren: Wichtig ist vor allem die Form und der Umriß, da er die Hauptunterscheidungsmerkmale wiedergibt. Insgesamt wird ein Minimum von Merkmalen verwendet, die für die Kenntnis des dargestellten Inhalts bedeutsam sind. Kopf und Gesäß sind besonders hervorgehoben, während das Geschlecht in seinen primären Merkmalen keine Rolle spielt. Alle Darstellungen tragen Zeichen, die sehr selten als Behaarung o. ä. interpretiert werden können. Sie werden daher als zusätzliche, verschlüsselte Botschaft angesehen und sind letztlich ein Vorläufer unserer Schrift.
Leider ist bisher aus dem Gravettien in Südwestdeutschland keine Kleinkunst überliefert. In den benachbarten Gebieten zeichnet es sich durch das Vorkommen von Frauenfiguren, den sog. Venusstatuetten aus, was auf eine Veränderung des dahinterstehenden Inhaltes deutet. Tierfiguren sind nur im Osten, in Mähren und der Ukraine, vorhanden. Alle Figuren tragen nur selten Zeichen, und auch in Südwestdeutschland lassen sie auf verschiedenen Geräten die einfache, aber doch sorgfältige Ausführung des Aurignacien vermissen und bestehen nur aus unregelmäßig neben- und übereinandergesetzten Einschnitten. Was diese Zeichen besagen, ist weitgehend unklar.

Lebensweise

Wenn wir heute auch die Technik der Jäger der jüngeren Altsteinzeit einigermaßen nachvollziehen können, so sind wir bei ihrer Verwendung schon auf Vermutungen angewiesen. Welche Rolle sie in dem Leben dieser Menschen einnahmen, wissen wir überhaupt nicht. Trotzdem ist die Wissenschaft in der Lage, sich mit Hilfe von naturwissenschaftlichen Methoden und völkerkundlichen Parallelen ein fundiertes Bild der Lebensweise dieser altsteinzeitlichen Menschen zu machen.
Dieses aus vielen kleinen Einzelteilen zusammengesetzte Bild bedarf aber der dauernden Überprüfung und Korrektur, um sich neuen Funden und Befunden anzupassen.
Man hat sich das Leben in der Eiszeit teilweise als Paradies der Großwildjäger, teilweise als äußerst harten Kampf ums Dasein vorgestellt. Wahrscheinlich war es, von Ausnahmen abgesehen, weder das eine noch das andere. Man konnte vermutlich, mit etwas Geschick und Erfahrung, sein Auskommen finden, wenn auch für uns heute in etwas schwer vorstellbaren Verfahren.

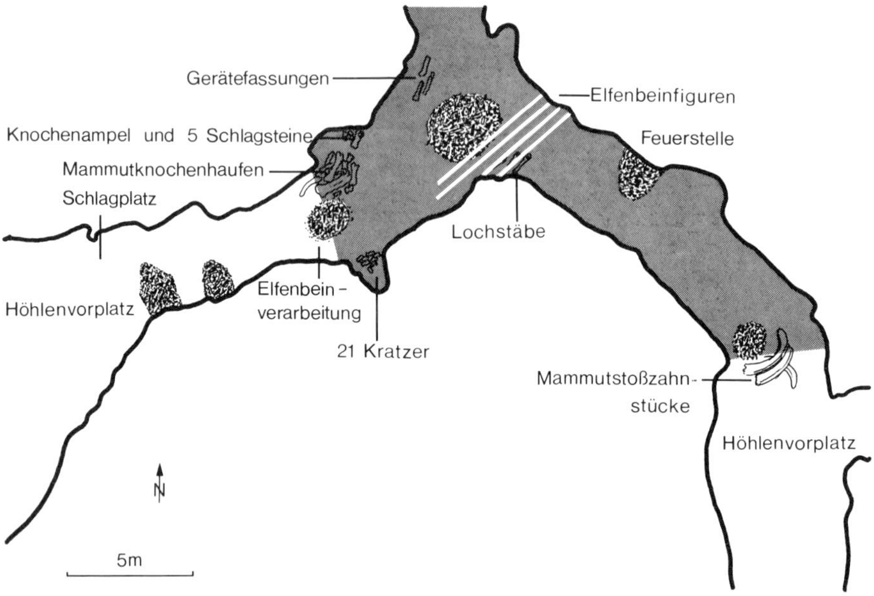

Abb. 188. Arbeitsplätze und Feuerstellen einer »Höhlenwohnung« (Vogelherd, Schicht V – Aurignacien) vor 30000 Jahren.

Daß wir eine Kleidung indirekt erschließen können, wurde bereits erwähnt. Über die Behausung sind wir aber nur ungenügend unterrichtet. Die einzigen Hinweise kennen wir bisher aus wenigen Höhlen. Die Fundstellen unter offenem Himmel sind bisher zu schlecht untersucht worden, um die hier im allgemeinen besseren Aussagen über das Leben und seine Organisation zu gewähren.

Abb. 188 In dem Vogelherd wissen wir in etwa, wie die Feuerstellen, Abfälle und Plätze, an denen spezielle Tätigkeiten ausgeübt wurden, in der Höhle verteilt waren. Die Fülle von Daten deutet auf eine wohlüberlegte Gliederung des Wohnplatzes hin. So wurden die Hornsteinknollen vor dem Südwesteingang unter der schutz- und wärmespendenden Felswand zerschlagen. Die meisten retuschierten Werkzeuge fanden sich direkt vor dem Südwesteingang und in der anschließenden Halle. Hier lagen auch um eine große Feuerstelle die meisten Knochen-, Geweih- und Elfenbeinwerkzeuge. Im Geißenklösterle, wo im Aurignacien eine mit Knochenasche durchsetzte Fundschicht entdeckt wurde, ließ sich eine Stelle erkennen, an der Stichel hergestellt wurden, die Werkzeuge selbst wurden aber entweder mitgenommen oder an einer anderen noch nicht ausgegrabenen be-

nutzt und weggeworfen. An zwei anderen Stellen fanden sich Massierungen von Abschlägen aus grauem Hornstein, die zeigten, daß hier Hornsteinknollen zerlegt wurden. Auch hier fehlten die Kerne und vermutlich die größeren, brauchbaren Klingen und Abschläge. Aber auch Knochen, die zu den verschiedensten Zwecken verwendet wurden, für Werkzeuge, für Schmuck und nicht zu unterschätzen, die Langknochen als fettreicher Marklieferant und als Feuerungsmaterial, wurden an verschiedenen Stellen zusammengetragen, wie im Vogelherd-Eingang. Im Sirgenstein lagen die Feuerstellen direkt unter dem heutigen Eingangstrauf. Das ist wahrscheinlich ein Beispiel für die Ausnutzung der windgeschützten und regensicheren Stellen eines Lagerplatzes, die mit der Funktion und der Form der Höhle zusammenhing, sich aber im Laufe der Jahrtausende anscheinend nicht änderte. Denn das Haupttätigkeitsareal fand sich mit Schlagstellen und zahlreichen zurückgelassenen Werkzeugen vor der eigentlichen Höhle. Im Innern waren dafür mehr Knochen hinterlassen worden – oder aber erhalten geblieben, was sich in vielen Fällen leider nicht sicher bestimmen läßt. Behausungsgrundrisse scheinen aus dem Aurignacien zu fehlen, und die wenigen Höhlen gestatten es auch nicht, die einzeln interpretierbaren Daten zu einem allgemeineren Bild zusammenzufassen.
Im Gravettien sind dagegen zum ersten Mal Hüttengrundrisse belegt. Prof. Riek entdeckte bei seinen Ausgrabungen in der Brillenhöhle im Horizont VII an zwei verschiedenen Stellen aus Trockenmauerwerk aufgeschichtete stellenweise noch fast einen Meter hohe Reste von Einbauten. In und um diese waren Anreicherungen an Knochen und Artefakten zu beobachten und Verfärbungen der Schicht durch Asche. Aus der gleichen Zeit sind gerade aus dem Freiland von Böhmen, Mähren bis in die Ukraine hinein Hütten unter dem offenen Himmel gefunden worden, meist flache Gruben, bei denen Teile der Wand aus Knochen bestanden. Daneben sind aufgebaute Feuerstellen, z. T. mit Windschutz, aus vielen Fundstellen überliefert. Wenn sie fehlen, wie im Geißenklösterle oder Hohlen Felsen, so mag das am ehesten an der teilweisen Ausgrabung liegen. Allgemein lassen sich aus den Befunden der Behausung und sonstigen Besiedlungsspuren kaum Aussagen über die Wohngewohnheiten der früh-jungpaläolithischen Jäger machen. Es haben zwar in allen bisher ausgegrabenen Fundstellen Feuer gebrannt, aber über ihre Funktion wissen wir nichts. Von den Feuerspuren aus neueren Grabungen im Hohlen Felsen und Geißenklösterle läßt sich ableiten, daß die Feuer, von denen ja nur Asche gefunden wurde, heißer als 300 Grad Celsius gewesen sein müssen. Sonst ist aber unbekannt, ob die Herdstellen Wärmefeuer waren, ob hier Fleisch gebraten oder Knochenmark aufgewärmt wurde, oder noch weitere Tätigkeiten stattfanden. Ähnliches gilt für die beiden Behausungsreste, bei denen eine detaillierte Untersuchung, vor allem im Zu-

sammenhang mit den innen und außen gemachten Funden fehlt. So gibt es keine Hinweise auf Schlafgewohnheiten, ob diese an besonderen Stellen in den Höhlen waren, oder ob man nicht im Freien vor den Höhlen schlief. Gerade auf diesem Gebiet können nur weitere Ausgrabungen in Fundstellen mit guten Bedingungen diese Wissenslücke schließen helfen. Zugleich müssen Beobachtungen bei den letzten noch lebenden Jägern und mit einer steinzeitlichen Technologie behafteten Naturvölker, zusammen mit Experimenten die Frage lösen, wie weit die uns als Abfall hinterlassenen, wohl selten verlorenen oder gar absichtlich deponierten Fundstücke Rückschlüsse auf das Verhalten des urgeschichtlichen Menschen zulassen.

Das Verhalten des Menschen kommt archäologisch gesehen oft gut in den Bestattungsweisen zum Ausdruck. In Südwestdeutschland sind Menschenreste aus dem Zeitraum zwischen 35000 und 15000 Jahren vor heute spärlich und auf vier Fundstellen beschränkt: den Vogelherd, den Sirgenstein, den Hohlenstein-Stadel und den Schafstall. Abgesehen vom Vogelherd sind aus diesen Fundstellen nur Zähne überliefert, die sich ja recht gut erhalten. Da gesunde Zähne gewöhnlich nicht von alleine ausfallen, kann man wohl annehmen, daß ursprünglich mehr Knochenteile vorhanden waren.

Die menschlichen Knochen aus dem Vogelherd kommen aus beiden Aurignacienhorizonten. An der Oberkante der Schicht IV fand sich ein Schädeldach, das aufgrund seiner Form für jünger angesehen wurde. Von der Basis der Schicht V stammen aber ein unvollständiger Schädel, ein Unterkiefer, ein Oberarmknochen und ein Wirbel sowie ein Fingerknochen. Diese Knochen, die zu einem mittelalten, männlichen Individuum gehören, scheinen anzudeuten, daß hier ursprünglich eine Bestattung vorlag, die aber vermutlich gestört wurde. Das können sowohl die späteren Bewohner der Höhle, als auch Raubtiere oder sogar beide gewesen sein.

Das Fehlen von Menschenknochen in den meisten Fundplätzen läßt den weiteren Schluß zu, daß Bestattungen gewöhnlich außerhalb der Wohnhöhlen vorgenommen wurden. In anderen Gebieten vorkommende Bestattungen, wie auch die wahrscheinliche aus dem Vogelherd, zeigen aber, daß dieses keine feste Regel war. Wenn man ferner bedenkt, daß mit den je zwölf Inventaren für das Aurignacien und Gravettien maximal ein Aufenthalt von sechs Jahren – wahrscheinlich war es weniger – belegt ist, dann ist die Wahrscheinlichkeit, daß in diesem Zeitraum trotz der allgemein geringen Lebenserwartung jemand stirbt, recht gering. Insofern kann man eigentlich aus diesen wenigen Daten keine Schlüsse ziehen.

Besser erhaltene Bestattungen aus dem gleichen Zeitraum der verschiedensten Gegenden Europas zeigen aber, daß man Verstorbene sorgfältig beisetzte, gewöhnlich in einer flachen Mulde. Die Lage und Richtung des Körpers scheint keine Rolle gespielt zu haben. Fast alle Bestattungen haben roten Farbstoff auf und um den Körper gehabt, der meist von zermahlenem Rötel, aber vielleicht auch von verbrannter Erde stammen kann. Diese Rotfärbung wird mit der Farbe für das Blut, als Symbol für das Leben allgemein in Zusammenhang gebracht. Viele Bestattete haben »Schmuck«, dessen Lage darauf hindeutet, daß es sich meist um auf die Kleidung aufgenähte Besatzteile handelte. Besondere Beigaben von Nahrungsresten oder Gegenständen sind nur in sehr wenigen Fällen eindeutig mit dem Bestatteten beobachtet worden.

Diese bewußte Beisetzung von Toten deutet darauf, daß man ihnen auch nach ihrem Tod eine gewisse Rolle zuwies. Ob das aber gleich heißen muß, daß ein Glaube an ein Jenseits bestand, oder daß man die Toten fürchtete, ist nicht zu entscheiden.

Die meisten Menschenreste lassen erkennen, daß die Lebenserwartung in der letzten Eiszeit äußerst gering war, nicht zuletzt wohl wegen der hohen Säuglings- und Kindersterblichkeit. Das Verhältnis von männlichen zu weiblichen Toten läßt keine außergewöhnlichen Werte erkennen, so daß sich nicht, wie bei Eskimos teilweise üblich, die Tötung von weiblichen Kleinkindern bzw. Neugeborenen nachweisen läßt. Aber das harte, unstetige Leben, bei dem man dauernd unterwegs war, hat sicher dazu beigetragen, daß die Lebenserwartung nicht allzu hoch war. Soweit wir schließen können, lebten auch die Jäger des Aurignacien und des Gravettien weitgehend von der Jagd, mit einer relativ hohen Quote von Fehlschlägen, die wahrscheinlich ähnlich wie bei den Raubtieren 50 Prozent erreichen dürfte. Die Abhängigkeit von der Jagd erforderte einen dauernden Wechsel der Jagdgebiete, um neue Nahrungsquellen zu erschließen. Das bisherige Bild von reinen Großwildjägern haben die neuen Ausgrabungen etwas verändern können. Zwar ergaben die Untersuchungen der Pflanzenreste, vor allem der Pollenanalysen, bisher keinen Hinweis auf den Verzehr von pflanzlicher Nahrung. Aus dem vorhandenen Angebot konnten allenfalls »Salate«, d. h. vitaminreiche Kräuter wie Sauerampfer genutzt werden, wozu vermutlich noch Beeren und Wurzeln traten. Diese konnten aber keine ausreichende Ernährung gewähren, und man muß daher annehmen, daß tierisches Eiweiß zu über 90 Prozent den Hauptbestandteil bildete. Der tägliche Kalorienbedarf wurde demnach überwiegend aus der Jagdbeute vom Großwild gedeckt: Wildpferd, Rentier, Mammut, Wollnashorn, Steinbock und vermutlich auch von Höhlenbären. Diese Jagdbeute wurde bis zum letzten ausgenutzt, indem nicht nur *Abb. 189* Fleisch, Fett und die Innereien verwertet wurden, sondern auch das Knochenmark, der Nervenstrang der Unterkiefer, aber natürlich auch die wichtigen Felle, die für den menschlichen Energiehaushalt in dem eiszeitlichen Klima von be-

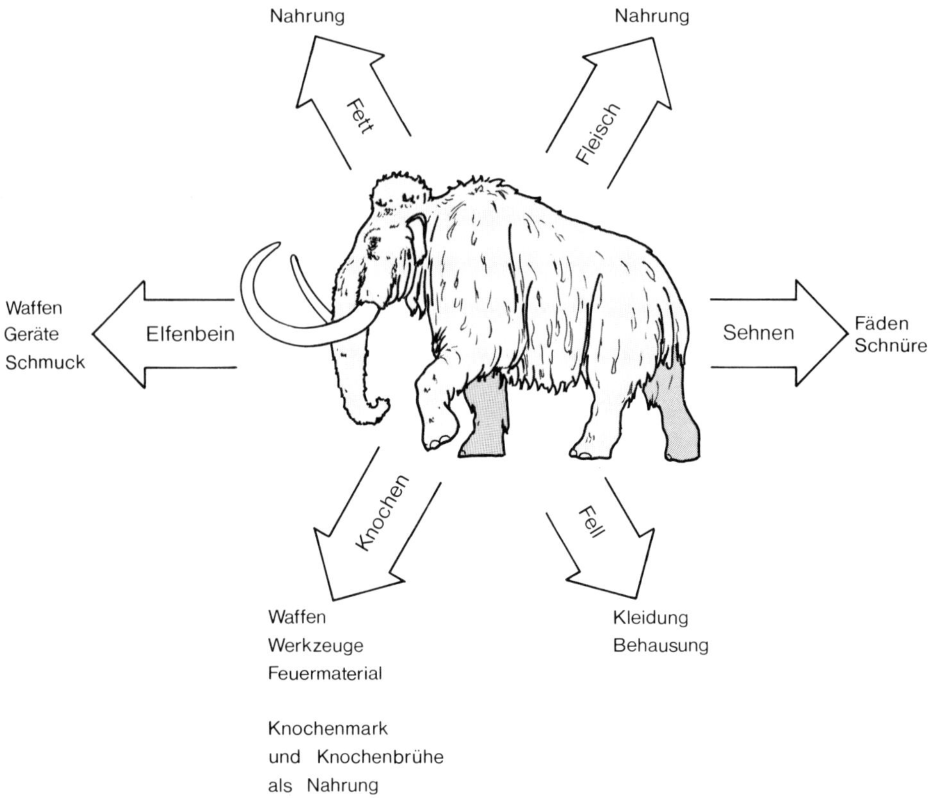

Abb. 189. Von einem erbeuteten Mammut kann man nicht nur das Fleisch sondern den gesamten Körper verwerten.

sonderer Bedeutung waren. Neben dem Großwild wurde aber auch das Niederwild intensiv gejagt, zu dem vor allem Hasen zu zählen sind, wahrscheinlich gehörten sogar die zahlreichen Fuchsreste mitunter zum Speisezettel. Dazu kamen Vögel und nicht zuletzt Fische. Im älteren und mittleren Jungpaläolithikum änderte sich dieser Speisezettel nicht; so können wir annehmen, daß hier schon ein zwar nicht in den jeweiligen Mengen mehr vollständiges, so doch in dem Vorkommen der einzelnen Arten mehr oder weniger vollständiges Abbild der Jagdbeute vorliegt. Denn selbst wenn die Tiere in größerer Entfernung geschossen wurden, brachte man doch einen erheblichen Teil der Knochen, vor allem Schädel, Rippen, kaum die Wirbelsäule, wohl aber die Gliedmaßen wegen des

Marks und als Roh- sowie Brennmaterial mit in die Höhlen, wo ein Teil dann erhalten blieb. Die genauen Zahlen lassen sich wohl nicht mehr ermitteln, aber wir gehen davon aus, daß die Größenordnungen stimmen und uns bei entsprechend sorgfältigen Ausgrabungen auch Hinweise auf die Zerlegung der Jagdbeute und ihre wirtschaftliche Bedeutung geben.

Die Jagdtechniken selbst lassen sich nur indirekt erschließen. Bei den Hasen und Füchsen waren sowohl Ansitzjagd als auch Schlingen und Fallen möglich. Der Fischfang war, wie die Untersuchungen von W. Torke ergaben, wohl recht kompliziert. Die Jagd auf Wildpferde und Rentiere kann sowohl eine Ansitz- als auch Pirschjagd gewesen sein; eine Treibjagd ist wegen der geringen Anzahl der Tiere unwahrscheinlich. Im Vogelherd können aber die zusammengezogenen Begehungshorizonte die höhere Anzahl verursacht haben. Die Jagd auf Woll- *Abb. 190* nashörner und Mammute dürfte etwas komplizierter und gefährlicher gewesen sein, ebenfalls die auf Höhlenbären. Wie weit hier das Drücken auf eine vorbereitete Falle eine Rolle spielte, läßt sich kaum sagen. Die kleine Anzahl der gejagten Tiere, im Gegensatz zu Freilandstationen, macht eine im großen Stil ausgeübte Drückjagd unter Ausnutzung von günstigen Geländeteilen für Kessel oder ähnliches unwahrscheinlich, es sei denn, unterhalb der Höhlen im Tal waren ausgedehnte Lagerplätze vorhanden und die Höhlen nur diejenigen, in die man sich bei schlechtem Wetter zurückzog. Die Zerlegung der Jagdbeute folgte einem Muster, das weitgehend dem noch heute üblichen gleicht. Sie läßt sich aus der Auswahl der Knochen erschließen, die in die Fundstellen gelangt sind: zerschlagene Schädel und Unterkiefer, viele Zähne, Rippenbruchstücke, abgeschlagene Gelenkköpfe, Fragmente der Langknochenschäfte und, soweit vorhanden, vollständige Fußknochen. Schulterblätter sind ebenfalls repräsentiert. Das führt zu der Annahme, daß man die Beine, die Rippenstücke und die Schädel vom Jagdplatz mitnahm, die Wirbelsäulen und die Beckenknochen dagegen zurückließ. Eine gewisse Unsicherheit entsteht aber darin, daß gerade bestimmte Knochen wie Wirbel und Becken (?) leichter im Boden zersetzt oder womöglich sogar öfter von Raubtieren verschleppt werden.

Ob das Fleisch roh gegessen, gebraten oder gar gekocht wurde, ist nach den auf uns gekommenen Daten nicht feststellbar. Aber es kommen in einigen Fundstellen, so im Geißenklösterle und Vogelherd, durch Hitze gerötete Quarzgerölle vor, die vielleicht die Verwendung von Kochsteinen andeuten. Wie in der Völkerkunde häufig belegt und durch Experimente nachvollzogen ist, lassen sich in einem frischen Fell oder Magen direkt über dem Feuer Speisen kochen, wobei man mit erhitzten Steinen, die man in das Fell wirft, die Wirksamkeit noch steigern kann. Die Erfindung der Tongefäße war demnach vermutlich nur die Fortentwicklung dieser einfachen »Einwegtöpfe« die aber vielleicht nicht allzu häu-

Abb. 190. Jäger der jüngeren Altsteinzeit auf Mammutjagd. Sie versuchen an ein einzelnes, möglichst junges, unerfahrenes Tier heranzukommen und können sich notfalls schnell in die Felsen zurückziehen.

fig benutzt wurden, da zumindest die Häute wichtigeren Zwecken wie Kleidung und Behausung vorbehalten waren.

Die weitgehende Abhängigkeit der Menschen von den Tieren für ihre tägliche Nahrung führte dazu, daß sie sich in gewisser Weise dem Lebensrhythmus der Tiere anpassen mußten. Das scheint aber nicht so gewesen zu sein, wie man lange gedacht hat, daß man einfach den Tieren folgte. Denn das ist viel zu

schwierig, und wenn eine Rentier- oder Wildpferdherde aufgestört ist, kann sie so schnell entfliehen, daß der Mensch, auch wenn er nur Jagdwaffen trägt, sie nicht einholen kann. Heute stellen sich einige Forscher die Bewegung der Menschen so vor, daß sie aus Erfahrung wußten, wo zu welcher Jahreszeit am ehe- *Tab. 5*
sten bestimmte Tiere zu fangen, Vogeleier zu sammeln waren, und sie versuchten jedesmal, an dieser Stelle ihren Lebensunterhalt so lange zu decken, wie es

möglich war. Im Achtal kann man sich gut vorstellen, daß, bis Rentiere oder Mammute durchwechselten, Fische oder Vögel gefangen wurden. War die Jagd auf eine solche kleine Herde erfolgreich, so besaß man einen Nahrungsüberschuß für einige Tage oder Wochen. Falls man das Glück gehabt hatte, einen Mammut zu erlegen, konnte man vielleicht sogar einen kleinen Überschuß als Wintervorrat anlegen. Die Frage stellt sich nun, ob man von einer Höhle aus die verschiedensten Standorte im Tal mit Fischfang, an den Hängen mit den Steinböcken und Schneehasen und auf der Hochfläche mit den kleinen Herden sowie die Wechsel der durchziehenden Tiere nicht ein ganzes Jahr hindurch ausnutzen und somit relativ seßhaft bleiben konnte. Diese Art der Umweltausnutzung ist sicher nicht möglich gewesen. Je nach Art der vermuteten Pflanzenbedeckung kann man schätzen, daß im Umkreis von zehn Kilometern um eine Höhle zwischen zehn und zwanzig Rentiere, oder etwa fünfzehn Wildpferde oder gar nur sechs Mammute ein Jahr hindurch leben konnten. Wie wir bei den seltenen Behausungen sahen, dürften die zusammenlebenden Menschen aus kleinen Gruppen, vielleicht Familien, bestanden haben, was aber für den hier betrachteten Zeitraum im Gegensatz zum Magdalénien noch nicht ausreichend gesichert ist. Eine Familie von fünf Personen kann mit einem Rentier, das durchschnittlich mit 50 Kilogramm an verwertbarem Fleisch, Fett und Innereien anzusetzen ist, etwa eine Woche leben. Im Jahr würde diese Familie demnach 50 Rentiere oder entsprechend weniger Wildpferde oder Mammute brauchen, um den Bedarf an Kalorien, Eiweiß usw. zu decken. Mit dieser Zahl kann sie sich aber noch nicht kleiden, geschweige denn ein Zelt oder eine Hütte, zu denen Felle unabdingbar waren, bauen. Hier sind über 100 Rentiere pro Familie notwendig, um die Hosen, Jacken und vor allem Schuhwerk zu verfertigen. Letzteres war in dem steinigen Gebiet der Alb wohl einem besonders starken Verschleiß ausgesetzt. Wie man aus diesen Zahlen ersehen kann, waren schon daher die Menschen gezwungen, häufig ihren Standort zu wechseln. Dies traf vor allem dann zu, wenn sie ein gewisses Bewußtsein für die Tierhäufigkeit entwickelt hatten und eine Region nicht überjagten, d. h. alle Tiere, deren sie habhaft werden konnten, zu erbeuten suchten. Zum anderen darf man nicht vergessen, daß alle Fundstellen des Aurignacien und Gravettien im Gebiet der Schwäbischen Alb liegen, das in der letzten Eiszeit oberhalb der Baumgrenze war. Im Winter fanden die Tiere selbst in den geschützten Tälern nicht ausreichend Nahrung, und man muß sich fragen, ob in dieser Jahreszeit nicht, abgesehen von wenigen einzelnen Tieren, überhaupt ausreichende Ernährungsmöglichkeiten für das Tier und damit auch den Menschen gegeben waren. Hierzu muß man wohl vor allem die größere Schneedecke in der geschützten Talaue und an Hängen verantwortlich machen, die wenig Äsung bietet.

Im südwestdeutschen Raum verfügen wir über drei Quellen, um Angaben über die jahreszeitliche Belegung der Fundstellen zu gewinnen: die Tötungszeit der Rentiere und der Fische und das Sammeln von Eiern, das gegen Ende Frühjahr bis Anfang Sommer stattfinden konnte. Obwohl die vier Jahreszeiten während der letzten Eiszeit nicht die gleiche Dauer wie heute gehabt haben dürften, werden wir diese Einteilung benutzen, um eine bessere Gliederung zu erzielen.

Tabelle 5: Jahreszeitliche Belegung der Fundstellen

Fundstelle	Frühjahr	Sommer	Herbst	Winter	
Hohlenstein-Stadel IV		Rentier			
Vogelherd IV–V			Rentier		Aurignacien
Geißenklösterle II ab	Fische	Eier			
Brillenhöhle VI		Rentier			
Geißenklösterle I ab	Fische	Eier			Gravettien
Hohler Fels II	Eier	Rentier?			

Rentiere lassen sich gewöhnlich das ganze Jahr hindurch nach den Zahnaltern und den Geweihresten bestimmen. Das gleiche gilt für die Fische, deren Wachstum bei den Schuppen und Wirbeln jahreszeitlich festlegbar ist. Die Eier sammelte man zwar im Frühjahr auf, sie lassen sich aber nur wenige Monate konservieren. Ihre Anwesenheit heißt demnach nur, daß die Menschen in der Umgebung waren, da man sie sicher nicht über große Entfernungen transportierte. Nach diesen Angaben läßt sich sagen, daß die Albhöhlen zwischen Frühjahr und Herbst besiedelt wurden. Konkrete Hinweise auf eine Besiedlung im Winter fehlen, was auch für die größere Anzahl von vor allem magdalénienzeitlichen Fundstellen zutrifft. Allerdings müßten noch alle vorhandenen Tierreste, vor allem aus dem Vogelherd, mit dieser Fragestellung untersucht werden, bevor man die kalte Jahreszeit ganz ausscheiden kann. Insgesamt gesehen ergänzen diese Daten recht gut das vorher Gesagte. Man kann davon ausgehen, daß die Besiedlung der Albhöhlen in der warmen Jahreszeit stattfand. Nach den kleinen Fundmengen zu schließen, wurde diese vorwiegend von kleinen Menschengruppen getragen, vermutlich selten mehr als ein bis zwei Familien, wobei der fundreiche Vogelherd eine gewisse Ausnahme bilden könnte. Diese Menschen hinterließen dann auch im Verhältnis zu anderen Regionen, vor allem Frankreich, eine relativ kleine Fundmenge in den Höhlen, darunter auch nur geringe Anzahlen erbeuteter Tiere. Diese Zahlen sprechen für schwache, wenig intensive Begehungen durch vermutlich kleine Menschengruppen. Aber es gibt einige Forscher, die annehmen, daß sich Fundschichten durch den immer wiederholten Besuch von Menschen bilden, in denen jedesmal nur wenige Fundstücke zur Ablagerung kommen. Nur das Zusammensetzen zerbrochener und zerschlagener Stein- und Knochenartefakte und der Tierknochen kann Aufschluß geben über die Häufigkeit solcher Besuche. Interessant ist auf jeden Fall, daß die Begehungen immer während bestimmter Perioden erfolgten, vielleicht mehrere hundert Jahre hindurch. Dabei änderte sich der Stil der hinterlassenen Gegenstände praktisch nicht, auch meist nicht ihre Zusammensetzung, so daß man annehmen kann, daß die gleichen Tätigkeiten in den Höhlen ausgeübt wurden. Weshalb dann die Besiedlung nach einer gewissen Zeit abgebrochen wurde, ist unbekannt. Vielleicht hörte sie gar nicht auf, sondern es wurden keine neuen Erdschichten gebildet oder die Schichten mit den Funden abgeschwemmt. Auf jeden Fall hat man den Eindruck, daß bei zwei nebeneinander gelegenen Höhlen mit Aurignacienfundhorizonten beide in ihrem Inhalt keinesfalls identisch sind, wohl aber innerhalb der Abfolge einer Fundstelle. Das läßt die Vermutung zu, daß die meisten dieser Fundkomplexe nicht streng gleichzeitig sind, was bei den Tausenden von Jahren, die sie gedauert haben müssen, auch gar nicht weiter verwundert. Vielleicht wurde die Besiedlung auch aufgegeben, zumindest in dem bejagten Talabschnitt, weil im Laufe der Zeit noch eine gewisse Überbejagung oder eher eine zu starke Ausnutzung der Pflanzen, vor allem der kleinen Gehölze, stattgefunden hatte. Z. Z. läßt sich aber noch keine einigermaßen begründete Vermutung darüber anstellen, weshalb wir dieses eigenartige Besiedlungsmuster haben. Trotz der geringen Zahl an Jagdtieren scheint der Fleischanteil innerhalb eines zeitlich gut begrenzten Begehungshorizontes, wie im Geißenklösterle, Schicht IIb, der eine dünne Aschenlage bildete und durch einen Deckenversturz versiegelt wurde, recht hoch zu sein.

Bei den wenigen zur Verfügung stehenden Daten können wir nicht ganz sicher entscheiden, ob die angenommene Besiedlung der Albhöhlen in der warmen Jahreszeit wirklich Gültigkeit hat. Ein Vergleich mit dem Magdalénien aber, wo die gleichen Daten in mehr Fundstellen gewonnen wurden, zeigt, daß diese Feststellung allgemein zu sein scheint. Man kann daher die Vermutung äußern, daß die Schwäbische Alb überwiegend in der günstigeren Jahreszeit von kleinen Menschengruppen aufgesucht wurde, die in den Albtälern Fische und Vögel fingen, Großwildjagd ausübten und sich in der kalten Jahreszeit in andere Gebiete zurückzogen. Wo diese gelegen haben, ist unbekannt. Vielleicht sind es die schlecht bekannten Fundstellen der Filder, vielleicht sind es nicht bekannte Stellen in Oberschwaben, aber es ist auch möglich, daß die Entfernungen größer waren. Wie eingangs angedeutet wurde, ist die Herkunft des Aurignacien im dunkeln. Es gibt zwar gewisse Vorläufer von Werkzeugen, wie sich daraus aber das entwickelte, was wir als älteres Jungpaläolithikum bezeichnen, ist unbekannt. Es ist denkbar, daß diese Herausbildung früher jungaltsteinzeitlicher Werkzeugformen zuerst im Balkangebiet stattfand und von da aus bis nach Westen in den Atlantik und nach Osten bis an den Don vordrang. Oder aber sie kam sogar aus dem Vorderen Orient, wo es ebenfalls ähnliche Kulturerscheinungen gibt. Die schlechte Quellenlage, in unserem Raum hervorgerufen durch die immer nur abschnittsweise Erhaltung von Sedimenten in den Höhlen und Freilandstationen, läßt sie nur in günstigen Perioden unvermittelt, anscheinend bereits voll ausgebildet, auftauchen. Auf jeden Fall ist das Aurignacien in der Form, wie es aus den Albhöhlen vorliegt, eine regional begrenzte Sondereinheit, die sich nicht mit den weiter östlich in Niederösterreich gelegenen Fundstellen und denen im Rheinland und Belgien oder in Frankreich in Zusammenhang bringen läßt. Das verbindende Merkmal ist in der ähnlichen Herstellung von Stein- und Geweihwerkzeugen zu suchen. Die Unterschiede in den einzelnen Fundgebieten könnten mit den recht verschiedenen Jagdtieren erklärt werden: in Frankreich überwiegend Rentier, in Spanien Rothirsch, Wildpferd, Boviden und Reh, im Rheinland Rentier und Wildpferd, in den südwestdeutschen Höhlen dagegen auch Mammut und Wollnashorn. Im Gravettien sind die ebenfalls sichtbaren regionalen Unterschiede aber nicht durch Unterschiede in den Jagdfaunen zu erklären. Im südwestdeutschen Raum wird ebenfalls Mammut zusätzlich zu Rentier und Wildpferd gejagt. Die ähnlichen Inventare reichen bis nach Bayern, zu den Weinberghöhlen und solchen im Altmühltal. Wieder sind solche aus Niederösterreich oder dem Rheinland nicht direkt vergleichbar. Eine Verbindung zwischen Aurignacien und Gravettien scheint nicht zu bestehen, wahrscheinlich aber deshalb, weil kaum ein entwickeltes Aurignacien vorhanden ist und weil ein älteres Gravettien ebenfalls fehlt. Aber auch das Ende des Gravettien liegt im dunkeln. Das Magdalénien beginnt frühestens vor 17000 Radiokarbon-Jahren, wodurch bisher ein 3000 Jahre langer Abstand zu dem Gravettien besteht.

Die spärlichen Fundstellen und noch nicht ausreichenden Radiokarbondatierungen sind wahrscheinlich für diese Lücke in unserem Wissensstand verantwortlich zu machen. Nur die wenigen, anscheinend in günstigen Sedimentationsabschnitten belegten Technokomplexe bzw. deren Teile lassen sich demnach fassen. Wir wissen daher nicht, woher diese kamen oder ob sie sich auseinander entwickelten, eine Frage, die aber auch in anderen Gegenden mit einer weniger lückenhaften Abfolge, wie in Südwestfrankreich, nicht eindeutig gelöst werden kann.

Im großen und ganzen ist unsere Kenntnis der frühen *Homo-sapiens-sapiens*-Besiedlung in Südwestdeutschland wegen der kleinen Zahl an Fundstellen noch

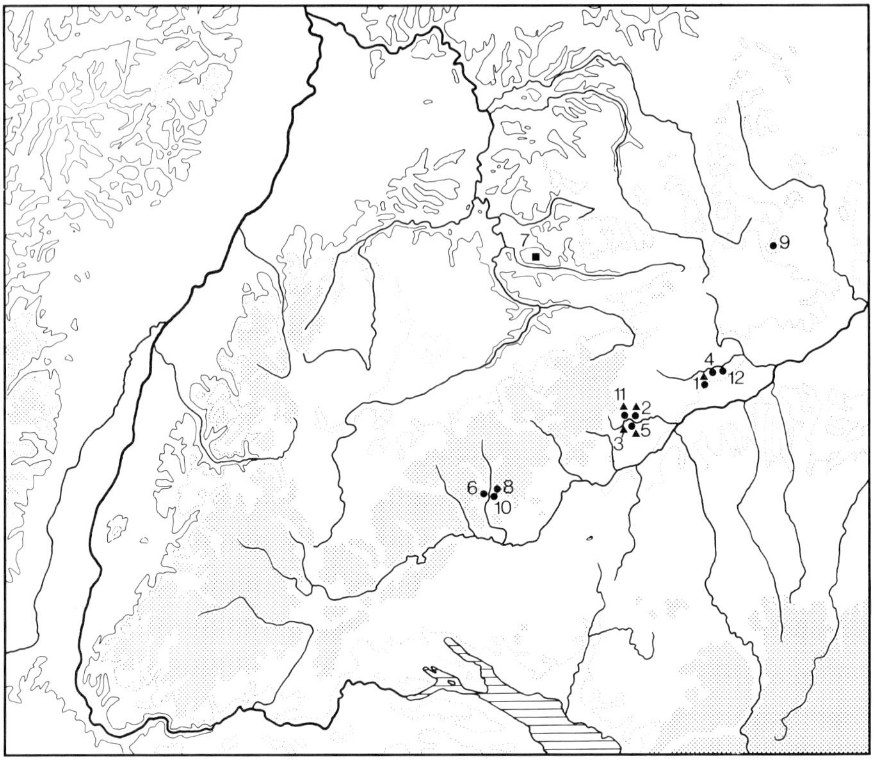

Abb. 191. Fundpunktkarte der Jüngeren Altsteinzeit. 1 Bocksteinhöhle/Bockstein-Törle, 2 Brillenhöhle, 3 Hohler Fels, 4 Hohlenstein-Stadel/Hohlenstein-Bärenhöhle, 5 Geißenklösterle, 6 Göpfelsteinhöhle, 7 Korb-Kleinheppach, 8 Nikolaushöhle, 9 Große Ofnet/Kleine Ofnet, 10 Schafstall, 11 Sirgenstein, 12 Vogelherd.

gering. Die technische Entwicklung läßt sich anhand der haltbaren Gegenstände nur lückenhaft nachvollziehen. Die geistige Kultur tritt uns nur selten entgegen, vor allem in den Zeichen und Kunstobjekten. Sie zeigen, daß es keine »primitiven Wilden« waren, sondern daß sie eine komplexe Vorstellungswelt besaßen. Gerade die Darstellung der Raubkatzen, als Symbol für Kraft und Stärke, neben den Tieren, die als Nahrung dienten, deutet auf ein mehrschichtiges religiöses System. Tier-Mensch-Wesen kam darin vielleicht die wichtigste Stellung zu. Im Gravettien ändert sich dieses System anscheinend insofern, als eindeutige Frauendarstellungen eine möglicherweise zentrale Rolle spielen, was sich bis in das Magdalénien fortzusetzen scheint.

Die Jäger der späten Eiszeit

von Gerd Albrecht

Die Erforschung des letzten großen Abschnittes des Jungpaläolithikums, welcher in Europa gemeinhin Magdalénien genannt wird, ist in Südwestdeutschland eng verknüpft, wenn nicht identisch mit der Entdeckung paläolithischer Kulturen in diesem Bereich überhaupt. Hierbei kommt dem Tübinger Pfarrer und Paläontologen Oskar Fraas besondere Bedeutung zu. Hatte er 1861 bei der Ausgrabung der Bärenhöhle im Lonetal die archäologischen Reste noch übersehen – wie er später angibt, war sein Augenmerk ausschließlich auf die Bärenknochen gerichtet –, so sind ihm die menschlichen Hinterlassenschaften bei der Ausgrabung der Schussenquelle 1866 das Wichtigste. Ein Zitat aus seinem am 4. Oktober 1866, kurz nach Beendigung der Ausgrabungsarbeiten gehaltenen Vortrag mag dies verdeutlichen: Man »gelangte . . . auf einen schwarzblauen zähen Schlamm, auf eine, wie sich bald herausstellte, sogenannte Kulturschicht, eine 4–5 Fuß mächtige Ablagerung, die aus zahlreichen Knochen und Knochenresten, Geweihstücken, bearbeiteten Beinwerkzeugen, Feuersteinmessern und anderen Spuren menschlicher Kultur bestand . . .«. Fraas ordnet die Funde ganz folgerichtig dem aus Frankreich schon bekannten »Rentiermenschen« zu, für den er aufgrund der Knochenüberreste ausgestorbener bzw. kälteliebender Tiere ein eiszeitliches Alter annimmt. Allerdings billigt er den Menschen von der Schussenquelle nicht die künstlerischen Fähigkeiten des französischen »Rentiermenschen« zu: »Die künstlerischen Anlagen des französischen Rentiermenschen gingen dem schwäbischen ab; damals schon war die französische Industrie der deutschen überlegen . . .«. Vielmehr sind die meisten Spuren »höchst einfacher Art, indem sie sich auf Stillung des Hungers durch Fleischmahlzeiten beziehen«. Wen nimmt es da wunder, wenn als einzig besonderes Stück eine Rengeweihschaufel aufgeführt wird mit Ritzungen, »aus denen einige Phantasie Rüben oder Rettiche und Zwiebeln konstruieren kann, das wären dann Zeichnungen etwa in der Langeweile einmal eingekritzt, die vollständig im Einklang stünden mit den gastronomischen Intentionen, die aus jedem Stück an der Schussenquelle hervorleuchten«. So weit der Schlußsatz seines Vortrages, den er bei der 24. Generalversammlung des Vereins für vaterländische Naturkunde in Heilbronn hielt. Diesem Vorwurf des künstlerischen Mangels wurde 1874 Abhilfe geschaffen durch die Grabungen Konrad Merks im Kesslerloch, Kanton Schaffhausen. Vor nunmehr genau 100 Jahren wurden die dort gefundenen Kunstwerke, um deren Echtheit es zuerst eine lange Diskussion gab, auf dem Kongreß der Deutschen Gesellschaft für Anthropologie, Ethnologie und Urgeschichte in Konstanz von führenden Fachvertretern den Rentierjägern der späten Eiszeit zugewiesen.

Eine weitere, nicht nur forschungsgeschichtlich wichtige Station ist Munzingen am Tuniberg südwestlich von Freiburg im Breisgau, schon seit 1870 bekannt. Von ihrem ersten maßgeblichen Ausgräber, dem Anthropologen *Alexander Ecker*, wurde sie 1875 als eine Jagdstation des Menschen der Rentierzeit im Löß beschrieben, wobei er sich allerdings keinen Lagerplatz im Freien vorstellte, sondern die Rentierjäger in selbstgegrabenen Lößhöhlen hausen ließ. Diese Annahme wurde erst durch die großflächigen Grabungen von *August Padtberg* zu Anfang des Ersten Weltkrieges widerlegt. Obwohl aber nun die beiden ersten im Südwesten Deutschlands ausgegrabenen Fundstellen Freilandstationen, d. h. Lager im offenen Gelände waren, beschränkte sich interessanterweise die weitere Forschung auf die Hinterlassenschaften der paläolithischen Jäger in Höhlen oder unter Felsüberhängen. Dies entsprach den Vorstellungen der Zeit, die sich den Urmenschen als Höhlenbewohner vorstellte, der gegenüber einer gefährlichen und feindlichen Umwelt nur im Verborgenen überleben konnte. Sehr deutlich kommt dies in den romanhaften Darstellungen der Urgeschichte, wie z. B. im »Rulaman« von David Friedrich Weinland (schon 1878 in Leipzig erschienen) zum Ausdruck.

Bei systematischem Absuchen der Höhlen im Hegau gelang es 1927 dem Oberpostrat a. D. *Eduard Peters*, die bislang umfangreichste Station des »Magdalénien« in Südwestdeutschland zu finden, den nach ihm benannten Petersfels. Kurz nach der Jahrhundertwende hatte übrigens der Begriff »Magdalénien« – so genannt nach der sehr reichen Fundstelle La Madeleine in der Dordogne im Südwesten Frankreichs – in Deutschland Eingang gefunden und war auf die Fundstellen Schussenquelle, Kesslerloch, Schweizersbild, Munzingen und verschiedene Höhlen im Talsystem der Ach und Schmiechen angewandt worden. Eine weitere Reihe von Höhlen- und Abristationen wurde seit den dreißiger Jahren von *Gustav Riek*, dem damaligen Leiter der urgeschichtlichen Abteilung des

Abb. 192. Der Petersfels bei Engen im Hegau während der Ausgrabungen 1976.
Abb. 193. Bearbeitung der Funde während der Grabung im Bauwagen.
Abb. 194. Beim Freilegen eines Fundhorizontes am Petersfels.
Abb. 195. Probenentnahme im Profil.

geologischen und später des prähistorischen Instituts der Universität Tübingen, untersucht und in den meisten aufgefundenen Kulturschichten dem Magdalénien zugeordnet (z. B. Vogelherd, Brillenhöhle, Bruckersberg, Burkhardtshöhle). Seit 1970 hat das selbständige Institut für Urgeschichte der Universität Tübingen diese Arbeiten intensiviert. Auf diese neueren Untersuchungen, die zum größten Teil das Magdalénien betreffen, soll später eingegangen werden.

Abb. 192–195

Zuvor seien einige allgemeine Charakteristika des Magdalénien erwähnt. Wie schon im vorangegangenen älteren Jungpaläolithikum, dem Aurignacien und Gravettien, sind die Menschen des Magdalénien Jäger und Sammler ohne festen Wohnsitz, die auf wechselnde Standorte bzw. Wanderungen des eiszeitlichen Groß- und Kleinwildes angewiesen sind. In diesem späten Abschnitt der letzten Eiszeit, der Würm-Vereisung, sind Großsäuger wie Höhlenbär, Mammut und wollhaariges Nashorn sehr selten oder bereits ausgestorben, und die Jagd ist auf Rentier und Wildpferd spezialisiert; daneben werden Eisfüchse – in der Hauptsache wohl zur Fellgewinnung –, Schneehasen, Vögel und Fische erbeutet. Seltener finden sich unter den »Schlachtabfällen« der Magdalénien-Leute Knochen von Wolf, Hirsch, Wisent oder Elch. In die Zeit des Magdalénien fällt das Aufziehen von jungen Wölfen im Lager und mit ziemlicher Sicherheit die Benutzung ihrer domestizierten Nachkommen, der ersten »Haus«-Hunde, zur Jagd und vielleicht als Transportmittel bei den zahlreichen Wanderungen. Daß dieser erste vierbeinige Begleiter des Menschen mindestens in Notzeiten auch als Nahrung dienen mußte, ist eigentlich nach allen völkerkundlichen Parallelen sicher. Neben der protein- und fettreichen Fleischkost darf der Anteil an Sammelfrüchten, Vogeleiern, Insekten etc. nicht unterschätzt werden. Die große Menge vitaminreicher pflanzlicher Kost, die sicher verzehrt wurde, läßt sich bisher zwar nicht durch Grabungsbefunde belegen: Moosbeeren, Krähenbeeren, Sanddorn, Sauerampfer, Löwenzahn und verschiedene Pilze z. B. standen aber in ausreichendem Maße zur Verfügung.

Die Kleidung der späteiszeitlichen Menschen bestand nicht aus einem übergeworfenen Fell, sondern war mehrteilig und setzte sich ähnlich wie im vorangegangenen Älteren Jungpaläolithikum z. B. aus Hose, Jacke, Kopf- und Fußbedeckung zusammen, wie zahlreiche Knöpfe und Besatzstücke aus verschiedenem Material, die erhalten geblieben sind, zeigen. An fast allen Fundstellen finden sich Reste von Rötel, einem roten mineralischen Farbstoff, der zum Färben des Körpers oder der Kleidung und vielleicht bestimmter Werkzeuge verwendet wurde; mit Fett vermengt eignet sich Rötel auch zum Haltbarmachen von Fell bzw. Leder, und diese profanen Anwendungen sind viel wahrscheinlicher als der früher vermutete »kultische« Gebrauch der roten Farbe.

Das Areal, das den Menschengruppen im Ausgang der letzten Eiszeit in Südwestdeutschland zur Verfügung stand, darf keineswegs mit einer Kältewüste unter arktischen Bedingungen verwechselt werden. Selbst während der jeweils einige Jahrhunderte langen Kälteeinbrüche lag die Jahresdurchschnittstemperatur höchstens 6° Celsius unter den heutigen Werten und in den Erwärmungsphasen Bölling und Alleröd herrschten oft nahezu heutige Temperaturen. Während der maximalen Würm-Vereisung vor 17000 bis 20000 Jahren hatte jedoch das lange anhaltende kalt-trockene Klima zu einem Rückzug vieler Pflanzen, besonders der Bäume, geführt, so daß es im Bölling trotz der sehr günstigen Temperaturen nur zögernd zu einer Wiederbewaldung kommen konnte. Außerdem verhinderten starke Frostschuttauflagen an den Hängen die Bildung einer durchgehenden Vegetationsdecke. Für die Zeit zwischen den letzten beiden würmzeitlichen Erwärmungsphasen, für die Ältere Dryas- oder Tundrenzeit, in welche eine größere Anzahl der Magdalénien-Besiedlungen in Südwestdeutschland fällt, sei hier ein Landschaftsbild für diese Region entworfen: Der Alpengletscher ist trotz der Klimaverschlechterung nicht mehr über die Alpentäler hinausgekommen. Im Alpenvorland bis zur Schwäbischen Alb befinden sich weite Flächen – ältere Grund- und Endmoränen und breite aufsedimentierte Abflußrinnen und Becken –, auf denen ein kräftiger Bewuchs von Gräsern und Kräutern, dazwischen ein lockerer Bestand von Kiefern, Wacholder, Weiden und Baumbirken zu finden ist. Selten kommen an sehr günstigen Standorten sogar Ahorn, Eiche und Hasel vor. Dieses Gebiet ist ein idealer Lebensraum für eine bedeutende Anzahl von Tieren, für die Jäger des Magdalénien sind die großen Rentier- und Wildpferdpopulationen darunter die wichtigsten. Die Aufgänge zur Alb sind steil, die Hänge voller Kalkschutt mit recht wenig Vegetation: Vereinzelt finden sich Sanddorn, Wacholder und Zwergbirke in geschützten Lagen; in den tief eingeschnittenen Albtälern auch Kiefer und Weide. Die Hochfläche ist im Winter nur mit einer dünnen, ständig verwehten Schneeauflage bedeckt, so daß die spärliche Vegetationsdecke aus Kräutern und niedrigem Strauchbewuchs für die Tiere erreichbar bleibt, während die Täler durch den Schnee auch für den Menschen nur schlecht passierbar sind. Im Sommer sind die windgeschützten Lagen besonders bei Sonneneinstrahlung voller Stechmücken, einer Plage, der Mensch und Tier nur an den kühleren, nach Norden orientierten und somit im Schatten liegenden Hängen oder an windexponierten Stellen wie der offenen Hochfläche entgehen können.

Bedingt durch das kontinentale Klima ist mit mehr Sonnentagen und häufigeren Hochdrucklagen als heute zu rechnen, die Niederschläge sind geringer und fallen meist im Sommer. Der Boden ist nicht das ganze Jahr über gefroren, wie es für die Kältezonen der Erde als Dauerfrostboden üblich ist, sondern taut im April und Mai auf und bildet dabei an vegetationsarmen Stellen einen tiefgründigen Morast. Im Hochschwarzwald und in hochgelegenen Gebieten der Schwäbischen Alb aber bleibt der Schnee bis weit in den Sommer hinein liegen. Die Albbäche führen jahreszeitlich sehr unterschiedlich viel Wasser, was eine häufige Veränderung ihres Laufes bewirkt, beherbergen aber eine große Menge an Salmoniden (besonders Äschen) und an ihren Unterläufen in ruhigen Gewässerbereichen z. B. kapitale Hechte und eine Anzahl von Weißfischen. Die Lebensverhältnisse der Magdalénien-Leute stellen sich somit nicht gar zu »eiszeitlich« – im populären Verständnis – dar. Es blieb dank der nicht ungünstigen Bedingungen für die Menschen damals ein Freiraum für Entwicklungen, die ihren Niederschlag beispielsweise in den künstlerischen Äußerungen finden.

Der Urgeschichtsforscher ist bei der Definition eines geschichtlichen Komplexes, wie ihn das Magdalénien darstellt, mehr oder weniger auf die Beschreibung und Typologisierung der erhalten gebliebenen Artefakte angewiesen; daher wird heute gerne für diese Einheiten der Begriff »Technokomplex« gebraucht. In der Steinbearbeitungstechnik sind die verschiedenen jungpaläolithischen Technokomplexe nicht so sehr deutlich voneinander verschieden, die großen Typklassen sind allen Industrien geläufig und unterscheiden sich mehr durch ihre Ausprägung und prozentuale Häufigkeit zum Gesamtinventar: Im Magda-
Abb. 196–199 lénien ist das besonders deutlich bei dem großen Anteil an »Rückenmessern« und »Bohrern« in verschiedenster Gestaltung, was in der Urgeschichtsforschung schon zur Benennung von »Bohrer-Rückenmesser-Gruppen« geführt hat.

Neben diesen beiden Werkzeugklassen sind unter den Silexgeräten des Magda-
Abb. 200–203 lénien noch die »Kratzer« und »Stichel« besonders häufig. Diese Bezeichnungen sind aber alt und leicht irreführend. Nur die »Bohrer« entsprechen in ihrer Funktion voll und ganz dem für sie verwendeten Begriff, es gibt sie in verschie-

Feuersteinwerkzeuge aus dem Magdalénien vom Petersfels bei Engen im Hegau. ▶
Abb. 196. Rückenmesser: Sie waren hintereinandergestellt als schneidende Kanten in Geräte der späten Eiszeit eingesetzt. Länge ca. 1 bis 3 cm.
Abb. 197. Durch Retuschierung gestumpfter »Rücken«, mit dem das Rückenmesser in einem Holz- oder Geweihschaft befestigt wurde.
Abb. 198. Bohrer zum Herstellen von Anhängern und Nadeln. Länge ca. 2,5 bis 4,5 cm.
Abb. 199. Bohrerspitze.
Abb. 200. Stichel zur Bearbeitung von Knochen, Geweih oder Holz. An das mittlere Stück sind die charakteristischen, beim Herstellen der Stichelschneide entstehenden »Stichelabfälle« angefügt. Länge ca. 3 bis 4 cm.
Abb. 201. Stichelschneide, das Arbeitsende eines Stichels.
Abb. 202. Kratzer zur Fell- oder Holzbearbeitung. Länge ca. 3 bis 7 cm.
Abb. 203. Kratzerkappe, das Arbeitsende eines Kratzers.

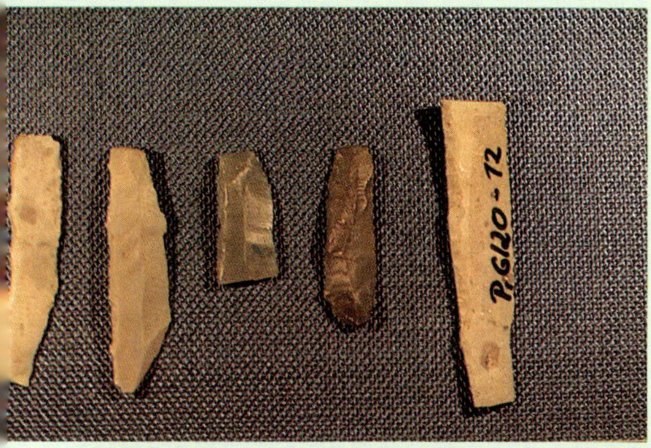

197

198

199

200

201

202

203

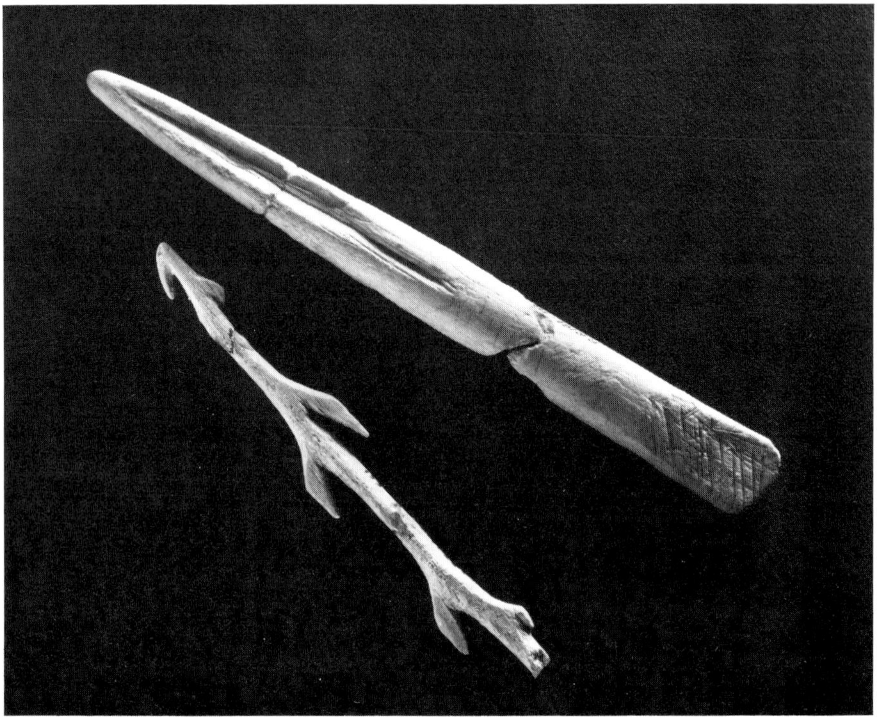

Abb. 204. Harpune vom Hohlen Fels bei Schelklingen und Geschoßspitze mit Blutrille und abgeschrägter Basis, die zur besseren Befestigung am Schaft dient, vom Petersfels bei Engen im Hegau. Länge 10 und 13,5 cm.

denster Ausprägung: mal mit langgestreckter kräftiger Bohrerspitze zum Durchbohren dickerer Materialstücke wie z. B. von Anhängern aus fossilem Holz, mal mit kurzer feiner Spitze zum Herstellen von Nadelöhren. Sie waren sicher in einem Griff aus Holz oder Horn eingesetzt, um ihre Handhabung zu erleichtern. Unter »Rückenmessern« versteht man kleine Feuersteinlamellen mit einer durch Retuschen gestumpften Kante. Mehrere von ihnen bildeten, hintereinander aufgereiht und an der stumpfen Kante durch Baumpech mit einem *Abb. 205* Holzschaft verbunden, die lange und scharfe Schneide der wohl häufigsten Jagdwaffe der magdalénienzeitlichen Jäger. Wie diese Waffe aber im ganzen ausgesehen hat, entzieht sich bisher unserer Kenntnis, man kann aber z. B. an eine Wurflanze denken. Die »Kratzer« sind gekennzeichnet durch ein bogenförmig verstumpftes (retuschiertes) Ende an einem länglichen Silexabschlag. Ihre Funktion ist nicht ganz sicher, immerhin läßt sich Fell gut mit ihnen bear-

Abb. 205. Fertigstellung einer Waffenspitze mit Schneidekante aus Feuersteinrechtecken. Im Hintergrund transportables Wohnzelt.

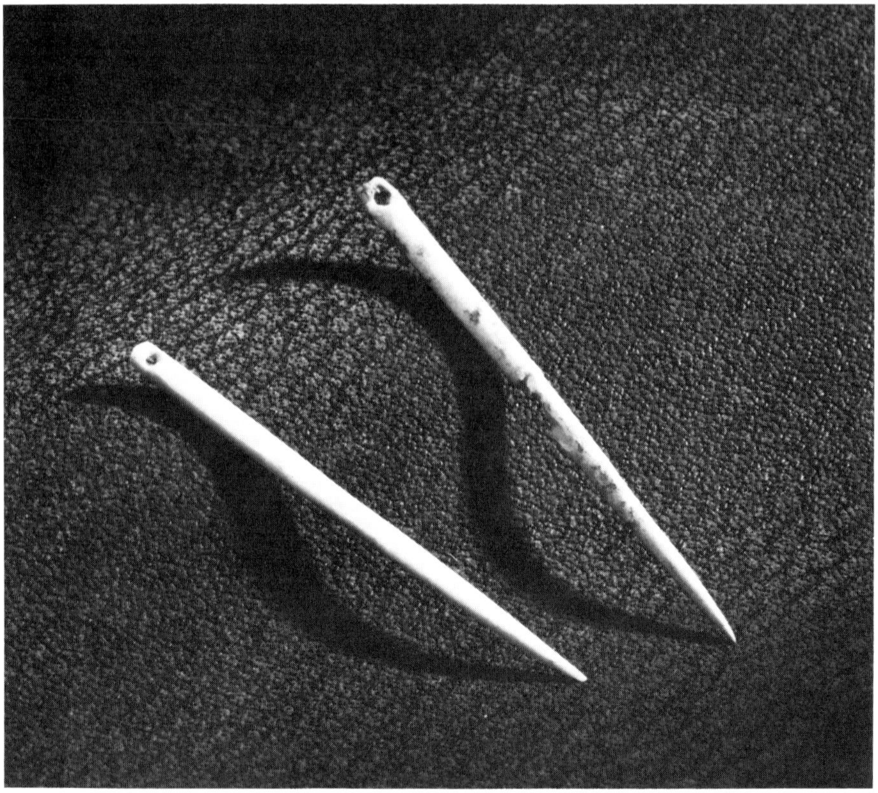

Abb. 206. Nähnadeln aus Knochen von der Gnirshöhle bei Engen im Hegau. Länge ca. 3,5 cm.

beiten (Haare oder Fett entfernen), und es gibt Stücke, die eine entsprechende Gebrauchspolitur an der Arbeitskante besitzen. Auch die Bearbeitung von Holz scheint nachgewiesen. Als »Stichel« werden Silexabschläge mit einem schraubenzieherähnlich herausgearbeiteten Ende bezeichnet, das quer zur Hauptebene des Stückes liegt. Früher wurde angenommen, daß es sich bei ihnen um spezialisierte Werkzeuge für die Geweihbearbeitung handelt; es hat sich aber bei Versuchen gezeigt, daß z. B. das Anlegen von tiefen parallelen Längsrillen auf einem Geweihschaft, das zum Herauslösen eines Geweihspanes notwendig ist, besser mit einem einfachen scharfkantigen Feuersteinabschlag zu erreichen ist. Die Erforschung von Gebrauchsspuren an Feuersteingeräten unter dem Mikroskop hat aber erst begonnen, und es werden wohl bald genauere Aussagen möglich sein. Anders als bei den Steingeräten haben die Jäger des Magdalénien bei den Geweih- und Knochengeräten einige wichtige Neuerungen eingeführt. Harpunen,

Abb. 206, 207

Lochstäbe, Speerschleudern, feine Nadeln mit Öhr, verzierte halbrunde Geweihstäbe und Waffenspitzen mit abgeschrägter Basis sind Gebrauchsgegenstände, die in dieser Form und Anzahl nicht in den vorangehenden jungpaläolithischen Komplexen vorhanden sind. Dazu kommt eine bedeutende Kleinkunst mit realistischen Ritzzeichnungen von Tieren und stilisierten Plastiken und Gravierungen von Frauengestalten, »Venus«-Darstellungen genannt.

Welche große Rolle die bildliche Darstellung im Leben der Magdalénien-Leute spielte, geht aus den Befunden der Ausgrabung Gönnersdorf bei Neuwied im Rheintal hervor: Dort wurden viele hunderte Schieferplatten gefunden, in die vielfältige Darstellungen von Tieren und den schon erwähnten weiblichen Figuren eingeritzt waren. Der Boden der dort entdeckten zeltähnlichen Behausungen war regelrecht gepflastert mit diesen »Kunstwerken» – und das ist kein Einzelfall: In der schon lange bekannten Magdalénien-Station Andernach führten 1979 Nachgrabungen zu ähnlichen Befunden. Solche Häufungen von Bildwerken sind – waren sie jemals vorhanden – in den großen Stationen Südwestdeutschlands nicht mehr erhalten. Es fehlte hier ein so günstiges Material wie

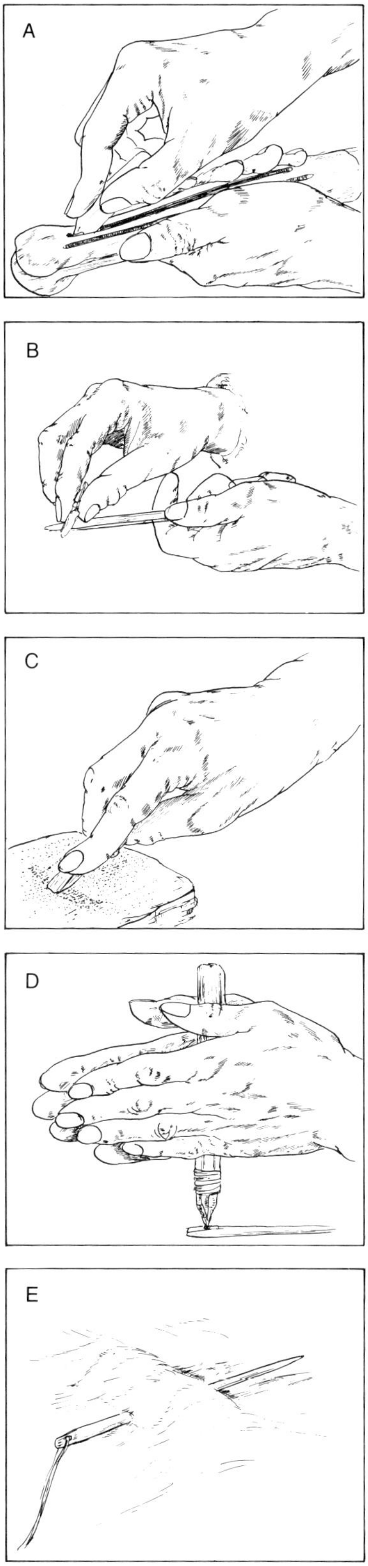

Abb. 207. So entsteht eine Nähnadel: Mit einem Stein schneidet man in einen Knochen zwei parallele Rillen und löst einen schmalen Span (A). Er wird mit einem Steinmesser (B) zurechtgeschnitzt und auf einem Stein geglättet (C). In das abgeflachte breitere Ende bohrt man von beiden Seiten das Öhr (D). Als Faden dienten wohl zerfaserte Sehnen (E).

der Schiefer vom Nordrand des Neuwieder Beckens. Die Oberflächen der Kalk- und Sandsteinplatten, die in den süddeutschen Fundstellen Pflasterungen bilden, sind zum größten Teil angewittert und somit eventuelle eiszeitliche Farb- oder Ritzspuren zerstört; daher beschränken sich die Gravierungen hier meist auf Ritzzeichnungen in Geweih, Knochen und fossilem Holz (Gagat).

Allerdings sind in unserem Raum »größere Stationen« – das sind Fundstellen mit sehr reichhaltigem, eine intensive Besiedlung dokumentierenden Fundmaterial aus den einzelnen archäologischen Einheiten – recht selten: Läßt man die beiden benachbarten Stationen Kesslerloch und Schweizersbild im Kanton Schaffhausen außer acht, bleiben in Südwestdeutschland nur der Petersfels im Hegau, die Schussenquelle in Oberschwaben, mit Einschränkung Munzingen am Tuniberg im Breisgau und das Felsställe bei Mühlen/Ehingen übrig. Besonders aus dem Petersfels ist aber ein an Umfang und Ausprägung so reiches Material geborgen worden, daß nur eine kleine Auswahl erwähnt werden kann.

Betrachten wir zunächst die anthropomorphen Darstellungen, die sich in unserem Raum auf die oben erwähnten stark stilisierten Frauenfiguren beschränken. Gravierungen sind bisher in unserem Raum nur in einem einzelnen Fragment aus dem Felsställe und in größerer Anzahl vom Petersfels bekannt: In der Nachbarschaft ist im Hohlenstein bei Nördlingen eine Kalksteinplatte mit mehreren »Venus«-Darstellungen gefunden worden. Bei dem Fragment vom Felsställe handelt es sich ebenfalls um eine Ritzung auf ein Kalkplättchen, bis auf den Oberkörper ist die Figur erhalten. Vom Petersfels gibt es vier Fragmente, ein deutliches auf ein Plättchen aus Gagat geritzt, hier sind Gesäß und Oberschenkelpartie erhalten, und ein etwas unsicheres auf einem kleinen Stückchen Häma-
Abb. 210 tit, einem Eisenoxyd, das als roter Farbstoff große Bedeutung hatte und zwei Fragmente von einer Frauenreihe. Sehr gut erhalten ist die Darstellung von vier weiblichen Figuren auf einem Unterschenkelknochen vom Rentier, jede Figur nur mit wenigen Strichen markiert, die am ehesten den vielen »Venus«-Ritzungen von Gönnersdorf entspricht. Die Besonderheit bei diesem Stück vom Petersfels ist, daß nach dem Einritzen und rot Einfärben das Bild wieder abgeschabt worden ist – zum Glück nicht so gründlich, daß es nicht mehr zu erkennen gewesen wäre.

Abb. 208, 209 Plastisch geschnitzte »Venusfiguren« sind am Petersfels – im Vergleich zu Gönnersdorf – sehr häufig. Das bevorzugte Material, Gagat, ist leichter zu bearbeiten als zum Beispiel Elfenbein oder Geweih, wie es in Gönnersdorf benutzt worden ist. Einige der Statuetten sind durchbohrt und dienten wohl als Anhänger. Andere – wie das im alten Ausgrabungsschutt gefundene, nur einen Zentimeter große Figürchen – sind vielleicht wie ein Amulett in einem Behältnis getragen worden oder waren auf Kleidungsstücke appliziert. Außer diesen Gagat-

Abb. 208. »Venus«, stilisierte Frauendarstellung aus Gagat vom Petersfels bei Engen im Hegau. Länge ca. 3 cm.
Abb. 209. »Venus«, stilisierte Frauenfigur als Anhänger aus Gagat. Petersfels bei Engen im Hegau. Länge ca. 4 cm.

Abb. 210. Reihe tanzender (?) Frauen. Stark stilisierte Ritzungen auf einem Knochenstückchen vom Petersfels bei Engen im Hegau. Länge der beiden Bruchstücke je 3,5 cm.

figuren gibt es ein Halbfabrikat und ein fast fertiges Stück aus Geweih sowie ein etwas fragliches Fragment aus Knochen. In Südwestdeutschland ist außer den Funden vom Petersfels nur noch ein unsicheres Gagat-Fragment aus dem Hohlen Felsen bei Schelklingen gefunden worden, bei dem es sich aber auch um eine einfache dreieckige Anhängerform handeln kann; aus dem Schaffhausener Raum in der Schweiz ist von der Rosenhalde im Freudenthal erst kürzlich ein wahrscheinlich anthropomorphes Fragment aus Gagat beschrieben worden.
Andere, in unserem Raum spärlich vorhandene Plastiken, die nicht Frauenfiguren darstellen, sind in ihrer Deutung nicht sicher: Da gibt es einmal aus der Kleinen Scheuer bei Heubach ein kugeliges, reich mit Schnitten verziertes Gebilde von fast vier Zentimeter Länge aus Gagat, das eine in der Natur etwas kleinere Larve der Dasselfliege darstellen soll. Diese Larve entwickelt sich im Rachen der Rentiere als Parasit. Zum anderen vom Petersfels – ebenfalls aus Gagat – ein einfach gegliederter winziger Körper (max. Länge 1,6 cm), der von einer Wanze bis zu einem Käfer alles mögliche sein kann und auch schon als die Abbildung eines »Kleinohrigels« bezeichnet wurde. Trotz dieser interpretatorischen Unsicherheiten muß eine gute Naturbeobachtung des eiszeitlichen Menschen vorausgesetzt werden: Aus dem schon erwähnten Kesslerloch bei Schaffhausen stammt nicht nur der plastisch wiedergegebene Kopf eines Moschusochsen oder Bovinen als Fragment einer ursprünglich kompletten Figur; auch die Nachbildung eines versteinerten Seeigelgehäuses (?) und verschiedene Imitationen von fossilen Seeigelstacheln aus Gagat und Elfenbein wurden hier gefunden. In Südwestdeutschland sind es wieder die Funde vom Petersfels, die Parallelen liefern. In großer Menge sind hier aus dünnen Röhrenknochen fossile Dentaliengehäuse nachgemacht, außerdem ist ein kleines fossiles Schneckenhaus sehr fein in Gagat nachgeschnitzt. Die Fossilien selbst wurden reichlich von den Menschen des Magdalénien gesammelt, am Petersfels zählen die zum Auffädeln durchbohrten Schnecken- und Muschelschalen nach Hunderten; kleine pyritisierte Ammoniten, Haifischzähne und Mineralien wurden ins Lager gebracht und z. T. wohl als Schmuck auf der Kleidung getragen.
Die häufige Verzierung von Geweihgeräten, sei es durch Ornamente oder realistische Tierdarstellungen, ist eine augenfällige Besonderheit des Magdalénien, die vor über 100 Jahren ja auch zur Anerkennung des eiszeitlichen Alters dieses »Technokomplexes« geführt hat. Aus der Schussenquelle hatte schon Oskar Fraas 1866 ein Stück Rengeweih geborgen mit der Einritzung von vielleicht »Rüben oder Rettiche(n) und Zwiebeln« (siehe oben): Man muß gestehen, in der Deutung ist man bisher kaum weitergekommen. Vom Petersfels dagegen liegen Stücke vor, die die hohe Kunstfertigkeit der Magdalénien-Leute zeigen. Neben dem gut bekannten Lochstab aus Geweih – es handelt sich bei diesem Werkzeug

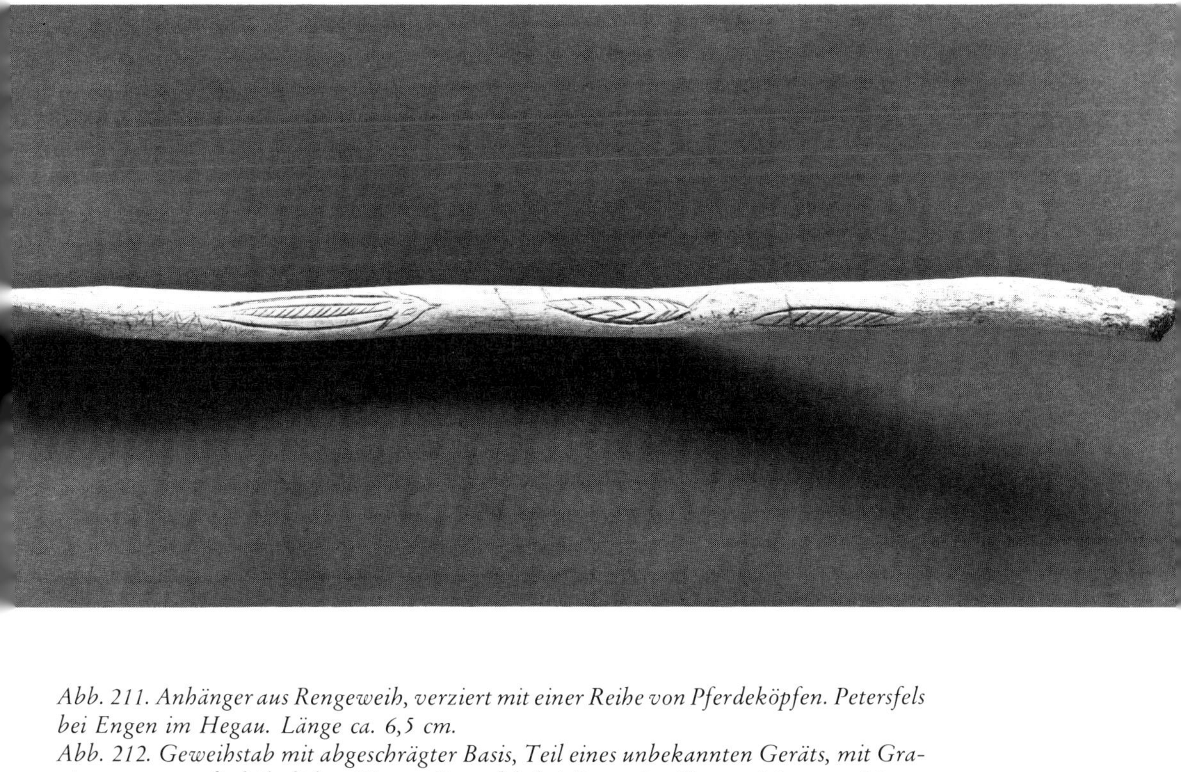

Abb. 211. Anhänger aus Rengeweih, verziert mit einer Reihe von Pferdeköpfen. Petersfels bei Engen im Hegau. Länge ca. 6,5 cm.
Abb. 212. Geweihstab mit abgeschrägter Basis, Teil eines unbekannten Geräts, mit Gravierungen von fischähnlichen Wesen. Petersfels bei Engen im Hegau. Länge ca. 34 cm.

wahrscheinlich um einen Schaftstrecker, d. h. um ein Widerlager zum Geradebiegen von Pfeil- oder Lanzenschäften – mit der Darstellung zweier Rentiere gibt es u. a. Fisch- oder Amphibiendarstellungen, Pferde- und weitere Rentiergravierungen und dazu eine Vielzahl von geometrischen Verzierungen. Eine großartige Beherrschung des Ausgangsmaterials, einem Rengeweihspan, zeigt die Darstellung einer Reihe Pferdeköpfe hintereinander. Das Stück war durchbohrt und ist sicher als Anhänger benutzt worden. Solche Objekte sind aus dem Magdalénien Frankreichs genau so bekannt wie z. B. die Abbildung einer zweireihigen Harpune auf einem Knochenstück vom Petersfels. Hier ist ein Gebrauchsgegenstand, der wichtigste Teil einer Jagdwaffe, dargestellt: Der Zweck ist nicht offenkundig. War es nur eine Vorzeichnung für ein späteres Werkstück oder steckt eine komplizierte Bedeutung dahinter?

Bestimmte Figuren oder Formen waren für die Menschen der späten Eiszeit von besonderer Bedeutung – das zeigten die immer wiederkehrenden gleichen Darstellungen der Frauenfiguren ebenso wie die Imitationen von bestimmten Formen in der Natur, den Fossilien. Ein kleines Beispiel vom Petersfels sei hier noch angeführt. Da gibt es etwa zentimetergroße Besatzstücke oder »Knöpfe« von nicht ganz einfacher geometrischer Form, die in gleicher Weise aus Gagat, Sandstein und Knochen, also sehr verschiedenen Materialien, hergestellt worden sind.

Wenden wir uns nun den Fundstellen des Magdalénien selbst zu und versuchen eine Gliederung in geographischer und chronologischer Sicht. Betrachten wir den süddeutschen Raum, so fällt auf, daß bis auf den Napoleonskopf und die Kleine Scheuer am Nordrand und der Burkhardtshöhle im zentralen Teil alle Höhlen- und Abrifundstellen am Südostrand der Albhochfläche liegen und damit der Donau und ihren Nebenflüssen folgen. Die wenigen Freilandplätze und damit die wenigen umfangreichen Stationen markieren weitere Fundpunkte außerhalb dieses Bereiches – Ausnahme ist der Petersfels. Hier haben sich durch günstige Umstände im Tal vor der Höhle spätpleistozäne Sedimente und mit ihnen Siedlungsspuren erhalten, was für die Mehrzahl der engen Täler längs der Donau nicht angenommen werden kann. Das heißt, die geringe Anzahl der Freilandfundstellen hat ihre Ursache u. a. in den Erhaltungsbedingungen für Sedimente; daneben ist es schwieriger und mehr dem Zufall überlassen, im offenen Gelände z. B. in einer Baugrube auf eine Fundstelle zu stoßen. Es kann deshalb über die Siedlungsweise der Magdalénien-Jäger keineswegs gesagt werden, sie sei zum großen Teil an Höhlen und Felsüberhänge gebunden, vielmehr fehlen uns bisher die Daten für eine gültige Aussage.

Der Versuch einer chronologischen Gliederung des Magdalénien in Südwestdeutschland scheitert bisher auch weitgehend an den verfügbaren Informatio-

Abb. 213. Perlen und »Knöpfe« aus Gagat vom Petersfels bei Engen im Hegau. Durchmesser ca. 1 cm, Länge 2–3 cm.

Abb. 214. Jagdangriff auf eine talaufwärts ziehende Renherde vor dem Petersfels.

nen. Zwar ist man sich aufgrund der Funde ziemlich einig, daß die Fundstelle Munzingen am Tuniberg – soweit es sich um das Inventar der alten Grabung von *A. Padtberg* handelt – eine ältere Fazies darstellt als die übrigen Stationen; ein vorläufiges ^{14}C-Datum (s. Beitrag Hahn) unterstützt diese Annahme. Doch es fehlten Stationen mit einer genügend aufgegliederten Stratigraphie, um eine detaillierte und abgesicherte Folge verschiedener Magdalénienhorizonte aufzustellen. Ebenso sind bei den meist alten Grabungen die naturwissenschaftlichen Angaben ungenügend oder überhaupt nicht erhältlich.

Dies waren und sind neben den denkmalpflegerischen Belangen – Grabungen zum Schutz und zur Rettung archäologischer Fundstellen – die Gründe für eine umfangreiche Grabungstätigkeit des Instituts für Urgeschichte der Universität Tübingen in den letzten Jahren. Das Ziel ist, die Lebensgewohnheiten und die Umwelt der späteiszeitlichen Jäger in unserem Raum zu rekonstruieren und die Funde in einen chronologischen Rahmen einzuordnen. Die Feldarbeiten werden in engem Kontakt zur Bodendenkmalpflege durchgeführt und z. T. von der Deutschen Forschungsgemeinschaft unterstützt.

Im östlichen Teil der Alb wurden in der Umgebung des Eselsburger Tales, eines Abschnitts des Brenztals bei Herbrechtingen, einige kleine Felsüberhänge untersucht. Besonders die Spitzbubenhöhle lieferte ein Magdalénien-Inventar, das die ein- oder zweimalige Anwesenheit einer kleinen Jägergruppe belegt und durch Radiokarbonbestimmungen und die kaltzeitliche Fauna gut datiert erscheint. Im Abri Felsställe bei Mühlen, Stadt Ehingen, wurden neben einem Silexschlagplatz des Magdalénien auch Teile des eiszeitlichen Wohnbereiches entdeckt. Die Arbeiten im Hohlen Felsen bei Schelklingen versprechen neue Kenntnisse über die Abfolge des mittleren und späten Jungpaläolithikums. Eine reiche Gliederung des Profils erlaubt besonders Aussagen zu dem Übergang vom Gravettien zum Magdalénien und liefert einen wichtigen Ansatz für die Unterteilung des Magdalénien in Südwestdeutschland.

Eine gute Möglichkeit zur Gliederung des Magdalénien bietet auch der schon oft erwähnte Petersfels. In den Nachgrabungen seit 1974 wurden bisher über zehn voneinander trennbare Begehhorizonte festgestellt. Im Talgrund sind auf einer Fläche von mindestens 100 qm diese Schichten, die alle ins Magdalénien gehören, ungestört in situ erhalten und zeigen vielfältige Siedlungsspuren. Am Petersfels, einem zentralen Jagdplatz des Magdalénien, wurden nahezu alle uns bekannten Tätigkeiten des eiszeitlichen Lebens ausgeübt, wie z. B. die Überreste der Werkzeugproduktion, die verlorengegangenen Nadeln, Knöpfe, Anhänger und verzierten Objekte, die zerschlagenen Tierknochen und nicht zuletzt die verschiedenen Konzentrationen von Steinplatten und bestimmten Werkzeugen zeigen.

Abb. 215. Familie am Ende der Eiszeit in der Gnirshöhle.

Beim Petersfels läßt sich auch die Frage beantworten, warum diese Stelle ein so wichtiger Siedlungsplatz war. An der engen Stelle des Tales, das einen der Aufgänge von der klimatisch begünstigten Ebene zwischen Engen und dem Bodensee zur Albhochfläche bildet, konnten Rentier- und Wildpferdherden bei ihren jahreszeitlich bedingten Wanderungen leicht zusammengetrieben und erlegt *Abb. 214*

Abb. 216. Fundpunktkarte zum Magdalénien und Spätpaläolithikum. 1 Annakapellenhöhle. 2 Bärenhöhle; Hohlenstein-Stadel; Hohlenstein-Kleine Scheuer. 3 Bildstockfels. 4 Bockstein-Höhle; Bockstein-Törle. 5 Brillenhöhle. 6 Bärenfelsgrotte; Klingenfels-Abri; Spitalhöhle (Höhlen am Bruckersberg). 7 Burkhardtshöhle. 8 Buttentalhöhle; 9 Burghöhle Dietfurt. 10 Felsställe. 11 Fohlenhaus. 12 Ganserfels. 13 Gnirshöhle. 14 Helga-Abri. 15 Hohlefels bei Hütten. 16 Hohler Fels. 17 Kleine Scheuer im Rosenstein. 18 Malerfels; Spitzbubenhöhle. 19 Munzingen. 20 Napoleonskopf. 21 Probstfels. 22 Petersfels. 23 Schmiechenfels. 24 Schussenquelle. 25 Sirgenstein; Sirgenstein Südwand. 26 Steinberg. 27 Teufelsküchen. 28 Vogelherd. 29 Zigeunerfels. In der Schweiz: 30 Kesslerloch. 31 Rosenhalde. 32 Schweizersbild.

werden. Zumindest für die Rentierjagd läßt sich auch der Zeitpunkt bestimmen: Jeweils im September/Oktober wurde am Petersfels eine große Anzahl der Tiere getötet und z. T. wohl für die schlechte Jahreszeit konserviert – dies konnte z. B. durch Lufttrocknen oder Räuchern geschehen. Sehr viel eingeschränkter waren die Aktivitäten in der dem Petersfels gegenüberliegenden Gnirshöhle, in der am Ende eines etwa 15 Meter langen, engen Ganges ein ovaler Raum von drei bis vier Meter Durchmesser einer sehr kleinen Gruppe von Menschen des Magdalénien bei ungünstiger Witterung, vielleicht im Winter, Schutz bot. Leider war die Fundschicht durch Raubgrabungen größtenteils zerstört. Die erhaltenen Reste zeigen aber deutlich, daß an dieser Stelle keine Steinwerkzeuge hergestellt wurden, dafür aber Knochennadeln und Geweihgeräte. Geräte aus Silex wurden fertig ausgearbeitet in die Höhle hereingebracht. *Abb. 215*

Ein sehr deutlicher Unterschied zwischen den Bewohnern der Gnirshöhle und den Leuten vom Petersfels konnte schon herausgearbeitet werden: Während die fossilen Schmuckschnecken und -muscheln, die am Petersfels bisher gefunden wurden, aus dem Mainzer und Steinheimer Becken, aus der Molasse der näheren Umgebung und vom Mittelmeer stammen, sind die Stücke aus der Gnirshöhle ausschließlich im Pariser Becken und an der Atlantikküste aufgesammelt: Beweis für die ganz unterschiedlichen räumlichen Beziehungen der beiden bisher aus dem Brudertal bekannten Magdalénien-Gruppen.

Der Bereich um den Petersfels bietet mit den nahegelegenen Stationen im Kanton Schaffhausen sehr viele Ansatzpunkte für eine erfolgversprechende Weiterarbeit. Dies trifft ebenso für den Raum Blaubeuren–Ehingen zu.

Zusammenfassend ist zu sagen: Während dem Magdalénien, in einer Zeit, die die Vegetationsstufen Älteste Dryas, Bölling und Ältere Dryas umfaßt (siehe Beitrag Frenzel) und nach ^{14}C-Datierung von etwa 15000 bis 11500 Jahren vor heute andauerte, lebten wie in weiten Räumen West- und Mitteleuropas auch in Südwestdeutschland Rentier- und Wildpferdjäger, die zahlreiche Spuren unterschiedlicher Aktivitäten hinterließen. Neben kleinen Jagdlagern, die in engen Seitentälern häufig unter Felsüberhängen und in Höhlen angelegt und nur von wenigen Menschen kurzfristig und zu bestimmten Jahreszeiten besucht wurden, finden sich auch einige umfangreiche eiszeitliche Siedlungen, die zwar kaum in der Form eines festen Wohnplatzes übers Jahr hinweg Bestand hatten, aber doch von größeren Gruppen über eine längere Zeit hinweg bewohnt waren. Hier blieb den Magdalénien-Menschen auch viel Zeit für Äußerungen aus dem geistigen Bereich wie die nicht funktional bedingte Verzierung von Geräten und andere künstlerische Darstellungen. *Abb. 216*

Die Erforschung des Paläolithikums und damit des Magdalénien in Südwestdeutschland hat erst begonnen – die jetzt schon umfangreiche Menge von Informationen wird sich vervielfachen und in naher Zukunft eine große Anzahl neuer Aussagen für diese späteiszeitliche Gruppe zulassen.

Das Spätpaläolithikum

von Gerd Albrecht

Das Ende der Letzten Eiszeit ist ganz allgemein gekennzeichnet durch eine Klimaverbesserung und eine umfangreiche Wiederbewaldung in unseren Zonen. Man könnte auf den ersten Blick annehmen, daß somit günstigere Voraussetzungen für den Menschen bestanden hätten und mit einer Zunahme der Bevölkerung Süddeutschlands am Übergang zur Nacheiszeit rechnen. Das Gegenteil ist der Fall: Aus den letzten anderthalbtausend Jahren des Pleistozäns, also der Zeit zwischen 11 500 und 10 000 vor heute, gibt es nur ganz wenige Belege für die Anwesenheit des späteiszeitlichen Menschen in unserem Raum, vergleicht man es mit den zahlreichen Spuren des vorangehenden Magdalénien. Dies ist, wenn überhaupt, nur z. T. den sich ändernden Erhaltungsbedingungen für Bodenfunde zuzuschreiben: Sicher ist mit einer stärkeren Zerstörung z. B. der Knochen durch Humussäuren bei zunehmendem Bewuchs zu rechnen.
Es kann aber eine Hauptursache für diesen mutmaßlichen Rückgang der Bevölkerung genannt werden, nämlich die starken und recht schnell sich vollziehenden Änderungen der Umweltbedingungen in dieser Zeit. Mit Beginn des Alleröd vor 11 500 Jahren breiten sich in unerhörtem Tempo die schon vorher bestehenden vereinzelten Kieferbestände zu weiten, zusammenhängenden Waldgebieten aus. Dadurch werden im Verlauf von wenigen hundert Jahren die den großen Rentier- und Wildpferdpopulationen im Magdalénien noch zur Verfügung stehenden Nahrungsquellen stark eingeschränkt: Die allen Huftieren zur Verfügung stehende Biomasse vermindert sich auf etwa ein Drittel, außerdem stehen die eiszeitlichen Tierarten unter zunehmendem Konkurrenzdruck von neu einwandernden Arten wie Reh und Elch oder der vegetationsbedingten
Abb. 217 schnellen Zunahme von Rothirsch. Die Folge ist ein Abwandern der älteren Elemente in nordöstliche Richtung. Restpopulationen vom Wildpferd haben sich bis zum Beginn der Neuzeit in den Steppen Südwestrußlands und der Äußeren Mongolei halten können, eine letzte Herde soll selbst heute noch in der unzugänglichen und fast vegetationslosen alpinen Bergwelt des nordwestlichen Altai überleben. Das Überleben der Rentiere in den subarktischen Zonen Eurasiens ist bekannt.

Abb. 217. Spätpaläolithischer Hirschjäger beginnt, den getöteten Hirsch aufzubrechen.

Es muß angenommen werden, daß ein großer Teil der auf Rentier- und Pferdejagd spezialisierten Gruppen des Magdalénien diesen Tieren in eine neue Heimat folgte. Die mit der Bewaldung einhergehende Zunahme von Sammelfrüchten z. B. kann kein entsprechendes Argument für ein Hierbleiben gewesen sein. Nimmt man einmal an, daß zu einer Zeit annähernd 1000 Menschen während

Abb. 218. Der Zigeunerfels im Schmeiental bei Sigmaringen.

dem Magdalénien in Südwestdeutschland lebten, so bleiben nach den einschneidenden Umweltänderungen vielleicht noch 100 bis 200 übrig.
Alle Fundstellen der ausgehenden Altsteinzeit, des Spätpaläolithikums in Baden-Württemberg, die mit einiger Sicherheit eingeordnet werden können, liegen

im Bereich der mittleren Schwäbischen Alb. Es ist der Zigeunerfels im Schmeiental bei Sigmaringen, der die bisher besten Belege für das Spätpaläolithikum ergeben hat. Durch *Wolfgang Taute*, damals am Institut für Urgeschichte der Universität Tübingen, wurden hier Anfang der siebziger Jahre elf Fundhorizonte vom Ende der letzten Eiszeit und dem Beginn des Holozäns ergraben. Zwei dieser Horizonte – Schicht E und D – können als spätpaläolithisch bezeichnet werden. Eine weitere Fundzone F wird in die Zeit des Übergangs vom Magdalénien zum Spätpaläolithikum gestellt. *Abb. 218*

Die Beschreibung dieser Fundkomplexe macht deutlich, daß nicht ein einziges neuartiges Feuersteingerät im Spätpaläolithikum auftaucht und die Unterschiede zum Magdalénien mehr in Größe und Ausformung der Werkzeuge liegen. Schon in Schicht F vom Zigeunerfels, die noch in die Ältere Dryas gehört – sie enthält als Jagdbeute des Menschen neben Steinbock und Rothirsch Knochen vom Wildpferd –, fallen gedrungene Kratzer auf, wie sie in dieser Ausprägung sonst im Magdalénien Süddeutschlands nicht vorkommen. Außerdem gibt es eine im Verhältnis zum sonstigen Inventar größere Anzahl von Rückenspitzen, die aber für das Magdalénien nicht ungewöhnlich sind: Besonders in den kleineren Jagdlagern, zu denen die Hinterlassenschaften vom Zigeunerfels F ebenfalls gehören, treten sie hier und da auf und deuten vielleicht auf bestimmte Jagdaktivitäten hin. Fragmente von Rengeweihharpunen, ein Lochstab-Bruchstück, Reste der Nadelherstellung, die Stichel und Bohrer zeigen für die Schicht F das im Magdalénien gewohnte Bild.

Ähnliche Verhältnisse wie im Zigeunerfels F zeigen zwei Fundhorizonte aus der Kleinen Scheuer im Hohlen Stein (Lonetal). Jagdbeute des Menschen ist Rentier und Wildpferd, das Steingerätinventar enthält aber kurze Kratzer und kleine, im übrigen Magdalénien nicht vorkommende endretuschierte Spitzen. Nun reichen diese Unterschiede nicht aus, diese Horizonte vom Magdalénien abzutrennen und einen eigenen »Technokomplex« aufzustellen: Es ist dies vielmehr – das sei jetzt schon gesagt – eine, vielleicht die erste der Übergangsstufen des spätpleistozänen Jungpaläolithikums zum frühholozänen Mesolithikum, der Mittelsteinzeit.

Mit den Fundhorizonten E und D vom Zigeunerfels befinden wir uns im Zeithorizont Alleröd – Jüngere Dryas. Eigentlich ist in unserem Raum nördlich der Alpen mit dem Beginn des Alleröd vor etwa 11 500 Jahren die Eiszeit zu Ende, und das Holozän, der bisher letzte Abschnitt der Erdneuzeit, hat begonnen. Man hat sich jedoch geeinigt, das Holozän erst mit dem Präboreal vor 10 000 Jahren beginnen zu lassen (s. Beitrag Frenzel). Das tatsächliche Ende der Eiszeit, sei es bestimmt durch mittlere Jahrestemperaturen oder Vegetationstypen, ist aber je nach der nördlichen Breite eines Ortes früher oder später anzusetzen.

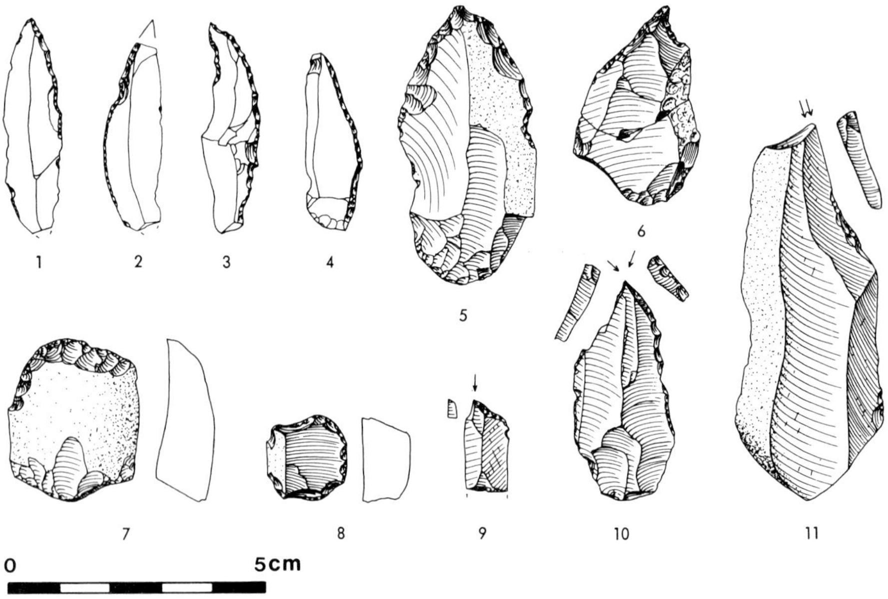

Abb. 219. Feuersteinwerkzeuge aus dem Zigeunerfels. Schicht F: 1–4 Rückenspitzen, 5 und 6 Bohrer, 7 und 8 kurze Kratzer, 9–11 Stichel (nach W. Taute).

In der Umgebung des Zigeunerfels ist die Wiederbewaldung durch ausgedehnte Kiefernbestände weitgehend abgeschlossen, das Landschaftsbild hat sich ziemlich grundlegend geändert. Die Menschen, die uns die Funde der Schichten E und D hinterlassen haben, sind noch dieselben wie im Magdalénien; auf die einträgliche Herdenjagd von Rentier und Wildpferd müssen sie aber verzichten und neue Jagdmöglichkeiten finden. Reh, Hirsch und Elch sind die Jagdbeute, die nur in Einzeljagd erlegt werden kann. Ihre Steingeräte, die in der Konzeption alle noch aus dem Magdalénien stammen, müssen den veränderten Umweltbedingungen angepaßt werden. Dies geschieht nur allmählich: In der Fundzone E, zu Beginn des Alleröd, ist kaum ein Unterschied festzustellen zu dem noch »eiszeitlichen« Lager der Fundzone F am selben Platz. In Zigeunerfels D allerdings, zeitlich an das Ende des Alleröd oder den Beginn der Jüngeren Dryas zu stellen, erscheinen die magdalénienzeitlichen Werkzeuge stark verändert. Fast alle Stücke sind sehr klein, »mikrolithisiert«, die Kratzer bis zu einem Quadratzentimeter Größe zusammengeschrumpft und die Stichel nur noch ein paar Zentimeter lang. Unter dem sonst jungpaläolithischen Typenschatz fehlen die Bohrer. Die Rückenspitzen sind z. T. schon richtige kleine mittelsteinzeitliche Dreiecke (s. Beitrag Hahn) und leiten direkt in die ebenfalls am Zigeunerfels gefundene früheste mittelsteinzeitliche Industrie der Schicht C über, die aber sonst durch das Fehlen von Sticheln und Kratzern ein ganz eigenes Gepräge hat. Es ist hier mit der Schicht D eine späte Übergangsstufe zum Mesolithikum erreicht, die auch an weitgehendes »mittelsteinzeitliches« Verhalten der Menschen denken läßt.

Die Verkleinerung der Steinwerkzeuge kann natürlich auch eine Folge eingeschränkter Rohmaterialquellen sein. Selbst an steilen Hängen und Schutthalden hat sich eine geschlossene Pflanzendecke entwickelt, die das Finden von Aufschlüssen mit Feuersteinknollen erschwert. Daß es aber auch aktivitätsbedingte Gründe sein müssen, zeigt eine Station des Spätpaläolithikums außerhalb unseres Arbeitsgebietes. In Urbar, im Neuwieder Becken bei Koblenz gelegen, sind die Steinwerkzeuge ebenfalls durchgehend sehr klein. Dort hat sich die Rohmaterialsituation – es ist ausschließlich feiner Quarzit und Kieselschiefer aus den nahen Rheinterrassen für die Herstellung der Werkzeuge verwendet worden – seit dem Magdalénien nicht geändert. In Urbar kann übrigens ein spezialisiertes Jagdverhalten für das Spätpaläolithikum nachgewiesen werden, eines von mehreren möglichen: Alle dort gefundenen Knochen stammen vom Rothirsch.

Weitere Fundstellen aus der Zeit Alleröd – Jüngere Dryas sind die dem Zigeunerfels benachbarte Burghöhle Dietfurt und das Helga-Abri (Schicht IIF7) neben dem Hohlen Felsen bei Schelklingen im Achtal. Es sind jedoch nur wenig umfangreiche Inventare, die gefunden wurden. Es ist anzunehmen, daß nur Überreste kleinerer Lager, die nur kurzfristig von wenigen Menschen aufgesucht wurden, bisher nachgewiesen sind. Ob es daneben wie im Magdalénien große Stationen gegeben hat, ist fraglich. Die zentralen Lager des Magdalénien sind verbunden mit der Herdenjagd auf Rentier und Wildpferd, die ja ab dem Alleröd in Südwestdeutschland fehlen. *Abb. 220*

Der Begriff »Spätpaläolithikum« ist kaum die Bezeichnung für einen eigenständigen archäologischen Komplex, wie er z. B. als Aurignacien oder als Magdalénien vorliegt. Vielmehr ist es die Benennung für die Übergangszeit zwischen Jungpaläolithikum und Mesolithikum: Schon unter nacheiszeitlichen Umweltbedingungen sind die Menschen der späten Altsteinzeit noch ganz den technischen Traditionen des Magdalénien verbunden, ohne sie z. B. für die veränderten Jagdbedingungen recht nutzen zu können – es zeigt sich eine Verarmung der Steingerätinventare, die aber sicher durch eine neue Holztechnik ersetzt wird, die für den Archäologen nur unter günstigsten Voraussetzungen nachweisbar

Abb. 220. Burgberg bei Dietfurt im Donautal bei Sigmaringen, durch den sich die Burghöhle Dietfurt zieht.

ist. Prinzipielle Änderungen der Steingerätformen treten erst in der Mittelsteinzeit auf, so daß aufgrund der generellen, hauptsächlich »lithische« Merkmale berücksichtigenden Gliederung die Zuordnung zum Jungpaläolithikum gerechtfertigt erscheint.

Die frühe Mittelsteinzeit

von Joachim Hahn

Vor etwa 10000 Jahren ging die Letzte Eiszeit endgültig zu Ende. Damit änderte sich die Umwelt grundlegend. Der Wald hatte nun endgültig die offenen krautreichen Grasflächen verdrängt und mit ihnen den Lebensraum der großen Wildpferd-, Rentier- und Mammutherden. Er bestand aus Kiefern, war mit Birken und dann mit der Hasel und anderen Laubbäumen durchsetzt. Die Fauna enthielt wieder mehr Waldtiere: Rothirsch, Reh und Wildschwein, die meist in kleineren Gruppen lebten. In dieser Umwelt führten die mittelsteinzeitlichen Menschen das Leben der Jäger und Sammler der Eiszeit weiter. Wahrscheinlich waren aber das Sammeln von Pflanzen und der Fischfang wichtiger als vorher. Der Übergang von der Altsteinzeit zu der mittleren Steinzeit oder Mesolithikum verlief genauso fließend wie die klimatische Änderung. Die lange Übergangszeit erleichterte somit die Anpassung. Im Grunde war sie aber nichts anderes als die dauernd notwendige Einstellung auf neue, andere Nahrungsquellen, die die in stetigem Wandel begriffene Natur anbot.
Eine solche Anpassung an eine Warmzeit hat es in der Menschheitsgeschichte mehrfach gegeben. Die technische Ausstattung hatte sich aber dauernd verfeinert und hilft uns, diesen Zeitabschnitt selbst in den unscheinbaren Steinwerkzeugen zu erkennen. Diese stehen am Ende einer langen Entwicklung, in der die Steinwerkzeuge immer kleiner wurden. Sie sind so klein, daß man sich fragte, wie man sie herstellen und benutzen konnte. Einzeln oder zu mehreren hintereinandergesetzt, bildeten geometrische Formen – Spitzen, Dreiecke, Vierecke und Kreissegmente – auf einem Holzschaft befestigt zusammengesetzte Werkzeuge und Waffen. Diese geometrischen Mikrolithen (Griechisch= kleine Steine) sind allerdings keine Erfindung der Mittelsteinzeit. Die ersten treten bereits vor 24000 Jahren im Pavlovien Mährens auf und finden sich vereinzelt auch im Magdalénien vor 12000 Jahren. In Nordafrika wird Jahrtausende früher als bei uns die zur serienmäßigen kontrollierten Herstellung von Mikrolithen wichtige Technik verwendet. Wie und warum sie in unserem Raum erst mit der nacheis-

zeitlichen Klimaveränderung auftauchen, ist unsicher. Es könnte sein, daß mit dem Wald neue Bevölkerungsgruppen nach Südwestdeutschland vorrückten. Aber wegen der gleichmäßigen technischen Entwicklung hat man eher den Eindruck, daß vorhandene Gruppen die Neuerungen langsam übernahmen oder entwickelten.

Forschungsgeschichte

Obwohl Südwestdeutschland sehr reich an mittelsteinzeitlichen Fundstellen ist, wurde man auch hier erst spät auf diesen Zeitabschnitt aufmerksam. Das lag wohl auch daran, daß die oft winzigen Werkzeuge nicht so leicht gefunden wurden. Man übersah sie vor allem in den als Grabungsstellen bevorzugten Höhlen, wo sie im Lehm verborgen schwer zu erkennen sind. In Sandgebieten konnten sie jedoch leichter entdeckt werden, und so hatte man bereits 1879 das Tardenoisien als nacheiszeitliche Kulturstufe mit geometrischen Mikrolithen definiert. In den Höhlen Frankreichs kamen bemalte Kiesel und Harpunen aus Hirschgeweih zusammen mit einer nacheiszeitlichen Waldfauna zum Vorschein, die man als Azilien bezeichnete. Als dazu in einer spanischen Höhle – Valle – geometrische Mikrolithen in einem Azilien auftauchten, prägte *R. R. Schmidt* 1912 den Begriff Azilien-Tardenoisien auch in Südwestdeutschland für die Funde der Kopfbestattungen in der Großen Ofnethöhle.
Eine verstärkte Forschungs- und Sammeltätigkeit ging erst wieder gegen Ende der zwanziger Jahre von *H. Reinerth* und *E. Peters* aus. *Reinerth* suchte im Bodensee- und Federseegebiet zahlreiche mittelsteinzeitliche Oberflächenfundplätze ab und führte einige Ausgrabungen durch. *Peters* dagegen setzte mit Erfolg seine Ausgrabungen in Höhlen und unter Felsschutzdächern der Schwäbischen Alb fort. Zugleich begann er, sich um die reichen Oberflächenfundplätze im Stuttgarter Raum zu kümmern. Bei seinen Ausgrabungen war er der erste, der das abgegrabene Material mit Wasser durchschlämmte, wodurch selbst die kleinsten Funde geborgen werden konnten. In der folgenden Epoche gab es vor allem Grabungen von *A. Kley* in der Schuntershöhle bei Ehingen, wo er in den Jahren 1938/1939 zwei mittelsteinzeitliche Fundhorizonte ausgraben konnte, von denen der untere dreigeteilt war. Diese Abfolge wurde von *A. H. Nuber* nun mit der mittelsteinzeitlichen Abfolge aus dem Fränkischen Jura in Verbindung gebracht. Die als Tardenoisien bezeichnete Mittelsteinzeit wurde in drei Abschnitte eingeteilt, in denen nicht nur die Formen, sondern auch die Qualität der Steinwerkzeuge eine Rolle spielten. Dem Abschnitt mit kleinen Werkzeugen folgte ein Abschnitt mit groben. *Nuber* nahm einen Zusammenstoß zwischen

der Gruppe mit den kleinen und der mit den groben Geräten an; denn ein großer Teil der Kopfbestattungen in der Großen Ofnet weist an dem Schädel eine Verletzung durch ein Beil auf, das aus Stein bestanden haben soll.
Interessant ist nun, daß erst die Forschungen, die *W. Taute* ab 1963 aufnahm, für das Spätmesolithikum sogar geschliffene Steinbeile nachweisen konnten, nicht aber im Frühmesolithikum. In der Falkensteinhöhle, der Schuntershöhle, dem Lautereck und dem Fohlenhaus führte er Nachgrabungen durch, bei denen es um die Klärung der Schichtenfolgen und um die Gewinnung von Proben für naturwissenschaftliche Untersuchungen ging. Aber erst die Entdeckung neuer Fundplätze brachte die notwendigen Erkenntnisse für eine zeitliche und kulturelle Gliederung. Diese neuen Stationen sind bei Beuron das Jägerhaus und bei Sigmaringen der Zigeunerfels und die Burghöhle in Dietfurt. Die gut gegliederte Schichtenfolge im Jägerhaus ergab die Möglichkeit, die frühe südwestdeutsche Mittelsteinzeit in drei Stufen zu gliedern. Einem internationalen Brauch folgend, bezeichnete sie *Taute* als Beuronien A, B und C. Die zum ersten Mal in großem Umfang eingesetzten naturwissenschaftlichen Disziplinen wie Pollenanalyse, Bestimmung der Holzkohlen, Groß- und Kleinsäuger, Schnecken, Vögel und Fische sowie radiometrische Messungen erlaubten die Verknüpfung der Kulturstufen mit der nacheiszeitlichen Klimaentwicklung. Im Zigeunerfels tauchte unter einem Frühmesolithikum vom Typ Beuronien A eine noch ältere mittelsteinzeitliche Fundschicht auf, die *Taute* als Frühestmesolithikum bezeichnete.
Auf *Tautes* Arbeiten aufbauend, versuchte *M. Jochim* 1976 die Lebensumstände der mittelsteinzeitlichen Menschen zu erschließen. Aus dem Bestand an Wildtieren und -pflanzen und ihren jahreszeitlichen Veränderungen ergeben sich die Möglichkeiten ihrer Ausnutzung durch den Menschen. Danach war die Landschaftsnutzung wie folgt: Im Sommer bevorzugte man den Federsee zum Fischfang, nördlich anschließend waren die Winterlager im Oberen Donautal. Im Frühjahr und Herbst hielt man sich in den Nebentälern der Donau zum Fischen und Pflanzensammeln auf.
Die Vielzahl der archäologischen Daten erlaubt, ein umfassendes Bild des mittelsteinzeitlichen Lebens zu skizzieren. Es stützt sich aber hauptsächlich auf die Ausgrabungsbefunde in den Höhlen und Felsschutzdächern und kann den zahllosen Freilandstationen mit Tausenden von aufgesammelten mittelsteinzeitlichen Werkzeugen kaum gerecht werden. Ohne die Mitwirkung hunderter Sammler wären wir nicht in der Lage, die Verbreitung der Mittelsteinzeit in Südwestdeutschland zu überblicken. Denn nur anhand der an der Oberfläche aufgelesenen Funde können wir Aussagen über die Funddichte, Besiedlungsweise, Auswahl des Siedlungsplatzes und des Rohmaterials machen. Viele andere Fragen z.

B. nach Zeit, Wirtschaftsweise und Gruppengröße bleiben hier unbeantwortet, zumindest so lange, als nicht mit Glück eine ungestörte und nicht durch die Pflugtätigkeit zerstörte Fundstelle erfaßt werden kann.

Die Fundstellen

Mittelsteinzeitliche Fundstücke kennen wir sowohl von Höhlen und Felsschutzdächern (Abris) als auch aus dem Freiland. Da viele größere Höhlen be-

Abb. 221. Das Helga-Abri und das Achtal in der frühen Mittelsteinzeit.

reits zugefüllt waren, suchte man in der Nacheiszeit mehr die kleineren Halbhöhlen und Felsschutzdächer auf. Diese haben oft mächtige, mehrfach gegliederte Ablagerungen ergeben. Sie bezeugen, daß die Menschen des Mesolithikums die gleiche Stelle immer wieder aufsuchten. Dabei wird oft eine gewisse Zeit vergangen sein, da sich von den Wänden abgebrochener Gesteinsschutt oder Hangtuff über den Ascheschichten ansammeln konnte. Nach Norden gerichtete Fundstellen sind selten, meist sind die Öffnungen nach Westen oder nach Südosten gerichtet. Sie liegen oft tief im Tal bis in eine mittlere Höhe von 25 m über der Talsohle. Unter Berücksichtigung des sicher vorhandenen Auewaldes bedeutet das, daß man auf die Sicht in die Umgebung weniger Wert legte.

Abb. 222. Mit Steinen umgrenzte Feuerstelle aus dem Helga-Abri bei Schelklingen. Frühe Mittelsteinzeit.

Das erklärt sich auch durch den anderen Wildbestand und die veränderten Jagdmethoden.
Wie man unter den Felsschutzdächern wohnte, ist noch unklar. In der Spitalhöhle bei Giengen an der Brenz konnten die Ausgrabungen von *G. Riek* 1957 eine mittelsteinzeitliche Steinsetzung aus drei großen Blöcken feststellen. Hinter den Blöcken zur Wand hin war der Boden eingetieft. Diese Mulde war nicht größer als fünf Quadratmeter und mit einer 30 cm starken Brandschicht verfüllt. Auch in vielen anderen Fundstellen der mittleren Alb wie dem Jägerhaus, der *Abb. 221* Falkensteinhöhle, in Inzigkofen und dem Helga-Abri fanden sich solche räumlich begrenzten Brandschichten. Im Helga-Abri hatte man eine Mulde von etwa zwei Meter Durchmesser eingetieft, die mit verbranntem Kalkschutt, Holzkoh- *Abb. 222* lesplittern, Steinwerkzeugen und wenigen Knochen verfüllt war. Aus Steinen hatte man kreisförmig eine Feuerstelle aufgebaut. An der Basis der Mulde war eine rechteckige Vertiefung von einem Meter Größe. Diese Mulde ist mindestens viermal aufgesucht worden, wahrscheinlich von denselben Bewohnern, wobei der zeitliche Abstand unbekannt ist. Es wird angenommen, daß hier wie

in der Spitalhöhle der Rest einer Behausung, etwa einer an die Felswand angelehnten Hütte oder eines einfachen Windschirmes vorliegt. Es konnten aber keine Spuren des Oberbaus, etwa Pfostenlöcher, festgestellt werden. Die geringe Größe der Mulden bzw. Brandschichten deutet an, daß nur kleine Gruppen, vielleicht Familien, die Fundstelle für eine kurze Zeit aufsuchten. Im Helga-Abri scheinen mehrere solcher Mulden an der Felswand aufgereiht bestanden zu haben.

Die Lage der Freilandfundstellen ist sehr markant und folgt einem einheitlichen Muster. Meist liegen sie auf Kuppen und vorspringenden Geländeerhebungen in der Nähe von Quellen und kleinen Bächen. Diese Lage, oft auf sandigem Untergrund, ergibt einen gut entwässerten, trockenen Siedlungsplatz. Ob an diesen Stellen eine gute Aussicht bestand, ist auch bei lichtem Wald nicht sicher. Man muß sich fragen, ob diese Bevorzugung von Kuppen und Höhenzungen an der dort intensiveren Forschung liegt. Doch die Äcker sind gewöhnlich auch im Talauenbereich abgesucht worden, und man hätte Fundstellen in den tieferen Hangbereichen finden müssen. Die Flußaue selbst ist wegen der Hochwasser wohl kein Ort, an dem man infolge der Abschwemmung Siedlungsplätze entdecken kann, oder sie sind zu sehr vom Auelehm überdeckt. Aber auch in den Seegebieten, z. B. rund um den Federsee, einer bevorzugten Siedlungsregion der mittleren Steinzeit mit etwa 100 Fundstellen, liegen die Stationen auf Kuppen und Zungen, aber auch an Hängen über einer Niederung, entlang eines Tales und auf Inseln. Daß die Nähe zum fließenden Wasser für die mittelsteinzeitlichen Menschen wichtig war, zeigt sich daran, daß sie selbst am Seeufer bevorzugt in der Nähe von Quellen oder Bächen siedelten.

Der Streuungsbereich der Fundstücke auf den Äckern ist unterschiedlich. Teilweise konzentrieren sie sich auf wenige Meter. In anderen Fundstellen kommen die Funde auch in Anhäufungen von 100 Meter Durchmesser vor. Aber immer hat der Pflug schon eine Durchmischung und Verlagerung der Fundstücke bewirkt. Mit einer Ausnahme ist es bei Ausgrabungen noch nicht gelungen, ungestörte Fundhorizonte oder gar Behausungen aufzudecken. In Tannstock am Federsee glaubte *H. Reinerth* 1936 allerdings, die Überreste von Hütten gefunden zu haben. Unter dem Pflughorizont kamen längliche, ovale oder rundliche Gruben von vier bis zwei Meter Durchmesser zum Vorschein. In einigen sollen sich am Rand Feuerstellen, teilweise mit Geröllen versehen, befunden haben. *Reinerth* konnte 54 solcher Gruben ausgraben, die zu zwei verschiedenalten mittelsteinzeitlichen Dörfern gehörten. Nach den Grabungsbefunden von 1930 soll auch der Oberbau voll rekonstruierbar gewesen sein. Ein korbartiges Stangengerüst als Rahmen trug eine 30 bis 25 cm starke Reisigwand, die in den Boden eingetieft war. Das gebogene Dach soll mit Schilf bedeckt gewesen sein. Ein

schmaler Eingang führte schräg in die Hütten hinein, die insgesamt von 40 bis 60 Menschen besiedelt gewesen sein sollen.
Um aber diese Gruben sicher als Behausungen ansprechen zu können, fehlen detaillierte Pläne und Angaben. Dazu gibt es zwei merkwürdige Punkte. Die Zusammensetzung der Holzkohlen mit Esche, Erle und Hasel steht in Widerspruch zu den Bestimmungen aus anderen Fundstellen. Es kann sich um eine sehr späte Vergesellschaftung handeln, die bereits in das Atlantikum und damit in die späte Mittelsteinzeit fällt, als die Haselausdehnung ihren Höhepunkt erreicht hatte. In den Gruben wurden aber auch einige unverzierte Keramikscherben gefunden. Diese werfen die Frage auf, ob es sich nicht um jungsteinzeitliche Gruben handelt, in die die mittelsteinzeitlichen Funde erst durch das Überpflügen hineingeraten sind. Doch kann man ohne weitere Angaben selbst eine natürliche Entstehung der Gruben nicht völlig ausschließen. Einerseits können es die Wurzelballen größerer Bäume gewesen sein, die tief in den Untergrund hineingriffen und die Fundstücke nach unten zogen. Andererseits können es auch die Höhlungen von Baumwürfen gewesen sein. Eine Entscheidung läßt sich aber nicht treffen, und wir müssen die Ausgrabung einer ähnlichen Grube mit modernen Mitteln abwarten, bevor man endgültig Stellung beziehen kann.

Die mittelsteinzeitliche Technik

Auffallend ist bei vielen mittelsteinzeitlichen Steinwerkzeugen eine rötliche Färbung. Man dachte an die Benutzung von einem besonderen Rohmaterial, an ein ungewöhnlich häufiges Erhitzen im Feuer oder an eine klimabedingte Rotfärbung. Erst von *R. R. Rottländer* durchgeführte Versuche konnten ihre Entstehung erklären. Das Rohmaterial wurde unter einer Feuerstelle in einem Sandbad absichtlich auf 290 bis 370 Grad Celsius erhitzt. Dabei kam es zu einem Kornwachstum und zu einer Versinterung, die die schlagtechnischen Eigenschaften verbesserten. Dieses Aufheizen wird als Tempern bezeichnet und ist neben der weißlich-rosa Färbung auch an dem seidigen Glanz zu erkennen. Diese Technik scheint aber nur im süddeutschen Mesolithikum verwendet worden zu sein. Vielleicht war es hier in der Nacheiszeit schwieriger, geeignetes Rohmaterial zu finden, denn die Pflanzendecke war dichter, die Abtragung (Erosion) vermindert und die Talauen mehr mit Feinmaterial aufgefüllt. Man temperte nicht nur den Jurahornstein, sondern sogar den schwer spaltbaren Keuperhornstein.
Im Bereich der Alb fand der verfügbare Jurahornstein fast ausschließlich Verwendung. Daneben benutzte man auch in kleinen Mengen den alpinen Radiolarit,

der in den Donauschottern zu finden ist. Im Bereich des Stufenlandes nördlich der Alb mußte man sich anders behelfen. Eine Zählung des mesolithischen Materials von Gschwend-Hohfeld (Sammlung *H. Mehlo*) ergab, daß rund ein Viertel rosa getemperter Jurahornstein ist, der von der Alb stammt. Ein Drittel ist lokales Material, wohl Keuperhornstein. Der Rest ist weißlich oder gelblich gefärbtes Material. Gebrannte Stücke machen 16 Prozent aus, bei den weiten Fundstreuungen ein Hinweis darauf, daß starke Feuer gebrannt haben müssen. Zum Vergleich mögen Zahlen aus dem Helga-Abri bei Schelklingen dienen. In dem Fundhorizont IIF3, der aus gebranntem und ungebranntem Kalkschutt und Holzkohlenasche bestand, sind sieben Prozent des Hornsteins gebrannt. Mehr als zwei Drittel aller Stücke sind getempert. Der seltene Radiolarit kommt entweder aus alten Donauschottern der Albhochfläche oder ist in der Nähe von Ehingen aufgelesen.

Am Federsee ist nach *Reinerth* der Hornstein aus der Juranagelfluh zwischen Winterlingen und Stetten unweit Ebingen oder aus Donauschottern herangeholt worden. Selten ist ein alpiner Kreidefeuerstein oder ein Quarzit, der aus den lokalen Moränen stammen dürfte.

Abb. 223. Von einem Kern abgeschlagene und wieder zusammengepaßte Klingen. Frühe Mittelsteinzeit aus dem Helga-Abri bei Schelklingen. Länge 4,2 cm.

Die Entfernungen, über die man sich das Rohmaterial beschaffte, sind demnach unterschiedlich. Man benutzte, wo immer es ging, lokales Material. In Gegenden, wo nur minderwertiges Gesteinsmaterial vorhanden war, versorgte man sich jedoch mit gutem Hornstein. Die zurückgelegten Entfernungen liegen im Höchstfall bei 60 km für die Ostalb bis in die Gegend von Gschwend. Falls das Rohmaterial vom Federsee aus dem Raum Ebingen kommt, wären es etwa 40 km, wenn es aber von der Donau stammt, nur 10 km. Reichweiten von 10 km oder darunter scheinen die Norm für die Beschaffung von Rohmaterial dargestellt zu haben. Bei den Oberflächenfunden ist aber zu berücksichtigen, daß auch jungsteinzeitliche Fundstücke darunter sind. Vergleicht man die Mittel- mit der Jungsteinzeit, wo Werkzeuge sogar aus Belgien oder Holland nach Süddeutschland gebracht wurden, dann sind die Entfernungen doch weniger bedeutend.

Abb. 223 Die Technik des Steinschlagens selbst hatte sich nicht wesentlich gegenüber der jüngeren Altsteinzeit gewandelt. Noch immer spaltete man von vorbereiteten Hornsteinknollen lange dünne schmale Späne, Klingen oder Lamellen ab. Die Größe und Form ließen sich durch die geschickte Ausnutzung der Knolle, vor allem mit Hilfe eines Längsgrates, recht genau vorherbestimmen. Aus den kurzen dicken Abschlägen verfertigte man vor allem die Kratzer, die vermutlich zur Holzbearbeitung und für die Glättung von Geweih und Knochen gebraucht wurden. Dies ist allerdings noch nicht durch entsprechende Untersuchung der Gebrauchsspuren bestätigt. Die langen Klingen oder Lamellen waren, wie durch Holzschäftungen aus anderen Teilen Europas belegt ist, ohne weitere Veränderung längs hintereinandergesetzt als Messer benutzbar.

Abb. 224 Einen Teil der Klingen verarbeitete man zu geformten Einsätzen, den geometrischen Mikrolithen, weiter. Da diese Stücke oft kürzer als zwei Zentimeter sind, hat man sich gefragt, wie man solche winzigen Steine überhaupt in der Hand bearbeiten kann. Dabei ist die Herstellungstechnik recht einfach und bestimmt doch recht genau das Ergebnis im voraus. Eine Klinge legte man mit der abgeschlagenen, flachen Unterseite (Ventralfläche) nach oben auf einen steinernen Amboß mit Grat. Nun konnte man ein Ende spitz auslaufend zuschlagen. Mit senkrecht von oben geführten Schlägen legte man anschließend eine Kerbe an. Sobald die Schläge die Auflagefläche auf dem Amboß trafen und leicht darüber hinausgingen, wurde die Schlagwirkung in Richtung des Amboßgrates verlängert. Der Amboß warf die Wucht des Schlages zurück, und die Klinge zerbrach genau auf dem Grat. Auf der einen Seite erhielt man ein Abfallstück, den Kerbrest oder Mikrostichel, auf der anderen Seite den gewünschten Mikrolithen.
Abb. 225 Durch Retusche konnte man die Bruchfacette falls nötig noch etwas nacharbeiten. Zusammensetzungen von Mikrolithen und Kerbresten, z. B. im Jägerhaus

Abb. 224. Mikrolithen in Dreiecks- und Vierecksform aus dem Jägerhaus bei Beuron. 1,1 bis 2,2 cm lang.

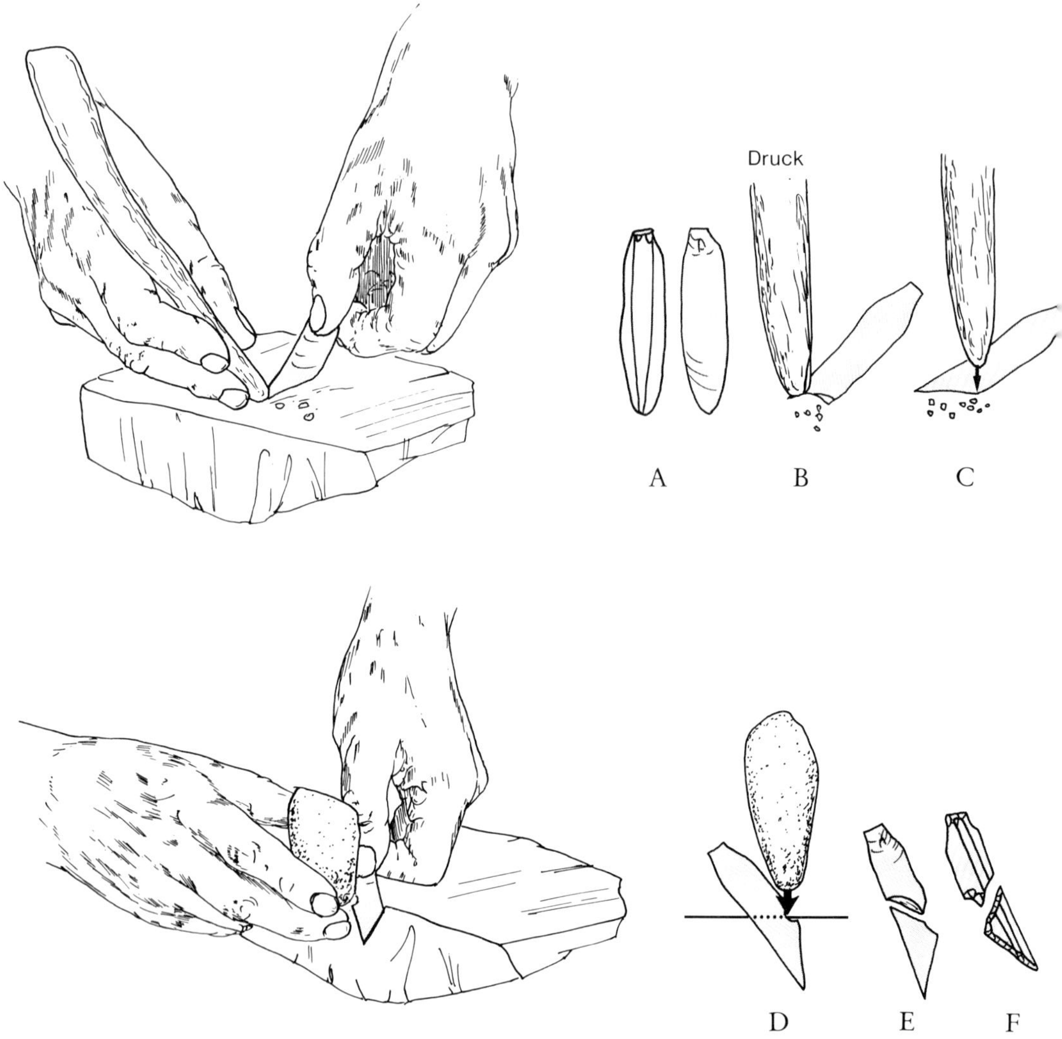

Abb. 225. Herstellung eines Dreieckmikrolithen aus einer Klinge (A) mit einer spitz zugearbeiteten Schrägspitze (B und C). Anlegen der Kerbe auf dem Amboßgrat (D) bis zur Zertrennung (E), wodurch der Mikrostichel und das fertige Dreieck entstehen (F).

durch *W. Taute*, haben die Richtigkeit dieser Beschreibung gezeigt. Mit dieser speziellen Technik konnten serienmäßig die verschiedensten kleinen Werkzeugformen schnell hergestellt werden. Es ist aber nicht ausgeschlossen, daß man die kleinen Mikrolithen auch einfacher herstellte, vor allem dann, wenn schon eine Bruchkante vorlag oder die Form des Ausgangsstücks die Kerbtechnik nicht erforderte.

Die Verwendung der Mikrolithen ist recht gut bekannt. Ein Fund aus Villingen-Schwenningen belegt den Gebrauch der einfach spitz zuretuschierten Stükke. In einem Moor stieß man auf das Skelett eines verendeten Wildrindes, in dessen Becken eine steinerne Spitze steckte. Sie mußte von einem Pfeil stammen, der schräg von hinten auf das Tier abgeschossen wurde. Das verwundete Wildrind konnte dem Jäger zwar entkommen, ertrank aber in dem ehemaligen See. Nur mit Hilfe des Blütenstaubes ließ sich diese erfolglose Jagd in den Beginn der Nacheiszeit und somit in die frühe Mittelsteinzeit datieren. Die Pfeilspitze ist ein schräg zuretuschierter Mikrolith, dessen Verwendung hiermit deutlich belegt ist. Geschäftete Mikrolithen und Lamellen sind aus Osteuropa und aus Skandinavien überliefert, so daß wir das Aussehen der Pfeile und der mit Schneidekanten versehenen Speere recht gut rekonstruieren können. Neben diesen zusammengesetzten Speeren gab es auch einfache. Im Moor des Federseegebietes entdeckte man zwei Holzspeere, einen davon 1980 in Taubried II. Er weist eine sorgfältige Bearbeitung auf. Die Spitze ist im Feuer gehärtet. Da dieser Speer mehrere Schichten durchragte, ist seine genaue Altersstellung leider nicht gesichert. *Abb. 226*

Als Jagdwaffen sind demnach Pfeil und Bogen sowie Speere mit feuergehärteten Spitzen und mit steinernen Einsätzen anzunehmen. Gerade Pfeil und Bogen sind für die Ansitzjagd im Nadelwald eine wichtige Waffe, ebenso die Lanze. Ob zu den Waffen auch Beile aus Geweih oder Stein gehörten, ist unbekannt. Die als mittelsteinzeitlich angesehenen Kopfbestattungen aus dem Hohlenstein-Stadel und der Großen Ofnet tragen aber ovale Schlagmarken, die durchaus von beilartigen Waffen stammen dürften. In den Fundstellen gibt es aber keinen Fund eines Beiles. Durch das Fehlen von Beilen unterscheidet sich die frühe Mittelsteinzeit Südwestdeutschlands stark von der im Norden. Erst im Spätmesolithikum finden sich in Südwestdeutschland und der Schweiz Beile aus Stein und Hirschgeweih.

Knochen wurden ebenfalls zu Spitzen und Ahlen oder kleinen nadelförmigen Stücken verarbeitet. Aber diese Fundstücke, die sich nur in den kalkreichen Böden, vor allem in Höhlen und Abris erhalten können, sind sehr selten.

Mittelsteinzeitliche Kleidungsreste sind in Südwestdeutschland wie überall unbekannt. Vermutlich wurden wie in der Altsteinzeit Häute und Felle benutzt,

Abb. 226. Schema einer Mikrolithenschäftung.

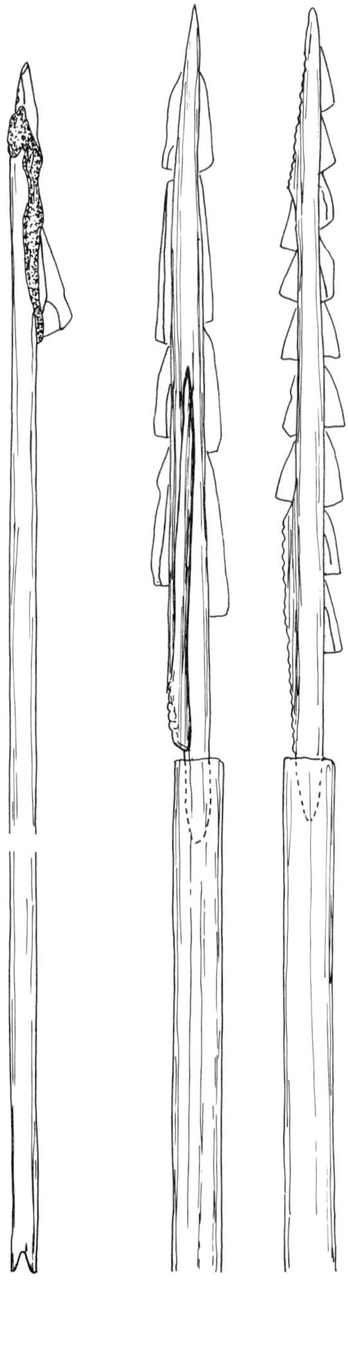

Abb. 227. Bruchstück einer zweireihigen Harpune aus dem Spätmesolithikum des Jägerhauses bei Beuron, 2,2 cm lang.

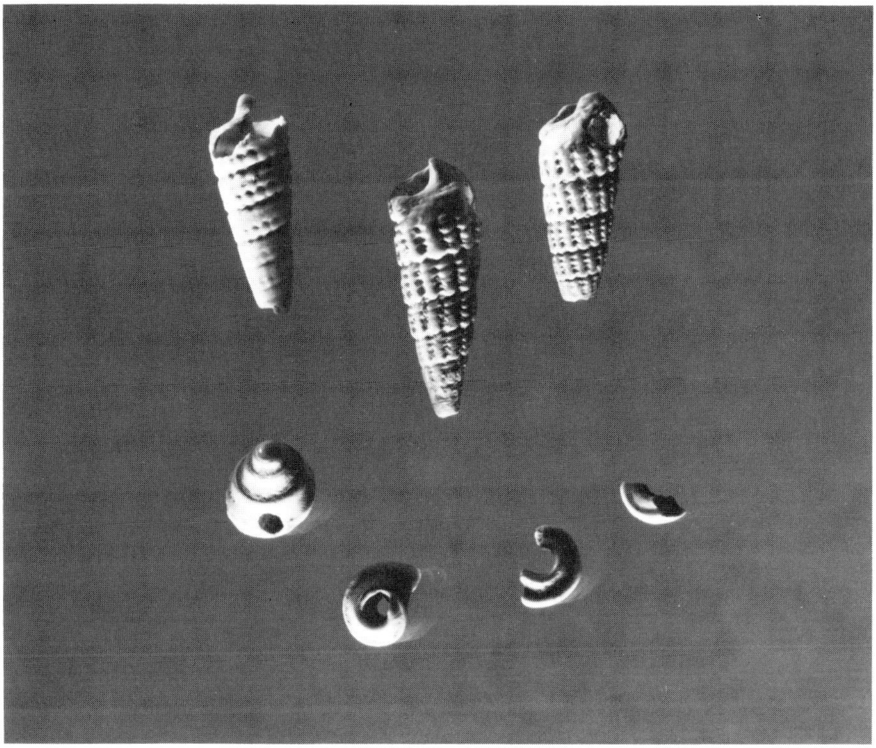

Abb. 228. Schmuckschnecken aus der Burghöhle in Dietfurt, Mittelsteinzeit (kleine Gyraulus trochiformis 0,5 cm lang, große Potamides plicatum).

aber auch in zunehmendem Maße pflanzliche Fasern. Bessere Kenntnisse besitzen wir über die Schmuckstücke, die sehr verbreitet und vielfältig waren. Durchbohrte Tierzähne sind gut vertreten, selten Eckzähne vom Fuchs, mehr Hirschgrandeln. Dazu kommen durchbohrte Fischzähne, vor allem die Schlundzähne vom Frauenfisch, die man zu Ketten auffädelte, wie aus der Schädelbestattung im Hohlenstein-Stadel deutlich wird. Schmuckschnecken scheinen sehr beliebt gewesen zu sein, in Südwestdeutschland hauptsächlich tertiäre Schnecken aus dem Steinheimer Becken. Nach den zahlreichen Kopfbestattungen aus der Großen Ofnet im Nördlinger Ries scheinen nur Frauen und Kinder den Schmuck, insgesamt etwa 200 Hirschgrandeln und mehr als 4000 durchbohrte Schnecken, getragen zu haben. Die wenigen Männerköpfe waren ohne Beigaben. Die Hirschgrandeln lagen bei den Frauenschädeln und bildeten vermutlich Ketten, sind aber vielleicht auch als Besatz von Mützen zu deuten. Die *Abb. 228* durchbohrten Schmuckschnecken der Kinderschädel hafteten an den Schädeln und haben in einem Fall sicher in der Art von Perlenstickerei eine Mütze oder ein Häubchen verziert. Dazu gab es Ansammlungen unter den Köpfen, die man als Verzierungen von mit Schnecken bestickten Deckchen ansah. Es können aber auch Häubchen sein, die man unter die Köpfe gelegt hatte. Diese Schmuckschnecken sind die einzigen Hinweise auf die mittelsteinzeitliche Kleidung, über die wir z. Z. verfügen. Ganz allgemein wird man aber annehmen können, daß warme Kleidung in unserem Klimabereich für den Winter notwendig war.

Die zeitliche Gliederung

Die Gliederung der Mittelsteinzeit erfolgt vor allem durch die Schichtenfolgen, in denen untere ältere Schichten von jüngeren mit unterschiedlichen Werkzeugformen überlagert sind. Die Einordnung in den zeitlichen Rahmen geschieht mit Hilfe von Radiokarbondaten, zusammen mit den klimageschichtlichen Anzeigern wie Pollen- und Holzkohlenuntersuchungen. Aber auch die Entwicklung der Schnecken läßt sich zeitlich eingrenzen und damit für die Altersstellung von Fundhorizonten heranziehen. Unter den Felsschutzdächern wurden mehrfach mächtige, gegliederte Schichtpakete angetroffen. Selbst wenn mehrere Horizonte vorliegen, so ist die Abfolge doch nie vollständig. In zwei Fundstellen zeigten sich aber lange, fast vollständige Überlagerungen, die *W. Taute* 1964 bis *Abb. 229* 1967 im Jägerhaus und 1971 bis 1973 im Zigeunerfels ergraben hatte. Im Zigeunerfels bei Sigmaringen ist der Übergang von der späten Altsteinzeit zur frühen Mittelsteinzeit in mehreren Horizonten erfaßt. In der späten Altsteinzeit erkennt man bereits die Tendenz zur Verkleinerung der Werkzeuge, eine Entwicklung, die in der Mittelsteinzeit ihren Höhepunkt erreichte. Das trifft auch für den frühesten mittelsteinzeitlichen Horizont C zu. Die vorher verwendeten Rückenspitzen fehlen, Rückenmesser sind nur noch einzeln vertreten. Dagegen sind nun Mikrospitzen verschiedener Form und auch Dreiecke häufig, die Kerbtechnik ist nach den zahlreichen Kerbresten zum ersten Mal eingesetzt worden. Nach den begleitenden Tierresten in der Kleinfauna und auch durch Reh und Hirsch in der Großfauna gehört der Horizont C in die frühe Nacheiszeit. Er enthält die älteste Mittelsteinzeit Südwestdeutschlands, denn er liegt unter einem Horizont mit dem Beuronien A, dem ältesten Abschnitt des eigentlichen Frühmesolithikums. Dieses ist aber hauptsächlich im Jägerhaus in mehreren fundreichen Horizonten vertreten, weshalb diese Fundstelle als Typstation *Abb. 230* dient. Die drei als Beuronien A, B und C bezeichneten Abschnitte der frühen Mittelsteinzeit werden von zwei Horizonten des späten Mesolithikums überla-

Abb. 229. Grabungsfoto Jägerhaus.

gert. Das Jägerhaus weist somit die vollständigste Abfolge in Südwestdeutschland auf. Der früheste Abschnitt, das Beuronien A, enthält nach *Taute* langschmale Vierecke (Trapeze), die aus unregelmäßigen Klingen gefertigt sind, gleichschenklige-rechtwinklige Dreiecke und Mikrospitzen mit abgerundetem, beidseitig retuschiertem Ende. Der mittlere Abschnitt, das Beuronien B, führt gleichschenklige-spitzwinklige Dreiecke und wieder Mikrospitzen, diesmal aber mit eingezogenem, beidseitig retuschiertem Hohlende. In der jüngsten Stufe Beuronien C werden die Dreiecke nun ungleichschenklig, langausgezogen und zur gleichen Zeit recht klein. Die Mikrospitzen haben nur ein gebogenes, einseitig retuschiertes Ende. Dazu kommen kleine Rückenmesserchen vor und beidkantig retuschierte Spitzen. Mit dem Beuronien C scheint das Frühmesolithikum plötzlich aufzuhören, denn das nachfolgende Spätmesolithikum ist durch eine bessere Klingentechnik und andere Werkzeugformen gekennzeichnet.

Das Beuronien von *Taute* entspricht aber voll derjenigen Kulturstufe, die man in Frankreich als Tardenoisien oder Sauveterrien bezeichnet.

Diese Unterteilung *Tautes* läßt sich in dieser vereinfachten Form durchaus in den anderen Fundstellen der Schwäbischen Alb wiederfinden. Nur wenige Stationen wie der Probstfels, das Geißenklösterle und der Malerfels haben lediglich

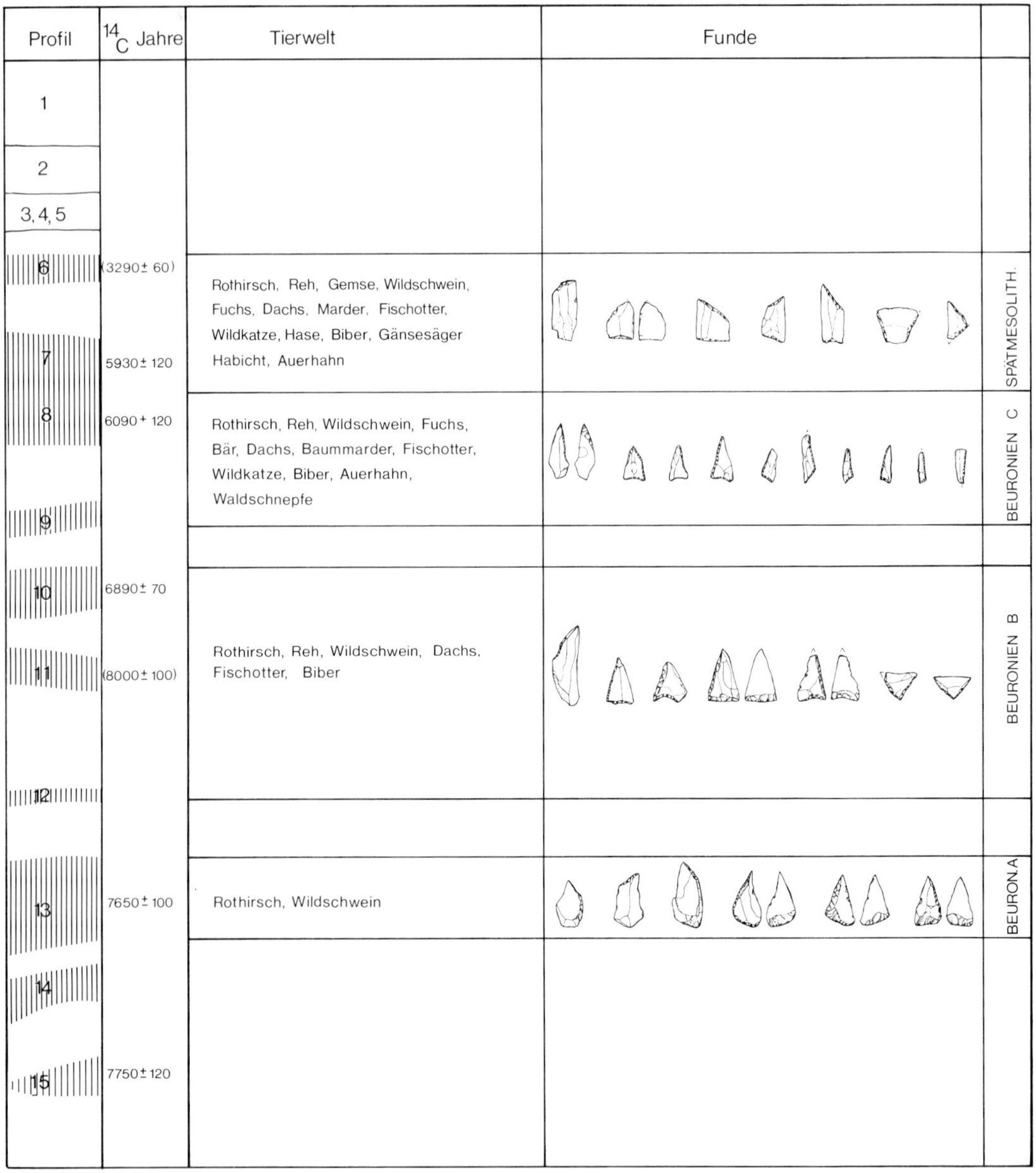

Abb. 230. Schichtenfolge Jägerhaus.

eine einzige Stufe geliefert. Es handelt sich aber um frühe Grabungen oder um die Reste ursprünglich ausgedehnterer Fundstellen. Die meisten Stationen weisen mehrere Begehungen auf, die wie im Helga-Abri dicht aufeinanderfolgen können. Der zeitliche Abstand ist meist aber unbekannt. Zählt man die Horizonte, in denen mehrere Begehungen zusammengefaßt sein können, so kommen bisher die Stufen in folgender Häufigkeit vor:

Beuronien C	sechsmal
Beuronien B	zweimal
Beuronien A	fünfmal
Frühestmesolithikum	einmal

In einigen Fundstellen – wie in Dietfurt – sind wahrscheinlich alle drei Stufen vorhanden, schichtmäßig aber nicht zu trennen. Die Trennung zwischen den Stufen A und B ist aber nicht immer eindeutig.

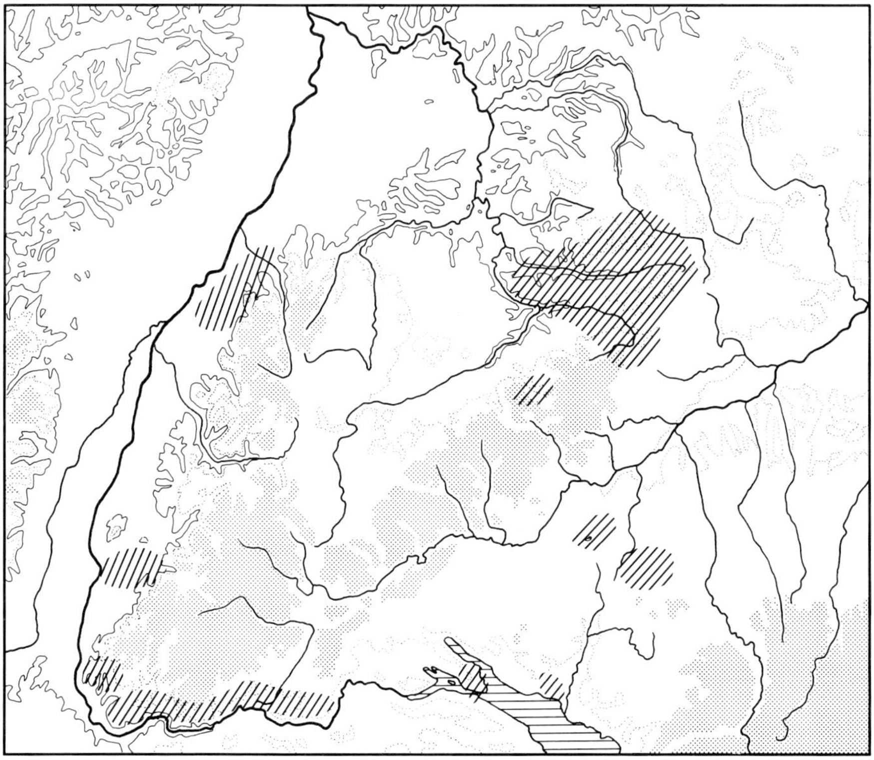

Abb. 231. Siedlungskammern der Mittelsteinzeit.

Viel fundreicher als die wenigen Höhlen- und Felsschutzdachfundstellen sind *Abb. 231* die zahlreichen Freilandstationen. Ihre räumliche Verteilung weist gewisse Schwerpunkte auf. Die dichteste Ansammlung in der Stufenlandschaft vor der Alb verteilt sich auf die Täler der Rems, der Lein und der Murr. Aber auch das Oberrheintal ist dicht mit Fundpunkten belegt. Kleinere Ansammlungen finden sich an den Ufern des Federsees oder am Bodensee. Die Hochfläche der Alb ist nur dünn mit Fundpunkten überzogen. Die Freilandfundstellen, vor allem die im Stuttgarter Raum, haben Tausende von Steinwerkzeugen und Hunderte von Mikrolithen geliefert. Diese Funde sind aber gewöhnlich mit jungsteinzeitlichen vermischt. Trotzdem lassen sich die kennzeichnenden Fundstücke der einzelnen Stufen des Frühmesolithikums unterscheiden. Allgemein fällt auf, daß vorwiegend die Mikrolithenformen der Stufen Beuronien A und B vertreten sind. Auf den Oberflächenfundplätzen scheint das Beuronien C auffallend selten zu sein. Es fehlt z. B. im Bodenseeraum und ist im Stuttgarter Raum nur in wenigen Stationen mit einzelnen langen, ungleichschenkligen Dreiecken nachweisbar. Diese Seltenheit des Beuronien C läßt sich nur schwer erklären. Es lassen sich keine ökologischen Gründe für ein Ausdünnen der Besiedlung anführen. Man kann in Betracht ziehen, daß sich in dieser Zeit keine Bodenschichten bildeten und die Funde nicht in den Boden gelangten, sondern sofort abgeschwemmt wurden. Es ist wenig wahrscheinlich, daß es eine Zeit war, in der man nur unter den Felsschutzdächern lebte oder daß die Forschung hier eine Lücke aufweist.

Während durch die Schichtenfolgen eine grobe technisch-kulturelle Entwicklung sichtbar wird, geben nur die verschiedenen Datierungsmethoden eine Vorstellung über die in Frage kommenden Zeiträume. Pollenanalytisch ist nur der eingeschossene Mikrolith aus Villingen-Schwenningen in das Präboreal datiert, ebenfalls zwei Fundplätze vom Bodensee (Espasingen und Bodman). Aber auch die Holzkohlenuntersuchungen ergeben durch den Wandel in den zur Feuerung benutzten Baumarten einen zeitlichen Rahmen.

Die Radiokarbonbestimmungen geben einen eigenen Kalender an. Es liegen beinahe 30 Radiokarbondaten für die süddeutsche Mittelsteinzeit vor, von denen allein zwölf aus dem Jägerhaus stammen. Die übrigen Stationen haben nur mehrere oder einzelne Datierungen. Ein geringer Teil der Daten stimmt aber nicht mit ihrer Lage im Schichtverband überein, oder es ergeben sich wie im Malerfels Abweichungen, die 1000 Jahre betragen. Trotz der Fehler erlauben die Radiokarbondaten eine Einordnung in die bestehenden Abschnitte der Klimageschichte. Einzelne Daten sind aber wenig aussagefähig. Denn von vier Bestimmungen kann eine falsch sein.

Der Abschnitt zwischen 7500 und 10000 Jahren vor heute ist gut datiert. Zwischen 9500 und 8900 besteht aber möglicherweise eine Lücke, die nur durch ei-

nes der problematischen Daten aus dem Malerfels gefüllt wird. Es ergibt sich keine saubere Trennung der einzelnen Abschnitte, denn das Frühmesolithikum ist weder deutlich vom Frühestmesolithikum, noch vom Spätmesolithikum abgesetzt. Es fehlen aber weitere Datierungen, vor allem feiner unterschiedener Horizonte, um eine Radiokarbonzeittafel aufstellen zu können.
Die gleichen Aussagen ergeben die zusammenaddierten Wahrscheinlichkeitsbereiche, bei denen ein Datum als Normalverteilung angesehen wird bei verdoppelter Standardabweichung. Abgesehen von dem isolierten Datum aus dem Jägerhaus 6 bilden die Radiokarbonbestimmungen eine drei- bis viergipflige Kurve. Der jüngste Gipfel mit dem Spätmesolithikum und dann dem Beuronien C ist am deutlichsten ausgeprägt und enthält die meisten Werte. Ein einziges Datum des Beuronien C findet sich auch in dem folgenden Gipfel, in dem beide Stufen Beuronien A und B vereinigt sind. Seine Zugehörigkeit zum Beuronien C ist nach den Werkzeugen aber nicht gesichert. Die frühesten Daten reichen in dieser Kurve noch in das Ende der Späteiszeit hinein.

Jagd, Sammeln und Fischfang

Wie in der jüngeren Altsteinzeit basierte die mittelsteinzeitliche Ernährung auf Jagd und Fischfang. Mit der nacheiszeitlichen Klimabesserung standen aber auch eine Vielzahl von eßbaren Pflanzen zur Verfügung, deren Bedeutung immer mehr zunahm.
Die Jagd mußte sich an den Wald und die insgesamt kleineren Herdengrößen anpassen. Trotz der größeren Pflanzendichte muß man davon ausgehen, daß die Tiere nicht überall zu jeder Jahreszeit erbeutet werden konnten. Zur Abschätzung der Jagdweise können wir von den in den Fundstellen zurückgebliebenen Tierresten ausgehen. Infolge der Verwitterung und der Zerschlagung durch den mittelsteinzeitlichen Menschen geben die Tierknochen nicht die wirklich vorhandenen, sondern nur die Mindestzahlen wieder. Da ein Tier aber eine Vielzahl von bestimmbaren Knochen aufweist, ist die Wahrscheinlichkeit doch recht hoch, daß es identifiziert wird. In denjenigen Fundstellen, in denen dünne Fundhorizonte unterschieden wurden, fallen die kleinen Zahlen von Beutetieren auf. In den unteren Kulturschichten des Jägerhauses z. B. sind Wildschwein, Rothirsch und Reh in je einem Exemplar, der Biber je ein- bis zweimal vertreten. Manchmal ist ein weiteres Reh oder Wildschwein nachgewiesen. Unter den Tieren besteht ein großer Teil aus Jungen, Ferkeln oder Kitzen. Das deutet an, daß man bei der Jagd diese nicht verschonte. Vermutlich machte man auch keinen Unterschied zwischen männlichen und weiblichen Tieren, aber hierzu liegen

keine Untersuchungen vor. Die niedrige Anzahl der Beutetiere gibt an, daß die Besiedlung der einzelnen Belegungen in den Felsschutzdächern nicht sehr intensiv gewesen sein kann. Wenn diese Zahlen nicht durch eine übermäßig starke Zersetzung der Tierknochen zustande kamen, dann entsprechen die kleinen Mengen doch wohl den Gruppengrößen und der recht geringen Wilddichte in einem Nadelwald. Als Jagdarten wird man die Pirsch (Suchjagd) und den Ansitz (Lauerjagd an Wechseln) als ausreichend erachten. Bei Treibjagden mehrerer Familien müßten mehr Tiere erlegt worden sein. Die geschätzten Fleischgewichte könnten eine Familie mit fünf Personen höchstens zwei Monate ernährt haben, eher weniger. Falls es zwei oder mehr Familien waren, die ein Felsschutzdach bewohnten, dann verringert sich die Zeit entsprechend. Die Gesamtanteile können natürlich viel höher gewesen sein, vor allem wenn man Fische und Vögel hinzurechnet. Hinweise auf echte Mengen gibt es jedoch kaum, da bisher zu wenig mesolithische Fundinventare geschlämmt wurden. Im Malerfels kommt man auf folgende Fleischmengen: Die Großsäuger, zwei Rehe, ein Wildschwein und ein Hirsch, ergeben etwa 240 kg an verwertbarem Fleisch. Die Fische, fünf Hechte, zwei Rutten, drei Äschen und ein Döbel, nur zehn Kilogramm. Das gleiche Gewicht erreichen von den Vögeln ein Auerhahn und eine Wildgans. Von diesen 260 kg ermitteltem Fleisch würde sich eine fünfköpfige Familie fast zwei Monate lang ernähren können, wenn man den verschiedenen Nährwert des Wildschweinfleisches oder das vom Reh in Rechnung stellt. Nach der Größe des Felsschutzdaches können aber höchstens zwei Familien unter beengten Platzverhältnissen leben. Das deutet auf die oben angesprochene kurzzeitige Belegung der Fundstelle durch kleine Gruppen hin.

Neben diesen Großsäugern kommen in den Fundstellen selten Hasen vor. Auch bei den kleinen Raubtieren wie Fuchs, Marder, Dachs, Iltis und Otter ist man nicht sicher, ob sie vom Menschen gejagt wurden. Füchse vor allem schleppen die Beutetiere zum Bau, um die Jungen zu füttern. Auch die großen Greifvögel suchen Felsen auf und hinterlassen dort ihre Gewölle, in denen sich junge Raubtiere und auch viele kleinere Vögel finden. Sicher wurden die kleinen Raubtiere ihres Felles wegen vom mittelsteinzeitlichen Menschen gejagt, ein Nachweis ist aber nur selten möglich.

Abb. 232 Die mittlere Steinzeit ist der Abschnitt der Menschheitsgeschichte in unserem Raum, in der das Sammeln in größerem Umfang zum Lebensunterhalt beitrug. Das hängt sicher mit dem verfügbaren Angebot zusammen. Selbst in Nordafrika und in Griechenland kommen erst am Ende der letzten Kaltzeit verkohlte Pflanzenreste in den Fundstellen vor, die man Nahrungspflanzen zuweisen kann. Bei uns waren diese klimatisch-ökologischen Verhältnisse erst mit der Nacheiszeit gegeben. Die Flüsse boten die Möglichkeit zum Sammeln von Muscheln (Unio-

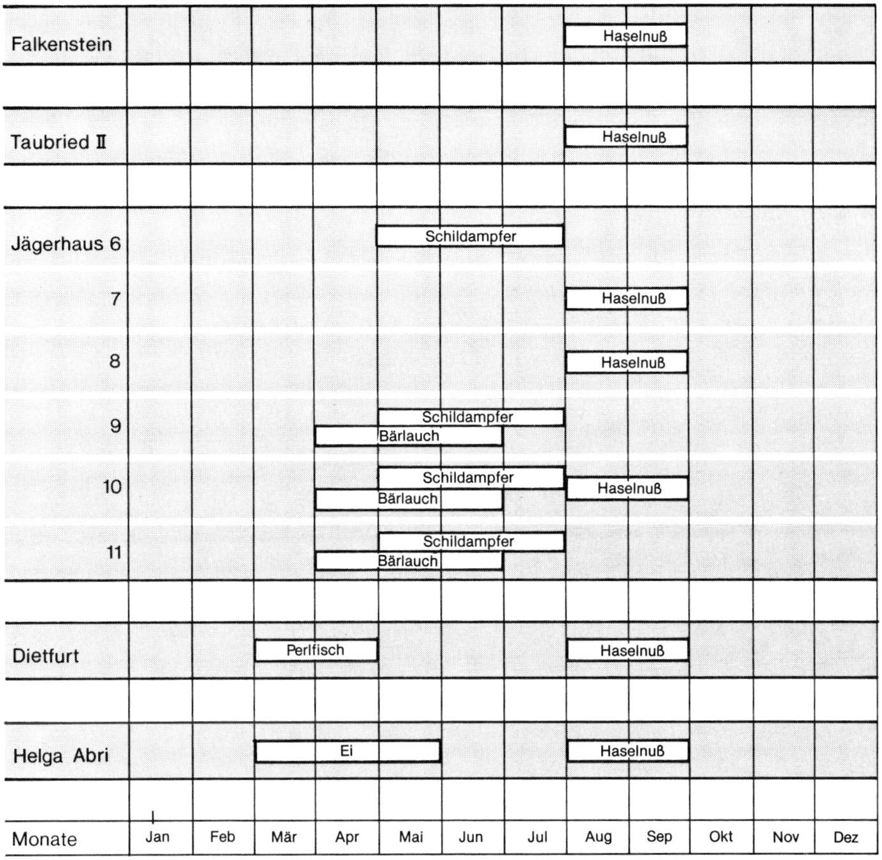

Abb. 232. Nachweis jahreszeitlicher Sammel- und Jagdtätigkeit in mittelsteinzeitlichen Fundstellen Südwestdeutschlands.

niden), die im Jägerhaus (Kulturschichten 8 und 10) und in Dietfurt bestimmt wurden. Da die Teile des Schlosses fehlen – sie sind also aufgebrochen worden –, sind sie wohl vom Menschen eingebracht. Das Sammeln von Vogeleiern ist bis jetzt nur im Helga-Abri belegt, wo die großen Bruchstücke gegen ein Einschleppen durch Tiere sprechen. Sie sind meist schnell verzehrt worden. Mit Fett eingerieben und senkrecht gestellt sind sie aber auch längere Zeit hindurch haltbar. Man kann sie daher auch auf diese oder eine ähnliche Weise für den Winter aufgehoben haben, was aber feste Vorratsverstecke voraussetzt.
Die am besten nachgewiesene Sammelpflanze ist die Haselnuß. Ihre verbrannten Schalen fanden sich in den meisten Schichten des Jägerhauses, mit Ausnahme der

Horizonte 6, 9 und 11 bis 15. In der Kulturschicht 10 sind sie nur schwach vertreten. Auch in Dietfurt, in der Falkensteinhöhle und im Helga-Abri sind durchgehend Haselnußschalen vorhanden. Ihr Fehlen in den unteren Kulturschichten des Jägerhauses und auch im Frühmesolithikum des Malerfelsens dürfte mit der erst allmählich erfolgten Ausbreitung in der Nacheiszeit zusammenhängen. Die Haselnuß ist aber sicher nur deshalb so gut vertreten, weil die Schalen im Feuer verbrannt sind, so daß sich die Bruchstücke jahrtausendelang erhalten konnten. Das gilt vermutlich nicht für andere Sammelpflanzen. Allerdings muß man nach den Pollenanalysen von *P. Filzer* im Jägerhaus mit dem Sammeln von zwei Wildgemüsen rechnen. Das eine ist durch den sehr häufigen Rumex-Pollen nachgewiesen, der nach *Filzer* vermutlich vom Schildampfer (*Rumex scutatus*) stammt. Dieser besiedelt heute in großer Zahl die Schutthalden im Oberen Donautal. Da ihre Pollenmenge allein zwei Drittel aller Krautpollen erreicht und damit ungewöhnlich hoch ist, wird mit ihrer Einbringung durch den Menschen gerechnet, hauptsächlich in der Kulturschicht 10. Der Rumexpollen fehlt aber fast ganz in den Schichten 7 und 8. Wie auch der zweite Liliiflorenpollen muß die Pflanze in blühendem Zustand in die Höhle gelangt sein und so für die Pollenanreicherung gesorgt haben. Der Liliiflorenpollen dürfte nach *Filzer* zum Bärlauch (*Allium ursinum*) gehören. Er wächst in feuchteren Bereichen oder schattigen Wäldern. Sowohl die Blätter können als Gemüse oder Salat, als auch die Zwiebel als Gewürz mit einem knoblauchartigen Geschmack verwendet werden. Unter den Holzkohlen ist im Helga-Abri auch der Holunder bestimmt worden. Es bleibt natürlich unsicher, ob er überhaupt anders als zum Feuern benutzt wurde. Bei der allgemeinen Ausnutzung aller verfügbaren Möglichkeiten ist nicht auszuschließen, daß man auch die Beeren verwendete. Beim schwarzen Holunder können sie getrocknet oder zu »Marmelade«, beim roten zu Öl verarbeitet werden. Daneben kann man aber voraussetzen, daß weitere Pflanzen wie Eicheln, eßbare Wurzeln, Kräuter, Schößlinge und andere Beeren verzehrt wurden, nur lassen sie sich nicht nachweisen. Die Pflanzennahrung wird im Zuge der Verdichtung des Waldes und der zunehmenden Vielfalt eine wichtige Rolle gespielt haben, auch im Winter, in dem das Überleben von den vorher angesammelten Vorräten abhing. Wie man diese Vorratshaltung bei der mobilen Lebensweise verwirklichte, ist nur schwer vorzustellen. Von den hauptsächlich vom Pflanzensammeln lebenden Pajute-Indianern im Großen Becken Nordamerikas wird berichtet, daß sie Samen von Gräsern auf Reibsteinen mahlten und zu Fladen trockneten. Beeren wurden auf die gleiche Weise konserviert, aber auch am Stück getrocknet. Nüsse und Wurzeln packte man in Fellbeutel. Diese Vorräte vergruben sie in großen mit Gras ausgekleideten Gruben in den immer wieder aufgesuchten Winterlagern. Ähnliche Konservierungs-

und Vorratstechniken werden auch bei uns in der Mittleren Steinzeit bekannt gewesen sein. Von ihrem Nährwert her stellten die Haselnüsse die wichtigste Winternahrung dar, da er sogar höher ist als der von fettem Schweinefleisch. Die Bedeutung der Hasel für die mittelsteinzeitliche Ernährung läßt sich leider nicht abschätzen, da die Anzahl der verbrannten Schalen nichts über die verbrauchte Menge aussagt.
Ob in der Mittelsteinzeit eine Arbeitsteilung der Geschlechter bestand, in der der Mann jagte und die Frau sammelte und für die Kinder sorgte, läßt sich nicht entscheiden. Ganz allgemein läßt sich vermuten, daß beide zum Lebensunterhalt beitragen mußten, wobei wohl auch die Kinder recht früh gewisse Aufgaben übernahmen. Den Fischfang konnten sicher auch Frauen und größere Kinder ausüben. Die etwa 2 kg schweren Hechte aus dem Malerfels waren aber sicher keine leichte Beute und weisen auf komplizierte Fangmethoden.

Die Lebensweise in der Mittelsteinzeit

Da die Lebensgrundlage in der Mittelsteinzeit im Jagen und Sammeln bestand, mußte der Mensch von Zeit zu Zeit wandern, um neue Nahrungsquellen zu erschließen. Da Pflanzen und Tiere einem jahreszeitlichen Rhythmus unterliegen, bewegt sich auch der Mensch in einem Kreislauf. Die Siedlungsplätze wählte er so, daß sie am Rande des Nahrungsvorkommens lagen und bei seinem Ausbleiben andere alternative Möglichkeiten verfügbar waren. Man müßte daher anhand der Fundstellen und ihrer räumlichen Verteilung in der Lage sein, ein solches Bild der mittelsteinzeitlichen Lebensweise zu erstellen. *M. Jochim* hat nun versucht, diesen jahreszeitlichen Rhythmus zu rekonstruieren, indem er von einem theoretischen Modell ausgeht, das auf völkerkundlichen Daten nordamerikanischer subarktischer Indianer basiert. Für die als naturräumliche Einheit angesehene Region der Oberen Donau und des südlich anschließenden Oberschwabens mit dem Federsee werden die Böden, die Pflanzendecke, der Wildbestand und die Wilddichte sowie ihre jahreszeitliche Ausnutzung abgeschätzt. Dabei nahm er an, daß die pflanzliche Nahrung etwa 20 Prozent ausmachte, eine recht niedrige Schätzung, wenn man sie mit heutigen Wildbeutern vergleicht. Die jahreszeitliche Nutzung der Tiere wird aus ihrem Verhalten und ihrer besten Verfügbarkeit erschlossen. Der Rothirsch lebt im Winter in Rudeln und ist im Sommer stark verstreut. Als beste Jagdzeit wird daher der Winter angenommen. Ähnliches gilt für das Reh und das Wildschwein, nur Fische lassen sich am besten im Frühjahr und im Sommer fangen. Aus diesen Hinweisen wird ein mittlerer Zyklus errechnet: Im Winter wird zunächst der Rothirsch, dann das Wildschwein erbeutet, gefolgt von dem Kleinwild. Der Monat April bildet den Übergang zum folgenden Abschnitt. Von Mai bis August nimmt die Bedeutung der Pflanzen und der Fische zu, während das Großwild kaum eine Rolle spielt. Im letzten Abschnitt schließlich, von September bis November, wird das Großwild während der Brunftzeit gejagt, zunächst der Rothirsch, dann das Wildschwein, wobei die Nutzung der Pflanzen und der Fischfang zurückgehen. Nach der Verteilung der Nahrungsquellen läßt sich die günstigste Lage der Fundstellen ermitteln. Sie sollen nach völkerkundlichen Angaben allgemein in der Nähe der am wenigsten beweglichen Nutzungsquellen, nämlich der Pflanzen und Fische liegen. Zu Beginn des Winters sind im Oberen Donauraum alle Nahrungsquellen am leichtesten zugänglich. Ein weiterer Vorteil ist die windgeschützte Lage der Fundstellen. Demgegenüber befinden sich die besten Sommerfangplätze an den Seen in Oberschwaben und am unteren Donaulauf. Beide Zonen zeigen keine Überlappung. Die Frühjahrs- und Herbstgebiete werden zwischen beiden Regionen vermutet, entlang der Donau vor allem an den Mündungen der Nebenflüsse und Bäche, wo man Fischfang betreiben konnte. Nach der hochgerechneten Wilddichte wird mit einer maximalen Bevölkerung von 871 Menschen im Bereich der Oberen Donau und Oberschwabens gerechnet, die wirklichen Werte dürften aber nach den völkerkundlichen Angaben eher niedriger gewesen sein. Im Sommer führten Fischfang und Pflanzensammeln zur Vereinigung mehrerer Familien, während die risikoreiche Herbstjagd eine gewisse Verminderung erforderte. Nach den bejagten Territorien ließen sich auch die Gruppengrößen ermitteln, die zwischen 17 und 33 im Winter wegen der verringerten Beweglichkeit und zwischen 54 und 108 Personen im Sommer betragen haben sollen. Im Frühjahr erfolgte eine Aufteilung der Wintergruppen an den Mündungen der Donaunebenflüsse. In jedem der vier Abschnitte des Jahres wurde ein Hauptlager besiedelt, im Sommer gab es daneben noch kleinere Jagdlager. Von den berücksichtigten Fundstellen wird das Jägerhaus als Winterlager wegen des Vorkommens von Ferkeln, der Gemse und der Haselnüsse angesehen. Inzigkofen und Lautereck waren Frühjahrsstationen. Nach ihrer Lage wird die Schuntershöhle als Herbst- oder Winterplatz betrachtet, während die Fundstellen am Federsee mit dem geringsten Schutz in den Sommer gestellt werden. Das Blautal mit einer Anzahl von mittelsteinzeitlichen Oberflächen- und Abrifundstellen wird als weitere mögliche Winterregion in Betracht gezogen. Hierzu könnten das Lautereck als Frühjahrs- und die Schuntershöhle als Herbstlager gehören. Dieses jahreszeitliche Modell will *Jochim* aber nicht als festes Schema verstanden wissen. Die Ausnutzung dieses Gebiets richtete sich nach den jeweiligen Gegebenheiten, d. h. nach der Verfügbarkeit von pflanzlicher und tierischer Nahrung.

Neue Daten ergänzen aber diese mehr theoretische Rekonstruktion. Zudem wurden hierbei verschieden alte Horizonte in ein System gestellt. Wenn man von den vorhandenen Daten ausgeht, dann ergibt sich ein anderes Bild der jahreszeitlichen Bewegungen in der frühen Mittelsteinzeit. Die Haselnuß ist in den meisten Fundstellen unter Felsschutzdächern der Schwäbischen Alb vertreten. Sie wird von August bis September gesammelt und kann über lange Zeit aufbewahrt werden. Da sie sehr nährreich ist, kann sie ein Grundnahrungsmittel dargestellt haben, das sogar über größere Entfernungen transportiert wurde. Ihr Vorkommen in Taubried II am Federsee belegt hier einen Aufenthalt am Ende der warmen Jahreszeit oder sogar im Winter. Enger eingeschränkt in ihrer jahreszeitlichen Datierung sind dagegen die Perlfische aus Dietfurt und möglicherweise auch die Eierschalen aus dem Helga-Abri. Trotz möglicher Aufbewahrung dürften sie nicht über allzu große Entfernung bewegt worden sein. Falls die Pollen von Schildampfer und Bärlauch nicht im Kot von Tieren eingebracht wurden, geben sie eine späte Frühjahrs- oder eine frühe Sommerbesiedlung für das Jägerhaus an. Gegen ihre Einbringung durch Tiere spricht, daß sie sich mit den Haselnüssen abwechseln. Denn wo beide in den Kulturschichten 7 und 8 fehlen, ist die Hasel reich vertreten. Nur im Horizont 10 kommen sie gemeinsam mit der Hasel vor. Dieser Wechsel läßt sich so deuten, daß die Kulturschichten 6, 9 und 11 eine Frühsommerbegehung, die Horizonte 7 und 8 eher eine Herbst- bis Winterbesiedlung angeben. Die Fauna selbst gibt kaum Hinweise auf eine jahreszeitliche Besiedlung. Nur detaillierte Untersuchungen wie Dünnschliffe an Zähnen könnten hier zusätzliche Informationen liefern.

Nimmt man unter allem Vorbehalt diese jahreszeitlichen Datierungen als wahrscheinlich an, dann bestätigen sie das Modell von *Jochim* nur teilweise. Allerdings ist ein direkter Nachweis eines Winteraufenthaltes auf der Schwäbischen Alb bisher nicht gegeben. Die Frage ist außerdem, ob man unter einem Felsen den Winter verbringen kann, ob man eine leichte Hütte ausreichend heizen kann, ob die vom Felsen aufgenommene Sonnenwärme, die langsam abstrahlt, und der Windschutz ausreichen, um eine solche Wahl zu treffen. Aber die mächtigen Brandschichten in Inzigkofen und in der Falkensteinhöhle sprechen für intensive, häufige Feuer, wie man sie in der kalten Jahreszeit braucht. Die wenigen offenen Höhlen wird man im Winter kaum dauernd aufgesucht haben. Sie sind zwar verhältnismäßig warm, dafür aber so feucht, daß man nicht lange darin verweilen kann. Nach den wenigen jahreszeitlichen Hinweisen ist es durchaus denkbar, daß man die Schwäbische Alb zu allen Zeiten im Jahr aufsuchte.

Bei den zahlreichen Freilandfundstellen fehlen leider vergleichbare Daten. Das Herausragende ist bei ihnen die Lage im Gelände auf trockenen, windexponierten Kuppen in der Nähe von Wasser. Eine ähnliche Auswahl trafen auch die Eskimos in der warmen Jahreszeit für ihre Lager, die nie direkt am Fluß oder im Tal, sondern auf oder zwischen Hügeln angelegt wurden. Die windexponierte Stelle wurde nicht nur wegen dem schnellen Abtrocknen und der guten Sicht, sondern auch wegen der Stechmückenplage gesucht. Ob die mittelsteinzeitlichen Freilandstationen ähnlich zu bewerten sind, kann nicht entschieden werden, solange intakte, ausgegrabene Plätze fehlen. Hier geben die auffällig vielen verbrannten Hornsteine ebenso intensive Feuer an wie unter den Felsschutzdächern.

Trotz gewisser Besonderheiten, die wohl letztlich zu der Benennung »Beuronien« durch *Taute* führten, war Südwestdeutschland auch in der frühen Mittelsteinzeit nicht isoliert. Die Fernkontakte dieses Raumes sind zwar nach den verwendeten Gesteinen nicht so ausgeprägt, daß man größere Mengen von Rohmaterial aus weiter Entfernung herangeschafft hätte. Auch die Schmuckschnecken stammen zum größten Teil aus dem Steinheimer Becken. Man kann daraus eine gewisse Verbindung zu einem Gebiet ableiten, die auch bei den umherschweifenden Jägern und Sammlern erforderlich ist. Kulturell ist die frühe Mittelsteinzeit aber Bestandteil des Tardenoisien, das in den Mittelgebirgsregionen von der Elbe über Süddeutschland bis zum Pariser Becken hin vorkommt. Diese »Beuron-Coincy-Kultur« zeichnet sich durch gleichschenklige Dreiecke und Mikrospitzen mit beidseitiger Basisretusche aus, ferner durch knöcherne Speerspitzen. Daß solche Fernkontakte bestanden, belegen auch einzelne Schmuckschnecken aus südwestdeutschen Fundstellen. Sie lassen Beziehungen in das Mainzer Becken, an die Rhonemündung bis zum Mittelmeer und nach Osten hin bis an die Zuflüsse des Schwarzen Meeres erkennen. Mit diesen entfernten Gegenden bestand eine Tauschverbindung, vermutlich wurden aber auch technische Neuerungen auf diesem Wege vermittelt. Seit der jüngeren Altsteinzeit scheint dieses Kommunikationssystem weiterbestanden zu haben, vielleicht sind die Beziehungen nach Osten etwas stärker als vorher.

Die geistige Welt der südwestdeutschen Mesolithiker ist weitgehend unbekannt. Wenn man von geritzten Geröllen absieht, sind Kunstwerke nicht belegt. Verzierte Stücke sind nur aus dem Zigeunerfels C überliefert. Die sorgfältig hintereinander gesetzten Kerben können eine Verzierung oder Zeichen darstellen. Nur die Behandlung der Toten besitzt eine früher unbekannte Vielschichtigkeit. Im Felsställe bei Mühlen und in Blaubeuren-Altental entdeckte man Körperbestattungen. In der Falkensteinhöhle und in Inzigkofen fanden sich vereinzelte menschliche Knochen und Zähne. Abgesehen von dem Kindergrab in Mühlen ist die Datierung der Skelettreste in das Frühmesolithikum nicht sicher. Das trifft vor allem aber für die Kopfbestattung im Hohlenstein-Stadel zu, wo man die abgeschnittenen Köpfe eines Mannes, einer Frau und eines Kindes in einer rötelgefärbten Grube mit nach Südwesten gerichteten Gesichtern beisetzte. Trotz der vermuteten Tötung der beiden Erwachsenen kann man kultisch-religiöse Motive für die Beisetzung annehmen. Leider ist die zeitliche Stellung der 33 Köpfe aus der Großen Ofnet ebenso unklar wie die der drei aus dem Stadel, beiden dürften aber die gleichen Vorstellungen zugrunde liegen. Warum man in einem Fall die Menschen tötete und ihre Köpfe abschnitt, im anderen Fall den ganzen Körper bestattete, ist nicht zu erklären. Wegen der vielen Möglichkeiten bei der Behandlung von Toten ist eine weitergehende Interpretation nicht möglich. Gegenüber der Altsteinzeit ist eine größere Komplexität bei der Behandlung der Toten festzustellen, die ausgeprägte Jenseitsvorstellungen andeuten.

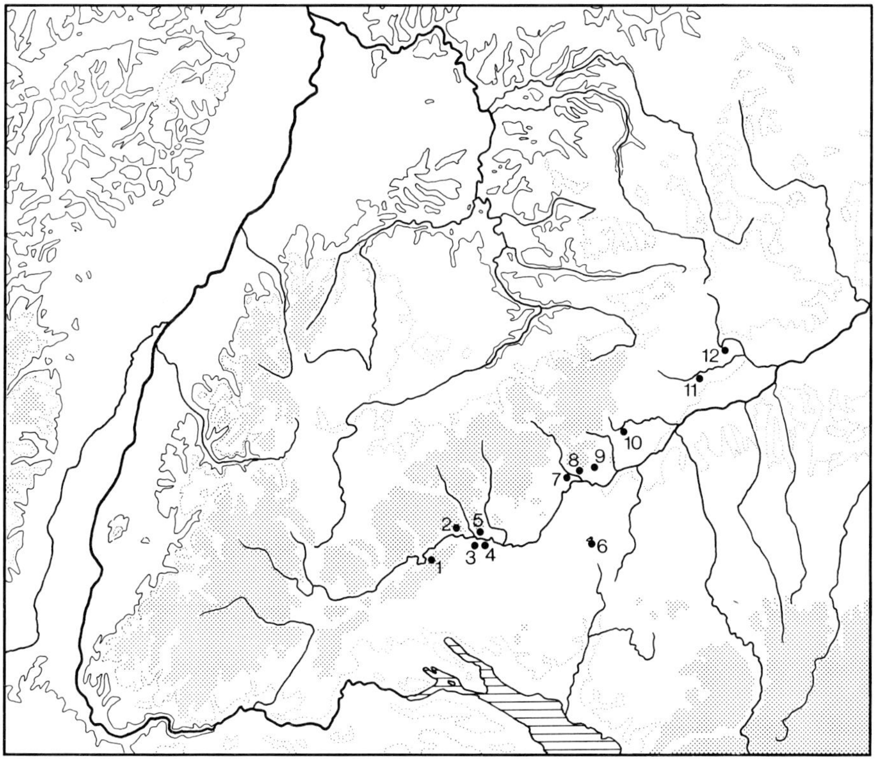

Abb. 233. Mittelsteinzeitliche Fundpunkte. 1 Jägerhaus, 2 Falkensteinhöhle, 3 Burghöhle Dietfurt, 4 Inzigkofen, 5 Zigeunerfels, 6 Federsee, 7. Lautereck, 8 Felsställe, 9 Schuntershöhle, 10 Helga-Abri, 11 Fohlenhaus, 12 Bruckersberg: Spitalhöhle, Bärenfelsgrotte.

Gliederung und Datierung der Mittelsteinzeit in Baden-Württemberg

Jahre vor heute	Klima-abschnitt	archäol. Stufen	Zigeu-nerfels	Jäger-haus	Probst-fels	Falken-steinhöhle	Diet-furt	Inzig-kofen	Schun-tershöhle	Helga-Abri	Geißen-klösterle	Fohlen-haus	Maler-fels
5000													
	jüngeres	Jungstein-zeit				Neolith.	Neol.						
6000													
	Atlantikum												
		Späte Mittelsteinzeit		6		oberes Drittel	10	oberes Drittel	3				
7000													
	älteres			7									
				8 9	mesolith. Horizont	unteres Drittel		unteres Drittel		IIF1 IIF2 IIF3 IIF4		1	
8000													
		Mittelsteinzeit C											
	Boreal	B	A	10 11 12						IIF5 IIF6		2	
9000													
		Frühe Beuronien A	B										
	Präboreal			13					4		In		UK
10000		Frühestme-solithikum	C										
				15									
	Spätglazial	jüngere Altsteinzeit	D						5	IIF7			
11000													
		späte											

Die späte Mittelsteinzeit

von Hansjürgen Müller-Beck

Auch im Verlauf des Postglazials zeigen sich weitere markante Veränderungen der Landschaft. Vor allem kommt dies im Waldbild zum Ausdruck (vgl. Beitrag Frenzel). In der ersten Hälfte des achten Jahrtausends vor heute, also zwischen 8000 und 7500, geht der Anteil der Hasel in den lichten Wäldern der Borealzeit allmählich zurück. Die für das nachfolgende Atlantikum so typischen Eichenmischwaldelemente beginnen zuzunehmen. Dies allerdings als langsame Veränderung, die an günstigen Standorten früher einsetzt als an ungünstigen. Der ursprüngliche, noch kontinental geprägte Borealwald wird durch den stärker ozeanisch-atlantisch beeinflußten Eichenmischwald abgelöst, in dem freilich einige Elemente, wie etwa die für uns heute so typische Buche, noch fehlen. Hauptursache für diesen Vorgang ist die anhaltende nacheiszeitliche Erwärmung und die dadurch mögliche Zuwanderung anspruchsvollerer Gehölzarten. Andere Formen, wie die Hasel, werden im Austausch dazu zurückgedrängt.

Jagd, Fischfang und Sammeln

Der dichter werdende Urwald ist nicht frei von Lichtungen und offenen Landstrichen. Das gilt für die Überflutungsbereiche der Gewässer und sicher zeitweilig zumindest auch für die Zonen weniger tiefgründiger und trockener Böden. Die Faunenelemente als potentielle Jagdbeute ändern sich kaum mehr. Allerdings kann die Zahl der Einzeltiere jeder Art weiter abnehmen. Sie werden damit immer schwerer erreichbar. Hirsch und Wildschwein bleiben offenbar die Hauptjagdtiere, neben die Reh und in felsigeren Landschaften die Gemse treten. Biber und Otter weisen auf die Nähe von Gewässern hin, die in den Jagdstationen auch durch Wasservögel wie Enten und Säger repräsentiert werden. Aus ihnen stammen ebenfalls verschiedene Fische, von Huchen und Äsche über Frauenfisch und Döbel bis zum Hecht. Eine geringere Rolle spielen Bär, Fuchs und

Abb. 234. Mittelsteinzeitliche Sammlerinnen und Jäger nutzen von einem günstig gelegenen Lager aus verschiedene Produktionsgebiete der Natur: Hirschjagd am Waldrand, Fischfang im Fluß, Wildfang und Sammeln im Wald.

andere Raubtiere, gelegentlich der Hase und verschiedene Waldhühner, die sicher auch als Nahrung dienten. Interessant ist in diesem Zusammenhang, daß bei den spätmittelsteinzeitlichen Hirschen aus der Fundstelle Schötz 7, im heutigen Kanton Luzern, eine klare Größenabnahme dieser Tiere zu beobachten ist. Das kann entweder auf verschlechterte Lebensbedingungen oder aber auf eine verstärkte Bejagung in einer engeren Region zurückzuführen sein. Die in der gleichen Station beobachteten Reste des Ur könnten auf einen Konkurrenzdruck dieser Art auf die Hirsche hinweisen. Der Faunenbearbeiter, H. R. Stampfli, hat festgestellt, daß nach voller Einführung des Feldbaus in dieser Region im 5. Jahrtausend vor heute die Größe der Hirsche wieder deutlich zunimmt. Offenbar hat dann die Kulturbrache im Bereich aufgegebener Feldfluren zur Bildung offenerer Gras- und Buschzonen und damit zur Verbesserung der Ernährungsmöglichkeiten wilder und auch domestizierter Huftiere geführt. Ein Ablauf, der noch heute im ostafrikanischen Urwald beobachtet werden kann. Bleiben wir bei unseren Spätmesolithikern, die im Ausgang des Boreals und in den älteren Abschnitten des Atlantikums lebten, also verallgemeinernd zwischen 8000 und 6500 vor heute, bzw. zwischen 6000 und 4500 v. Chr., demnach vor der Zeit des stärker werdenden Drucks eindringender Bauernkulturen (vgl. Beitrag Sangmeister). Auf dieses Problem werden wir noch zurückkommen. Man darf sicher annehmen, daß die Jagd noch von erheblicher Bedeutung war.

Neben der nach Situation wechselnden Hauptbeute Hirsch oder Wildschwein wurde offensichtlich jedem anderen erreichbaren Wild nachgestellt, selbst dem wehrhaften Ur. Der relative Anteil von Fischfang und Vogeljagd an der Nahrungsbeschaffung ist von den noch geringen Daten nicht ableitbar. Aus den spätmittelsteinzeitlichen Niveaus (7c) der Jägerhaus-Höhle an der Oberen Donau gibt es Hinweise auf die eventuelle Nutzung der Flußmuscheln, die genauso angenommen werden muß wie das Sammeln von Wildfrüchten. Bei diesen nahm die Haselnuß zwar im Verhältnis ab, wurde aber durch andere Früchte, wie Eicheln oder Wildobst, mehr als ersetzt. Zudem konnte der Mensch bei gezielter Sammelstrategie und der Anwendung geeigneter Vorratstechniken seinen Konkurrenten bei der Nutzung von Wildpflanzen ohne allzu großen Aufwand zuvorkommen. Mit Recht wurde schon früher darauf hingewiesen (s. Beitrag Albrecht), daß die Veränderung der Vegetation am Ende der Eiszeit auch eine Umstellung der menschlichen Nutzungsverfahren erforderlich gemacht hat. Die Erreichbarkeit der im Bestand zurückgehenden Huftiere wurde im dichter werdenden Wald geringer. Sie war noch hoch an den Waldsäumen hinter Gewässerstränden. Das beweist sehr gut die schon genannte Freilandstation von Schötz 7 *Abb. 234* aus der Schweiz an einem Seeufer. Im Rahmen der Nahrungsbeschaffung mag die Huftierjagd auf nur noch 20 bis 30 Prozent des Volumens zurückgegangen sein, dagegen könnte das Sammeln von Wildpflanzen, Eiern und Muscheln 40 oder gar 50 Prozent erreicht haben. Bei Streckung durch geeignete Bevorratungsverfahren ergäbe sich eine Intensivierung der Wildernte im Spätsommer und Herbst. Sie wäre weiträumig – wohl am ehesten als Frauenarbeit – aber mit Konzentration in den Speicherlagern zu denken. Zwei weitere, vorläufig noch schwer abschätzbare Faktoren wären Fischfang und Vogeljagd, die im Rahmen dieser Schätzung für die restlichen 40 bis 20 Prozent der menschlichen Ernährung aufkommen mußten. Insgesamt wären im Schnitt pro Person und Tag etwas weniger als 2500 Kalorien beizubringen gewesen, wenn man von entsprechenden ethnohistorischen Vergleichsdaten ausgeht.

Die Quellenlage

Es ist nicht einmal ausgeschlossen, daß bei der Entwicklung geeigneter Techniken und dem jetzt verfügbaren, in unseren Breiten (etwa im Gegensatz zum heutigen Nordkanada) sehr vielfältigen Nahrungsangebot sogar eine allmähliche Zunahme der Bevölkerung denkbar wäre. Betrachten wir dazu die tatsächlich vorhandenen Befunde, auf deren Zustandekommen schon im forschungsgeschichtlichen Teil des Beitrages Hahn hingewiesen worden ist. Vor allem die Beobachtungen *W. Tautes*, der sich in den vergangenen beiden Jahrzehnten besonders intensiv der süddeutschen Mittelsteinzeit angenommen hat, sprechen aber auf den ersten Blick dagegen. Die Zahl der Freilandstationen ist im Spätmesolithikum weit geringer als im Frühmesolithikum. Das aber kann an zwei verfälschenden Faktoren liegen: einmal an der Konzentration auf engere Areale in der Nähe von Gewässern, also an einer von Anfang an geringeren räumlichen Ausdehnung entsprechender Spuren. Dazu kommt, daß in der Nähe der Gewässer die Zerstörung durch Erosion einerseits, aber auch die Überschüttung mit mächtigeren Deckschichten andererseits die Spurenfindung schwieriger macht. Das weiträumiger verbreitete Frühmesolithikum bleibt auf Geländekuppen in Oberflächennähe besser gesichert und kommt auch beim modernen Tiefpflügen wieder leichter zum Vorschein. Freilich sind durch diese flache Lagerung alle organischen Funde, wie etwa Tierreste, vergangen.

Betrachtet man dagegen die bisher bekannten postglazialen Höhlenfundstellen unseres Landes (ähnlich ist die Situation in der Schweiz), dann ist der Unterschied weit weniger kraß. In den insgesamt von *W. Taute* (1980) im Zusammenhang mit den naturwissenschaftlichen Auswertungen vorgelegten zehn südwestdeutschen Höhlen (die schon knapp in Bayern liegende Große Ofnet am Ries wird hier einbezogen) oder Abris sind achtmal auch spätmesolithische Reste geborgen worden. Nur zwei Fundstellen, der Probstfels im Oberen Donautal und das Fohlenhaus im Lonetal, enthielten ausschließlich Frühmesolithikum. Dafür ist das Felsdach Lautereck eine Station, in der nur Spätmesolithikum vorkommt und darüber ein schon altneolithisch bäuerliches Inventar der Bandkeramik. Der Probstfels aber liegt ganz in der Nähe der systematisch ergrabenen Jägerhaus-Höhle, die gleichsam für Baden-Württemberg die stratigraphische und damit zeitliche »Eichabfolge« angibt. Hier ist die Späte Mittelsteinzeit gänzlich unbeeinflußt aus den drei Abtragungen der Schicht 7 geborgen worden. In der höheren Schicht 6 kommt es zwar auch vor, bleibt aber hier nicht unbeeinträchtigt durch Einflüsse und Störungen aus jüngeren Ablagerungen. Auch die Falkenstein-Höhle mit ihrem Spätmesolithikum aus dem oberen Drittel des Mesolithsediments gehört noch in die gleiche Nachbarschaft. Ebenso ist Spätmesolithikum im Abschnitt 10 der Burghöhle Dietfurt und im Felsdach Inzigkofen bei Grabungen in derselben Landschaft beobachtet worden, wie gleichfalls in Spuren in der Zone A im obersten Teil des Zigeunerfelsprofils. Das etwas weiter von dieser Konzentration entfernte Lautereck-Abri (Felsdach) an der Großen Lauter haben wir bereits erwähnt. In der Schuntershöhle auf der Alb bei Allmendingen (Schicht 3) und in der Großen Ofnet am Ries (Schicht VII) ist das Spätmesolithikum ebenfalls angetroffen worden. Nur ist es dort stratigraphisch nicht klar vom Frühmesolithikum trennbar. Die zwischen den beiden letzten genannten Fundstellen liegende Albstrecke fällt trotz ihrer nicht seltenen Höhlen als Quellenzone des Spätmesolithikums vorläufig aus.

Technische Aspekte

Vergleichen wir die oben beschriebenen Inventare, die durch ähnliche Vorkommen im naheliegenden schweizerischen Birstal und Wauwilersee-Becken ergänzt werden, so ergeben sich gegenüber dem Frühmesolithikum auch einige deutliche technische Unterschiede. Auffallend ist zunächst die Veränderung dessen, was der Urgeschichtler im Fachjargon »Grundproduktion« nennt: die Herstellung von Abschlägen und Klingen durch das Abtrennen von Steinkernen, die Grundlagen aller Werkzeuge. Diese Grundproduktion ist von auffallender Sorgfalt und zeigt eine gute Beherrschung der Verfahren. Es entstehen dabei regelmäßige und relativ breite, aber zugleich feine Klingen, die zur Weiterverarbeitung besonders gut geeignet sind. Sie werden teilweise in der schon

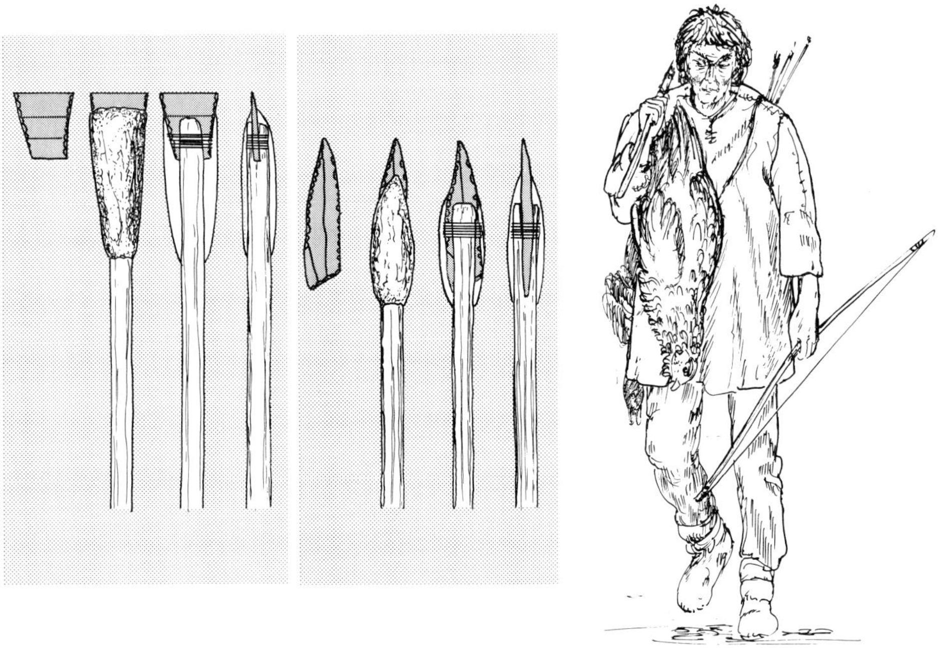

Abb. 235. Ein Jäger der späten Mittelsteinzeit (siehe Pfeilspitze mit Querschneide oben links) kommt von der Vogeljagd zurück.

früher angewandten Kerbtechnik (s. Beitrag Hahn) zerlegt. Die geometrischen »Mikrolithen« wirken häufig großzügiger und in ihrer Form klarer. Besonders charakteristisch sind die zur Pfeilbewehrung dienenden »Querschneider«, ein durch Klingenzerlegung gefertigtes schmales, aber relativ hohes Trapez, dessen breiteres Ende die Pfeilschneide bildet. Die Kanten werden zur Kontrolle der Form oft nachgearbeitet, retuschiert. Wahrscheinlich ist diese Pfeilbewehrung, die wir an den auch in den Holzteilen gut erhaltenen Pfeilen für die Vogeljagd aus dem antiken Ägypten kennen, für die Anwendung in dichterer Vegetation *Abb. 235* besonders gut geeignet. Das gilt vor allem beim Schuß auf Vögel, an deren meist dichtem Balg spitze Geschosse leichter abgleiten. Auch heutige Jagdgeschosse sind nicht nadelspitz, damit sie nicht schon durch kleinste Zweigwiderstände aus ihrer Flugbahn abgelenkt werden. Ideal wäre der querschneidige Pfeil, wenn er durch eine gut gebaute Fiederung so stabilisiert würde, daß die Schneide senkrecht stünde. Solche wirksamen Befiederungen kennen wir zwar aus verschiedenen Zusammenhängen, aus dem Mesolithikum sind sie dagegen wegen ihrer leichten Vergänglichkeit bisher nicht bekannt.

Neben diesen neuen Querschneidern treten die älteren Formen der Geschoßspitzen stark zurück, wenn sie auch keineswegs gänzlich verschwinden. Auch das dürfte auf die funktionale Überlegenheit der Querschneider hinweisen. Es ist nicht einmal auszuschließen, daß die Verbesserung der Grundproduktion mit ihren wohl sorgfältig gedrückten Klingen mit durch die Entwicklung der Querschneider ausgelöst wird. Sie lassen sich aus ihnen jedenfalls seriell rasch fertigen. Neben den Hochtrapezen der Querschneider treten auch einfachere, aber ebenfalls großflächig wirkende Vierecke, breitere Trapeze und Trapezspitzen auf. Sie sind weiterhin als Kantenein- oder -aufsätze für vielerlei schneidende Funktionen brauchbar. Auch kurze Kratzer, wohl meist zur flächigen Holz- und Lederbearbeitung, und Stichel zum Beschnitzen von Knochen und Bein bleiben weiterhin wichtig. An den größer werdenden Klingenmessern erscheinen mehr oder weniger ausgedehnte Kerbungen und Buchtungen, die z. T. durch die Benutzung entstehen, offensichtlich aber auch – wohl in der Funktion von Ziehklingen – durch planmäßige Retuschen gefertigt werden. Grundsätzlich setzen sich zwar auch einige Komponenten des frühmesolithischen Steingerätkomplexes fort. Die Unterschiede durch die Einführung neuer Details sind aber so groß, daß ein insgesamt erkennbar neuer Stil auftritt. Das Spätmesolithikum unseres Raumes gehört also tatsächlich zu einem eigenständig-funktional bestimmten »Technokomplex«. Dieser reicht in benachbarte Räume hinein und kann noch immer grob mit einer Endphase der schon relativ früh in Frankreich definierten »Tardenoisien-Tradition« gleichgesetzt werden, ein Begriff, der freilich über die Jahre hinweg mit oft wechselnder Gewichtung benutzt wurde.

Ein weiteres sehr kennzeichnendes technisches Element sind die aus breiten Hirschgeweihspänen geschnittenen, meist beidflächig bearbeiteten »Harpunen«. Diese mit Widerhaken versehene Waffenspitze muß sich nicht unbedingt, wie bei echten Harpunen der Fall, vom Schaft lösen. Die bisher vorliegenden Funde erlauben dazu noch keine sichere Aussage. Aber ob ablösbar und nur über eine Leine direkt oder indirekt mit dem Schützen oder aber fest mit dem Schaft verbunden, die Widerhaken machen ein solches Gerät speziell geeignet für die Fischwaid. So dürfen die beiden hier vorgestellten Exemplare aus dem Felsdach von Inzigkofen dicht an der Donau in Funktion und Raumbezug als besonders typisch gelten. Kleinere Exemplare sind häufiger belegt, wie etwa in der Jägerhaus-Höhle oder in der schon genannten Freilandstation von Schötz 7 und den Höhlenfundstellen des Birstales südlich von Basel. Ebenfalls aus Hirschgeweih werden in dieser Epoche auch andere Geräte gefertigt: beilartige Hacken, die sowohl Schlagwaffen wie Grabhacke gewesen sein können und nach Ausweis von Grabfunden außerhalb unseres Gebietes wohl zur Männerausstattung gehören; Keile zur Holzbearbeitung und Fassungen für allerdings heute fehlende, wohl in der Form durchaus unterschiedliche Klingen. Darunter könnten sich auch die gelegentlich in den spätmittelsteinzeitlichen Fundinventaren schon auftretenden geschliffenen Steinbeilklingen befunden haben. Kürzlich hat *V. Geupel* (1981) ein Grab aus dem Elbe-Saale-Gebiet, dessen Spätmesolithikum viele Züge mit dem unseren gemein hat, wieder neu publiziert, in dem spätmesolithische Mikrolithen, Geweih- und Beingeräte, eine geschliffene Beilklinge und ein in Rötel gebettetes, durch rituelle Bestattung zerstückeltes Skelett gefunden worden waren. Die nicht allzu zahlreichen Schmuckreste zeigen, daß sich auch hier die älteren mittelsteinzeitlichen Traditionen fortsetzen.

Zur Zeitstellung

Die in Südwestdeutschland und der Nordschweiz verfügbaren ^{14}C-Daten aus spätmesolithischen Fundstellen liegen relativ dicht beieinander. In den Höhlen aus dem Oberen Donautal streuen allerdings insgesamt nur drei Daten bei Einbeziehung der Fehlerunsicherheit der Messungen über den Zeitraum von etwa 8000 bis 7500 Jahre vor heute. Ein jüngeres Datum aus dem Horizont 6 der Jägerhaus-Höhle mit 5240 ± 60 (mit der Datierungsnummer des Labors Bern: B-938) vor heute ist offensichtlich durch jüngere Verunreinigungen verfälscht. In den schweizerischen Stationen Birsmatten ergab sich ein Datum von 7250 und in Schötz ein solches von 7000 im Mittelwert. Datierungen, die sicher noch nicht endgültig sind, aber doch die etwaige Spanne unseres Spätmesolithikums grob *S. 392* abschätzen lassen. Sie liegen in einem Jahrtausend, das mit dem weitaus häufiger in botanischen Abfolgen datierten Übergang vom Boreal zum Atlantikum übereinstimmt. Es ist die Zeit der schon anfangs genannten Ausbreitung des Eichenmischwaldes. Dabei ist weniger bedeutsam, ob die gemessenen ^{14}C-Daten tatsächlich auch vollständig den Erdkalenderjahren, die wir gerne »Sonnenjahre« nennen, entsprechen. Eine Umkalibrierung ist möglich (vgl. Beitrag Sangmeister) und würde unsere Daten eventuell um ein gutes halbes Jahrtausend älter machen können. Im relativen Zeitbezug spricht aber alles dafür, daß zum Beuronien C unseres Landes, am Ende des Älteren Mesolithikums (Beitrag Hahn) keine Unterbrechung, sondern ein kontinuierlicher Übergang besteht. Die Bevölkerung setzt sich also fort, auch wenn sie im Spätmesolithikum sich unter Veränderung ihrer Techniken an den sich ständig verdichtenden Wald anpassen muß.

Das kulturelle Gesamtbild

Insgesamt läßt sich durchaus sagen, daß das Spätmesolithikum im Raume des heutigen Baden-Württemberg Teil einer eigenständigen kulturellen Entwicklung war, die sich über die ganze Mittelgebirgs- und Hügellandzone nördlich der Alpen erstreckte. Sie fand neue Lösungen, nahm aber gewiß auch Anregungen von außen auf. Wie groß die Gesamtbevölkerung in unserem Lande damals war, ist schwer abschätzbar. Wie bei allen Jägern und Sammlerinnen war die Kopfzahl gewiß gering. Aber die oben beschriebenen technischen Errungenschaften und Nutzungsmöglichkeiten weisen doch eher darauf hin, daß die Krise, die die Wiederbewaldung auslöste, allmählich überwunden worden war. Es war genug Zeit für eine neue Anpassung abgelaufen, und es ist daher auch keineswegs auszuschließen, daß die Bevölkerung sogar wieder zunahm. Unsere Fundkenntnisse sind noch zu gering, um dazu verbindliche Aussagen zu machen. Aber gewiß standen jetzt Nutzungs- und Vorratstechniken zur Verfügung, die bei der Wiederbewaldung mehr als 100000 Jahre vorher (vgl. Beitrag Müller-Beck) noch nicht entwickelt gewesen waren. Bedeutsam wären Belege für die Vorratshaltung, etwa Rinden- oder Holzbehälter, wie wir sie später aus entwickelteren neolithischen Verhältnissen des westlichen Alpenvorlandes kennen. Nach der Gesamtsituation können sie gewiß vorausgesetzt werden. Verbesserte Vorratshaltung würde die Überbrückung von Beschaffungslücken bei der Jagd und der Wildpflanzennutzung ermöglichen und damit eine Vergrößerung der Bevölkerung nach sich ziehen.
Nach allen Vergleichsmaßstäben zu schließen, sollten in den Teillandschaften,

die heute Baden-Württemberg bilden, wenigstens einige hundert Menschen existiert haben. Hat tatsächlich schon durch die denkbare Anpassungsverbesserung eine Bevölkerungswiederzunahme begonnen, könnten es auch um die tausend Individuen gewesen sein. Wählen wir als recht guten bevölkerungsdynamischen Divisor die Zahl fünf für die Köpfe einer Familie, so wären das gerade 200 Familien – oder bei Berücksichtigung der Schwankungsmöglichkeiten im Individuenbestand jeder »Feuerstelleneinheit« – rund 150 bis 250 Familien. Die Kopfzahl von 10000 ist mit sehr hoher Wahrscheinlichkeit noch nicht erreicht worden. Einfacher ist die Abschätzung der Verhältnisse in einer Teilregion. Nehmen wir das Obere Donautal und seine Umgebung mit seinen doch schon recht verdichteten Befunden als Basis: Hauptachse der Nutzung war hier gewiß im Frühjahr das fischreiche Donautal selbst, in dem auch Flußmuscheln als Nahrungsergänzung sammelbar waren. Wie viele Einzelfamilien von durchschnittlich fünf Köpfen dabei zusammenwirkten, ist unsicher. Nach ethnohistorischen Analogien sind es vielleicht zwei oder auch bis vier oder fünf gewesen. Eine Regionalgruppe wäre dann also auf 25 Köpfe zu veranschlagen, die ihrerseits wieder Kontakt mit etwa gleichgroßen benachbarten, aus wieder mehreren Familien bestehenden Gruppen hielt. Wie weit sich das Nutzungsgebiet der Gruppe an der Oberen Donau nach Norden und Süden ausdehnte, wissen wir nicht. Im Osten mag es über Sigmaringen noch hinausgereicht haben. Nach unseren Analogien wissen wir, daß seine Grenzen über längere Zeit kaum stabil geblieben sein können. Gewiß hat aber jedes erwachsene Mitglied der Gruppe die Nutzungsmöglichkeiten seiner Heimat ausgezeichnet gekannt. Neben der im Wald ständig möglichen Jagd auf Hoch- und Niederwild wird im Spätsommer und Herbst vor allem die Frucht-, Eicheln- und Haselsammelernte wichtig gewesen sein, sicher in erster Linie Sache der Frauen. In trockenen Herbstwochen wird dazu die Aufbereitung der Jagdbeute zu Trockenfleisch für den Wintervorrat gekommen sein sowie die Herrichtung der Winterkleidung, deren Gerben auch noch bei zunehmenden Niederschlägen möglich war. Ob das Winterlager selbst im engen kühlen Tal der eigentlichen Oberen Donau lag oder bis nach Sigmaringen oder gar an den Federsee verlegt wurde, ist noch unbekannt (vgl. Beitrag Hahn). Voraussetzung für die vermutlich recht stabilen Winterhütten wären das Vorkommen von leicht zu bearbeitendem Holz und wohl auch ein guter natürlicher Windschutz. Brennholz war sicher nie ein Problem. Im hohen Schnee war die Jagd wohl eher reduziert, wurde aber bei sonst guten Wetterverhältnissen nicht gänzlich aufgegeben. Hauptarbeit blieb wahrscheinlich die Herstellung von Gerätschaften für die kommende Saison, um die im Sommerlager – das gleichsam ein wichtiger Zweitwohnsitz war – zurückgelassenen Ausstattungen zu ergänzen. Nur bei unerwartet später Einkehr des Frühlings dürften nach Aufbrau-

chen der Vorräte allenfalls kurzfristige Versorgungsprobleme entstanden sein. Dem wird man versucht haben, mit der im Wald günstigen Schlingenjagd auf Niederwild bis zum Beginn des fisch- und vogelreichen Frühjahrs Abhilfe zu schaffen. Mit dessen Einsetzen waren die schwersten Sorgen vorüber, und die Nahrungsbeschaffung war jetzt eher eine Frage des Arbeitsaufwandes. Die Grenzgröße der menschlichen Population wurde somit durch den Engpaß am Ende des Winters bestimmt, wie das überall für die Regionen mit ausgeprägten Jahreszeitklimaten in winterkalten Zonen gilt. Sicherlich richtete sich das Leben auch damals bei uns auf Winter und Sommer als Hauptjahreszeiten aus.
An den größeren Seen können Winter- und Sommerlager eng benachbart gewesen sein. In stärker zertalten Landschaften, wie eben dem Oberen Donautal, mögen sie weiter auseinandergelegen haben, wenn auch nicht allzuweit. Denn es bleibt zu berücksichtigen, daß außer dem allenfalls als Tragtier nutzbaren Hund für den Transport nur Menschenkraft zur Verfügung stand. Nur auf dem Wasser konnten möglicherweise Boote eingesetzt werden, die sicher vorhanden waren, auch wenn wir aus unseren einheimischen Funden dazu bisher keine Belege kennen. Die ganze Landschaft, aber auch unsere direkten Beobachtungen sprechen dafür, daß die Hauptlager in der Nähe der Gewässer lagen. Von dort werden Sammel- und Jagdabstecher mit kleinen Zwischenlagern weit in die Hochebenen hinaus erfolgt sein, wie in der Schweiz nachweislich weit über 1000 m Höhe. Die für uns heute als Sedimentfallen so günstigen Höhlenfundstellen wurden wohl in der Regel nur selten aufgesucht. Wir müßten dort sonst viel mehr Funde haben. Die tatsächlichen Lager befanden sich in der freien Landschaft und bestanden aus kleinen, mit Holz, Zweigen und Fellen gebauten Hütten, die bei saisonaler Nutzung nach der Rückkehr ausgebessert wurden. Sie waren zwar stabil, aber doch so wenig im Boden verankert, daß sich davon in unserem Raum noch keine sicheren Reste dokumentieren lassen. Das ist leicht vorstellbar, wenn man sich einmal einen heutigen Wald und die zugehörige Bodenbildung ansieht, in deren oberer Zone alle Hausreste, also auch leichte Hüttenpfosten, sehr rasch vergehen müssen (vgl. Beitrag Bleich). Regional lassen sich also durchaus Mosaiksteine für unser Bild gewinnen. Und es ist gewiß nicht entscheidend, ob damals nur 20 oder 50 oder allenfalls 100 derartige Gruppen unser Land unter sich teilten. Wie sie »im Prinzip« gelebt haben, wissen wir trotz aller Lücken in den Befunden, und damit müssen wir vorerst zufrieden sein.

Der Ausgang des Spätmesolithikums

Ungewisser ist aber in seinen Einzelheiten das Ende des Spätmesolithikums und der Beginn des Vorganges, den man gerne als »Neolithisierung«, also den Übergang vom Jagen und Sammeln zu Zucht und Anbau, bezeichnet (vgl. Beiträge Uerpmann und Sangmeister). Wir haben festgestellt, daß unsere Datierungen vom in seinen Aussagen noch nicht voll gesicherten ^{14}C-Verfahren abhängen. Danach reicht das Spätmesolithikum nicht über etwa 7000 vor heute hinauf. Dagegen stehen bandkeramische Daten als Quellen für die ersten Bauern (Beitrag Sangmeister) erst ab etwa 6500 zur Verfügung. Allerdings ist dies eine ausdrücklich auf die Hauptmasse der Daten begrenzte Streuung, in der die frühesten Siedlungen noch nicht enthalten sein dürften. Bei den noch geringen spätmesolithischen Stationen können wir nach den Regeln der Statistik kaum schon die jüngsten Lager mit gefaßt haben. Es spricht also alles dafür, daß der Kontakt zwischen 7000 und 6500 ^{14}C-Jahren vor heute erfolgt sein muß. Daß mit vielerlei derartigen Kontakten zu rechnen ist, hat eine kürzlich von *B. Gramsch* 1981 in Potsdam herausgebrachte Tagungspublikation für ganz Europa nachgewiesen. Auch für unseren Raum hat der um die Mesolithikumforschung so besonders verdiente *W. Taute* schon früh erkannt, daß sich einige mittelsteinzeitliche Gerätetraditionen in den Steinwerkzeugen der Bandkeramiker fortsetzen, besonders in deren jüngeren Phasen. Das ist um so bedeutsamer, weil wir jetzt wissen, daß nicht überall in der Bandkeramik eine gleichartige Kontinuität besteht. Bei Grießen am Hochrhein hat sich sogar in einer Grube der jüngeren Bandkeramik noch eine Harpune spätmesolithischer Machart gefunden. Das ist trotz des in der Archäologie stets mit Vorsicht zu betrachtenden Einzelbelegs insofern von besonderer Bedeutung, als wir sicher wissen, daß in der Schweiz die ersten Bauern erst nach dem Ende der Bandkeramik auftauchten.

Das bedeutet natürlich keineswegs, daß wir um 6000 in unmittelbarer Nachbarschaft der Bandkeramiker noch »unabhängige« Mesolithiker annehmen müssen. Vielmehr ist es eher so, daß zwar die Einwanderung der ersten Bauern von Südosten her schon vor mehr als 6500 Jahren in kleine, für den Feldbau gut geeignete Rodungskammern erfolgte. Daneben hat aber, wie es *V. Geupel* auch für den Elbe-Saale-Raum vermutet, noch für einige Generationen die Nachbarschaft zu den letzten mittelsteinzeitlichen Jägern tatsächlich bestanden. Dieses Nebeneinander wird sich aber recht bald aufgelöst haben, weil gerade die Übernahme des Feldbaus und der zugehörigen Keramik (als Vorrats- und Kochgefäße) für schon pflanzensammlerisch geprägte Kleingruppen sehr nahe lag. Bereits die Enkelinnen können die Traditionen ihrer Großmütter in weniger als einem Jahrhundert aufgegeben haben. Auch die Übernahme der Viehzucht brauchte kaum viel längere Zeit. Zumal wenn man sich klarmacht, daß auch ein in seiner Anlage naturgemäß stabileres frühes bandkeramisches Dorf zunächst kaum mehr Menschen umfaßt haben dürfte als ein Gruppenlager der einheimischen Jäger und Sammlerinnen. Allerdings konnte jenes seinen Nutzungsraum auf ein kleineres Areal beschränken, da nun der Hauptanteil der Nahrung aus Anbaufrüchten und Vieh bestand. Dieser Faktor dürfte, trotz des wahrscheinlichen höheren Arbeitsaufwandes, schon durch die geradezu demonstrativ stabilen Häuser attraktiv auf unsere Jäger und vor allem ihre Frauen gewirkt haben. Unter diesen Umständen waren die in der Nachbarschaft der ersten Bauern lebenden Jägergruppen wohl bald eingegliedert und trugen damit auch zum nachfolgenden stärkeren Bevölkerungsanstieg bei. Vielleicht sogar in größerem Umfang als die tatsächlichen Neueinwanderer, deren Zahl vorerst niemand schätzen kann.

Allenfalls in abgelegenen, für den frühen Feldbau weniger geeigneten Landschaften, wie am Federsee oder in den Mooren Oberschwabens, mögen ganz allgemein noch kleine Gruppen von mehr mittelsteinzeitlichem Gepräge weitergelebt haben. In der Schweiz haben wir sicher zumindest im Norden eine derartige Situation, die sich auch in einem Andauern der Harpunennutzung, bei veränderten Formen im anschließenden Neolithikum manifestiert, auf die kürzlich *R. Wyss* (1981) wieder hingewiesen hat. Diese spätesten mesolithischen Jäger blieben aber kaum unbeeinflußt von den neuen Errungenschaften wie etwa dem zum stabilen Holzhausbau gehörenden geschliffenen Steinbeil. Sie mögen sogar schon einen begrenzten Feldbau betrieben haben, bis dann vor etwa 5500 Jahren in fast allen Teilen Mitteleuropas sich Anbau und Viehzucht durchgesetzt hatten. Dies aber nicht ohne Beibehaltung einheimischer älterer Kulturtraditionen, die sich neben den neuen technischen Errungenschaften als bewahrte mittelsteinzeitliche Erfahrungen vor allem in der Nutzung der heimatlichen Wildpflanzen und Wildtiere fortsetzten. Neben der Bindung an die Feldflur, die in dieser Enge den Jägern und Sammlerinnen der Mittelsteinzeit zuvor unbekannt war, blieben sie als ihr Erbe selbst heute noch, wenn auch z. T. verschüttet, Bestand ländlicher Kultur.

Die Anfänge von Tierhaltung und Pflanzenanbau

von Hans-Peter Uerpmann

Einige Jahrhunderttausende hat die Menschheit auf der Stufe der Jäger und Sammler zugebracht. Viele Verhaltensmuster, die auch jetzt noch in uns wirken, sind in jener Zeit geprägt worden. Dennoch fällt es heute schwer, sich konkret vorzustellen, was es bedeutet, wenn täglich von neuem die Nahrung in der freien Natur gefunden und erbeutet werden muß. Selbst auf dem Gebiet der bäuerlichen Erzeugung von Nahrungsmitteln werden die meisten Leser dieses Buches kaum eigene Erfahrungen haben. Wo sich die Nahrungsbeschaffung auf den Gang zum Supermarkt reduziert hat, ist es schwierig, die Tragweite und Bedeutung des Überganges vom Wildbeutertum zur bäuerlichen Wirtschaft richtig einzuschätzen. Dabei ist es eine alte Erkenntnis, daß die Menschheit mit dem Schritt vom urzeitlichen Jägertum zum Anbau von Kulturpflanzen und zur Viehhaltung in eine neue Stufe ihres Daseins eingetreten ist. In verschlüsselter Form spiegelt sich diese Erkenntnis z. B. im biblischen Mythos von der Vertreibung aus dem Paradies wider. Ebenso ist das sumerische Gilgamesch-Epos ein Zeugnis dafür, daß bereits den Denkern des Alten Orients die Tragweite jenes Übergangs bewußt war. Auch die Ambivalenz dieses Schritts kommt bereits in diesen beiden frühen Beispielen zum Ausdruck: Während die Bibel ihn mit dem Sündenfall gekoppelt sieht und den Ackerbauern »im Schweiße seines Angesichts« sein Brot verdienen läßt, hebt das Gilgamesch-Epos den zivilisatorischen Fortschritt hervor. Heute – wo die Grenzen des Fortschritts sichtbar werden – könnte man eher wieder dem verlorenen Paradies nachtrauern. Aber wie immer man den Schritt vom Wildbeuter zum Bauern auch beurteilt, so ist die herausragende weltgeschichtliche Bedeutung dieses Entwicklungsschrittes doch offenkundig. In der jüngeren Geschichte kann ihm nur die »industrielle Revolution« als ein gleichbedeutender Schritt zur Seite gestellt werden. So hat man entsprechend auch von einer »neolithischen Revolution« gesprochen; denn die heutige Urgeschichtswissenschaft verwendet diesen Einschnitt, um zwischen der Altsteinzeit (Paläolithikum) und der Jungsteinzeit (Neolithikum) zu unterscheiden.

In der Tat hat mit der Abkehr vom reinen Wildbeutertum eine Entwicklung eingesetzt, die im Vergleich zu den vorangegangenen Jahrhunderttausenden nur als rasant bezeichnet werden kann. Pflanzenanbau und Viehhaltung haben die wirtschaftlichen Grundlagen geschaffen, auf denen neue Organisationsformen der menschlichen Gesellschaft möglich wurden – Organisationsformen, die in vorher undenkbarem Maße eine Güter- und Erkenntnisanhäufung zuließen und die sich auf zwar gewundenem, aber doch ungebrochenem Weg bis zu den heutigen »zivilisierten« Daseinsformen entwickelten. Es ist daher nur folgerichtig, wenn am Schluß dieses Buches zur Urgeschichte Südwestdeutschlands die Entwicklungsprozesse von Ackerbau und Viehzucht beleuchtet werden. Diese Vorgänge haben das Wildbeutertum als die urzeitliche Daseinsform der Menschheit beendet und dem Menschen, der bis dahin weitgehend passiv in den Haushalt der Natur eingebunden war, die Mittel in die Hand gegeben, um in diesen Haushalt einzugreifen und die Steuerung der Nahrungserzeugung selbst zu übernehmen. Es ist selbstverständlich, daß eine Betrachtung zu den Ursprüngen der bäuerlichen Wirtschaftsform sich nicht auf das Gebiet des Landes Baden-Württemberg beschränken kann. Ackerbau und Viehzucht sind nicht in Mitteleuropa entstanden, sondern von außen in unseren Raum hereingetragen worden. Die Rückverfolgung der Spuren führt über die Grenzen Europas hinaus, und so muß auch der geographische Rahmen dieser Betrachtungen zunächst weit gedehnt werden, bevor dargestellt werden kann, wie schließlich – im Verlauf des 5. Jahrtausends v. Chr. – die erzeugende Wirtschaftsweise auch auf dem heutigen Gebiet von Baden-Württemberg an die Stelle des Wildbeutertums trat, durch das sich die Bewohner dieses Landstrichs zuvor mindestens 500000 Jahre ernährt hatten. Über den Entstehungsprozeß der bäuerlichen Wirtschaftsform sind ganz unterschiedliche Hypothesen formuliert worden. Lange hat die Urgeschichtswissenschaft kaum Fakten beigetragen, die die Frage nach dem Ursprung von Ackerbau und Viehzucht hätten erhellen können. Die Diskussion hierüber wurde in erster Linie von Ethnologen auf kultur-theoretischer Basis geführt. Im deutschen Sprachgebiet hatte sich vor allem eine Ansicht durchgesetzt, wonach Anbau und Viehzucht unabhängig voneinander in weit auseinanderliegenden Gebieten entstanden sein sollten. Die Viehhaltung habe sich anschließend an eiszeitliche Rentierzüchter des Nordens in den Steppen Zentralasiens entwickelt, und der Anbau stamme aus tropischen Gebieten, hieß es vereinfacht nach der Meinung der sog. Wiener Schule der Ethnologie. Diese Hypothese hat bis heute keine archäologische Bestätigung gefunden. Gegen sie spricht vor allem, daß es kaum möglich ist, eine Brücke zu schlagen zwischen den vermuteten Kerngebieten und jener Zone, aus der die frühesten bekannten Zeugnisse für die Ausübung von Pflanzenanbau und Tierhaltung vorliegen.

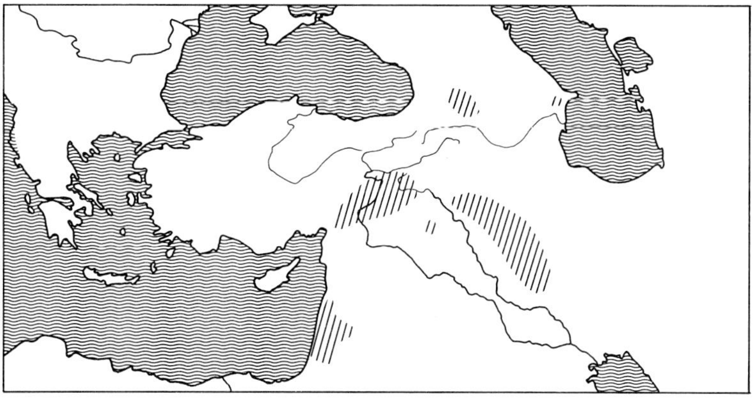

Abb. 236. Heutige Verbreitung des wilden Emmers (Triticum dicoccoides) im Vorderen Orient (umgezeichnet nach Hopf 1978).

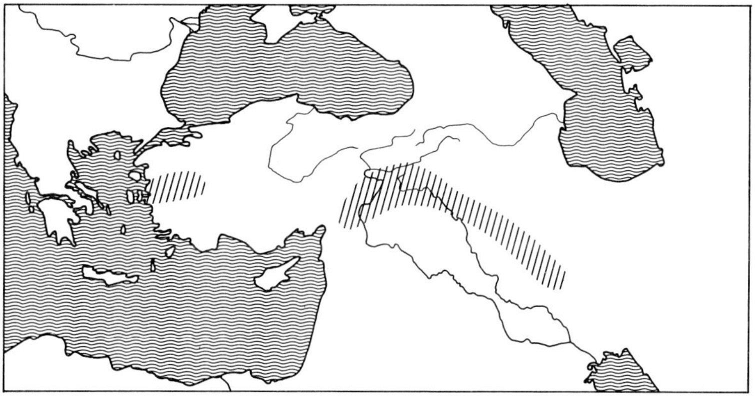

Abb. 237. Heutige Verbreitung der natürlichen Standorte des wilden Einkorns (Triticum boeoticum) im Vorderen Orient (umgezeichnet nach Hopf, 1978).

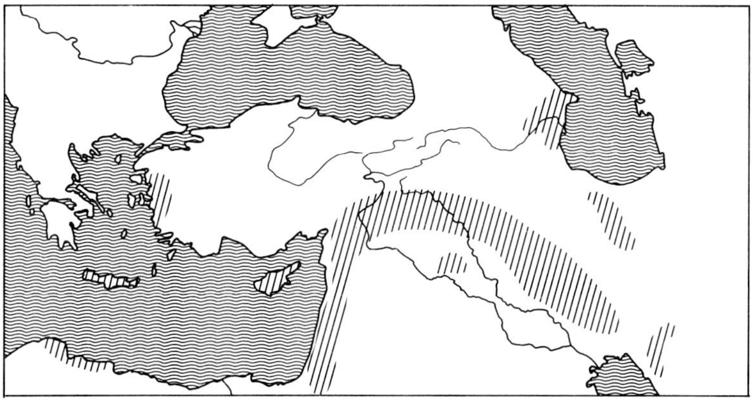

Abb. 238. Heutige Verbreitung der wilden Gerste (Hordeum spontaneum) im Vorderen Orient (umgezeichnet nach Hopf, 1978).

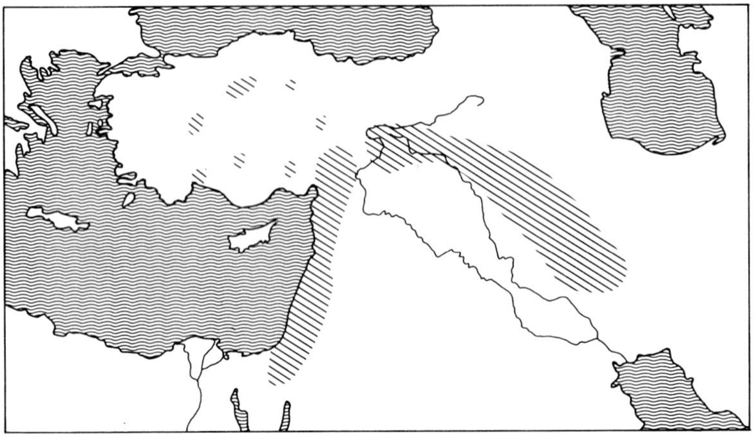

Abb. 239. Heutige Verbreitung der Wilderbse (Pisum humile) im Vorderen Orient (umgezeichnet nach Hopf, 1978).

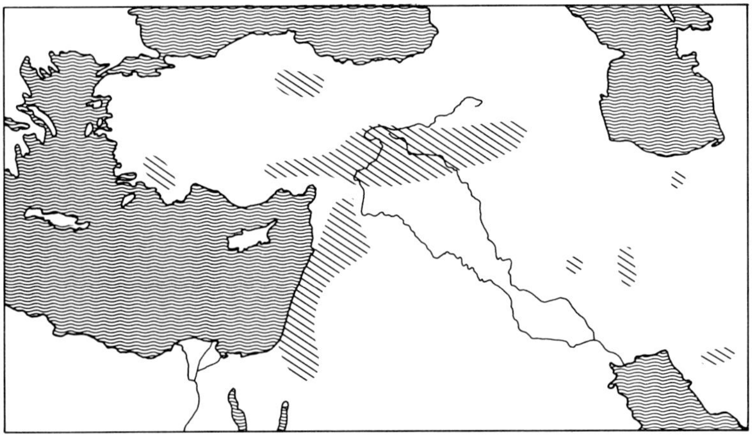

Abb. 240. Heutiges Verbreitungsgebiet der Wildlinse (Lens orientalis) im Vorderen Orient (umgezeichnet nach Hopf, 1978).

Die ältesten Belege für Anbau und Tierzucht stammen aus einem Teilgebiet des Vorderen Orients, das von den Geographen als »Fruchtbarer Halbmond« bezeichnet wird. Es handelt sich dabei um den sichelförmigen Streifen wohlbewässerten Landes, der von Palästina im Südwesten hinaufreicht bis zum Oberlauf des Tigris und sich von dort in der Fußzone der türkisch-iranischen Gebirgsketten nach Südosten erstreckt bis fast zum Persischen Golf. Ähnliche Bedingungen finden sich auch noch in den Tal- und Beckenlandschaften jenseits der ersten Ketten dieses Gebirgsgürtels. Schon vor der Bestätigung durch archäologische

Befunde wurden in diesem Gebiet aufgrund einer anderen Hypothese die Zentren von Ackerbau und Viehzucht vermutet; denn hier überschneiden sich die Verbreitungsgebiete der wilden Ausgangsformen früher Haustiere und Kulturpflanzen, Wildschafe, Wildziegen, Wildschweine und Wildrinder kommen oder kamen hier ebenso vor wie die Stammarten von Emmer, Einkorn, Gerste und einigen Gemüsepflanzen. So war es naheliegend, den Ursprungsherd von Getreidekultivation und Haustierdomestikation hier zu lokalisieren. Denn die grundlegende Voraussetzung von Kultivation und Domestikation ist ja zweifellos die Kenntnis und Verfügbarkeit der Wildformen, wie sie nur in deren natürlichen Verbreitungsgebieten gegeben war.

Die Abbildungen 236 bis 240 zeigen die Verbreitungsgebiete der genannten *Abb. 236–240* Wildgetreidearten und jene von Wilderbse und Wildlinse. Auf diesen Karten tritt der »Fruchtbare Halbmond« als Verbreitungsschwerpunkt deutlich hervor. Es gibt keine sicheren Anhaltspunkte für wesentliche Arealverschiebungen seit der prähistorischen Zeit.

Bei den Stammformen der frühen Haustiere können etwas detailliertere Angaben gemacht werden. Die Abbildungen 241 und 242 zeigen die heutigen Areale *Abb. 241, 242* von Wildziege und Wildschaf. Im Bereich des Fruchtbaren Halbmondes sind außerdem jene Gebiete markiert, die diese Arten am Ende der letzten Eiszeit zusätzlich eingenommen haben. Die für unsere Fragestellung wichtigste Veränderung seit jener Zeit ist der Rückzug der Wildziege aus den Gebirgen im Hinterland der Mittelmeer-Ostküste. Aus dem Libanon und Antilibanon, vom Karmelgebirge und von den Hängen des Grabentales nördlich und südlich des Toten Meeres sind Funde bekannt geworden, die belegen, daß damals auch der südwestliche Zipfel des Fruchtbaren Halbmondes von der Stammform der Hausziege bewohnt wurde. Beim Wildschaf sind die Veränderungen ebenso drastisch. Im Norden des Zweistromlandes scheint seine ehemalige Verbreitung deutlich weiter ins Tiefland herabgereicht zu haben als heute, und am inneren Rand des Fruchtbaren Halbmonds kamen Wildschafe bis weit nach Süden hinunter vor. Zu erläutern bleibt zudem noch die in Karte 242 wiedergegebene Ostgrenze der Wildschafe mit 54 Chromosomen. Östlich dieser Linie leben Wildschafe mit einer höheren Chromosomenzahl. Da die Hausschafe nur 54 Chromosomen haben, muß davon ausgegangen werden, daß ihre Domestikation westlich der gezogenen Linie erfolgt ist. Wildrinder und Wildschweine waren mit Ausnahme der extremen Trockengebiete im gesamten umschriebenen Raum heimisch und darüber hinaus auch in den anderen gemäßigten und subtropischen Teilen der eurasiatischen Landmasse. Dort wo sich in Südwest-Asien die Verbreitungsgebiete all dieser Pflanzen- und Tierarten überschneiden, liegt in biogeographischer Hinsicht jener Raum, in dem die Voraussetzungen für Do-

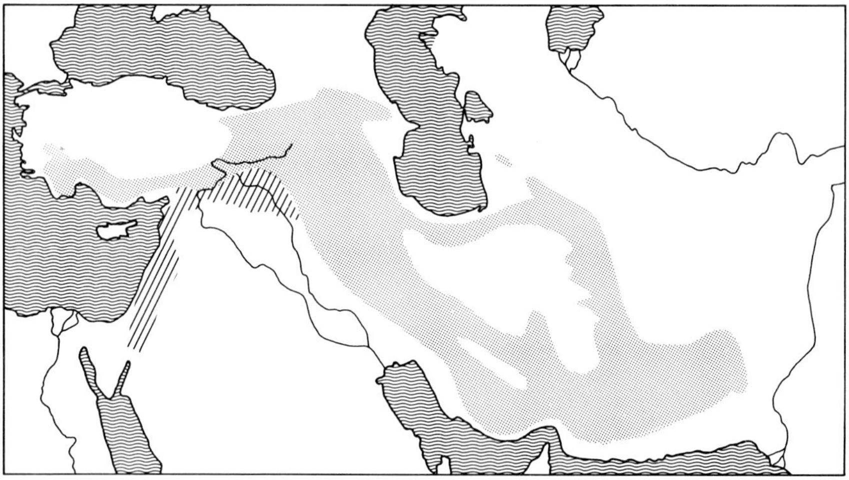

Abb. 241. Heutiges Verbreitungsgebiet der Wildziege (Capra aegagrus) im Vorderen Orient (punktierte Fläche). In prähistorischer Zeit kamen Wildziegen auch in den Gebirgen entlang der Ostküste des Mittelmeeres vor (schraffierte Fläche).

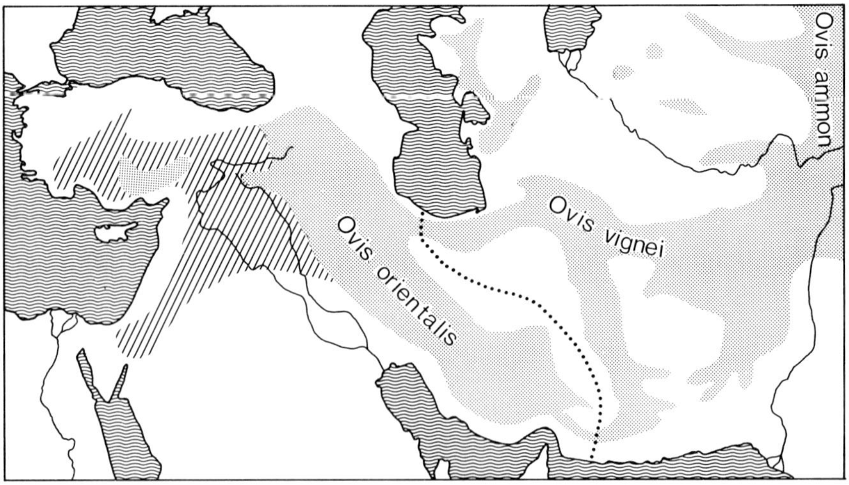

Abb. 242. Heutiges Verbreitungsgebiet der Wildschafe im Vorderen Orient (punktierte Fläche). Die Verbreitung ging im Westen weit über das heutige Areal hinaus (schraffierte Fläche). Punktierte Linie: Ostgrenze von Ovis orientalis, der Stammform des Hausschafes.

mestikation und Kultivation der genannten Arten erfüllt waren, und wo demzufolge nach den Wurzeln dieser Vorgänge zu suchen ist.
Die Suche nach den Anfängen der bäuerlichen Wirtschaftsweise im Vorderen Orient hat die urgeschichtliche Forschung vor allem seit der Mitte unseres Jahrhunderts stark beschäftigt. Inzwischen sind an einer ganzen Reihe von Fundorten Ablagerungen erfaßt worden, die in die Zeit des Übergangs zwischen Wildbeutertum und bäuerlicher Wirtschaft gehören, und deren Fundmaterial über diesen Vorgang Aufschluß gibt. Allerdings ist die Auswertung dieser Funde vielfach noch im Gange, so daß ein endgültiges Bild der Ergebnisse noch nicht gezeichnet werden kann. Fest steht bereits heute, daß der Zeitraum dieses Übergangs etwa vom 12. bis zum 8. Jahrtausend v. Chr. reicht. Am Anfang des 7. Jahrtausends finden sich im gesamten Gebiet, das oben als Fruchtbarer Halbmond bezeichnet wurde, und bis ins südliche Anatolien hinein voll entwikkelte bäuerliche Siedlungen, die erkennen lassen, daß zu dieser Zeit die neue Wirtschaftsform bereits ausgebildet war. Früher als an anderen Orten der Alten Welt entfaltete sich somit im Vorderen Orient eine Lebensweise, die bis zur industriellen Revolution der Neuzeit in ihren Grundlagen unverändert geblieben ist. Der frühe Übergang zur bäuerlichen Nahrungsproduktion war zweifellos die Basis der jahrtausendelangen kulturellen Vormachtstellung dieses Raumes, der so zu einem Ausstrahlungszentrum wurde, von dem aus die neuen »Errungenschaften« sich im Laufe der Zeit über weite Entfernungen hin ausbreiteten.
Stellt man die Nutzung der wilden Stammformen des Getreides an den Anfang der Entwicklung, so liegen ihre Wurzeln im Endabschnitt der letzten Eiszeit. Erste Hinweise auf die Verwendung von Wildgetreide für die menschliche Ernährung stammen aus einer Zeit vor etwa 15 000 Jahren. Von mehreren Fundorten in Israel liegen Anhaltspunkte für diese frühe Getreidenutzung vor. Die Menschen, die hier wildes Getreide ernteten, waren ansonsten Jäger, die die Tierbestände ihrer jeweiligen Umgebung ausbeuteten. Im Süden waren es überwiegend Gazellen, aber auch Auerochs und Wildschwein, was sie erlegten, in den bergigeren Zonen dagegen mehr der mesopotamische Damhirsch und die Wildziege. Nichts deutet darauf hin, daß eine dieser Tierarten in einem besonderen Verhältnis zum Menschen gestanden hätte. Eine Vorstufe der Haustierhaltung in Form einer speziellen Hege bestimmter Wildtiere, wie sie manchmal postuliert worden ist, kann zwar nicht definitiv widerlegt werden, sie ist aber recht unwahrscheinlich. Insgesamt unterschieden sich jene Jäger des Endpleistozäns, die Wildgetreide als pflanzliche Nahrungsquelle nutzten, nicht grundsätzlich von anderen Wildbeutern, wenn diese z. B. Haselnüsse oder andere Pflanzensamen in ihre Ernährung einbezogen.
Der entscheidende Unterschied zur Entwicklung in anderen Teilen der Welt be-

gann sich etwa zwei bis drei Jahrtausende nach diesen frühen Manifestationen der Getreidenutzung herauszubilden – zu einer Zeit also, als die kräftigen Klimaschwankungen des Eiszeitendes auch im Vorderen Orient spürbar waren. Die Grundlage dieser Sonderentwicklung ist ein Vorgang, der getrost als eine Erfindung bezeichnet werden darf, d. h. als eine bewußte Umsetzung von Erfordernissen in Experimente, von Erfahrungen in eine Technologie. Gemeint ist die Erfindung der Vorratshaltung von Getreidekörnern – eine Erfindung, die wie die Entdeckung des Schießpulvers eine ganze Kette von weiteren Veränderungen nach sich zog und letztlich zur Herausbildung der bäuerlichen Wirtschaftsform führte. Ohne allzusehr auf Einzelheiten eingehen zu wollen, sei diese Entwicklungskette hier kurz skizziert: Die Fähigkeit, Getreide nicht nur während der kurzen Reifezeit zu nutzen, sondern es über längere Zeit auf Vorrat zu halten, ermöglichte den schweifenden Jägern ein längeres Verweilen am jeweiligen Wohnort – ja es machte ein solches Verweilen sogar notwendig, da es sicherlich nicht ratsam war, die gefüllten Getreidespeicher längere Zeit allein zu lassen. Die Vorratshaltung ermöglichte und verursachte also eine gewisse Abkehr vom schweifenden Wildbeuterdasein, sie führte zu den Anfängen einer seßhaften Lebensweise. Aus jener Zeit, etwa zehn Jahrtausende v. Chr., stammen die ersten festen Siedlungen mit Rundhäusern von drei bis zehn Metern im Durchmesser und mit einer bebauten Fläche von bis zu drei Hektar. Wie die frühe Wildgetreidenutzung wird auch diese Entwicklung hin zur ersten Seßhaf-
Abb. 243 tigkeit zuerst in Palästina faßbar. Aus Israel und Jordanien sind zusammen schon fast ein Dutzend dieser frühen dörflichen Ansiedlungen bekannt. Es scheint aber wohl nur eine Frage des Forschungsfortschrittes zu sein, Siedlungen dieser Phase auch im nördlichen und östlichen Teil des Fruchtbaren Halbmondes zu finden.

Was die Ursache für die Erfindung der Vorratshaltung in jener Zeit war, wird kaum je mit Sicherheit erschlossen werden können. Die zeitliche Koinzidenz mit den Klimaveränderungen am Ende der Eiszeit läßt allerdings einen ursächlichen Zusammenhang vermuten. Es könnte sein, daß diese Klimaveränderungen – im Vorderen Orient vor allem eine Zunahme der Niederschläge – zu einer zeitweiligen Ausbreitungsphase der Gräser und damit auch der Wildgetreide geführt haben. Eine solche Bestandszunahme könnte der Stimulus zur Entwicklung der Vorratshaltung gewesen sein. Die Nutzung von Wildgetreide bildete jedenfalls das Rückgrat der Wirtschaft bei den Bewohnern jener dörflichen Siedlungen des ausgehenden Eiszeitalters.

Für tierisches Eiweiß – neben der Getreidenahrung unbedingt erforderlich – sorgte damals noch ausschließlich die Jagd. Es ist verschiedentlich behauptet worden, Domestikationserscheinungen seien an den Tierknochenfunden aus ei-

nigen von diesen Fundorten nachweisbar. Keiner dieser frühen Domestikationsnachweise hält jedoch einer kritischen Überprüfung stand. Lediglich der Wolf, in diesem Stadium vielleicht bereits als Hund zu bezeichnen, lebte mit einiger Wahrscheinlichkeit schon damals mit dem Menschen zusammen. Die Domestikation des Wolfes hat mit der Herausbildung der bäuerlichen Wirtschaft jedoch nichts zu tun. Obwohl auch Hunde gelegentlich gegessen wurden und werden, sind sie keine Wirtschaftstiere im eigentlichen Sinn, da sie ähnliche Nahrung benötigen wie der Mensch. Es wäre widersinnig, Hunde mit Fleisch zu mästen. Auch verhaltensmäßig sind Wölfe, bzw. Hunde als ihre Abkömmlinge, so stark von den Huftieren verschieden, daß ihre Haltung nicht als Präzedenzfall für die allgemeine Tierdomestikation angesehen werden kann. Es ist ein Unterschied ob zwei Jäger – wie Mensch und Wolf – sich zusammentun, oder ob Jäger und Beute in ein enges Verhältnis zueinander treten, wie dies beim Menschen und den Pflanzenfressern unter seinen Haustieren der Fall ist. So verwundert es nicht, daß mehr oder weniger eindeutige Beweise für die Hundehaltung im Endglazial oder frühen Postglazial aus dem ganzen Verbreitungsgebiet des Wolfes vorliegen, d. h. von Westeuropa bis nach Nordamerika. Nirgends außer im Vorderen Orient hat sich jedoch damals eine Viehhaltung entwickelt. Wir können daher die Domestikation des Wolfes bei unseren Überlegungen zur Entstehungsgeschichte der bäuerlichen Wirtschaft außer acht lassen.
Wenden wir uns wieder jenem Zeithorizont früher Seßhaftigkeit im Vorderen Orient zu, den man als Protoneolithikum bezeichnen kann, da wichtige Wesenszüge des Neolithikums, d. h. der Jüngeren Steinzeit, hier bereits vorgezeichnet sind. Während auf dem tierischen Sektor nach wie vor die Jagd für die Fleischversorgung aufkommen mußte, hat sich auf dem pflanzlichen Sektor die Getreidekultivation schon bald entwickelt. Aus der Zeit um etwa 8000 v. Chr. fanden sich erste Reste kultivierten Emmers. Wie die Seßhaftigkeit muß auch die Entwicklung des Getreideanbaus als eine Folge der Erfindung der Vorratshaltung von Wildgetreidekörnern angesehen werden. Zur Getreidelagerung dienten damals Erdgruben – ein Verfahren, das uns Mitteleuropäern unwahrscheinlich vorkommt, das aber im Vorderen Orient noch heute mit Erfolg angewandt wird. Noch während der Experimentierphase mit diesem Konservierungsverfahren, und häufig genug auch später, werden die damaligen Bewohner die Beobachtung gemacht haben, daß Getreidekörner auskeimen können, daß sich daraus neue Pflanzen, neue Früchte entwickeln. Der Schritt von dieser Beobachtung zur bewußten Aussaat ist klein, aber wann genau er vollzogen worden ist, werden wir vermutlich nie wissen. Denn wenn die erste Aussaat dort erfolgte, wo auch die Standorte des Wildgetreides waren, dann konnte es lange dauern, bis bei diesen ersten Kulturgetreiden biologische Veränderungen eintraten, die

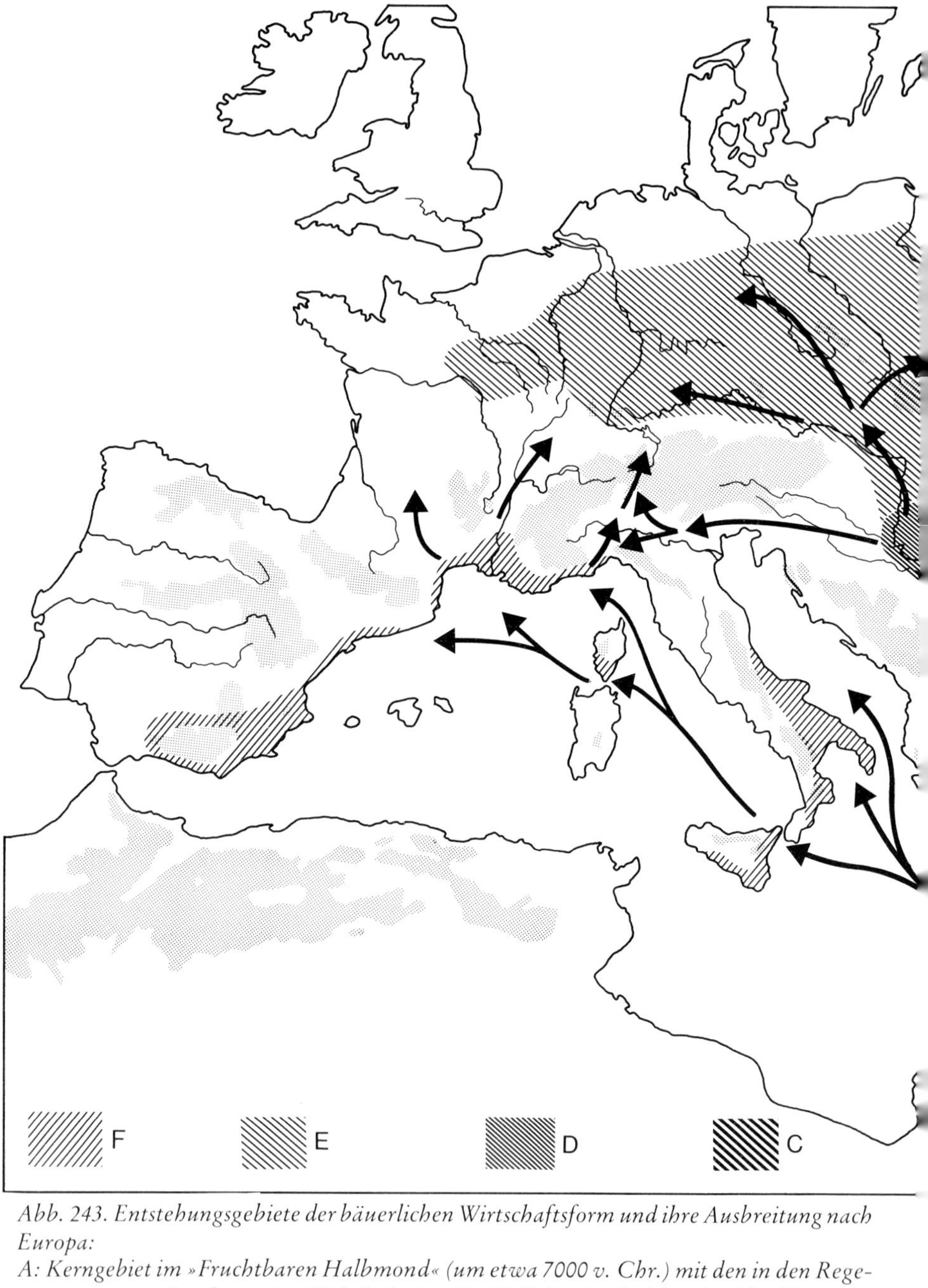

Abb. 243. Entstehungsgebiete der bäuerlichen Wirtschaftsform und ihre Ausbreitung nach Europa:
A: Kerngebiet im »Fruchtbaren Halbmond« (um etwa 7000 v. Chr.) mit den in den Regesten genannten Fundorten 1 = Hefzibah, 2 = Ain Mallaha, 3 = Jericho, 4 = Abu Hurreira, 5 = Muraibit, 6 = Cayönü, 7 = Zaw-e Chami, 8 = Ganj-Dareh.
B: Südanatolischer Teil des Kerngebietes oder primäres Ausbreitungsgebiet (bis etwa 6500 v. Chr.) mit den Fundorten 9 = Can Hasan III und 10 = Catal Hüyük.
C: Erste Ausbreitung nach Europa und auf die Inseln des östlichen Mittelmeeres (bis etwa 600 v. Chr.).

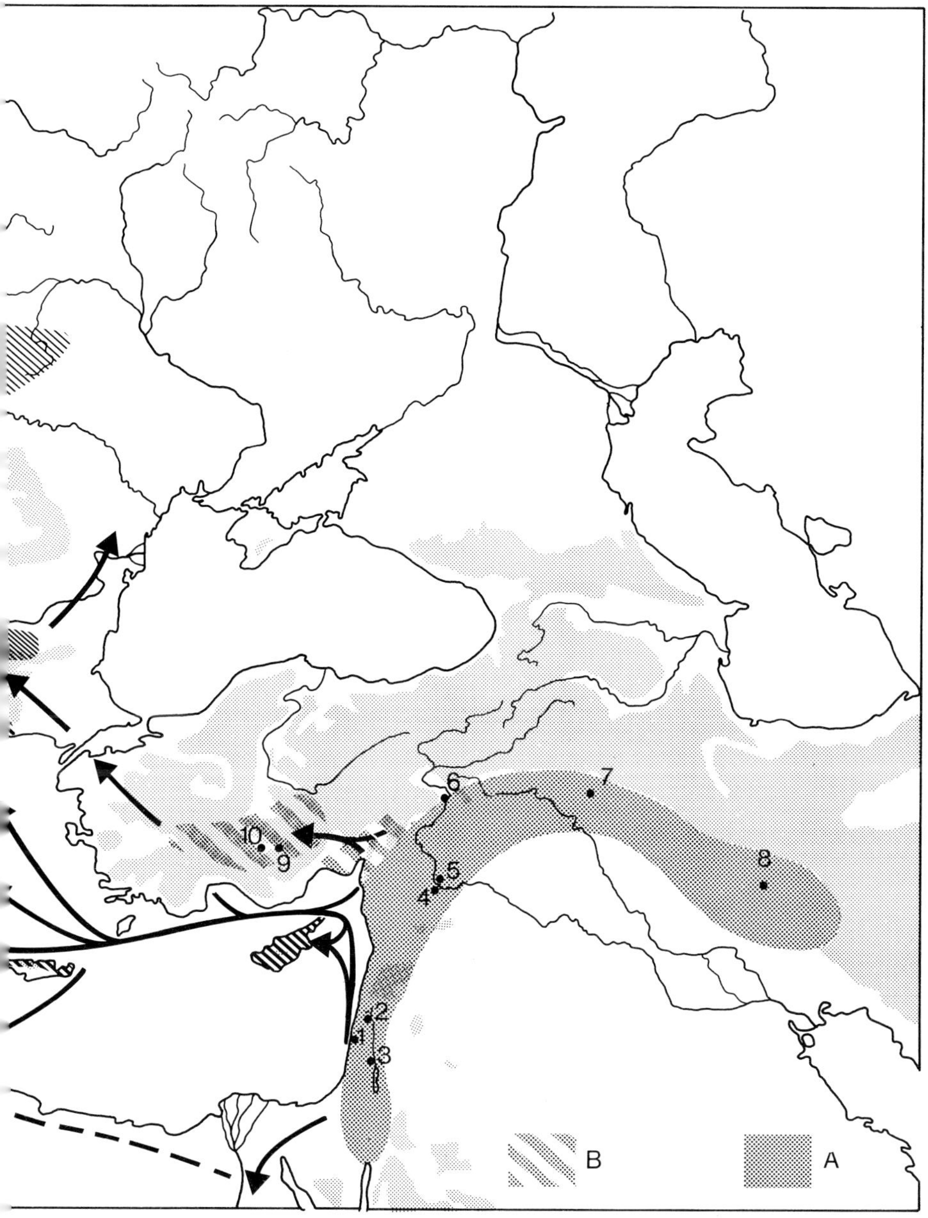

D: Donauländisches Sekundärzentrum im 6. Jahrtausend v. Chr. (Gebiet der Starčevo-Körös-Kultur).
E: Zentraleuropäisches Ausbreitungsgebiet im 5. Jahrtausend v. Chr. (Gebiet der Bandkeramischen Kultur).
F: Südwest- und Südeuropäisches Ausbreitungsgebiet in der 2. Hälfte des 6. und der 1. Hälfte des 5. Jahrtausends v. Chr. (Gebiet der Abdruckkeramischen Kulturen).

es heute einem Paläo-Botaniker erlauben würden, ihre Reste von Wildgetreiden zu unterscheiden. Auch wenn neue Funde das Bild sicher noch verdichten werden, dürfte es schwer sein, über die Aussage hinauszukommen, daß mit der Erfindung der Vorratshaltung von Getreide der Weg zu seinem Anbau vorgezeichnet war und daß dieser Anbau spätestens ab dem 8. Jahrtausend v. Chr. praktiziert wurde.

Ob wild geerntet oder angebaut – die Vorratshaltung von Getreide war jedenfalls die zentrale Stütze der Nahrungsversorgung während des genannten protoneolithischen Zeithorizontes, und sie ermöglichte die weitgehende Seßhaftigkeit seiner Träger. Die Seßhaftigkeit wiederum ist als günstige Voraussetzung für die Domestikation von Wirtschaftstieren anzusehen. Wildbeuter in aller Welt – und hier sind wir auf einen Analogieschluß zum heutigen Verhalten angewiesen – tendieren dazu, eingefangene Jungtiere an ihren Wohnplätzen großzuziehen. Die Chance, daß diese tierischen Zöglinge bis zur Fortpflanzungsreife gedeihen, ist jedoch im allgemeinen gering. Mit ihrem Heranwachsen erlischt der Pflegeinstinkt, und sie stellen mit der Zeit auch einen Ballast für die schweifende Lebensweise der Wildbeuter dar. Als lebender Fleischvorrat geraten sie dann bei jedem Mißerfolg der Jagd in akute Lebensgefahr.

Anders bei seßhaften Jägern, deren Lebensgrundlage durch die Vorratshaltung von pflanzlicher Nahrung gesichert war. Hier war die Wahrscheinlichkeit, daß aufgezogene Jungtiere bis zur Fortpflanzungsreife überlebten, zweifellos höher als im oben angenommenen Fall. Dennoch ist es wohl trotzdem als ein Spiel des Zufalls anzusehen, daß es im Vorderen Orient tatsächlich zur Herausbildung einer Haustierhaltung im eigentlichen Sinn gekommen ist, d. h. nicht nur zur Aufzucht von jeweils jung eingefangenen Tieren, sondern zu deren regelmäßiger Fortpflanzung und zur produktiven Bestandserweiterung. Zwar wird es für den auf Bodenfunde angewiesenen Urgeschichtler stets unmöglich sein, eine Aussage darüber zu machen, in welchem Umfang der Mensch damals bewußt die Tierdomestikation herbeigeführt hat. Es erscheint jedoch als wahrscheinlicher, daß die Entwicklung dorthin sich zunächst unbewußt abspielte, bis es jenen Bewohnern der protoneolithischen Dörfer eines Tages wie Schuppen von den Augen fiel und sie merkten, daß die Menagerie, die sie großgezogen hatten, sich nutzbringend selbst vermehrte. Nicht umsonst spricht der schon einleitend angeführte Mythos von der Vertreibung aus dem Paradies auch davon, daß Adam damals vom Baume der Erkenntnis gegessen habe.

Ein Zufall war an diesem Vorgang zumindest insofern beteiligt, als gerade dort, wo es aufgrund der Getreidestandorte zur Ausbildung der protoneolithischen Dörfer gekommen war, auch zwei Tierarten vorkamen, die für einen solchen unbewußten Domestikationsprozeß geeignet waren. Die Entstehung von Haus-

Abb. 244 Formenwandel beim Schaf seit der Haustierwerdung: Wildschaf (Ovis orientalis) aus Südwestasien als Stammform des Hausschafes; lebt heute noch in Restbeständen in den Gebirgen Anatoliens und Irans (A). Hausschaf der frühen Jungsteinzeit; von geringerer Größe als das Wildschaf, Hörner der Widder kürzer, breiter und meist stärker gedreht als beim Wildschaf; noch kein Wollkleid (B). Hausschaf der prähistorischen Metallzeiten; weitere Verkleinerung der Hörner, dadurch Proportionsverschiebungen im Kopf-/Hals-Bereich; ausgeprägte Größenunterschiede je nach den örtlichen Bedingungen; seit der ausgehenden Jungsteinzeit Wollschafe (C). Heutiges Hausschaf; meist hornlos, breitwüchsig und plump; entstanden durch einseitige Auslese nach Woll- und Fleischleistung (D).

Abb. 245. Mufflon (Wildschaf) im Münchener Tierpark Hellabrunn. Die Wildschafe der Mittelmeerinseln sind wahrscheinlich in der frühen Jungsteinzeit als Haustiere importiert worden und später wieder verwildert.

tierbeständen hängt nämlich nicht allein davon ab, ob aufgezogene Jungtiere alt genug werden, um sich fortzupflanzen – sie hängt in ganz starkem Maße auch davon ab, ob die aufgezogenen Tiere unter den Bedingungen, die das Zusammenleben mit dem Menschen bietet, überhaupt bereit sind, sich fortzupflanzen. Diese Frage kann für viele der bevorzugten Beutetiere des frühen Menschen verneint werden. Aus diesem Grunde ist das gelegentlich aufgeworfene Problem, warum der Mensch das Schaf domestiziert habe und nicht die Gazelle, nur ein Scheinproblem. Wenn es nach dem Menschen gegangen wäre, hätten sicher beide Tierarten die gleiche Chance gehabt, zu Haustieren zu werden. Das umständliche Fortpflanzungsverhalten der Gazelle, das in Gefangenschaft nur schwer ablaufen kann, führte jedoch dazu, daß sie bei der Haustierwerdung aus dem Felde geschlagen wurde. Mit dem südwestasiatischen Mufflon (*Ovis orien-*

Abb. 246. Größenvergleich der knöchernen Hornzapfen vom Auerochsen und vom frühneolithischen Hausrind: Hornzapfen eines männlichen Auerochsen (unten), Stirnknochen und Hornzapfen eines bandkeramischen Haus-Stieres (Mitte), Stirnknochen und Hornzapfen einer bandkeramischen Kuh (bei heutigen Hochzuchtrassen erreichen die Hornzapfen der Stiere kaum die Größe des gezeigten weiblichen Stücks).

talis), einem Wildschaf, dessen Aussehen auf Abb. 244 dargestellt ist, und der Bezoarziege (*Capra aegagrus*) standen den protoneolithischen Bewohnern des Fruchtbaren Halbmondes zwei Tierarten zur Verfügung, die offensichtlich dazu in der Lage waren, sich in Gefangenschaft fortzupflanzen. Gegen Ende des 8. Jahrtausends v. Chr. ist in den Siedlungen das Protoneolithikums ein Umbruch zu erkennen, und von jener Zeit an bestimmen Haustierreste das in den Knochenabfällen reflektierte Bild der menschlichen Ernährung. Wie aufgrund der erwähnten verhaltensmäßigen Eignung zu erwarten, waren es gerade Schaf und Ziege, die als erste zu »Wirtschaftstieren« geworden sind. Ihre Haustierwerdung läßt sich etwa gleichzeitig im gesamten Fruchtbaren Halbmond nachweisen, wobei in den beiden Zipfeln des sichelförmigen Gebiets nur die Ziege und im Zentrum überwiegend das Schaf gehalten wurde.

Abb. 244, 245

Abb. 247. Rückgezüchtete »Auerochsen« im Münchener Tierpark Hellabrunn. Durch Kreuzung primitiver Hausrindrassen hat man sich bemüht, ein dem Auerochsen entsprechendes Rind wiedererstehen zu lassen. Die Domestikationsmerkmale sind jedoch nur oberflächlich verschwunden. Die entstandenen Tiere dürften frühen Hausrindern recht ähnlich sein.

Fragt man sich, wie lange es gedauert haben mag, bis Wildschafe oder Wildziegen sich im Zusammenleben mit dem Menschen so weit verändert hatten, daß dies auch an den allein überlieferten Knochenfunden erkennbar wird, so ist man wieder auf Analogieschlüsse angewiesen. Beobachtungen an Zootieren beispielsweise zeigen, daß schon nach wenigen Generationen nicht mehr die Größe der Wildformen erreicht wird. Auch andere Veränderungen stellen sich in Zeiträumen ein, die in archäologischer Sicht als ganz kurz gelten müssen. Dies gilt vor allem für Tierarten, denen in Gefangenschaft deutlich andere Lebensumstände auferlegt sind, als sie sie unter natürlichen Bedingungen antreffen würden. Geht man davon aus, daß Schafe und Ziegen durch die Aufzucht von Jung-

Abb. 248. Formenwandel beim Rind seit seiner Haustierwerdung: Auerochs (Bos primigenius), die Stammform des Hausrindes; letzte Restbestände in Europa im 17. Jh. ausgestorben (A).
Hausrind der Jüngeren Steinzeit; ähnlich gebaut wie der Auerochs, jedoch deutlich kleiner (B).
Hausrind der mitteleuropäischen Eisenzeit; durch fortgesetzte, in den einzelnen Körperregionen aber unterschiedlich starke Größenminderung entstand ein Zwergrind, dessen Proportionen von der wilden Stammform abweichen (C).
Heutiges Hausrind; durch züchterisches Bemühen ist aus den mittelalterlichen Zwergrindern eine Form entstanden, die fast wieder die Größe des Auerochsen erreicht, die jedoch die verschobenen Proportionen beibehalten hat (D).

tieren in den Siedlungen domestiziert wurden, so ist dies ein besonders starker Eingriff in ihre natürlichen Lebensumstände. Beide Tierarten sind überwiegend Gebirgsbewohner; sie führen jahreszeitliche Wanderungen aus, die sie bis in die höchsten Bergregionen bringen. Dabei wird eine Vielzahl von verschiedenen Futterpflanzen genutzt. Bleiben die Tiere dagegen ganzjährig bei den menschlichen Ansiedlungen – und dies muß für jene Anfangszeit wohl angenommen werden – so sind eine einseitige Ernährung und andere Mangelerscheinungen die Folge, die sich rasch auch auf das Skelett, d. h. auf die überlieferungsfähigen Teile auswirken. Außer solchen physiologischen Einwirkungen dürften auch Verhaltensänderungen eine wichtige Rolle gespielt haben. Wie bei vielen anderen Wiederkäuern kommen bei Wildschaf und Wildziege nur die stärksten unter den männlichen Tieren einer Herde zur Fortpflanzung. Bestand die vom Menschen gehaltene Herde zunächst nur aus Jungtieren, wie dies oben dargelegt wurde, so konnte eine solche natürliche Auslese nicht stattfinden. Auch dies mußte sich insgesamt in Richtung auf eine Größenminderung auswirken. So können wir davon ausgehen, daß erkennbare Veränderungen an den Skelettresten schon bald nach dem historischen Ereignis der Tierdomestikation eingetreten sind; angesichts der Zeitrafferwirkung der archäologischen Überlieferung sogar so bald, daß man von einer unmittelbaren Nachweisbarkeit ausgehen kann. Wenn wir also gegen Ende des 8. Jahrtausends v. Chr. an den Fundorten des Fruchtbaren Halbmondes erstmals Reste von Hausschafen und Hausziegen finden, so spiegeln diese Funde tatsächlich den damals gerade erfolgten Übergang zu einer voll entwickelten bäuerlichen Wirtschaft wider mit Pflanzenanbau auf der einen Seite und Haustierhaltung auf der anderen. Erst die Kombination von pflanzlicher und tierischer Nahrungsproduktion hat jenen Wandel bewirkt, der als »neolithische Revolution« in den historischen Wortschatz eingegangen ist.

Für den Übergang vom Wildbeutertum zur bäuerlichen Wirtschaftsform hier in Mitteleuropa sind die oben geschilderten Vorgänge im Vorderen Orient in mehrfacher Hinsicht von Bedeutung. In der Kürze dieser Darstellung läßt sich nur erahnen, wie komplex der Entwicklungsprozeß zwischen den ersten Anzeichen einer Wildgetreidenutzung in der Späteiszeit und der Haustierwerdung von Schaf und Ziege in der frühen Nacheiszeit gewesen sein muß. Dabei ist diese Entwicklung insgesamt sicher nur deshalb in Gang gekommen, weil eine Konstellation von Umweltbedingungen vorlag, die in dieser Form sowohl regional wie zeitlich als einmalig angesehen werden kann. Ebenso essentiell wie die Umweltbedingungen war natürlich, daß auch auf seiten der menschlichen Bewohner dieses Landstrichs die Bereitschaft und die geistige Fähigkeit bestand, diese Umwelt und vor allem auch ihre Veränderung in der Zeit optimal zu nutzen.

Diese Fähigkeit wird man allerdings auch den Bewohnern anderer Landstriche zuerkennen müssen. Und so ist es auch immer wieder Gegenstand heftiger wissenschaftlicher Auseinandersetzungen, ob in den nicht-tropischen Teilen der Alten Welt tatsächlich nur die Bewohner des Fruchtbaren Halbmondes den Übergang zur bäuerlichen Wirtschaftsform aus »eigener Kraft« geschafft haben. Auch für Mitteleuropa hat man einen solchen eigenständigen Übergang erwogen. Wie in den vorangegangenen Kapiteln dargelegt worden ist (s. Beitrag Müller-Beck), ist hier in Süddeutschland eine jägerische Bevölkerung bis weit in das 6. Jahrtausend v. Chr. hinein zu erfassen. Die jungsteinzeitlichen Bauern mit voll entwickelter Landwirtschaft und so gut wie keinen kulturellen Verbindungen zu den vorangegangenen Wildbeutern (s. Beitrag Sangmeister) sind ab der Mitte des 5. Jahrtausends hier nachzuweisen. Aus der knapp tausendjährigen Zwischenzeit ist in unserem Raum praktisch nichts überliefert. Sollte sich gerade in diesem dunklen Jahrtausend hier eigenständig wiederholt haben, was zuvor im Vorderen Orient unter günstigen Bedingungen an die 3000 Jahre benötigt hat? Dies ist unwahrscheinlich, und insgesamt sind die Hinweise so zahlreich, daß es sich wohl erübrigt, einen eigentlichen Nachweis darüber zu führen, daß die auch in der Jungsteinzeit Mitteleuropas manifestierte Form der bäuerlichen Wirtschaftsweise sich von ihrem Entstehungsherd im Vorderen Orient aus verbreitet hat und nicht jeweils neu erfunden wurde. Wenn man den oben entwikkelten Gedankengängen folgt, so war diese »Erfindung« ohnehin keine Errungenschaft aus »eigener Kraft«, sondern vielmehr eine Verkettung von speziellen Umweltfaktoren mit menschlichen Verhaltensweisen, bei denen besondere geistige Leistungen einzelner kaum eine Rolle gespielt haben dürften. Es ist daher sicher kein Zeichen geringerer geistiger Fähigkeiten der Bewohner anderer Landstriche, wenn es dort nicht zur eigenständigen Herausbildung neuer Wirtschaftsformen gekommen ist, sondern lediglich ein Zeichen anderer Umweltverhältnisse. Die wissenschaftliche Diskussion muß sich deshalb vor allem darauf konzentrieren, wie die Ausbreitung der bäuerlichen Wirtschaftsform vom Fruchtbaren Halbmond aus in die übrigen Teile der Alten Welt hinein tatsächlich erfolgte. Die Ausbreitungsmechanismen, der Ausbreitungsweg und die Veränderungen während der Ausbreitung müssen daher der Gegenstand weiterer Betrachtungen sein.

Im Orient selbst führte die Beherrschung der tierischen Produktion ab dem Beginn des 7. Jahrtausends zu einer reichen kulturellen Entfaltung. Offenbar war die Sicherung der Eiweißversorgung ein so entscheidender Schritt, daß er auch ein kräftiges Wachstum der Bevölkerungszahl auslöste. Auch wenn es schwierig ist, aus der Zahl der Fundorte und aus der Menge der Hinterlassenschaften auf prähistorische Bevölkerungszahlen zurückzuschließen, so läßt doch die Ver- *Abb. 246–248* dichtung der Fundpunkte und die Ausweitung des Siedlungsgebiets in jener Zeit kaum eine andere Erklärung zu. Noch im 7. Jahrtausend entstanden neue Siedlungen in den Randbereichen des Fruchtbaren Halbmondes. Man stieß nach Süden vor und bewegte sich entlang der Ströme auf Mesopotamien zu. Am Rande des Zentralpersischen Beckens entstanden erste Dauersiedlungen und auch innerhalb des alten protoneolithischen Siedlungsgebietes wurden zahlreiche neue Dörfer gegründet. Auch in Richtung auf Europa, bis weit nach Südwestanatolien hinein, schob sich in jener Zeit das bäuerliche Siedlungsgebiet vor – ja gegen Ende des 7. Jahrtausends war bereits der Sprung über die Ägäis gemacht. Entlang der griechischen Ostküste entstand ein sekundärer Neolithisierungsherd, von dem aus andere Teile Europas »infiziert« wurden.

Der Schluß, daß die Ausbreitung über die Ägäis hinweg erfolgte und nicht über Bosporus oder Dardanellen, ergibt sich aus dem Fehlen frühneolithischer Erscheinungen in der nördlichen Türkei und in Thrakien, vor allem aber aus der Tatsache, daß in jener Zeit auch Zypern und Kreta von einer bäuerlichen Bevölkerung besiedelt wurden. Schon damals vor rund 8000 Jahren muß demnach eine Schiffahrt entwickelt gewesen sein, die nicht nur ein bloßes Übersetzen, sondern den Transport ganzer Familien mit Nahrungsvorräten, Saatgut und sogar Haustieren gestattete.

Dies ist gleichzeitig ein wichtiger Beweis dafür, daß es nicht etwa nur die Idee der bäuerlichen Wirtschaftsform und einige ihrer Utensilien waren, die sich damals verbreitet haben. Es müssen tatsächlich Menschen sich eingeschifft haben, um auf der anderen Seite des Meeres Land für ihre Felder und Weiden für ihr Vieh zu finden. Man kann sich vorstellen, daß schon ein beträchtlicher Bevölkerungsdruck im Vorderen Orient geherrscht haben muß, um diese transmediterranen Kolonisten auf den Weg zu bringen.

Hierfür liegen auch direktere Anhaltspunkte vor. Aus der bekannten frühneolithischen Siedlung Çatal Hüyük im südlichen Anatolien wurden die Skelettreste einer größeren Zahl der jungsteinzeitlichen Bewohner untersucht. Das Durchschnittsalter der dort bestatteten Männer betrug gut 34 Jahre, das der Frauen fast 30 Jahre. Beide Werte liegen über denjenigen von vergleichbaren Wildbeuterbevölkerungen. Insgesamt fanden sich deutlich mehr Skelette von Frauen als von Männern. Hierfür wird einerseits die höhere Sterblichkeit der männlichen Kinder verantwortlich gemacht, doch dürften Männer häufiger auch in größerer Entfernung von der Siedlung zu Tode gekommen sein, so daß ihre Gräber nicht gefunden wurden. Im Durchschnitt hatte jede Frau zum Zeitpunkt ihres Todes vier bis fünf Kinder zur Welt gebracht, wie dies aus den Veränderungen an ihren Beckenknochen ersichtlich war, die sich mit jeder Schwangerschaft und Geburt bilden. Da andererseits auf jede gebärfähige Frau weniger als zwei tote Kinder entfielen, ergibt sich ein Geburtenüberschuß, der nicht durch eine entsprechende Sterblichkeit ausgeglichen wurde. Nach den für Çatal Hüyük berechneten Werten überlebten auf zehn Frauen 24 Kinder. Rechnet man jeder Frau einen Mann zu, was nach dem festgestellten Geschlechterverhältnis eher zu hoch gegriffen ist, so hatten 20 Menschen 24 Nachkommen. Das bedeutet, daß sich innerhalb einer Generation die Bevölkerung um 20 Prozent vermehrte. Eine solche Vermehrungsrate bewirkt, daß in weniger als vier Generationen (weniger als 100 Jahren) eine Verdoppelung der Bevölkerungszahl eintritt. Bei einer Besiedlungsdauer von etwa 800 Jahren könnte sich somit die Bevölkerung von Çatal Hüyük neunmal verdoppelt haben. Aus anfangs 100 Bewohnern wären dann über 50000 geworden. Diese Zahlen veranschaulichen eindrucksvoll, welche Antriebskräfte hinter der Ausbreitung der bäuerlichen Wirtschaftsform standen. So skeptisch man den früher allzuleicht angenommenen Wanderungen prähistorischer Völkerschaften auch gegenüberstehen mag, so kann doch an einer neolithischen Auswanderungsbewegung aus dem Vorderen Orient kaum gezweifelt werden.

Kehren wir zurück zu den Zeugnissen dieser Auswanderung und insbesondere zu der oben erwähnten Schiffahrt über das Mittelmeer. Es ist erstaunlich genug, Anhaltspunkte für die Überwindung der Ägäis in jener Zeit zu finden. Die Schiffahrt der frühen Bauern und Hirten erreichte jedoch nicht nur die relativ nahegelegenen Küsten Zyperns, Kretas und Griechenlands. Manches spricht dafür, daß auch die Neolithisierung Nordafrikas sich über das Meer hinweg abspielte, und es gibt sichere Belege, daß jene frühen Kolonisten bis in das westliche Mittelmeerbecken vorgedrungen sind: Aus Fundorten im Mündungsgebiet der Rhone liegen Reste von Hausschafen vor, deren zeitliche Einordnung dem örtlichen Mesolithikum entspricht. Da es in Südwesteuropa keine Wildschafe gab, aus denen diese Tiere hätten hervorgehen können, müssen jene »mesolithischen« Schafe aus dem Orient nach Südfrankreich gelangt sein; und zwar offenbar zu einer Zeit, bevor noch in Italien oder Jugoslawien eine bäuerliche Wirtschaft ausgebildet war, die eine Mittlerrolle hätte spielen können.

Es gibt in Europa noch einen zweiten Fundort, an dem anscheinend Schafreste in sog. mesolithischen Schichten angetroffen worden sind. Dieser befindet sich ebenfalls in Küstennähe nahe der Donaumündung ins Schwarze Meer. Es ist sicher kein Zufall, daß damit gerade die Mündungsgebiete jener beiden Ströme markiert sind, deren Täler die Einfallstraßen vom mediterranen Raum nach Mitteleuropa sind.

Auf die ersten Spuren eines Eindringens der bäuerlichen Wirtschaftsform in das westliche Mittelmeergebiet folgt dort in der zweiten Hälfte des 6. Jahrhunderts v. Chr. – wohl ebenfalls auf maritimem Weg – eine voll entwickelte neolithische

Abb. 249. Formenwandel beim Schwein seit der Haustierwerdung: Wildschein (Sus scrofa), die Stammform des Hausschweins; kommt heute noch in den meisten Gebieten des gemäßigten und subtropischen Eurasien vor; prähistorische Wildschweine waren z. T. erheblich größer als heutige (A). Hausschwein der Jüngeren Steinzeit; im Typus dem Wildschwein noch sehr ähnlich aber insgesamt deutlich kleiner (B). Hausschwein der Eisenzeit; im Vergleich zum Wildschwein stark verkleinert und mit leicht eingeknicktem Schädelprofil, jedoch noch relativ hochbeinig und schlank (C). Heutiges Hausschwein; durch züchterische Auslese stark veränderte Form mit verlängertem Rumpf, verkürzten Gliedmaßen und stark eingeknicktem Schädelprofil; größenmäßig dem Wildschwein wieder angenähert (D).

Kultur. Ihre Träger benutzten bereits Keramik, und außer dem Schaf besaßen sie Rinder und Ziegen als Haustiere, in einer späteren Phase trat das Schwein hinzu. Zahlreiche Getreidefunde stehen in Zusammenhang mit dieser Kultur. Auch nach Norden ging ein Einflußstrom von diesen frühen Bauern des westlichen Mittelmeerraumes aus, der gegen Ende des 5. Jahrtausends auch die Randgebiete Süddeutschlands erreichte. Anders als in den dazwischenliegenden Bereichen Ostfrankreichs trat ihm hier jedoch bereits eine bäuerliche Bevölkerung entgegen, die allerdings auf einem anderen Ausbreitungsweg in diese Region gelangt war.

Im südöstlichen Europa waren etwa im letzten Viertel des 6. Jahrtausends bäuerliche Kolonisten ins Donautiefland vorgedrungen. Wie bei den ersten Ankömmlingen in Griechenland umfaßte ihr Haustierbestand bereits vier Arten, nämlich außer Schaf und Ziege auch Rind und Schwein. Daneben wurde ein umfangreiches Sortiment an angebauten und gesammelten Pflanzen genutzt. *Abb. 246–249* Keramik war ein wichtiger Bestandteil des Hausrates, und ihre Formen zeigen enge Anklänge an die gleichzeitige Tonware Anatoliens. Es erscheint als sehr wahrscheinlich, daß der Vordere Orient auch in jener Zeit noch einen Überschuß an Menschen hervorbrachte, die als Kolonisten das Land verließen. Im Donautiefland trafen diese Kolonisten Bedingungen an, die sie entfernt an ihre anatolische Heimat erinnert haben müssen. Denn anders als in Mitteleuropa gab es dort damals noch Gebiete offener Steppen. Sie mußten ihre Wirtschaftsform zunächst also nur wenig ändern. Unter ihren Haustieren nahmen die kleinen Wiederkäuer, vor allem das Schaf, einen wichtigen Platz ein. Im Laufe der Zeit und mit einem weiteren Vordringen nach Norden und Westen nahm jedoch die Rinderhaltung mehr und mehr an Bedeutung zu, und auch das Schwein wurde wichtiger als Schaf und Ziege. Ähnliche Veränderungen dürften sich im Bereich der angebauten Pflanzen abgespielt haben.

Diese wirtschaftliche Anpassung war die Voraussetzung für einen weiteren großen Arealgewinn der neolithischen Bauern. Ab der Mitte des 5. Jahrtausends v. Chr. finden sich ihre Hinterlassenschaften in weiten Teilen Mitteleuropas, wobei es auffallend ist, daß nur Gebiete mit günstigen Bodenbedingungen und klimatischen Gegebenheiten aufgesucht wurden, die dem Herkunftsgebiet möglichst nahekamen.

Im heutigen Baden-Württemberg waren dies vor allem die Gäulandschaften des Mittleren Neckarraumes mit ihren Lößböden und die klimagünstigen Ebenen des Oberrhein-Grabens. In den Eichenmischwäldern, die damals hier bestanden haben, wurden Rodungsflächen angelegt und dort die typischen Langhaussiedlungen erbaut. Unmittelbar in den Dörfern und in ihrem engsten Umkreis müssen die Anbauflächen für Getreide und verschiedene Gemüse gelegen haben.

Herden stattlicher Rinder, Schweine, Schafe und auch ein paar Ziegen weideten die nicht bebauten Stellen ab, werden aber vor allem den umgebenden Wald für ihre Ernährung genutzt haben. Sie sorgten so für dessen weitere Auflockerung und die allmähliche Vergrößerung der Lichtungsflächen. Damals – vor gut 6000 Jahren – begann auch hier in Baden-Württemberg die Umwandlung der natürlichen Umwelt in eine Kulturlandschaft. Die Lebensweise der frühen bäuerlichen Besiedler dieser Landschaft ist bereits ausführlich dargelegt worden (s. Beitrag Sangmeister) und bedarf keiner Wiederholung.

Hinzuweisen bleibt auf eine wichtige Tatsache: Auch hier in unserem Raum war der Übergang vom Wildbeutertum zur bäuerlichen Wirtschaftsform damit verbunden, daß die Dynamik der Bevölkerungsentwicklung aus dem Gleichgewicht geriet. Auch hier wuchs und wucherte seit jener Zeit die Zahl der menschlichen Bewohner, bis alle denkbaren Gebiete einer immer ärmlicheren Landwirtschaft erschlossen waren und bis Pestilenzen und Kriege des Mittelalters und der frühen Neuzeit diese Entwicklung auf »natürlichem« Wege zu einem vorübergehenden Stillstand brachten. War der Schritt heraus aus dem Wildbeutertum der Urzeit auch bei uns eine Vertreibung aus dem Paradies?

Die ersten Bauern

von Edward Sangmeister

Wenn in den vorausgehenden Kapiteln von Jägern oder Sammlern die Rede war, und sich trotz stärkerer Differenzierung im einzelnen dieser Sammelbegriff doch als nützlich erwies, dann ist es fast überflüssig zu betonen, daß auch unter dem Begriff »Bauer« eine Vielfalt von Trägern ganz unterschiedlich organisierter Wirtschaftssysteme zusammengefaßt sein kann. Gemeinsam ist allen, daß sie – im Gegensatz zur rein aneignenden Wirtschaft der Jäger und Sammler – in irgendeiner Form Nahrungsgüter produzieren, indem sie Tiere halten, Pflanzen anbauen oder beides tun. Das schließt zudem nicht aus, daß man daneben weiterhin mehr oder weniger intensiv jagte und sammelte.

Wie wichtig die »Erfindung« von Ackerbau und Viehzucht, das heißt der Beginn der produzierenden Wirtschaft für die Geschichte der Menschheit ist, mag daraus deutlich werden, daß ohne sie die Erzeugung von Überschüssen, ohne diese eine größere Vorratshaltung nicht möglich ist. Überschußerzeugung und Vorratshaltung sind ihrerseits wieder unabdingbare Voraussetzung der Ernährung stärkerer Bevölkerungsgruppen und damit von Großgesellschaften mit fortschreitender Arbeitsteilung. Das heißt zugleich: Historisch agierende Großgruppen von einiger Relevanz sind erst als Konsequenz dieses Entwicklungsschrittes auf wirtschaftlichem Gebiet zu verstehen.

Man hat in der Forschung zu Recht diese Änderung in der Wirtschaftsweise als einen besonders wichtigen Einschnitt empfunden und hat die durch ihn eingeleitete urgeschichtliche Epoche, in der auch weiterhin der Stein der bevorzugte Rohstoff für Geräte blieb, als Jungsteinzeit (Neolithikum) bezeichnet. Gleichwohl war es nicht ganz zu verstehen, wenn *G. Childe* von »neolithischer Revolution« sprach; zumindest dann nicht, wenn man unter »Revolution« das explosionsartig Rasche des Vorgangs oder gar das Gewaltsame bei der Auslösung und Verbreitung mitverstehen wollte. Meint jedoch »neolithische Revolution« nur das Umwälzende, alle Menschen und Regionen der Erde irgendwie Tangierende, dann darf man den Ausdruck wohl beibehalten. Denn von keiner der heute existierenden Kulturgemeinschaften – auch rezenten Jägern und Sammlern – können wir die Möglichkeit ausschließen, daß sie in irgendeiner Form mit Trägern der neuen Wirtschaftsform Kontakt hatten, beeinflußt und dadurch verändert sein können.

Die Tragweite dessen, was sich hinter »neolithischer Revolution« verbirgt, ist daher groß; und es wird verständlich, wie sehr sich die urgeschichtliche Archäologie gerade dieses Phänomens angenommen hat. Daß man dabei am Begriff »neolithisch« festhält, ist durch die Forschungsgeschichte bedingt. Er wird nunmehr fast gleichbedeutend mit dem Begriff »Kulturniveau bäuerlicher Wirtschaft« und macht besonders deutlich, daß eine der größten historischen Zäsuren in eine Zeit hineinfällt, die man – in Unkenntnis dieser Zäsur – nach einem Werkstoff benannt hatte. In unserem Zusammenhang hier interessieren eben nur die neolithischen Bauern, auch von ihnen nur die ersten, die wir in Südwestdeutschland archäologisch erkennen können.

Archäologie, Völkerkunde und Geographie sind in der Erforschung der Frage, wann, wo und unter welchen Bedingungen die ersten Schritte zur produzierenden Wirtschaft getan wurden, heute schon zu recht überzeugenden Vorstellungen und Modellen gekommen. Dabei hatten Paläobotanik und Paläoosteologie (Osteologie = Knochenlehre) einen bedeutenden Beitrag zu liefern. Man darf heute sagen, daß man einerseits tropische Knollenfrüchte in Spezialräumen Südostasiens oder auch Zentralafrikas sehr früh kultivierte, daß aber andererseits das Sammeln von Vorräten in den ausgedehnten Wildgetreidefeldern in Nordmesopotamien und Palästina, im sog. »Fruchtbaren Halbmond«, zunächst den Anstoß zu Halbseßhaftigkeit gab. Aus der Verteidigung der Wildgetreidefelder gegen die Nahrungskonkurrenten konnten sich indirektes Halten und Aufzucht gefangener Wildtiere entwickeln, daraus Tierhaltung und Tierzucht und schließlich auch das Anbauen von Getreide. Diese heute schon weitgehend belegbare Entwicklung, in deren Verlauf zuerst Schaf und Ziege domestiziert, dann Emmer, Einkorn und Gerste kultiviert und endlich auch das Rind gehalten wurde, hat sich im Vorderen Orient in der Zeit zwischen 10000 und 6000 v. Chr. vollzogen. Sie dürfte die für Europa eigentlich bedeutsame gewesen sein, wenn auch die Mitwirkung eines möglichen zweiten Zentrums in Afrika nicht ausgeschlossen werden kann.

Alle frühen Bauernkulturen Mitteleuropas kennen kultivierte Getreidearten (Emmer, Einkorn, Gerste) und Haustiere (Schaf, Ziege), deren Wildformen in Europa nicht heimisch sind, die aber auch in Afrika fehlen. Gerade diese Pflanzen und Tiere gehören nun zu jenen, die im Vorderen Orient als erste kultiviert bzw. domestiziert wurden. Es muß daher eine irgendwie geartete Abhängigkeit der europäischen Bauern von denen des Vorderen Orients angenommen wer-

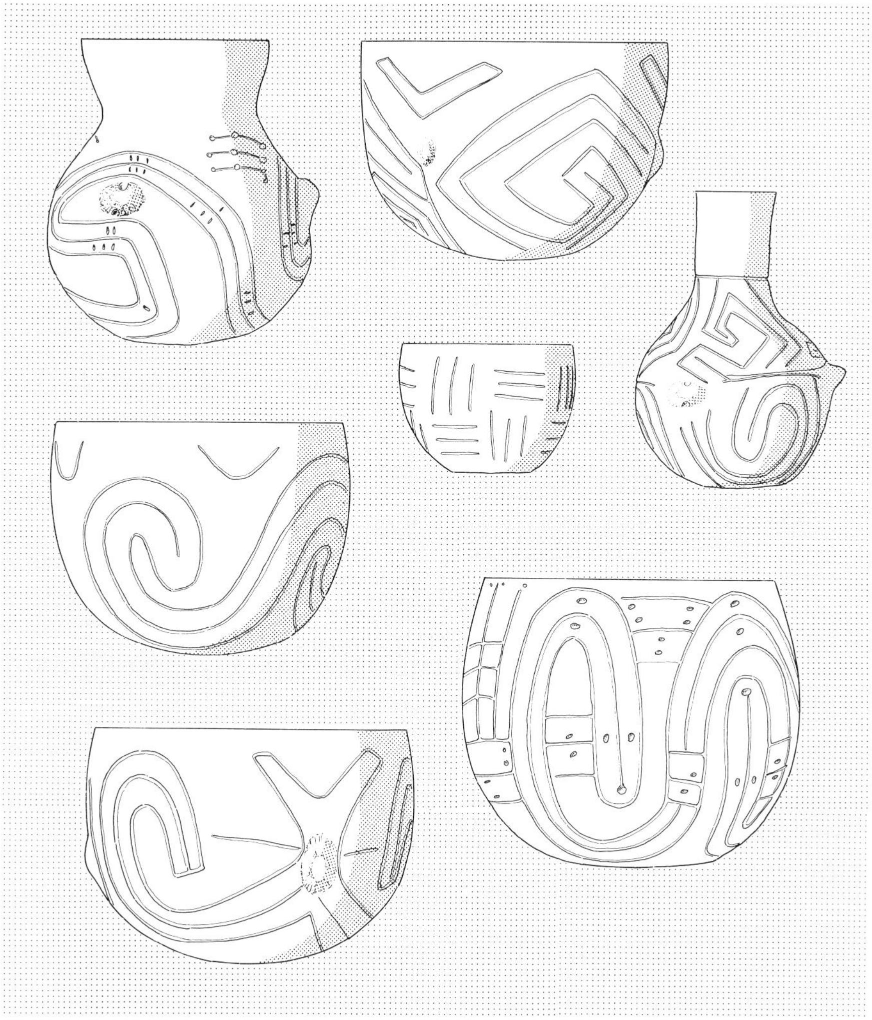

Abb. 250. Das Keramik-Service, Schale, Topf, Flasche aus der älteren Phase mit der charakteristischen Verzierung des »Flomborner Stils«: Einfache Bandmuster aus drei parallelen Linien mit wenigen großen Einzelstichen. Derart verzierte Keramik kommt im ganzen Verbreitungsgebiet der Bandkeramik vor.

den. Dieser Schluß ist besonders wichtig, weil in diesem Falle die Kulturdiffusion eindeutig ist. Der in der Völkerkunde und urgeschichtlichen Archäologie heftig und oft grundsätzlich geführte Streit darüber, ob eine bestimmte Kulturerscheinung in einem Gebiet selbst entstanden oder durch Einfluß von außen angeregt sei, ist in unserem Falle gegenstandslos. Es ist nach paläobiologischen Befunden und Erfahrungen beim gegenwärtigen Erkenntnisstand ausgeschlossen, eine autochthone Kultivierung der genannten Getreide und einheimische Domestikation von Schaf oder Ziege in Europa anzunehmen. Einzig Rind und Schwein könnten hier unabhängig domestiziert worden sein. Da aber beide – wenn auch mit einer gewissen Verspätung – im Vorderen Orient domestiziert erscheinen, ist für sie die Aussage, auch sie seien mitgebracht, zwar nicht eindeutig, doch neigt hier die Wahrscheinlichkeit zu einer Übernahme von außen. Stellen wir nun die Frage nach den ersten Bauern in Südwestdeutschland, so müssen wir von vornherein zugestehen, daß – wer auch immer sie waren und

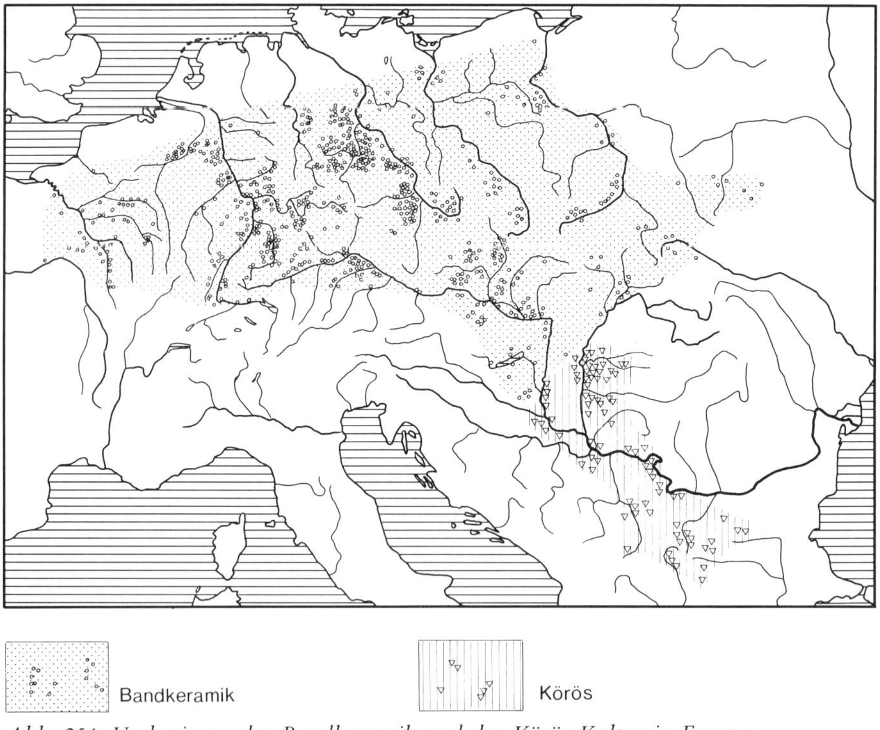

Abb. 251. Verbreitung der Bandkeramik und der Körös-Kultur in Europa.

woher immer sie im einzelnen ihre Kulturmerkmale nahmen – ein Teil ihres Kulturgutes, zumindest ihr erstes Saatgut und die Stammeltern ihrer Haustiere, von anderen Bauern mit älterer Tradition übernommen wurden. Eine extreme Annahme wäre, daß die ersten Bauern als fremde Pioniere mit Saatgut und Haustieren einwanderten.

Die erste archäologisch faßbare Bauernkultur in Mitteleuropa ist die der sog. Li- *Abb. 250*
nearbandkeramik. Wie der Name zeigt, haben hier die Archäologen eine mit sehr charakteristischen linearen Bandmustern verzierte Tonware zum Definitionskriterium gewählt, um vielfältige Erscheinungen der materiellen Kultur unter einem Namen zusammenzufassen. Diese Keramik zeigt vorzugsweise kurvolineare Muster, die als Grundmotiv Spirale und Wellenband, daneben auch Mäander und Winkelband haben. Die Linienmuster können durch kurze Schnittstiche ergänzt sein. An Gefäßformen ist ein einfaches Service aus Kalottenschale, mehr oder weniger geschlossenem kugeligem Topf und einer Flasche bekannt, bei der auf die Bauchkugel ein Trichterhals aufgesetzt ist.

In dieser auf wenige, zum Teil generelle Züge beschränkten Definition ist die *Abb. 251*
verzierte Keramik unglaublich weit verbreitet, von Westungarn bis Holland, von der Donau und dem Hochrhein bis an den Nordrand der Mittelgebirgszone, ja an Oder und Weichsel bis in die Nähe der Ostsee. Die Ähnlichkeit der verzierten Keramik über so weite Räume hin, bei gleichzeitiger Konzentration in Siedlungskammern, hat dazu geführt, daß man die Verfertiger und Benutzer dieser Keramik, die Bandkeramiker, als Träger einer einheitlichen Kultur verstand. Diese Auffassung blieb auch bestehen, als man eine starke Differenzierung in der Verzierung registrierte, die teils regional, teils zeitlich interpretiert wurde: Aus der überregional vergleichbaren Linearbandkeramik einer Anfangszeit bildeten sich Lokalstile heraus, ja vielleicht an noch kleinere Gruppen gebundene Verzierungseigentümlichkeiten, die somit als charakteristisch für Gruppen von der Größe einer Talschaft, eines Clans, einer Sippe angesehen werden dürften. Dabei darf als allgemeingültig hervorgehoben werden, daß die Differenzierung in der Verzierung vor allem zwei Tendenzen erkennen läßt: Verdeutlichung der Bänder durch Füllung in unterschiedlichster Manier und Zunahme der Stichverzierung gegenüber den geritzten Bandelementen.

In Südwestdeutschland lassen sich mindestens drei Lokalgruppen unterschei- *Abb. 252*
den, die zugleich engere Siedlungseinheiten zu bilden scheinen. Im Neckarraum findet sich die größte Gruppe, deren Gefäße in jüngerer Zeit mit breiten Bändern verziert sind, in die Stichreihen quer zum Bandverlauf eingesetzt sind. Von ihr hebt sich eine engere Gruppe von Verzierungen ab, in der ein Muster vorkommt, das wie ein Besen aussieht. Diese Gruppe ist auf den Norden beschränkt und hat Bezug über den Taubergrund zum Main. Im Neckarmündungsgebiet

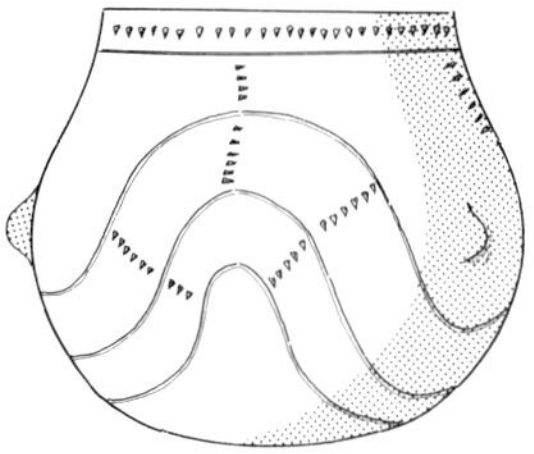

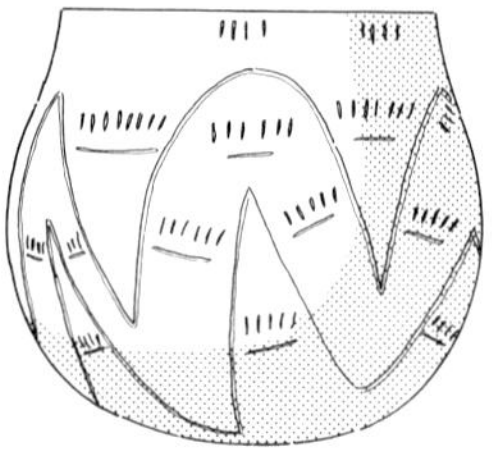

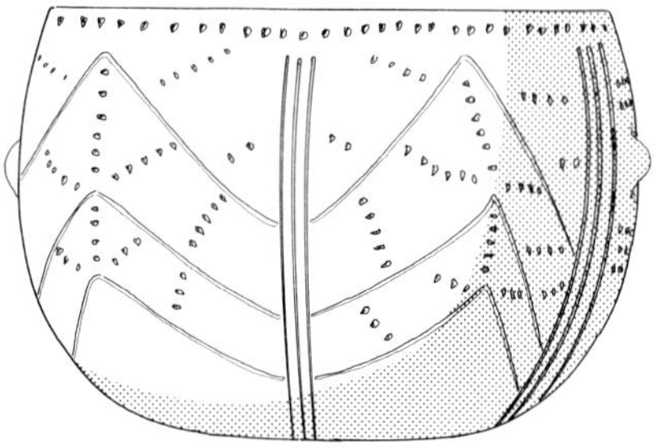

Lokalstil Neckarland

Lokalstil
Rheinhessen-Pfalz

M 1:4

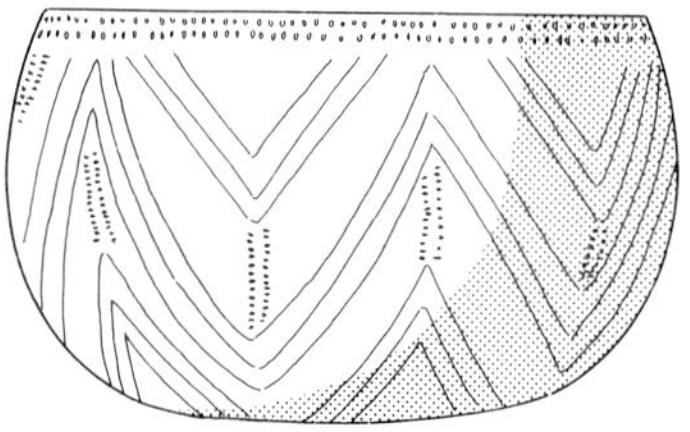

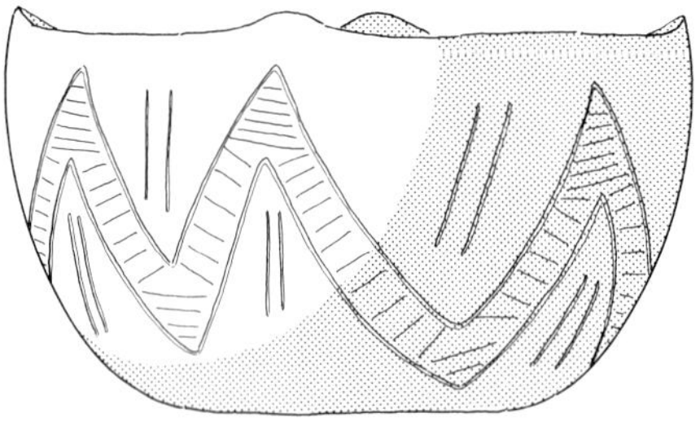

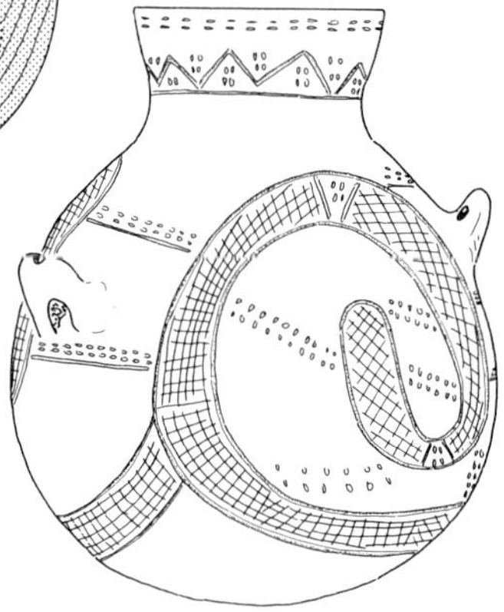

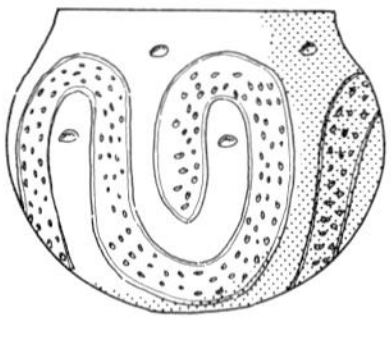

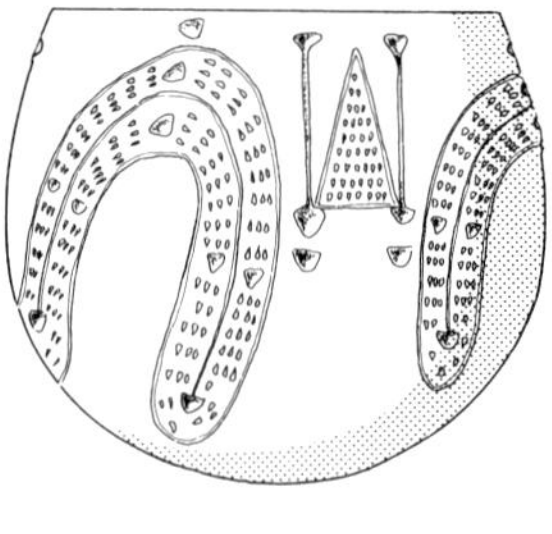

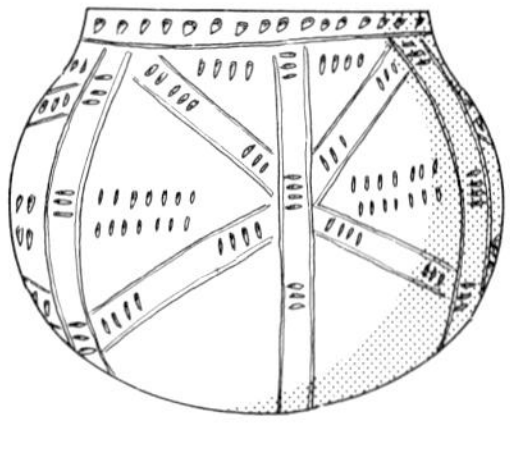

Lokalstil südlicher Oberrhein

dagegen wird die rheinhessische Gruppe faßbar, in der Bandfüllungen aus einfacher und Kreuzschraffur vorherrschen. Am südlichen Oberrhein in Baden wie im Elsaß entwickeln sich schließlich Muster heraus, die – ähnlich wie am Niederrhein – nur noch aus gereihten Stichen bestehen. Hier wie auch im Neckarland ist daneben Füllung der Bänder mit dicht gesetzten Stichen üblich. Hätte man nicht in allen Teilgebieten den älteren Grundbestand an Verzierungen, könnte man an der Berechtigung der Zusammenfassung zu einer »Kultur« zweifeln, zumal diese ja nur aufgrund des einen Kulturmerkmals Keramikverzierung erfolgte.

Mit der Berechtigung der Zusammenfassung zu einer Kultur müssen wir uns daher noch etwas beschäftigen, zumal die archäologische »Kultur« den Ausgang für weitere Interpretationen darstellt. Und für den Südwesten waren ja drei bis vier Teilräume mit differenzierter Verzierung der Keramik deutlich geworden, so daß sich die Frage stellt, was diese »Teilkulturen« bedeuten im Hinblick auf die Gesamtkultur der Linearbandkeramik.

Ganz spontan möchte man hier zuerst fragen, was denn eine spezielle Art, die Töpfe zu verzieren, überhaupt mit einer abzugrenzenden Teilkultur der Menschheit zu tun haben könne. Man könnte doch argumentieren, daß es jedem Töpfer freistand, seine Erzeugnisse so zu verzieren, wie er wollte. Unsere Beobachtung zeigt aber, daß die Töpfer dieses gerade nicht taten; daß sie sich vielmehr einer Ziertradition anschlossen, sich einem strengen Reglement unterwarfen. Denn hätten sie das nicht getan, wären wir heute gar nicht in der Lage, die große Ähnlichkeit, ja Gleichheit einer Vielzahl der Produkte festzustellen. Die Tatsache, daß wir Gruppen gleicher Erzeugnisse herausarbeiten können, erlaubt uns nun weitere Schlüsse.

Die Fertiger und Benutzer dieser bandverzierten Töpfe dürften untereinander zumindest einen engen Kontakt gehabt haben, einer Gesellschaftswirkung unterlegen gewesen sein. Dies erst gibt uns die Berechtigung, sie zu einer irgendwie gearteten Einheit zusammenzuschließen und sie – das ist genauso wichtig – von anderen zu unterscheiden.

Hinzu kommt, daß wir ja nicht wissen, ob die Verzierung der Töpfe für die Gesellschaft so belanglos war, wie wir es vorhin anklingen ließen, als wir von der individuellen Freiheit des einzelnen Töpfers sprachen, oder wie man es unterstellen würde, wenn man gar von einer »Verzierungsmode« spräche. Verzierung kann – das zeigt die historische Erfahrung – belangvoll sein, etwa wo sie Symbolgehalt hat. Sie kann besonders auch dann belangvoll sein, wenn sie zu den

◀ *Abb. 252. Das bandkeramische Service (vgl. Abb. 250) in der charakteristischen Verzierung der Lokalstile.*

Kulturmerkmalen gehört, die einen gesellschafterhaltenden Effekt haben. Jede Großgesellschaft, die mehr Menschen umfaßt, als daß jeder noch jeden persönlich kennen könnte, die also eine »anonyme« Großgesellschaft ist, braucht – vor allem wenn sie an mehreren getrennten Plätzen siedelt – Erkennungszeichen, um Zugehörige und Nichtzugehörige auf Distanz erkennen zu können. Diese Erkennungszeichen können akustisch oder visuell wirksam sein,wobei die von Natur ausgebildeten Unterscheidungsmerkmale wie Haut-, Augen- und Haarfarbe durch kulturelle, das heißt vom Menschen erfundene, wie Sprachen, Schmuck, Körperbemalung usw. bereichert und ergänzt worden sind. Ornamente der Körperbemalung, der Tätowierung, der Kleidung können wegen ihrer ursprünglichen Signalbedeutung und -wirkung in einer Gesellschaft so dominierend werden, daß sie – fast automatisch – auf andere Gegenstände, so auch die Keramik, übertragen werden, wo sie die ursprüngliche Signalwirkung dann gar nicht mehr haben, zumindest nicht zu haben brauchen. Eine einmal gewählte Verzierung hat somit ,,geschmacksbildend" gewirkt und hat, auch wo sie ihrer ursprünglichen Funktion entkleidet war, ihr traditionbildendes Gewicht behalten.

Konnten wir so die Berechtigung, eine »linearbandkeramische Kultur« als archäologische Hinterlassenschaft einer Gesellschaftsgruppierung zunächst allein nach der verzierten Keramik zu definieren, auch theoretisch unterbauen, so bleibt doch zu prüfen, ob und inwieweit der erschlossene Gesellschaftsbezug auch für andere Kulturmerkmale gilt. Das heißt mit anderen Worten, wir müssen feststellen, ob und welche Kulturmerkmale immer wieder, also regelhaft, mit der verzierten Bandkeramik gekoppelt auftreten; wir müssen auch prüfen, ob sich die lokale Differenzierung in der Keramikverzierung bei der Auswahl der gekoppelten Kulturmerkmale wiederholt. Als Archäologen können wir uns dabei die zu untersuchenden Kulturmerkmale nun nicht nach ihrem Stellenwert in der Gesellschaft aussuchen, wir sind vielmehr darauf angewiesen, jene zu überprüfen, die uns wegen der Haltbarkeit und Widerstandsfähigkeit der verwendeten Rohstoffe erhalten geblieben sind. Dadurch ergibt sich ein im Grunde unzulässiges Übergewicht im Bereich der materiellen Kultur, dessen wir uns immer bewußt bleiben müssen. Vor allem muß dies dazu anhalten, jede auch noch so geringe Spur zu verfolgen, die uns mehr über die nicht materiellen Bereiche der Kultur zu sagen verspricht.

Die feiner verzierte Tonware, die auch durch ihre technisch hochstehende Tonbehandlung auffällt, war nicht für alle Zwecke einer frühbäuerlichen Bevölkerung verwendbar. Neben ihr gab es eine gröbere Ware, die offenbar – nach der *Abb. 253* Größe zu urteilen – die Funktion von Vorratsgefäßen, auch von großen Kochtöpfen, erfüllte. Für sie ist allgemein Verzierungslosigkeit charakteristisch,

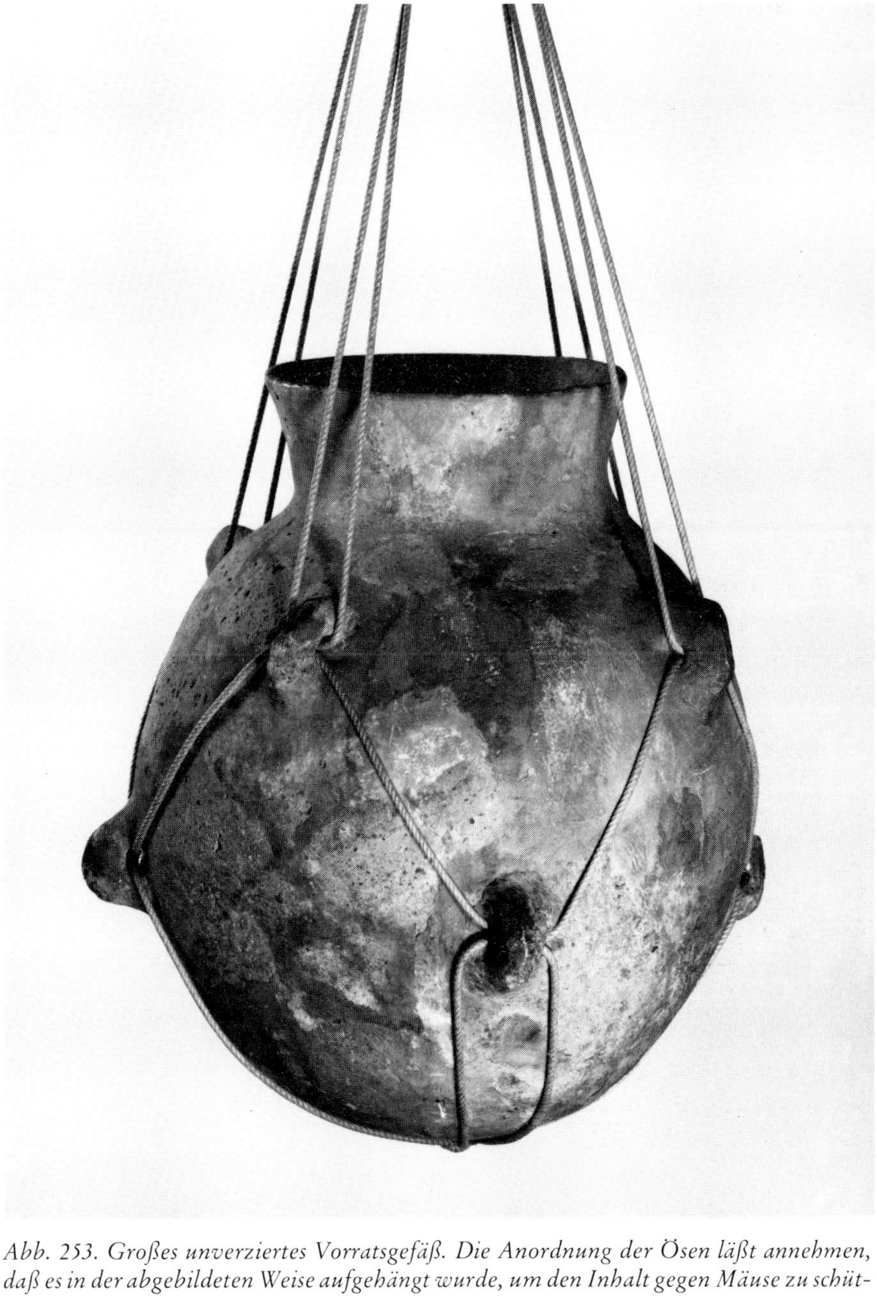

Abb. 253. Großes unverziertes Vorratsgefäß. Die Anordnung der Ösen läßt annehmen, daß es in der abgebildeten Weise aufgehängt wurde, um den Inhalt gegen Mäuse zu schützen.

Abb. 254. Zwei Steinbeile, »Schuhleistenkeil« (oben) und Flachhacke.

wenn man von gelegentlichen Fingertupfenreihen absieht. Die bauchigen Vorratsgefäße mit engem Hals haben häufig zwei Reihen von je drei schräg gesetzten Schnurösen, die gewiß die Aufgabe hatten, dicke Schnüre zu führen und gegen Abrutschen zu sichern, mit denen die Gefäße aufgehängt waren. Die Tupfenverzierung ist so angebracht, daß man in ihr eine Imitation solcher Seile sehen könnte. Auch diese Keramik ist – wohl wegen ihrer starken Funktionsbindung – im ganzen Verbreitungsgebiet der verzierten Linearbandkeramik ähnlich. Lokale Unterschiede konnten bisher nicht beobachtet werden. Hervorzuheben ist die Dreizahl der Ösen einer Reihe, die auch bei der verzierten Keramik üblich ist. Sie ist ein Unterscheidungsmerkmal zu anderen früh- und mittelneolithischen Keramikgattungen (und Kulturen), bei denen die Vierzahl üblich ist.

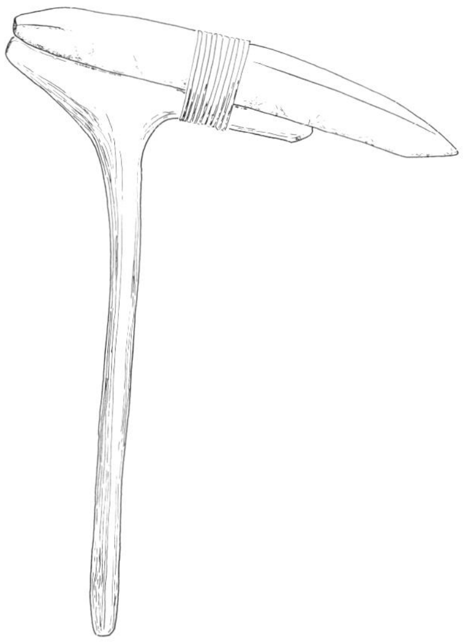

Abb. 255. Zeichnerische Rekonstruktion der Schäftung eines Steinbeils (»Schuhleistenkeils«). Grundlage bilden seltene erhaltene Holzreste und völkerkundliche Parallelen.

Das Neolithikum war ursprünglich durch das Neuauftreten von Geräten aus geschliffenem Felsgestein definiert worden. Auch bei der Kultur der Linearbandkeramik fehlt dieses Kulturmerkmal nicht. Im Gegenteil, im sog. »Schuhleistenkeil«, einem asymmetrisch gearbeiteten Steinbeil, finden wir ein ganz bewußt ausgeformtes Gerät, das in dieser Form bei älteren neolithischen Kulturen unbekannt zu sein scheint. Alle frühen Steinbeile, ob symmetrisch oder asymmetrisch zugeschliffen, lassen erkennen, daß bei ihrer Formgebung sehr weitgehend der natürlich vorgefundene gerollte Kiesel mitbestimmend war. Die vollkommen plane Unterfläche des Schuhleistenkeils, die kantig abgesetzten Seitenbahnen und der hoch- oder flachgewölbte Rücken lassen dagegen einen ausgesprochenen Formwillen erkennen. So verwundert es denn auch nicht, daß Rohformen des Schuhleistenkeiles in der Technik des Behauens, nicht nur des Bestoßens, gearbeitet sind. Es wurde gleichsam die bis zur Vollendung gebrachte Technik der Silexbearbeitung auf die Vorbereitung des Felsgesteins übertragen und eine Form geschaffen, die offensichtlich ein stark spezialisiertes Gerät zur Holzbearbeitung darstellte, wie Experimente gezeigt haben. Die verschiedenen Formate mit Längen zwischen 5 und 20 Zentimetern bei je entsprechender Breite mögen auf verschiedene Arbeiten hindeuten. *Abb. 254, 255*

Für die Felsgesteinbeile ist offenbar meist ein bestimmtes Gestein ausgesucht worden, Tonschiefer verschiedener Herkunft, der jedoch immer aus größerer oder geringerer Entfernung ins Siedlungsgebiet gebracht werden mußte. Auch mit anderen Gesteinen, etwa Diabas und Basalt, ist experimentiert worden. Bei einer so gezielten Auswahl der Rohmaterialien muß man an einen irgendwie gearteten Handel denken, einfach weil die Gesteine im engeren Siedlungsgebiet nicht vorkommen, zum andern weil die Suche nach den Gesteinen Spezialkenntnisse voraussetzt, die nicht ohne weiteres jedem Mitglied der Gesellschaft zugetraut werden dürfen. Ganz offen muß bleiben, ob Einzelpersonen einer linearbandkeramischen Siedlung zu gewissen Zeiten die Beschaffung der Rohstoffe besorgten oder ob man den Rohstoff oder gar das Fertigprodukt von nicht zur eigenen Gesellschaft gehörigen Personen bezog oder ob sich gar bestimmte Gruppen auf Gesteinssuche, Herstellung und Vertrieb der Geräte spezialisiert hatten.

Daß irgendeine Organisationsform in einer der angedeuteten Richtungen bestand, mag aus den nicht seltenen Hortfunden von Felsgesteingeräten geschlossen werden, die teils in Siedlungen, teils außerhalb gefunden wurden. In solchen Horten fanden sich Rohmaterialplatten mit Sägeschnitten, Halbfertigfabrikate und Endprodukte. Sie zeigen wohl an, daß es so etwas wie Spezialisierung schon gab.

In den Horten erscheint neben dem Schuhleistenkeil ein ganz gleichartig aussehendes, aber viel größeres Gerät, das am oberen, breiteren Ende parallel zur Unterseite und Schneide quer durchbohrt ist. In einer Linearbandkeramik-Siedlung ist ein solches Gerät bisher nicht gefunden worden. Meist kommt es als Einzelfund vor, und eine Kartierung in Hessen hat ergeben, daß diese Geräte speziell in Gebieten außerhalb der Siedlungszentren der Bandkeramik verbreitet sind. Durch das gemeinsame Vorkommen in den Hortfunden dürfte die Zugehörigkeit zum Komplex Bandkeramik jedoch wohl gesichert sein. Und so mag man schließen, daß dieses Gerät bei ganz speziellen Tätigkeiten, etwa beim Spalten von Bäumen zu den im Siedlungsbereich nachgewiesenen Spalthölzern Verwendung fand. Es könnte dann bei Tätigkeiten von Teilen der Dorfbevölkerung in den dichter bewaldeten Gebieten benutzt und verloren worden sein.

Ein zweites Gerät mit Durchbohrung ist kreisrund bei spitzovalem Querschnitt; es wird gern als Keulenkopf interpretiert. Es ist, wie das vorher beschriebene Gerät, ein Beweis für die Kenntnis des rasch rotierenden Steinbohrers, die nicht überall im Frühneolithikum gegeben war. So kennt etwa das südwesteuropäische Frühneolithikum der Abdruckkeramik kein gebohrtes Steingerät. Mit diesen gebohrten Steingeräten gewinnen wir ein weiteres integrierendes Kulturmerkmal der Linearbandkeramik, wenn wir auch die Interpretation des durchbohrten Diskus als Scheibenkeule nicht unbedingt verfechten wollen. Die insgesamt sehr wenigen Stücke dieser Art können auch eine andere Funktion gehabt haben. Sie wären jedenfalls die einzigen Waffen der Bandkeramiker. Wir müssen

Abb. 256/257. Mahlsteine und Reiber werden häufig in den Siedlungen gefunden. Die Zeichnung zeigt das Mahlen des Korns auf dem Mahlstein mit dem »Läufer«. Die Art ihrer Verwendung wird nach völkerkundlichen Vergleichen dargestellt. Im Hintergrund die lehmverkleidete Flechtwerkwand eines Hauses.

daher die Interpretation Keule mit aller Vorsicht aufnehmen. Und wir können an einer negativen Feststellung weiter erkennen, daß die Bandkeramik kein Felsgesteingerät kennt, das nur Waffe gewesen sein könnte.

Der Bestand an Felsgesteingeräten wird ergänzt durch Gegenstände, deren *Abb. 256, 257* Funktion leicht ersichtlich ist, wie etwa Mahlsteine, Reiber, Schleifplatten. Diese besitzen jedoch keine so charakteristische Form, daß sie als Kulturmerkmal zur Unterscheidung von anderen Kulturen verwendet werden könnten. Wohl aber sind sie Indikator für eine bestimmte Lebensweise, da z.B. die Mahlsteine praktisch nur in der Verarbeitung von Getreide zu Mehl verwendet werden konnten. So sind sie ein erster Hinweis auf den Ackerbau, der uns hier ja besonders interessiert. Zugleich haben die Mahlsteine oft eine ganz beachtliche Größe und entsprechendes Gewicht, woraus allein schon – kennten wir die Siedlungen nicht so genau – auf Seßhaftigkeit geschlossen werden müßte. Auch die Schleifplatten tragen einiges zur Verlebendigung des Bildes dieser frühneolithischen Kultur bei. Denn wenn vielleicht auch die Steingeräte fertig importiert wurden, hat man sie doch in der Siedlung laufend nachgeschliffen; vielleicht auch neu hergestellt. Schleifplatten wurden daneben aber auch zum Zerreiben von Farbe benutzt, speziell von Roteisenstein (Hämatit), der in den meisten Siedlungen gefunden wird und eigentlich immer Schleifflächen besitzt. Wozu die zerriebene Roteisenfarbe benutzt wurde, kann nicht eindeutig gesagt werden. In einzelnen Siedlungen gibt es Keramik, die Spuren blutroter Farbe in den Mustern trägt, so im Südwesten etwa in Ensisheim im Elsaß. Aber man wird auch daran denken dürfen, daß die Farbe zur Körperbemalung diente.

Abb. 258 Ein wichtiger Bestandteil der materiellen Kultur im Neolithikum ist immer das Feuersteingerät. Und ihm sollte auch deshalb besondere Aufmerksamkeit geschenkt werden, weil es bei Jägern und Sammlern fast das einzige uns erhaltene und damit bekannte Gerät darstellt. Wenn wir also später die Frage stellen müssen, aus was für Traditionen die Träger der Bandkeramik bei der speziellen Gestaltung ihrer Kultur schöpften, müßte das Feuersteingerät uns die beste Antwort geben können. Es kann hier schon gesagt werden, daß der Befund negativ ausfällt hinsichtlich eines Vergleichs mit dem Silexgeräteinventar früherer oder gleichzeitig lebender Jäger. Man kennt praktisch nur einfache, kaum weiter bearbeitete Klingen, die sich einer näheren Typisierung entziehen. Unter diesen Klingen sind auffällig viele, die die sog. Lackpatina tragen. Sie wird auch Sichelglanz genannt, weil Experimente gezeigt haben, daß die glänzende Oberflächenveränderung des Feuersteins am deutlichsten ausgeprägt entsteht, wenn mit diesem Silex siliciumhaltige Getreidehalme oder stärkere Gräser und Schilf geschnitten wurden. Man kann in diesen Klingen Einsätze in Kompositsicheln aus Holz oder Knochen sehen und damit praktisch ein Gerät rekonstruieren, das

Abb. 258. Von den Feuersteingeräten sind nur die unvergänglichen Teile erhalten, die Holzschäftungen sind vergangen. Die einfachen schmalen »Klingen« (links) waren die scharfen Schneiden von Holzsicheln oder Messern, rechts oben sieht man Pfeilspitzen, darunter Spitzen zum Bohren von Löchern in Holz, Leder u. ä.

uns ganz nie erhalten blieb. Zugleich ist dieses Gerät wiederum ein deutlicher Hinweis auf die Rolle des Getreidebaus, wenn man nicht alle »Sicheln« als zum Schilfschneiden benutzt wegdiskutieren will. Das wichtigste Charakteristikum beim Silexgerät ist somit wieder fast eine negative Feststellung: Silexklingen werden nur insoweit durch einfachste Retuschen hergerichtet, wie es ihre Verwendung in Kompositgeräten wie der Sichel nötig macht. Ausgesprochene Zweckformen wie feine Bohrer sind aus Teilgebieten der Bandkeramik bekannt, insgesamt aber so selten, daß sie nicht als regelhaft für die ganze Kultur hingestellt werden können.

Dieser Befund mag damit zusammenhängen, daß für das Feuersteingerät nicht ein so einheitliches Rohmaterial wie für das Felsgesteingerät zur Verfügung stand. Auch hier mußte durch irgendwie gearteten »Handel« der Rohstoff beschafft werden. Dabei scheint man die jeweils nächst benachbarten Gebiete bevorzugt zu haben. So kennt die Bandkeramik unseres Südwestens vor allem den Jaspis und Hornstein des Jura, der gut zu verarbeiten ist. Damit ist denn hier das Spektrum von fast normierten Typen größer als in anderen Verbreitungsgebieten der Bandkeramik. In Nordhessen wird dagegen fast ausschließlich Quarzit verwendet, der fast keine Typherausarbeitung zuläßt. Am Niederrhein wiederum, wo der belgische Feuerstein relativ leicht erreichbar ist, gibt es auch wieder mehr Silextypen.

Auffällig ist, daß Pfeilspitzen im Feuersteininventar fast nicht bekannt sind. Zwar gilt die früher aufgestellte Behauptung nicht mehr, die Kultur der Linearbandkeramik kenne die Pfeilspitzen überhaupt nicht. Es gibt tatsächlich pfeilspitzenartige Silexformen, dreieckig mit gerader oder konkaver Basis. Aber diese sind immer noch relativ selten, wenn man an die große Zahl bandkeramischer Siedlungen denkt. Zwar haben die überaus sorgfältigen Ausgrabungen auf der Aldenhovener Platte bei Köln die Zahl der bekannten Pfeilspitzen anwachsen lassen, aber insgesamt stellen sie immer noch nur einen winzigen Bruchteil etwa der Zahl der Sichelklingen dar. Man kann daher nur feststellen, daß es Pfeilspitzen gab, doch waren sie sicher nicht integrierendes Kulturmerkmal der Bandkeramik. Immerhin wurden sie in manchen Fällen für wert erachtet, Grabbeigabe zu werden. So fand sich etwa in Mulhouse-Est im Elsaß in einem Grab ein Satz Pfeilspitzen, ebenso in Flomborn in Rheinhessen; doch sind das beidesmal Ausnahmen im Gräberfeld. Es wäre zu überlegen, ob nicht die so bestatteten Toten eine spezielle Rolle in der Gesellschaft hatten, ob sie nicht die Aufgabe des Jagens in der Ackerbaugesellschaft übernahmen. Keinesfalls haben wir genug Pfeilspitzen in unserer frühen Bauernkultur, um sagen zu dürfen, die Pfeilspitze habe jetzt die Bedeutung der wichtigsten Jagdwaffe. Eine Verbindung zu den einheimischen Jägern und Sammlern im Sinne einer weitergeführten Jägertradition läßt sich daher auf dieser Basis kaum ziehen.

Das wird auch daran deutlich, daß diese dreieckige Pfeilspitzenform den einheimischen, mesolithischen Jägern unbekannt war. Diese bevorzugten den sog. Querschneider. Auch dieser kommt gelegentlich in einem Zusammenhang mit Linearbandkeramik vor, wie erst kürzlich in Ensisheim im Elsaß. Aber auch der Querschneider kann allenfalls den Kontakt mit Jägern einheimischer Tradition belegen, gestattet aber nicht, Pfeil und Bogen als wichtiges unterscheidendes

Kulturmerkmal der Bandkeramik aufzustellen. So muß man auch die Frage offenhalten, woher die Bandkeramiker ihre dreieckige Pfeilspitze hatten? War sie eine Neuerfindung der Bandkeramiker oder wurde sie von anderer Seite, etwa vom südwesteuropäischen Neolithikum übernommen und in Einzelfällen adaptiert?

Damit ist der Bestand an direkt verwertbaren Kulturmerkmalen des Fundgutes praktisch erschöpft, da die Ungunst der Erhaltungsbedingungen uns weder Holz noch Gewebe, kaum einmal Knochengeräte überliefert hat. Wo Knochengeräte erhalten sind, sind es reine Funktionsformen wie Pfriemen, Glätter und ähnliches, deren Form durch die Gestalt und Größe des ausgewählten Knochens und durch den Zweck bestimmt wurde. Viel Raum für eine kulturtypische Ausformung solcher Geräte blieb dabei nicht.

Keines dieser Kulturmerkmale kann sicher mit einem der »Lokalstile« verknüpft werden. Damit wird deutlich, daß die für Variationen empfindliche Verzierung ein besserer Maßstab für Veränderungen ist, als – meist technisch – bedingte Geräte.

Auf ganz anderen Gebieten liefert uns aber die Kultur der Linearbandkeramik Zeugnisse, die uns reichen Aufschluß über die Organisation dieser ersten Bauerngesellschaft geben können; allerdings auch hier vorwiegend solche, die für die »Gesamtkultur« gültig sind, nicht auf einen Lokalstil beschränkt blieben. Von kaum einer urgeschichtlichen Kultur – auch aus jüngeren Zeiten – wissen wir so viel über Hausbau und Siedlung wie von ihr. 1934 entdeckte *W. Buttler* in Köln-Lindenthal Grundrisse großer Rechteckhäuser, nachdem man vorher die Kulturreste der Bandkeramik immer nur in unregelmäßigen Erdgruben gefunden hatte. Noch *Buttler* konnte sich von der Vorstellung nicht lösen, die ersten Bauern hätten in den Erdlöchern gewohnt, und erklärte daher die Grundrisse der Großbauten als Scheunen. Erst *Oskar Paret* deutete die Großbauten richtig als Häuser und sah daher sicher mit Recht in der Mehrzahl der Gruben Abfallgruben. Seit den vierziger Jahren sind nun in allen Teilen des Verbreitungsgebietes die gleichen Hausgrundrisse gefunden worden, in Südwestdeutschland etwa in Mannheim-Vogelstang, in Gerlingen und in Tauberbischofsheim. Und man- *Abb. 259*
cher Plan einer älteren Grabung zeigt, daß man sie auch dort hätte finden können. So läßt z.B. der Plan der Siedlung vom Viesenhäuser Hof bei Mühlhausen in Württemberg große rechteckige Freiräume von den Ausmaßen eines Hauses erkennen, in denen es keine Gruben gibt. Voraussetzung für das Erkennen der Hausgrundrisse ist, daß man großflächig und mit genügend Zeit ausgraben kann. Wo das nicht der Fall ist, bleiben die Ergebnisse noch aus. Wenn daher am südlichen Oberrhein in Baden und im Elsaß, solche Bauten noch unbekannt sind, ist das wohl rein zufällig.

Dorfplan der Siedlung Gerlingen

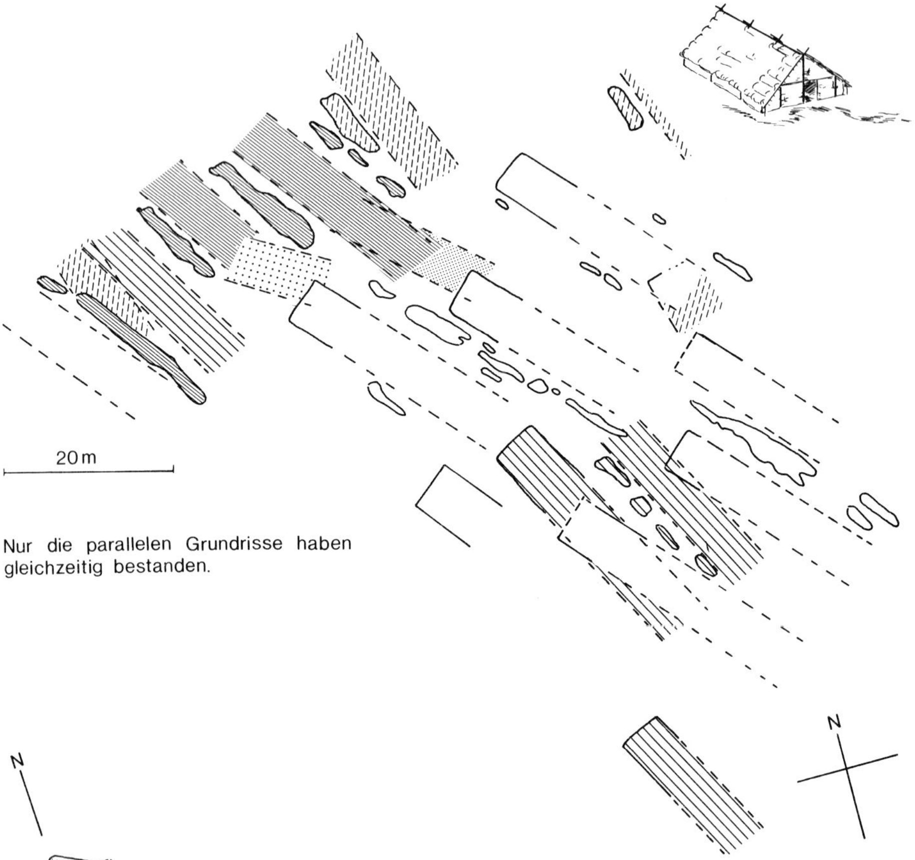

Nur die parallelen Grundrisse haben gleichzeitig bestanden.

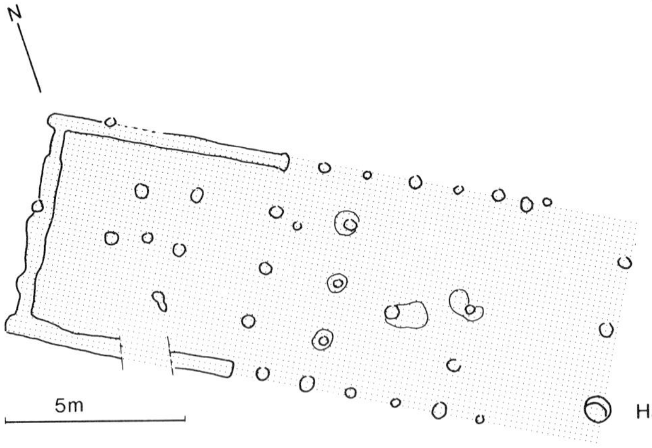

Hausgrundriß

Der Grundtypus des Hauses, das heute daher fast überall schon belegt ist, ist ein Großbau von 8 auf 30 m, der auch kleiner oder größer ausfallen kann, aber immer etwa ähnliche Proportionen besitzt. Seine Dachkonstruktion wurde von drei Ständerreihen getragen, die Wände bestanden aus locker gestellten, nicht tragenden dünneren Pfosten. Nur die immer nach Nordwesten ausgerichtete Hausschmalseite und ein Viertel der von ihr ausgehenden Langseiten waren durch dichtgestellte Pfosten oder Spalthölzer stärker gesichert, wohl gegen die stärksten aus dieser Richtung kommenden Regen und Winde. So weit ist die Rekonstruktion aus dem Grundriß zu ermitteln. Stücke von gebranntem Wandverputzlehm lassen Abdrücke von Rund- und Spaltholz, von Flechtwerk und Ruten erkennen. Die Wände waren daher offensichtlich zwischen den locker gestellten Pfosten mit Flechtwerk gefüllt, dieses und die Holzwände waren mit Lehm dicht verstrichen. Die Außen- und Innenflächen des Lehmverputzes waren glatt gestrichen und – so etwa belegt in Nähermemmingen im benachbarten Ries – mit Kalk gestrichen. Die ersten südwestdeutschen Bauern wohnten danach in Häusern, die architektonisch kaum mehr als primitive Anfangsleistungen abgewertet werden können. Auch wenn sie anscheinend nur den festgestampften Lößlehmfußboden besaßen, waren es doch stattliche Großbauten, die gegen jede Witterung Schutz, zugleich aber auch schon genügend Komfort boten. *Abb. 260, 261*

Man hat den Versuch gemacht, mehrere verschiedene Haustypen aufgrund der allein erhaltenen Grundrisse zu unterscheiden. Die Zahl der bekannten Befunde erlaubt das bisher nur für den Niederrhein. Auch dort muß aber als noch nicht endgültig geklärt angesehen werden, ob die Typen in eine zeitliche Entwicklungsreihe zu stellen sind, oder ob sie etwa verschiedene Funktionen erfüllten. Sicher ist, daß der beschriebene Grundtypus des Hauses im gesamten Verbreitungsgebiet bekannt war und daß er – ähnlich wie etwa der »Schuhleistenkeil« – schon als spezielles Kulturmerkmal angesehen werden darf, das eng mit der verzierten Keramik gekoppelt war.

Hinzugefügt werden darf, daß es auch kleinere Bauten gab, über deren Zweck-

◀ *Abb. 259. Hausgrundriß (unten) und Dorfplan (oben). Im Boden sind bei der Ausgrabung nur die Spuren der eingegrabenen Tragpfosten (»Pfostenlöcher«) erkennbar und Gruben entlang der Langseiten der Häuser. Sie entstanden wahrscheinlich dadurch, daß man Lehm für die Verkleidung der Flechtwerkwände an Ort und Stelle entnahm. Der durch Schadenfeuer gebrannte Lehm mit Flechtwerkabdrücken (»Hüttenlehm«) findet sich häufig in Gruben, die demnach bis zur Zerstörung der Häuser im Dorfbereich offen lagen.*

Abb. 260. Rekonstruktionen bandkeramischer Häuser. Den Versuchen liegen die Beobachtungen der »Pfostenlöcher« und des »Hüttenlehms« (vgl. Abb. 259) zugrunde. Es bleibt unbekannt, womit die Häuser gedeckt waren. In Frage kommt Stroh, Schilf, Baumrinde.

bestimmung im Gegensatz zu den Großbauten (etwa Schuppen, Unterstelldach o. ä.) kaum etwas Sicheres gesagt werden kann. Der Raum zwischen den Häusern wurde von Gruben verschiedenster Form und wechselnder Tiefe eingenommen. Von ihnen ist ein Teil wohl mit Sicherheit einfach dadurch entstanden, *Abb. 262* daß man den Lehm für den Wandverputz an Ort und Stelle entnahm. Die so entstandenen, unregelmäßig langgestreckten Gruben wurden dann durch das Traufwasser von den Dächern ausgewaschen und verschliffen, sie füllten sich nach und nach mit Abfällen oder wurden durch eingeschwemmten Humus der Oberfläche oder nachrutschende Grubenwände allmählich eingeebnet. In ihnen findet sich die Hauptmenge der Funde, die nach und nach, solange die Grube ganz oder teilweise offenlag, hineingerieten. Ein anderer Teil der Gruben hat wohl bestimmten Zwecken gedient. Das gilt für regelmäßiger geformte, kleinere Gruben, obwohl uns heute nicht immer einsichtig ist, warum man sich für eine spezielle Tätigkeit auf den Boden einer Grube begeben mußte. Aber wenn z. B. in Arnsbach in Nordhessen auf dem Grund einer Grube in unmittelbarer Nähe eines sichtlich hingelegten größeren Steines rund 60 Quarzitabschläge gefunden wurden, von denen einige aneinanderpaßten, dann ist nicht daran zu zweifeln, daß hier so etwas wie eine »Werkstatt für Silexbearbeitung« angetroffen wurde. Die meisten großflächig ausgegrabenen Siedlungen lassen heute ein Gewirr von Pfostenstellen und Gruben erkennen, aus denen jeweils nur wenige klare Hausgrundrisse herausgelesen werden können. Man sieht dabei jedoch deutlich, daß

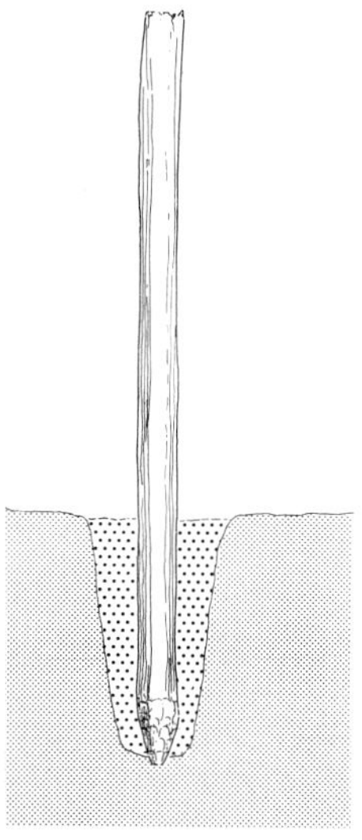

Abb. 261. Schema der Aufstellung eines tragenden Pfostens in einer Grube. Die Arbeitsvorgänge: Graben der Grube, Einsetzen des Pfostens, Zufüllen der Grube mit der ausgehobenen Erde lassen sich noch nach Jahrtausenden an Farbunterschieden im Boden erkennen.

Abb. 262. Bau eines Hauses. Die verschiedenen Arbeitsgänge: Errichten der Tragpfosten in Gruben, Verlegen der Dachkonstruktion, Herstellung der Flechtwerkwände und Dekken des Daches sowie Verputzen der Wände mit Lehm werden nebeneinander gezeigt.

einzelne Hausgrundrisse einander überschneiden. Im Extremfall erkennt man, daß sogar ein Pfostenloch ein anderes z. T. wegschneidet. Dieser Befund ist für die Interpretation wichtig; denn er kann so nur angetroffen werden, wenn der ältere Pfosten im Boden vermoderte, nur dann kann seine Spur bleiben. Der jüngere Pfosten kann andererseits erst gesetzt worden sein, als der ältere ganz vermodert war. Denn wenn er noch als Holz vorhanden gewesen wäre, hätte der jüngere ihn nicht schneiden können. Daraus folgt für die Zeitstellung der beiden Anlagen, zu denen die Pfosten gehörten, eine klare Aussage. Das jüngere Haus, zu dem der später gesetzte Pfosten gehörte, kann an dieser Stelle erst gebaut worden sein, als die Pfosten des alten Hauses vollkommen im Boden vermodert waren. Wären sie nicht vermodert gewesen, hätte man sie herausziehen müssen; dann aber fänden wir heute ihre Spuren nicht. Freilich muß man bedenken, daß man gewiß auch einen Teil störender Pfosten entfernt hat. Das könnte erklären, warum viele Hausgrundrisse unvollständig sind. Ein anderer Grund dafür ist, daß viele Pfostenstellen nur schwach gefärbt sind und bei der Grabung nicht erkannt wurden; ein weiterer ist, daß Pfosten, die in die dunkle Füllung älterer Gruben gesetzt wurden, sich nach dem Vermodern nicht von der Grubenfüllung unterscheiden, oder daß Pfostenlöcher älterer Häuser beim Lehmgraben für den Wandverputz mit verschwanden.

Abb. 263 Aus all dem geht hervor, daß ein Siedlungsplan wie unser Ausschnitt der Siedlung von Gerlingen eine Fülle unterschiedlicher Bauten und Anlagen enthält, die gewiß nicht alle gleichzeitig sind. Um die Baugeschichte einer bandkeramischen Siedlung zu klären und damit einen Anhalt über ihre Größe und Dauer zu gewinnen, muß man versuchen, das Pfostengewirr zu entzerren und auf einzelne Großbauten zu verteilen, deren Reihenfolge es dann zu bestimmen gilt. Um dieses Entzerren hat eine lebhafte Diskussion der Archäologen eingesetzt, die noch nicht abgeschlossen ist. Einig sind sich alle Autoren darin, daß nicht alle Großhäuser einer Siedlung gleichzeitig sind, daß der heutige Plan das Ergebnis einer Folge von Neubau, Nutzung, Aufgabe, Offenlassen, Wiederbebauung eines Bauplatzes ist. Einig ist man auch darin, daß eine Siedlung aus mehreren Großbauten, zugehörigen zufälligen und absichtlich angelegten Gruben, sowie Nebengebäuden, Viehpferchen u. ä. bestanden haben sollte. Drei Interpretations-

Abb. 263. Drei Varianten zur Erklärung der Entstehung des komplizierten Dorfplanes (Abb. 259), in dem die Hausgrundrisse einander überschneiden. Die Häuser können daher nicht gleichzeitig bestanden haben, ihre Pfosten müssen aber im Boden verfault sein, sonst könnten wir die Spuren nicht finden.

Erstellung eines Neubaus neben dem baufälligen alten Haus

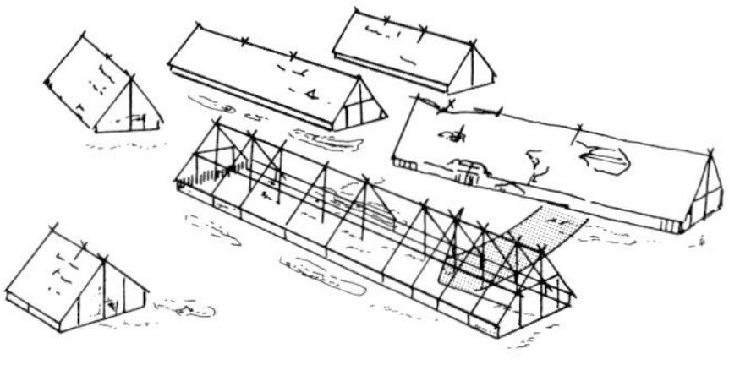

Neubauten mit Verlagerung des Baugebiets

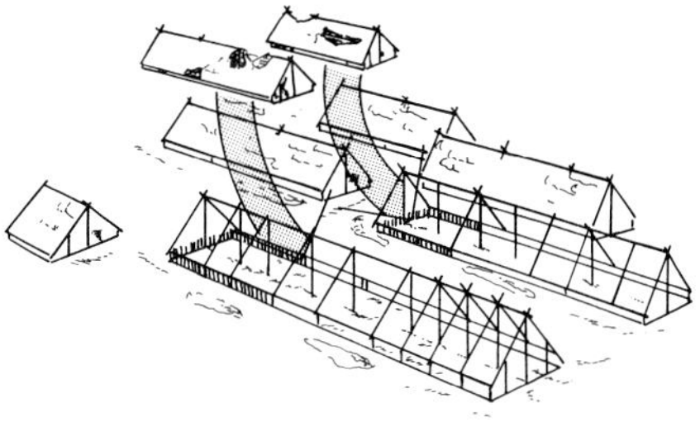

Grabungsplan eines bandkeramischen Dorfes

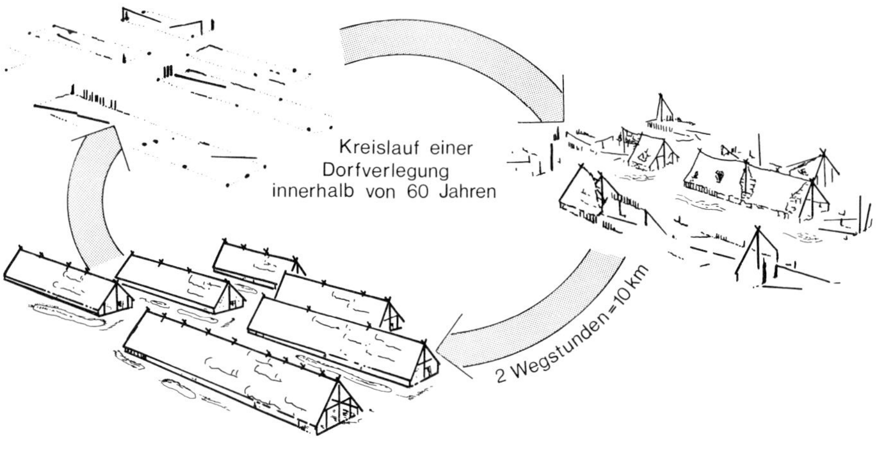

modelle werden vorgeschlagen, um eine Erklärung für die zahlreichen Neubauten zu geben: Das erste Modell geht davon aus, daß eine Siedlungseinheit aus Großbau, Nebengebäuden und begleitenden Gruben aufgegeben wird, wenn das Großhaus schadhaft wird. Da man die Baureste der alten Gebäude nicht entfernt, wird eine kleinräumige Verlagerung des Areals nötig. Erst bei einer später notwendig werdenden Erneuerung kann die Siedlungsgruppe wieder auf den alten Platz zurückverlegt werden, weil dann die Baureste vergangen sind, zumindest leicht entfernt werden können. Die Gesamtdorfanlage ändert sich kontinuierlich durch mit Arealwechsel gekoppelte Neuanlage von Teileinheiten.
Das zweite Modell entspricht dem ersten, doch wird angenommen, daß für die Neuanlage einer Teileinheit ein Platz an einem Dorfende gewählt wird. Die Gesamtdorfanlage verschiebt sich in der Region. Dieses Modell erklärt nicht die Überschneidungen von Bauten verschiedenen Alters. Es ist daher nur in Spezialfällen gültig.
Beim dritten Modell wird eine Beobachtung verwertet, die in die beiden anderen nicht eingegangen ist. Fast alle Siedlungspläne lassen erkennen, daß mehrere Großbauten auffallend parallel angeordnet sind, so etwa auch unser Plan von Gerlingen. Diese Beobachtung läßt sich so häufig in den verschiedensten Teilgebieten der Bandkeramik anstellen, daß sie kaum mehr zufällig sein kann, sondern als regelhaft angesehen werden muß. Sie erlaubt nun einen weiteren Schluß: Die untereinander parallelen Häuser sind gleichzeitig und bilden eine Dorfanlage. Bei Schadhaftwerden der Häuser oder aus anderen Gründen wird das ganze Dorf aufgegeben, an anderer Stelle ein neues gegründet; und erst nach einer gewissen Zeit kehrt man an den alten Siedlungsplatz zurück, um dort wieder ein Dorf aus parallel gerichteten Häusern zu erbauen. Bei diesem Modell werden zwei zusätzliche Aussagen gewonnen: Das Dorf ist nach einem festen Plan angelegt; das setzt mehr Organisation voraus als die fallweise Erneuerung von Einzelbauten. Und der Siedlungsplan spiegelt keine lückenlose Kontinuität der Besiedlung, sondern Siedlungsunterbrechungen, Besiedlungslücken ein.
Welches Modell wir aber auch für wahrscheinlicher halten, wir haben den sicheren Beweis für ein Dorf aus mehreren Wohneinheiten, wobei allerdings offenbleiben muß, ob in einem Großbau eine Kleinfamilie mit Vieh und Vorräten hauste oder eine Großfamilie oder ein Sippenverband o. ä. Eher möchte man an die zweite Interpretation glauben, wenn die Deutung von Viehkral für Nebenanlagen richtig ist. Ein solches Dorf bleibt entweder erstaunlich lange am gleichen Platz oder es wird in einem – uns allerdings unbekannten – Zyklus an andere Plätze verlegt, ehe es schließlich an der alten Stelle, wenn auch mit verschobener Siedlungsfläche, neu angelegt wird. In beiden Fällen ist das eine wichtige Aussage über die gesellschaftliche Organisation der ersten Bauern. Die sehr

große Zahl von Siedlungsplätzen läßt vermuten, daß das dritte Modell am ehesten der alten Wirklichkeit nahekommen dürfte, weil dann nicht alle Siedlungsplätze als gleichzeitig angesehen werden müssen.
Bei mehreren bandkeramischen Siedlungen konnte ein Graben beobachtet werden, der während einer Siedlungsphase angelegt wurde. Er macht weniger den Eindruck einer Befestigungsanlage gegen Feinde, als einer Einfriedung, die das Eindringen von Raubtieren ebenso erschweren sollte wie das Weglaufen der in der Siedlung gehaltenen Haustiere. In jedem Falle stellt der Graben und der zu ihm nachweisbare Zaun eine Gemeinschaftsleistung dar, ein weiteres Zeugnis für fortgeschrittene Gesellschaftsorganisation auf Dorfebene.
In ganz auffälligem Gegensatz zur großen Zahl der Siedlungsplätze steht die geringe Zahl bisher aufgefundener Gräber. Relativ gut informiert sind wir noch am südlichen Oberrhein, wo sowohl das Elsaß wie Baden mehrere große Gräbergruppen lieferten. Auch am nördlichen Oberrhein gibt es einige Gräberfelder, während aus dem gesamten Neckarland bisher noch nicht 20 Gräber bekannt sind, weniger als aus dem einen Friedhof von Mulhouse-Est. Auch die »großen« Gräberfelder hatten nicht so viele Gräber, daß wir annehmen dürften, sie gehörten zu einer großen, kontinuierlich bewohnten Siedlung. Vielmehr spricht die Größe der Gräbergruppen eher dafür, daß bei jeder kurzfristig bewohnten Siedlung ein eigener neuer Friedhof angelegt und dann nur kurz belegt wurde, also nur in seltenen Fällen, bei besonders großen Siedlungen eine höhere Belegungszahl erreichte. Auffällig ist weiter, daß bisher fast nur Gräber mit Beigaben aus der weit verbreiteten Anfangsphase der Bandkeramik bekannt sind. Das gilt auch für unseren Südwestraum, wo nur im Elsaß Gräber mit Keramik des dortigen Lokalstils bekannt geworden sind. Man muß daraus schließen, daß die Bestattungssitte sich änderte, als man die Keramik der Lokalstile herstellte und verwendete. Und diese Änderung muß derart gewesen sein, daß sie für den Archäologen keine Spuren hinterließ.
Die Bestattungsform der bekannten, eben meist älteren Gräber, ist über das ganze Verbreitungsgebiet sehr ähnlich. Die Toten sind in Hockerlage beigesetzt und erhielten als Beigaben eine Auswahl der charakteristischen Gegenstände der Bandkeramik. Am häufigsten sind Schuhleistenkeile, seltener Keramik. Dabei ist offenbar keine bestimmte Gefäßform bevorzugt worden. Selten sind Pfeilspitzen. Wichtig ist in Gräbern Rötel und Roteisenstein, der ebenfalls in der Siedlung vorkam. Wirklich auffallend und relativ häufig ist jedoch Schmuck aus fossiler Spondylusmuschel in Form von Armringen, Anhängern und Perlen. Eine Unterscheidung von Männer- und Frauengräbern scheint nach den Beigaben bisher nicht möglich, doch dürften häufiger Männer mit reichem Schmuck, ja überhaupt mit reicheren Beigaben versehen worden sein.

Zur Frage der Änderung der an sich so einheitlichen Bestattungssitte im Laufe der Entwicklung der Bandkeramik kann unser Südwestraum noch einen Beitrag leisten. Im Neckarmündungsgebiet wurde bei Mannheim-Seckenheim eine Gruppe von Brandgräbern entdeckt, die in der Bandkeramik sonst selten sind. In einer Grube im Boden lag ein Häufchen verbrannter Knochen frei auf der Sohle, eindeutige Gefäße der Linearbandkeramik des beginnenden Lokalstils waren die Beigaben.

Einheitliche Bestattungsform und Beigabensitte können wir als weiteres, die ganze Kultur der Bandkeramik verbindendes Kulturmerkmal anführen. Dabei haben wir nunmehr eines, das – zumindest für unsere Auffassung – in den Bereich der geistigen Kultur gehört, wenigstens nicht mit rein technischen gleichzusetzen ist hinsichtlich seines Stellenwertes in der Kultur. Sonst ist es um den Bereich der geistigen Kultur nicht gut bestellt, zumal hier die Interpretationsmöglichkeiten mehr Raum für Spekulation offenlassen als in rein technischen Bereichen. So hat man kleine Tonfiguren als weibliche Idole gedeutet, obwohl nur der Vergleich mit anderen, besser dokumentierten dazu die Berechtigung geben kann. Aus dem Südwesten sind bisher nur zwei Fragmente von Messelhausen und Tauberbischofsheim bekannt, ein Zeichen, wie selten sie vorkommen. Die wenigen, weitgestreuten Stücke sind einander sehr ähnlich, alle tragen sie die Verzierung der älteren Bandkeramik und sind so stark stilisiert, daß man die Menschenfigur kaum, die weibliche eigentlich gar nicht herauslesen kann. Besser steht es mit einer zweiten Gruppe figuraler Gegenstände, den Tiergefäßen. Hier hat wenigstens das benachbarte Ries ein Stück beigesteuert. Wo solche ovale Gefäße mit vier Säulenbeinen und einem angesetzten Tierkopf auftreten, handelt es sich immer um Rinderdarstellungen, wenn auch hier Vorbehalte hinsichtlich der Sicherheit der Tierbestimmung angemeldet werden müssen. Wichtig erscheint in beiden Fällen der Hinweis, daß diese kultisch gedeuteten Figuren in der Siedlung, nicht im Grab vorkommen, daß sie eindeutig bandkeramische Verzierung tragen, und zwar immer die der älteren Phase. Was sie auch für eine Bedeutung gehabt haben mögen, sie gehören – wie die Masse der Gräber – nur in die Verwendungszeit der älteren Bandkeramik. Dies scheint auch für ein Gefäß zu gelten, an das protomenhaft ein Gesicht anmodelliert ist. Es kann als einziges hierhergehöriges Stück aus dem Neckarland angeführt werden.

In diesem Zusammenhang muß auf ein Phänomen hingewiesen werden, das – wenn irgend etwas – in den »kultischen« Bereich gehören dürfte. Nicht selten finden sich Gegenstände der Bandkeramik in Höhlen, und zwar immer unter Umständen, die nicht einfach an dauerndes oder auch nur vorübergehendes Bewohnen denken lassen. Hier sind Menschenknochen, zum Teil zerschlagen, zum Teil angebrannt, jedenfalls nicht im natürlichen Verband belassen und anscheinend auch nicht vollzählig, in Höhlenräume gebracht, wo sie in erheblichem Durcheinander zusammen mit Keramik, Steingerät, auch Schmuck der Bandkeramik angetroffen wurden. Am besten bekannt wurde der Befund der Jungfernhöhle von Tiefenellern in Oberfranken, aber auch Höhlen am Rand des Nördlinger Rieses und evtl. der Schwäbischen Alb geben Hinweise auf gleiche Befunde. Die Deutung ist zwar nicht eindeutig, die Erklärung mit rituellen Tötungen von Menschen zum Opfer, aber verbunden mit einem kultischen Kannibalismus hat so viel für sich, daß sie wahrscheinlicher ist als alle anderen. O. *Kunkel* weist in seiner Untersuchung der Höhle von Tiefenellern darauf hin, daß solche Praktiken speziell von Pflanzern geübt werden. Er sieht daher eine entsprechende Übung bei Ackerbauern als durchaus möglich und gegeben an. In Tiefenellern gehörte die mitgefundene Bandkeramik ausschließlich dem oberfränkischen Lokalstil an, in der Hanseles Hohl im Ries einer entsprechenden Facies. Wenn wir dieses Bild auf den Südwesten übertragen, dürfen wir für die Ränder der Schwäbischen Alb ähnliche Höhlenfunde noch erwarten. Offen bleibt, ob und gegebenenfalls wo Bandkeramiker im übrigen Südwest- und Westdeutschland Plätze zur Ausübung ihres kultischen Kannibalismus, ihrer Opferszenen fanden, wo es in den Gebirgen Höhlen nicht gab. Hier würde uns die Darstellung der ersten Bauern zu sehr in den Bereich der Spekulation führen, da wir einfach keine positiven Befunde haben. Hervorgehoben aber sei der Gegensatz, daß wir die einzigen Belege für diese Riten aus der Zeit der Lokalstile haben, während wir Gräber, »Idole«, Tiergefäße praktisch nur aus der älteren Phase kennen. Hier läßt sich in der Entwicklung ein gewisser Bruch fassen, mit dem wir uns abschließend noch beschäftigen werden.

Ganz selbstverständlich war vorhin der Begriff »Ackerbauer« verwendet worden, ganz selbstverständlich haben wir die Bandkeramik als Kultur der ersten Bauern vorgestellt. Welche Berechtigung haben wir dafür, welche Indizien für die Wirtschaftsform gibt es eigentlich? Dabei wollen wir die letztgenannten weniger hoch bewerten. Man hat zwar die »Idole« als weiblich interpretiert und mit einem Mutterkult verbunden, die Tiergefäße als »Stierdarstellungen« mit Fruchtbarkeitskult verknüpft. Diese Argumente können vorsichtig mitverwertet werden, wenn wir die Wirtschaft rekonstruieren wollen. Festen Boden in dieser Frage möchten wir aber aus Primärindizien gewinnen.

Aus Pflanzenresten, hauptsächlich den Samenkörnern selbst, die sich angekohlt *Abb. 264, 265* im Erdreich der Gruben erhalten haben oder eingebacken in den Ton der Keramik dort ihre Spur hinterließen, wissen wir, daß die Weizenarten Emmer und Einkorn, dazu die vielzeilige Gerste verwertet wurden. Dabei wurden diese Getreidearten wohl nicht getrennt, sondern vermischt angebaut. Hinzu kam noch die Erbse, die aus vielen Siedlungen in genau so großer Menge bekannt ist wie die

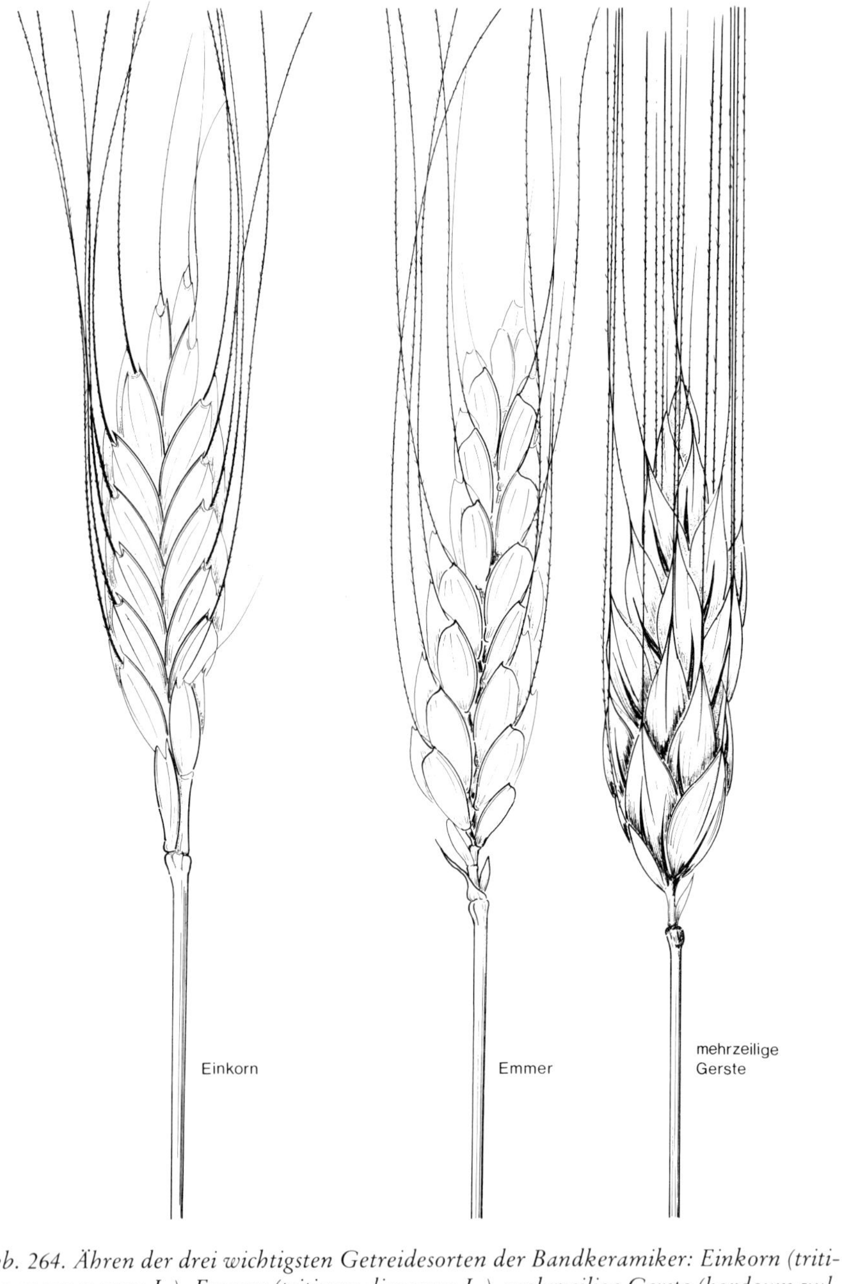

Abb. 264. Ähren der drei wichtigsten Getreidesorten der Bandkeramiker: Einkorn (triticum monococcum L.), Emmer (triticum dicoccum L.), mehrzeilige Gerste (hordeum vulgare L.).

Abb. 265. Wichtige Nutzpflanzen der Bandkeramiker: Schlafmohn (papaver somniferum L), Lein, Flachs (linum usitatissimum L.), Linse (lens culinaris Med.), Erbse (pisum sativum L.).

Abb. 266. Erntearbeit: Getreide wurde nicht auf Feldern angebaut, sondern auf Freiflächen, die bei teilweiser Rodung (Brandrodung?) zwischen Baumstümpfen entstanden. Das Korn wird dicht unter den Ähren mit der Sichel (Holzschaft mit Feuersteineinsätzen) abgeschnitten; die Ähren werden in Körben gesammelt, das aus den Ähren geriebene Korn wird in Vorratsgefäßen (Abb. 253) aufbewahrt. Für die Bekleidung gibt es bisher keine archäologischen Indizien. Hier wurde einfach Lederbekleidung angenommen, die auch – analog etwa den Indianern – für Jäger/Sammler des Mesolithikums vorausgesetzt werden kann. Auch Gewebe wären denkbar, da Schafe (Wolle) gehalten, und Lein (Flachs) angebaut wurde.

Getreide. Auch von ihr nehmen die Paläobotaniker an, daß sie mit Weizen und Gerste zusammen auf den gleichen Feldern angebaut wurde. Daneben gibt es den Lein. Ob die Samen selbst etwa als Ölfrucht Verwendung fanden, oder ob man den Lein nur als Faserpflanze anbaute, ist ungeklärt.

An der Tatsache des Getreidebaus kann daher nicht gezweifelt werden, doch muß man wohl diskutieren, welche Rolle er in der Wirtschaft der Bandkeramiker spielte. Wenn man an das regelhafte Auftreten zahlreicher Sichelklingen und *Abb. 266* der mindestens ebenso zahlreichen Mahlsteine erinnert, möchte man die Menge des geernteten und verarbeiteten Getreides nicht zu gering veranschlagen. Zwar kennt man bisher noch keine Vorratsgruben, in denen sich größere Mengen von Getreide erhalten hätten. Aber es ist überhaupt eine Frage, ob man im mitteleuropäischen Klima häufig Getreide in unterirdischen Räumen lagern konnte. Viel eher möchte man es als Regel in großen Gefäßen aufbewahrt denken, die aufgehängt sein konnten oder zum Teil im Boden eingegraben. In beiden Fällen hätte diese Aufbewahrung etwa Schutz gegen Mäuse gewährleistet. Jedenfalls deutet alles darauf hin, daß das Getreide gedroschen und mittels Rösten entspelzt wurde. Durch den Röstvorgang konnte es leicht ankohlen, wodurch das – für den Archäologen auffindbare – verkohlte Getreide entstand. In Südwestdeutschland sind Röstanlagen der Bandkeramik nicht gefunden worden, aber in Böhmen deutet man gebrannte Lehmplatten mit flacher Überkuppelung als Röstplätze.

Gegenüber den zahlreichen Belegen für Getreideanbau sind die Anzeichen für Tierhaltung eher selten. Denn Tierknochen sind im Verhältnis zur Zahl der Siedlungen relativ wenig nachgewiesen. Sicher ist, daß man Rind, Schwein, Schaf und Ziege gehalten hat. Aber auch hier müßte man nach der Rolle der Viehzucht für die Wirtschaft fragen. Rein nach der Quantität der erhaltenen Tierknochen möchte man sie gering veranschlagen. Andererseits muß man bedenken, daß wir eigentlich nichts über die Schlachtgewohnheiten wissen. Wenn es z. B. üblich oder gar vorgeschrieben war, Haustiere nur an bestimmten Plätzen außerhalb der Siedlung zu töten und zu zerlegen, dann konnten nur vereinzelt Knochen in die Siedlung verschleppt werden. Wenn man andererseits nun hier das Tiergefäß anführt, möchte man der Tierhaltung wieder einen besonderen Rang zuweisen.

Wir begegnen dabei einer Schwierigkeit, die in der Archäologie häufig auftaucht, nämlich eine Aussage richtig abzuschätzen, wenn sie hauptsächlich mit dem Negativ-Kriterium des Fehlens bestimmter Quellen zu tun hat. Das ist zu bedenken, wenn wir die jüngst gezogenen Schlüsse über die Rolle der Jagd bei den Bandkeramikern bewerten wollen. Knochen von Wildtieren sind in bandkeramischen Siedlungen ausgesprochen selten erhalten, noch seltener als Haustierknochen. Ebenso selten sind, wie wir sehen, ausgesprochene Jagdwaffen wie die Pfeilspitze. *H.-P. Uerpmann* hat daraus den Schluß gezogen, daß die Jagd als

Wirtschaftsfaktor unbedeutend gewesen sei. Dies mag zutreffen, doch muß man hier wiederum offenlassen, ob nicht auch für die Jagd besondere Regeln galten, daß etwa getötetes Wild außerhalb der Siedlung belassen werden mußte. Auch hier ist das Negativ-Kriterium nicht eindeutig. Man wird deshalb besonders vorsichtig mit der weiteren Schlußfolgerung sein, die Bandkeramiker hätten auch Getreide nur in geringem Umfang anbauen können, weil Ackerbau ohne intensive Schutzjagd gegen Hirsch und Reh, welche besonderen Flurschaden verursachen, nicht durchführbar sei. Angesichts der zahlreichen Belege für Getreideanbau scheint das zu wenig abgesichert. Denn es lassen sich außer den oben angeführten Lösungen etwa noch die anführen, daß eigene Abteilungen der Dorfbevölkerung zeitweise in leichtgebauten Außensiedlungen lebten und die Schutzjagd ausübten. Von ihrer Tätigkeit brauchte weder ein Wildtierknochen noch eine Pfeilspitze in die Siedlung zu kommen. Für derartiges Verhalten gibt es Belege aus der Völkerkunde. Und schließlich ist auch nicht auszuschließen, daß benachbarte Jäger allein schon Hirsch und Reh so intensiv bejagten, daß sie – ungewollt – die Schutzjagd für die Bauern betrieben.

Abb. 267, 268 Wir können daher immer noch am ehesten mit einer bäuerlichen Mischwirtschaft rechnen, in der Getreideanbau und Tierhaltung mit wohl wechselnder Intensität betrieben wurden. Ob und in welchem Umfang die Jagd einen Beitrag zur Deckung des Nahrungsbedarfs beisteuerte, müssen wir offenlassen.

Die Vorstellung, der Getreidebau habe die größte Bedeutung in der Wirtschaft der Bandkeramiker gehabt, war durch einige Beobachtungen *B. Sielmanns* unterstützt worden. Er bestätigte aufgrund genauerer Kartierungen ältere Feststellungen, daß die Siedlungen der Bandkeramik immer auf Löß, verlehmtem Löß, Schwarzerden und anderen leichten Böden liegen. Er konnte die Beobachtungen aber weiter präzisieren und zeigen, daß eine bestimmte Lage zu Wasserläufen mit zugehörigem Auwald bevorzugt wurde, während wasserärmere Zentralgebiete größerer Lößflächen gemieden wurden. Ferner wurde deutlich, daß immer Räume eines gleichen mittleren Niederschlags aufgesucht wurden, zugleich solche, die eine hohe mittlere Zahl an Sommertagen und eine entsprechend niedrige an Frosttagen aufwiesen. Da diese Kriterien für bandkeramische Siedlungen mit ganz wenigen Ausnahmen galten, war der Schluß erlaubt, die Bandkeramiker hätten ihre Siedlungen nach ganz bestimmten Auswahlkriterien angelegt. Man muß an gewissen Merkmalen der Vegetation, des Bodens usw. erkannt haben, welche Gebiete gut waren, und man muß danach den Platz festgelegt haben. Die Auswahlkriterien scheinen nun genau den Anforderungen für Regenfeldbau von Emmer und Gerste zu entsprechen, kommen sie doch den natürlichen Umweltbedingungen im Vorderen Orient sehr nahe. Hier wäre nun zusätzlich zu untersuchen, ob die so ausgewählten Gebiete sich in gleicher Weise für eine Wirt-

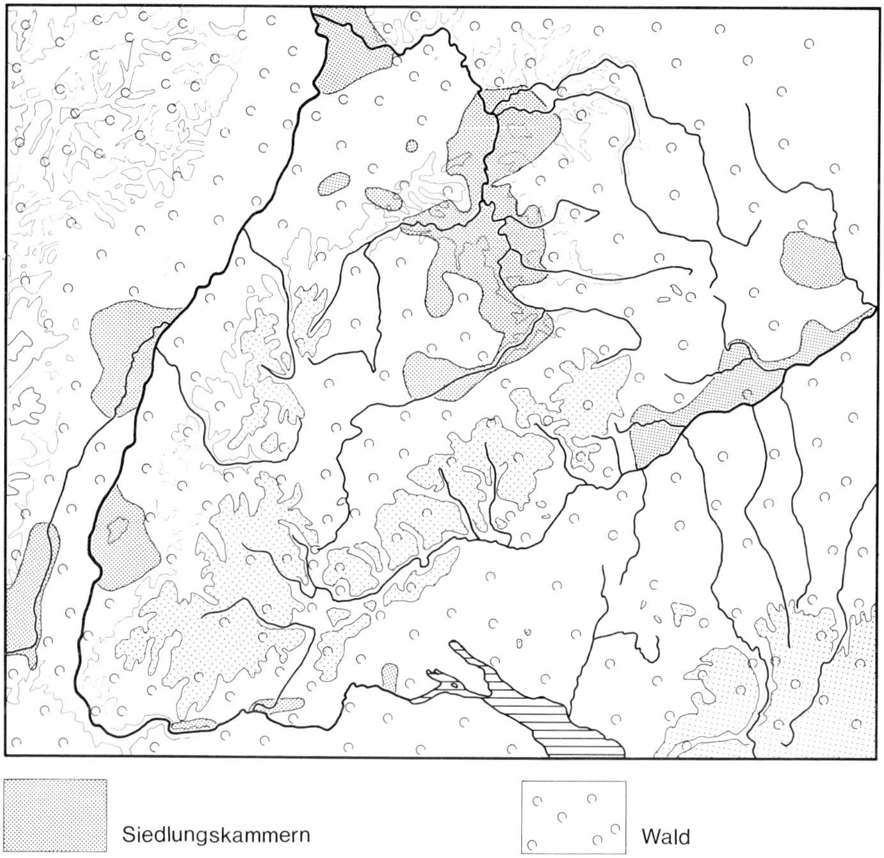

Abb. 267. Lage der Siedlungskammern im Eichenmischwald der Urlandschaft. Sie wurden erschlossen aus der heute bekannten Verbreitung bandkeramischer Siedlungen.

schaft eigneten, in der Rindvieh- und evtl. Schafzucht den Getreidebau überwogen. Wir wissen, daß die aufgesuchten Böden mit einem lichten, parkartigen Eichenmischwald bestockt waren, der an den Bach- und Flußläufen in Auwald überging. Eine solche Landschaft bot sicher auch der Viehhaltung gute Bedingungen, aber ob für die Haltung größerer Herden nicht ein zu großes Areal rings um das Dorf nötig gewesen wäre, ist noch nicht untersucht.

Von der Vorstellung des Überwiegens des Getreideanbaus war auch die Deutung des dritten oben besprochenen Siedlungsmodells beeinflußt worden. Wenn

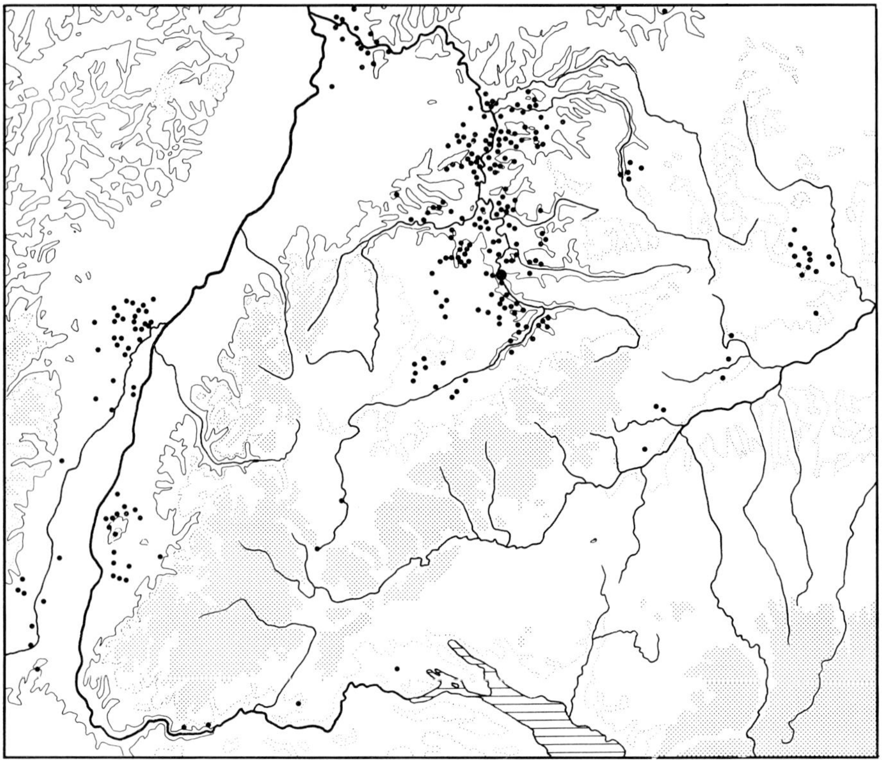

Abb. 268. Tatsächliche Verbreitung der heute bekannten Siedlungsstellen der Bandkeramik in Südwestdeutschland.

man nach Gründen für das beobachtete und erschlossene zyklische Verlagern der Siedlung an verschiedene Plätze mit schließlicher Rückkehr an den ersten Platz suchte, bot sich als Lösung die Wirtschaftsform des Wanderbauerntums an. Auslösender Faktor für die Verlagerung hätte eine gewisse Erschöpfung des Bodens, auch guten Bodens, bei immer gleicher Frucht, fehlender Brache oder Düngung sein können. Zudem wuchs der brandgerodete Wald wohl immer schneller nach als er durch Viehverbiß hätte kurz gehalten werden können. Aus der Völkerkunde bekannte Wanderbauernkulturen lieferten viele vergleichbare Züge zur Erklärung des archäologischen Befundes.
Geben wir dagegen der Rindvieh-, Schaf- und Ziegenhaltung eine größere Bedeutung in der Wirtschaft, sieht die Situation anders aus. Waldweide im Eichen-Mischwald rings um relativ kleinere Getreidefelder in unmittelbarer

Siedlungsnähe machte möglicherweise raschen Wechsel des Siedlungsplatzes unnötig. Dies um so mehr, wenn speziell Ziegen das aufkommende Unterholz kurz hielten, Schafe, Ziegen und Rinder nach der Ernte auf den Feldern weideten und für eine gewisse Düngung sorgten. Allenfalls müßten trotzdem aber wechselnde Weidegründe aufgesucht worden sein. Wenn auch das letzte Wort noch nicht gesprochen werden kann, läßt sich doch schon so viel deutlich sagen: Die ersten Bauern Mitteleuropas treten uns mit einer vollbäuerlichen Mischwirtschaft, mit einer derart komplexen Dorf- und wohl auch Gesellschaftsorganisation entgegen, daß es schwerfällt, in ihnen langsam an ein völlig neues Wirtschaftssystem sich anpassende Jäger und Sammler sehen zu wollen.

Damit stellt sich nun die Frage nach der Herkunft der bandkeramischen Kultur. Auch hier herrscht unter den Archäologen noch keine Einigkeit. Das liegt wohl zum Teil an der falschen Fragestellung. Man sollte nicht nach dem »Woher« fragen, das immer an einen Raum außerhalb denken läßt, sondern eher nach dem »Wie« in der Zeit; die Frage sollte lauten: Wie, wann, wo und von wem wurde die Kultur ausgebildet, der wir den Namen »Bandkeramik« gaben?

Dabei muß eine im Grunde selbstverständliche Feststellung doch einmal ausgesprochen werden: Aufgrund der Arbeitsweise der Archäologen darf die Entstehung, zumindest die Konsolidierung der bandkeramischen Kultur nur innerhalb ihres Verbreitungsgebietes gesucht werden. Denn die Kultur wurde ja zunächst durch die verzierte Keramik, dann durch eine mit dieser gekoppelten Merkmalkombination definiert. Jeder Fundkomplex, der diese Kombination liefert, wird der Kultur samt dem Fundort zugeordnet. Außerhalb der so ständig neu bestimmten Verbreitung der Merkmalkombination kann es diese nicht geben, da ja jeder Neufund das Verbreitungsgebiet neu bestimmt. Die Kultur der Linearbandkeramik muß sich also im ganzen Verbreitungsgebiet, eher wohl in einem Teilgebiet gebildet haben. Die Frage nach dem »Woher« ist also gegenstandslos. Fragen wir daher, wie sie sich im Verbreitungsgebiet bilden konnte. Dazu ist eine Durchmusterung der vermutlichen Herkunft der einzelnen Kulturmerkmale nötig, denn sie brauchen ja nicht auf das Verbreitungsgebiet der Bandkeramik beschränkt zu sein. Hier kann man zunächst feststellen, daß die Getreidearten von außen gebracht worden sein müssen, ebenso Schaf und Ziege, da beides nicht in Mitteleuropa heimisch ist. Rind und Schwein hätten in Mitteleuropa unabhängig domestiziert werden können.

Die Keramik zeigt eine solche Beherrschung der Herstellungstechnik, daß man *Abb. 269* sie nicht als Ergebnis erster Versuche ansprechen möchte. Sie wirkt eher gelernt als erfunden. Das gleiche mag vom Steinschliff gelten. Das heißt: Technische und Wirtschaftsmerkmale können oder müssen von anderen, älteren neolithischen Kulturen übernommen worden sein, andere brauchen es nicht. So scheint

Abb. 269. Frauen beim Töpfern ohne Töpferscheibe. Es werden Frauen abgebildet, weil bei vielen Völkern Töpferei Frauenarbeit war, ehe Spezialisten sie handwerklich ausführten.

beim Steingerät der Schuhleistenkeil eine eigene Kulturleistung in angenommener Technik zu sein, die Steinbohrung gar könnte Eigenerfindung sein. Die Verzierung der Keramik, mit Spirale und Mäander als Ausgangsmotiven, könnte von älteren Vorbildern Vorderasiens angeregt sein. Aber die gleichen Motive

gab es auch im Jungpaläolithikum Ost- und Westeuropas. Ihre kontinuierliche Verwendung auf uns nicht erhaltenem Material wie Holz, Leder, Körperhaut kann für das Mesolithikum nicht ausgeschlossen werden. Sie könnte daher ein Merkmal sein, das aus dem späteren Verbreitungsgebiet der Bandkeramik stammt. Danach wäre die Entstehung beispielsweise so zu sehen, daß einheimische Jäger und Sammler Wirtschaftsanregungen und technische Fertigkeiten von südöstlichen Nachbarn übernahmen, aber an entscheidender Stelle ihren Beitrag leisteten, also etwa bei der Verzierung mit der von uns angenommenen ursprünglichen Signalwirkung; möglicherweise aber auch bei der Erfindung eines wichtigen Spezialgerätes, des Schuhleistenkeils zur Holzverarbeitung.
Denn wo in der Nachbarschaft zu älteren neolithischen Kulturen Südosteuropas das Verbreitungsgebiet der Bandkeramik beginnt, nämlich in Westungarn, tritt an die Stelle der Lehmbauten mit nur wenig Holz das große Holzhaus mit relativ wenig Lehm als Baumaterial. Dieses Haus selbst ist damit eine Eigenerfindung, entstanden wohl aus dem Vorbild des rechteckigen Lehmhauses, angepaßt an andere Klimabedingungen und ein verändertes Angebot an Baumaterialien; angepaßt aber wohl auch an eine andere Gesellschaftsorganisation.
Die Auswahlkriterien für die Anbau- und Siedlungsareale müssen wiederum gelernt sein, sowohl was den Getreidebau als auch was die Viehhaltung anging. Daß im späteren Verbreitungsgebiet der Bandkeramik dazu neue Erfahrungswerte gesammelt und verändernd in das Kulturbild eingebracht wurden, wäre wieder Eigenleistung der Bandkeramiker.
Der Vorgang der Kultur- und Gesellschaftsbildung darf daher – das haben die wenigen Gedanken wohl gezeigt – als äußerst komplex angesehen werden. Und er wird dadurch nicht einfacher, daß die Anthropologie feststellt, der in den Gräbern vertretene Menschentypus sei im Mesolithikum Mitteleuropas nicht dagewesen, dürfe aber mit südosteuropäischen Menschentypen eng verglichen werden. Wenn man auch einschränkend sagen muß, daß – wohl aufgrund besonderer Bestattungssitten – von den Mesolithikern wenig bekannt ist, so gilt der betonte Gegensatz der Menschentypen doch etwa gerade hier im Südwesten in bezug auf die Schädelbestattungen der Ofnethöhle im Ries. Wir müssen daher aufgrund der anthropologischen Befunde zumindest die Möglichkeit der Zuwanderung eines Teils der Bandkeramiker in Erwägung ziehen.
Unverändert bliebe jedoch unsere Aussage, daß sich die Kultur der Bandkeramik als solche, das heißt als von anderen unterscheidbare Kultur nur in ihrem festgestellten Verbreitungsgebiet herausgebildet haben kann. Das differenziertere Entstehungsmodell sähe dann so aus: Zuwandernde Pioniersiedler mußten sich im Neusiedelland an veränderte Umweltgegebenheiten anpassen, sie waren möglicherweise gleichzeitig bestrebt, sich gegenüber der Mutterkultur abzu-

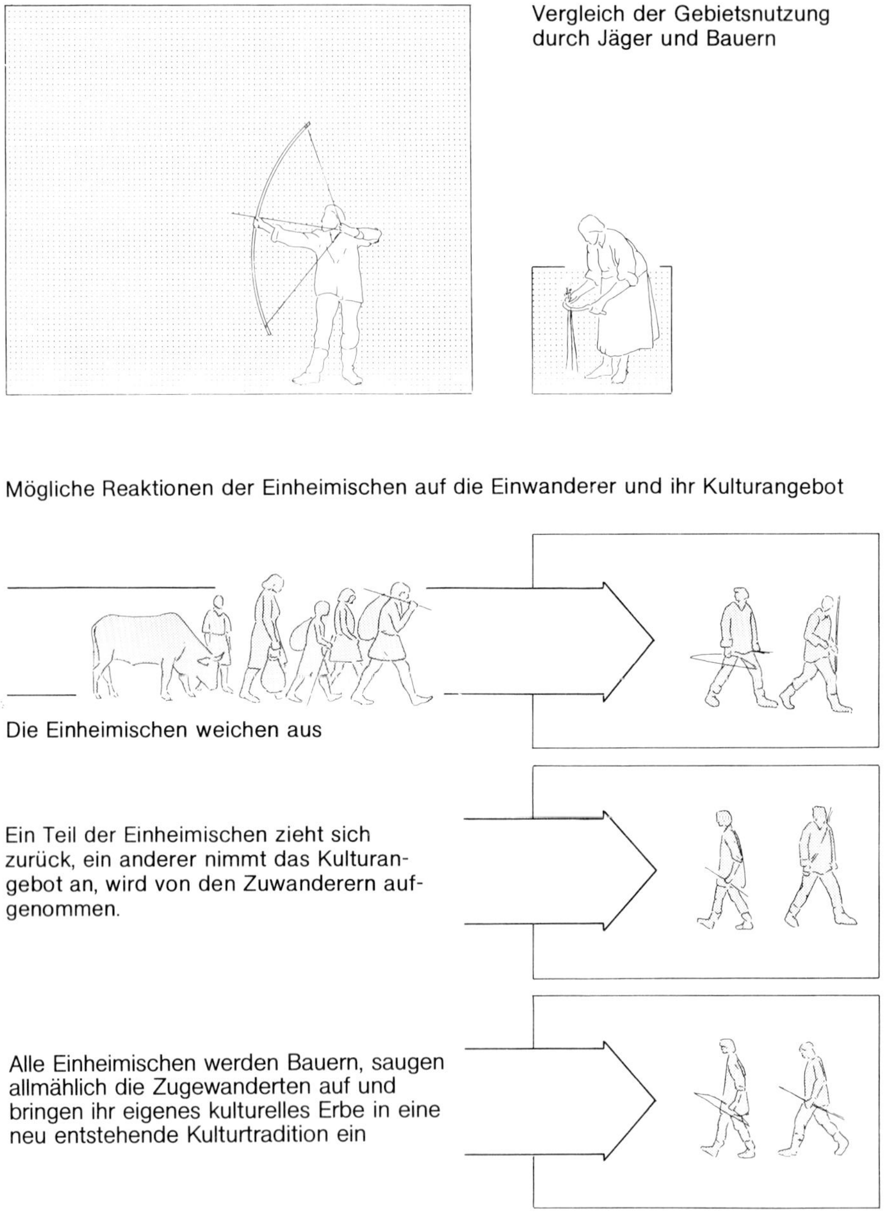

Abb. 270. Modell eines Akkulturationsprozesses.

grenzen, entwickelten dazu Unterscheidungsmerkmale, etwa die Verzierung. Am nächsten der ehemaligen Wirklichkeit kommen wir wohl, wenn wir beide Modellvorstellungen kombinieren: Zugewanderte Pioniergruppen grenzen sich gegenüber der Mutterkultur ungewollt dadurch stärker ab, daß sie einheimische Jäger und Sammler, die akkulturationsbereit sind, in ihren Verband aufnehmen. Diese bringen dabei ihnen eigentümliche Grundzüge in die neue Kultur ein. Dies wäre ein länger dauernder Prozeß, in dem anfangs stärker das Mitgebrachte dominiert, oder ursprünglich unabhängige Grundformen beider Gruppen zusammenwachsen. Erst im Verlauf dieses Prozesses käme es zu weiterer Differenzierung, wobei auch regionale Sonderlösungen aufkommen.

Für gerade diese Vorstellung gibt es in der Entwicklung der Bandkeramik einige teils versteckte Hinweise, die wir zum Teil schon streiften. Die Entwicklung der Keramikverzierung zeigt zwei auffällige Stilbrüche: Vom flächendeckenden Mäander- und Spiralmotiv, das auf drei Schauseiten ausgelegt ist, geht man zu horizontalen Umlaufmustern über, zu Bogenspirale und Winkelband; die ursprünglich rein lineare Ritzverzierung wird durch Stichmuster so verändert, daß – abgesehen von der unterschiedlichen Grundauffassung des Musters – die Ähnlichkeiten zur sog. Stichbandkeramik bei einigen Lokalstilen unübersehbar werden.

Auch die Tatsache, daß Gräberfelder so selten und vorwiegend aus der Frühphase bekannt sind, könnte damit erklärt werden, daß eine – archäologisch nicht findbare – mesolithische Bestattungsform zunehmend die Hockerbestattung der Anfangszeit ersetzte. Auch hierin könnte man ein Erstarken der akkulturierten Einheimischen erkennen wollen. Jedenfalls ist es auffällig, daß in vielen Teilgebieten der Bandkeramik das Aussetzen der Bestattungen mit dem Stilbruch in der Keramikverzierung, das heißt mit der Herausbildung der Lokalstile zusammenfällt.

In die gleiche Zeit fällt auch das Verschwinden der Idole und Tiergefäße, die ihre Vorbilder im älteren Neolithikum Südosteuropas haben sollten. Trat an ihre Stelle eine andere Kultform, die Idole und Tiergefäße nicht mehr benötigte? War die bandkeramische Kultur trotz ihrer fortschreitenden Aufspaltung in engere unterscheidbare Lokalgruppen nun so weit verselbständigt, daß eigene Kultformen Vorrang gewannen? Und hier sollten wir dann auf die Rolle der Opfer und des kultischen Kannibalismus verweisen, wie es für einige Höhlen Süd- und Südwestdeutschlands wahrscheinlich gemacht werden konnte. Dieser ist offenbar nur mit der jüngeren Bandkeramik gekoppelt.

Indem wir die wenigen archäologisch faßbaren Indizien vielleicht überstark *Abb. 270*
verwerteten, haben wir drei Modellvorstellungen für das »Wie« der Entstehung der ersten Bauernkultur Mitteleuropas und damit Südwestdeutschlands entwor-

fen. Dabei konnten wir zum Schluß noch zeigen, daß der Bildungs- und Konsolidierungsprozeß nicht von einem unveränderlichen Kulturstatus abgeschlossen wird, wie es die Darstellung der bandkeramischen Kultur vorspiegeln könnte. Wir sahen beim dritten Modell den Prozeß sich fortsetzen und Veränderungen auslösen, die deutlich machten, daß die Bandkeramik bei aller Traditionsgebundenheit doch sehr lebendig blieb. Alle drei Modelle haben die zeitliche Priorität südosteuropäischer Bauernkulturen zur Voraussetzung. Ganz kurz muß daher noch der Zeitrahmen abgesteckt werden, in dem sich diese Entwicklung abgespielt haben kann.

Die einzige Möglichkeit, zu verläßlichen Zeitvorstellungen zu kommen, bietet für diese frühen Zeiten die ^{14}C-Methode. Von bandkeramischen Fundplätzen sind bisher rund 50 Daten publiziert worden, die von Holland im Westen bis Polen im Osten verteilt sind. Nimmt man aus diesen 50 Daten einen Mittelwert, so ergibt sich, daß 67 Prozent der Daten in den Zeitraum zwischen 4400 und 3800 v. Chr. fallen. Das bedeutet nicht, daß die Bandkeramik um 4400 v. Chr. entstanden sei und um 3800 v. Chr. geendet habe. Es besagt nur, daß innerhalb dieser Zeit die Kultur der Bandkeramik sich bildete, lebte und verschwand. Dabei kann als eher unwahrscheinlich gelten, daß sie vor 4400 v. Chr. begann, und daß sie nach 3800 v. Chr. noch lebte. Ihre Gesamtexistenz sollte danach höchstens 600 Jahre gedauert haben, eher weniger.

Vergleichen wir damit die Angaben, die sich zur ungarischen Köröskultur machen lassen, da wir diese ja als »Mutterkultur« in Anspruch nehmen müßten. Hier sind nur zwölf Daten bekannt geworden, die uns annehmen lassen, die Kultur habe zwischen 4900 und 4200 v. Chr. existiert. Ihre zu schätzende Höchstlebensdauer wäre mit etwa 700 Jahren zu veranschlagen, deren letzte 200 Jahre sich mit dem Anfang der Bandkeramik deckten. Unsere Vorstellung, die ungarische Köröskultur könne die Mutterkultur der Bandkeramik gewesen sein, wird dadurch gestützt.

Freilich kann nicht ausgeschlossen werden, daß neolithische Impulse schon früher in den Nordwesten nach Mitteleuropa hineingelangten. Denn in Jugoslawien, nahe dem »Eisernen Tor«, ist mit Lepenski Vir eine Siedlung entdeckt worden, die man einem akeramischen Neolithikum zuschreibt. Gilt diese Zuschreibung, hätten wir in Südosteuropa schon »Bauern« in einem Zeitraum zwischen 5300 und 4700 v. Chr. Freilich könnten so entscheidende Anregungen wie die der Keramiktechnik von dort nicht zur Bandkeramik gekommen sein, so daß unsere Ansicht von der Rolle der Köröskultur wohl doch nicht revidiert zu werden braucht.

Wir haben die Darstellung der ersten Bauernkultur Südwestdeutschlands bewußt in einen weiteren Rahmen gestellt, und wir haben mit voller Absicht vermieden, nur ein Bild zu zeichnen, nur Ergebnisse der Forschung vorzuführen. Es schien uns sinnvoller, deutlich zu machen, was wir tatsächlich wissen, was wir mit hoher Wahrscheinlichkeit erschließen dürfen, und was noch kontrovers ist.

Immerhin konnten wir bei diesem Vorgehen doch deutlich machen, wie sehr sich die Welt dieser ersten Bauern von der der mesolithischen Jäger unterschied. Und wenn deutlich wurde, wie komplex schon die Wirtschaft und die gesellschaftliche Organisation der ersten Bauern war, dann wird auch einleuchten, daß wir eine Erklärung für die Entstehung wählten, die weder einfach Einwanderung von Fremden, noch auch Entwicklung auf einheimischer Grundlage zur Basis hatte. Vielmehr glaubten wir, einen länger dauernden Prozeß erschließen zu können, der von einwandernden Kleingruppen ausgelöst wurde. Diese traten in vielfach variierenden Kontakt mit Einheimischen, es kam zu Assimilierungs- und Akkulturationsvorgängen, wobei zuerst eine große, äußerlich recht homogen wirkende Kultur entstand, die sich fortschreitend in lokale Teilgruppen aufspaltete. Bleibt auch in diesem Prozeß anfangs das Verbindende dominierend, zeigt sich gegen Ende der Bandkeramik geradezu ein Auseinanderfallen. Dieser Prozeß ist um so eher verständlich, wenn man sich vor Augen hält, daß selbst der Zustand der homogen wirkenden Anfangsphase uns nicht vorspiegeln darf, wir hätten es hier mit einem durchorganisierten Volk zu tun, das zu gemeinsamen politischen Aktionen in der Lage gewesen wäre. Zwar dürfen wir ein gewisses Zusammengehörigkeitsgefühl erschließen, besonders anfangs wohl in Konfrontation zu den Jägern und Sammlern. Das beinhaltet aber nicht, daß nicht von Siedlung zu Siedlung auch Spannungsverhältnisse entstehen konnten, noch weniger, daß zwischen mehreren Siedlungen gemeinsame Handlungen ausgemacht wurden. Sie mag es fallweise gegeben haben, die Regel waren sie – allen völkerkundlichen Analogien nach – nicht. Die Beobachtung zunehmender Differenzierung von Teilgruppen läßt dann wohl erkennen, daß das anfänglich anzunehmende Zusammengehörigkeitsgefühl aller »Bandkeramiker« zu schwinden begann. In dem Maße, wie regionale oder gar lokale Belange in den Vordergrund rückten, wurde dann der Boden zu völliger Lösung aus dem alten Verbund und die Öffnung Neuem gegenüber vorbereitet. Für den Archäologen heißt das, daß an die Stelle der ersten Bauern mit ihrer »bandkeramischen Kultur« deren Nachkommen traten, die sich eine neue Kultur geschaffen hatten, etwa die der Stichbandkeramik im Osten, die von Hinkelstein und Großgartach im Westen.

Anhang

Fundstellenverzeichnis und Erläuterungen
Literatur
Glossarium
Register

Fundstellenverzeichnis und Erläuterungen

Geschichte der eiszeitlichen Böden (K. E. Bleich)

Die Aufstellung behält die Reihenfolge des vorangegangenen Textes bei; nach der Ortsbezeichnung folgen Blattnummer und -name der Topographischen Karte im Maßstab 1:25000 sowie Lage im aufgedruckten Gitternetz (Gitterabstände 1 km, nach rechts abgelesene Werte R, nach oben abgelesene H). Die Größe der Aufschlüsse macht metergenaue Angaben (mit drei Stellen nach dem Punkt) ebenso entbehrlich wie die Tatsache, daß sich die Lage der Anschnitte in den Abbaugruben rasch ändert. Beim Besuch empfiehlt es sich hier, sich vor dem Betreten anzumelden und die frischen Abbaustellen aufzusuchen.

1 *Heitersheim,* Kr. Breisgau-Hochschwarzwald, TK 8111 Müllheim, R = 3399.6 / H = 5304.6.
Ehemalige Ziegeleigrube in der Vorbergzone des Oberrheintals am Südwestrand von Heitersheim. Lößabfolge mit 3 Parabraunerden (untere und obere einschließlich Humushorizont) und 2 Verbraunungszonen über Schwarzwaldschottern; von der mittleren Parabraunerde abwärts verschüttet.

2 *Buggingen,* Kr. Breisgau-Hochschwarzwald, TK 8111 Müllheim, R = 3399.4 / H = 5301.9.
Lehmgrube (Lgr. auf der Karte) im »Hahnengraben« in der Vorbergzone östlich vom Ort, auf Schwarzwaldschottern Löße mit 5 Parabraunerden, deren untere 2 stark pseudovergleyt, durch braunerdeartigen Lehm getrennt, obere kolluvial aufgehöht; zweitoberste mit Humushorizont übergehend in Steppenboden, Profil unterhalb verschüttet. Lit.: A. Bronger 1966; 1969; 1969/70 (zu 1 und 2)

3 *Riegel am Kaiserstuhl,* Kr. Emmendingen, TK 7812 Endingen, R = 3407.3 / H = 5335.0.
Wand am Osthang des St.-Michaels-Berges (im Winterhalbjahr von der Autobahn aus hinter der Brauerei sichtbar), Löße mit 3 stark erodierten Parabraunerden über Bohnerzton auf Kalkgestein des mittleren Jura. Lit.: E. W. Guenther 1953; E. Schmid 1959; F. Hädrich 1975. Zu 1–3 siehe auch F. Hädrich 1980

4 *Murg,* Kr. Waldshut, TK 8414 Laufenburg (Baden), R = 3426.1 / H = 5269.3.
Ziegeleigruben am nordwestlichen Ortsrand, Löße mit 1 (kolluvial aufgehöhten) Parabraunerde und 2 schwachen (z. T. verschwemmten) Bodenzonen über Hangmoor auf Boden aus Rißmoräne. Lit.: E. W. Guenther u. F. Tidelski 1964

5 *Heilbronn-Böckingen,* TK 6821 Heilbronn, R = 3513.0 / H = 5444.0.
Ziegeleigrube am südwestlichen Ortsrand am Warmberg, Löße mit 3 Parabraunerden, deren obere gering entwickelt ist, über der mittleren ein als Schwarzerde ausgebildeter mächtiger Humushorizont, im oberen Löß naßbodenartige Marmorierung; derzeit gut erschlossen. Lit.: H. Müller-Beck 1957; H. Freising 1951; 1957

6 *Schmiden,* Rems-Murr-Kr., TK 7121 Stuttgart-NO, R = 3518.7 / H = 5410.7.
Ziegeleigrube westlich vom Ort am Rand der Hochfläche, Löße über Keuperton-Fließerden mit ähnlicher Abfolge wie in 5, aber weniger gut sichtbar. Lit.: H. Müller-Beck 1957

7 *Steinheim a. d. Murr,* Kr. Ludwigsburg, TK 7021 Marbach a. N., R = 3519.4...9 / H = 5425.6...8.
Mehrere Ziegelei- und Kiesgruben zwischen Murr und Steinheim in der Flur »Grafenäcker«, komplizierte Abfolge von Lößen und Fließerden über Murr-Schottern, mit Verbraunungszone und 2 Parabraunerden mit z. T. daran anschließenden Talböden (Gleye, Anmoore), in denen Frostverwürgung und verfüllte Eiskeile zu sehen sind; obere Parabraunerde mit Humushorizont, der als mächtige Schwarzerde ausgebildet und großenteils nachfolgend kolluvial in die benachbarte Senke umgelagert ist; derzeit in allen Teilen gut aufgeschlossen. Im oberen Löß naßbodenartige Marmorierung (weniger deutlich als in 5). Lit.: H. Freising 1952; E. W. Guenther 1954; G. Bloos 1978

8 *Leinfelden-Echterdingen,* Kr. Esslingen, TK 7321 Neuhausen a. d. F., R = 3513.2 / H = 5395.1.
Lehmgruben an rasch wechselnden Stellen nordwestlich vom Ort, Löße mit 2 Parabraunerden, deren obere gering entwickelt, untere sehr mächtig und wahrscheinlich z. T. als Fließerde, lokal mit Humushorizont, unterschiedlich pseudovergleyt, über Fließerde aus Gesteinen des unteren Jura. Lit.: F. Alaily 1972

9 *Neuhausen auf den Fildern,* Kr. Esslingen, TK 7321 Neuhausen a. d. F., R = 3521.0 / H = 5392.8.
Ehemalige Ziegeleigrube südsüdöstlich vom Ort, in der Talanfangsmulde des Rotbachs, Lößlehm-Fließerden mit 2 anmoorigen Gleyen über Sandstein des unteren Jura; heute verfüllt. Lit.: K. Stahr 1968

10 *Neufra,* Kr. Sigmaringen, TK 7822 Riedlingen, R = 3536.3 / H = 5333.0...7.
Kiesgrube beim Vogelwäldle nordnordöstlich vom Ort, Moränen und Schotter mit stark gestörter Parabraunerde. Lit.: K. Schädel u. J. Werner 1963

11 *Achstetten,* Kr. Biberach, TK 7725 Laupheim, R = 3567.6 / H = 5347.4.
Kiesgrube östlich vom Ort in Flur »Gänslehen«, Riß-Schotter mit mächtig entwickelter Parabraunerde, randlich lößüberdeckt mit Taschenböden und Eiskeilen (pseudovergleyt); derzeit gut erschlossen. Lit.: K. Brunnacker 1962

12 *Bockstein im Lonetal,* Alb-Donau-Kr., TK 7426 Langenau, R = 3585.3 / H = 5380.3.
Ehemaliger Anschnitt am Talhang westlich der Bocksteinhöhle, komplizierte Abfolge von Frostschutt, Fließerden und Löß mit verlagerten Bodenresten; heute verfüllt. Lit.: H. Wetzel 1957; H. Müller-Beck 1967

Literatur (Zahlen entsprechend Literaturverzeichnis), Ergänzungen

Einleitung: Bertsch, K. und F. Bertsch 1947; Firbas, F. 1949, 1952; Kral, F. 1974; Langer, H. 1962; Paul, H. und S. Ruoff 1927, 1932; Zoller, H. 1960.

Methoden vegetationsgeschichtlicher Forschung: 2; Boenigk, W., D. Heye und K. Brunnacker 1978; 23; 33; Frenzel, B. 1968; 71; 85; 161; 170.

Vegetationsgeschichte des Pleistozäns. Botanisch faßbare Warmzeiten: Dansgaard, W. und H. Tauber 1969; Penck, A. und E. Brückner 1909; 38; 90.
(Siehe Tabelle a, S. 478 f.)

Lit.: Beug, H. J., in: Jung, W., H. J. Beug und R. Dehm, 1972; Frenzel, B., 1968; 49.
(Siehe Tabellen b und c, S. 480 ff.)

Ergänzungen zu Tabelle 2 des Textteiles, S. 109
a) Typ Breinetsried: Wo Reste oder organische Bildungen dieses Typs innerhalb des Areals der klassischen Würmvereisung gefunden worden sind, lagern sie ausnahmslos unter deren glazigenen Sedimenten. Die Reste der ärmlichen Vegetation lieferten mehrfach ^{14}C-Daten (Tab. 2). Sollten sie zutreffen, dann wäre deutlich, daß dieser Typ mindestens zwei verschiedene Interstadiale im südlichen Mitteleuropa bezeichnet, nämlich das Denekamp- und das Moershoofd-Interstadial der niederländischen Gliederung.
Lit.: Breinetsried, Antdorf B 46/1 und B 47a, 139; Mauern I D, 22; Füramoos III, 600 bis 680 cm, 50; Wildmoos, 295–315 cm, 50; Grande Pile, X, 640–785 cm, 173; Frenzel, B., 1968; Stillfried, B.
b) Typ Mauern: Die waldtundra-waldsteppenartige Vegetation ist wiederholt datiert worden (Tab. 2) und hatte in der Regel ein sehr hohes Alter, das nahe der Grenze der Leistungsfähigkeit der ^{14}C-Methode gelegen ist. Da eine derartige Vegetation jedoch im Wildmoos, im Füramoos und in der Grande Pile den unmittelbaren Vorläufer derjenigen des Typs Breinetsried dargestellt hatte und da nirgends zwischen den Sedimenten beider Typen echte Interglaziale bekannt geworden sind, darf unter Vorbehalt angenommen werden, daß der Typ Mauern noch in die letzte Eiszeit gehört. Die Vegetation weist Ähnlichkeiten zu der der Interstadiale von Odderade FW 4 und von Amersfoort EW IVa auf, bezeichnet also möglicherweise ebenfalls zwei verschiedene Interstadiale.
Lit.: Mauern I B, 22; Voglans I, oberster Teil von La Flachère?, 77; Zell am Inn, 60; Odderade FW 4, 3; Amersfoort EW IVa, 174; Grande Pile, Ognon II, 173; Füramoos III, 790–945 cm, 50; Frenzel, Wilfingen a. d. Donau; Maienberg und Waltere, 73; Wildmoos, 330–470 cm, 50.
c) Typ Füramoos: Es handelt sich um Pollenfloren von Fichten-Kiefernwäldern, mit einem sehr geringen Anteil des Thermophilen-Pollens. Dieser Typ ist häufig gefunden worden. Auch hier gilt, daß oberhalb der entsprechenden Sedimente nie echte Interglaziale beobachtet worden sind. Außerdem kommen mehrere Fundorte dieses Typs innerhalb des Gebietes der von Penck definierten Rißeiszeit vor, jedoch außerhalb derjenigen der Würmeiszeit. Die bisherigen ^{14}C-Daten ergeben ein vermutlich höheres Alter als für Sedimente des Typs Mauern. Die Vorkommen des Wildmooses, des Füramooses, Wilflingens und in Murg bei Säckingen haben sich unmittelbar in Vertiefungen einer

Tab. a: Mutmaßliches geologisches Alter, Dauer und optimaler Vegetationszustand, der bisher im südlichen Mitteleuropa bekannt gewordenen, botanisch faßbaren Warmzeiten

	Geologisches Alter warmzeitlicher Bildungen (gemäß den Angaben der einzelnen Autoren)							Zeitlicher Umfang und erreichter optimaler Vegetationszustand								
	Alt- und Ältestpleistozän	Mindel/Riß	Riß/Interstadial	Riß/Würm	Amersfoort	Brørup	Stillfried B (Hengelo-Denekamp)	vollständige Warmzeit	erster Teil einer Warmzeit	unbekannter Teil einer Warmzeit	Schlußteil einer Warmzeit	Thermophiler Laub- oder Nadelwald	Subalpiner Nadelwald	Subarktische Haine	Steppe, Tundra	Autor (lt. Literaturverzeichnis)
Uhlenberg	+										+		+			37, 97
Buchau-I	+?	+?									+	+				35
Buchau-II		+?									+		+			35
Buchau-III			+						?				?			35
Buchau-IV			+						?				?			35
Buchau-V		+?					+?			+		+				35
Buchau-VI			+						?					+		35
Buchau-VII				+							+			+		35
Leutenbach	+?			+?							+	+				43
Steinbach b. Baden-Baden		+									+	+				102
Stuttgart-Cannstatt	+	+							+			+				12, 139
Stuttgart – B 8										+		+				164, 46
Weißenhorn		+								+		+				11
Unterpfauzenwald		+						+?				+				73
Winzeln											+	+				164, 46
Ziegelberg		+							?				?			13
Meikirch, unter »Eem«		+						+				+				169
Grande Pile				+				+				+				173
Meikirch, Eem				+				+				+				169
Glütschtal				+							+	+	+?			169
Murg b. Säckingen				+							+		+			81
Maienberg				+							+			+		73
Waltere				+										+		73
Stuttgart-Untertürkheim				+					?				?			101, 164
Bad Wurzach				+					+			+				70
Bad Wurzach 2. Würminterstadial						+				+			+			70
Bad Wurzach Interstad. v. Riß/Würm			+							+			+			70
Pfefferbichl				+	+	+					+	+				144, 36, 164
Hechendorf				+							+		+			144, 36

	Geologisches Alter warmzeitlicher Bildungen (gemäß den Angaben der einzelnen Autoren)							Zeitlicher Umfang und erreichter optimaler Vegetationszustand								
	Alt- und Ältestpleistozän	Mindel/Riß	Riß/Interstadial	Riß/Würm	Amersfoort	Brørup	Stillfried B (Hengelo-Denekamp)	vollständige Warmzeit	erster Teil einer Warmzeit	unbekannter Teil einer Warmzeit	Schlußteil einer Warmzeit	Thermophiler Laub- oder Nadelwald	Subalpiner Nadelwald	Subarktische Haine	Steppe, Tundra	Autor (lt. Literaturverzeichnis)
Ohlstadt				+							+		+			144, 36
Großweil				+	+	+					+	+				144, 139
Schwaiganger (Schmeidl)				+							+	+	+			152
Amras				+							+		+			40
Hopfgarten				+							+		+			40
Eurach				+					+			+				14
Bergholz				+					?				+			60
Schambach				+						+		+				42, 60
Zell a. Inn				+					?					+		42, 60
Samerberg				+	+			+				+				80
Zeifen				+					+			+				96
Mondsee				+					+			+				100
Schladming a. d. Enns				+						+		+				42, 89, 165
Wuchzenhofen				+						+			+			50
Mauern I						+		+					+			22
Mauern II							+	+						+		22
Krumbach								+				+				50
Seibranz		+?		+				+				+				163, 50
Wildmoos						+?					+	+?				61, 50
Füramoos						+?		+?					+			46, 50
Höfen						+?	+?				+?		+			139
Antdorf						+?				+	+			+	+	139
Pömetsried					+					+				+		139
Schwaiganger (Peschke)					+					+			+			139
Herrnhausen (unveröff.) (Peschke)											?	?				40
Breinetsried						?					+			+		166, 159
St. Germain I								+				+				173
St. Germain II								+				+				173

Tab. b: Geologisches Alter warmzeitlicher Bildungen (gemäß den Angaben der einzelnen Autoren)

	Alt- und Ältestpleistozän	Cromer-Komplex	Mindel/Riß	Holstein	Riß-Interstadial	Winzeln	Riß/Würm	Eem	St. Germain I	St. Germain II	Amersfoort	Brørup	Hengelo/Denekamp
Uhlenberg	①⑥⑩												
Buchau I	2, 13		4, 13										
Buchau II			4, 12										
Buchau III					3, 12								
Buchau IV					3, 12								
Buchau V			4, 12	4, 12									4, 12 (»Göttweig«)
Buchau VI					3, 12								
Buchau VII							2, 12	4, 12					
Leutenbach		4, 13						①⑩					
Steinbach			3, 12	4, 7, 13									
Stuttgart-Cannstatt				①⑩									
Stuttgart B 8		①⑩											
Weißenhorn			3, 11	4, 12									
Unterpfauzenwald			3, 11	4, 12									
Winzeln						① 11							
Ziegelberg			3, 11	4, 12									
Grande Pile								① 12					
Meikirch								①⑩					
Meikirch unter dem »Eem« Interglazial				3, 12									
Glütschtal							3, 12						
Murg bei Säckingen							3 ⑩	4, 12					
Meienberg							3 ⑩	4, 12					
Waltere							3 ⑩	4, 12					
Stuttgart-Untertürkheim								⑥⑩					
Bad Wurzach							3, 12	4, 12					
Bad Wurzach 2. Würminterstadial											3, 12		
Bad Wurzach Interstadial vor Riß/Würm					3, 12								
Pfefferbichl							3, 12	4, 12					
Hechendorf							3, 12	4, 12					

① Botanisch wahrscheinlich
2 Botanisch unsicher
3 Botanisch nicht erwiesen
4 Botanisch unwahrscheinlich

⑥ Paläontologisch wahrscheinlich
7 Paläontologisch unsicher
8 Paläontologisch unwahrscheinlich

⑨ Geologisch/geomorph. sicher
⑩ Geologisch/geomorph. wahrscheinlich
11 Geologisch/geomorph. unsicher
12 Geologisch/geomorph. nicht erwiesen
13 Geologisch/geomorph. unwahrscheinlich

	Alt- und Ältestpleistozän	Cromer-Komplex	Mindel/Riß	Holstein	Riß-Interstadial	Winzeln	Riß/Würm	Eem	St. Germain I	St. Germain II	Amersfoort	Brørup	Hengelo/Denekamp
Ohlstadt							3, 12	4, 12					
Großweil							3, 12	4, 12			3, 12	3, 12	
Schwaiganger							3, 12	4, 12					
Amras							3, 12	4, 12					
Hopfgarten							3, 12	4, 12					
Eurach							3, 7, 12	3, 8, 12					
Bergholz							3, 12	4, 12					
Schambach							3, 12	4, 12					4, 13 (Göttweig)
Zell am Inn							3, 12	4, 12					
Samerberg							3, 12	3, 12			3, 12		
Zeifen							3, 12	①12					
Mondsee							3, 12	3, 12					
Schladming an der Enns							3, 13						
Wuchzenhofen							3, 11						
Mauern I											① 11		
Mauern II													①11
Krumbach							3, 13	①11					
Seibranz			3, 12	2, 12			3, 12	4, 12					
Wildmoos							①⑩	4, 12					
Füramoos					3, 12		①⑨	4, 12					
Höfen											① 12		4, 12
Antdorf											1, 12		
Pömetsried											① 12		
Schwaiganger (Peschke)											① 12		
Herrnhausen				①12			3, 12	4, 12					
Breinetsried													2, 11 (Moershoofd?)
St. Germain I									2, 12				
St. Germain II										①12			

① Botanisch wahrscheinlich
2 Botanisch unsicher
3 Botanisch nicht erwiesen
4 Botanisch unwahrscheinlich

⑥ Paläontologisch wahrscheinlich
7 Paläontologisch unsicher
8 Paläontologisch unwahrscheinlich

⑨ Geologisch/geomorph. sicher
⑩ Geologisch/geomorph. wahrscheinlich
11 Geologisch/geomorph. unsicher
12 Geologisch/geomorph. nicht erwiesen
13 Geologisch/geomorph. unwahrscheinlich

Tab. c: Versuch einer stratigraphischen Neuordnung der in Tab. a erwähnten warmzeitlichen Bildungen

	○ = Datierung gemäß den verschiedenen Autoren + = M. E. wahrscheinlicheres geologisches Alter															
	Alt- und Ältestpleistozän	Cromer-Komplex	Winzeln-Unterpfauzenwald	Holstein	Zwischen Holstein und Eem	Eem	St. Germain I	St. Germain II	Amersfoort	Brørup	Odderade	Moershoofd	Hengelo	Denekamp	Holozän	Alter unbekannt
Uhlenberg	○+															
Buchau I	tert.?			○?												
Buchau II				○?												+
Buchau III					○											+
Buchau IV					○											+
Buchau V				○?									○?			+
Buchau VI					○											+
Buchau VII						○				+						
Leutenbach		○?				○?+										
Steinbach b. Baden-Baden		+○		○												
Stuttgart-Cannstatt				○+												
Stuttgart B 8		+														
Weißenhorn			+	○												
Unterpfauzenwald			+	○												
Winzeln			+													
Ziegelberg			+?	○												
Meikirch, unter »Eem«			+	○												
Grande Pile						○+										
Meikirch, Eem						○+										
Glütschtal			+			○				+						
Murg b. Säckingen						○				+?						
Maienberg						○						+?				
Waltere						○						+?				
Stuttgart-Untertürkheim						○+										
Bad Wurzach				+		○										
Bad Wurzach 2. Würminterstadial					+					○						
Bad Wurzach Interstad. v. Riß/Würm			+		○											
Pfefferbichl				+	+	○			○							
Hechendorf						○										+

<table>
<tr><th rowspan="2"></th><th colspan="16">○ = Datierung gemäß den verschiedenen Autoren
+ = M. E. wahrscheinlicheres geologisches Alter</th></tr>
<tr><th>Alt- und Ältestpleistozän</th><th>Cromer-Komplex</th><th>Winzeln-Unterpfauzenwald</th><th>Holstein</th><th>Zwischen Holstein und Eem</th><th>Eem</th><th>St. Germain I</th><th>St. Germain II</th><th>Amersfoort</th><th>Brørup</th><th>Odderade</th><th>Moershoofd</th><th>Hengelo</th><th>Denekamp</th><th>Holozän</th><th>Alter unbekannt</th></tr>
<tr><td>Ohlstadt</td><td></td><td></td><td></td><td></td><td></td><td>○</td><td></td><td></td><td></td><td></td><td></td><td></td><td></td><td></td><td></td><td>+</td></tr>
<tr><td>Großweil</td><td></td><td></td><td></td><td>+</td><td>+</td><td>○</td><td></td><td></td><td colspan="2">○</td><td></td><td></td><td></td><td></td><td></td><td></td></tr>
<tr><td>Schwaiganger (Schmeidl)</td><td></td><td></td><td></td><td></td><td></td><td>○</td><td></td><td></td><td></td><td></td><td></td><td></td><td></td><td></td><td></td><td>+</td></tr>
<tr><td>Amras</td><td></td><td></td><td></td><td></td><td></td><td>○</td><td></td><td></td><td></td><td colspan="2">+?</td><td></td><td></td><td></td><td></td><td></td></tr>
<tr><td>Hopfgarten</td><td></td><td></td><td></td><td></td><td></td><td>○</td><td></td><td></td><td></td><td colspan="2">+?</td><td></td><td></td><td></td><td></td><td></td></tr>
<tr><td>Eurach</td><td></td><td></td><td></td><td>+</td><td></td><td>○</td><td></td><td></td><td></td><td></td><td></td><td></td><td></td><td></td><td></td><td></td></tr>
<tr><td>Bergholz</td><td></td><td></td><td></td><td></td><td></td><td>○</td><td></td><td></td><td></td><td></td><td></td><td></td><td colspan="2">+?</td><td></td><td></td></tr>
<tr><td>Schambach</td><td></td><td></td><td></td><td></td><td></td><td>○</td><td></td><td></td><td></td><td></td><td></td><td></td><td></td><td></td><td>+</td><td></td></tr>
<tr><td>Zell am Inn</td><td></td><td></td><td></td><td></td><td></td><td>○</td><td></td><td></td><td></td><td colspan="2">+?</td><td></td><td></td><td></td><td></td><td></td></tr>
<tr><td>Samerberg</td><td></td><td></td><td></td><td>+</td><td>+</td><td>○</td><td></td><td></td><td colspan="3">○</td><td></td><td></td><td></td><td></td><td></td></tr>
<tr><td>Zeifen</td><td></td><td></td><td></td><td></td><td></td><td>○+</td><td></td><td></td><td></td><td></td><td></td><td></td><td></td><td></td><td></td><td></td></tr>
<tr><td>Mondsee</td><td></td><td></td><td></td><td>+</td><td></td><td>○</td><td></td><td></td><td></td><td></td><td></td><td></td><td></td><td></td><td></td><td></td></tr>
<tr><td>Schladming a. d. Enns</td><td></td><td></td><td>+</td><td></td><td></td><td>○</td><td></td><td></td><td></td><td></td><td></td><td></td><td></td><td></td><td></td><td></td></tr>
<tr><td>Wuchzenhofen</td><td></td><td></td><td></td><td></td><td></td><td>○</td><td></td><td></td><td></td><td></td><td></td><td></td><td></td><td></td><td></td><td>+</td></tr>
<tr><td>Mauern I</td><td></td><td></td><td></td><td></td><td></td><td></td><td></td><td></td><td></td><td colspan="2">○+</td><td></td><td></td><td></td><td></td><td></td></tr>
<tr><td>Mauern II</td><td></td><td></td><td></td><td></td><td></td><td></td><td></td><td></td><td></td><td></td><td></td><td></td><td colspan="2">○+</td><td></td><td></td></tr>
<tr><td>Krumbach</td><td></td><td></td><td></td><td></td><td></td><td>○+</td><td></td><td></td><td></td><td></td><td></td><td></td><td></td><td></td><td></td><td></td></tr>
<tr><td>Seibranz</td><td></td><td></td><td></td><td>○?+</td><td></td><td>○</td><td></td><td></td><td></td><td></td><td></td><td></td><td></td><td></td><td></td><td></td></tr>
<tr><td>Wildmoos</td><td></td><td></td><td></td><td></td><td></td><td></td><td></td><td></td><td></td><td colspan="2">○?+?</td><td></td><td></td><td></td><td></td><td></td></tr>
<tr><td>Füramoos</td><td></td><td></td><td></td><td></td><td></td><td></td><td></td><td></td><td></td><td colspan="2">○?+?</td><td></td><td></td><td></td><td></td><td></td></tr>
<tr><td>Höfen</td><td></td><td></td><td></td><td></td><td></td><td></td><td></td><td></td><td></td><td colspan="2">○+?</td><td></td><td colspan="2">○</td><td></td><td></td></tr>
<tr><td>Antdorf</td><td></td><td></td><td></td><td></td><td></td><td></td><td></td><td></td><td></td><td></td><td colspan="2">○? +?</td><td></td><td></td><td></td><td></td></tr>
<tr><td>Pömetsried</td><td></td><td></td><td></td><td></td><td></td><td></td><td></td><td></td><td></td><td colspan="2">○ +?</td><td></td><td></td><td></td><td></td><td></td></tr>
<tr><td>Schwaiganger (Peschke)</td><td></td><td></td><td></td><td></td><td></td><td></td><td></td><td></td><td></td><td colspan="2">○ +?</td><td></td><td></td><td></td><td></td><td></td></tr>
<tr><td>Herrnhausen (unveröff.) (Peschke)</td><td></td><td></td><td></td><td>+?</td><td></td><td></td><td></td><td></td><td></td><td></td><td></td><td></td><td></td><td></td><td></td><td></td></tr>
<tr><td>Breinetsried</td><td></td><td></td><td></td><td></td><td></td><td></td><td></td><td></td><td></td><td></td><td></td><td>○+</td><td colspan="2">○</td><td></td><td></td></tr>
<tr><td>St. Germain I</td><td></td><td></td><td></td><td></td><td></td><td></td><td>○</td><td></td><td></td><td></td><td></td><td></td><td></td><td></td><td></td><td>+</td></tr>
<tr><td>St. Germain II</td><td></td><td></td><td></td><td></td><td></td><td></td><td></td><td>○+</td><td></td><td></td><td></td><td></td><td></td><td></td><td></td><td></td></tr>
</table>

Grundmoräne entwickelt, die gemäß Penck und Brückner während der Rißeiszeit gebildet worden ist. Zwischen dieser Moräne und den Bildungen des Typs Füramoos fehlen bislang Sedimente eines echten Interglazials, ein erster Hinweis darauf, daß diesem Warmzeit-Typ unmittelbar die Rißeiszeit sensu Penck vorausgegangen sein dürfte.
Lit.: Samerberg, 24, 80; Pömetsried, Höfen, 139; Bergholz am Inn, 60; La Croix rouge, Voglans, La Flachère, 77; Grande Pile, Ognon I, 173; Meikirch T2/T3, Wässerifluh, T1/T2, Hurifluh T1/T2, Kanderdurchstich T1/T2, Guntelsei, Scheibenstand T2/T3, Mutten-Signau T1/T2, Ambitzgi-Wetzikon T1/T2, Weiherbach T2/T3?, 169; Füramoos VI, 870–1060 cm, 50; Frenzel, B., Wilfingen an der Donau; Schwaiganger, 179; Murg bei Säckingen, 81; Peschke, B., Kiesgrube Wachter bei Sonthofen.
d) Typ St. Germain II: Bisher sind in Süddeutschland keine Sedimente der St. Germain II-Warmzeit gefunden worden. Die klar in eine einleitende Thermophilen- und in eine abschließende *Picea-Pinus*-(Fichten-Kiefern-)Phase gegliederte Vegetationsabfolge, während derer *Corylus* (Haselnuß) stets mäßig, *Carpinus* (Hainbuche) aber nur äußerst gering vertreten gewesen zu sein scheint, hatte sich nach Ausweis des Pollendiagramms der Grande Pile in den südwestlichen Vogesen nach dem pollenanalytisch sehr wahrscheinlich gemachten Eem ereignet, jedoch noch vor den Warmzeiten der Typen Füramoos und Mauern. Ihre Lage im System der Gletschervorstöße und -rückzüge ist nicht bekannt. Die Warmzeit St. Germain I der Grande Pile wird hier nicht berücksichtigt, da ihre Vegetationsabfolge in den bisher veröffentlichten Pollendiagrammen anfangs möglicherweise gestört ist.
Lit.: Grande Pile, St. Germain II, 173; La Croix rouge, 77; Großrieth bei Greifensee? T2/T3, 169; Les Echets bei Lyon, Diagramm V, Zone IVc, 5.
e) Typ Zeifen: Die Vorkommen des Typs Zeifen bezeichnen echte Interglaziale, die bei dem bisherigen Kenntnisstand dem norddeutschen und niederländischen Eem-Interglazial zugeordnet werden müssen. Das Fehlen der so bezeichnenden Linden-Phase (*Tilia platyphyllos T. tomentosa*) mahnt jedoch in Süddeutschland etwas zur Vorsicht, wenn auch mit manchen pflanzengeographischen Besonderheiten dieses an vegetationsgeschichtlichen Phasen und pflanzengeographischen Provinzen reichen Interglazials zu rechnen ist. In Meikirch bei Bern steht über den Sedimenten dieses Interglazials, jedoch unter denen einer Warmzeit des Typs Füramoos möglicherweise eine Grundmoräne an. Das Vorkommen von Zeifen ist an seiner Oberkante gestört. Jung, Beug und Dehm führten dies auf subaquatische Rutschungen innerhalb des ehemaligen Sees zurück, doch scheint die Schubrichtung der Rutschungen nicht der Fallinie des ehemaligen Seebodens zu entsprechen, sondern ungefähr quer dazu zu verlaufen. Die hangenden Schotter werden ohne sedimentologische Begründung als »Laufenschotter« bezeichnet, obwohl sie ungefähr 40 m höher als die Laufenschotter der benachbarten Typus-Lokalität anstehen und obwohl der Laufenschotter von Penck als Bildung zwischen zwei Gletschervorstößen definiert worden ist, die nicht durch ein nennenswertes Interstadial voneinander getrennt worden seien; in Zeifen steht aber unter dem »Laufenschotter« sogar ein echtes Interglazial an. Dies paßt nicht zu Pencks Definition. Außerdem läßt der relativ hohe Gehalt an zentralalpinem Kristallin des »Laufenschotters« von Zeifen im Gegensatz zu dem Schotter an der Basis des Interglazials entweder an einen ehemals sehr veränderten Flußlauf oder aber an einen Gletschervorstoß unbekannten Ausmaßes zwischen dem Interglazial und der Bildung der »Laufenschotter« von Zeifen denken. Bei Krumbach, schließlich, sind ebenfalls die oberen Partien des Interglazials gestört. Sie werden teilweise bedeckt von einem Geschiebelehm, der eine mächtige Bodenbildung durchgemacht hat, so daß er, völlig entkalkt, noch in ca. 3 m Tiefe nur gekritzte Geschiebe des widerstandsfähigsten Gesteins enthält. Dieses Material unterscheidet sich sedimentpetrographisch durch den recht hohen Gehalt an Graniten und Gneisen deutlich von dem Geschiebelehm unterhalb der interglazialen See-Sedimente. Bei dem hangenden Geschiebelehm scheint es sich demnach um eine selbständige Grundmoräne zu handeln, überprägt von einer heute fossilen Bodenbildung. Eine m. E. weniger wahrscheinliche Denkmöglichkeit ist Fließerde aus Grundmoräne.
Meines Erachtens besteht in den drei genannten Fällen der Verdacht, daß die Interglaziale später von einem Gletscher überfahren worden sind, der viel älter war, als der des klassischen Würmvorstoßes. Diese Vereisung muß nach Lage der Dinge bei Krumbach zur Rißeiszeit gehört haben, falls die bisherigen Beobachtungen richtig interpretiert worden sind. Dies hätte zur Folge, daß die Rißeiszeit (ganz oder teilweise) jünger als das vermutliche Äquivalent des nord-mitteleuropäischen Eem-Interglazials ist, aber älter als die Füramoos-Warmzeit.
Das Vorkommen von Wuchzenhofen umfaßt, falls es überhaupt zu diesem Warmzeit-Typ gehört, nur einen Teil des Interglazials. Seine geomorphologische Position außerhalb der würmeiszeitlichen Endmoränen, doch innerhalb irgendwelcher Altmoränen, ist nicht klar.

Lit.: Zeifen, 96; Grande Pile, Eemien, 173; Meikirch, Eem, 173; Krumbach, 50; Les Echets bei Lyon V, Phase II a–c, 50; Leutenbach, 43; Wuchzenhofen(?), 50.

f) Typ Pfefferbichl: Die Vegetationsgeschichte der süddeutschen Interglaziale dieses Typs weist beachtenswerte Ähnlichkeiten zu der des Typs Zeifen auf und war deshalb Anlaß zu der Vereinigung der Interglazialvorkommen beider Typen zu der Riß/Würm-Warmzeit, d. h. nach herkömmlicher Ansicht zum Eem-Interglazial. Wie die Abbildungen 3 und 4 sowie Tab. 1 lehren, unterschieden sich jedoch die vegetationsgeschichtlichen Abfolgen beider Warmzeittypen unabhängig von der Meereshöhe merkbar voneinander. Am Pfefferbichl bei Füssen können nähere Angaben über das Alter der dort anstehenden Schieferkohlen gemacht werden. Sie sind älter als zwei Grundmoränen und als ein zwischengeschalteter, sehr hart zementierter Schotter sowie älter als eine Bodenbildungsphase vom Typ Parabraunerde oder Braunlehm auf dem erwähnten Schotter, aber auch älter als eine an Thermophilen recht reiche Nadelwaldvegetation, die einen großen See umgab, der sich auf der ältesten Grundmoräne (oberhalb der Schieferkohlen) gebildet hatte. Pollenfloristisch weist der zweite Teil dieser Warmzeit, der durch eine anfängliche Tannen-, dann eine Tannen-Hainbuchen- und schließlich durch eine Tannen-Fichten-Phase ausgezeichnet war, deutliche Ähnlichkeiten zu südostpolnischen Holstein-Interglazialen auf. Meines Erachtens deuten somit pollenfloristischer Befund und Stratigraphie am Pfefferbichl in dieselbe Richtung, nämlich vermutlich auf das Holstein-Interglazial.

Lit.: Pfefferbichl, 49; Samerberg, »Interglazial«, 80; Eurach, 14; Bad Wurzach, »Eemzeit«, 70; Mondsee(?), 100; Meikirch, umgelagerte interglaziale Pollenflora in »Mindel« (?), 169; Seibranz-Fischweiher, 163; Großweil, »Riß/Würm«?, 144.

g) Typ Winzeln-Unterpfauzenwald: Die Vegetation dieses besonders durch Fichte und Tanne charakterisierten Interglazials scheint recht reich an verschiedenen thermophilen und hygrophilen Holzarten gewesen zu sein, doch erreichten sie in der damaligen Vegetation nie eine stärkere Bedeutung. Der anfangs hohe Fichtenanteil, der später weitgehend von *Abies* (Tanne) ersetzt worden zu sein scheint, läßt an manche norddeutsche Holstein-Interglaziale denken, von dem sich dieser Typ jedoch durch das Fehlen oder durch die Bedeutungslosigkeit der Hainbuche sowie durch das Fehlen von (Flügelnuß) *Pterocarya, Tsuga* (Hemlocktanne) und *Vitis* (Weinstock) während der Tannenphase unterscheidet, besonders dann, falls nur die Pollenfloren organogener Sedimente miteinander verglichen werden. Diese Eigenheit vereint die Vorkommen des Typs Winzeln-Unterpfauzenwald jedoch mit denen von Tönisberg und Benzberg am Niederrhein, die zwar ebenfalls zunächst als Ausdruck des Holstein-Interglazials aufgefaßt worden sind, die jedoch möglicherweise älter als diese sind. Es fällt auf, daß die Sedimente dieses Typs in Meikirch bei Bern (57–63 m Tiefe) und bei Bad Wurzach (100–108 m Tiefe) in großer Tiefe erbohrt worden sind, oder daß sie z. T. hoch über dem heutigen Talboden anstehen (Schladming a. d. Enns). Dies verweist auf ihr hohes Alter, das noch dadurch präzisiert wird, daß die Bildung dieser Warmzeit bei Bad Wurzach unter denen der Warmzeit vom Typ Pfefferbichl liegen, ein weiterer Hinweis darauf, daß sie vermutlich älter als das »Holstein-Interglazial« sind. Es fällt auf, daß der Abschnitt nach der ausgeprägten Tannen-Fichtenzeit in Unterpfauzenwald durch eine geschlossene, wenn auch schwache Pollenkurve von *Fagus* (Buche) hervortritt. Vielleicht ist dies ein Hinweis auf die stratigraphische Position mancher, wenn auch nicht aller, *fagus*führender Interglaziale am Alpenrand?

Wohin das Vorkommen vom Ziegelberg (6 km südsüdwestlich von Bad Wurzach) zu stellen ist, muß offen bleiben. Es könnte an das Ende der Warmzeiten vom Typ Winzeln-Unterpfauzenwald gehören, ist aber möglicherweise jünger.

Lit.: Winzeln, 164; Unterpfauzenwald, 73; Bad Wurzach, 100–108 m, 70; Schladming a. d. Enns, 39; Weißenhorn, 11; Wässerifluh »Eem« (?), Meikirch »Holstein«, 169; Ziegelberg(?), 73; Tönisberg, Bensberg im Reinland, 99, 98.

h) Typ Marktheidenfeld: Nahe Tauberbischofsheim finden sich im Maintal dicht über dem heutigen Flußniveau interglaziale Sedimente, tief unter mächtigen fluviatilen, äolischen und Hangsedimenten begraben. Die dort wohl nur lokal durch sehr hohen Anteil der Erle geprägte Vegetation zeigte eine Entwicklung, wie sie für viele Interglaziale typisch ist. Damals hatte die Hainbuche (*Carpinus*) eine hohe Bedeutung während des zweiten Teiles der Warmzeit erreicht, zusammen mit Tanne (*Abies*) und manchen thermophilen Laubholzarten (Ulme, Linde). Diese Eigenarten lassen an Zeitgleichheit mit dem Vorkommen von Vogtstedt in Thüringen und mit dem oberen Interglazialteil von Bilshausen (westlich des Harzes) denken, die in den Cromer-Komplex gestellt werden. Möglicherweise gehört auch das wahrscheinlich stark durch Umlagerung betroffene Material der Bohrung Meikirch bei Bern hierhin (ca. 63,5–66 m Tiefe), doch sind diese warmzeitlichen Bildungen von

Meikirch und diejenigen von Marktheidenfeld bisher nur so schlecht dokumentiert, daß eine genaue Zuordnung, erst recht aber weitergehende Schlüsse nicht gerechtfertigt erscheinen.
i) Typ Steinbach: Bei Baden-Baden sind schon lange hoch über der Niederterrasse gelegene, mächtige Altwassersedimente bekannt, die Bruchwald- und Niedermoortorfe enthalten. Die Waldvegetation scheint zunächst durch *Carpinus* und *Quercus* charakterisiert worden zu sein. Erst mit dem Rückgang dieser beiden Holzarten vermochten sich *Abies* und *Picea* auszubreiten; *Quercus* (Eiche) blieb allerdings – im Gegensatz zu *Carpinus* – von einiger Bedeutung, bis sich schließlich Kiefern-Birken-Bestände mit *Picea* und einer recht individuenreichen Kräuter-Vegetation eingestellt hatten. Steinbach ist mit dem Holstein-Interglazial gleichgesetzt worden, obwohl dies botanisch nicht erwiesen ist. Nur anhand der Vegetationsgeschichte möchte man eher an einen Warmzeitabschnitt aus dem vielgliedrigen Cromer-Komplex denken. Diese Einstufung wird auch durch die auf die Bildung der warmzeitlichen Sedimente folgenden Schritte der Geländeformung (Akkumulation mächtiger Lösse, Erosion eines vom Schwarzwald kommenden Seitentales und dessen erneute Auffüllung mit Löß und Hangsedimenten sowie Ausbildung mindestens dreier kräftiger Böden vom Typ Braunerde-Parabraunerde) nahe gelegt.
Vielleicht sind die warmzeitlichen Sedimente, die von der Bohrung B 8 in Stuttgart auf der 22 m hohen Neckarterrasse angeschnitten worden sind, gleich alt mit dem Endabschnitt der Steinbach-Warmzeit; diejenigen der berühmten Fundstätte von Jockgrim könnten aber zeitgleich mit Bildungen sein, die sich unmittelbar an die Steinbach-Warmzeit anschließen?
Lit.: Steinbach bei Baden-Baden, 102, 147; Stuttgart, Bohrung B 8, 164; Jockgrim, 140; Marktheidenfeld, 88.
j) Typ Uhlenberg: Auf der Zusamplatte finden sich westlich Augsburg bei Zusmarshausen hochgelegene Bruchwaldtorfe. Sie wurden während der Herrschaft von Picea-Pinus-, anfangs auch von Hemlocktannen-Wäldern gebildet, als neben *Tsuga canadensis* und *diversifolia* noch manche Exoten, wie *Picea Omorica* (Serbische Fichte), *Chamaecyparis aff. pisifera* (Erbsenfrüchtige oder Sawara Zypresse) vorkamen. Thermophile Laubholzarten fehlen nahezu völlig, so daß entweder an das Ende eines ältestpleistozänen Interglazials oder an ein aus dieser Zeit stammendes Interstadial gedacht werden kann. Das außerordentlich weitgepannte, flache, heute über den Talböden gelegene Relief widerspricht dieser Schlußfolgerung nicht.

Zur Paläoökologie einiger süddeutscher Interglaziale: Dauer einiger warmzeitlicher vegetationsgeschichtlicher Phasen: Holozän, 141; Eem-Interglazial, 174; Holstein-Interglazial, 129, 133, 162; Cromer Interglazial, 132.

Vegetationsentwicklung als Abbild der Bodenentwicklung: Laatsch, W., 1957; 91–93, 1, 48 f.

Die Vegetation Süddeutschlands während der Kalt- und Eiszeiten: Vegetation; Frenzel, B., 44, 45, 4; *Bioproduktion heutiger Pflanzengemeinschaften:* 121, 32; *Klima:* 26; Frenzel, B., 1967, 57, 58, 67 (siehe Tabelle d und e, S. 487 f.)

Tab. d: Schätzungen wichtiger Klimawerte während einzelner Phasen der Letzten Eiszeit in Süddeutschland

	Jahres-nieder-schlag in mm	Potentielle Eva-poration in mm	Jahres-mittel-temp., °C	Juni-mittel-temp., °C	Januar-mittel-temp., °C	Zahl der Monate mit 0 °C Mittel-temperatur	Verglichenes Gebiet in der heutigen Vegetation N-Eurasiens
A. Südwest-Vogesen, Grande Pile							
1) heute	910	800	10,0	18,1	1,1	12,0	
2) Würm-Hochglazial *)	273	550	1,0	19,3	−17,6	6,2	Baraba-Steppe
1 − 2	−637	−250	− 9,0	+ 1,2	−18,7	− 5,8	
3) Stillfried B-Interstadial **)	468	700	4,2	19,0	−11,5	7,2	Umgebung von Woronesh
1 − 3	−442	−100	− 5,8	+ 0,9	−12,6	− 4,8	
4) Brørup-Interstadial ***)	750	?	7,7	17,2	− 3,0	9,0	Hochlagen der französischen Südalpen (1400 m)
1 − 4	−160	?	− 2,3	− 0,9	− 4,1	− 3,0	
5) Frühwürmzeitliche Kaltzeiten ****)	414	700	3,7	19,6	−11,9	7,3	südostrussische Waldsteppe
1 − 5	−496	−100	− 6,3	+ 1,5	−13,0	− 4,7	
*) Kurz vor und kurz nach dem Stillfried B-Interstadial (35 000 bis 26 000 v. h.) **) Etwa 35 000 bis 26 000 v. h. ***) Phase »Ognon I« ****) Direkt vor bzw. direkt nach dem Brørup-Interstadial (65 000 bis 70 000 v. h.)							
B. Südliche Schwäbische Alb, Gebiet von Mauern							
1) heute	670	750	7,6	17,0	− 2,2	9,3	
2) Würm-Hochglazial *)	?	?	?	?	?	?	
3) Stillfried B-Interstadial **)	432	800	5,2	19,3	−10,0	7,5	südostrussische Grassteppe
1 − 3	−238	+ 50	− 2,4	+ 2,3	− 7,8	− 1,8	
4) Brørup-Interstadial	428	650	2,7	19,0	−14,0	6,6	Gebiet südlich vom Kasan
1 − 4	−242	−100	− 4,9	+ 2,0	−11,8	− 2,7	
5) Frühwürmzeitliche Kaltzeiten ***)	390	800	7,1	21,4	− 8,8	7,5	südostukrain. Hügelland
1 − 5	−280	+ 50	− 0,5	+ 4,4	− 6,6	− 1,8	
*) Kurz vor und kurz nach dem Stillfried B-Interstadial (35 000 bis 26 000 v. h.) **) Etwa 35 000 bis 26 000 v. h. ***) Direkt vor bzw. direkt nach dem Brørup-Interstadial (65 000 bis 70 000 v. h.)							
C. Alpenvorland, Biberach bis Penzberg							
1) heute	790	750	7,7	17,0	− 1,5	9,5	
2) Würm-Hochglazial*)	116	700	− 1,8	14,0	−18,7	5,7	Pamir (3600 m), Nord-Mongolei
1 − 2	−674	− 50	− 9,5	− 3,0	−17,2	− 3,8	
3) Stillfried B-Interstadial	?	?	?	?	?	?	
4) Brørup-Interstadial **)	552	650	3,0	16,2	− 9,7	6,8	Gebiet Moskau – Leningrad
1 − 4	−238	−100	− 4,7	− 0,8	− 8,2	− 2,7	
5) Frühwürmzeitliche Kaltzeiten ***)	370	800	5,0	21,6	−12,1	7,1	Saratov Uralsk
1 − 5	−420	+ 50	− 2,7	+ 4,6	−10,6	− 2,4	
*) Kurz vor und kurz nach dem Stillfried B-Interstadial (35 000 bis 26 000 v. h.) **) Etwa 65 000 bis 70 000 v. h. ***) Direkt vor bzw. direkt nach dem Brørup-Interstadial (65 000 bis 70 000 v. h.)							
D. Niederösterreich, Weinviertel							
1) heute	560	800	9,4	19,8	− 1,5	9,7	
2) Würm-Hochglazial *)	116	700	− 1,8	14,0	−18,7	5,7	Pamir (3600m), Nord-Mongolei
1 − 2	−444	−100	−11,2	− 5,8	−17,2	− 4,0	
3) Stillfried B-Interstadial **)	468	700	4,2	19,0	−11,5	7,2	Umgebung von Woronesh
1 − 3	− 92	−100	− 5,2	− 0,8	−10,0	− 2,5	
4) Brørup-Interstadial	?	?	?	?	?	?	
5) Frühwürmzeitliche Kaltzeiten ***)	490	800	7,0	20,0	− 6,9	8,0	Ukrainische Grassteppe
1 − 5	− 70	0	− 2,4	+ 0,2	− 5,4	− 1,7	
*) Kurz vor und kurz nach dem Stillfried B-Interstadial **) Etwa 35 000 bis 26 000 v. h. ***) Direkt vor bzw. direkt nach dem Brørup-Interstadial (65 000 bis 70 000 v. h.)							

Tab. e: Verhältnis der potentiellen Evaporation zum Jahresniederschlag, ausgedrückt in % der Niederschlagssumme

	Südwest-Vogesen	Südliche Schwäbische Alb	Alpenvorland	Niederösterreich
Heute	88	112	95	143
Würm-Hochglazial	201	?	600	600
Stillfried B-Interstadial	149	185	?	150
Brørup-Interstadial	?	151	118	?
Frühwürmzeitliche Kaltzeiten	169	205	216	163

Das Spätglazial der Letzten Eiszeit: Datierungsprobleme: 27, 28, 82, 125, 83, 24, 130, 160, 47.

Spätglaziale Akkumulation: 68, 78.
Lit. zur Textabbildung 15: 1–7: 168; 8: 62; 9, 10: 84; 11–16: 172; 17, 18: 113; 19: 114; 20: 118; 21: 141; 22: 113; 23: 113; 24: 72; 25–27: 10; 28: 167; 29: 131; 30, 31: 113; 32: 10; 33: 76; 34: 149; 35: 143; 36, 37: 13; 38, 39: 143; 40–44: 20; 45: 152, 154; 46, 47: 157; 48: 16; 49, 50: 16; 51: 17; 52: 16; 53–55: 156; 56: 19; 57: 15; 58: 25; 59–63: 138; 64: 157; 65: 151.

Artemisia im Spätglazial des Alpenvorlandes: 41.
(siehe Abb. 1, S. 489)

Quellenverzeichnis für Abb. 1: 10, 13, 15, 18, 19, 22, 25, 69, 72, 76, 79, 86, 87, 95, 104–120, 128, 131, 138, 141, 143, 148–156, 168, 172.
Siehe Abb. 2 (S. 490), 4 (S. 491), 3 (S. 492 f.)

Quellenverzeichnis für die Abb. 3 und 4: 1 Ballmoos, 2 Neuenalp, 3 Dreihütten, 4 Ried, 5 Faninpaß: 167; 6 Schleinsee: 131? 7 Agathazeller Moor: 150; 8 Wildseemoor: 141; 9 Paterzell; 10 Heiligenstadt; 11 Allmannshausen: 103; 12 Stöttener Filz, 13 Bärnsee: 143? 14 Krummsee, 15 Lindenmoos: 20; 16 Lanser Moos I: 171; 17 Krotenweiher, 18 Wildmoos, 19 Atemlöcher Moos, 20 Gerlos: 20; 21 Miesberg, 22 Lutzenberg, 23 Wasenmoos, 24 Giering (= Grüning): 18; 25 Böcklweiher: 128; 26 Spielberg, 27 Haslau: 137, 138.

Boden und Vegetation während des Holozäns: 1, 48–50, 93, 138, 141, 171, 175.

Wild und Vegetation während des Holozäns: 28, 75, 126, 127, 146 (siehe Abb. 5).

Dauer der frühholozänen Lichtholzphasen: 131, 141, 137, 138.

Störung der holozänen Waldentwicklung durch den Menschen: 122, 123, 124, 131, 138, 142.

Anthropogene Moorbildung: 49, 51, 59, 76, 138, 141, 175.

Der menschliche Einfluß auf die Flußaktivität während des Holozäns: 6–9, 30, 31, 34, 55, 56, 135, 136, 158.

Abb. 1. Anteil des Pollens der Holzpflanzen (einschließlich Wacholder, Zwergbirken und Weiden: Ordinate) an der gesamten Pollenflora verschiedener Abschnitte des Spätglazials im südlichen Mitteleuropa. Abszisse: Meereshöhe der untersuchten Lokalitäten einzelner Landschaften, die mit verschiedenen Symbolen dargestellt sind. A: Zeit der Pionier-Vegetation; – B: Zeit der Kräutersteppen; – C: Zeit der beginnenden Wiederbewaldung; – D: Alleröd-Interstadial; – E: Jüngere Tundrenzeit; – F: Anteil der Holzpflanzen während der Jüngeren Tundrenzeit, dargestellt im Vergleich zu demjenigen des vorangegangenen Alleröd-Interstadials. ▶

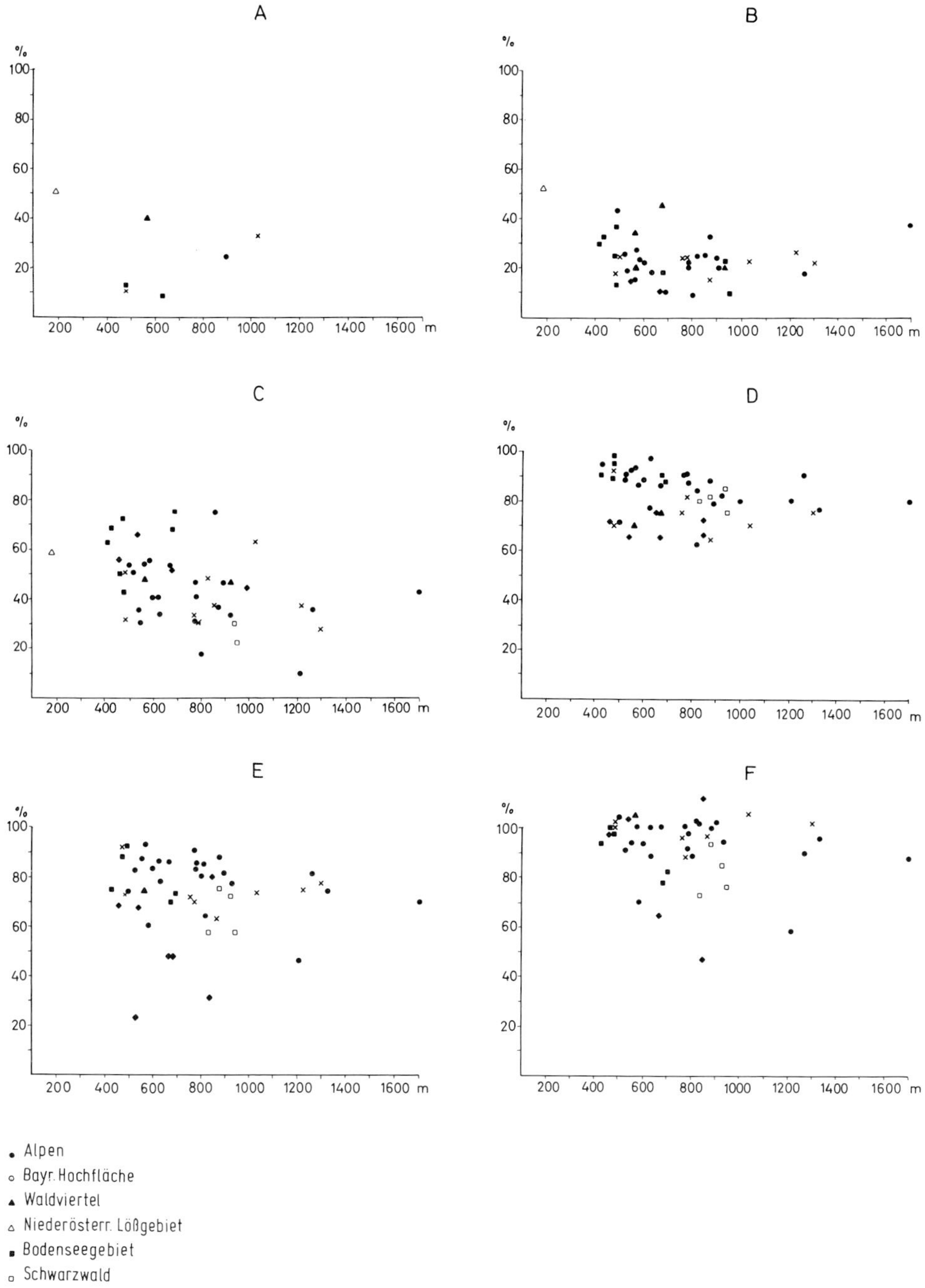
A
B
C
D
E
F
%
100
80
60
40
20
200 400 600 800 1000 1200 1400 1600 m
• Alpen
○ Bayr. Hochfläche
▲ Waldviertel
△ Niederösterr. Lößgebiet
■ Bodenseegebiet
□ Schwarzwald
◆ Vogesen
× Schweizer Jura

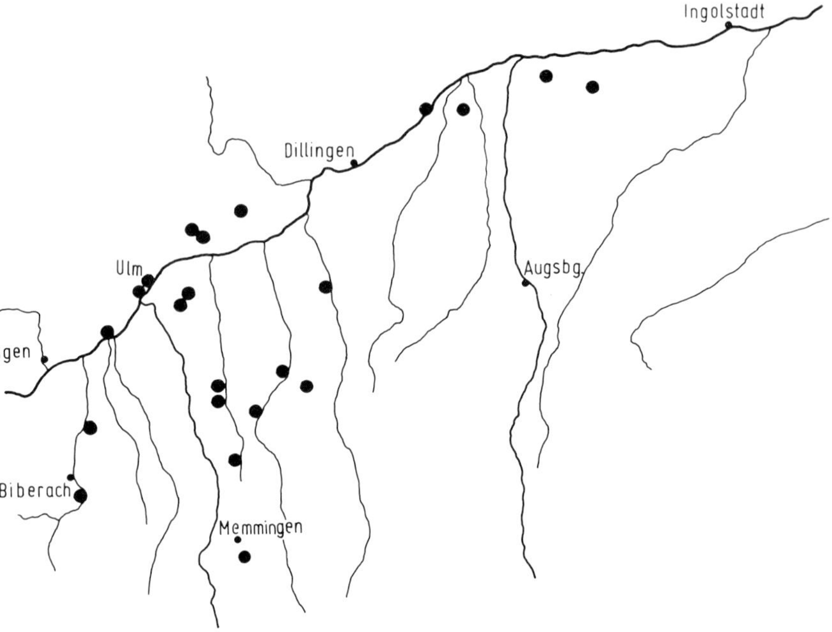

Abb. 2. Durch Bohrungen nachgewiesenes Vorkommen der Basismudde im Einzugsbereich der oberen Donau.

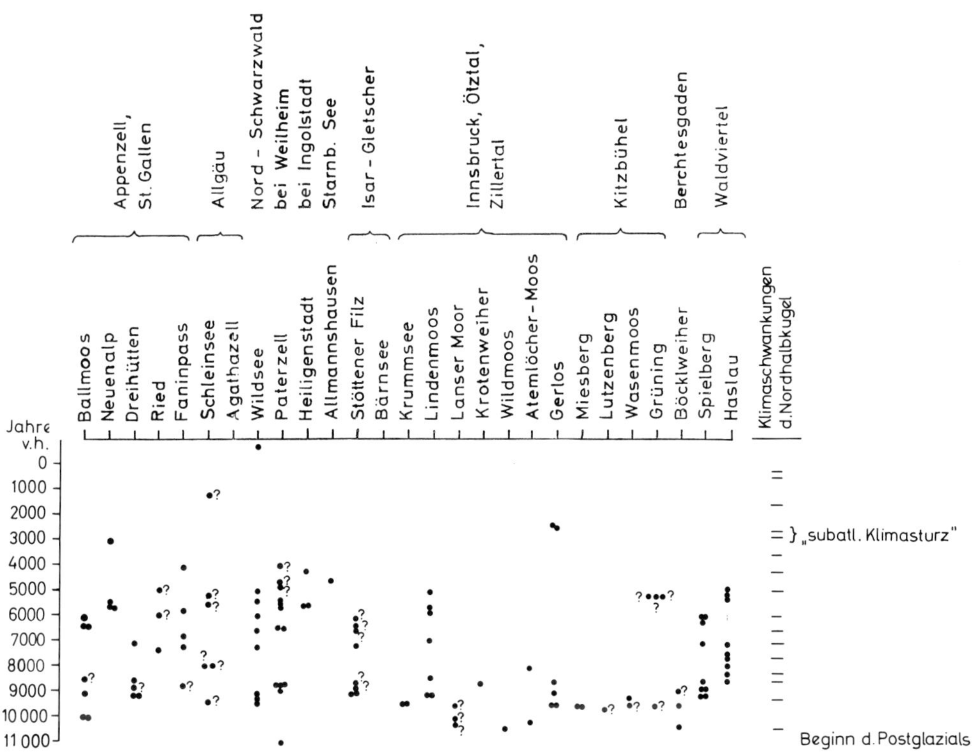

Abb. 4. Zur Frage nach der Existenz entscheidender nacheiszeitlicher (holozäner) Klimaschwankungen im südlichen Mitteleuropa. Punkte: Auftreten biologischer »Klimaindikatoren« der untersuchten Lokalitäten, unabhängig von ihrem Zeigerwert, im Vergleich zur zeitlichen Verteilung holozäner Klimaschwankungen auf der Nordhalbkugel. Man erkennt keine überzeugende Verbindung zwischen den zwei miteinander verglichenen Parametern.

Aus technischen Gründen mußte Abbildung 3 hinter Abbildung 4 gestellt werden.

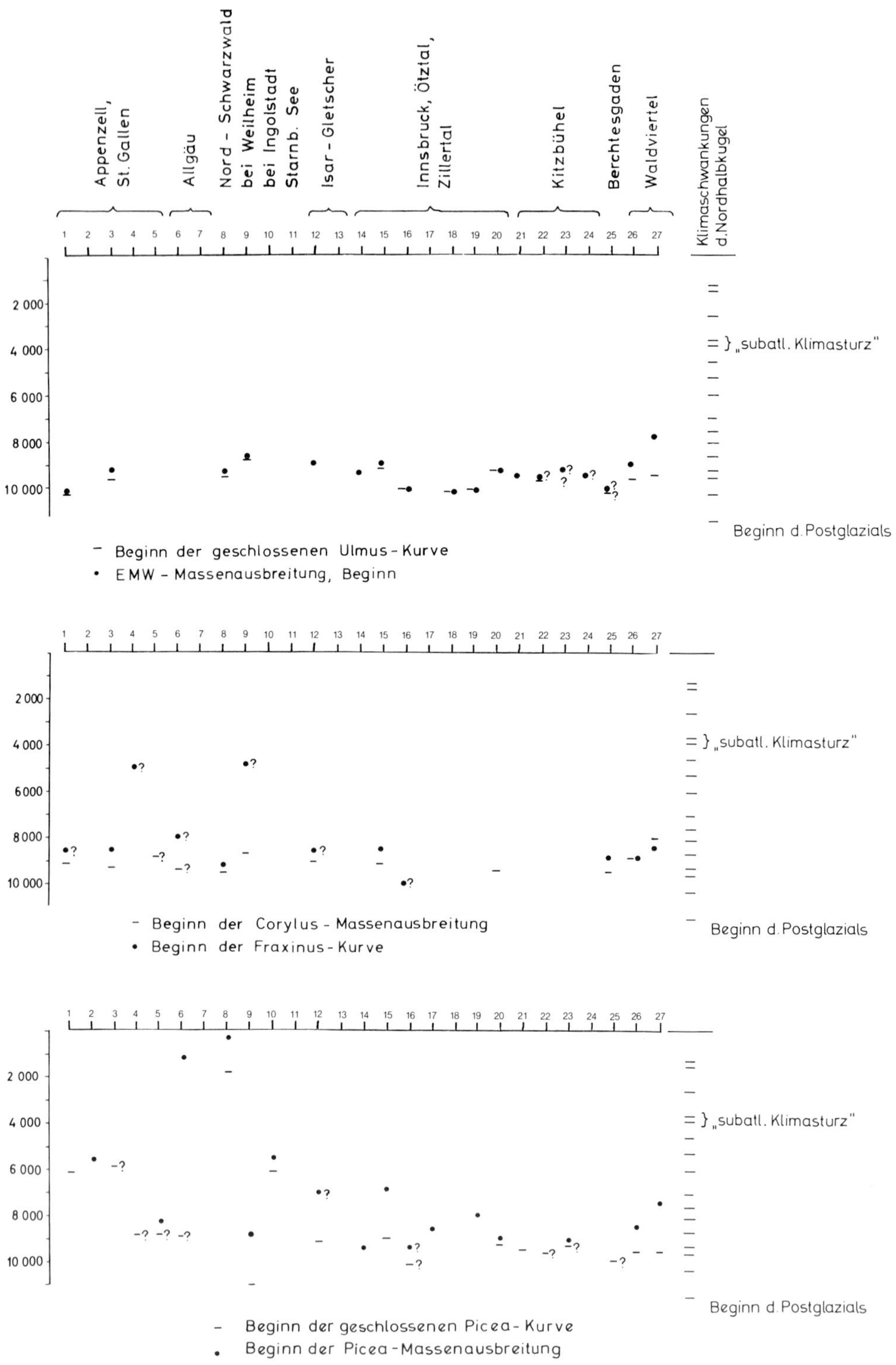

Abb. 3. Zeitpunkte der Einwanderung und der Massenausbreitung verschiedener Holzarten im südlichen Mitteleuropa. Ordinate: ^{14}C-Jahre vor heute (1950). Die Ziffern auf der Abszisse bezeichnen die einzelnen Fundorte, und zwar: 1 – Ballmoos; 2 – Neuenalp; 3 – Dreihütten; 4 – Ried; 5 – Faninpaß; 6 – Schleinsee; 7 – Agathazell; 8 – Wildsee; 9 – Paterzell; 10 – Heiligenstadt; 11 – Allmannshau-

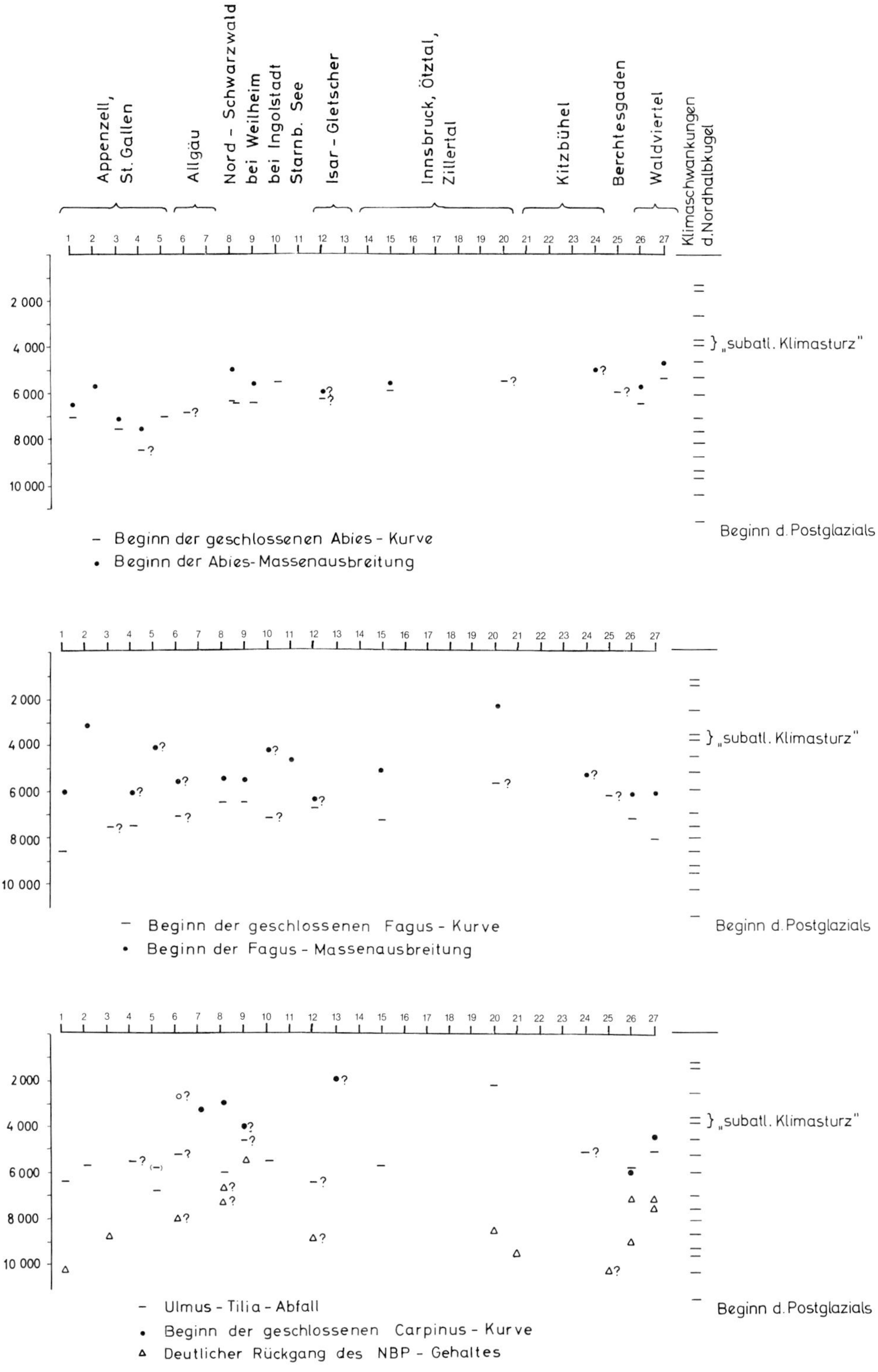

sen; 12 – Stöttener Filz; 13 – Bärnsee; 14 – Krummsee; 15 – Lindenmoos; 16 – Lanser Moor; 17 – Krotenweiher; 18 – Wildmoos; 19 – Atemlöcher Moos; 20 – Gerlos; 21 – Miesberg; 22 – Lutzenberg; 23 – Wasenmoos; 24 – Grüning; 25 – Böcklweiher; 26 – Spielberg; 27 – Haslau. Literatur vgl. unten.

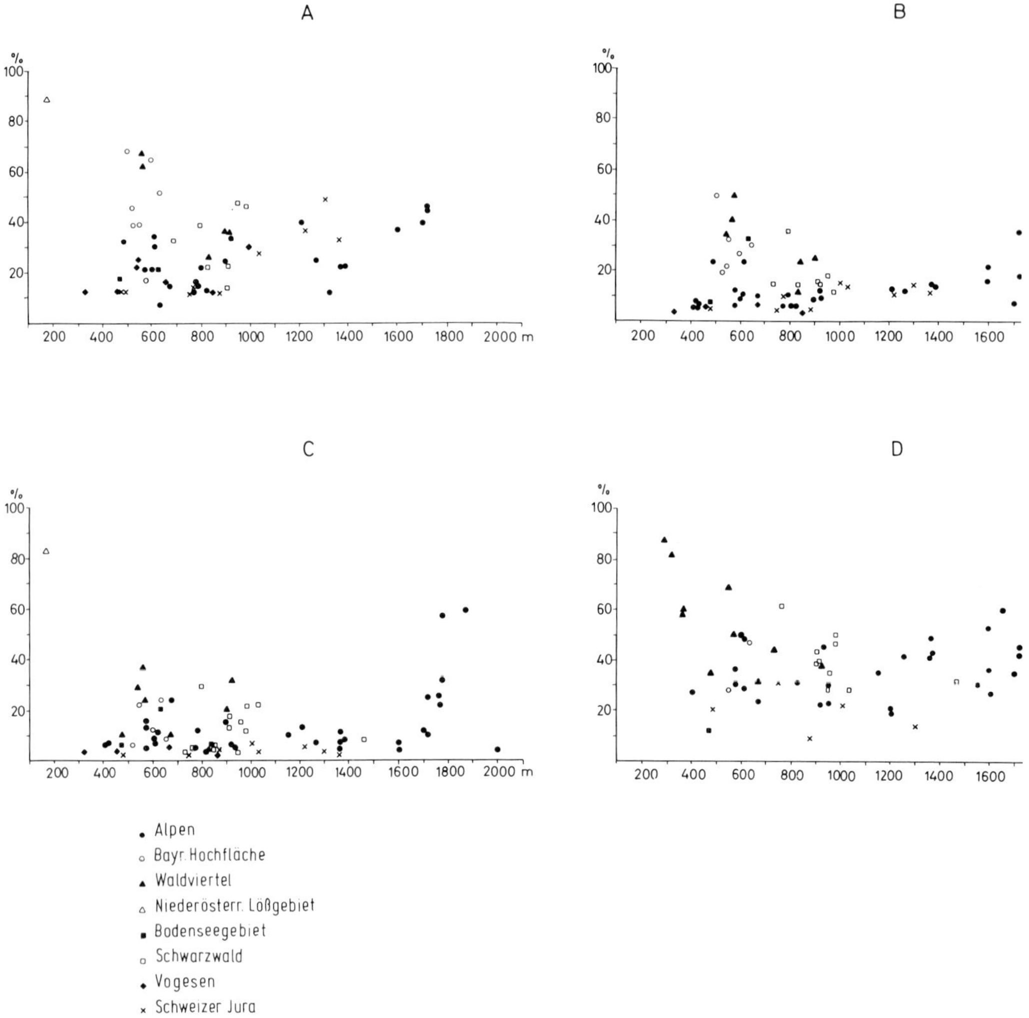

Abb. 5. Lichtoffenheit der Waldvegetation verschiedener Landschaften des südlichen Mitteleuropas während einzelner Abschnitte der Nacheiszeit (Holozän). Es sind die Prozentanteile des Blütenstaubes der Lichtholzarten Waldkiefer, Birken, Pappeln, Weiden, Wacholder, Lärche und Arve an der Baumpollenflora der Haselnußphase (Frühe Wärmezeit, Boreal: A), der Eichenmischwaldzeit (Mittlere Wärmezeit, Atlantikum: B), der Schattholzphase der Späten Wärmezeit (Subboreal: C) und des Mittelalters (D) dargestellt.

Die Säugetierfauna des süddeutschen Pleistozäns (W. v. Koenigswald)

Bocksteinhöhle, Gmde. Rammingen, Alb-Donau-Kr.
Jungpleistozäne Faunen im Zusammenhang mit paläolithischen Kulturschichten aus einer Höhle. Lit.: E. Koken 1912
Bocksteinschmiede, Gmde. Rammingen, Alb-Donau-Kr.
Jungpleistozäne Faunenreste aus paläolithischen Kulturschichten. Lit.: U. Lehmann 1969
Brillenhöhle, Gmde. Blaubeuren-Seissen, Alb-Donau-Kr.
Höhlenablagerungen mit umfangreicher Fauna, die mehreren jungpaläolithischen Kulturschichten zugeordnet werden kann. Lit.: J. Boessneck u. A. von den Driesch
Burghöhle Dietfurt, Gmde. Inzigkofen-Dietfurt, Kr. Sigmaringen
Höhle im Burgberg mit ausgesprochen reichen Ablagerungen des ausgehenden Glazials und des frühen Holozäns. Lit.: W. v. Koenigswald u. W. Taute 1979; K. Brunnacker et al. 1981
Erkenbrechtsweiler, Gmde. Erkenbrechtsweiler, Kr. Esslingen
Kleinsäugerfauna aus einer Höhlenruine des frühen Jungpleistozäns. Lit.: W. v. Koenigswald u. N. Schmidt-Knittler 1972
Erpfingen, Gmde. Erpfingen, Kr. Reutlingen
1. Bärenhöhle: a) Im Höhleneingang wurden in einer Rinne Reste einer pliozänen Säugetierfauna gefunden. Lit.: U. Lehmann 1957. b) Winterschlafplatz jungpleistozäner Höhlenbären. Lit.: G. Wagner 1952
2. Spaltenfüllungen in Steinbrüchen westlich des Ortes mit altpleistozäner Kleinsäugerfauna. Lit.: F. Heller 1936; 1958
Geißenklösterle, Gmde. Blaubeuren-Weiler, Alb-Donau-Kr.
Höhlensedimente des letzten Glazials mit einer Fauna, die nach den jungpaläolithischen Artefakten datiert werden kann. Lit.: J. Hahn et al. 1977
Goldshöfe, Gmde. Aalen-Wasseralfingen, Ostalbkr.
Sandgruben, in denen in altpleistozänen Sanden Knochen von Großsäugern gefunden wurden. Lit. G. Wagner 1926
Heppenloch, Gmde. Lenningen-Gutenberg, Kr. Esslingen
Mittelpleistozäne Höhlenablagerungen mit reicher Fauna. Lit.: K. D. Adam 1975
Höwenegg, Gmde. Immendingen, Kr. Tuttlingen
Ablagerungen eines Seebeckens in einem Vulkangebiet mit zahlreichen Säugetierskeletten aus dem oberen Miozän. Lit.: H. Tobien u. E. Jörg 1959
Hohlenstein-Kleine Scheuer, Gmde. Asselfingen, Alb-Donau-Kr.
Ungewöhnlich mächtige Gewölleschicht aus dem Ausgang des letzten Glazials mit wenigen Artefaktfunden. Lit.: J. Hahn u. W. v. Koenigswald 1977
Hohlenstein-Stadel, Gmde. Asselfingen, Alb-Donau-Kr.
Jungpleistozäne Höhlenablagerungen mit Faunenfunden. Lit. C. Gamble 1979
Jockgrim, Gmde. Jockgrim, Kr. Germersheim
Tongrube in altpleistozänen Fluß- und Seesedimenten mit einer reichen Fauna und Flora. Lit.: S. E. Kuss 1955
Kemathenhöhle, Gmde. Kipfenberg, Kr. Eichstätt
Ablagerungen in einer kleinen Höhle mit umfangreicher Kleinsäugerfauna und einigen Großsäugern

aus dem Bereich vor dem Maximum des letzten Glazials. Lit.: W. v. Koenigswald 1978
Lauffen und Frankenbach, Gmde. Lauffen u. Gmde. Heilbronn-Frankenbach, Kr. Heilbronn
Altpleistozäne Ablagerungen des Neckars mit Faunenresten. Lit.: K. D. Adam 1977
Mauer, Gmde. Mauer, Rhein-Neckar-Kr.
Sandgrube Grafenrain. In einer Schicht mit altpleistozänen Schottern wurde eine reiche Säugetierfauna und der *Homo heidelbergensis* entdeckt. Lit.: O. Schoetensack 1908; H. D. Kahlke 1973
Michelberg, Gmde. Ochtendung, Kr. Mayen-Koblenz
Faunenfunde aus dem Löß über spätglazialen vulkanischen Aschen. Lit.: M. Boeker et al. 1972
Mosbach bei Frankfurt/M.
Flußablagerungen von Main und Rhein mit umfangreicher altpleistozäner Säugetierfauna. Lit.: H. D. Kahlke 1973; H. Brüning 1980
Napoleonskopf, Gmde. Rottenburg-Bad Niedernau, Kr. Tübingen
Magdalénien-Freilandstation unterhalb einer Felsgruppe mit einigen Faunenresten aus der Jagdbeute. Lit.: E. Koken 1912
Salmendingen, Gmde. Burladingen, Zollernalbkr.
Spaltenfüllungen, in denen beim Abbau von Bohnerz zahlreiche Säugetierzähne aus dem Obermiozän und Pliozän gefunden wurden. Lit.: W. Branco 1898; H. Schlosser 1902
Schussenquelle, Gmde. Bad Schussenried, Kr. Biberach
Lager der Rentierjäger im Bereich einer starken Quelle mit umfangreichem Faunenmaterial. Lit.: E. Koken 1912
Sirgenstein, Gmde. Blaubeuren-Weiler, Alb-Donau-Kr.
Höhlenablagerungen mit umfangreicher jungpleistozäner Fauna im Zusammenhang mit spätpaläolithischen Kulturschichten. Lit.: E. Koken 1912
Steinheim a. d. Murr, Gmde. Steinheim a. d. Murr, Kr. Ludwigsburg
Mittelpleistozäne Flußablagerungen der Murr mit reicher Fauna und dem *Homo steinheimensis.* Lit. K. D. Adam 1954; F. Berckhemer 1927; 1933
Stuttgart-Bad Cannstatt
Villa Seckendorff. Höhlenfüllung im Travertin aus dem Beginn des letzten Glazials. Lit.: W. Carlé et al. 1969
Stuttgart-Untertürkheim
Biedermannscher Steinbruch. Travertinablagerungen mit reicher jungpleistozäner Flora und gelegentlich auch Säugetierfauna. Lit.: W. Carlé et al. 1969; F. Heller 1934; W. v. Koenigswald 1973
Vogelherd, Gmde. Heidenheim-Stetten o. Lonetal, Kr. Heidenheim
Faunenreste aus den verschiedenen Kulturschichten des letzten Glazials. Lit.: U. Lehmann 1954
Weinberghöhlen bei Mauern, Gmde. Rennertshofen, Kr. Neuburg/Donau-Schrobenhausen
Höhlenablagerungen des letzten Glazials mit mehreren Kulturschichten und umfangreicher Säugetierfauna. Lit.: F. Heller 1955; W. v. Koenigswald, H. Müller-Beck u. E. Pressmar 1974
Zigeunerfels, Gmde. Sigmaringen-Unterschmeien, Kr. Sigmaringen
Kleine Höhle mit einer Abfolge von spätglazialen und frühholozänen Ablagerungen mit zahlreichen Artefakten und Faunenresten. Lit.: W. v. Koenigswald u. W. Taute 1974

Mauer, Gmde. Mauer, Rhein-Neckar-Kr.
Fast vollständig erhaltener Unterkiefer. Lit.: O. Schoetensack 1908; K. Wüst 1951
Steinheim a. d. Murr, Gmde. Steinheim a. d. Murr, Kr. Ludwigsburg
Linksseitig beschädigter Schädel ohne Unterkiefer. Lit.: F. Berckhemer 1933; K. D. Adam 1982
Hohlenstein-Stadel, Gmde. Asselfingen, Alb-Donau-Kr.
Rechter Femurschaft. Lit.: R.Wetzel 1969
Hohler Fels, Gmde. Schelklingen, Alb-Donau-Kr.
Drei Bruchstücke von langen Extremitätenknochen der unteren Extremität. Lit.: A. Czarnetzki u. J. Hahn, in Vorb.
Sirgenstein, Gmde. Blaubeuren-Weiler, Alb-Donau-Kr.
Drei Zähne aus Ober- und Unterkiefer. Lit.: R. R. Schmidt 1909; 1912
Vogelherd, Gmde. Heidenheim-Stetten o. Lonetal, Kr. Heidenheim
Zwei größtenteils erhaltene Hirnschädel, rechtes Unterkieferteil, rechter Oberarmknochen, rechter dritter Mittelhandknochen, zwei Lendenwirbel. Lit.: W. Gieseler 1936; A. Czarnetzki 1980
Brillenhöhle, Gmde. Blaubeuren-Seissen, Alb-Donau-Kr.
Zahlreiche kleinere und größere Bruchstücke von mindestens drei Skeletten. Lit.: G. Riek 1958; W. Gieseler u. A. Czarnetzki 1972
Petersfels, Gmde. Engen-Bittelbrunn, Kr. Konstanz
Oberkieferbruchstück, einzelner Mahlzahn. Lit. W. Praeger 1930; K. Gehrhardt 1970
Röthekopf, Gmde. Bad Säckingen, Kr. Waldshut
Hirnschädelteil. Lit.: E. Gersbach 1925; W. Gieseler 1951
Kleine Scheuer im Rosenstein, Gmde. Heubach, Ostalbkr.
Ein linker unterer Vorbackenzahn (Prämolar). Lit. F. Keller 1921; H. Maier 1936
Falkensteinhöhle, Gmde. Beuron, Kr. Sigmaringen
Zahlreiche kleine Reste von sicher einer Person. Lit.: E. Peters 1935; A. Czarnetzki 1978
Felsdach Inzigkofen, Gmde. Inzigkofen, Kr. Sigmaringen
Ein Rest eines Mahlzahnes (^{3}M) des Oberkiefers. Lit.: A. Czarnetzki, in Vorb.
Felsställe, Gmde. Ehingen-Mühlen, Alb-Donau-Kr.
Teilweise erhaltene vollständige Bestattung eines Kindes. Lit.: A. Czarnetzki, in Vorb.
Hohlenstein-Stadel, Gmde. Asselfingen, Alb-Donau-Kr.
Schädel und Halswirbel von einem Mann, einer Frau und einem Kind. Lit.: W. Gieseler 1938; C. Constance-Westermann, in Vorb.
Jägerhaushöhle, Gmde. Inzigkofen, Kr. Sigmaringen
Ein Oberkieferschneidezahn, ein Eckzahn. Lit.: A. Czarnetzki 1978
Rottenburg, Stadt Rottenburg, Kr. Tübingen
Reste von Extremitätenknochen. Lit. H. Gaebele 1970
Stuttgart-Mühlhausen und -Zuffenhausen
Je Reste einer Bestattung in sehr schlechtem Zustand. Lit. H. Gaebele 1970
Waiblingen, Rems-Murr-Kr.
Grab 1–3: Sehr schlecht erhaltene, teilweise in situ ausgestellte Skelettreste. Lit.: H. Gaebele 1970

Sammlerinnen und Jäger von den Anfängen bis vor 35 000 Jahren (H. Müller-Beck)

(Es werden nur ergrabene oder mit beobachteten stratigraphischen Abfolgen verbundene Fundstellen sowie einige größere Oberflächenkomplexe berücksichtigt.)

Bärenhöhle, Gmde. Erpfingen, Kr. Reutlingen
Grabung: A. Rieth 1950; Einzelfunde aus Höhlenbärenstrate. Lit.: A. Rieth 1950
Bocksteinhöhle, Gmde. Rammingen, Alb-Donau-Kr.
Erste Ausgrabung: L. Bürger 1882; ein mittelpaläolithischer Fundhorizont. Lit.: R. R. Schmidt 1912; R. Wetzel 1954
Bocksteinschmiede (mit Bocksteinloch, Bocksteinabhang, Bocksteinbrandplatte und Bocksteingrotte), Gmde. Rammingen, Alb-Donau-Kr.
Grabung: Wetzel 1932–1956; Komplex mittelpaläolithischer Fundkonzentrationen am Bocksteinhang. Vollständigste Abfolge am Bocksteinabhang: Blattspitzen-Mittelpaläolithikum, obere Bocksteinindustrie, mittlere Bocksteinindustrie (Hauptfundzone), untere Bocksteinindustrie, Basisindustrie. Lit.: R. Wetzel u. G. Bosinski 1969
Böckingen, Stadt Heilbronn
Erste Funde: W. Butz 1953/54 an der Basis der Grube des Ziegelwerkes Böckingen; altpaläolithische Streufunde. Lit.: H. Freising 1962
Göpfelsteinhöhle, Gmde. Veringenstadt, Kr. Sigmaringen
Grabung: E. Peters 1934/35; mittelpaläolithische Streufunde in Mammutfauna führendem Höhlenschutt. Lit.: E. Peters 1936
Große Grotte, Gmde. Blaubeuren, Alb-Donau-Kr.
Grabung: G. Riek 1960–1964; zuoberst: Mittelpaläolithikum mit Blattspitzen (II), darunter: Moustérien in mehreren Straten (III–VIII), darunter: Micoquoides Moustérien (IX), an der Basis: Levallois-Mittelpaläolithikum (XI). Lit.: E. Wagner 1973/74
Grunholz, Gmde. Laufenburg, Kr. Waldshut
Erste Funde: Em. u. Eg. Gersbach 1936; alt- oder mittelpaläolithische Artefakte aus der Lößabfolge über der Riß-Maximal-Moräne in der Ziegelei Zimmermann auf der Zelgli. Lit.: E. Gersbach 1969
Haldensteinhöhle, Gmde. Lonsee, Alb-Donau-Kr.
Grabung: G. Riek 1936; Blattspitzen-Mittelpaläolithikum über einfacherem Inventar der Mittleren Altsteinzeit. Lit.: G. Riek 1938
Heidenschmiede, Gmde. Heidenheim, Kr. Heidenheim
Erste Grabung: H. Mohn u. E. Peters 1930; Faustkeile führendes Mittelpaläolithikum. Lit.: E. Peters 1931
Irpfelhöhle, Gmde. Giengen, Kr. Heidenheim
Erste Ausgrabung: E. Fraas 1892; mittelpaläolithische Industrie mit reicher eiszeitlicher Fauna, die auch von Hyänen eingeschleppt wurde. Lit.: E. Fraas 1893; F. Berckhemer u. E. Peters 1953
Kleinheppach, Gmde. Korb, Rems-Murr-Kr.
Erste mittelpaläolithische Oberflächenfunde: E. u. L. Reinhard 1930. Lit.: H. Freising 1954; 1962
Mauer, Sandgrube Grafenrain, Gmde. Mauer, Kr. Heidelberg
Bekannt als Fundstelle des Unterkiefers des Heidelberger Menschen (s. Beitrag Czarnetzki). Erster Steinartefaktfund aus den Unteren Sanden, 3,0 m über der Höhenlage des Unterkiefers: K. Hormuth 1926. Weitere Artefakte postuliert durch A. Rust nach Begehungen ab 1953. In keinem Fall aber ist die Fundsituation in der Schicht dokumentiert. Lit.: O. Hauser 1928; A. Rust 1956
Murg, Gmde. Murg, Kr. Waldshut

Erste Funde: Em. Gersbach 1934; alt- oder mittelpaläolithische Funde aus den Lößhorizonten über der Riß-Maximal-Moräne in der Ziegelei Rogg/Michel. Lit.: Eg. Gersbach 1969

Öflingen, Gmde. Wehr, Kr. Waldshut

Seit 1910 zahlreiche steinzeitliche Oberflächenfunde vor allem durch Em. und Eg. Gersbach, darunter auch alt- und mittelpaläolithische Inventare großen Umfangs. Lit.: Eg. Gersbach 1969

Schafstall, Gmde. Veringenstadt, Kr. Sigmaringen

Ausgrabung: E. Peters 1935–1937, 1947–1948; Mittelpaläolithikum aus tieferen Schuttstraten mit Mammutfauna. Lit.: E. Peters 1936

Schmiechen, Gmde. Schmiechen, Alb-Donau-Kr.

Bei Sprengungen des Kogelsteins anläßlich von Straßen- und Bauarbeiten 1912 aufgesammelt: kleines mittelpaläolithisches Inventar mit reichhaltiger Mammutfauna. Lit.: P. Wernert 1913

Sirgenstein, Gmde. Blaubeuren, Alb-Donau-Kr.

Ausgrabung: R. R. Schmidt 1936; zwei mittelpaläolithische Fundzonen (VIII u. VII) in der Strate D und in C weitere mittelpaläolithische Funde im Kontakt mit solchen der Jüngeren Altsteinzeit. Lit.: R. R. Schmidt 1912

Stadel, Gmde. Asselfingen, Alb-Donau-Kr.

Ausgrabungen: R. Wetzel u. O. Völzing 1935–1939; mehrere mittelpaläolithische Horizonte mit Mammutfauna, nur summarisch publiziert. Lit.: R. Wetzel 1954

Steinheim, Gmde. Steinheim a. d. Murr, Kr. Ludwigsburg

Fundort des wichtigen Schädels 1933 (s. Beitrag Czarnetzki), der sicher einer Menschenform angehört, die Artefakte gefertigt hat, also indirekt auch als »archäologischer« Beleg gelten kann. Eindeutige Artefakte aus gleicher Zeit sind nicht nachgewiesen. Auch die von J. Ittermann 1960/61 aus den höher gelegenen Mammutschottern gemeldeten Funde von einigen Kalkobjekten, darunter von einem offensichtlich bearbeiteten Kalkfaustkeil sind bisher umstritten. Eine objektive Klärung der Herkunft des Faustkeils steht noch aus. Lit.: J. Ittermann 1962; K. D. Adam 1974

Stuttgart-Bad Cannstatt, Stadt Stuttgart

Grabung im Travertin des Steinbruchs Haas: E. Wagner seit 1980; warmzeitliche altpaläolithische Funde. Bisher älteste beobachtete archäologisch nachgewiesene Station in Baden-Württemberg. Lit.: E. Wagner 1981

Stuttgart-Untertürkheim, Stadt Stuttgart

Seit Beginn der 30er Jahre im Travertin des Steinbruchs Biedermann aufgelesene mittelpaläolithische Artefakte in einer nicht vollwarmzeitlichen Bildungszone. Lit.: F. Berckhemer 1955

Vogelherd, Gmde. Stetten o. Lonetal, Kr. Heidenheim

Grabung: G. Riek 1931; mehrere mittelpaläolithische Horizonte – als oberster: Abschlaginventar mit Knochenspitzen (VI), darunter: Moustérien (VII), wieder tiefer: Micoquoide Industrie mit Faustkeilbeimengung (VIII), an der Basis: einfaches Abschlaginventar (IX). Lit.: G. Riek 1934

Wyhlen, Gmde. Grenzach-Wyhlen, Kr. Lörrach

Aus einem Lößprofil in der Grube der Sodafabrik fand F. Moog 1936 in einer offensichtlichen Rinnenfüllung neben eiszeitlichen Tierknochen auch einiges eiszeitliches Material, das am ehesten in mittelpaläolithischen Zusammenhang gehören dürfte. Lit.: G. Bosinski 1967; H. Müller-Beck 1981

Bocksteinhöhle/Bockstein-Törle, Gmde. Rammingen, Alb-Donau-Kr.
Grabung: L. Bürger 1883/84; R. Wetzel 1953; 1955/56. Abfolge: Magdalénien, Gravettien, Aurignacien, Moustérien. Lit.: J. Hahn, Aurignacien 1977
Brillenhöhle, Gmde. Blaubeuren, Alb-Donau-Kr.
Grabung: G. Riek 1956–1963. Abfolge: Magdalénien, Gravettien, Aurignacien. Lit.: G. Riek 1973
Geißenklösterle, Gmde. Blaubeuren-Weiler, Alb-Donau-Kr.
Grabung: E. Wagner 1973; J. Hahn 1974–1982. Abfolge: Mittelsteinzeit, Magdalénien, Gravettien, Aurignacien, Mittelpaläolithikum? Lit.: J. Hahn u. a. 1977
Göpfelsteinhöhle, Gmde. Veringenstadt, Kr. Sigmaringen
Grabung: E. Peters 1934/35, 1944/45. Abfolge: Aurignacien, Moustérien. Lit.: J. Hahn, Aurignacien 1977
Hohlenstein-Bärenhöhle, Gmde. Asselfingen, Alb-Donau-Kr.
Grabung: O. Fraas 1862; R. Wetzel 1956–1961. Abfolge: Vorgeschichte, Jungsteinzeit, Magdalénien, Aurignacien, Moustérien. Lit.: J. Hahn, H. Müller-Beck, W. Taute 1973
Hohlenstein-Stadel, Gmde. Asselfingen, Alb-Donau-Kr.
Grabung: R. Wetzel 1935, 1957–1960; O. Völzing 1937–1939. Abfolge: Vorgeschichte, Jungsteinzeit, Magdalénien, Aurignacien, Moustérien. Lit.: J. Hahn, H. Müller-Beck u. W. Taute 1973
Hohler Fels, Gmde. Schelklingen, Alb-Donau-Kr.
Grabung: O. Fraas und Th. Hartmann 1870/71; G. Riek und G. Matschak 1958–1960; J. Hahn 1977–1979. Abfolge: Vorgeschichte, Jungsteinzeit, Magdalénien, Gravettien, unbestimmtes Jungpaläolithikum. Lit.: J. Hahn 1977
Kleinheppach, Gmde. Korb, Rems-Murr-Kr.
Unbestimmtes Jungpaläolithikum. Lit.: J. Hahn u. W. v. Koenigswald 1974
Ludwigsburg-Neckarweihingen, Kr. Ludwigsburg
Sammlung: E. Beutner 1963; Oberflächenfund Geschoßspitze. Lit.: G. Riek 1967
Große Ofnet-Höhle, Gmde. Holheim, Kr. Nördlingen, Bayern
Grabung: O. Fraas 1875/76; R. R. Schmidt 1907/08. Abfolge: Jungsteinzeit, Mittelsteinzeit, Magdalénien, Aurignacien, Mittelpaläolithikum. Lit.: J. Hahn, Aurignacien 1977; R. R. Schmidt 1912
Kleine Ofnet-Höhle, Gmde. Holheim, Kr. Nördlingen, Bayern
Grabung: O. Fraas 1875/76; R. R. Schmidt 1907/08; E. Frickhinger 1934. Abfolge: Magdalénien, Aurignacien, Mittelpaläolithikum. Lit.: J. Hahn, Aurignacien 1977
Schafstall, Gmde. Veringenstadt, Kr. Sigmaringen
Grabung: E. Peters 1947. Abfolge: Aurignacien?, Moustérien. Lit.: J. Hahn, Aurignacien 1977
Sirgenstein, Gmde. Blaubeuren, Alb-Donau-Kr.
Grabung: R. R. Schmidt 1906. Abfolge: Vorgeschichte, Magdalénien, Gravettien?, Aurignacien, Moustérien. Lit.: R. R. Schmidt 1912; J. Hahn 1977
Stuttgart-Bad Cannstatt
Sammlung: E. Jenisch 1964; Oberflächenfund Geschoßspitze. Lit.: G. Riek 1967
Stuttgart-Bad Cannstatt-Leimengrube
Unbestimmtes Jungpaläolithikum, Mammut-Stoßzahnhaufen. Lit.: G. Riek
Vogelherd-Höhle, Gmde. Heidenheim-Niederstotzingen-Stetten, Kr. Heidenheim
Grabung: G. Riek 1931; E. Wagner 1978. Abfolge: Jungsteinzeit, Magdalénien, Aurignacien, Moustérien, Micoquien, frühes Mittelpaläolithikum. Lit.: G. Riek 1934; E. Wagner 1981

Annakapellenhöhle, Gmde. Veringenstadt, Kr. Sigmaringen
Erste Ausgrabung: E. Peters 1935. Lit.: E. Peters 1936
Bärenfelsgrotte s. Höhlen am Bruckersberg
Bärenhöhle, Gmde. Asselfingen, Alb-Donau-Kr.
Erste Ausgrabung: O. Fraas 1866. Lit.: R. Wetzel 1961
Bildstockfels, Gmde. Engen-Bittelbrunn, Kr. Konstanz
Erste Ausgrabung: E. Peters 1927. Lit.: E. Peters 1930
Bockstein-Höhle, Gmde. Rammingen, Alb-Donau-Kr.
Erste Ausgrabung: L. Bürger 1882. Lit.: R. R. Schmidt 1912
Bockstein-Törle, Gmde. Rammingen, Alb-Donau-Kr.
Erste Ausgrabung: R. Wetzel 1953. Lit.: R. Wetzel 1954
Brillenhöhle, Gmde. Blaubeuren-Seissen, Alb-Donau-Kr.
Erste Ausgrabung: G. Riek 1956. Lit.: G. Riek 1973
Bruckersberg, Höhlen am B.: Bärenfelsgotte, Klingenfels-Abri, Spitalhöhle, Gmde. Giengen, Kr. Heidenheim
Erste Ausgrabung: H. Mohn 1932 (Bärenfelsgrotte); G. Riek 1954 (Spitalhöhle, Klingenfels-Abri). Lit.: G. Riek 1957
Burghöhle Dietfurt, Gmde. Inzigkofen-Dietfurt, Kr. Sigmaringen
Erste Ausgrabung: W. Taute 1972. Lit.: K. Brunnacker et al. 1979
Burkhardtshöhle, Gmde. Westerheim, Alb-Donau-Kr.
Erste Ausgrabung: G. Riek 1933. Lit.: G. Riek 1959
Buttentalhöhle, Gmde. Buchheim, Kr. Tuttlingen
Erste Ausgrabung: E. Peters 1930. Lit.: E. Peters 1936
Felsställe, Gmde. Ehingen-Mühlen, Alb-Donau-Kr.
Erste Ausgrabung: W. Torke 1975. Lit.: C.-J. Kind u. W. Torke 1980
Fohlenhaus, Gmde. Langenau, Alb-Donau-Kr.
Erste Ausgrabung: L. Bürger um 1885. Lit.: W. Taute 1967
Ganserfels, Gmde. Schelklingen, Alb-Donau-Kr.
Erste Ausgrabung: R. R. Schmidt 1906. Lit.: R. R. Schmidt 1912
Gnirshöhle, Gmde. Engen-Bittelbrunn, Kr. Konstanz
Erste Ausgrabung: G. Albrecht 1977. Lit.: G. Albrecht et al. 1977
Helga-Abri, Gmde. Schelklingen, Alb-Donau-Kr.
Erste Ausgrabung: G. Riek und H. Matschak 1958. Lit.: J. Hahn 1979
Hohlefels bei Hütten, Gmde. Schelklingen, Alb-Donau-Kr.
Erste Ausgrabung: R. R. Schmidt 1906. Lit.: R. R. Schmidt 1912
Hohlenstein-Kleine Scheuer, Gmde. Asselfingen, Alb-Donau-Kr.
Erste Ausgrabung: R. R. Schmidt 1908. Lit.: J. Hahn u. W. v. Koenigswald 1977
Hohlenstein-Stadel, Gmde. Asselfingen, Alb-Donau-Kr.
Erste Ausgrabung: R. Wetzel 1935. Lit.: R. Wetzel 1961
Hohler Fels, Gmde. Schelklingen, Alb-Donau-Kr.
Erste Ausgrabung: O. Fraas u. J. Hartmann 1870. Lit.: O. Fraas 1872; J. Hahn 1977
Kleine Scheuer im Rosenstein, Gmde. Heubach, Ostalbkr.
Erste Ausgrabung: H. Maier u. R. R. Schmidt 1916. Lit.: H. Maier 1936

Klingenfels-Abri s. Höhlen am Bruckersberg
Malerfels, Gmde. Heidenheim-Herbrechtingen, Kr. Heidenheim
Erste Ausgrabung: H. Rösle 1930. Lit.: G. Albrecht, im Druck
Munzingen, Gmde. Freiburg-Munzingen, Stadtkr. Freiburg
Erste Ausgrabung: Kübler 1870. Lit.: A. Padtberg 1925
Napoleonskopf, Gmde. Rottenburg-Bad Niedernau, Kr. Tübingen
Erste Ausgrabung: E. v. Koken, Paradeis 1906. Lit.: E. v. Koken u. R. R. Schmidt 1907
Petersfels, Gmde. Engen-Bittelbrunn, Kr. Konstanz
Erste Ausgrabung: E. Peters 1927. Lit.: E. Peters 1930; P. F. Mauser 1970; G. Albrecht 1979
Probstfels, Gmde. Beuron, Kr. Sigmaringen
Erste Ausgrabung: R. R. Schmidt 1907. Lit.: R. R. Schmidt 1912
Schmiechenfels, Gmde. Schelklingen-Schmiechen, Alb-Donau-Kr.
Erste Ausgrabung: R. R. Schmidt 1906. Lit.: R. R. Schmidt 1912
Schussenquelle, Gmde. Bad Schussenried, Kr. Biberach
Erste Ausgrabung: O. Fraas 1866. Lit.: O. Fraas 1926
Sirgenstein, Gmde. Blaubeuren-Weiler, Alb-Donau-Kr.
Erste Ausgrabung: R. R. Schmidt 1906. Lit.: R. R. Schmidt 1912
Sirgenstein Südwand, Gmde. Blaubeuren-Weiler, Alb-Donau-Kr.
Erste Ausgrabung: G. Riek 1957. Lit.: G. Riek 1959
Spitalhöhle s. Höhlen am Bruckersberg
Spitzbubenhöhle, Gmde. Heidenheim-Herbrechtingen, Kr. Heidenheim
Erste Ausgrabung: H. Müller-Beck 1970. Lit.: J. Hahn 1977
Steinberg, Gmde. Bollschweil, Kr. Breisgau-Hochschwarzwald
Oberflächensammlung: Schneider u. P. F. Mauser 1965. Lit.: P. F. Mauser 1974
Teufelsküchen am Ölberg, Gmde. Ehrenkirchen-Ehrenstetten, Kr. Breisgau-Hochschwarzwald
Erste Ausgrabung: L. Zotz 1925, Lit.: L. Zotz 1928
Vogelherd, Gmde. Heidenheim-Stetten o. Lonetal, Kr. Heidenheim
Erste Ausgrabung: G. Riek 1931. Lit.: G. Riek 1934
Zigeunerfels, Gmde. Sigmaringen-Unterschmeien, Kr. Sigmaringen
Erste Ausgrabung: W. Taute 1967. Lit.: W. Taute 1972

Die frühe und späte Mittelsteinzeit (J. Hahn und H. Müller-Beck)

(Es werden nur gegrabene Fundstellen berücksichtigt, die zahlreichen Oberflächenfundplätze im einzelnen nicht aufgeführt.)

Burghöhle Dietfurt, Gmde. Inzigkofen, Kr. Sigmaringen
Grabung: H. Reim 1971; W. Taute u. H.-W. Dämmer 1972; W. v. Koenigswald u. W. Taute 1973. Abfolge: Vorgeschichte, Jungsteinzeit, Spätmesolithikum, Frühmesolithikum, Magdalénien. Lit.: W. v. Koenigswald u. W. Taute 1979 und 1981

Falkensteinhöhle, Gmde. Beuron, Kr. Sigmaringen
Grabung: E. Peters 1933; W. Taute 1963, 1964. Abfolge: Vorgeschichte, Jungsteinzeit, Spätmesolithikum, Frühmesolithikum. Lit.: W. Taute 1967

Federsee-Gebiet

Tannstock, Gmde. Bad Buchau, Kr. Biberach
Grabung: H. Reinerth 1928/29. Abfolge (nach Reinerth): Hüttengrundrisse von zwei verschieden alten mesolithischen Stufen: Hütten möglicherweise nur Baumwürfe mit z. T. nachträglich hingekommenen Funden. Lit.: H. Reinerth 1936

Taubried II, Gmde. Bad Buchau, Kr. Biberach
Grabung: H. Schlichtherle 1980. Abfolge: Jungsteinzeit, Mittelsteinzeit. Lit.: H. Schlichtherle 1981

Felsställe, Gmde. Ehingen-Mühlen, Alb-Donau-Kr.
Grabung: J. Kind u. W. G. Torke 1975–1980. Abfolge: Vorgeschichte, Jungsteinzeit, Frühmesolithikum, Magdalénien. Lit.: C. J. Kind und W. G. Torke 1980

Fohlenhaus, Gmde. Langenau, Alb-Donau-Kr.
Grabung: L. Bürger 1883/84; A. Kley 1947/48; W. Taute 1962/63. Abfolge: Vorgeschichte, Frühmesolithikum, Spätmesolithikum. Lit.: W. Taute 1980

Helga-Abri, Gmde. Schelklingen, Alb-Donau-Kr.
Grabung: G. Riek u. G. Matschak 1958–1960; J. Hahn 1976–1981. Abfolge: Vorgeschichte, Jungsteinzeit, Frühmesolithikum, Magdalénien. Lit.: J. Hahn u. A. Scheer (im Druck)

Inzigkofen, Gmde. Inzigkofen, Kr. Sigmaringen
Grabung: W. Taute 1965. Abfolge: Spätmesolithikum, Beuronien C. Lit.: W. Taute 1980, 1973/74

Jägerhaus-Höhle, Gmde. Fridingen-Bronnen, Kr. Tuttlingen
Grabung: W. Taute 1964–1967. Abfolge: vorgeschichtliche Funde, Spätmesolithikum, Beuronien A, B und C, Spätpaläolithikum oder Frühestmesolithikum. Lit.: W. Taute 1980, 1973/74, 1972

Lautereck, Gmde. Lautrach, Alb-Donau-Kr.
Grabung: W. Taute 1963. Abfolge: Bronzezeit, Jungsteinzeit, Mesolithikum. Lit.: W. Taute 1967

Malerfels, Gmde. Heidenheim-Herbrechtingen, Kr. Heidenheim
Grabung: H. Rössle 1930/31; G. Albrecht 1971. Abfolge: Frühmesolithikum, Magdalénien. Lit.: G. Albrecht in Vorb.

Schuntershöhle, Gmde. Allmendingen, Alb-Donau-Kr.
Grabung: W. Taute 1961/62. Abfolge: Vorgeschichte, Mesolithikum, Frühmesolithikum, Magdalénien. Lit.: W. Taute 1967

Zigeunerfels, Gmde. Sigmaringen-Unterschmeien, Kr. Sigmaringen
Grabung: W. Taute 1971–1973. Abfolge: Vorgeschichte, Frühmesolithikum, Spätpaläolithikum, Magdalénien. Lit.: W. Taute 1972

Die Anfänge von Pflanzenanbau und Tierhaltung (H.-P. Uerpmann)

(Die laufenden Nummern entsprechen der Fundortnumerierung auf Abb. 8.)

1 *Hefzibah:* Freiland-Fundstelle des Spätpaläolithikums (Kebarien) in der Küstenebene von Israel nordwestlich der Stadt Hadera. Bedeutend durch Funde von mehreren kleinen Mörsern aus Stein, die zu den frühesten Zeugnissen der (Wild-)Getreidenutzung gehören (Ronen et al. 1975). Die Jagdbeute bestand vorwiegend aus Gazellen, Damhirschen, Wildrindern und Wildschweinen.
Datierung: vor 10000 v. Chr.

2 *Ain Mallaha:* Siedlungsplatz des Protoneolithikums (Natufien) im Huleh-Becken im nördlichen Israel. Zahlreiche Funde von großen Mörsern aus Stein sowie Klingen und andere Teile von Sicheln belegen eine intensive Getreidenutzung. Vorratsgruben und Hausbauten (Rundhäuser mit 2,5 bis 7 m Durchmesser) deuten auf eine (partielle?) Seßhaftigkeit. Fleischversorgung ausschließlich durch die Jagd (Gazelle, Damhirsch u. a.), aber bereits Hinweise auf Hundehaltung (Valla 1977).
Datierung: zwischen 9500 und 8500 v. Chr.

3 *Jericho – Tell Ain as-Sultan:* Unter den Ruinen des biblischen Jericho im Westbank-Territorium Jordaniens finden sich mehrere Meter von Ablagerungen aus der Zeit des Beginns von Ackerbau und Viehzucht. Zuunterst wurden Strukturen des Natufien (s. o.) gefunden; es folgen weitere protoneolithische Ablagerungen (»Protoneolithikum« und PPN-A), deren Industrie als Sultanien bezeichnet wird. In dieser Zeit erreichte Jericho bereits stadtartige Ausmaße und hatte eine Umfassungsmauer mit Rundturm. Neben indirekten Hinweisen auf die Getreidenutzung fanden sich hier die bisher frühesten direkten Belege für Gersten- und Weizenanbau (Hopf 1969). Die Fleischnahrung wurde in dieser Zeit noch durch die Jagd beschafft; überwiegende Beutetiere waren Gazellen, Wildrinder, Wildschweine und Wildziegen. Auf eine Siedlungsunterbrechung folgte dann eine Neubesiedlung des Platzes durch eine Bevölkerung mit andersartiger Architektur und Industrie (PPN-B bzw. Tahunien). Getreideanbau ist auch hier durch Körnerfunde belegt, Hülsenfrüchte treten hinzu. In dieser Schicht tauchen auch erstmals Reste von Hausziegen auf (Clutton-Brock 1979). Sie verdrängen die Gazelle als Hauptfleischlieferanten. Keramik wurde in dieser frühesten Phase des Neolithikums noch nicht verwendet (PPN = prepottery neolithic). Erst nach einer weiteren Siedlungsunterbrechung lagerten sich in Jericho Schichten des keramischen Neolithikums ab, von denen aus dann der Übergang in die Metallzeiten und die biblische Stadt Jericho erfolgte.
Datierung: Natufien vor 8500 v. Chr.; Sultanien zwischen 8500 und 7500 v. Chr.; Tahunien zwischen 7250 und 6500 v. Chr.; keramisches Neolithikum etwa ab 5500 v. Chr.

4 *Abu Hurreira:* Ruinenhügel am rechten Euphratufer im Gebiet des heutigen Tabqa-Staudammes in Syrien. An der Basis wurden Grubenstrukturen einer spätpaläolithisch/protoneolithischen Belegung des Platzes angetroffen. Darüber fanden sich insgesamt als präkeramisch-neolithisch bezeichnete Schichten mit Lehmarchitektur. Aus der älteren Phase liegen Funde von Wildgetreide vor, in den späteren Schichten fanden sich Reste von angebautem Getreide und Hülsenfrüchten. Die Haltung von Schaf und Ziege ist anscheinend nur in einem Teil der neolithischen Schichten belegt (Moore et al. 1975).
Datierung: erste Belegung vor 8500 v. Chr.; präkeramisches Neolithikum zwischen 7500 und 6000 v. Chr.

5 *Muraibit:* Ruinenhügel am linken Euphratufer im Gebiet des heutigen Tabqa-Staudammes in Syrien. In den tiefen Schichten Rundbauten mit natufien-artiger Industrie. In späteren Schichten gleicht die Industrie dem Sultanien von Jericho (s. o.); darüber finden sich auch noch tahunien-

artige Reste. Aus der ganzen Sequenz liegen zahlreiche Hinweise auf Getreidenutzung vor. Die bisher veröffentlichten Knochenfunde geben keine Anhaltspunkte für eine Haustierhaltung (Ducos 1978; van Zeist & Caspari 1968).
Datierung: zwischen 9000 und 7000 v. Chr.
6 *Çayönü:* Ruinenhügel in der Südost-Türkei im Quellgebiet des Tigris. Kennzeichen dieses präkeramischen Siedlungsplatzes ist eine komplexe Architektur. Bereits in den tiefsten Schichten fanden sich Hinweise auf Getreideanbau, erst aus den späteren Ablagerungen liegen Reste von Haustieren (Schaf, Ziege, Schwein) vor (Braidwood et al. 1974).
Datierung: zwischen 7500 und 6000 v. Chr.
7 *Zaw-e Chami Shanidar:* Freilandsiedlung mit Architekturresten am Großen Zab im nördlichen Irak. Mühlen und Sicheln belegen die Getreidenutzung (Solecki 1964). Hinweise auf eine Domestikation des Schafes halten einer Überprüfung nicht stand (Uerpmann 1979).
Datierung: zwischen 9000 und 8000 v. Chr.
8 *Ganj-Dareh:* Ruinenhügel im Zagrosgebirge in Südwest-Iran. In den tiefsten Schichten fanden sich Grubenstrukturen als Hinweise auf eine Vorratswirtschaft. Aus späteren Ablagerungen der präkeramischen Siedlung liegen verschiedene Belege für die Haltung von Ziegen vor, u. a. in Form von Hufabdrücken in Lehmziegeln (Hesse 1977).
Datierung: zwischen 8000 und 6500 v. Chr.
9 *Can Hasan III:* Ruinenhügel bei Karaman im Südosten des Konya-Beckens in der Türkei. Es handelt sich um einen präkeramischen Siedlungsplatz mit Lehmarchitektur von rechteckigem Grundriß. Reste von angebautem Getreide und Hülsenfrüchten fanden sich ebenso wie Knochen von Haustieren (Schaf, Ziege [?], Hinweise auf domestizierte Rinder) (French et al. 1972; Payne 1972).
Datierung: zwischen 7000 und 6250 v. Chr.
10 *Çatal Hüyük:* Ruinenhügel bei Çumra im Zentrum des Konya-Beckens in der Türkei. Die tiefsten Schichten wurden bisher nicht ausgegraben. Im ergrabenen Teil von Anfang an Belege für vielfältigen Pflanzenanbau und Haustierhaltung (Schaf, Ziege, später Rind). Demographisch untersuchte Bestattungen, die großen Bevölkerungsüberschuß erkennen lassen (Angel 1971). Im ergrabenen Teil von Anfang an Keramik, bedeutende Wandmalereien, Reliefs und andere Kulturzeugnisse (Mellaart 1967).
Datierung: ausgegrabene Schichten zwischen 6250 und 5500 v. Chr.
11 *Argissa Magula:* An der Basis dieses Ruinenhügels bei Larissa in Thessalien (Griechenland) fanden sich Schichten ohne Keramik, aber bereits mit Resten von Kulturpflanzen (Emmer, Einkorn, Gerste, Hirse, Linse) und Haustieren (Schaf, Schwein, Rind) (Milojčić et al. 1962).
Datierung: zwischen 6500 und 6000 v. Chr.

Die ersten Bauern (E. Sangmeister)

Liste zu den Fundstellen mit Bandkeramik-Inventar
(Einzelfunde und Horte ausgenommen)

Fundort Nr.	Fundort	Zahl der unter Fundort angegebenen Fundstellen		Fundstellen m. mehr als 20 Fundobjekten	Siedlung (Zahl der Gruben)	Grab		
		Siedlung	Grab			Hocker	gestr. S.	unsicher
I	*Alb-Donau-Kreis*							
1.	Bermaringen	1						
2.	Bollingen	2		1				
3.	Rammingen	1						
4.	Ringingen	1			x			
II	*Böblingen*							
5.	Aidlingen	1						
6.	Bondorf	1						
7.	Döffingen	1						
8.	Gebersheim	1						
9.	Gültstein	2						
10.	Höfingen	2		2	x			
11.	Leonberg	1		1	x			
12.	L.-Eltingen	4						
13.	Maichingen	1						
14.	Merklingen	1						
15.	Öschelbrunn	1						
16.	Perouse	1						
17.	Renningen	2						
18.	Rutesheim	1						
19.	Weil der Stadt	1						
III	*Breisgau – Hochschwarzwald*							
20.	Bischoffingen	4	~4	2	x			x
21.	Gündlingen	1						
22.	Ihringen	2						
23.	Mengen	2		1				
24.	Munzingen	1						
25.	Oberbergen	1						
26.	Oberrimsingen	1		1	x			
27.	Opfingen	2		2	x			
IV	*Emmendingen*							
28.	Denzlingen	3		3	x			
29.	Endingen	2						
30.	Forchheim	1						
31.	Jechtingen	1						
32.	Königschaffhausen		~7					x
33.	Leiselheim	3						
34.	Riegel	1						
35.	Teningen	1						
36.	Weisweil	1						
V	*Enzkreis*							
37.	Heimsheim	1						
38.	Illingen	1						
39.	Knittlingen	2						
40.	Mühlacker	1						

Fundort Nr.	Fundort	Zahl der unter Fundort angegebenen Fundstellen: Siedlung	Zahl der unter Fundort angegebenen Fundstellen: Grab	Fundstellen m. mehr als 20 Fundobjekten	Siedlung (Zahl der Gruben)	Grab: Hocker	Grab: gestr. S.	Grab: unsicher
VI	*Esslingen*							
41.	Aich	1						
42.	Altdorf	2						
43.	Berkheim	2						
44.	Bernhausen	1						
45.	Bonlanden	1						
46.	Denkendorf	1						
47.	Echterdingen	1						
48.	Freiberg	1						
49.	Hardt	1						
50.	Kemnat	2						
51.	Kirchheim-Ötlingen	1						
52.	Köngen	3						
53.	Neckarhausen	1						
54.	Neidlingen	1						
55.	Nellingen	1						
56.	Neuhausen	1						
57.	Nürtingen	5						
58.	Oberboihingen	5						
59.	Oberensingen	2		1	x			
60.	Plattenhardt	1						
61.	Ruit	2						
62.	Scharnhausen	1						
63.	Unterensingen	1						
64.	Wendlingen-Bodelshofen	2						
65.	Wendlingen-Unterboihingen	1						
66.	Wolfschlugen	1						
67.	Zizishausen	1						
VII	*Heidelberg*							
68.	Heidelberg	6	1		x			
69.	H.-Kirchheim	3						
70.	H.-Neuenheim	1						
71.	H.-Handschuhsheim	1						
72.	H.-Neuenheim/Dossenheim	1		1	x			
73.	H.-Rohrbach	1		1	x			
74.	H.-Schlierbach	1						
75.	H.-Wieblingen	2		1				
VIII	*Heidenheim*							
76.	Bissingen ob Lonetal	1						
77.	Herbrechtingen	2		1				
IX	*Heilbronn*							
78.	Heilbronn	7		1	x			
79.	H.-Böckingen	14		2	x			
80.	H.-Neckargartach	6						
81.	H.-Neckargartach-Neckarau	1						
82.	H.-Sontheim	3	2			x		
83.	Abstatt	2						
84.	Auenstein	5			x			
85.	Auenstein-Abstetter Hof	3			x			
86.	Bachenau	3						

Fundort Nr.	Fundort	Zahl der unter Fundort angegebenen Fundstellen		Fundstellen m. mehr als 20 Fundobjekten	Siedlung (Zahl der Gruben)	Grab		
		Siedlung	Grab			Hocker	gestr. S.	unsicher
87.	Bad Friedrichshall-Hagenbach	1						
88.	Bad Friedrichshall-Kochendorf	1						
89.	Bad Rappenau	1						
90.	Bad Wimpfen	3						
91.	Biberach	2						
92.	Bonfeld	1						
93.	Brackenheim	1						
94.	Brettach	2						
95.	Cleebronn	1						
96.	Cleversulzbach	1						
97.	Dahenfeld	1						
98.	Dürrenzimmern	2						
99.	Duttenberg	1						
100.	Ellhofen	1						
101.	Eppingen	1						
102.	Erlenbach-Binswangen	3						
103.	Flein	4						
104.	Frankenbach	8	1	1	x			x
105.	Gochsen	1						
106.	Grantschen	2						
107.	Großgartach	14	1	1	x	x		
108.	Güglingen	1						
109.	Gundelsheim	1						
110.	Hausen (Zaber)	6						
111.	Ilsfeld	4			x			
112.	Kirchhausen	3						
113.	Klingenberg	3						
114.	Kochertürn	3						
115.	Kochersteinsfeld	1						
116.	Lampoldshausen	1						
117.	Lauffen (Neckar)	11		1	x			
118.	Massenbach	3						
119.	Meimsheim	4						
120.	Möckmühl	1						
121.	Neckarsulm	2						
122.	Neuenstadt (Kocher)	8			x			
123.	Nordhausen	2						
124.	Nordheim	9			x			
125.	Obereisesheim	10			x			
126.	Obergriesheim	1						
127.	Oedheim	2						
128.	Offenau	3						
129.	Schluchtern	8			x			
130.	Schozach	1						
131.	Schwaigern	9		3	x			
132.	Stetten	3						
133.	Stockheim	1						
134.	Talheim	4						
135.	Untereisesheim	3						
136.	Untergruppenbach	2						
137.	Unterheinriet	1						

Fundort Nr.	Fundort	Zahl der unter Fundort angegebenen Fundstellen		Fundstellen m. mehr als 20 Fundobjekten	Siedlung (Zahl der Gruben)	Grab		
		Siedlung	Grab			Hocker	gestr. S.	unsicher
138.	Weinsberg	1						
139.	Willsbach	1						
X	*Hohenlohekreis*							
140.	Adolzfurt	1						
141.	Baumerlenbach	2						
142.	Bitzfeld	1						
143.	Bretzfeld	2						
144.	Dimbach	1						
145.	Eckartsweiler-Weinsbach	1						
146.	Öhringen	4						
147.	Rappach	1						
148.	Scheppach	1						
XI	*Karlsruhe*							
149.	Bretten	1		1	x			
150.	Obergrombach	1						
151.	Weingarten	1						
XII	*Konstanz*							
152.	Singen	2			x			
XIII	*Ludwigsburg*							
153.	Aldingen	4		1	x			
154.	Asperg	1						
155.	Benningen	2						
156.	Besigheim	1						
157.	Bietigheim	5		1	x			
158.	Bissingen (Enz)	3		2	x			
159.	Ditzingen	4		1	x			
160.	Ensingen	2						
161.	Erdmannshausen	3						
162.	Geisingen	3	2		x	2		
163.	Gerlingen	1						
164.	Großbottwar	4						
165.	Großsachsenheim	1						
166.	Hemmingen	3		1	x			
167.	Heutingsheim	4		1	x			
168.	Hochdorf	2						
169.	Höpfingheim	1						
170.	Hof u. Lembach	1						
171.	Hohenhaslach	1						
172.	Hohenstein	2	1	1	x	1		
173.	Horrheim	1						
174.	Kirchheim (Neckar)	2						
175.	Ludwigsburg	6		1	x			
176.	L.-Oßweil	4						
177.	Marbach (Neckar)	5						
178.	Markgröningen	4	9		x	6	1	x
179.	Münchingen	3		1	x			
180.	Mundelsheim	1						
181.	Murr	2	2	1	x	2		
182.	Neckarrems	1						
183.	Neckargröningen	2						

Fundort Nr.	Fundort	Zahl der unter Fundort angegebenen Fundstellen: Siedlung	Zahl der unter Fundort angegebenen Fundstellen: Grab	Fundstellen m. mehr als 20 Fundobjekten	Siedlung (Zahl der Gruben)	Grab: Hocker	Grab: gestr. S.	Grab: unsicher
184.	Oberriexingen	2						
185.	Pleidelsheim	2			x			
186.	Roßwag	1						
187.	Schöckingen	1	3	1	x			
188.	Schwieberdingen	6			x			
189.	Sersheim	1						
190.	Steinheim (Murr)	3						
191.	Tamm	1						
192.	Winzerhausen	3						
XIV	*Main-Tauber-Kreis*							
193.	Bernsfelden	1						
194.	Distelhausen	1						
195.	Waldmannshofen	3						
XV	*Mannheim*							
196.	M.- Feudenheim	5		1	x			
197.	M.-Friedrichsfeld	2	x					
198.	M.-Straßenheim-Seckenheim	2/1		1	x			
199.	M.-Vogelstang	4	1	2	x(>33)			x
XVI	*Nördlingen*							
200.	Baldingen	1						
201.	Balgheim	1						
202.	Ederheim	2						
203.	Fronhofen	1						
204.	Goldburghausen	2			x			
205.	Herkheim	2		xx	x(>20)			
206.	Heroldingen	2						
207.	Holheim	2						
208.	Hoppingen	1						
209.	Mönchsdeggingen	1			(1)x			
210.	Munzingen	2		x	(1)x			
211.	Nähermemmingen	x		xx	x			
212.	Nördlingen	2		x				
213.	Oberringingen	1			x			
214.	Reimlingen	1						
215.	Utzmemmingen	1			(Höhle)			
XVII	*Rems-Murr-Kreis*							
216.	Beinstein	4		1	x			
217.	Fellbach	1		1	x			
218.	Großheppach	1						
219.	Hartmannsweiler	1						
220.	Hegnach	1						
221.	Kleinaspach	1						
222.	Kleinheppach	1						
223.	Oeffingen	7	2	1	x			x
224.	Stetten (Remstal)	3						
225.	Weiler zum Stein	1						
226.	Waiblingen	3	>5		x	4	1	
227.	Winnenden	1						

Fundort Nr.	Fundort	Zahl der unter Fundort angegebenen Fundstellen		Fundstellen m. mehr als 20 Fundobjekten	Siedlung (Zahl der Gruben)	Grab		
		Siedlung	Grab			Hocker	gestr. S.	unsicher
XVIII	*Rhein-Neckar-Kreis*							
228.	Edingen	1						
229.	Heddesheim	1						
230.	Ladenburg	x						
231.	Reilingen	1						
XIX	*Rottweil*							
232.	Rottweil	1						
XX	*Schwäbisch-Hall*							
233.	Eltershofen	1						
234.	Schwäbisch-Hall	1						
235.	Sch.-H.-Hessental	3						
236.	Sch.-H.-Oberlimpurg	1						
237.	Tüngental	1						
238.	Weckrieden	2						
XXI	*Schwarzwald-Baar-Kreis*							
239.	Villingen-Schwenningen	2						
XXII	*Stuttgart*							
240.	S.-Bad Cannstatt	3	~9	1	x	x		
241.	S.-Degerloch	3		1	x(~14)			
242.	S.-Feuerbach	5		1	x			
243.	S.-Hofen	1						
244.	S.-Möhringen	5		1	x			
245.	S.-Mühlhausen	1						
246.	S.-Mühlhausen-Viesenhäus.-Hof	1	5	1	x	4	1	
247.	S.-Plieningen	2						
248.	S.-Weil im Dorf	5			x			
249.	S.-Zazenhausen	1						
250.	S.-Zuffenhausen	8	3	1	x(~8)	3		
XXIII	*Tübingen*							
251.	Dußlingen	1						
252.	Entringen	1						
253.	Immenhausen	1						
254.	Kusterdingen	1						
255.	Reusten	2			x			
256.	Rottenburg	2						
257.	Wolfenhausen	1						
XXIV	*Ulm*							
258.	Lehr	1		x				
XXV	*Waldshut*							
259.	Grießen	2		x	x			
260.	Luttingen	1						
261.	Säckingen	1						
XXVI	*Angrenzende Schweizer Fundorte: Schweiz – Baselland*							
262.	Bottmingen	1						

Fundort Nr.	Fundort	Zahl der unter Fundort angegebenen Fundstellen		Fundstellen m. mehr als 20 Fundobjekten	Siedlung (Zahl der Gruben)	Grab		
		Siedlung	Grab			Hocker	gestr. S.	unsicher
XXVII	*Angrenzende elsässische Fundorte: Elsaß – Colmar*							
263.	Colmar	2						
264.	Wettolsheim	1	>6	x	x	6		
XXVIII	*Erstein*							
265.	Erstein	2						
266.	Entzheim	2	>9	x	x	2	4	2
267.	Holtzheim	1						
268.	Kertzfeld	2						
269.	Krautergersheim	1						
270.	Lingolsheim	2	8		x	3		6
271.	Nordhouse	1						
XXIX	*Guebwiller*							
272.	Niederhergheim	1						
273.	Rouffach	1						
274.	Merxheim	2	1	x	x			1
XXX	*Molsheim*							
275.	Dachstein	2		x	x(30)			
276.	Marlenheim	1						
XXXI	*Mulhouse*							
277.	Ensisheim	?	?	x	x			x
278.	Ranzwiller/Steinbrunn	1						
279.	Rixheim	1	>19		x	9		6
XXXII	*Sélestat*							
280.	Barr	1						
XXXIII	*Strasbourg*							
281.	Achenheim	1						
282.	Bilwilsheim	4			x(12)			
283.	Dingsheim		3					3
284.	Eckbolsheim	2						
285.	Furdenheim	2						
286.	Hangenbieten	1						
287.	Hoenheim/Souffelweyersheim	7	51	x	x(>14)	22	8	22
288.	Hurtigheim	1			x(~7)			
289.	Ittenheim	1						
290.	Lampertheim	3		x	x(~30)			
291.	Mundolsheim-Hausbergen	3	1	x	x	x		
292.	Oberhausbergen	3			x(~30)			
293.	Oberschaeffolsheim		1			1		
294.	Pfettisheim	1						
295.	Pfuhlgriesheim	2	1		x			x
296.	Quatzenheim	2	13		x	1	8	6
297.	Reichstett	1						
298.	Schiltigheim	2						
299.	Souffelweyersheim	1						
300.	Strasbourg-Cronenburg	?			?			
301.	S.-Koenigshoffen	1						
302.	S.-Schiltigmatt	1						
303.	Stutzheim	2			x			
304.	Wittenheim-Schoenensteinbach		1			1		

Literatur

Allgemeine und übergreifende Literatur

Adam, K. D.: Die »Artefakte des Homo steinheimensis« als Belege urgeschichtlichen Irrens. Stuttgarter Beiträge zur Naturkunde, Serie B, 3: 1–99. Stuttgart 1974

–: Quartärforschung am Staatlichen Museum für Naturkunde in Stuttgart. Stuttgarter Beiträge z. Naturkunde 167, 1966

Berckhemer, F.: Ein Menschenschädel aus den diluvialen Schottern von Steinheim a. d. Murr. Anthropologischer Anzeiger 10, 1933

Bertsch, K. und F. Bertsch: Geschichte unserer Kulturpflanzen. Stuttgart 1947

Bleich, K. E.: Das Alter des Albtraufs. Jahreshefte des Vereins für vaterländische Naturkunde in Württ. 115, 1960

Boenigk, W., D. Heye und K. Brunnacker: Zur Interpretation paläomagnetischer Daten in Quartär-Sedimenten. Sonderveröffentlichung Geol. Inst. Univ. Köln. 33, 9–19, 1979

Bosinski, G.: Die mittelpaläolithischen Funde im westlichen Mitteleuropa. Köln 1967

Branco, W.: Die menschenähnlichen Zähne aus dem Bohnerz der Schwäbischen Alb. Jahrbuch des Vereins für vaterländische Naturkunde in Württemberg 54, 1898

Brunnacker, K.: Regionale Bodendifferenzierungen während der Würmeiszeit. Eiszeitalter und Gegenwart 7, 1956

Brunnacker, K. et al.: Der Übergang vom Pleistozän zum Holozän in der Burghöhle von Dietfurt bei Sigmaringen. Kölner Jahrbuch für Vor- und Frühgeschichte 15, 1981

Brunnacker, K., W. Boenigk, A. Koči und W. Tillmann: Die Matuyame/Brunhes-Grenze am Rhein und an der Donau. Neues Jahrbuch für Geologie und Paläontologie. Abhandlungen 151, H. 3. S. 358–368, Stuttgart 1976

Clarke, D.: Mesolithic Europe. The economic basis. London 1978

Dansgaard, W. und H. Tauber: Glacier Oxygen-18 Content and Pleistocene Ocean Temperatures. Science 166, 1969

Dongus, H.: Die Oberflächenformen der Schwäbischen Alb und ihres Vorlandes. Marburger geographische Schriften, H. 79, 1977

Frenzel, B.: Die Klimaschwankungen des Eiszeitalters. Die Wissenschaft 129, Braunschweig 1967

–: Grundzüge der pleistozänen Vegetationsgeschichte Nord-Eurasiens. Erdwissenschaftl. Forschung 1, Wiesbaden 1968

Gamble, C.: Hunting Strategies in the Central European Palaeolithic. Proceedings of the Prehistorical Society 45, 1979

Gersbach, E.: Urgeschichte des Hochrheins (Funde und Fundstellen in den Landkreisen Säckingen und Waldshut). Badische Fundberichte, Sonderheft 11, 1969

Hahn, J.: Eine jungpleistozäne Elfenbeinplastik aus dem Hohlenstein-Stadel. Fundberichte aus Schwaben, NF 19, 1971

–: Kölner Jahrbuch 15, 1975–1977

–: Fundberichte aus Baden-Württemberg 6, 1981

–: Aurignacien, das ältere Jungpaläolithikum. Köln–Graz 1977

Hahn, J. und W. von Koenigswald: Die steinzeitlichen Funde und die spätglaziale Nagetierschicht im Lonetal. Fundberichte aus Baden-Württemberg 3, Stuttgart 1977
Hahn, J., W. von Koenigswald, E. Wagner und W. Wille: Das Geißenklösterle bei Blaubeuren, Alb-Donau-Kreis. Eine Altsteinzeitliche Höhlenstation der Mittleren Alb. Fundberichte aus Baden-Württemberg 3, Stuttgart 1977
Hantke, R.: Eiszeitalter Bd. 1, Die jüngste Erdgeschichte der Schweiz und ihrer Nachbargebiete. Thun 1978
Heller, F.: Die Kleinsäugerreste aus dem Travertin des Biedermannschen Steinbruchs von Untertürkheim-Bad Cannstatt. Jahreshefte des Vereins für vaterländische Naturkunde in Württemberg 90, 1934
Jochim, M. A.: Hunter-gatherer subsistence and settlement. New York 1976
Kahlke, H. D.: Das Eiszeitalter. Leipzig 1981
–: The macro-faunas of continental Europe during the middle Pleistocene: stratigraphic sequence and problems of intercorrelation. Burg Wartenstein Symposium 58, 1973
Kind, C.-J. und W. G. Torke: Vorbericht über die Grabungen 1975–1980 in dem Abri »Felsställe« in Mühlen bei Ehingen, Alb-Donau-Kreis. Archäologisches Korrespondenzblatt 10, 1980
Koenigswald, W. von und W. Taute: Mensch und Fauna unter dem Einfluß des Klimawechsels an der Grenze vom Pleistozän zum Holozän. Nachrichten der Deutschen Geologischen Gesellschaft 9, 1974
–: Zwei bedeutende Quartärprofile in der Burghöhle von Dietfurt bei Sigmaringen an der Donau. Neues Jahrbuch der Geologie und Paläontologie, Mh., 1979, S. 216–236
Koken, E.: Die Geologie und Tierwelt der paläolithischen Kulturstätten Deutschlands. In: R. R. Schmidt, Die diluviale Vorzeit Deutschlands 1912
Kozlowski, S. K. (Hrsg.): The Mesolithic in Europe. Warschau 1973
Laatsch, W.: Dynamik der mitteleuropäischen Mineralböden, 4. Aufl., Dresden 1957
Langer, H.: Beiträge zur Kenntnis der Waldgeschichte und Waldgesellschaften Süddeutschlands. 14. Ber. Naturforsch. Ges. Augsburg, 73, 1962
Lehmann, U.: Die Fauna. In: R. Wetzel und G. Bosinski, Die Bocksteinschmiede im Lonetal. Veröffentlichungen des Staatlichen Amts für Denkmalpflege, Stuttgart, Reihe A 15, Stuttgart 1969
–: Die Fauna des »Vogelherdes« bei Stetten ob Lontal (Württemberg). Neues Jahrbuch für Geologie und Paläontologie. Abhandlungen 99, Stuttgart 1954
Löscher, K.: Die präwürmzeitlichen Schotterablagerungen in der nördlichen Iller-Lech-Platte. Heidelberger Geographische Arbeiten, H. 45, 1976
Müller-Beck, H.: Die Stratigraphie des süddeutschen Jungpleistozäns. Jschr. für mitteldt. Vorgeschichte 53, 1969
–: Das Obere Altpaläolithikum in Süddeutschland I. Hamburg 1956
Otte, M.: Le Gravettien en Europe centrale. Brugge 1981
Paul, H. und S. Ruoff: Pollenstatistische und stratigraphische Mooruntersuchungen im südlichen Bayern. I. Moore im außeralpinen Gebiet der diluvialen Salzach-, Chiemsee- und Inngletscher. Ber. Bayer. Bot. Ges. 19, 1927
–: Pollenstatistische und stratigraphische Mooruntersuchungen im südlichen Bayern. II. Moore in den Gebieten der Isar-, Allgäu- und Rheinvorlandgletscher. Ber. Bayer. Bot. Ges. 20, 1932
Penck, A. und E. Brückner: Die Alpen im Eiszeitalter. I. Die Eiszeiten in den nördlichen Ostalpen. Leipzig 1909. II. Die Eiszeiten in den nördlichen Westalpen. Leipzig 1909
–: Die Alpen im Eiszeitalter. München 1901–1909
Peters, E.: Die altsteinzeitlichen Kulturen von Veringenstadt (Hohenzollern). Prähistorische Zeitschrift 27, 1936
Riek, G.: Die Eiszeitjägerstation am Vogelherd. Tübingen 1934
–: Drei jungpaläolithische Stationen am Brückersberg in Giengen a. d. Brenz. Veröffentlichungen des Staatlichen Amts für Denkmalpflege, Stuttgart, Reihe A, H. 2, 1957
Schädel, K. und J. Werner: Neue Gesichtspunkte zur Stratigraphie des mittleren und älteren Pleistozäns im Rheingletschergebiet. Eiszeitalter und Gegenwart 14, 1963
Schmidt, R. R.: Die diluviale Vorzeit Deutschlands. Stuttgart 1912
Schönhels, E.: Spät- und nacheiszeitliche Entwicklungsstadien von Böden aus äolischen Sedimenten in Westdeutschland. Proceedings of the 7th International Congress of Soil Science, Madison/USA
–: Das Paläolithikum der Brillenhöhle bei Blaubeuren. Forschungen und Berichte aus Baden-Württemberg 4/I und II, Stuttgart 1973

Schoetensack, W.: Der Unterkiefer des Homo heidelbergensis aus den Sanden von Mauer bei Heidelberg. Leipzig 1908
Semmel, A.: Grundzüge der Bodengeographie. Stuttgart 1977
Soergel, W.: Das geologische Alter des Homo heidelbergensis. Paläontologische Zeitschrift, H. 1, Berlin 1928
Taute, W.: Grabungen zur mittleren Steinzeit in Höhlen und unter Felsdächern der Schwäbischen Alb 1961–1965. Fundberichte aus Schwaben NF 18, 1967
–: Neue Forschungen zur Chronologie von Spätpaläolithikum und Mesolithikum in Süddeutschland. Archäologische Informationen 2–3, 1973–1974, 59 ff.
Taute, W. (Hrsg.): Das Mesolithikum in Süddeutschland. Teil 2: Naturwissenschaftliche Untersuchungen. Tübingen 1980
Wagner, G.: Junge Krustenbewegungen im Landschaftsbilde Südwestdeutschlands. Öhringen 1929
–: Einführung in die Erd- und Landschaftsgeschichte. 3. Aufl., Öhringen 1960
Wagner, G. und A. Koch: Raumbilder zur Erd- und Landschaftsgeschichte Südwestdeutschlands. Das Bild in Forschung und Lehre. Baden-Württemberg Bd. 2 o. J.
Welten, M.: Verdrängung und Vernichtung der anspruchsvollen Gehölze am Beginn der letzten Eiszeit und die Korrelation der Frühwürm-Interstadiale in Mittel- und Nordeuropa. Eiszeitalter und Gegenwart 31, 1981
Wetzel, R.: Datierungsfragen am Bockstein. Eiszeitalter und Gegenwart 8, 1957
–: Das Törle an der alten Bocksteinhöhle. Mitteilungen des Vereins für Naturwissenschaft und Mathematik Ulm 24, 1954
Wetzel, R. und G. Bosinski: Die Bocksteinschmiede im Lonetal. Stuttgart 1969

Ergänzende Literatur zu den naturwissenschaftlichen Beiträgen und dem Fundstellenverzeichnis (vgl. auch allgemeine und übergreifende Literatur)

Die Paläogeographie des Eiszeitalters (H. Graul)

Eichler, H.: Die pleistozänen Hangsedimente des Odenwaldrandes südlich Heidelberg. Heidelberger Geographische Arbeiten 40 (Festschrift Graul), 1974, S. 147–166
Geiger, M.: Die pleistozäne Hangabtragung im Heidelberger Buntsandstein-Odenwald. Heidelberger Geographische Arbeiten 38, 1973, Sammlung quartärmorphologischer Studien I, S. 179–250
Graul, H.: Führer zur zweitägigen Exkursion im nördlichen Rheingletschervorland August 1968. Heidelberger Geographische Arbeiten 10, 1968
–: Zur Abtragung und Einschneidung im Bergsträsser und Kleinen Odenwald. Geographische Zeitschrift 64, H. 2, 1976, S. 138–144
–: Exkursionsführer zur Oberflächenformung des Odenwaldes. Heidelberger Geographische Arbeiten 50, 1977
Lehmann, U.: Eine Villafranchiano-Fauna von der Erpfinger Bären-Höhle (Schwäbische Alb). Neues Jahrbuch für Geologie und Paläontologie, Mh. 1953, S. 437–464
Lemcke, K., W. v. Engelhardt u. H. Füchtbauer: Geologische und sedimentpetrographische Untersuchungen im West-Teil der ungefalteten Molasse des süddeutschen Alpenvorlandes. Beiheft zum Geologischen Jahrbuch 11, Hannover 1953
Wolff, W.: Periglazialerscheinungen auf der Albhochfläche. Ms. Geographisches Institut der Universität Tübingen 1962 (später gedruckt)

Zeese, R.: Die Talentwicklung von Kocher und Jagst im Keuperbergland. Tübinger Geographische Studien 49, 1972
–: Die Reliefgenerationen im Keuperbergland Nordost-Württembergs. In: Geomorphologische Untersuchungen im Württembergischen Keuperland, Tübinger Geographische Studien 6, 1971, S. 41–57
–: Die Flußgeschichte von Kocher und Jagst. Württembergisches Franken, Jahrbuch 1976, S. 183
Zienert, A.: Die Würm-Vereisung und ihre Rückzugsstadien im Westteil des Hochschwarzwaldes (Teilrevision). Zeitschrift für Geomorphologie, NF 17, 1973, S. 359–366

Geschichte der eiszeitlichen Böden (K. E. Bleich)

Alaily, F.: Entstehung von Decklehmen auf Lias α-Schichtflächen in SW-Deutschland und deren Veränderung durch Bodenbildung. Diss. Hohenheim 1972
Bleich, K. E.: Soil and Landscape Development in the Region of Umingmak. In: Excavations at Umingmak on Banks Island, N.W.T., 1970 and 1973, Preliminary Report. Urgeschichtliche Materialhefte 1, Tübingen 1977, S. 112–131
–: Bodengesellschaften Südwestdeutschlands und ihre Stellung in der Landschaftsgeschichte (in Vorbereitung)
– u. P. Groschopf: Periglazialbildungen am Fuße der Schwäbischen Alb bei Bad Überkingen. Jahresberichte und Mitteilungen des Oberrheinischen Geologischen Vereins, NF 41, 1959, S. 95–102
– u. K. Stahr: Ein Eisenbändchen (thin-ironpan) in der Bodengesellschaft der mittleren Arktis Canadas. Eiszeitalter und Gegenwart 28, 1978, S. 179–188
Bloos, G.: Zur Geologie des Quartärs bei Steinheim a. d. Murr (Baden-Württemberg). Jahresberichte und Mitteilungen des Oberrheinischen Geologischen Vereins, NF 59, 1977, S. 215–246
Blume, H.-P.: Stauwasserböden. Arbeiten der Universität Hohenheim 42, 1968
Bronger, A.: Löße, ihre Verbraunungszonen und fossilen Böden. Ein Beitrag zur Stratigraphie des oberen Pleistozäns in Südbaden. Schriften des Geographischen Instituts der Universität Kiel 14, H. 2, 1966 (a)
–: Zur Klimageschichte des Quartärs von Südbaden auf bodengeographischer Grundlage. Petermanns Geographische Mitteilungen 113, 1969, S. 112–124
–: Zur Mikromorphogenese und zum Tonmineralbestand quartärer Lößböden in Südbaden. Geoderma 3, 1969/70, S. 281–320
–, H. Graf von Reichenbach u. D. Schroeder: Über den Tonmineralbestand des Lößprofils von Heitersheim, Südbaden. Zeitschrift für Pflanzenernährung, Düngung und Bodenkunde 113, 1966 (b), S. 193–203
Brunnacker, K.: Bemerkungen zur Parabraunerde. Geologisches Jahrbuch 76, 1959, S. 561–576
–: Pleistozäne Böden im nördlichen Oberschwaben (S. 255–259), in H. Graul: Eine Revision der pleistozänen Stratigraphie des schwäbischen Alpenvorlandes. Petermanns Geographische Mitteilungen 106, H. 4, 1962, S. 253–271
–: Kriterien zur relativen Datierung quartärer Paläoböden? Zeitschrift für Geomorphologie, NF 14, 1970, S. 354–360
Dreimanis, A. u. U. J. Vagners: Lithologic Relation of Till to Bedrock, Quaternary Geology and Climate. National Academy of Sciences Publications 1701, London/Ontario 1966, S. 93–98
Duchaufour, P.: Atlas écologique des sols du monde. Paris 1976
Eissele, K.: Beiträge zum Schwarzerde-Problem im Fellbach-Schmidener Feld. Jahreshefte des Geologischen Landesamtes Baden-Württemberg 1, 1955, S. 478–486
Fezer, F.: Tiefenverwitterung circumalpiner Pleistozänschotter. Heidelberger Geographische Arbeiten 24, 1969
Freising, H.: Neue Ergebnisse der Lößforschung im nördlichen Württemberg. Jahreshefte der Geologischen Abteilung des Württembergischen Statistischen Landesamtes 1, 1951, S. 54–59
–: Die Deckschichten der eiszeitlichen Flußkiese von Steinheim a. d. Murr (Landkreis Ludwigsburg). Jahreshefte der Geologischen Abteilung des Württembergischen Statistischen Landesamtes 2, 1952, S. 66–72

–: Neue Altsteinzeitfunde aus Nordwürttemberg und ihr erdgeschichtliches Alter. Fundberichte aus Schwaben, NF 14, 1957, S. 7–27

Göttlich, K. H. u. J. Werner: Ein Pleistozänprofil im östlichen Rheingletschergebiet. Neues Jahrbuch der Geologie und Paläontologie, Mh. 4, 1967, S. 202–216

Graul, H. et al.: Beiträge zu den Exkursionen anläßlich der DEUQUA-Tagung 1968 in Biberach a. d. Riß. Heidelberger Geologische Arbeiten 20, 1968

Guenther, E. W.: Feinstratigraphische Untersuchung eines Lößprofils von Riegel a. Kaiserstuhl. Neues Jahrbuch der Geologie und Paläontologie, Mh. 9, 1953, S. 369–385

–: Feinstratigraphische Untersuchung eines Lößprofils von Murr. Eiszeitalter und Gegenwart 4/5, 1954, S. 147–157

– u. F. Tidelski: Fauna und Flora im Pleistozänprofil von Murg b. Säckingen und ihre Aussage zur Altersdatierung. Eiszeitalter und Gegenwart 15, 1964, S. 164–180

Hädrich, F.: Zur Anwendbarkeit einiger bodenkundlicher Untersuchungsmethoden in der paläopedologischen und quartärgeologischen Forschung unter besonderer Berücksichtigung der Untersuchung von Proben an Lößaufschlüssen. Berichte der Naturforschenden Gesellschaft zu Freiburg 60, 1970, S. 103–137

–: Zur Methodik der Lößdifferenzierung auf der Grundlage der Carbonatverteilung. Eiszeitalter und Gegenwart 26, 1975, S. 95–117

Hahn, J., W. von Koenigswald u. E. Wagner: Ausgrabungen des Geißenklösterles b. Blaubeuren (S. 474–476), in: Die klimatische Veränderung des terrestrischen Lebensraums und ihre Rückwirkung auf den Menschen. Zentralblatt für Geologie und Paläontologie, Teil II, H. 5/6, 1976

Hemme, H.: Die Stellung der »lessivierten« Terra fusca in der Bodengesellschaft der Schwäbischen Alb. Diss. Hohenheim 1970

Khodary Eissa, O.: Feinstratigraphische und pedologische Untersuchungen an Lößaufschlüssen im Kaiserstuhl (Südbaden). Freiburger Bodenkundliche Abhandlungen 2, 1968

MacNamara, E. E.: Active Layer Development and Soil Moisture Dynamics in Enderby Land, East-Antarctica. Soil Science 108, 1969, S. 345–349

Moll, W.: Beiträge zur Genese und systematischen Stellung rubefizierter Parabraunerden aus alpinen Schottern und Geschieben. Freiburger Bodenkundliche Abhandlungen 3, 1970

Müller, S.: Schwarzerdrelikte in Stuttgarts Umgebung. Jahreshefte der Geologischen Abteilung des Württembergischen Statistischen Landesamtes 1, 1951, S. 79–90

Rohdenburg, H. u. B. Meyer: Zur Feinstratigraphie und Paläopedologie des Jungpleistozäns nach Untersuchungen an südniedersächsischen und nordhessischen Lößprofilen. Mitteilungen der Deutschen Bodenkundlichen Gesellschaft 5, 1966, S. 1–137

Schmid, E.: Der Löß. In: Erläuterungen zur Geologischen Exkursionskarte des Kaiserstuhls. Freiburg 1959, S. 68–77

Schnarrenberger, K.: Erläuterungen zur Geologischen Spezialkarte des Großherzogtums Baden, Bl. Eppingen (1903), Weingarten (1907) und Königsbach. Heidelberg 1914

Schönhals, E., H. Rohdenburg u. A. Semmel: Ergebnisse neuerer Untersuchungen zur Würmlöß-Gliederung in Hessen. Eiszeitalter und Gegenwart 15, 1964, S. 199–206

Stahr, A.: Fossile Bodenbildungen auf den Fildern bei Stuttgart. Unveröffentl. Diplomarbeit. Stuttgart 1968

Tedrow, J. C. F.: Soils of the Polar Landscapes. New Brunswick 1977

– u. L. A. Douglas: Soil Investigations on Banks Island. Soil Science 98, 1964, S. 53–65

Werner, J.: Zur Kenntnis der Braunen Karbonatböden (T. fusca) auf der Schwäbischen Alb. Arbeiten des Geologisch-Paläontologischen Instituts der TH Stuttgart, NF 16, 1958

–: Grundzüge einer regionalen Bodenkunde des südwestdeutschen Alpenvorlandes. Schriftenreihe der Landesforstverwaltung Baden-Württemberg 17, 1964

–: Über die Zeit zwischen Riß- und Würmglazial, insbesondere im deutschen Rheingletschergebiet. Heidelberger Geographische Arbeiten 40, 1974, S. 121–130

Zürl, K.: Verbreitung, Gliederung und Altersstellung der Löße und Lehme auf den Fildern bei Stuttgart. Jahreshefte des Vereins für Vaterländische Naturkunde in Württemberg 113, 1958, S. 113–120

Die Vegetationsgeschichte Süddeutschlands im Eiszeitalter (B. Frenzel)

(Literatur im Fundstellenverzeichnis nach Nummern)

(1) Andersen, S. Th.: Interglacial Plant Successions in the Light of Environmental Changes. Report VI INQUA-Congress. Warsaw, *2,* 1964, 359–367. (2) –: The Relative Pollen Productivity and Pollen Representation of North European Trees and Correction Factors for the Tree Pollen Spectra. Danmarks Geol. Undersøg., II. raekke, Nr. 96, Kopenh. 1970. (3) Averdieck, F. R.: Die Vegetationsentwicklung des Eem-Interglazials und der Frühwürm-Interstadiale von Odderade/Schleswig-Holstein. Fundamenta, Reihe B., *2,* 1967, 1–321.

(4) Bastin, B.: La chronostratigraphie du Würm en Belgique, à la lumière de la palynologie des loess et limons. Ann. Soc. Géol. de Belgique, *93,* 1970, 545–580. (5) Beaulieu, J. L. de, J. Evin, P. Mandier, G. Montjuvent, M. Reillee Les Echets: Un marais capital pour l'histoire climatique du quaternaire rhodanien. Mém. du Mus. d'Hist. Natur., sér. B, *27,* 1980, 123–136. (6) Becker, B.: Dendrochronological Observations on the Postglacial River Aggradation in the Southern Part of Central Europe. Biuletyn Geologicz *19,* 1975, 127–136. (7) –: Dendrochronologie subfossiler Baumstämme aus Flußschottern, Hochmooren und Waldgrenzstandorten. Allgem. Forstzeitschr., *49,* 1979, 1360–1364. (8) Becker, B. und B. Frenzel: Paläoökologische Befunde zur Geschichte postglazialer Flußauen im südlichen Mitteleuropa. In: Frenzel, B. (Hrsg.), Dendrochronologie und postglaziale Klimaschwankungen in Europa (s. d.), 1977, 43–61. (9) Becker, B. und W. Schirmer: Palaeoecological Study on the Holocene Valley Development of the River Main, Southern Germany. Boreas, *6,* 1977, 303–321. (10) Bertsch, A.: Untersuchungen zur spätglazialen Vegetationsgeschichte Südwestdeutschlands (Mittleres Oberschwaben und westliches Bodenseegebiet), Flora, *151,* 1961, 243–280. (11) Bertsch, F.: Eine neue Interglazialflora aus Süddeutschland. Beih. Bot. Centralbl., *49,* II, 1932, 669–676. (12) Bertsch, K.: Die diluviale Flora des Cannstatter Sauerwasserkalkes. Zs. f. Bot., *19,* 1926/27, 641–659. (13) Beug, H. J.: Die spätglaziale und frühpostglaziale Vegetationsgeschichte im Gebiet des ehemaligen Rosenheimer Sees (Oberbayern). Bot. Jahrb. Syst., *95,* 1976, 373–400. (14) Beug, H. J.: Vegetationsgeschichtlich-pollenanalytische Untersuchungen am Riß/Würm-Interglazial von Eurach am Starnberger See/Obb. Geolog. Bavarica, *80,* 1979, 91–106. (15) Bobek, M.: Pollenanalytische Untersuchungen eines Bohrprofiles aus dem Leckermoor bei Göstling (Niederösterreich). Linzer biol. Beitr., *9*/2, 1978, 259–269. (16) Bobek, M. und R. Schmidt: Pollenanalytische Untersuchungen von Seebohrkernen des nordwestlichen Salzkammergutes und des Alpenvorlandes. Ein Beitrag zur spätglazialen bis mittelpostglazialen Vegetations- und Klimageschichte. Linzer biol. Beitr., *7*/1, 1975, 5–34. (17) –: Zur spät- bis mittelpostglazialen Vegetationsgeschichte des nordwestlichen Salzkammergutes und Alpenvorlandes (Österreich). Mit Berücksichtigung der *Pinus*-Arten. Linzer biol. Beitr., *8*/1, 1976, 95–133. (18) Bortenschlager, I.: Beiträge zur Vegetationsgeschichte Tirols II: Kufstein-Kitzbühel-Paß Thurn. Ber. nat.-med. Verein Innsbruck, *63,* 1976, 105–137. (19) Bortenschlager, S.: Pollenanalytische Untersuchung des Seemooses im Lungau (Salzburg). Verhandl. Zool.-Bot. Ges. Wien, *107,* 1967, 57–74. (20) –: Beiträge zur Vegetationsgeschichte Tirols. I. Inneres Ötztal, Unterinntal. Wiss. Alpenverein, *26,* 1976. (21) –: Alpine Late- und Postglacial. In: Vaškovský, J. (Hrsg.): Proc. of the Working Sess. Comm. Holocene INQUA, Geologický, Ústav Dionýza Štúra, Bratislava, 1977, 123–128. (22) Brande, A.: Vegetationsgeschichtliche und pollenstratigraphische Untersuchungen zum Paläolithikum von Mauern und Meilenhofen (Fränkische Alb). Quartär, *26,* 1975, 73–106. (23) Brown, A. P.: Late-Devensian and Flandrian Vegetational History of Bodmin Moor, Cornwall. Phil. Trans. Roy. Soc. London. *B 276,* 1977, 251–320. (24) Bruns, M., K. O. Münnich und B. Becker: Natural Radiocarbon Variations from AD 200 to 800. Radiocarbon, *22,* 1980, 273–277. (25) Burger, D.: Results of a Pollenanalytic Investigation in the Untersee Near Lunz in Austria. Geol. en Mijnb., *43,* 1964, 94–102.

(26) Climap Project Members: The Surface of the Ice-Age Earth. Science, *191,* 1976, 1131–1137. (27) Coope, G. R.: Quaternary Coleoptera as Aids in the Interpretation of Environmental History. In: Shotton, F. W. (edit.): British Quaternary Studies. Recent Advances. Oxford, Clarendon, 1977, 55–68. (28) Coope, G. R. und W. Pennington: The Windermere Interstadial of the Late Devensian. Philos. Trans. Roy. Soc. London, B *280,* 1977, 337–339. (29) Craig, A. J.: Pollen Percentage and Influx Analysis in South-East Ireland: A Contribution to the Ecological History of the Late-Glacial Period. J. of Ecology, *66,* 1978, 297–324.

(30) Delfs, J., W. Friedrich, H. Kiesekamp und A. Wagenhoff: Der Einfluß des Waldes und des

Kahlschlages auf den Abflußvorgang, den Wasserhaushalt und den Bodenabtrag. Aus dem Walde, H. 3, 1958.

(31) Engler, A.: Untersuchungen über den Einfluß des Waldes auf den Stand der Gewässer. Mitt. Schweiz. Zentralanst. f. d. Forstl. Versuchswesen, *12,* 1919. (32) Evenari, M., E. D. Schulze, O. L. Lange, L. Kappen und U. Buschborn: Plant Production in Arid and Semi-Arid Areas. In: Lange, O. L., L. Kappen, E. D. Schulze (Hrsg.): Ecological Studies. Analysis and Synthesis, *10,* Heidelberg, 1976, 439–451.

(33) Faegri, K. und J. Iversen: Textbook of Pollen Analysis. 3. edit., Munksgaard, Copenhagen 1975. (34) Falkowski, E.: Variability of Channel Processes of Lowland Rivers in Poland and Changes of the Valley Floors during the Holocene. Biuletyn Geolog. *19,* 1975, 45–78. (35) Filzer, P.: Pollenanalytische Ergebnisse der Bohrung Ur-Federsee 2. In: German, R., J. Borneff, K. Brunnacker, R. Dehm, P. Filzer, W. Küss, H. Kunte, G. Müller, W. Witt, V. Ložek, K. Staesche: Ergebnisse der wissenschaftlichen Kernbohrung Ur-Federsee 2. Oberrhein. Geol. Abh., *16,* 1967a, 67–86. (36) Filzer, P.: Das Interglazial Riß-Würm vom Pfefferbichl bei Buching im Allgäu. Vorzeit, *1967,* 1967b, 3–18. (37) Filzer, P. und L. Scheuenpflug: Ein frühpleistozänes Pollenprofil aus dem nördlichen Alpenvorland. Eiszeitalter Gegenwart, *21,* 1970, 22–32. (38) Fink, J. und G. J. Kukla: Pleistocene Climates in Central Europe: At Least 17 Interglacials After the Olduvai Event. Quatern. Res., *7,* 1977, 363–371. (39) Firbas, F.: Zur Waldentwicklung im Interglazial von Schladming an der Enns. Beih. Bot. Centralbl., *41* B, 1924, 295–310. (40) –: Beiträge zur Kenntnis der Schieferkohlen des Inntals und der interglazialen Waldgeschichte der Ostalpen. Zs. f. Gletscherkde., *15,* 1926/27, 261–277. –: Spät- und nacheiszeitliche Waldgeschichte Mitteleuropas nördlich der Alpen. I. Allgemeine Waldgeschichte, Jena, 1949, 480 S. II. Waldgeschichte der einzelnen Landschaften. Jena, 1952, 256 S. (41) –: Die quartäre Vegetationsentwicklung zwischen den Alpen und der Nord- und Ostsee. Erdkunde, *5,* 1951, 6–15. (42) –: Über das *Fagus*-Vorkommen im »Interglazial« von Wasserburg am Inn (Oberbayern). Veröff. Geobot. Inst. Rübel, Zürich, *33,* 1958, 81–90. (43) Freising, H., und P. Filzer: Ein pollenführendes Interglazialvorkommen aus dem Neckarbecken bei Leutenbach, Lkr. Waiblingen. Jh. Ges. Naturkde. Württemberg, *133,* 1978, 88–107. (44) Frenzel, B.: Zur Pollenanalyse von Lössen. Untersuchungen der Lößprofile von Oberfellabrunn und Stillfried (Niederösterreich). Eiszeitalter Gegenwart, *15,* 1964a, 5–39. (45) –: Über die offene Vegetation der Letzten Eiszeit am Ostrande der Alpen. Verh. Zoo.-Bot. Ges. Wien, *103/104,* 1964b, 110–143. (46) –: On the Pleistocene Vegetation History. Eiszeitalter Gegenwart, *23/24,* 1973, 321–332. (47) –:The Distribution Pattern of Holocene Climatic Change in the Northern Hemisphere. Proc. WMO/IAMAP Symposium on Long-Term Climatic Fluctuations, Norwich 18–23 August 1975, Genf 1975, 105–118. (48) –: Die Missenmoore des Nordschwarzwaldes – Spiegelbild der Umweltbelastungen? Daten und Dokumente zum Umweltschutz, *19,* 1976, 99–107. (49) –: Führer zur Exkursionstagung des IGCP-Projektes 73/1/24 »Quaternary Glaciations in the Northern Hemisphere«, vom 5. bis 13. September 1976 in den Südvogesen, im nördlichen Alpenvorland und in Tirol. DFG, Bonn-Bad Godesberg, 1978a. (50) –: Das Problem der Riß/Würm-Warmzeit im deutschen Alpenvorland. In: Frenzel, B. (Hrsg.), Führer Exkursionstagung IGCP, s. d., 1978b, 103–114. (51) –: Zur postglazialen Palökologie der Donau und ihrer südlichen Zuflüsse im deutschen Alpenvorland. In: Frenzel, B. (Hrsg.), Führer Exkursionstagung IGCP, s. d., 1978c, 74–75. (52) –: Über das geologische Alter einiger Interglazialvorkommen im südlichen Mitteleuropa. In: Frenzel, B. (Hrsg.), Führer Exkursionstagung IGCP, s. d., 1978d, 172–180. (53) –: Das Interglazial vom Pfefferbichl bei Buching, Ldkr. Füssen. In: Frenzel, B. (Hrsg.), Führer Exkursionstagung IGCP, 1978e, 181–184. (54) –: Landschaftsgeschichte und Landschaftsökologie des Kreises Freudenstadt. In: Der Kreis Freudenstadt, Stuttgart, 1978, 52–76. (55) –: Dendrochronologie und Landschaftsökologie. Allgem. Forstzeitschr., *49,* 1979a, 1355–1359. (56) –: L'homme comme facteur géologique en Europe. Bull Assoc. Franç. étude du quaternaire, *16,* 1979b, 191–199. (57) –: Das Klima der Letzten Eiszeit in Europa. In: Oeschger, H., B. Messerli und M. Svilar, Das Klima – Analysen und Modelle, Geschichte und Zukunft. Berlin 1980a, 45–63. (58) –: Das Klima der Letzten Eiszeit und der Nacheiszeit in Europa. Veröff. Joachim Jungius Ges. Wiss. Hamburg, *44,* 1980b, 9–46. (59) –: Mires – Repositories of Climatic Information or Self-Perpetuating Ecosystems? In: Gore, T. und D. W. Goodall (Hrsg.), Mires, Ecosystem of the World. Amsterdam, 1983. (60) Frenzel, B. und M. Jochimsen: Die Schieferkohlen aus der Umgebung von Wasserburg am Inn. In: Frenzel, B. (Hrsg.), Führer zu den Exkursionen der 16. wissenschaftlichen Tagung der Deutschen Quartärvereinigung vom 23. bis 30. 9. 1972, Bot. Inst. Hohenheim, 1972, 73–75. (61) Frenzel, B. und P. Peschke, Das Wildmoos am Nordrand des ehemaligen Ammerseegletschers. ibid., 1972, 54–55.

(62) Gaillard, M. J.: Contribution à l'étude du tardiglaciaire de la région lémanique. Le profil de St. Laurent à Lausanne. II. Diagramme pollinique Ber. Schweiz. Bot. Ges., *87,* 1977, 190–206. (67) Gates, W. L.: Modeling the Ice-Age Climate. Science, *191,* 1976, 1138–1144. (68) German, R.: Nachweis spätglazialer Umlagerung im Federseebecken (Württemb. Alpenvorland). N. Jb. Geol. Paläontol., Monatsh., *1971,* 1971, 641–644. (69) German, R. und P. Filzer: Beiträge zur Kenntnis spät- und postglazialer Akkumulation im nördlichen Alpenvorland. Eiszeitalter Gegenwart, *15,* 1964, 108–122. (70) German, R., P. Filzer, R. Dehm, H. Freude, W. Jung und W. Witt: Ergebnisse der wissenschaftlichen Kernbohrung Wurzacher Becken 1 (DFG). Jh. Ver. vaterl. Naturkde. Württemb., *123,* 1968, 33–68. (71) Geyh, M. A.: Einführung in die Methoden der physikalischen und chemischen Altersbestimmung. Darmstadt 1980. (72) Göttlich, K. H.: Beiträge zur Entwicklungsgeschichte der Moore in Oberschwaben. I. Moore im Bereich der Altmoräne und der Äußeren Jungmoräne. Jh. Ver. vaterl. Naturkde. Württemb., *115,* 1960, 93–174. (73) Göttlich, K. H. und J. Werner: Zwei wahrscheinlich letztinterglaziale Torfvorkommen im Gebiet von Stockach-Meßkirch. Eiszeitalter Gegenwart, *19,* 1968, 175–182. (74) –: Vorrißzeitliche Interglazialvorkommen in der Altmoräne des östlichen Rheingletschergebietes. Geol. Jahrb., A *18,* 1974, 49–79. (75) Gossow, H.: Wildökologie. Begriffe, Methoden, Ergebnisse, Konsequenzen. BLV, München 1976. (76) Grametzki, I.: Zur spät- und postglazialen Vegetationsgeschichte des bayerischen Molassehügellandes südlich der Donau. Zulassungsarb. f. d. Staatsexam., Bot. Inst. Hohenheim 1975. (77) Gremmen, W. H. E.: Palynological Investigations of Late Pleistocene Deposits in Southeastern France. Diss. Groningen, 1982. (78) Groschopf, P.: Beiträge zur Holozänstratigraphie Südwestdeutschlandes nach C^{14}-Bestimmungen. Jh. Geol. Landesamt Baden-Württemb., *4,* 1961, 137–143. (79) Groß, H.: Moorgeologische Untersuchung zweier Filze des oberbayerischen Jungmoränengebietes im Umland des Starnberger Sees. Ber. Bayer. Bot. Ges., *31,* 1956, 12–24. (80) Grüger, E.: Spätriß, Riß/Würm und Frühwürm am Samerberg in Oberbayern – ein vegetationsgeschichtlicher Beitrag zur Gliederung des Jungpleistozäns. Geologica Bavarica, *80,* 1979, 5–64. (81) Guenther, E. W. und F. Tidelski: Fauna und Flora im Pleistozän-Profil von Murg bei Säckingen und ihre Aussage zur Altersdatierung. Eiszeitalter Gegenwart, *15,* 1964, 164–180.

(82) Hammen, T. van der: Vegetatie en stratigrafie van het laat-glaciaal en het pleni-glaciaal. Geol. en Mijnb., N. S. *13,* 1951, 308–310. (83) Hannss, Ch. und S. Wegmüller: Zur Altersstellung würmkaltzeitlicher Lokalgletschermoränen im Dévoluy und in der Belledonne (Französische Alpen). Zs. f. Gletscherkde. und Glazialgeol., *12,* 1976, 205–222. (84) Heeb, K. und M. Welten: Moore und Vegetationsgeschichte der Schwarzenegg und des Molassevorlandes zwischen dem Aaretal unterhalb Thun und dem oberen Emmental. Mitt. Naturforsch. Ges. Bern, NF *29,* 1972, 1–54. (85) Heim, J.: Les relations entre les spectres polliniques récents et la végétation actuelle en Europe Occidentale. Univ. de Louvain, Fac. Sci. Agron., Thèse, Louvain 1967. (86) Heitz-Weniger, A.: Zur Waldgeschichte im unteren Zürichseegebiet während des Neolithikums und der Bronzezeit – Ergebnisse pollenanalytischer Untersuchungen. Bauhinia *6,* 1977, 61–81. (87) –: Pollenanalytische Untersuchungen an den neolithischen und spätbronzezeitlichen Seerandsiedlungen »Kleiner Hafner«, »Großer Hafner« und »Alpenquai« im untersten Zürichsee (Schweiz). Bot. Jahrb. System., *99,* 1978, 48–107. (88) Heydenreich, S.: Pollenanalytische Untersuchungen von Flußsedimenten des Mains bei Marktheidenfeld. Staatsarbeit, maschinenschr., Bot. Inst. Würzburg, 1959. (89) Husen, D. van: Ein Beitrag zur Talgeschichte des Ennstales im Quartär. Mitt. Ges. Geol. Bergbaustud., *18,* 1968, 249–286.

(90) Imbrie, J. und J. Z. Imbrie: Modeling the Climatic Response to Orbital Variations. Science, *207,* 1980, 943–953. (91) Iversen, J.: Problems of the Early Post-Glacial Forest Development in Denmark. Danmarks Geol. Undersøg., IV. raekke, *4,* Nr. 3, 1960. (92) –: Plant Indicators of Climate, Soil, and Other Factors During the Quaternary. Rep. VI. INQUA Congress, Warsaw, 1964, 421–428. (93) –: Retrogressive Development of a Forest Ecosystem Demonstrated by Pollen Diagrams from Fossil Mor. Oikos, Suppl., *12,* 1969, 35–49.

(94) Jankovská, V.: Ergebnisse der Pollen- und Großrestanalyse des Moors »Velanská česta« in Südböhmen. Folia geobot. phytotax., *5,* 1970, 43–60. (95) –: The Development of Vegetation on the Western Slopes of the Bohemian-Moravian Uplands During the Late Holocene Period: a Study Based on Pollen and Macroscopic Analyses. Folia geobot. phytotax., *6,* 1971, 281–302. (96) Jung, W., H. J. Beug und R. Dehm: Das Riß-Würm-Interglazial von Zeifen, Lkr. Laufen a. d. Salzach. Bayer. Akad. Wiss., math.-nat. Kl., NF *151,* 1972. (97) Jung, W., L. Scheuenpflug und B. Frenzel: Neue Untersuchungen am frühpleistozänen Profil des Uhlenberges bei Dinkelscherben (Baye-

risch-Schwaben). In: Frenzel, B. (Hrsg.): Führer zu den Exkursionen der 16. wissensch. Tagung der Deutschen Quartärvereinigung, vom 23. bis 30. 9. 1972, Bot. Inst. Hohenheim 1972, 37–41.

(98) Kaiser, K. H. und R. Schütrumpf: Zur Gliederung mittel- und jungpleistozäner Schichten in der Niederrheinischen Bucht. Eiszeitalter Gegenwart, *11,* 1960, 166–185. (99) Kempf, E. K.: Das Holstein-Interglazial von Tönisberg im Rahmen des niederrheinischen Pleistozäns. Eiszeitalter Gegenwart, *17,* 1966, 5–60. (100) Klaus, W.: Das Mondsee-Interglazial, ein neuer Florenfundpunkt der Ostalpen. Jhb. Oberösterr. Musealver., *120,* I, 1975, 315–344. (101) Koenigswald, W. von: *Lagurus lagurus* im jungpleistozänen Travertin des Biedermannschen Steinbruchs (Stuttgart-Untertürkheim). N. Jb. Geol. Paläontol., Monatsh., *11,* 1973, 667–673. (102) Kolumbe, E.: Die interglazialen und interstadialen Ablagerungen von Steinbach bei Baden-Baden. Oberrhein. Geol. Abh., *12,* 1963, 25–43. (103) Kossack, G. und H. Schmeidl: Vorneolithischer Getreidebau im Bayerischen Alpenvorland. Jahresber. Bayer. Bodendenkmalpfl., *15/16,* 1974/75, 7–23. (104) Kral, F.: Pollenanalytische Untersuchungen zur jüngeren Waldgeschichte des Dunkelsteiner Waldes. Centralbl. f. d. ges. Forstwesen, *85,* 1968, 206–222. (105) –: Pollenanalytische Untersuchungen zur Waldgeschichte des Dachsteinmassivs. Veröff. Inst. f. Waldbau, Hochsch. f. Bodenkult. Wien, Wien 1971 a. (106) –: Pollenanalytische Untersuchungen zur Frage der natürlichen Waldgrenze und des natürlichen Fichtenanteils im Stuhleckgebiet (Fischbacher Alpen). Österr. Bot. Z., *119,* 1971 b, 169–195. (107 –: Zur Vegetationsgeschichte der Höhenstufen im Dachsteingebiet. Ber. Dtsch. Bot. Ges., *85,* 1972, 137–151. (108) –: Pollenanalytische Untersuchungen zur natürlichen Bewaldung der Turracher Höhe. Verh. Zool.-Bot. Ges. Wien, *114,* 1974, 29–40. –: Grundzüge einer postglazialen Waldgeschichte des Ostalpenraumes. In: Mayer, H., Wälder des Ostalpenraumes; Ökologie der Wälder und Landschaften, *3,* Stuttgart, 1974, 236–273. (109) –: Pollenanalytische Untersuchungen zur Waldgeschichte Osttirols im Raum Lienz-Matrei. Centralbl. f. d. ges. Forstwesen, *92,* 1975, 105–122. (110) Kral, F. und H. Mayer: Pollenanalytische Überprüfung des Urwaldcharakters in den Naturwaldreservaten Rothwald und Neuwald (Niederösterreichische Kalkalpen). Forstwiss. Centralbl., *87,* 1968, 129–192. (111) –: Pollenanalytische Untersuchungen zur Frage der natürlichen Bewaldung im oberen Waldviertel (Litschauer Raum). Mitt. forstl. Bundes-Versuchsanstalt Wien, *90,* 1970, 23–35. (112) –: Pollenanalytische Untersuchungen zur jüngeren Waldgeschichte des Kobernauser Waldes. Centralbl. f. d. ges. Forstwesen, *93,* 1976, 231–247.

(113) Lang, G.: Zur späteiszeitlichen Vegetations- und Florengeschichte Südwestdeutschlands. Flora, *139,* 1952, 243–294. (114) –: Neue Untersuchungen über die spät- und nacheiszeitliche Vegetationsgeschichte des Schwarzwaldes. I. Der Hotzenwald im Südschwarzwald. Beitr. naturkdl. Forschung SW-Deutschld., *13,* 1954, 3–42. (115) –: Neue Untersuchungen über die spät- und nacheiszeitliche Vegetationsgeschichte des Schwarzwaldes. II. Das absolute Alter der Tannenzeit im Südschwarzwald. Beitr. naturkdl. Forschung SW-Deutschld., *14,* 1955, 24–31. (116) –: Neue Untersuchungen über die spät- und nacheiszeitliche Vegetationsgeschichte des Schwarzwaldes. III. Der Schurmsee im Nordschwarzwald, ein Beitrag zur Kiefernfrage. Beitr. naturkdl. Forschung in SW-Deutschld., *17,* 1958, 20–34. (117) –: Vegetationsgeschichtliche Untersuchungen der Magdalénienstation an der Schussenquelle. Veröff. Geobot. Inst. Rübel, Zürich, *37,* 1962, 129–154. (118) –: Die Vegetationsgeschichte der Wutachschlucht und ihrer Umgebung. Die Wutach, 1971, 323–349. (119) –: Pollenanalytische Untersuchungen zum Schwenninger Auerochsenfund mit mesolithischem Steckschuß. Schriften Ver. f. Gesch. u. Naturgesch. der Baar, *29,* 1972, 202–211. (120) –: Neue Untersuchungen über die spät- und nacheiszeitliche Vegetationsgeschichte des Schwarzwaldes. IV. Das Baldenwegermoor und das einstige Waldbild am Feldberg. Beitr. naturkundl. Forsch. Südwest-Deutschld., *32,* 1973, 31–51. (121) Larcher, W.: Ökologie der Pflanzen. UTB, Ulmer, Stuttgart, 1973. (122) Ložek, V.: Die quartäre Klimaentwicklung in der Tschechoslowakei. Quartär, *17,* 1966, 1–19. (123) –: Über die malakozoologische Charakteristik der pleistozänen Warmzeiten mit besonderer Berücksichtigung des Letzten Interglazials. Ber. dtsch. Ges. geol. Wiss., A. Geol., Paläontol., *14,* 1969, 439–469. (124) Ložek, V. und F. Prošek: O změnách přírodních poměrů jihoslovenského krasu v nejmladší geologické minulosti. Ochrana Přírody, *11,* 2, 1956, 33–42. (125) Lundqvist, J.: Ice Recession in Central Sweden, and the Swedish Time Scale. Boreas, *4,* 1975, 47–54.

(126) Markert, D.: Erstmalige Verwendung quartärer Reptilreste bei palökologischen Rekonstruktionsversuchen, am Beispiel des oberen Donauraumes um die Wende Pleistozän/Holozän. Archaeologica Venatoria *2,* Tübingen, 1976, 1–96. (127) Martin, P. S. und H. E. Wright: Pleistocene Extinctions, a Search for a Cause. Proc. VII INQUA Congr., Yale Univ. Press 1967. (128) Mayer, H.: Waldgeschichte des Berchtesgadener Landes (Salzburger Kalkalpen). Forstwiss. Forschungen,

Beih. z. Forstwiss. Centralbl., *22*, 1966, 9–42. (129) Meyer, K. J.: Pollenanalytische Untersuchungen und Jahresschichtenzählungen an der holsteinzeitlichen Kieselgur von Hetendorf. Geol. Jahrb., A *21*, 1974, 87–105. (130) Mook, W. G.: Dendrochronological Calibration of the Radiocarbon Timescale: The Present Situation and the Perspectives in Europe. In: Frenzel, B. (Hrsg.), Dendrochronologie und postglaziale Klimaschwankungen, s. d., 1977, 68–79. (131) Müller, H.: Pollenanalytische Untersuchung eines Quartärprofils durch die spät- und nacheiszeitlichen Ablagerungen des Schleinsees (Südwestdeutschland). Geol. Jahrb., *79*, 1962, 493–526. (132) –: Eine pollenanalytische Neubearbeitung des Interglazial-Profils von Bilshausen (Unter-Eichsfeld). Geol. Jahrb., *83*, 1965, 327–352. (133) –: Pollenanalytische Untersuchungen und Jahresschichtenzählungen an der holsteinzeitlichen Kieselgur von Munster-Breloh. Geol. Jahrb., *21*, 1974 a, 107–140. (134) –: Pollenanalytische Untersuchungen und Jahresschichtenzählungen an der eemzeitlichen Kieselgur von Bispingen/Luhe. Geol. Jahrb., *21*, 1974 b, 149–169.

(135) Opravil, E.: Beitrag zur Paläobiographie der Talaue in Südmähren. Zprávy Geografického Ústavu ČSAV, *7*, 1971, 12–16. (136) -: Stáři povodňovych sedimentů v jižni části Hornomoravského úvalu (Kvasice, okres Kroměřiž). Anthropozoikum, *11*, 1977, 171–182.

(137) Peschke, P.: Pollenanalytische Untersuchungen im Waldviertel Niederösterreichs. Flora, *161*, 1972, 256–284. (138) –: Zur Vegetations- und Besiedelungsgeschichte des Waldviertels (Niederösterreich). Mitt. Komm. Quartärforschung Österr. Akad. Wiss., *2*, 1977, 1–84. (139) –: Pollenanalytische Untersuchungen an Schieferkohlen aus dem Gebiet um Penzberg und Murnau/Oberbayern. In: Frenzel, B. (Hrsg.), Exkursionsführer IGCP-Projekt, s. d., 1978, 140–164. (140) Peters, I.: Zur Altersstellung der Torfe und Gyttjen von Herxheim, Jockgrim und Rheinzabern in der Vorderpfalz. Eiszeitalter Gegenwart, *16*, 1965, 121–131.

(141) Radke, G. J.: Landschaftsgeschichte und -ökologie des Nordschwarzwaldes. Hohenheimer Arbeiten, *68*, 1972. (142) Ralska-Jasiewiczowa, M.: Late-Glacial and Holocene Vegetation of the Bieszczac Mts. (Polish Eastern Carpathians). Polska Akad. Nauk., Inst. Botaniki, Państw. wydawn. naukowe, Warszawa-Kraków, 1980. (143) Rausch, K. A.: Untersuchungen zur spät- und nacheiszeitlichen Vegetationsgeschichte im Gebiet des ehemaligen Inn-Chiemseegletschers. Flora, *164*, 1975, 235–282. (144) Reich, H.: Die Vegetationsentwicklung der Interglaziale von Großweil, Ohlstadt und Pfefferbichl im Bayerischen Alpenvorland. Flora, *140*, 1953, 386–443. (145) Reiff, W.: Das Alter der Sauerwasserkalke von Stuttgart-Münster, -Bad Cannstatt, -Untertürkheim. Jahresber. u. Mitt. Oberrhein. Geol. Ver., NF *47*, 1965, 111–134.

(146) Sablina, T. D.: Kopytnye Beloveżskoj Pušči. Trudy In-ta Morfologii Životnych im. A. N. Secercova, *15*, Moskau 1955. (146 a) Schaefer, J.: Die Glaziale Serie, Gedanken zum Kernstück der alpinen Eiszeitforschung. Zeitschrift für Geomorphologie, neue Folge, *25*, 1981, 271–289. (147) Schedler, J.: Vegetationsgeschichtliche Untersuchungen an altpleistozänen Ablagerungen in Südwestdeutschland. Dissert. Botanicae, *58*, Vaduz 1981. (148) Schmeidl, H.: Pollenanalytische Untersuchungen auf dem Blatt Freising-Süd der Geologischen Karte von Bayern 1:25 000, Erläuterungen. 1959. (149) –: Pollenanalytische Untersuchungen auf dem Blatt Freising-Nord der Geologischen Karte von Bayern 1 :25 000, Erläuterungen. 1962. (150) –: Der bronzezeitliche Prügelweg im Agathazeller Moor. Bayer. Vorgesch.-blätter, *27*, 1963, 131–142. (151) –: Beitrag zur spätglazialen Vegetations- und postglazialen Waldentwicklung im südlichen Oberpfälzer Wald. Erläuterungen zur Bodenkarte von Bayern 1 :25 000, Blatt Nr. 6640, Neunburg vorm Wald. 1969. (152) –: Zur spät- und postglazialen Vegetationsgeschichte am Nordrand der bayerischen Voralpen. Ber. Dtsch. Bot. Ges., *85*, 1972 a, 79–82. (153) –: Die Schieferkohlen bei Großweil und Schwaiganger. In: Frenzel, B. (Hrsg.), Führer zu den Exkursionen der 16. wissenschaftlichen Tagung der Deutschen Quartärvereinigung, vom 23. bis 30. 9. 1972, Bot. Inst. Hohenheim 1972 b, 76–77. (154) –: Zur Vegetations- und Waldentwicklung im Frillenseegebiet. Erläuterungen zur Geologischen Karte von Bayern 1 :25 000, Blatt Nr. 8242 Inzell 1973. (155) –: Pollenanalytische Untersuchungen im Gebiet des ehemaligen Chiemseegletschers. Erläuterungen zur Geologischen Karte von Bayern 1 :25 000, Blatt 8140 Prien am Chiemsee und Blatt 8141 Traunstein. 1977. (156) Schmidt, R.: Pollenanalytische Untersuchungen von Seesedimenten zum Eisrückzug und zur Wiederbewaldung im NE-Dachsteingebiet und im Becken von Aussee (Steierisches Salzkammergut). Linzer biol. Beitr., *8/2*, 1976, 361–373. (157) –: Zur spätglazialen Vegetationsgeschichte im Arbergebiet. Jahrb. d. Oberösterr. Musealver., *122*, 1977, 183–192. (158) Starkel, L.: Evolution of the Vistula River Valley During the Last 15 000 Years, Part I. Geogr. Studies, Spec. Issue *1*, Polish Acad. Sci., Inst. of Geogr. and Spatial Organization, Warszawa 1982. (159) Stephan, W.: Frühwürmzeitliche Schieferkohlevorkommen im Bereich des östlichen Isar-Vorlandgletschers. Geol. Bavarica, *63*, 1970,

217–230. (160) Suess, H. und B. Becker: Der Radiocarbongehalt von Jahrringproben aus postglazialen Eichenstämmen Mitteleuropas. In: Frenzel, B. (Hrsg.), Dendrochronologie und postglaziale Klimaschwankungen, s. d., 1977, 156–170.

(161) Tauber, H.: Differential Pollen Dispersion and Filtration. In: Cushing, E. J. und H. E. Wright (Hrsg.), Quaternary Paleoecology, *7*, Proc. VII. INQUA Congr., Yale Univ. Press. 1967, 131–141. (162) Turner, C.: The Middle Pleistocene Deposits at Marks Tey, Essex. Phil. Trans. Roy. Soc. London, B *257*, 1970, 373–440.

(163) Urban, B.: Pollenanalytische Untersuchungen am Interglazial von Seibranz Fischweiher bei Bad Wurzach (Schwäbisches Alpenvorland). In: Frenzel, B. (Hrsg.), Exkursionsführer IGCP-Projekt, s. d., 1978, 94–102.

(164) Vodičkevá, V.: Paleobotanický výzkům cannstattských travertinů a sedimentů v jejych podloží. Ústřední Ústav Geologický, Praha 1970. (165) Vogel, J. C. und J. Kronfeld: A New Method for Dating Peat. South African J. Sci., *76*, 1980, 557–558. (166) Vogel, J. C. und W. H. Zagwijn, Groningen Radiocarbon Dates VI. Radiocarbon, *9*, 1967, 63–106.

(167) Wegmüller, P.: Vegetationsgeschichtliche Untersuchungen in den Thuralpen und im Faningebiet (Kantone Appenzell, St. Gallen, Graubünden/Schweiz). Bot. Jahrb. System., *97*, 1976, 226–307. (168) Wegmüller, S.: Über die spät- und postglaziale Vegetationsgeschichte des südwestlichen Jura. Beitr. zur Geobot. Landesaufnahme der Schweiz, *48*, 1966, 7–143. (169) Welten, M.: Das Jüngere Quartär im nördlichen Alpenvorland der Schweiz aufgrund pollenanalytischer Untersuchungen. In: Frenzel, B. (Hrsg.), Exkursionsführer IGCP-Projekt, s. d., 1978, 54–75. (170) Willkomm, H.: Altersbestimmungen im Quartär. Datierungen mit Radiokohlenstoff und anderen kernphysikalischen Methoden. Thiemig-Taschenbücher *55*, München 1976. (171) Willutzki, H.: Zur Waldgeschichte und Vermoorung sowie über Rekurrenzflächen im Oberharz. Nova Acta Leopoldina, NF *25*, Nr. 160, 1962. (172) Woillard, G.: Recherches palynologiques sur le pléistocène dans l'est de la Belgique et dans les Vosges Lorraines. Acta Geogr. Lovaniensia, *14*, 1975. (173) –: Grande Pile Peat Bog: A Continuous Pollen Record for the Last 140000 Years. Quatern. Research, *9*, 1978, 1–21.

(174) Zagwijn, W. H.: Vegetation, Climate and Radiocarbon Datings in the Late Pleistocene of the Netherlands. I. Eemian and Early Weichselian. Mem. Geol. Foundation in the Netherlands, N. S., *14*, 1961, 15–45. (175) Zoller, H.: Die wärmezeitliche Verbreitung von Haselstrauch, Eichenmischwald, Fichte und Weißtanne in den Alpenländern. Bauhinia, *1*, 1960, 189–207. (175a) –: Pollenanalytische Untersuchungen zur Vegetationsentwicklung tiefgelegener Weißtannenwälder im Schweizerischen Mittelland. Veröff. Geobot. Inst. Rübel, Zürich, *37*, 1962, 346–358.

Die Säugetierfauna des süddeutschen Pleistozäns (W. v. Koenigswald)

Adam, K. D.: Die mittelpleistozänen Faunen von Steinheim an der Murr (Württemberg). Quarternaria 1, 1954, S.131–144

–: Die mittelpleistozäne Säugetier-Fauna aus dem Heppenloch bei Gutenberg (Württemberg). Stuttgarter Beiträge zur Naturkunde, Serie B, 3, 1975, S. 1–247

–: Die altpleistozänen Säugetier-Faunen der Frankenbacher und Lauffener Schotter (Baden-Württemberg). Jahresberichte und Mitteilungen des Oberrheinischen Geologischen Vereins, N. F. 59, 1977, S. 75–78

Berckhemer, F.: Buffelus murrensis n. sp. Ein diluvialer Büffelschädel von Steinheim a. d. Murr. Jahreshefte des Vereins für vaterländische Naturkunde in Württemberg 83, 1927, S. 146–158

Boeker, M., E. v. Lehmann u. H. Remy: Über eine Wirbeltierfauna aus den jüngsten würmzeitlichen Ablagerungen am Michelberg bei Ochtendung/Neuwieder Becken. Decheniana 124, 1972, S. 119–134

Boessneck, J. u. A. von den Driesch: Die jungpleistozänen Tierknochenfunde aus der Brillenhöhle. In G. Riek: Das Paläolithikum der Brillenhöhle bei Blaubeuren (Schwäbische Alb), Bd. 2, Stuttgart 1973

Carlé, W., W. Reiff u. W. Ströbel: Führer zu den Exkursionen anläßlich der 90. Tagung des Oberrheinischen Geologischen Vereins in Ludwigsburg und Stuttgart. Arbeiten des Geologisch-Paläontologischen Instituts der Universität Stuttgart, N. F. 57, 1969

Heller, F.: Eine Forest-Bed-Fauna aus der Schwäbischen Alb. Sitzungsberichte der Heidelberger Akademie der Wissenschaften, Mathematisch-Naturwissenschaftliche Klasse 1936, S. 1–29

–: Die Fauna. In L. Zotz: Das Paläolithikum in den Weinberghöhlen bei Mauern. Quartärbibliothek 2, S. 220–307. Bonn 1955

–: Eine neue altquartäre Wirbeltierfauna von Erpfingen (Schwäbische Alb). Neues Jahrbuch der Geologie und Paläontologie, Abh. 107, 1958, S. 1–102

Koenigswald, W. v.: Der Faunenwandel an der Pleistozän-Holozän-Grenze in der steinzeitlichen Schichtenfolge vom Zigeunerfels bei Sigmaringen. Archäologische Informationen 1, 1972, S. 41–45

–: *Lagurus lagurus* im jungpleistozänen Travertin des Biedermannschen Steinbruchs (Stuttgart-Untertürkheim). Neues Jahrbuch der Geologie und Paläontologie, Mh. 1973, S. 667–676

–: Die Säugetierfauna des Mittel-Würm aus der Kemathenfauna im Altmühltal (Bayern). Mitteilungen der Bayerischen Staatssammlungen, Paläontologie und historische Geologie 18, 1978, S. 117–130

–, H. Müller-Beck u. E. Pressmar: Archäologie und Paläontologie in den Weinberghöhlen von Mauern. Acta Venatoria 3, 1974, 1–152

– u. N. Schmidt-Knittler: Eine Wirbeltierfauna des Riß/Würm-Interglazials von Erkenbrechtsweiler (Schwäbische Alb, Baden-Württemberg). Mitteilungen der Bayerischen Staatssammlungen, Paläontologie und historische Geologie 12, 1972, S. 143–147

– u. W. Taute: Zwei bedeutende Quartärprofile in der Burghöhle von Dietfurt bei Sigmaringen an der Donau. Neues Jahrbuch der Geologie und Paläontologie, Mh., 1979, S. 216–236

Lehmann, U.: Weitere Fossilfunde aus dem ältesten Pleistozän der Erpfinger Höhle (Schwäbische Alb). Mitteilungen des Geologischen Staatsinstituts Hamburg 26, 1957, S. 60–99

Wagner, G.: Die Bärenhöhle von Erpfingen. Öhringen 1952, S. 1–32

Zur Entwicklungsgeschichte des Menschen (A. Czarnetzki)

Adam, K. D.: Die zeitliche Stellung der Urmenschen-Fundschicht von Steinheim an der Murr innerhalb des Pleistozäns. Eiszeitalter und Gegenwart 4/5, 1954

–: Der Mensch im Eiszeitalter. Stuttgarter Beiträge zur Naturkunde C 15, 1982, S. 1–72

Gieseler, W.: Die Fossilgeschichte des Menschen. Stuttgart 1974

Liebermann, P.: On the Evolution of Language: A Unified View. In: Primate Functional Morphology and Evolution (R. H. Tuttel edit), The Hague 1975

Oakley, K. P., B. G. Campbell u. T. I. Molleson: Catalogue of Fossil Hominids II: Europe. London 1971

Sause, F.: La mandibule atlantropienne de la carrière Thomas I (Casablanca). L'Anthropologie 79, 1975, S. 81–112

Wetzel, R. u. C. Bosinski: Die Bocksteinschmiede im Lonetal, Stuttgart 1976

Ergänzende Literatur zu den archäologischen Beiträgen und Fundstellenverzeichnissen (vgl. auch allgemeine und übergreifende Literatur)

Altsteinzeit und Mittelsteinzeit (H. Müller-Beck, J. Hahn, G. Albrecht)

Albrecht, G. et al.: Eine Station des Magdalénien in der Gnirshöhle bei Engen-Bittelbrunn im Hegau. Arch. Korrespondenzblatt, 7, S. 161–179, 1977

–: (in Vorb.): Der steinzeitliche Fundplatz Malerfels I ein Merkmalsystem für geometrische Mikrolithen. In: J. Hahn (Hrsg.), Die steinzeitliche Besiedlung des Eselsburger Tales bei Heidenheim (Schwäbische Alb). Forschungen und Berichte, Stuttgart

–: Die Nachgrabung im Malerfels I/Eselsburger Tal und ein Merkmalsystem für geometrische Mikrolithen (im Druck)

–: Magdalénien-Inventare vom Petersfelsen. TMU 6, 1979

Berckhemer, F.: Steinwerkzeuge des Urmenschen aus dem Travertin von Stuttgart-Untertürkheim. Jahreshefte des Vereins für vaterländische Naturkunde in Württemberg 110, 1955

Berckhemer, F. und E. Peters: Die Irpfelhöhle bei Giengen a. d. Brenz. Fundberichte aus Schwaben, NF 8, 1935

Brunnacker, K. et al.: Der Übergang vom Pleistozän zum Holozän in der Burghöhle von Dietfurt bei Sigmaringen. Kölner Jahrbuch für Vor- und Frühgeschichte 15, S. 86–160, 1979

Fraas, E.: Die Irpfelhöhle im Brenztal (Württemberg). Zeitschrift der Deutschen Geologischen Gesellschaft 1893

Fraas, O.: Resultate der Ausgrabung im Hohlefels bei Schelklingen. Württemberger naturwissenschaftliche Jahreshefte 28, S. 21–36, 1872

–: Die Funde an der Schussenquelle vom Jahr 1866. Schallwellen, Schussenrieder Anstaltszeitung, Jahrgang 30, S. 130–138, 1926

Freising, H.: Steingeräte der mittleren Altsteinzeit in Kleinheppach. Eiszeitalter und Gegenwart 4/5, 1954

–: Neues zur Altsteinzeit Nordwürttembergs. Fundberichte aus Schwaben, NF 16, 1962

Hahn, J.: Nachgrabungen im Hohlen Felsen bei Schelklingen, Alb-Donau-Kreis. Archäologisches Korrespondenzblatt 7, S. 241–248, 1977

–: Die Spitzbubenhöhle, eine Magdalénien-Fundstelle bei Eselsburg. Fundberichte aus Baden-Württemberg 3, S. 38–50, 1977

–: Die urgeschichtliche Besiedlung des Achtales. Karst und Höhle, Jahrgang 1978/79, S. 39–45

Hahn, J. et al.: Das Geißenklösterle bei Blaubeuren, Alb-Donau-Kreis. Eine altsteinzeitliche Höhlenstation der mittleren Alb. Fundberichte aus Baden-Württemberg 3, S. 14–37, 1977

Hahn, J. und W. von Koenigswald: Die steinzeitlichen Funde und die spätglaziale Nagetierschicht aus der Kleinen Scheuer am Hohlenstein im Lonetal. Fundberichte aus Baden-Württemberg 3, S. 51–75, 1977

Hahn, J., Müller-Beck, H. und W. Taute: Eiszeithöhlen im Lonetal. Archäologie einer Landschaft auf der Schwäbischen Alb. Führer zu vor- und frühgeschichtlichen Denkmälern in Württemberg und Hohenzollern 3, Stuttgart 1973

Hahn, J. und A. Scheer: Das Helga-Abri am Hohlenfelsen bei Schelklingen: eine mesolithische und jungpaläolithische Schichtenfolge. Archäologisches Korrespondenzblatt 13 (im Druck)

Hauser, O.: Der Erde Eiszeit und Sintflut. 1928

Ittermann, J.: Ein Faustkeil des »Homo steinheimensis«. Eiszeitalter und Gegenwart 13, 1962

Kind, C.-J.: Das Felsställe. Eine spätpaläolithische-frühmesolithische Abri-Station bei Ehingen-Mühlen, Alb-Donau-Kreis (im Druck)

Koenigswald, W. von: Zwei bedeutende Quartärprofile in der Burghöhle von Dietfurt bei Sigmaringen a. d. Donau. Neues Jahrbuch Geol. Paläont. Mh., S. 216–236, 1979

–: Der Übergang vom Pleistozän zum Holozän in der Burghöhle von Dietfurt bei Sigmaringen. Schwabedissen-Festschrift, Kölner Jahrbuch für Vor- und Frühgeschichte 15, S. 86–160, 1981

Koken, E. und R. R. Schmidt: Die steinzeitlichen Funde bei Niedernau. Schwäbische Chronik 205, 1907

Maier, H.: Die altsteinzeitliche Wohnhöhle »Kleine Scheuer« im Rosenstein (Schwäbische Alb). Mannus 28, S. 235–252, 1936
Mauser, P. F.: Eine späteiszeitliche Freilandstation auf dem Steinberg bei Bollschweil. Fundberichte aus Baden-Württemberg 1974
–: Die jungpaläolithische Höhlenstation Petersfels im Hegau. Badische Fundberichte, Sonderheft 13, 1970
Müller-Beck, H.: Jungpleistozäne Funde aus dem Solvay-Steinbruch bei Wyhlen. In R. Dehn et al.: Lörrach und das rechtsrheinische Vorland von Basel. Führer zu vor- und frühgeschichtlichen Denkmälern 47, 1981
Peters, E.: Die altsteinzeitlichen Kulturen von Veringenstadt (Hohenzollern). Prähist. Zeitschrift 27, S. 173–195, 1936
–: Die altsteinzeitliche Kulturstätte Petersfels. Augsburg 1930
–: Die Buttentalhöhle an der Donau, eine neue Magdalénienstation. Badische Fundberichte 3, S. 13–19, 1936
–: Die Heidenschmiede in Heidenheim a. d. Br. – Eine Studie über das Altpaläolithikum in Württemberg. Fundberichte aus Schwaben, NF 6, 1931
Peters, E. und A. Rieth: Die Höhlen von Veringenstadt und ihre Bedeutung für die Vor- und Frühgeschichte Hohenzollerns. Jahreshefte des Vereins für Geschichte, Kultur und Landeskunde Hohenzollern, S. 2–30, 1936
Reinerth, H.: Das Federseemoor als Siedlungsland des Vorzeitmenschen. Augsburg 1936
Riek, G.: Die Eiszeitjägerstation am Vogelherd im Lonetal. Tübingen 1934
–: Kulturbilder aus der Altsteinzeit Württembergs. Tübingen 1935
–: Zwei Knochenspitzen des Lautscher Typus aus dem Neckartal. Fundberichte aus Schwaben, NF 18, S. 9–14, 1967
–: Ein Beitrag zur Kenntnis des süddeutschen Solutréen. Germania 1938
–: Das federmesserführende Magdalénien der Burkhardtshöhle bei Westerheim im Kreis Münsingen (Schwäbische Alb). Fundberichte aus Schwaben, NF 15, S. 9–29, 1959
–: Drei jungpaläolithische Stationen am Bruckersberg in Giengen a. d. Brenz. 1957
–: Ein magdalénienzeitlicher Rastplatz unter der Südwand des Sirgensteinfelsens. Fundberichte aus Schwaben, NF 15, S. 30–42
–: Das Paläolithikum der Brillenhöhle bei Blaubeuren (Schwäbische Alb). Forsch. u. Ber. zur Vor- und Frühgeschichte in Baden-Württ. 4/I, Stuttgart 1973
Rieth, A.: Die Karlshöhle in vor- und frühgeschichtlicher Zeit. Schwäbische Heimat 1, 4, 1950
Rust, A.: Artefakte aus der Zeit des Homo heidelbergensis in Süd- und Norddeutschland. Bonn 1956
Schlichtherle, H.: Sondierungen in jungsteinzeitlichen Siedlungen des Federseemoores, Archäologische Ausgrabungen 1980, S. 30–34, 1981
Schmidt, R. R.: Die diluviale Vorzeit Deutschlands. Stuttgart 1912
Taute, W.: Funde aus der Steinzeit in der Jägerhaus-Höhle bei Bronnen. In: Fridingen – Stadt an der oberen Donau, Sigmaringen, S. 21–26, 1972
–: Neue Forschungen zur Chronologie von Spätpaläolithikum und Mesolithikum in Süddeutschland. Archäol. Inform. 2–3, S. 59–66, 1973/74
– (Hrsg.): Das Mesolithikum in Süddeutschland. Teil 2: Naturwissenschaftliche Untersuchungen. Tüb. Monogr. zur Urgeschichte 5/2, 1980
–: Grabungen zur mittleren Steinzeit in Höhlen und unter Felsdächern der Schwäbischen Alb 1961 bis 1965. Fundberichte aus Schwaben, NF 18, S. 14–21, 1967
–: Die spätpaläolithisch-frühmesolithische Schichtenfolge im Zigeunerfels bei Sigmaringen. Archäologische Informationen 1, S. 29–40, 1972
Wagner, E.: Eine Löwenkopfplastik aus Elfenbein von der Vogelherdhöhle. Fundber. aus Baden-Württemberg 6, S. 29–58, 1981
–: Das Mittelpaläolithikum der Großen Grotte bei Blaubeuren (Baden-Württemberg). Archäologische Informationen 2–3, 1973/74
–: Der altpaläolithische Rastplatz im mittelpleistozänen Travertin von Stuttgart-Bad Cannstatt. Archaeologica Venatoria, Mitteilungsblatt 1, 1981
Weniger, G.-Chr.: Wildbeuter und ihre Umwelt. Archaeologica Venatoria 5, 1982
Wernet, P.: Schmiechen, Oberamt Blaubeuren: Diluviale Funde. Fundberichte aus Schwaben 21, 1913

Wetzel, R.: Das Törle an der alten Bocksteinhöhle. Mitteilungen des Vereins für Naturwissenschaften und Mathematik in Ulm 24, S. 3–20, 1954
–: Quartärforschung im Lonetal. Eiszeitalter und Gegenwart 4/5, 1954
–: Der Hohlestein im Lonetal. Mitteilungen des Vereins für Naturwissenschaft und Mathematik in Ulm 26, S. 21–75, 1961
Zotz, L.: Die paläolithische Besiedlung der Teufelsküchen am Ölberg bei Kuckucksbad. Prähistorische Zeitschrift XIX, S. 1–53, 1928

Die Anfänge von Tierhaltung und Pflanzenanbau (H.-P. Uerpmann)

Angel, J. A. (1971): Early Neolithic Skeletons from Çatal Hüyük: Demography and Pathology. Anatolian Studies 21, 77–98
Braidwood, R. J. et al. (1974): Beginnings of Village-Farming Communities in Southeastern Turkey – 1972. Proc. Nat. Acad. Sci. USA 71, 568–572
Ducos, P. (1978): Tell-Mureybet étude archéozoologique et problèmes d'écologie humaine 1. Editions du CNRS, Paris
Clutton-Brock, J. (1979): The Mammalian Remains from the Jericho Tell. Proc. Prehist. Soc., 45, 135–157
French. D. H. et al. (1972): Excavations at Can Hasan III 1969–1970. In: Higgs, E. S. (Hrsg.): Papers in economic prehistory. Cambridge, 181–190
Hesse, B. C. (1977): Evidence for Husbandry from the Early Neolithic Site of Ganj Dareh in Western Iran. Ph. D. Thesis, New York
Hopf, M. (1969): Plant remains and early farming at Jericho. In: Ucko, P. J. & Dimbleby, G. W. (eds.): Domestication and exploitation of plants and animals. London, 356–359
Hopf, M. (1978): Zu den Anfängen des Ackerbaus im Vorderen Orient. In: Hrouda, B. (Hrsg.): Methoden der Archäologie. München, 280–297
Mellaart, J. (1967): Çatal Hüyük, a Neolithic Town in Anatolia. London
Milojčić, V. et al. (1962): Die deutschen Ausgrabungen auf der Argissa-Magula in Thessalien I. Das präkeramische Neolithikum sowie die Tier- und Pflanzenreste. Bonn
Moore, A. M. et al. (1975): The excavations of Tell Abu Hureyra in Syria: a preliminary report. Proc. Prehist. Soc. 41, 50–77
Payne, S. (1972): Can Hasan III, The Anatolian Aceramic, and the Greek Neolithic. In: Higgs, E. S. (ed.): Papers in economic prehistory. Cambridge, 191–194
Ronen, A. et al. (1975): The Epi-Paleolithic site Hefziba, Central Coastal Plain of Israel. Quartär 26, 53–72
Solecki, R. L. (1980): An Early Village Site at Zawi Chemi Shanidar. Bibliotheca Mesopotamica 13, Malibu
Uerpmann, H.-P. (1979): Probleme der Neolithisierung des Mittelmeerraumes. Beihefte zum Tübinger Atlas des Vorderen Orients, Reihe B, Nr. 28, Wiesbaden
Valla, F. R. (1977): Le Natoufien – une culture préhistorique en Palestine. Cahiers de la Revue Biblique 15, Paris
van Zeist, W. & Caspari, W. A. (1968): Wild einkorn wheat and barley from tell Mureybit in Northern Syria. Acta botanica Neerl., 17, 44–53

Die ersten Bauern (E. Sangmeister)

Behrens, H.: Die Jungsteinzeit im Mittelelbe-Saale-Gebiet. Berlin 1973
Dehn, W. und E. Sangmeister: Die Steinzeit im Ries. München 1954
Eckerle, K.: Bandkeramik aus dem Badischen Frankenland. Freiburg o. J.
Gallay, M.: Die Besiedlung der südlichen Oberrheinebene in Neolithikum und Frühbronzezeit. Badische Fundberichte Sonderheft 12, 1970

Kraft, H.-P.: Linearbandkeramik aus dem Neckarmündungsgebiet. Bonn 1977
Kunkel, O.: Die Jungfernhöhle von Tiefenellern. München 1955
Kuper, R. u. a.: Der bandkeramische Siedlungsplatz Langweiler 9, Gemeinde Aldenhoven, Kreis Düren. Rheinische Ausgrabungen 18, 1–3, 1977
Meier-Arendt, W.: Die bandkeramische Kultur im Untermaingebiet. Bonn 1966
Modermann, P. J. R.: Linearbandkeramik aus Elsloo und Stein. Leiden 1970
Müller-Karpe, H.: Handbuch der Vorgeschichte, Bd. 2., München 1968
Narr, K. J.: Handbuch der Urgeschichte, Bd. 2, Bern 1975
Paret, O.: Das neue Bild der Vorgeschichte. Stuttgart 1946
Schweitzer, R. und J.: Nécropole danubienne Mulhouse-Est. Bulletin du Musée Historique de Mulhouse 1977
Sielmann, B.: Der Einfluß der Umwelt auf die neolithische Besiedlung Südwestdeutschlands. Acta Praehistorica et Archaeologica 2, 1971
Storch, H. P.: Das Gräberfeld von Rixheim und die Bandkeramik am südlichen Oberrhein. Freiburger Dissertation

Glossar

Adaptation: Physiologische oder durch die Selektion gesteuerte evolutive Anpassung eines Organismus an Umweltverhältnisse, die von den bisher gewohnten abweichen.

Artefakt: (hier) vom Menschen gefertigtes Gerät aus Stein, Knochen oder Holz.

Atmosphärilien: Stoffe in der Atmosphäre, die Verwitterung oder Korrosion verursachen.

Basismudde: Auf den süddeutschen Raum beschränkter geologischer Begriff, der ein sehr feinkörniges, an organischem Material reiches Sediment des Spätglazials in Flußtälern bezeichnet.

Biomasse: Gesamtmenge der Substanz eines Lebewesens oder einer Lebensgemeinschaft, ausgedrückt in Frisch- oder in Trockengewicht.

Biosphäre: Der Atmosphäre, Hydrosphäre und Kryosphäre gegenüber stehende Sphäre der belebten Natur auf der Erde.

Biotop: Lebensraum, der durch überall mehr oder weniger gleichartige abiotische Umweltfaktoren ausgezeichnet ist. Der Biotop ist die kleinste biogeographische Landschaftseinheit und beherbergt eine für ihn typische Lebensgemeinschaft, eine Biocoenose.

Braunerde: Typ eines reifen, weit entwickelten Waldbodens, mit in der Regel guter Nährstoffversorgung, jedoch fehlender Tondurchschlämmung.

Braunlehm: Reifer, weit entwickelter Waldboden auf Kalkstein.

Breccie: Verfestigtes Trümmergestein. So kann ursprünglich loser Kalkschnitt durch Kalksinter wieder verbacken werden. Enthält dieser Kalkschnitt zahlreiche Tierknochen, spricht man u. U. von einer Knochenbreccie.

Bruchwald: Wald auf wasserübersättigtem und meist auch wasserbedecktem Boden, auf dem die von den oberirdischen Teilen der Pflanzen abfallende organische Substanz in Torf übergeht.

cf.: Abkürzung von confer. Der Zusatz cf. zu einem Artnamen besagt, daß es sich um ein Individuum handelt, das wahrscheinlich der bestimmten Art angehört, doch hatten die Bestimmungsmöglichkeiten für eine sichere Diagnose nicht ausgereicht.

Climax: Der Begriff Climax bezeichnet den für ein bestimmtes Klimagebiet allein möglichen, optimalen End-Zustand der Entwicklung von Vegetation oder Boden. Um zu diesem Zustand zu gelangen, sollten alle störenden Veränderungen wie etwa Erosion oder Akkumulation beendet sein. Die ursprüngliche Ansicht, daß in dem Gebiet eines bestimmten Großklimas nur ein einziger Climaxzustand möglich sei, hat sich gewandelt, da das Gestein ebenfalls einen prägenden Einfluß ausüben kann.

^{14}C-Methode: Unter dem Einfluß der Höhenstrahlung werden in der Stratosphäre Neutronen erzeugt, die dort mit Stickstoffatomen reagieren können, wobei das radioaktive Kohlenstoffisotop ^{14}C entsteht. Dieses zerfällt mit einer »konventionellen Halbwertszeit« von 5568 Jahren unter Emission von β-Strahlung in das stabile Stickstoffisotop ^{14}N. Da das radioaktive Kohlenstoffisotop ^{14}C in das CO_2 eingebaut und damit über die Photo- oder Chemosynthese in das organische Material der Pflanzen, damit aber auch der Tiere, gelangt, kann sein Mengenanteil in dem durch Verbrennung einer organischen Probe gelieferten CO_2 zur Datierung genutzt werden, vorausgesetzt, daß die in der Stratosphäre produzierte Menge an ^{14}C über lange Zeiten konstant ist, daß sich die Austauschvorgänge des CO_2 der Atmosphäre mit dem der Ozeane nicht wesentlich geändert haben und daß weder Zufuhr alten noch zu jungen CO_2 stattgefunden hat.

Dauerfrost siehe Permafrost.

Dendrochronologie: Datierung mit Hilfe der Jahrringanalyse langlebiger Holzpflanzen. Die von Jahr zu Jahr unterschiedlichen Witterungsbedingungen prägen sich, neben mehreren anderen Faktoren, in der Anlage breiter oder schmaler Jahresringe aus. Über größere Gebiete gemittelt, fallen Wetter und Klima hierbei allerdings die höchste Bedeutung zu. Dies ermöglicht es, Bäume unbekannten Alters, aber gleichen Jahrringverhaltens, chronologisch aneinander zu schließen und somit den Jahrringkalender in die Vergangenheit auszudehnen. So können sehr weit in die Vergangenheit zurückreichende Chronologien aufgebaut werden, die in Mitteleuropa z. B. die letzten 8000 Jahre umfassen.

Denekamp-Interstadial: Eines der wichtigeren Interstadiale aus dem letzten Drittel der Letzten Eiszeit.

Eisstromnetz: Vergletscherungsart der Gebirgsländer, bei der Gletscher benachbarter Täler über tiefere Teile ihrer Wasserscheiden miteinander vereinigt sind.

Eiszeit: siehe Kaltzeit.

Fauna: Tierwelt, im Zusammenhang dieses Buches meist Säugetiere.

Femur: Oberschenkelknochen.

fossil: ausgestorben, oder aus vergangenen geologischen Zeiten stammend.

Gewölle: Speiballen der Eulen, die die Knochen der gefressenen Kleinsäuger (und Vögel etc.) enthalten. An gewissen Stellen können sich Gewölle so stark anreichern, daß das Sediment gespickt voll mit Knochen ist (Gewölleschichten).

Gleye: Grundwasserböden mit teilweiser Durchlüftung.

Gyttja: in Seen und Mooren abgelagerter Faulschlamm organischer Herkunft.

Halblichtholz: siehe Lichtholz.

Hiatus: Unterbrechung einer Sedimentfolge durch zeitweise beendete Sedimentation oder aber durch Erosion.

Interglazial: Die großen Klimaschwankungen des Eiszeitalters hatten zwischen recht langen Eis- oder Kaltzeiten und den jeweils nur etwa ein Zehntel so langen Warmzeiten oder Interglazialen vermittelt. Während der Warmzeiten oder der Interglaziale bzw. Thermalen ist das Klima verschiedentlich wärmer – und in den heutigen gemäßigten Breiten auch feuchter – als das gegenwärtige gewesen. Hatte sich die betreffende Zeit günstigen Klimas zwischen zwei Eiszeiten ereignet, so ist für sie der Terminus Interglazial angebracht. Handelte es sich aber anstelle der Eiszeiten um Kaltzeiten (s. d.), so sollte besser die Bezeichnung »Warmzeit interglazialen Ranges« benutzt werden.

Interstadial: Die jeweils ungefähr 100000 bis 130000 Jahre umfassenden Eis- oder Kaltzeiten wurden wiederholt von Zeiten erhöhter Temperaturen, in den heutigen gemäßigten Breiten z. T. auch verbesserten Wasserhaushaltes, untergliedert, den sog. Interstadialen. Der Begriff wird allerdings dadurch belastet, daß ursprünglich angenommen worden war, Stadiale seien Zeiten großer Gletschervorstöße innerhalb einer Eiszeit gewesen; Interstadiale hätten also die Gletschervorstöße voneinander getrennt. Dies trifft aber nicht stets zu. Definitionsgemäß haben Interstadiale nicht dieselbe Klimagunst aufgewiesen wie Interglaziale (s. d.). Der Charakter eines interglazialen oder interstadialen Klimas wird in der Regel über die damalige Flora und Fauna ermittelt. Ihre Zusammensetzung ist jedoch nicht nur von den jeweiligen optimalen Klimabedingungen, sondern auch von Geschwindigkeit und zeitlichem Ablauf der betreffenden Klimaschwankung abhängig.

Kalium/Argon-Methode: Das weit verbreitete Element Kalium weist in extrem geringer Menge ein radioaktives Isotop auf, das ^{40}K. Dieses zerfällt unter Emission von β-Strahlung in das Isotop ^{40}Ca, nach Aufnahme von Elektronen aber über γ-Strahlung in das Isotop ^{40}Ar. Argon geht als Edelgas keine Reaktionen ein. Kann seine Menge mit hinreichender Genauigkeit in Gesteinen ermittelt werden, dann läßt sich so, unter Einbeziehung der jeweiligen Halbwertszeiten, das Alter der Probe berechnen.

Kaltzeit: Während des Eiszeitalters hatten sich Klimaschwankungen sehr großen Ausmaßes ereignet. Läßt sich aus den Zeiten ungünstigen Klimas ein Vorstoß des Inlandeises oder auch der alpinen Vergletscherung nachweisen, dann spricht man von Eiszeiten (Glaziale). Fehlen derartige Hinweise, wird besser der Begriff Kaltzeit benutzt.

Karst: In Kalksteinplateaus wie z. B. der Schwäbischen Alb bilden sich aufgrund der Löslichkeit des Gesteins Spalten und Höhlen. Sie werden häufig, wenn sie mit der Oberfläche Kontakt bekommen, in relativ kurzer Zeit mit Verwitterungsmaterial, wie z. B. Bohnerz, verfüllt (Spaltenfüllung).

Kontamination: Verunreinigung durch anhaftende Substanzen.

Kleinsäuger: Aus praktischen Gründen unterteilt man die Säugetierfauna in Großsäuger und Kleinsäuger. Die Insektenfresser und die meisten Nagetiere rechnen zu den Kleinsäugern, oft auch noch die Hasen. Der Fuchs und alle größeren Tiere dagegen zu den Großsäugern.

Kryoturbation: Bodenbewegung, die im Bereich des Frostbodens bei wechselndem Frost in der oberen Bodenschicht vor sich geht.

Lichtholz: Holzart, die im Bestandesschluß viel Licht bis zum Boden durchläßt und deren Jungwuchs sich nur bei starker Besonnung entwickelt. Der erforderliche Lichtbedarf ist keine artspezifische, konstante Größe, sondern hängt u. a. auch von den Ernährungsbedingungen und von der geographischen Breite ab. Der Jungwuchs der Schattholzarten benötigt statt dessen das ausgeglichene, feuchte Klima schattiger Bestände. Halblicht- und Halbschattholzarten vermitteln zwischen den beiden Extremen.

Moränen: Vom Gletscher geschaffene Sedimente oder in Lockermaterial durch den Druck des fließenden Eises beeinflußte bzw. geformte Bildungen. Je nach ihrer Lage zu dem Gletscher wird im einfachsten Falle von Grund-, Seiten-, Mittel- und Endmoränen gesprochen.

Nichtbaumpollen: Gesamtheit des nicht von Bäumen gelieferten Pollens. Der Nichtbaumpollen enthält somit den Blütenstaub der Gräser und anderer Grasartiger, der Kräuter und Stauden. Meist wird die Summe des Wasserpflanzenpollens nicht in den Nichtbaumpollen eingeschlossen, um eine sicherere Rekonstruktion der ehemaligen Vegetation in den Gewässern einerseits und auf dem trockenen Boden andererseits zu ermöglichen.

Niedermoor: Vorzugsweise aus grasartigen Pflanzen, Kräutern und Stauden bestehende, Torf produzierende Vegetation im Einflußbereich mineralreichen Grundwassers, das in der Regel den gesamten Wurzelraum sättigt.

Paläoböden: fossile (den heutigen Umwelteinflüssen entzogene) und Reliktböden (Böden der heutigen Oberfläche, die mit den jetzigen Umweltbedingungen nicht in Einklang stehen).

Paläomagnetik: Lehre von der ehemaligen Lage der erdmagnetischen Pole und des damaligen Verlaufes der Feldlinien. Da es sich hierbei um Erscheinungen und Vorgänge globalen Ausmaßes handelt, können Änderungen des erdmagnetischen Feldes in ihrem zeitlichen Ablauf als weltweit anwendbare Datierungshilfen verwandt werden, vorausgesetzt, daß sie in geeigneten Gesteinen sicher datiert worden sind.

Parabraunerde: Typ eines reifen, weit entwickelten Waldbodens, in der Regel mit guter Nährstoffversorgung. Tonmineral-Neubildung und Ton-Durchschlämmung haben den Anreicherungs-Horizont des Bodens (B-Horizont) gegenüber der Braunerde deutlich verdichtet.

periglazial: Ursprünglich wurden nur die Klimate und Räume in unmittelbarem Umkreis der Gletscher als periglazial bezeichnet. Der Inhalt des Begriffes hat sich seither geändert, und die Definition bereitet Schwierigkeiten. Am ehesten versteht man unter dem Wort periglazial Bedingungen oder Klimate, aber auch Erdräume, die unter dem prägenden Einfluß des Frostes stehen.

Permafrost: Sinkt die Jahresdurchschnittstemperatur während der Glaziale unter 0° C, friert der Boden in immer größere Tiefen. Während der Sommer taut er nur oberflächlich auf. Ehemaliger Permafrost läßt sich an fossilen Eiskeilnetzen etc. nachweisen.

Pseudogleye: wechselfeuchte Böden

mit Oberbodenbleichung und Unterbodenmarmorierung.

Quartär: jüngste der geologischen Formationen. Das Quartär besteht aus dem etwa 2,5 Millionen Jahre umfassenden Pleistozän und dem etwa 10000 Jahre währenden Holozän, der Nacheiszeit.

relative geologische Datierung: Ermittlung der zeitlichen Abfolge geologischer Prozesse bzw. Bildungen, ohne Feststellung ihres wahren – also des absoluten – Alters.

Schalenwild: Wild mit gespaltenen Klauen, dessen untere Fußteile hornartig bekleidet sind: u. a. Elch-, Rot-, Reh-, Schwarz-, Gems-, Stein- und Muffelwild.

Schattholz: siehe Lichtholz.

Schieferkohlen: Stark gepreßte Torfe unterschiedlicher Genese. Die Pressung ist vielfach durch Gletschereis erfolgt. Hierdurch wurden entweder echte Schieferungsflächen gebildet, oder Schichtflächen haben den Habitus derartiger Flächen angenommen.

Sediment: Vom Wasser oder Wind abgelagertes Material, das zu Gestein verfestigt sein kann (Sedimentgestein) oder aber über lange Zeit locker bleiben kann.

Sippe: mehr oder weniger homogener Formenkreis des Tier- oder Pflanzenreiches, unabhängig von seinem systematischen Rang. Der Begriff Sippe wird synonym zu dem des Taxon gebraucht.

Solifluktion: Frostbedingter Hangabtrag. Das von der Bodenoberfläche in die Tiefe voranschreitende Gefrieren verursacht einen Wasserdampftransport aus tieferen Erdschichten zur Eisfront hin, d. h. eine Zunahme des Wassergehaltes unmittelbar vor dem sich ausbreitenden Eis. Während des anschließenden Auftauens gleitet der wasserübersättigte Boden hangab. Dieser Vorgang wiederholt sich sehr häufig und läuft selbst noch bei Hangneigungen von nur 1 bis 2 Grad ab.

Stadial siehe Interstadial.

Stagnogleye: staunasse Böden.

Steppenheide: Eine steppenähnliche, an Bäumen arme oder gar freie Vegetation auf Fels oder skelettreichen Böden hohen Basengehaltes.

Sukzession: Regelhafte Folge bestimmter Vegetations- oder Bodentypen im Ablauf der Zeit. Hierbei fördern die jeweils vorangegangenen Glieder einer Sukzessionskette die Entstehung eines neuen Gliedes direkt oder indirekt, beeinträchtigen aber sich selbst. Theoretisch können Sukzessionsreihen zum Climax führen (s. d.).

Taxon: siehe Sippe.

Thermal: siehe Interstadial.

Thermolumineszenz: Werden Elektronen durch Energiezufuhr auf ein höheres Energieniveau als bisher angehoben, so fallen sie alsbald auf ihr ursprüngliches Niveau zurück. Die freiwerdende Energie kann als Lumineszenzlicht wahrgenommen werden. In bestimmten Fällen sinken sie aber nur auf ein intermediäres Niveau und verharren auf ihm, bis erneut Energie, z. B. in Form von Wärme, zugeführt wird. Erst dann kehren sie auf das Ausgangsniveau zurück. Die jetzt freiwerdende Energie tritt wiederum als Lumineszenzlicht in Erscheinung. Da zu seiner Erzeugung Wärme notwendig war, spricht man von Thermolumineszenz. Die zur ersten Anhebung auf ein hohes Niveau erforderliche Energie entstammt in Sedimenten dem Zerfall radioaktiver Isotope. Da durch ihn im Laufe der Zeit eine immer größere Zahl von Elektronen auf dem erwähnten intermediären Energieniveau angesammelt wird, ergibt sich so eine Datierungsmöglichkeit.

Sachregister

Ortsregister

Siehe auch Fundstellenverzeichnis und Erläuterungen (Seite 475 ff.)

Bildnachweis